Dorn-Bader

Physik

Mittelstufe

Dorn-Bader

Physik

Mittelstufe

HERMANN SCHROEDEL VERLAG KG

Hannover · Dortmund · Darmstadt · Berlin

Dorn-Bader
Physik - Mittelstufe

Herausgegeben von:
Professor Friedrich Dorn

Professor Dr. Franz Bader
Seminar für Studienreferendare II, Stuttgart

Bearbeitet von:
Professor Dr. Bader, Diplomphysiker — Studiendirektor Bremer — Professor Dorn — Studiendirektor Grabenstein — Oberstudiendirektor Heise — Studiendirektor Kraemer — Professor Dr. Lefrank † — Professor Raith — Oberschulrat Umland — Oberstudienrat Zeier
unter Mitwirkung der Verlagsredaktion

Illustrationen:
Gundolf Frey, Friedrichshafen (Bodensee)
Günter Schlierf, Hannover

Einbandgestaltung:
Uwe Noldt, Hannover

Titelbild:
Lasergrafik mit Siemens-Bühnenlaser BL 70
Werkbild Siemens, Erlangen

Hinweis: In diesem Werk wurden „Arbeitshilfen" entwickelt. Sie enthalten neben Wiederholungsfragen Lösungshilfen zu den Aufgaben des Schülerbandes sowie Zusatzaufgaben.
Heft 1 (Best.-Nr. 86140) behandelt Mechanik, Wärmelehre und Akustik.
Heft 2 (Best.-Nr. 86141) behandelt Optik, Magnetismus, Elektrizitätslehre, Elektronik und Informatik und Atomphysik.

ISBN 3-507-**86150**-X

© 1974 HERMANN SCHROEDEL VERLAG KG, HANNOVER

Reproduktionen: Claus Offset-Repro, Großburgwedel (Hann.)
Satz, Druck, Einband: Universitätsdruckerei H. Stürtz AG, Würzburg

Vorwort

Das „Gesetz über Einheiten im Meßwesen" vom 2. Juli 1969 und das große Interesse der Physiklehrer an den methodischen Fragen beim Umstellen auf diese SI-Einheiten (Système International) machte eine Neubearbeitung des Buches nötig. Obwohl dieses Gesetz nur den geschäftlichen und amtlichen Verkehr regelt, betrifft es durch seine weitreichenden Auswirkungen auf die Technik auch den Physikunterricht. Das Kilopond, das sich weder in der Wissenschaft noch in der Technik durchsetzte, wird nun verschwinden; neue Reifendruckmesser tragen schon jetzt die Aufschrift bar und nicht mehr at, die Leistung von Kraftfahrzeugen wird in kW angegeben. Schon seit Jahren ist die Kalorie nicht mehr auf eine Wassereigenschaft bezogen, sondern durch die Beziehung 1 kcal = 4186,84 Joule definiert und ist ab 1978 im geschäftlichen und im amtlichen Verkehr nicht mehr zugelassen.

Auch für eine konsequente Darstellung der physikalischen Zusammenhänge im Unterricht bringt das System der kohärenten SI-Einheiten wesentliche Vorteile: Zum einen brauchen weder Schüler noch Lehrer beim Übergang von der Mittel- zur Oberstufe umzudenken bzw. umzulernen. Zum anderen werden alle Energieformen sowie Arbeit und Wärme im gleichen Maß angegeben. Die vielerlei Umrechnungsbeziehungen zwischen Energie- und zwischen Druckeinheiten entfallen, die Unterscheidung von Kraft und Masse wird einfacher, der Normort beim Festlegen der Krafteinheit entfällt, die elektrische Spannung kann sofort über die Arbeitsverrichtung des Feldes an Ladungen definiert und es kann 1 Volt = 1 Joule/Coulomb gesetzt werden. Beim Erproben des Lehrgangs wurde deutlich, daß man mit weniger Einheiten mehr Einsicht in die Zusammenhänge des Naturgeschehens gewinnt.

Diese Vorteile würden weitgehend verlorengehen, wenn man die alten und die neuen Einheiten nebeneinander benutzte. Die Umstellung auf die neuen Einheiten macht es aber nötig, methodisch gesehen an vielen Stellen neue Wege zu beschreiten. Sie sind in einem Lehrerheft (Bestellnummer 86152) ausführlich beschrieben und begründet. Es enthält ferner zahlreiche Hinweise für den experimentierenden Lehrer.

Auch bei der Neubearbeitung sind die einzelnen Teilgebiete der Physik, soweit dies möglich ist, unabhängig voneinander konzipiert. Vor der Wärmelehre muß allerdings ein Teil der Mechanik behandelt werden (Seite 11 bis 58), desgleichen vor der Einführung der elektrischen Spannung. Abgesehen hiervon ist der Lehrer in der Wahl der Reihenfolge frei.

Die Darstellung wurde gegenüber der bisherigen Ausgabe wesentlich verbreitert und damit noch leichter verständlich. Zu Beginn der einzelnen Paragraphen wird der Schüler im allgemeinen durch eine Einführung motiviert. An Hand der „Rückschau" kann er sich nach der Fülle der Einzelheiten von einem höher liegenden Standpunkt leichter im Gesamtsystem der Physik zurechtfinden und vor allem über die angewandten physikalischen Methoden reflektieren.

Es wurden weitere Teilgebiete der Physik und viele neuere Anwendungen aufgenommen: Raketentechnik, Raumfahrt, Elektronik, Informatik und Kernphysik seien hierzu einige Stichworte. Insbesondere pflegten wir von Anfang an atomistische Vorstellungen. Den einzelnen Lehrplänen entsprechend muß der Lehrer auswählen; der Schüler kann sich über besonders aktuelle Gebiete informieren und erfährt dabei, wie sie in das System der Physik, das er vom Unterricht her kennt, eingeordnet werden.

Großer Wert wurde auf ansprechende und gut informierende Abbildungen gelegt. Da flächenhafte Zeichnungen ohnehin im Unterricht an der Tafel und im Schülerheft entwickelt werden, erschien es notwendig, die Zahl der Fotos, vor allem aber die der räumlich wirkenden Abbildungen zu vermehren. Sie sprechen den Schüler nicht nur stärker an, sondern sind auch dann besonders wichtig, wenn er nach dem Buch lernen muß, ohne die Versuchsanordnungen gesehen zu haben (etwa bei Unterrichtsausfall, z.B. durch Krankheit). Hierzu sind — wie bisher — gedankliche Zusätze und Modellvorstellungen (Bewegungs- und Drehrichtungen, Ströme, Strahlen, Vektoren aller Art und Feldlinien) im Druck rot bzw. blau dargestellt. Auf diese Weise wurde versucht, die Vorzüge von Fotos und rein schematischen Strichzeichnungen zu vereinigen und die Nachteile beider weitgehend auszuschalten. Die Abbildungen, speziell die Diagramme, wurden streng nach DIN gestaltet.

Der Lehrer möge seine Schüler anhalten, das Buch stets mit dem Bleistift in der Hand zu lesen, so daß Versuchsskizzen, Gleichungen und einfache Gedankengänge auf einem bereitgehaltenen Papier nochmals selbständig niedergelegt werden können. So erzieht er die Schüler zum sinnvollen Lesen eines wissenschaftlichen Buches.

Die Arbeitshefte zum Mittelstufenband halfen in den letzten Jahren vielen Schülern bei der Vertiefung und Erweiterung des Gelernten; sie sind auch zu dieser Neubearbeitung erschienen unter dem Titel „Arbeitshilfen" Heft 1 (Best.-Nr. 86140) und Heft 2 (Best.-Nr. 86141).

Die Verfasser sind auch weiterhin für Anregungen aus dem Kreise der Benutzer des Buches dankbar.

Stuttgart, im November 1973
Die Herausgeber

Inhaltsübersicht

Mechanik

Einführung

Seite
§ 1 Womit beschäftigt sich die Physik? 11
§ 2 Eigenschaften der drei Zustandsformen; Naturgesetze 12
§ 3 Längen- und Raummessungen 14
§ 4 Die Geschwindigkeit 18

Kraft — Masse — Arbeit

§ 5 Kräfte und ihre Messung 21
§ 6 Die Masse der Körper 26
§ 7 Die Dichte der Stoffe 28
§ 8 Die elastischen Eigenschaften der festen Körper; das Hookesche Gesetz 31
§ 9 Vom Aufbau der Körper 35
§ 10 Kräftegleichgewicht; Kraft und Gegenkraft 40
§ 11 Die Reibung 43
§ 12 Einfache Maschinen (Maschinenelemente) 46
§ 13 Die Arbeit 49
§ 14 Die Energie 51
§ 15 Die Leistung 54
§ 16 Zusammensetzung und Zerlegung von Kräften 59
§ 17 Die schiefe Ebene 63
§ 18 Der Hebel 65
§ 19 Hebel beliebiger Form 70
§ 20 Der Schwerpunkt (Massenmittelpunkt) 76
§ 21 Gleichgewichtsarten; Standfestigkeit 77

Statik der Flüssigkeiten und Gase

§ 22 Eigenschaften der Flüssigkeiten; Wichte 81
§ 23 Der Stempeldruck in Flüssigkeiten 82
§ 24 Der hydrostatische Druck (Gewichtsdruck) 87
§ 25 Verbundene Gefäße und Flüssigkeitsmanometer 91
§ 26 Der Auftrieb in Flüssigkeiten 93
§ 27 Schwimmen, Schweben und Sinken in Flüssigkeiten 98
§ 28 Molekularkräfte bei Flüssigkeiten; Oberflächenspannung 101
§ 29 Eigenschaften der Gase 104
§ 30 Der Luftdruck, das Barometer 105
§ 31 Druck in eingeschlossenen Gasen; Gesetz von Boyle und Mariotte 108
§ 32 Pumpen; Anwendungen des Luftdrucks 111

Seite

§ 33 Auftrieb in Gasen, Luftballon, Kaminwirkung 116
§ 34 Rückstoß, Fliegen, Raketen und Raumfahrt 118

      Aus der Geschichte der Statik 122

Wärmelehre

§ 35 Die Temperatur und ihre Messung 123
§ 36 Messung der Wärmeausdehnung fester und flüssiger Körper 127
§ 37 Das thermische Verhalten der Luft und anderer Gase 133
§ 38 Temperatur und Molekülbewegung 137
§ 39 Wärme als Energieübergang. 139
§ 40 Wärmemessung 140
§ 41 Mischungsversuche, Wärmequellen 143
§ 42 Mechanische Arbeit und Wärme 149
§ 43 Schmelzen und Erstarren 150
§ 44 Verdampfen und Kondensieren 154
§ 45 Ausbreitung der Wärme 161
§ 46 Wetterkunde 167
§ 47 Wärmeenergiemaschinen 173

Akustik (Lehre vom Schall)

§ 48 Die Erregung von Schall 181
§ 49 Pendelschwingung und Zeitmessung 183
§ 50 Schallschwingungen und Schallempfindung 185
§ 51 Die Ausbreitung des Schalls 187
§ 52 Die Wahrnehmung des Schalls 192
§ 53 Die Tonleiter 195
§ 54 Die Resonanz 197
§ 55 Schwingende Saiten und Platten 199
§ 56 Schwingende Luftsäulen 202
§ 57 Die Schallaufzeichnung 204
§ 58 Rückschau 206

      Aus der Geschichte der Akustik 208

Optik

§ 59 Leuchtende und beleuchtete Körper 209
§ 60 Die Lochkamera 211
§ 61 Die Ausbreitung des Lichts 212
§ 62 Der Schatten 215
§ 63 Die Reflexion des Lichts am ebenen Spiegel 219
§ 64 Die Reflexion des Lichts an gekrümmten Spiegeln 223
§ 65 Die Brechung des Lichts 229
§ 66 Die Totalreflexion des Lichts 233

Seite

§ 67 Der Strahlengang durch eine planparallele Platte und ein Prisma 235
§ 68 Der Strahlengang durch konvexe Linsen 237
§ 69 Das Entstehen von Bildern durch Konvexlinsen 241
§ 70 Der Strahlengang und die Bildentstehung bei konkaven optischen Linsen 244
§ 71 Die Linsengleichung 246
§ 72 Die Brechkraft von Linsen; Linsenkombinationen 247
§ 73 Der Fotoapparat 250
§ 74 Das menschliche Auge 254
§ 75 Die Bildwerfer 259
§ 76 Optische Instrumente für die Nahbeobachtung 261
§ 77 Optische Instrumente für Fernbeobachtungen 264
§ 78 Farbige Lichter; das Spektrum 267
§ 79 Die Addition von Farben 273
§ 80 Körperfarbe; die subtraktive Farbenmischung 275
§ 81 Die Farbwahrnehmung des Auges und Anwendungen der Farbenlehre 277
§ 82 Die Lichtmessung; Fotometrie 280

Magnetismus

§ 83 Der Magnet und seine Pole 285
§ 84 Magnetische Dipole, Elementarmagnete, Influenz 287
§ 85 Das magnetische Feld 291
§ 86 Die Erde als Magnet 294

Elektrizitätslehre

I. Strom und Ladung

§ 87 Einleitung 297
§ 88 Der elektrische Stromkreis 298
§ 89 Leiter und Isolatoren; Glimmlampe 300
§ 90 Der elektrische Strom ist fließende Ladung 303
§ 91 Eigenschaften der elektrischen Ladung 304
§ 92 Konventionelle Stromrichtung; Elektrizitätsleitung durch Ionen 309
§ 93 Elektrizitätsleitung in Metallen; Elektronen 310
§ 94 Atombau, statische Aufladung und Influenz im Elektronenbild 314
§ 95 Erklärung und Anwendungen der Elektrolyse 318
§ 96 Messung der fließenden Ladung 320
§ 97 Die elektrische Stromstärke 322
§ 98 Die magnetische Wirkung des Stroms 324
§ 99 Elektromagnetische Strommesser 328
§ 100 Die magnetische Kraft auf Ströme und bewegten Ladungen 330

II. Elektrisches Feld und Spannung

§ 101 Das elektrische Feld 333
§ 102 Die elektrische Spannung 336
§ 103 Galvanische Elemente und Thermoelement 342

Seite

III. Ohmsches Gesetz und Widerstand

§ 104 Das Ohmsche Gesetz; der elektrische Widerstand 345
§ 105 Der spezifische Widerstand; technische Widerstände 350
§ 106 Der verzweigte Stromkreis 353
§ 107 Der unverzweigte Stromkreis 355
§ 108 Klemmen- und Urspannung 360
§ 109 Gefahren des Stroms 362
§ 110 Elektrische Arbeit und Leistung 364
§ 111 Anwendungen der Stromwärme; Glüh- und Bogenlampen 368

IV. Elektrische Maschinen und Induktion

§ 112 Der Elektromotor 370
§ 113 Die elektromagnetische Induktion 371
§ 114 Der Transformator (Trafo); Elektrizitätsversorgung 376
        Aus der Geschichte von Magnetismus und Elektrizität 379

Elektronik und Informatik

§ 115 Die Verstärkerröhre (Triode) 381
§ 116 Halbleiter 383
§ 117 Halbleiterbauelemente und ihre Anwendungen 386
§ 118 Nachrichtenübertragung 391
§ 119 Nachrichtenspeicherung 393
§ 120 Logische Schaltungen 394
§ 121 Datenverarbeitung mit Hilfe von Relais 396
§ 122 Datenverarbeitung mit Hilfe elektronischer Bauelemente 400
§ 123 Steuerung und Regelung 403

Atomphysik

§ 124 Elektrizitätsleitung in Gasen 405
§ 125 Der Bau des Atoms 407
§ 126 Der Atomkern 408
§ 127 Radioaktive Strahlung 410
§ 128 Der radioaktive Zerfall; die Halbwertszeit 414
§ 129 Kernenergie 416
§ 130 Strahlenschäden und Strahlenschutz 419

Anhang

Umrechnung von Einheiten 421
Stoffkonstanten 422
Sach- und Namenverzeichnis 423

Mechanik

Einführung

§ 1 Womit beschäftigt sich die Physik?

1. Physik ist eine Naturwissenschaft

Beim Wort *Natur* denkt man wohl zunächst an Pflanzen und Tiere; sie werden in der *Biologie* erforscht. Als physikalische Naturerscheinungen kennen wir Sonnenschein, Regen, Stürme und Wasserfälle. Blitz und Donner flößen den Menschen Angst ein; sie regen auch zur Frage an, was dabei in der Natur vor sich geht *(Abb. 11.1)*. Durch Beobachten und Nachdenken allein konnte man diese Frage über Jahrtausende hinweg nicht beantworten; man mußte erst lernen, mit der Natur zu *experimentieren* (experiri, lat.; erproben). Als Naturforscher zu Beginn des 18. Jahrhunderts anfingen, elektrische Vorgänge im Experiment planmäßig zu untersuchen, konnten sie kleine, ungefährliche Blitze erzeugen. Wir wissen heute, daß Blitze elektrischer Natur sind. Aufgrund dieses Wissens kann man Blitze nicht nur künstlich erzeugen, sondern sich auch vor ihnen durch Blitzableiter schützen. Zum Beispiel wird behauptet, daß Blitze in Autos mit Metalldächern nicht einschlagen. Um diese Aussage zu prüfen, führen wir ein Experiment aus; wir befragen die Natur (siehe auch S. 122):

11.1 Blitze sind eindrucksvolle physikalische Naturerscheinungen.

Versuch 1: Mit einem Bandgenerator (Seite 341) erzeugt man ungefährliche Blitze. Bringt man in ihre Bahn ein Spielzeugauto aus Blech, so schlagen sie heftig in das Dach *(Abb. 11.2)*. Auf ihm liegende, mit Benzin getränkte Watte wird sofort entzündet. Wenn sie jedoch im Auto liegt, fängt sie kein Feuer. Also ist nur das Innere geschützt. Wer neben oder auf dem Auto steht, kann sehr wohl von einem Blitz getroffen werden. Was wir hier im Kleinen gemacht haben, kann der Physiker auch im Großen nachprüfen *(Abb. 12.1)*.

> **Der Physiker befragt die Natur, indem er Experimente ausführt.**

11.2 Der Blitz schlägt vom Bandgenerator auf das Auto und entzündet die benzingetränkte Watte auf dem Dach.

2. Teilgebiete der Physik

Das beschriebene Experiment gehört ins Gebiet der **Elektrizitätslehre** und ist sehr eindrucksvoll. Doch läßt es sich nicht einfach erklären. Dies hängt teilweise damit zusammen, daß wir für die Elektrizität kein besonderes Sinnesorgan (wie das Auge für das Licht, das Ohr für den Schall usw.) haben. Deswegen ist die Elektrizitätslehre zusammen mit dem **Magnetismus** erst am Schluß des Buches behandelt, ebenso wichtige Teile der **Atomphysik**. Bei der **Wärmelehre**, der **Akustik** (Lehre vom Schall) und der **Optik** (Lehre vom Licht) haben wir es leichter. Hier können wir viele Vorgänge unmittelbar beobachten. Dies gilt auch für die **Mechanik**; sie befaßt sich mit den Bewegungen von Körpern und den Kräften, die diese Bewegungen verursachen. Das Anfahren eines Autos ist zum Beispiel ein Vorgang, mit dem man sich in der Mechanik beschäftigt. Der Statiker beschränkt sich auf das Gleichgewicht der Kräfte (S. 41).

12.1 Hier wird im Großen nachgeprüft, was wir am kleinen Modell gefunden haben.

> Die Physik ist eine Naturwissenschaft. Ihre Teilgebiete sind Mechanik, Wärmelehre, Akustik, Optik, Magnetismus, Elektrizitätslehre und Atomphysik.

Aufgaben:

1. *Womit beschäftigen sich die Naturwissenschaften Chemie, Geographie, Astronomie, Geologie (schlage in einem Lexikon nach)?*
2. *Suche im Buch die angeführten Teilgebiete der Physik! Gib bei jedem Gebiet eine wichtige Anwendung an!*

§ 2 Eigenschaften der drei Zustandsformen; Naturgesetze

Um weiter zu erfahren, wie man in der Physik vorgeht, sehen wir uns zunächst im Physiksaal um. Wir beobachten viele Dinge und Vorgänge: Mit Auge und Tastsinn erkennen wir Tische, Bücher, Metallstangen; in Gläsern stehen Flüssigkeiten; ein Ventilator bringt die Luft im Zimmer in Bewegung. Dinge, wie sie hier aufgezählt sind, nennt man in der Physik **Körper**. Darunter versteht man jede *abgegrenzte Menge eines Stoffs:* ein Stück Eisen, eine Portion Eis, die Luftmenge eines Zimmers, die Wassermenge in einem Becherglas usw. Diese Körper verhalten sich sehr verschieden. Man kann sie nach vielen Gesichtspunkten ordnen, zum Beispiel nach Größe, Farbe oder Form. In der Physik beschäftigen wir uns vorzugsweise mit Vorgängen und Änderungen in der Natur und ordnen die Körper danach ein, wie man ihre Größe und Form ändern kann. Hierzu führen wir planmäßige Experimente aus:

Versuch 2: Versuche, einen Eisenstab mit der Hand zusammenzupressen! Er behält seine Gestalt und auch seine Länge bei. Wir haben Eisen im *festen Zustand* vor uns.

Versuch 3: Miß in einem engen **Meßzylinder** *(Abb. 13.1)* nacheinander dreimal 100 cm³ Wasser ab, und gieße es in einen weiten Meßzylinder! Die *Flüssigkeit* paßt sich jeweils der Form des Gefäßes an und bildet eine waagerechte Oberfläche. Im weiten Zylinder liest man 300 cm³ ab; am Gesamtvolumen hat sich beim Umgießen nichts verändert.

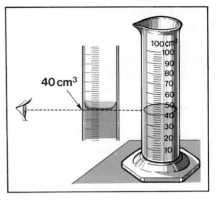

13.1 Dieser Meßzylinder hat den Meßbereich 0 bis 100 cm³; auf Seite 16 wird beschrieben, wie man abliest.

Versuch 4: Fülle in eine mit cm³-Teilung versehene *Glasspritze* nach *Abb. 13.2* Wasser ein, und versuche, es mit dem dicht schließenden Kolben zusammenzudrükken! Das Volumen des Wassers ändert sich auch hier nicht. Wenn die Spritze aber Luft enthält, kann man den Kolben weit hineinschieben und die Luft zusammenpressen. Läßt man ihn los, so kehrt er in die ursprüngliche Stellung zurück. Die Luft dehnt sich wieder aus. Sie läßt sich – wie alle Gase – einerseits zusammenpressen; andererseits füllt sie den ganzen Raum aus, der ihr zur Verfügung steht.

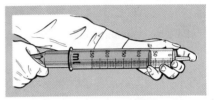

13.2 Wie kann man feststellen, ob sich in der Glasspritze Luft oder Wasser befindet?

Versuch 5: Wenn man eine Äther- oder Parfümflasche öffnet, so riecht man bald, daß sich die Dämpfe im Raum verteilen. Solche Dämpfe sind wie Wasserdampf und Luft im *gasförmigen* Zustand. – Die Ergebnisse dieser Versuche verallgemeinern wir in den folgenden Sätzen:

> **Feste Körper haben eine bestimmte Gestalt und ein gleichbleibendes Volumen; beide kann man im allgemeinen nur mit starken Kräften ändern.**
>
> **Körper im flüssigen Zustand passen sich der Form des Gefäßes an, lassen sich aber nicht merklich zusammenpressen. Sie bilden eine waagerechte Oberfläche.**
>
> **Gestalt und Volumen von Körpern im gasförmigen Zustand kann man leicht ändern. Darüber hinaus zeigen sie das Bestreben, jeden Raum zu füllen, den man ihnen zur Verfügung stellt.**

Jeder, der die beschriebenen Versuche wiederholt und erweitert, kommt zu gleichen Ergebnissen. Derartige Aussagen über die Natur sind *allgemeingültig;* man nennt sie **Naturgesetze.** Auf Seite 37 werden wir die angeführten Eigenschaften der drei **Zustandsformen** fest, flüssig und gasförmig erklären, indem wir den *Aufbau der Stoffe* genauer untersuchen.

> **Naturgesetze sind allgemeingültige Aussagen über die Natur.**

Versuch 6: In der Spritze nach *Abb. 13.2* kann der Glaskolben nicht gleichzeitig den Raum einnehmen, der mit Luft oder Wasser angefüllt ist.

Versuch 7: Der Trichter nach *Abb. 14.1* wird unter Wasser gedrückt, während der Finger die Öffnung oben verschließt. Der Wasserspiegel steigt an: Die Luft unter dem Trichter wie auch die Glaswand verdrängen Wasser. Wenn der Finger die Öffnung freigibt, dringt mehr Wasser in den Trichter und verdrängt Luft aus ihm nach oben.

Versuch 8: Gieße nach *Abb. 14.2* Wasser durch den Trichter in den *Erlenmeyer-Kolben!* Es schiebt dabei Luft durch den Schlauch in den umgestülpten Meßzylinder. Dort verdrängt die Luft Wasser. Klemmt man aber den Schlauch zu, so kann nur dann Wasser in den Kolben fließen, wenn im Trichterrohr Luftblasen hochsteigen. Solche planvoll ausgeführten Versuche bestätigen ein allgemeines Naturgesetz:

> **Alle Körper nehmen einen Raum ein.**

Der Naturforscher geht an die Fragen, welche die Natur ihm aufgibt, aus reinem Interesse und aus Freude am Forschen und Erkennen heran. Doch lassen sich physikalische Einsichten im täglichen Leben, in der Medizin und in der Technik mannigfach anwenden. Wir werden viele dieser Anwendungen kennenlernen.

Aufgaben:

1. *Nenne Beispiele für die drei Zustandsformen!*
2. *Zähle Stoffe auf, die sich in alle drei Zustandsformen überführen lassen!*

14.1 Die Luft unter dem Trichter verdrängt Wasser.

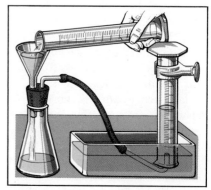

14.2 Links: Trichter mit *Erlenmeyerkolben*; rechts: *Pneumatische Wanne*, in der die verdrängte Luft aufgefangen wird (pneuma, griech.; Atem)

§ 3   Längen- und Raummessungen

1.   Was bedeutet Messen?

Bei den Versuchen in § 2 benutzten wir einfache **Meßgeräte,** zum Beispiel Meßzylinder. Meßgeräte sichern und verschärfen unsere Beobachtungen wesentlich. Deshalb wollen wir jetzt klären, was Messen bedeutet, und beginnen mit einem alltäglichen Beispiel:
Unter mehreren nebeneinanderstehenden Tischen findet man durch unmittelbaren Vergleich den längsten. Sind die Tische aber weit voneinander entfernt, so vergleicht man ihre Längen zunächst mit einem *Maßstab*, man mißt sie. Wenn man dabei einen Meterstab dreimal anlegen

muß, so ist der betreffende Tisch dreimal so lang wie 1 Meter (m); er hat eine Länge von 3mal 1 Meter, kurz gesagt 3 m. Für kürzere Strecken ist der Meterstab in Zentimeter (cm) und Millimeter (mm) unterteilt.

> **Das Meßergebnis 3 m ist das Produkt aus der Maßzahl 3 und der Einheit 1 m.**

Aus 1 m = 1000 mm folgt: 3 m = 3 · 1 m = 3 · 1000 mm = 3000 mm. – Hat man alle Tische gemessen, so findet man den längsten durch Vergleich der Meßergebnisse. Ein Tischler, dem man das Meßergebnis 3 m mitteilt, kann einen gleich langen Tisch herstellen. Die Angabe der Maßzahl 3 allein wäre jedoch unvollständig, da sie die benützte Längeneinheit nicht enthält.

> **Wenn man mißt, vergleicht man die zu messende Größe mit einer vorher festgelegten Einheit (1 m), deren Teilen (1 cm, 1 mm) oder Vielfachen (zum Beispiel 7 mm; 3,7 cm; 4,95 m). Die Einheit ist beim Meßergebnis immer mit anzuführen; sonst ist es wertlos.**

2. Längenmessung

Früher gab es viele Einheiten für die Länge (Elle, Fuß, Spanne usw.); man brauchte daher viele verschieden unterteilte Maßstäbe. Doch einigte man sich seit 1800 in der Wissenschaft der ganzen Welt und in zunehmendem Maße auch im täglichen Leben vieler Völker auf die Längeneinheit 1 m. Man machte sie auf Grund damaliger Messungen gleich dem 40 000 000ten Teil des Erdumfangs. In vielen Ländern werden Meterstäbe aus sehr beständigen Metallen aufbewahrt. 1969 wurden in Deutschland alle physikalischen und technischen Einheiten durch ein Bundesgesetz auf Grund internationaler Vereinbarungen neu festgelegt. Dabei führte man das Meter auf ein unveränderliches, der Optik entnommenes Naturmaß zurück, nämlich die Wellenlänge einer genau bestimmten Lichtart. So konnte man 1 m für alle Zeiten und Orte bis auf ca. 1 Millionstel Millimeter genau festlegen. Auf der Oberstufe werden wir sehen, daß man mit optischen Methoden Längen am genauesten messen kann. Wir wollen aber hier zunächst einfacher zu handhabende Längenmeßgeräte kennenlernen:

Die **Mikrometerschraube** *(Abb. 15.1)* gestattet uns, $\frac{1}{100}$ mm abzulesen. Sie besteht aus einer drehbaren Schraube (rot gezeichnet). Diese rückt bei jeder vollen Umdrehung um 1 mm zurück. Der Umfang der sich mitdrehenden Trommel ist in 100 gleiche Teile geteilt; eine Drehung um 1 Teilstrich bedeutet also eine Längenänderung um 0,01 mm. In *Abb. 15.1* wurde die Trommel von der Null-Marke aus um 7,35 Umdrehungen, das heißt um 7,35 mm, zurückgeschraubt. – Bei vielen Mikrometerschrauben hat die Schraube eine Ganghöhe von 0,5 mm (statt 1 mm in *Abb. 15.1*); sie rückt also bei einer vollen Umdrehung nur um 0,5 mm zurück. Der Trommelumfang ist aber in nur 50 gleiche Teile unterteilt. Dann bedeutet ein Teilstrich wieder 0,01 mm; doch haben die Teilstriche doppelten Abstand voneinander (gegenüber *Abb. 15.1*); die Ablesegenauigkeit ist größer.

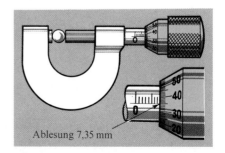

Ablesung 7,35 mm

15.1 Mikrometerschraube

Die **Schieblehre** zeigt zunächst einen Millimetermaßstab (in *Abb. 16.1* grau). Der rot gezeichnete Schieber trägt neben der Nullmarke noch 10 Striche des sogenannten **Nonius** (fälschlicherweise nach dem Portugiesen *P. Nonius*, 16. Jahrhundert). Sie haben voneinander 0,9 mm Abstand. In *Abb. 16.1* fällt der 4. Noniusstrich mit einem Strich der grau gezeichneten Millimeterteilung zusammen. Die Nullmarke des Nonius liegt dann 0,4 mm rechts von dem Strich der Hauptteilung, an dem man die ganzen Millimeter (hier 31) abliest. Denn von einem Noniusstrich zum

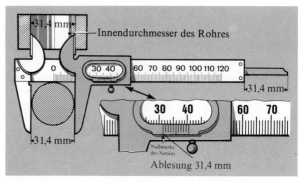

16.1 Schieblehre mit Nonius. Auf der grauen Hauptteilung liest man die ganzen, auf der roten Noniusteilung die Zehntelmillimeter ab. Wie würde der Schieber bei 34,0 mm stehen?

nächsten ändert sich der Abstand zum jeweils benachbarten Strich der Hauptteilung um (1,0−0,9) mm = 0,1 mm. Da erst der 4. Noniusstrich mit einem Strich der Hauptteilung übereinstimmt, summiert sich dieser Abstand auf 0,4 mm. Die Ablesung beträgt also 31,4 mm.

3. Volumenmessung

Die Einheit der Raummessung ist 1 m³, das heißt das Volumen eines Würfels der Kantenlänge 1 m. In der Geometrie wird das Volumen einfach begrenzter Körper, zum Beispiel von Würfel und Quader, aus Längenangaben berechnet. Wie wir in Versuch 3 und Versuch 4 auf Seite 13 sahen, behalten Flüssigkeiten beim Umgießen ihr Volumen bei. Man kann es deshalb im **Meßzylinder,** auch *Meßglas* genannt, bestimmen *(Abb. 13.1)*. Am Rande des Glasgefäßes steht das Wasser etwas höher und bildet den sogenannten *Meniskus* (griech.; Möndchen). Man liest an der tiefsten Stelle, das heißt in der Mitte der Wasseroberfläche, ab, da dann die Meßfehler am kleinsten sind. Hierzu bringt man das Auge auf die Höhe des Wasserspiegels. Die an den Rändern überstehende Menge hat man beim Eichen der Meßgläser bereits berücksichtigt (*Eichen* heißt: das gesetzliche Maß geben). Für kleine Wassermengen nehmen

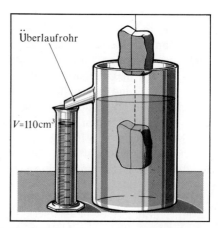

16.2 Volumenbestimmung eines unregelmäßigen Körpers mit dem Überlaufgefäß

wir enge Zylinder, mit denen man noch Bruchteile von 1 Milliliter (1 ml = 1 cm³) bestimmen kann. Mit Meßzylindern läßt sich auch das Volumen unregelmäßig begrenzter fester Körper ermitteln:

Versuch 9: Tauche einen Stein in einen teilweise mit Wasser gefüllten Meßzylinder! Er verdrängt das Volumen an Wasser, welches er selbst einnimmt.

Versuch 10: Fülle das **Überlaufgefäß** nach *Abb. 16.2* ganz mit Wasser und warte, bis der überschüssige Teil abgeflossen ist! Stelle dann einen engen Meßzylinder unter das Ausflußrohr und tauche den Stein ein!

Versuch 11: Man prüft die Genauigkeit der Versuche 9 und 10, indem man einen Quader eintaucht, dessen Volumen aus den Kantenlängen berechnet wurde. Mit der Schieblehre werden die Kanten auf 0,1 mm genau gemessen; das Volumen des Quaders wird so genauer bestimmt als in Versuch 10, in dem man das Volumen des übergelaufenen Wassers an einem engen Meßzylinder höchstens auf $0,1 \text{ cm}^3 = 100 \text{ mm}^3$ genau ablesen konnte.

4. Genauigkeit bei Messungen

5 Schüler messen die Länge des gleichen Tisches und geben an: 3,854 m; 3,851 m; 3,858 m; 3,855 m; 3,856 m. Der *Mittelwert* 3,8548 m aus diesen 5 Angaben dürfte genauer sein als eine einzelne Messung. Doch wäre es sinnlos, mehr als 3 Dezimalen anzugeben, da keine Einzelmessung genauer war. Wir runden deshalb auf 3,855 m. — Die Kanten eines Quaders sind 2,93 m; 2,87 m; 2,94 m. Es hat aber keinen Sinn, das vollständig berechnete Produkt $V = 24,722754 \text{ m}^3$ anzuschreiben. Mißt nämlich ein anderer die Kanten zu 2,94 m; 2,86 m und 2,95 m, so erhält er $V = 24,804780 \text{ m}^3$. Man *rundet* deshalb auf 24,8 m³. Dabei ist bereits die letzte Ziffer unsicher. — Die folgenden Meßwerte sind gleich und haben die gleiche Genauigkeit, auch wenn sie sich in der Zahl der Dezimalen unterscheiden: 27,3 mm; 2,73 cm und 0,0273 m. Für die *Genauigkeit* der Angabe ist deshalb die Stellung des Kommas nicht ausschlaggebend, sondern nur die Zahl der durch Messung gefundenen Ziffern, der sogenannten *geltenden Ziffern*; die Genauigkeit des Beispiels ist dreistellig. Doch müssen wir auch Nullen, die gemessen sind, anschreiben. So ist 3,80 m ein genaueres Meßergebnis als die 2stellige Angabe 3,8 m. Denn bei 3,80 m wurde nach Ablesen der Dezimeter noch ein Meßwert für die Zentimeter gesucht und eine 0 gefunden. Bei 3,8 m sind die Zentimeter überhaupt nicht beachtet. Wer 3,800 m angibt, hat sogar noch die Millimeter gemessen und eine 4stellige Genauigkeit erreicht.

> **Miß so genau wie möglich, gib das Ergebnis aber nicht genauer an, als es der Meßgenauigkeit entspricht!**

Aufgaben:

1. *Bestimme mit einem Meßzylinder, was die Angaben des Arztes bedeuten: 1 Teelöffel, 1 Eßlöffel, 5 Tropfen! Wie geht man vor, um ein möglichst genaues Ergebnis zu erhalten?*

2. *Wie dick ist ein Blatt dieses Buches? Kann man die Dicke auch ohne Mikrometerschraube bestimmen?*

3. *Warum kann man das Volumen von Staubzucker und Mehl im Meßglas ermitteln? (Die Hohlräume zwischen den Teilchen werden mitgemessen.)*

4. *Die Regenhöhe bei einem Wolkenbruch beträgt 10 mm. Wie könnte man sie messen? Wieviel Wasser leiteten die Dachrinnen eines Hauses mit 100 m² Grundfläche ab?*

5. *Wieviel Eimer Wasser (je 9 l) wären nötig, um einen Garten von 300 m² Fläche so zu sprengen, wie es einer durchschnittlichen Regenhöhe von 2 mm entspricht?*

6. *Bestimme Dein Atemvolumen nach Abb. 14.2!*

7. *Warum sind enge Meßzylinder genauer als weite?*

8. *Warum kann man das Volumen eines größeren Körpers mit einem Überlaufgefäß genauer messen als in einem Meßzylinder?*

9. *Wie bestimmt man mit der Schieblehre nach Abb. 16.1 Hohl- und Tiefmaße?*

§ 4 Die Geschwindigkeit

1. Zeitmessung

Wir messen Zeiten im allgemeinen mit *Stoppuhren*. Ihre Zeiger müssen gleichmäßig laufen, auch wenn die Kraft der Antriebsfeder nachläßt. Hierzu werden sie durch die Schwingungen einer Unruhe von gleicher Dauer gesteuert; die Unruhe ist das sich ständig hin und her drehende Rad in der Uhr *(Abb. 18.2)*. Beim *Metronom* *(Abb. 18.1*, links) und bei Kuckucksuhren verwendet man hierzu die Schwingungen des *Pendels*. Nach *n* solchen Schwingungen ist die *n*-fache Zeit verstrichen. Die Zeiteinheit 1 s wurde früher aus der mittleren Länge eines Tages — gemittelt über ein Jahr — bestimmt. Genaueste Uhren sind heute durch *Atomschwingungen* gesteuert. Sie liefern ein Naturmaß von exakt gleicher Dauer. Solche Uhren zeigen, daß sich die Erde nicht ganz gleichmäßig dreht. Deshalb hat man die Zeiteinheit 1 Sekunde für alle Orte und Zeiten durch *Atomuhren* festgelegt.

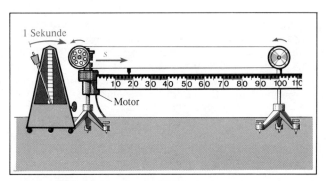

18.1 Was unterscheidet die schnelle von der langsamen Bewegung? Vergleiche mit *Abb. 19.1*!

18.2 Zahnräder und Unruhe einer Armbanduhr

2. Geschwindigkeit

Wer in einer Stunde möglichst weit kommen will, fährt möglichst schnell. Dabei überholt er langsamere Fahrzeuge, die in der gleichen Zeit einen kürzeren Weg zurücklegen. Um Geschwindigkeiten zu bestimmen, muß man also Wegstrecken und Zeiten messen:

Versuch 12: In der Anordnung nach *Abb. 18.1* ist eine an den Enden zusammengeknüpfte Schnur über zwei Räder gelegt. Ein langsam und gleichmäßig laufender Motor bewegt diesen Schnurzug. Der jeweilige Ort des mitlaufenden Papierreiters wird bei jedem Sekundenschlag des Metronoms (griech.; Taktgeber) durch Striche am Maßstab markiert. Diese Marken haben gleiche Abstände voneinander; deshalb bezeichnen wir die Bewegung als *gleichförmig*.

In der *Tabelle 19.1* sind die von der Null-Marke aus zurückgelegten Strecken *s* (spatium, lat.; Weg) und die von dort ab gemessenen Zeiten *t* (tempus, lat.; Zeit) angegeben. Im *Schaubild* nach *Abb. 19.1a* wurden diese Strecken *s* über der Zeit *t* aufgetragen. Man erhält eine Gerade durch

Tabelle 19.1

Zeit t in Sekunden	0	1	2	3	4
Weg s in cm	0	20	40	60	80
Geschwindigkeit v in cm/s	−	20	20	20	20

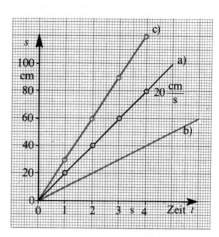

19.1 Schaubild für drei gleichförmige Bewegungen. Welche hat die größte Geschwindigkeit?

den Ursprung. Der Tabelle wie auch dem Schaubild entnimmt man: Zur doppelten Zeit gehört auch die doppelte Strecke, zur dreifachen Zeit die dreifache Strecke usw. Ein solcher Zusammenhang tritt in der Physik oft auf. Man sagt: *Die Strecke s ist der Zeit t proportional oder verhältnisgleich* und schreibt $s \sim t$. Der Quotient

$$\frac{s}{t} = \frac{20\,\text{cm}}{1\,\text{s}} = \frac{40\,\text{cm}}{2\,\text{s}} = \frac{60\,\text{cm}}{3\,\text{s}} = \cdots = 20\,\frac{\text{cm}}{\text{s}}$$

ist immer gleich. Dieser Quotient $v = s/t$ gibt die **Geschwindigkeit** v (velocitas, lat.; Geschwindigkeit) an, welche die vorliegende Bewegung kennzeichnet. Er ist konstant. Dabei haben wir in den Nenner jeweils nicht nur die Maßzahlen 1, 2, 3 der Zeit, sondern auch ihre Einheit s geschrieben. Fehlte die Einheit, so würde man später nicht mehr wissen, ob man die Zeit in Sekunden (s), Minuten (min) oder Stunden (h) gemessen hat. Hinter dem Quotienten 20 der Maßzahlen fassen wir die Einheiten cm und s zur Einheit der Geschwindigkeit cm/s zusammen. Diese Einheit gibt den anschaulichen Ausdruck „*Zentimeter je Sekunde*" exakt wieder. Man sollte genauer sagen „Zentimeter durch Sekunde".

> **Ein Körper bewegt sich gleichförmig, wenn er stets in gleichen Zeiten gleiche Wege zurücklegt.**
>
> **Der Weg s ist dann der Zeit t proportional: $s \sim t$.**
>
> **Unter der Geschwindigkeit v dieser gleichförmigen Bewegung versteht man den konstanten Quotienten aus der Wegstrecke s und der Zeit t:**
>
> $$v = \frac{s}{t}\,. \tag{19.1}$$

Für die Sekunde darf man nur noch das Kurzzeichen „s", nicht mehr „sec" schreiben. Als *Einheit* wird es wie eine Zahl mit senkrechten Buchstaben gedruckt. Die Buchstaben, welche physikalische *Größen* wie den Weg s und die Zeit t darstellen, werden zur Unterscheidung *schräg* gedruckt. Nach S. 15 handelt es sich bei diesen Größen um Produkte aus Zahlenwert und Einheit.

Wir wollen bestimmen, welche Strecke s der Papierreiter in Versuch 12 in $t = 3{,}7$ s zurücklegt. Dem Schaubild entnehmen wir $s \approx 75$ cm. Genauer erhält man die Strecke s, wenn man die Gleichung $v = s/t$ nach s auflöst: $s = \boldsymbol{v \cdot t}$. Hieraus folgt

$$s = v \cdot t = 20\,\frac{\text{cm}}{\text{s}} \cdot 3{,}7\,\text{s} = 74\,\text{cm}.$$

Dabei ist mit der Einheit s gekürzt, so daß die Einheit cm übrigbleibt. Um nachzuprüfen, stecken wir in Versuch 12 die Strecke $s = 74$ cm ab und messen mit Stoppuhren die Zeit $t = 3{,}7$ s.

Wir sehen, daß neben der Definitionsgleichung $v = s/t$ für die Geschwindigkeiten auch die folgenden Umformungen nützlich sind:

Zum Berechnen des Weges:	$s = v \cdot t$	**(20.1)**
Zum Berechnen der Zeit:	$t = \dfrac{s}{v}$.	**(20.2)**

Als *Einheiten* für Geschwindigkeiten benutzt man meist cm/s, m/s, km/h. Man merke die Umrechnung

$$36 \frac{\text{km}}{\text{h}} = 36 \cdot \frac{1000 \text{ m}}{3600 \text{ s}} = 10 \frac{\text{m}}{\text{s}}. \text{ Es gilt also } 1 \frac{\text{m}}{\text{s}} = 3,6 \frac{\text{km}}{\text{h}}.$$

Man sage nie „Stundenkilometer"! Dies müßte man abgekürzt als Produkt „h km" schreiben.

Das Tachometer im Auto zeigt die jeweilige Geschwindigkeit an. Diese kann sich während der Fahrt ändern. Legt man in $t = 3$ h die Strecke $s = 270$ km zurück, so kann man nur die **mittlere Geschwindigkeit** $\bar{v}$ angeben:

$$\bar{v} = \frac{s}{t} = \frac{270 \text{ km}}{3 \text{ h}} = 90 \frac{\text{km}}{\text{h}}.$$

3.   Beschleunigung

Wenn ein Auto anfährt, so zeigt das Tachometer die wachsende Geschwindigkeit. Sie steigt zum Beispiel in $t = 10$ s von $v = 0$ auf $v = 100$ km/h. Dabei nimmt die Geschwindigkeit (im Mittel) in 1 s um 10 km/h zu. Beschleunigt der Motor weniger stark, so steigt die Geschwindigkeit zum Beispiel in 1 s nur um 7 km/h an. Die *Geschwindigkeitszunahme je Sekunde* gilt als Maß für die *Beschleunigung:*

Die Beschleunigung gibt die Zunahme der Geschwindigkeit in 1 Sekunde an.

Aufgaben:

1. *Durch welche Gleichung ist die Geschwindigkeit definiert? — Ein Fahrzeug kommt in einer bestimmten Zeit doppelt so weit wie ein anderes. Wie verhalten sich die Geschwindigkeiten?*

2. *Ein Läufer legt 100 m in 12,5 s, ein anderer in 12,3 s zurück. Berechne und vergleiche die Geschwindigkeiten!*

3. *Welchen Weg legt ein Auto bei 25 m/s in 5 min zurück, welchen in 1 h?*

4. *Wie lange braucht das Licht (300 000 km/s) von der Sonne zur Erde (150 000 000 km), wie lange zu einer Strecke von der Länge des Erdumfangs (40 000 km)? Welche Zeit würde in beiden Fällen der Schall brauchen (340 m/s)?*

5. *Welche Geschwindigkeiten gehören zu den durch die Geraden (b) und (c) in Abb. 19.1 dargestellten Bewegungen? Wie würde das Schaubild aussehen, wenn der bewegte Körper im Zeitpunkt $t = 4$ s plötzlich stehen geblieben wäre?*

6. *Zeichne das Schaubild für eine Bewegung mit der Geschwindigkeit $v = 60$ cm/s!*

7. *Das Schaubild in Abb. 19.1 zeigt eine Gerade. Muß auch die Bahn, die der Körper beschreibt, geradlinig sein?*

Kraft — Masse — Arbeit

§ 5   Kräfte und ihre Messung

1. Was ist eine Kraft?

Mit gespannten Muskeln wirft der Handballspieler *(Abb. 21.1)* den Ball auf das Tor; er setzt ihn mit großer Kraft schnell *in Bewegung*. „Von selbst" würde der Ball in Ruhe bleiben. Der Torwart versucht umgekehrt mit all seiner Kraft, den Ball *abzubremsen* oder ihn aus seiner *Bahn abzulenken*. Jeder, der eine Kraft ausübt, spürt dies unmittelbar in seinen Muskeln. Die anderen erkennen die Kraft jedoch nur an ihren *Wirkungen*. Man kann Bälle oder Steine auch durch Schleudern abschnellen lassen. Zwar spürt niemand, was in ihren Gummibändern vor sich geht. Doch sprechen wir auch diesen Bändern eine Kraft zu; denn sie bringen ähnliche Wirkungen zustande wie unsere Muskelkraft. Dabei übertragen wir gedanklich die in unseren Muskeln unmittelbar empfundene Kraft auf die unbelebte Natur. Vieles, was wir dort beobachten, verstehen wir als die Wirkung von Kräften:

21.1 Mit großer Kraft beschleunigt der Handballspieler den Ball.

Versuch 1: Auf dem Tisch liegt eine große Eisenkugel. „Von selbst" bleibt sie in Ruhe. Nähern wir ihr einen *Magneten*, so wird sie in Bewegung gesetzt und *beschleunigt*. Als Ursache hierfür schreiben wir dem Magneten eine Kraft zu. Der Magnet bremst die rollende Kugel, wenn er ihr von hinten genähert wird. In *Abb. 21.2* lenkt er sie aus ihrer geradlinigen Bahn ab. In diesen Beispielen wird der **Bewegungszustand** der Kugel geändert. Der Bewegungszustand eines Körpers ändert sich, wenn der Körper schneller bzw. langsamer wird oder wenn er seine Bewegungsrichtung ändert.

21.2 Die Kraft des Magneten ändert die Richtung der rollenden Kugel.

Versuch 2: Nähere den Magneten einer einseitig eingespannten Blattfeder aus Stahl *(Abb. 21.3)!* Sie wird von der magnetischen Kraft verbogen.

> **Kräfte erkennt man daran, daß sie Körper verformen oder ihren Bewegungszustand ändern.**

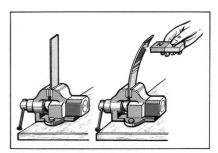

21.3 Die magnetische Kraft verformt die Blattfeder.

2. Die Gewichtskraft und andere Kraftarten

Versuch 3: Halte ein großes Eisenstück mit ausgestrecktem Arm! Es ist schwer, das heißt, es wird mit einer großen Kraft nach unten gezogen. Man nennt sie **Gewichtskraft.** Läßt Du das Eisenstück los, so wird es von der Gewichtskraft, die es ständig erfährt, nach unten in Bewegung gesetzt und fällt senkrecht auf die Erde. Nach *Abb. 22.1* zeigt die Gewichtskraft zur Erdmitte hin; sie ist die *Anziehungskraft durch die Erde.* Da auch unmagnetische Stoffe (Holz, Glas usw.) nach unten fallen, dürfen wir Gewichtskräfte nicht mit magnetischen Kräften verwechseln. — Neben *Gewichtskräften* und *magnetischen* Kräften haben wir noch *Muskelkräfte* und die Kräfte *gespannter Gummibänder* kennengelernt. In der Technik läßt man die Kräfte meist von Motoren ausüben; diese ersetzen die Kräfte, die man früher Zugtieren oder Sklaven abverlangte. Aber nicht alle physikalischen Vorgänge werden durch Kräfte verursacht. Um zum Beispiel einen Körper mit einer Flamme zu erwärmen, braucht man keine Kraft.

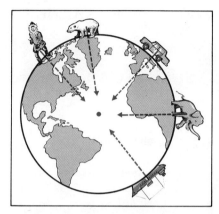

22.1 Die Körper erfahren eine zur Erdmitte gerichtete Gewichtskraft.

22.2 Je stärker man am Expander zieht, um so mehr wird er verlängert.

3. Kraftmessung

Wenn zwei Jungen „ihre Kräfte messen", so prüfen sie, ob sie gleich stark sind oder ob einer stärker ist als der andere:

Versuch 4: Zwei Schüler ziehen nacheinander am gleichen *Expander (Abb. 22.2).* Wird er von beiden gleich stark verlängert, so sagen wir, ihre Kräfte seien gleich groß und vereinbaren über die **Maßgleichheit:**

> **Zwei Kräfte sind gleich groß, wenn sie dieselbe Feder gleich stark verlängern.**

Im Expander muß man viele Gummischnüre oder starke Federn spannen; man braucht große Kräfte. Mit einer Feder aus dünnem Draht können wir viel kleinere Kräfte vergleichen:

Versuch 5: An eine **Schraubenfeder** aus dünnem Stahldraht *(Abb. 22.3)* wird ein Metallstück gehängt. Die Gewichtskraft verlängert die Feder um 5 cm. Ein zweites Metallstück verlängere sie ebenso um 5 cm; es erfährt also die

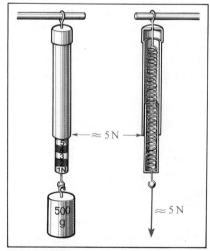

22.3 Kraftmesser im Schnitt

gleiche Gewichtskraft. Nach diesem Verfahren können wir beliebig viele gleich schwere Körper aussuchen oder herstellen. Es liegt nun nahe, festzulegen, daß zum Beispiel 3 solche Körper zusammen die 3fache Gewichtskraft erfahren wie einer allein:

Vereinbarung zur Maßvielfachheit:
n **gleichschwere Körper erfahren zusammen die** *n*-**fache Gewichtskraft wie einer von ihnen.**

Wenn wir Versuch 5 nach einiger Zeit mit derselben Feder wiederholen, so zeigen sich bei einer guten Stahlfeder dieselben Ergebnisse. Deshalb benutzen wir zum Messen von Kräften **Kraftmesser**, die solche Federn enthalten. Nach *Abb. 22.3* ist eine Schraubenfeder aus Stahldraht von zwei Hülsen umgeben, die ineinander gleiten können. Die äußere Hülse wurde mit dem oberen Ende der Feder fest verbunden, die innere mit dem unteren. Wenn eine Kraft die Feder verlängert, so wird eine Skala auf der inneren Hülse sichtbar. Dieser Skala können wir die *Krafteinheit* entnehmen. Während es früher mehrere Krafteinheiten gab, ist jetzt durch Gesetz das **Newton**[1]) (abgekürzt **N**) als einzige Krafteinheit vorgeschrieben.

Die Einheit der Kraft ist das Newton (N). Wir messen Kräfte mit Kraftmessern, die in Newton geeicht sind.

Zur Festlegung der Krafteinheit Newton ist man von der in Versuch 1 gemachten Erfahrung ausgegangen, nach der Kräfte den Bewegungszustand von Körpern ändern. So braucht ein Lastwagen einen kräftigeren Motor, wenn er voll beladen ist und trotzdem stark beschleunigt werden soll. Die Kraft hängt also vom Körper, den man beschleunigt, und von der gewünschten Beschleunigung ab. Um die Krafteinheit N festzulegen, hat man *Beschleunigungsversuche* mit einem genau definierten Körper, nämlich einem *Kilogrammstück*, herangezogen:

Unter 1 Newton versteht man die Kraft, die man braucht, um ein 1 kg-Stück in 1 s aus der Ruhe auf die Geschwindigkeit 1 m/s zu beschleunigen *(Abb 23.1)*.

Auf der Oberstufe untersuchen wir Beschleunigungsvorgänge und zeigen dabei, daß die Angaben auf unseren Kraftmessern mit der soeben getroffenen Vereinbarung in Einklang stehen. Wir können aber schon jetzt ein Verfahren angeben, mit dem sich andere Federn in Newton eichen lassen. Hierzu benutzen wir die *Gewichtskraft:*

Versuch 6: Wir hängen Wägestücke aus einem Wägesatz an einen geeichten Kraftmesser, bis er 1 N anzeigt. In ganz Mitteleuropa findet man, daß hierzu Wägestücke von insgesamt 102 g nötig sind. Mit dieser Erfahrung können wir − auch zu Hause − eine Stahlfeder in Newton eichen. Wir brauchen nur Wägestücke von insgesamt 102 g an sie zu hängen und die Verlängerung an einer Skala zu markieren.

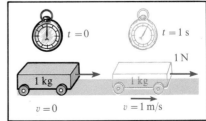

23.1 Definition der Krafteinheit 1 Newton

---

[1]) Dem englischen Physiker *Isaac Newton* (1643 bis 1727) verdanken wir die grundlegenden Gesetze der Mechanik, insbesondere die der *Gravitationskraft*, mit der sich Körper − auch Himmelskörper − gegenseitig anziehen.

Eine brauchbare Feder wird durch 204 g doppelt, durch 306 g dreimal so stark verlängert. Deshalb darf man die Skala mindestens bis zu diesem Wert gleichmäßig unterteilen und mit dieser Feder Kräfte messen (siehe Seite 32).

Das Ergebnis aus Versuch 6 dürfen wir aber nicht leichtfertig verallgemeinern. *Abb 22.1* zeigte, daß die *Richtung* der in Versuch 6 benutzten Gewichtskraft vom Ort abhängt. Dies gilt auch für ihren *Betrag*. Ein genauer Kraftmesser wird durch den gleichen Körper an den Polen um 0,25% stärker verlängert als bei uns, am Äquator dagegen um 0,25% weniger stark (Die Erde rotiert und ist an den Polen etwas abgeplattet). Diese Änderung könnte man mit unseren Kraftmessern gerade noch feststellen.

Wenn man sich von der Erde entfernt, so nimmt ihre Anziehungskraft sehr stark ab: In 6370 km Höhe über dem Boden, also im doppelten Abstand vom Erdmittelpunkt, ist sie auf $\frac{1}{4}$ gesunken. Der Mond ist sehr viel kleiner als die Erde. Er kann alle Körper auf seiner Oberfläche nur mit dem 6. Teil der Gewichtskraft anziehen, die sie auf der Erde erfahren würden *(Abb. 24.1)*. Man müßte auf dem Mond 6 gleiche Metallstücke an eine Feder hängen, bis sie genau so stark verlängert würde wie auf der Erde durch ein einziges. Ein Raumfahrer kann auf dem Mond mit derselben Muskelkraft viel höher springen als bei uns. Auf anderen Himmelskörpern kann die Gewichtskraft, die ein Körper erfährt, jedoch auch größer sein als auf der Erde: Auf der Oberfläche des Planeten Jupiter ist sie 2,56mal so groß wie auf der Erdoberfläche!

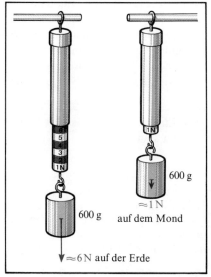

24.1 Am Kraftmesser hängen 600 g; links: auf der Erde, rechts: auf dem Mond.

> **Die Gewichtskraft, die ein Körper erfährt, ändert sich mit dem Ort, und zwar für alle Körper im gleichen Verhältnis.**

Dagegen ist die Kraft, mit der man ein Kilogramm-Stück in 1 s aus der Ruhe auf die Geschwindigkeit 1 m/s beschleunigt, überall gleich groß und wurde deshalb zur Festlegung der Krafteinheit 1 N benutzt.

Da Wägestücke von insgesamt 102 g nach Versuch 6 bei uns die Gewichtskraft 1 N erfahren, beträgt diese Kraft bei einem 1 Gramm-Stück folglich etwa 0,01 N. Für 0,01 N schreiben wir künftig 1 cN (Zenti-Newton; die Vorsilbe Zenti- bedeutet Hundertstel-; siehe Zentimeter).

> **Ein 1 Gramm-Stück erfährt bei uns die Gewichtskraft von etwa 1 cN = 0,01 N.**

Die Erde verleiht also einem Kilogramm-Stück (1 000 g) die Gewichtskraft von etwa

$$1 000 \text{ cN} = 10 \text{ N, genauer } \frac{1 \text{ N}}{0,102} = 9,81 \text{ N};$$

denn 0,102 kg erfahren bei uns die Gewichtskraft 1 N. Dies bestätigt ein Kraftmesser, wenn man an ihn ein Kilogramm-Stück hängt. Auf dem Mond würde der Kraftmesser beim Anhängen eines Kilogramm-Stücks dagegen nur den 6. Teil von 9,81 N, das heißt 1,6 N, auf dem Planeten Jupiter dagegen das 2,65fache, also 26 N, anzeigen.

Man nannte bisher die Gewichtskraft, die ein Kilogramm-Stück bei uns erfährt, 1 Kilopond (1 kp; pondus, lat.; Gewicht). Die Krafteinheit 1 kp ist im geschäftlichen Verkehr nach 1977 nicht mehr zugelassen. **1 Kilopond (kp) ist die Gewichtskraft, die ein Kilogramm-Stück bei uns erfährt. Es gilt: 1 kp = 9,81 N ≈ 10 N.** 1 p (Pond) ist also die Gewichtskraft eines Gramm-Stücks bei uns. Es gilt 1 p ≈ 1 cN.

4. Der Kraftpfeil

Man zieht waagerecht an einem dünnen geraden Baumstamm. Er verbiegt sich nach der Richtung, in der man zieht. Deshalb zeichnen wir Kräfte als *Pfeile* (siehe *Abb. 22.1* und *24.1*). Der Pfeil zeigt die *Richtung* der Kraft. Zudem vereinbart man häufig einen **Kräftemaßstab**, etwa 1 cm ≙ 1 N *(Abb. 25.1)*. Dann gibt der Pfeil durch seine Länge den Betrag F der Kraft an. Der Buchstabe F zur Abkürzung für den physikalischen Begriff Kraft kommt von *force*, engl.; Kraft. Man nennt physikalische Größen, die man durch Pfeile darstellen kann, **Vektorgrößen** (vectare, lat.; fahren).

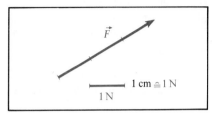

25.1 Kraftpfeil mit Kräftemaßstab; $F = 3$ N. Der Pfeil ist gekennzeichnet durch Länge und Richtung.

Wenn wir zum Beispiel sagen, die Geschwindigkeit des Windes betrage 20 m/s, so ist noch nicht ausgedrückt, aus welcher Richtung er weht. Um auch die Richtung anzugeben, zeichnen wir Geschwindigkeiten ebenfalls als Pfeile.

> **Kräfte und Geschwindigkeiten sind Vektorgrößen, das heißt Größen, denen eine Richtung zugeordnet ist.**

Vektorgrößen bezeichnen wir durch einen Pfeil über dem Buchstaben (Kraft $\vec{F}$, Geschwindigkeit $\vec{v}$). Sprechen wir nur vom *Betrag*, so schreiben wir den Buchstaben allein ($F = 30$ N; $v = 20$ m/s). Größen, denen dagegen keine bestimmte Richtung zukommt, wie Volumen V und Zeit t, nennt man **Skalare** (scala, lat.; Leiter). –

25.2 Der Mondfahrer trägt einen Tornister, der auf der Erde eine Gewichtskraft von 840 N, auf dem Mond dagegen von nur 140 N erfährt.

Wenn man sagt, eine Kraft sei doppelt so groß wie eine andere, so meint man, daß sie den doppelten Betrag habe; ihr Kraftpfeil ist doppelt so lang. Die beiden Kräfte brauchen dabei nicht die gleiche Richtung zu haben.

Aufgaben:

1. *Wann und wodurch ändert sich der Bewegungszustand eines Körpers ?*

2. *Wieviel Kilopond Gewichtskraft erfährt der Tornister des Mondfahrers in Abb. 25.2 auf dem Mond, wieviel auf der Erde ?*

3. *Wie stellt man fest, ob die Skala eines Kraftmessers zu Recht gleichmäßig unterteilt ist ?*

§ 6 Die Masse der Körper

1. Was versteht man unter Masse?

Auf Wägestücken steht die Einheit kg oder g. Da Kräfte aber, wie wir jetzt wissen, in Newton (oder kp) gemessen werden, erhebt sich die Frage, welche Größe man in der Einheit Kilogramm (kg) oder Gramm (g) mißt. Um dies zu klären, betrachten wir zum Beispiel eine Schokoladentafel. Sie ist auf dem Mond viel leichter als bei uns auf der Erde, stillt aber den Hunger gleich gut. Auf der Fahrt zum Mond ändert sich die Schokoladenmenge nicht. Man sagt in der Physik, die Masse m der Tafel sei gleich geblieben.

> **Die Masse m eines Körpers ist überall gleich, wenn nichts weggenommen oder zugefügt wird.**

Versuch 7: Lege zwei Schokoladentafeln auf die Balkenwaage! Wenn sie einspielt, werden beide gleich stark von der Erde angezogen. Auf dem Mond würde die Waage dann ebenfalls einspielen und Gleichheit der Massen anzeigen *(Abb. 26.1)*. *Wenn wir Massen angeben, so interessiert uns die Gewichtsänderung beim Ortswechsel nicht.* Wohl aber sehen wir an der Balkenwaage sehr genau (genauer als an Federn), wenn zum Beispiel von einer der beiden Tafeln etwas weggenommen wurde. Dann sind ihre Massen verschieden. – Bisher verglichen wir nur die Massen von zwei Tafeln Schokolade, also Massen aus dem *gleichen* Stoff. Man schreibt aber auch einem Messingklotz und einer Schokoladentafel gleiche Masse zu, wenn sie miteinander die Waage zum Einspielen bringen. (Die Körper können dabei sehr verschiedenes Volumen haben.) Auf diese Weise wird der Begriff Masse auf Körper aus allen Stoffen erweitert:

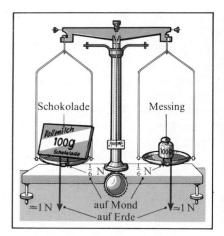

26.1 Mit der Balkenwaage vergleicht man Massen unabhängig vom Ort.

> **Wenn zwei Körper am gleichen Ort die gleiche Gewichtskraft erfahren, so schreibt man ihnen die gleiche Masse zu. Die Balkenwaage vergleicht Massen.**

2. Die Einheit der Masse

Auf der Schokoladentafel bleibt bei der Mondfahrt mit Recht die Aufschrift 100 g stehen; denn die Tafel bringt eine Waage sowohl auf der Erde wie auch auf dem Mond zum Einspielen, wenn in der anderen Schale ein 100 g-Stück aus dem Wägesatz liegt. Die Schokoladentafel und das 100 g-Stück haben überall die gleiche Masse 100 g, wenn auch die Gewichtskräfte, die sie auf dem Mond erfahren, nur den 6. Teil betragen. In den Einheiten Gramm und Kilogramm mißt man also die Masse m und nicht die Gewichtskraft G. 1 kg ist festgelegt als die Masse eines

Körpers aus der Legierung Platin-Iridium (2 Edelmetalle), den man in Paris sorgfältig aufbewahrt. Diesem sogenannten **Urkilogramm** gab man 1799 möglichst genau die Masse von 1 dm³
Wasser bei 4 °C.

**Die Einheit der Masse m ist das Kilogramm (kg). 1 kg = 1 000 g = 10^6 mg (Milligramm).
Eine weitere Masseneinheit ist die Tonne (t). 1 t = 1 000 kg.**

Zwei Wägestücken von je 1 kg schreibt man zusammen die Masse 2 kg zu usw. In einem Wäge-
satz sind Stücke mit den Massen 1 kg, 500 g, 100 g usw. vereinigt (siehe Aufgabe 3 und 4). – Der
Masse m kann man keine Richtung zuschreiben; sie ist ein Skalar. Eine *Richtung* hat jedoch die
Gewichtskraft $\vec{G}$, die der Körper von der Erde oder einem andern Himmelskörper erfährt.

Versuch 8: Stelle nur unter Benutzung einer Balkenwaage und eines 100 g-Stücks mehrere 50 g-
Stücke aus Plastilin her!

	Symbol	Einheit	Meßgerät	vom Ort abhängig	
Masse	m	kg, g	Balkenwaage	nein	Skalar
Gewichtskraft	G	N, cN, (kp)	Kraftmesser	ja	Vektor

Aufgaben:

1. *Was zwingt uns, zwischen Masse (kg) und Gewichtskraft (N) zu unterscheiden?*

2. *Welche Masse m und welche Gewichtskraft hätte das Urkilogramm auf dem Mond?*

3. *Tragen die Stücke unserer Wägesätze mit Recht die Aufschrift „kg" und „g" oder sollte sie durch* N *und* cN *ersetzt
werden?*

4. *Ein Wägesatz enthält die folgenden Stücke: 100 g, 50 g,
20 g, 20 g, 10 g, 5 g, 2 g, 2 g, 1 g, 500 mg, 200 mg, 200 mg,
100 mg (Abb. 27.1). Warum sind 20 g, 2 g, 0,2 g doppelt
vorhanden? Stelle die Massen 4 g, 6 g, 8 g, 9 g, 2,79 g
mit dem Wägesatz zusammen!*

5. *Können wir Massen auch mit Hilfe von Federn vergleichen?
– Warum schreibt man auf die Skala nicht die Einheit kg?*

6. *Kann man Gewichtskräfte mit der Balkenwaage vergleichen? Kann man sie damit auch messen, wenn man nicht
weiß, wo man sich befindet?*

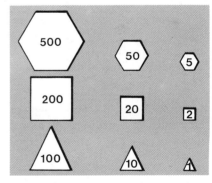

27.1 Milligrammstücke aus dem Wägesatz

7. *Mit welchem Gerät wiegen wir Erbsen vom Gewicht 10 N ab? Bekäme man dabei bei uns, an den Polen,
am Äquator, auf dem Mond immer die gleiche Zahl Erbsen? (Denke an das Gewicht einer Erbse!)*

8. *Der Kaufmann wiegt 100 g Erbsen mit der Balkenwaage ab. Müßte er am Nordpol weniger Erbsen auf
die Waage legen?*

9. *Warum sagt man, ein Körper hat (besitzt) Masse und er erfährt eine Gewichtskraft?*

10. *Welche Masse hat der Tornister des Raumfahrers in Abb. 25.2?*

§ 7   Die Dichte der Stoffe

1.   Definition der Dichte

Ein kleines Bleikügelchen ist leichter als ein großer Aluminiumtopf. Trotzdem sagt man, Blei sei schwerer als Aluminium. Der Widerspruch klärt sich auf, wenn man ein Blei- und ein Aluminiumstück von gleichem Volumen betrachtet. Dabei wollen wir ihre Massen vergleichen; denn die Gewichtskräfte, die sie erfahren, ändern sich mit dem Ort:

Versuch 9: Bestimme die Masse von Kubikzentimeterwürfeln aus verschiedenen Stoffen *(Abb. 28.1)!* 1 cm³ Blei hat die Masse 11,3 g, 1 cm³ Aluminium nur 2,7 g.

Versuch 10: Eine Glasplatte mit 10 cm³ Volumen hat die Masse 25 g. Wenn das Glas durchgängig gleich beschaffen *(homogen)* ist, entfallen 2,5 g auf 1 cm³. Es ist nicht nötig, das Glasstück in Kubikzentimeterwürfel aufzuteilen, um die Masse von 1 cm³ zu ermitteln. Wir dividieren einfach die Gesamtmasse $m = 25$ g durch das Volumen $V = 10$ cm³ und erhalten die den Stoff Glas kennzeichnende Dichte ϱ als Quotient (ϱ: griech. Buchstabe „Rho"):

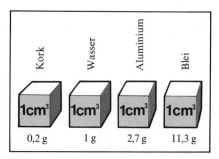

28.1 Kubikzentimeterwürfel aus verschiedenen Stoffen und ihre Massen

$$\varrho = \frac{m}{V} = \frac{25 \text{ g}}{10 \text{ cm}^3} = 2{,}5 \frac{\text{g}}{\text{cm}^3}.$$

Die Einheit g/cm³ der Dichte gibt den anschaulichen Ausdruck „Gramm je cm³" wieder. Korrekter ist „Gramm durch cm³". Die „Dichte" gibt an, „wie dicht die Materie gepackt ist". Ist sie für einen Stoff ermittelt, so gilt sie für ihn auch an anderen Orten. Deshalb sind ihre Werte in *Tabellen* zusammengestellt, die überall gelten (siehe am Ende des Buches).

Unter der Dichte ϱ eines homogenen Stoffes versteht man den Quotienten aus der Masse m und dem Volumen V von Körpern, die aus diesem Stoff bestehen.

$$\varrho = \frac{m}{V}.$$

(28.1)

Die Einheit der Dichte ist $1 \frac{\text{g}}{\text{cm}^3} = 1 \frac{\text{kg}}{\text{dm}^3}.$

---

2.   Anwendungen der Dichte

a) Wasser hat die Dichte 1 g/cm³; denn 1 cm³ Wasser besitzt die Masse 1 g. Die Maßzahl der Dichte eines Stoffes gibt also an, wieviel mal so groß die Masse eines Körpers aus diesem Stoff ist wie die Masse einer Wassermenge von gleichem Volumen.

b) Masse und Volumen von zwei verschiedenen Metallstücken betragen $m_1 = 120$ g; $V_1 = 44{,}5$ cm³ und $m_2 = 144$ g; $V_2 = 83$ cm³. Ihre Dichten sind $\varrho_1 = 2{,}70$ g/cm³ und $\varrho_2 = 1{,}74$ g/cm³. Nach der Tabelle am Ende des Buches handelt es sich vermutlich um Aluminium und um Magnesium (Seite 422).

c) Kork hat die Dichte $0{,}2$ g/cm³; 1 cm³ Kork hat also die Masse $0{,}2$ g. Ein Korkstück von 20 cm³ besitzt eine 20mal so große Masse, nämlich 4 g. In der Physik ist es üblich, zu derartigen Berechnungen die Gleichung (28.1) heranzuziehen. Wir lösen sie entsprechend den Regeln der Algebra nach m auf und erhalten $m = V \cdot \varrho$. Es folgt $m = 20$ cm³ $\cdot$ $0{,}2$ g/cm³ $= 4$ g. Mit der Einheit cm³ wurde gekürzt. Das Ergebnis stimmt mit dem Wert überein, den wir durch anschauliche Überlegungen erhalten haben und durch Versuche nachprüfen können. Aus der Definitionsgleichung $\varrho = m/V$ folgt

$$\text{zum Berechnen der Masse:} \qquad m = \varrho \cdot V \qquad\qquad (29.1)$$

$$\text{zum Berechnen des Volumens:} \quad V = \frac{m}{\varrho}. \qquad\qquad (29.2)$$

d) **Versuch 11**: $2{,}5$ m³ trockener Sand soll auf einem Lastwagen weggefahren werden. Dieser kann höchstens eine Masse von 5 t $= 5\,000$ kg transportieren. Ist der Transport mit einer Fuhre möglich? Um dies zu klären, nimmt man vom Sand eine kleine Probe und ermittelt die Dichte $\varrho = m/V = 1{,}7$ kg/dm³. Dann berechnet man nach Gleichung (29.1) die Gesamtmasse $m = \varrho \cdot V = 2\,500$ dm³ $\cdot$ $1{,}7$ kg/dm³ $= 4250$ kg. Eine Fuhre genügt.

3. Unterschied zwischen Masse und Dichte

Die Gleichung (29.1) $m = \varrho \cdot V$ zeigt, daß Masse m und Dichte ϱ zwei ganz verschiedene Größen sind: Kennt man die Dichte eines Stoffs, so weiß man noch nicht, welche Masse m ein Körper aus diesem Stoff hat. Man muß noch sein Volumen V angeben.

> **Die Masse m ist eine Eigenschaft von Körpern, die Dichte ϱ eine Eigenschaft von Stoffen, auch Materialien genannt; die Dichte ist also eine Materialkonstante.**

4. Rückschau

Unter dieser Überschrift wollen wir uns künftig immer wieder Gedanken machen, wie wir uns die neuen *physikalischen Erkenntnisse erarbeitet* haben. Auf die Frage, wie man in der Physik vorgeht und was man dort macht, können wir schon jetzt eine Reihe von Antworten geben: *Beobachten*, nach bestimmten Gesichtspunkten *ordnen*, planmäßige *Experimente* ausführen, um die Natur zu befragen, *verallgemeinern*, *nachprüfen*, *erklären*, nach einer *Ursache suchen*, *Naturgesetze aufstellen*, *anwenden*. Besondere Bedeutung hat das *Messen*. Damit auch andere mit einem Meßergebnis etwas anfangen können, müssen sie wissen, wie man es fand. Deshalb haben wir bei Längen, Kräften und Massen genau angegeben:

a) wann zwei Größen gleich sind **(Maßgleichheit),**

b) wann eine Größe n-mal so groß ist wie eine andere **(Maßvielfachheit)** und

c) die **Maßeinheit.**

Größen, bei denen wir dies nötig haben, sind für uns **Grund-** oder **Basisgrößen** (Länge s, Zeit t, Masse m usw.). Aus ihnen haben wir andere Größen wie Geschwindigkeit, Volumen und Dichte abgeleitet; man nennt sie **abgeleitete Größen**. Sie sind durch Gleichungen festgelegt ($v = s/t$; $\varrho = m/V$; $V = a\,b\,c$). Man braucht für sie deshalb kein eigenes Meßverfahren und kein eigenes Meßgerät anzugeben: Die Geschwindigkeit bestimmt man mit Maßstab und Stoppuhr; ihre Einheit folgt aus der Längen- und der Zeiteinheit. Die Einheit der Kraft, 1 Newton, ist — wie *Abb. 23.1* zeigt — aus der Masseneinheit 1 kg, der Längeneinheit 1 m und der Zeiteinheit 1 s abgeleitet. Die Krafteinheit ist also auch eine abgeleitete Einheit. Da wir aber erst auf der Oberstufe Beschleunigungsversuche ausführen, haben wir hier das Messen von Kräften auch durch die Angabe von Gleichheit, Vielfachheit und Einheit festgelegt (Seiten 22 und 23).

Die Gleichungen, mit denen man abgeleitete Größen definiert, haben noch eine weitere Bedeutung: Wenn man sie algebraisch umformt, so erhält man neue Gleichungen, mit denen sich neue Fragen beantworten lassen (Seiten 20 und 29). Im nächsten Paragraphen werden wir sehen, wie man Naturgesetze exakt durch Gleichungen ausdrücken kann.

Aufgaben:

1. *Durch welche Gleichung ist die Dichte definiert? Forme die Gleichung so um, daß man die Masse beziehungsweise das Volumen berechnen kann!*

2. *Zwei Körper haben gleiches Volumen, der eine hat aber 3fache Masse. Wie verhalten sich ihre Dichten? Zwei andere Körper haben gleiche Masse, der eine hat 5faches Volumen. Wie verhalten sich die Dichten?*

3. *Spiritus hat die Dichte $\varrho = 0{,}80$ g/cm³. Gib die Masse von 20 cm³, 40 cm³ und 60 cm³ Spiritus an und trage sie in einem Schaubild über dem Volumen auf (Millimeterpapier); 1 cm $\triangleq$ 10 g beziehungsweise 1 cm $\triangleq$ 10 cm³)! Entnimm dem Schaubild die Masse von 18 cm³ und das Volumen von 55 g Spiritus! Prüfe das Ergebnis mit der Gleichung (29.1) bzw. (29.2) nach!*

4. *Schätze und berechne die Masse von 1 m³ Kork! Wie groß ist seine Gewichtskraft bei uns (in N und kp)?*

5. *Welches Volumen hat eine Styroporscheibe von 100 g Masse? (Styropor wird im Bauwesen als Wärmeisolator benützt, $\varrho = 0{,}017$ g/cm³.)*

6. *Welche Masse hat eine 30 cm dicke Schicht frisch gefallenen Schnees auf einem Flachdach von 20 m Länge und 10 m Breite ($\varrho = 0{,}2$ g/cm³)? Welche Gewichtskraft erfährt sie (in N und in kp)?*

7. *Welche Masse hat eine 0,8 cm dicke Schaufensterscheibe, die 4 m lang und 2 m hoch ist? Welche Gewichtskraft (in N und kp) würde sie auf dem Mond erfahren?*

8. *Welches Volumen hat die Alkoholmenge, die gleich viel wiegt wie 1 Liter Quecksilber (Tabelle Seite 422)?*

9. *Welches Volumen hat 1 kg Quecksilber?*

10. *Berechne die Rauminhalte von 1 g Kork, 1 g Alkohol, 1 g Glas, 1 g Eisen, 1 g Platin und 1 g Styropor (siehe Aufgabe 5)!*

11. *In einem Tank lagern 7 m³ Heizöl (0,92 g/cm³). Welche Masse hat es (in Tonnen)?*

12. *Frisch gefallener Schnee hat die Dichte 0,2 g/cm³. Wieviel cm³ Wasser entstehen also, wenn man 1 dm³ Schnee schmilzt? Wieviel cm³ Luft sind in 1 dm³ Schnee enthalten? Von der Masse der Luft sehe man ab!*

13. *Styropor ($\varrho = 0{,}017$ g/cm³) besteht aus einem Stoff, der völlig luftfrei die Dichte 1,7 g/cm³ hat. Macht man ihn flüssig und pumpt Luft in feinen Bläschen ein, so entsteht nach dem Erhärten der „Schaumstoff" Styropor. Wieviel cm³ Luft sind in 1 cm³ Styropor enthalten? (Siehe Aufg. 12!)*

§ 8   Die elastischen Eigenschaften der festen Körper; *Hooke*sches Gesetz

1.   Elastische und plastische Verformung

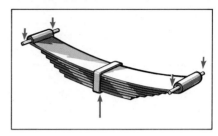

31.1 Autofeder

Der Physiker muß wissen, wie zuverlässig seine Meßgeräte sind und bis zu welchen Grenzen man sie verwenden kann. So ist ein Kraftmesser nur dann brauchbar, wenn seine Feder wieder die ursprüngliche Länge
einnimmt, sobald die verformende Kraft nicht mehr
wirkt. Dann sagt man, die Feder sei **elastisch**. Wegen
ihrer guten elastischen Eigenschaften verwendet man
Stahlfedern in verschiedenen Größen und Formen:
Schraubenfedern in Wäscheklammern, Blattfedern in Fahrzeugen *(Abb. 31.1)*, Federkerne in
Polstermöbeln und in Matratzen. − Viele Werkstoffe haben diese elastische Eigenschaft nicht oder
nur in geringem Maße:

Versuch 12: Aus Weicheisen-, Kupfer- oder Bleidrähten kann man leicht Schraubenfedern wickeln.
Sie werden aber schon durch kleine Kräfte bleibend verformt. Die Form bleibt verändert, auch
wenn die Kraft nicht mehr wirkt. Noch deutlicher zeigt sich dies bei Knetmasse oder Plastilin.
Man nennt Stoffe mit solchen Eigenschaften **plastisch**. − Plastische und elastische Verformung
tritt häufig am gleichen Stoff auf:

Versuch 13: Nach einer zu starken Belastung bleibt auch eine gute Stahlfeder etwas verlängert;
der Bereich, in dem sie elastisch ist, wurde überschritten, sie wurde plastisch verformt. Eine
Erklärung findet sich im nächsten Paragraphen.

> **Eine plastische Verformung bleibt nach dem Wegnehmen der Kraft bestehen, während sich eine
> elastische Verformung von selbst wieder zurückbildet.**

2.   *Hooke*sches Gesetz

Versuch 14: Hänge verschiedene Wägestücke an eine
Feder und miß die durch ihre Gewichtskräfte F er-
zielten Verlängerungen. Nach den Meßergebnissen
wird ein Diagramm angefertigt (siehe *Tabelle 31.1* und
Abb. 31.2)!

Tabelle 31.1

Zugkraft F in cN	0	100	200	300	400
Verlängerung s in cm	0	5,1	10,1	15,2	20,0
$\dfrac{F}{s} = D$ in $\dfrac{\text{cN}}{\text{cm}}$	−	19,6	19,8	19,7	20,0

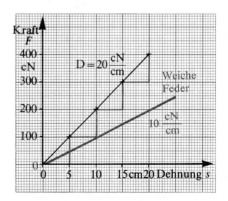

31.2 Schaubild zum *Hooke*schen Gesetz

Der Mittelwert in der 3. Zeile beträgt $D = 19,8$ cN/cm ≈ 20 cN/cm. Man braucht also zu einer Verlängerung um 1 cm jeweils 20 cN. In *Abb. 31.2* ist für diese Feder — wie auch für eine weichere — die Zugkraft F über der Verlängerung s aufgetragen. Die eingezeichneten Stufen wie auch *Tabelle 31.1* zeigen im Rahmen der Meßfehler eine Gesetzmäßigkeit, die für beide Federn gilt:

---

a) Nimmt die Zugkraft F um den gleichen Betrag zu (jeweils um 100 cN), so wächst auch die Verlängerung s um den gleichen Wert (um etwa 5 cm bei der harten Feder). Deshalb sind die Skalen von Kraftmessern gleichmäßig unterteilt. Hieraus folgt weiter:

b) Bei der doppelten Kraft F bekommt man die doppelte Verlängerung s, usw. F und s sind also proportional. Dies bedeutet:

c) Der Quotient $\dfrac{F}{s} \left(= \dfrac{2F}{2s} = \dfrac{3F}{3s} = \cdots \right)$ ist konstant (*Tabelle 31.1*, 3. Zeile). Man bezeichnet diesen Quotienten mit dem Buchstaben D.

Überstiege die Kraft 10 N, so würde die Feder plastisch verformt, der *Elastizitätsbereich* wäre überschritten. Bleiben wir genügend unter dieser Grenze, so bestätigen unsere Messungen ein von **Hooke** (engl. Naturforscher, 1635 bis 1703) gefundenes Gesetz:

Hookesches Gesetz: Die Verlängerung s einer Feder ist innerhalb eines gewissen Bereichs der Kraft F proportional: $F \sim s$.

Das heißt: Der Quotient aus Kraft F und Verlängerung s ist in diesem Bereich konstant:

$$\frac{F}{s} = D = \text{konstant} \quad \text{oder} \quad F = D \cdot s \quad \text{oder} \quad s = \frac{F}{D}. \qquad (32.1)$$

Man nennt D die **Federkonstante** oder **Federhärte**. Sie ist bei einer weicheren Feder kleiner; bei ihr braucht man zur gleichen Verlängerung s eine kleinere Kraft F (*Abb. 31.2*).

Versuch 15: Wiederhole Versuch 14 statt mit einer Stahlfeder mit einem Gummiband! Das Ergebnis zeigt *Abb. 32.1*. Hier ist die Kraft F der Verlängerung s nicht proportional; das *Hookesche* Gesetz gilt nicht; es ist also nicht selbstverständlich. — Oft hängt die Verformung auch davon ab, wie lange die Kraft einwirkt:

Versuch 16: Hänge an ein dünnes Gummiband ein 200-g-Wägestück zunächst etwa 2 s lang, dann 1 min lang und beobachte die Verlängerung! Sie nimmt mit der Zeit zu.

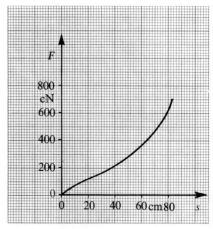

32.1 Zu Versuch 15

Kraftmesser erhalten nur dann eine gleichmäßig unterteilte Skala, wenn man sie in dem Bereich benutzt, in dem das *Hookesche Gesetz* gilt, dem sogenannten *Proportionalitätsbereich*. Gummibänder sind nach den Versuchen 15 und 16 nicht geeignet.

3. Proportionalität

$F \sim s$ ist gleichwertig mit $F/s = $ konstant oder mit $F = $ konstant $\cdot s$. Man sagt allgemein:

> **Ist eine Größe a zu einer anderen Größe b proportional ($a \sim b$), dann gilt $a = k \cdot b$. Die Konstante k heißt Proportionalitätsfaktor. Das Schaubild zeigt eine Gerade durch den Ursprung.**

So ist nach der Gleichung $m = \varrho \cdot V$ bei einem Stoff mit konstanter Dichte ϱ die **Masse** m dem Volumen V proportional; die Dichte ϱ ist der Proportionalitätsfaktor.

4. Naturgesetze

Mit dem *Hooke*schen Gesetz haben wir ein Naturgesetz in mathematischer Form gefunden. Der folgende Versuch zeigt die Bedeutung solcher Gesetze:

Versuch 17: Wiederhole Versuch 14 mit der gleichen Feder und mit den gleichen Kräften! Wenn die Feder in der Zwischenzeit nicht durch übermäßige Dehnung plastisch verformt wurde, findet man (im Rahmen der Meßfehler) die gleichen Verlängerungen. Man kann sogar mit Gleichung (32.1) oder mit dem Schaubild die Ergebnisse von Messungen voraussagen, die bisher noch nicht durchgeführt wurden (siehe die Aufgaben). Dies bedeutet, daß gleiche Voraussetzungen *(Ursachen)* zuverlässig immer die gleichen Erscheinungen *(Wirkungen)* bedingen.

> **Naturgesetze erlauben sichere Voraussagen, soweit man in ihrem Gültigkeitsbereich bleibt.**

5. Dehnung eines geraden Drahts

Bei Schraubenfedern aus dünnen Drähten erzeugen bereits kleine Kräfte erhebliche Verformungen. Mit größeren Kräften kann man auch gerade Drähte verlängern:

Versuch 18: Nach *Abb. 33.1* wird der über den Tisch gespannte Draht durch eine große Kraft etwas verlängert. Dabei dreht sich die kleine Walze W, auf der er liegt, etwas. Der an ihr befestigte lange Zeiger Z läßt schon eine kleine Verlängerung s stark vergrößert an der Skala sichtbar werden (hier Vergrößerung 1:30).

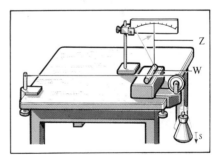

33.1 Anordnung zu Versuch 18

6. Festigkeit

Werkstoffe für Brücken, Gebäude, schwere Maschinen usw. müssen eine große Festigkeit aufweisen. In dem Bereich, in dem man sie benutzt, dürfen keine plastischen Verformungen auftreten. Zum Beispiel würde eine Brücke dann mit der Zeit durchhängen und schließlich brechen. Wenn man den Bauteilen eine geeignete Form gibt *(U- und T-Träger)*, so kommt man mit wenig Material aus:

Versuch 19: Falte ein Stück Schreibpapier nach *Abb. 34.1* (rot) und klebe es zwischen zwei glatte Papierstücke! Dieses leichte Gebilde kann das 300fache seines Eigengewichts tragen. In *Abb. 34.1* erkennt man, daß es aus U-Trägern besteht. Leichtes und doch widerstandsfähiges Verpackungsmaterial besteht häufig aus Wellpappe, die nach dieser Art gefertigt ist.

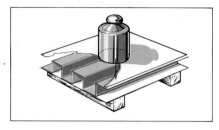

Wir können noch viele Beispiele dafür finden, daß die Formgebung eines Gegenstands häufig seine Festigkeit bestimmt. Denke an die Blech-Karosserie eines Kraftfahrzeugs!

34.1 Zu Versuch 19. Das gefaltete Papier kann stark belastet werden.

7.   Rückschau

Um die Härte von Federn anzugeben, könnte man sich auf einen Satz von Federn verschiedener Härte (etwa von 1 bis 100 numeriert) beziehen und mit ihm andere Federn vergleichen. Eine zu prüfende Feder wäre dann zum Beispiel so hart wie die Vergleichsfeder Nr. 47. Wir benutzen ein Verfahren, das einfacher ist und weiter führt: Wir definierten mit den bekannten, leicht meßbaren Begriffen Kraft und Länge den Quotienten $D = F/s$ als Maß für die *Federhärte*. Damit kann man zu einer Verlängerung s die Kraft $F = D \cdot s$ berechnen, solange das *Hooke*sche Gesetz gilt (siehe Aufgaben). Wir verfolgen nochmals die einzelnen Schritte, die zu diesem Gesetz führten:

a) *Alltägliche Beobachtungen* zeigen, daß die Verlängerung einer Feder von der Zugkraft abhängt.

b) Um zu klären, ob ein Gesetz zugrunde liegt, *ändert* man systematisch die Zugkraft an einer bestimmten Feder und *mißt* die sich einstellenden Verlängerungen.

c) Die gewonnenen Meßwerte werden in einer *Tabelle* übersichtlich zusammengestellt.

d) Man trägt die Meßwerte in einem *Schaubild* auf und sieht, daß ein einfacher Zusammenhang zwischen der Kraft F und der Verlängerung s besteht.

e) Man findet ein einfaches *Gesetz: $F \sim s$.*

f) Versuche an *anderen Federn* bestätigen das Gesetz.

g) Zu jeder Feder findet man eine sie *kennzeichnende Konstante $D = F/s$.*

h) Man vergewissert sich, daß man mit dem Gesetz zutreffende *Voraussagen* machen kann.

i) Man gibt sich Rechenschaft über den *Gültigkeitsbereich* des Gesetzes.

Auf Grund des *Hooke*schen Gesetzes können wir bequem ablesbare, weil gleichmäßig unterteilte *Kraftmesser* bauen: Naturgesetze finden vielfache *Anwendungen*.

Aufgaben:

1. *Durch welche Gleichung ist die Federkonstante (Federhärte) definiert? Forme die Gleichung so um, daß man die Kraft beziehungsweise die Verlängerung berechnen kann!*

2. *Eine Feder wird durch dieselbe Kraft 3mal so stark verlängert wie eine andere. Wie verhalten sich ihre Federkonstanten? Welche von beiden ist weicher? — Zur gleichen Verlängerung einer Feder braucht man die doppelte Kraft wie bei einer andern. Wie verhalten sich ihre Federhärten?*

3. *Kraftmesser zeigen bei einer Verlängerung um 10 cm Kräfte von 0,1 N; 1 N; 5 N beziehungsweise 10 N. Berechne die Federkonstanten!*

4. *Entnimm Abb. 31.2 für beide Federn die Verlängerung s bei der Belastung F = 150 cN! Welche Kräfte verlängern die Federn um 25 cm? Wie groß ist die Konstante D für beide Federn?*

5. *Eine Feder wird durch 40 cN um 6 cm, durch 80 cN um 12 cm länger. Wie stark wird sie durch 60 cN beziehungsweise 5 cN verlängert? Können wir sicher angeben, um wieviel sie durch 10 N verlängert wird? Wieviel wiegt ein Körper, der diese Feder um 7 cm verlängert?*

6. *Zähle elastische und plastische Stoffe auf!*

7. *Rechne die Konstante D = 10 cN/cm in N/cm und kp/cm um!*

8. *Worin ist ein Schaubild einer Meßreihe überlegen? Welchen Vorzug hat es, physikalische Gesetze in Gleichungsform darzustellen?*

9. *Woran erkennt man in Abb. 31.2, daß die rote Gerade zur weicheren Feder gehört?*

§ 9 Vom Aufbau der Körper

1. Molekülbewegung

Um die Eigenschaften der drei Zustandsformen und den Unterschied zwischen plastisch und elastisch zu erklären, müssen wir den Aufbau der Körper genauer betrachten: Alle Körper sind aus kleinsten Teilchen zusammengesetzt, ähnlich wie eine Mauer aus Ziegelsteinen oder ein Sandstein aus Sandkörnern. Wir wollen diese kleinsten Teilchen **Moleküle** nennen (molecula, lat.; kleine Masse; in der Chemie unterscheidet man genauer zwischen *Molekülen, Atomen* und *Ionen*). Kann man Moleküle im *Mikroskop* sehen?

Versuch 20: Wir beobachten einen Tropfen Milch bei 1000facher Vergrößerung unter dem Mikroskop und sehen zahlreiche kleine Kügelchen. Dies sind aber nicht die Moleküle. Verdünnt man nämlich die Milch mit Wasser, so wächst der Abstand dieser Kügelchen. Die neu dazwischengetretenen Moleküle des Wassers erkennt man nicht. Die Kügelchen sind Fett-Tröpfchen, die im Wasser schweben. Man sieht weder die Moleküle der Fett-Tröpfchen, noch die des Wassers oder der in ihm gelösten Nährstoffe. Die Moleküle sind also sicher kleiner als $\frac{1}{1000}$ mm. Merkwürdigerweise zittern diese Tröpfchen *ständig unregelmäßig* hin und her. Dies beobachtete 1727 der englische Botaniker *Brown*. Diese **Brownsche Bewegung** ist um so stärker, je kleiner die Teilchen sind. Um sie zu verdeutlichen, vergleichen wir die Fett-Tröpfchen mit Papierschnitzeln auf einem Ameisenhaufen. Aus einigem Abstand sehen wir zwar nicht, wie sich die Ameisen bewegen; doch stoßen sie an die Papierstückchen. Je kleiner ein solches Stück ist, um so stärker wird es hin und her gestoßen. Doch bewegt es sich langsamer als die Ameisen. Hieraus dürfen wir schließen, daß die unsichtbaren Moleküle in der Milch eine noch viel stärkere Bewegung ausführen als selbst die kleinsten Fett-Tröpfchen. Diese wichtige Folgerung wird im nächsten Versuch bestätigt:

Versuch 21: Die ständige Bewegung der Moleküle kann man auch ohne Mikroskop nachweisen: Lege in ein Glasgefäß einen blauen Kupfersulfatkristall und gieße destilliertes Wasser ein! Auch wenn es noch so ruhig steht, löst sich der Kristall im Laufe von Tagen; durch seine kleinsten

Teilchen wird das Wasser von unten her blau gefärbt. Infolge ihrer ständigen Bewegung breiten sich diese Teilchen ganz allmählich aus; man sagt, sie *diffundieren* in das zunächst reine Wasser (diffundere, lat.; zerfließen).

Versuch 22: Wenn man in einem geschlossenen Raum, in dem die Luft in Ruhe ist, eine Äther- oder Parfümflasche öffnet, so erkennt man bald überall am Geruch, daß Äther- oder Parfümmoleküle in die Luft hineindiffundiert sind (*Abb. 36.1;* siehe auch Versuch 5 von Seite 13). Die Flüssigkeit verdunstet allmählich.

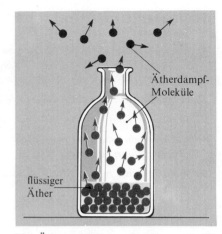

36.1 Äthermoleküle verdampfen und diffundieren in die Luft wegen ihrer ständigen Bewegung.

2. Größe der Moleküle

Wir sehen zwar die einzelnen Moleküle nicht, können aber dennoch ihren *Durchmesser* bestimmen. Wie dies geschieht, soll ein Vorversuch klären:

Versuch 23: Fülle kleine Holzkugeln bis zur Marke 100 cm³ in einen Meßzylinder. Zusammen mit den Zwischenräumen nehmen sie das Volumen 100 cm³ ein. Schütte sie dann in einen flach gewölbten Teller und schüttle etwas! Sie breiten sich zu einer kreisförmigen Schicht aus, in der Kugel neben Kugel liegt *(Abb. 36.2)*. Ihre Grundfläche A kann man auf kariertem Papier nachzeichnen und durch Auszählen bestimmen[1]). Sie betrage $A = 200 \text{ cm}^2$. Die Höhe h der Schicht gibt mit der Grundfläche A multipliziert ihr Volumen V zu $A \cdot h = V$. Hieraus berechnet man die Höhe und damit den Kugeldurchmesser

$$h = \frac{V}{A} = \frac{100 \text{ cm}^3}{200 \text{ cm}^2} = 0,5 \text{ cm}.$$

36.2 Einlagige Schicht von Kugeln

Versuch 24: Wie die Fettaugen einer Suppe zeigen, schwimmen Fette und Öle auf Wasser. Wir stellen nun eine *Ölschicht* von bekanntem Volumen V auf einer Wasseroberfläche her. Hierzu nehmen wir Benzin, in dem 0,1 Volumprozent Öl gelöst wurde. Aus einer Bürette (Glasrohr mit cm³-Einteilung; *Abb. 36.3*) tropft diese Lösung langsam aus. Dabei lesen wir ab, daß sich 1 cm³ der Lösung in 60 Tropfen aufteilt. 1 Tropfen mißt also $\frac{1}{60}$ cm³ und enthält $V = \frac{1}{60\,000}$ cm³ Öl. Wir lassen einen

---

[1]) Man kann die Fläche A auch nach der Gleichung $A = 3,14 \, r^2$ aus dem Radius r des Kreises berechnen.

36.3 Der Ölfleck auf dem Wasser schob die Bärlappsporen beiseite.

Tropfen auf eine ruhige Wasseroberfläche fallen, die vorher mit Bärlappsporen bestreut wurde. Die Lösung verteilt sich sofort auf eine große Kreisfläche, zieht sich aber schnell auf eine kleinere von $r = 7$ cm Radius zusammen; denn das Benzin verdunstet. Es bleibt eine dünne Ölschicht, in der die Ölmoleküle nur nebeneinanderliegen[1] *(Abb. 36.2)*. Vielleicht lagern zunächst viele Moleküle übereinander. Wegen ihres Gewichts und der ständigen Bewegung fallen sie aber herab und drücken die unten liegenden zur Seite. So entsteht die *einmolekulare Schicht* (in Versuch 23 mußten wir dazu etwas schütteln). Die Grundfläche der Ölschicht beträgt $A \approx 160$ cm². Wie in Versuch 23 gilt für die Höhe h dieser Schicht und damit für den Durchmesser der Ölmoleküle, die sich nebeneinander an der Oberfläche lagern:

$$h = \frac{V}{A} = \frac{1 \text{ cm}^3}{60\,000 \cdot 160 \text{ cm}^2} = \frac{1 \text{ cm}}{160 \cdot 6 \cdot 10\,000} = \frac{10 \text{ mm}}{960 \cdot 10\,000} \approx \frac{1 \text{ mm}}{1\,000\,000}.$$

Versuch 25: Wir nahmen an, daß die Ölmoleküle in einer einmolekularen Schicht liegen *(Abb. 36.3)*. Wenn dies richtig ist, so behält diese Schicht beim Zugeben eines 2. Tropfens ihre Höhe h und verdoppelt die Fläche; beim 4. Tropfen wird die Fläche 4fach. Dies wird im Versuch gut bestätigt.

Der Durchmesser eines Ölmoleküls ist von der Größenordnung ein Millionstel Millimeter.

Diesen kleinen Wert des Moleküldurchmessers veranschaulichen zwei Gedankenexperimente:

a) Wir wollen nun berechnen, wie viele Ölmoleküle vom Durchmesser $\frac{1}{1\,000\,000}$ mm in einem Würfel vom Volumen 1 mm³ Platz haben. Längs seiner Grundkante (1 mm) liegen $1\,000\,000 = 10^6$ Moleküle; auf der ganzen Grundfläche finden sich daher $10^6 \cdot 10^6 = 10^{12}$ Moleküle ($1\,000\,000\,000\,000$, d.h. 1 Billion). Im Würfel der Höhe 1 mm liegen 10^6 solcher Schichten übereinander. In ihm sind also $Z = 10^{12} \cdot 10^6 = 10^{18}$ Moleküle ($Z = 1\,000\,000\,000\,000\,000\,000$)!

b) Wir denken uns alle diese Z Ölmoleküle von je $\frac{1}{1\,000\,000}$ mm Durchmesser zu einer *Kette* aneinandergelegt. Sie wäre $1\,000\,000\,000\,000$ mm oder $1\,000\,000$ km lang und reichte 2,5 mal zum Mond! Man sieht, daß die riesige Zahl der Moleküle noch weniger vorstellbar ist als ihr winziger Durchmesser. Deshalb können wir häufig von ihrer Existenz absehen und uns die Körper so vorstellen, als ob sie aus *beliebig unterteilbaren Stoffen* bestünden. So erscheinen sie ja auch unseren Sinnesorganen, selbst wenn wir ein Mikroskop zu Hilfe nehmen. — Ein Ölmolekül besteht aus vielen Atomen, deren Durchmesser noch etwa 10mal kleiner sind.

3. Modellvorstellung für die drei Zustandsformen

Wir wollen nun die Eigenschaften der drei Zustandsformen (§ 2) mit Hilfe der Molekülvorstellung erklären. Hierzu stellen wir uns die Moleküle vergröbert als kleine Glas- oder Kunststoffkügelchen vor. Dies gibt einen groben, aber anschaulichen Vergleich, ein sogenanntes **Modell** (denke an das stark vergrößerte Modell einer kleinen Blüte im Biologieunterricht). — Die drei Zustandsformen fest, flüssig und gasförmig sind dadurch bestimmt, wie sich die Moleküle bzw. Atome zueinander verhalten; man nennt sie deshalb auch die drei **Aggregatzustände** (aggregare, lat.; sich anschließen):

---

[1] Kontrollversuch: Gibt man 1 Tropfen fast reinen Benzins auf die Oberfläche, so zieht sich der zunächst entstandene große Kreis fast ganz zusammen.

a) Flüssigkeiten

Versuch 26: Fülle ein Glas mit einer *„Modellflüssigkeit"*, die aus kleinen Kunststoffkügelchen besteht *(Abb. 38.1)*! Kippe es! Die Kügelchen verschieben sich so, daß stets eine angenähert waagerechte Oberfläche entsteht. An jeder Unebenheit rollen sie herab, bis diese ausgeglichen ist. Bei richtigen *Flüssigkeiten* hilft dabei die Molekülbewegung. Dringt man mit dem Finger in die Modellflüssigkeit, so weicht sie aus; die „Oberfläche" hebt sich, ein Teil „fließt" aus dem Glas. − In einer Hinsicht versagt unser Modell: Fallen einige Kügelchen auf den Tisch, so rollen sie nach allen Seiten weg.

38.1 „Modellflüssigkeit" zu Versuch 26

Flüssigkeiten bleiben aber im allgemeinen (zumindest als Tropfen) beisammen; ein Wassertropfen bleibt am Finger oder einer Glasscheibe hängen *(Abb. 102.1)*. Also müssen zwischen den Molekülen − wenn auch geringe − **Molekularkräfte** bestehen. Sie hielten die Moleküle des Ölflecks in *Abb. 36.3* beisammen.

> **Die Moleküle einer Flüssigkeit berühren sich und haften mit geringen Kräften zusammen. Sie lassen sich leicht gegeneinander verschieben. Man kann sie nur schwer auf engeren Raum zusammenpressen.**

b) Gase lassen sich leicht zusammenpressen *(siehe Abb. 13.2)*; sie sind also anders aufgebaut als Flüssigkeiten. Zwischen ihren Molekülen besteht offensichtlich viel freier Raum *(Abb. 36.1)*. Obwohl sie auch eine Gewichtskraft erfahren, fallen sie nicht zu Boden. Im Gegenteil: Sie nehmen den ganzen ihnen zur Verfügung stehenden Raum ein. Dies kann man nur so erklären, daß sich die Moleküle eines Gases ständig sehr schnell bewegen. Ihr Aufprall auf die Wand erzeugt dabei zum Beispiel den *Luftdruck* im Fahrradreifen. Auch dies verdeutlichen wir im Modellversuch:

Versuch 27: In einem Gefäß mit Glaswänden ist der Boden als Stempel S ausgebildet und wird von einem Motor schnell auf- und abbewegt. Kleine Glaskugeln fliegen deshalb völlig regellos im Gefäß umher *(Abb. 38.2)*. Durch ihren Aufprall heben sie die das Gefäß oben abschließende Platte P aus Pappe; denn sie üben auf diese eine Druckkraft aus. Der große Zelluloidball B macht nur eine schwache Zitterbewegung (vergleiche mit den Fett-Tröpfchen in Milch!).

> **Die Moleküle eines Gases sind in schneller Bewegung; zwischen ihnen ist viel Raum; deshalb kann man das Gas leicht zusammendrücken.**

Bei der *Wärmelehre* kommen wir auf diese Vorstellungen zurück.

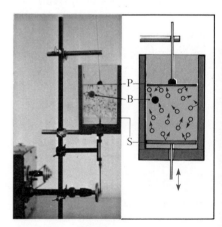

38.2 Modellversuch (Versuch 27), der den Druck von Gasen erklärt; im Foto sind Stempel und Kügelchen wegen ihrer Bewegung unscharf.

c) Feste Körper

Wenn Wasser zu Eis gefroren ist, verschieben sich die Moleküle nicht mehr gegeneinander. Wie die schönen **Kristallformen** einer Schneeflocke vermuten lassen, ordnen sich ihre Moleküle in ganz bestimmter Weise *(Abb. 39.1)*. Im Kochsalzkristall bilden die kleinsten Teilchen ein rechtwinkliges „*Gitter*". Er läßt sich nach bestimmten Richtungen leicht spalten *(Abb. 39.2)*.

> **Im Kristall sind die kleinsten Teilchen in einer festen Ordnung aneinander gebunden.**

Wir wollen nun den Unterschied zwischen *plastischen* und *elastischen* Stoffen klären. In *Abb. 39.3* sind in einem groben Bild die Moleküle eines festen Körpers als Punkte dargestellt. Im unverformten Zustand (a) haben sie gleiche Abstände voneinander. Die Moleküle (und damit der ganze Körper) werden durch Kräfte, die zwischen ihnen wirken *(Molekularkräfte)*, zusammengehalten. Man könnte sie *symbolisch* durch kleine Federchen zwischen den Molekülen nach *Abb. 40.1* darstellen. Bei (b) wird am „Stab" nach unten und oben gezogen; in der Zugrichtung vergrößert sich der Molekülabstand. Die Molekularkräfte stellen aber den Zustand (a) wieder her, sobald die Zugkraft zu wirken aufhört. Wenn man aber den Stab zu stark dehnt, kann beim Ziehen eine ganze Molekülreihe (in *Abb. 39.3 c rot*) gegen die andere verschoben werden. Dann sind die Abstände zwischen den Molekülen wieder wie vorher (in a). Die Moleküle kehren nach dem Aufhören des Zugs nicht mehr in die alte Lage zurück. Der Körper bleibt plastisch verformt.

> **Feste Körper werden durch starke Molekularkräfte zusammengehalten. Diese Kräfte nennt man Kohäsionskräfte (cohaerere, lat.; zusammenhalten).**

4. Das Auflösen von Stoffen

Ein Kochsalzkristall löst sich in Wasser. Verschwindet dabei das Salz? Sicher nicht; denn wir können es mit der Zunge schmecken. Wenn wir die Lösung eindampfen, wird das Salz wieder auskristallisiert. Die Wassermoleküle hatten sich zwischen die kleinsten Teilchen des Salzes geschoben und diese so voneinander „gelöst". Ähnlich *diffundieren* Äthermoleküle nach *Abb. 36.1* in die Luft, das heißt sie schieben sich zwischen deren Moleküle.

39.1 Kein Schneekristall ist gleich dem andern; doch treten stets Winkel von 60° auf!

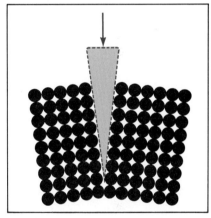

39.2 Der Kochsalzkristall läßt sich leicht spalten. Noch leichter gelingt dies bei Glimmerkristallen.

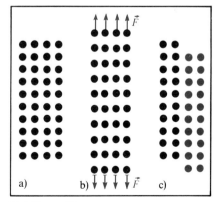

39.3 Fester Körper:
a) unverformt, b) elastisch verformt,
c) plastisch verformt

5. Rückschau

In früheren Paragraphen gingen wir von unseren *Sinneswahrnehmungen* aus und beschäftigten uns nur mit dem, was wir *unmittelbar* erkennen und messen können (Raumerfüllung und Bewegung der Körper, Kräfte usw.). In die Welt der Moleküle dringen aber unsere Sinne nicht ein. Doch liegen dort die Ursachen für die wahrnehmbaren Eigenschaften der Stoffe. Wir versuchten deshalb diese Eigenschaften mit Hilfe einfacher *Vorstellungen* von kleinsten Teilchen zu erklären. Dabei halfen uns anschauliche *Modelle*. Auch in der Wärme- und Elektrizitätslehre bewähren sich atomistische und molekulare Vorstellungen, weil man mit ihnen die unmittelbar beobachtbaren Vorgänge erklären kann. Im folgenden halten wir uns wieder an das, was wir unmittelbar wahrnehmen und messen können. Die Vorstellung von Molekülen brauchen wir dann zunächst nicht.

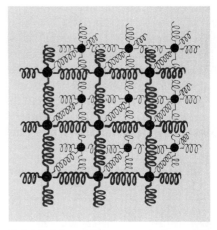

40.1 Modellvorstellung vom Aufbau eines kristallinen Festkörpers; die Federchen sollen sowohl auf Zug wie auch auf Druck ansprechen.

§ 10   Kräftegleichgewicht; Kraft und Gegenkraft

1. Kräftegleichgewicht

Auf Seite 22 stellten wir fest: Zwei Kräfte sind gleich groß, wenn sie eine Feder gleich stark verlängern. Beim Tauziehen zeigt sich auf andere Weise, ob zwei Mannschaften gleich stark sind *(Abb. 40.2)*: Wenn ihre entgegengesetzt gerichteten Kräfte $\vec{F_1}$ und $\vec{F_2}$ gleiche Beträge haben ($F_1 = F_2$), so bleibt das Tau in Ruhe (es wird höchstens etwas verlängert); an ihm besteht **Kräftegleichgewicht**. Da die Kräfte entgegengesetzt gerichtet sind, schreiben wir für die Vektoren: $\vec{F_1} = -\vec{F_2}$ *(Abb. 40.3)*.

> **Wirken auf ein und denselben Körper zwei entgegengesetzt gerichtete Kräfte $\vec{F_1}$ und $\vec{F_2}$ von gleichem Betrag ($F_1 = F_2$), dann bleibt der Körper in Ruhe. An ihm herrscht Kräftegleichgewicht. Es gilt:**
> $$\vec{F_1} = -\vec{F_2}.$$
> **Der Körper wird in Bewegung gesetzt, wenn kein Kräftegleichgewicht besteht.**

40.2 Gleichgewicht der Kräfte beim Tauziehen: $\vec{F_1} = -\vec{F_2}$.

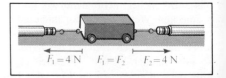

40.3 Kräftegleichgewicht am Wagen

Das Teilgebiet der Mechanik, das sich mit dem Gleichgewicht der Kräfte beschäftigt, nennt man **Statik** (stare, lat.; stehen bleiben). Sie spielt zum Beispiel beim Konstruieren und Berechnen von Brücken, Kranen usw. eine große Rolle. − Das Beschleunigen von Körpern, etwa das Anfahren von Autos, behandelt man in der **Dynamik.** Mit ihr beschäftigen wir uns auf der Oberstufe.

2. Kraft und Gegenkraft

Wenn beim Tauziehen die linke Mannschaft das Tau losläßt, so zieht es die rechte leicht weg. Wurde es aber links an einem Baum befestigt *(Abb. 41.1)*, so herrscht wieder Gleichgewicht. Dabei ersetzt der Baum die linke Mannschaft: Sein elastischer Stamm biegt sich so weit zur Seite, bis er die zum Gleichgewicht nötige zweite Kraft ausübt. Sie zieht am Seil nach *Abb. 41.1* mit 500 N nach links. Bei einem dünnen, elastischen Baum erkennen wir diese Kraft leicht, wenn wir den Stamm wieder in die Ausgangslage zurückschnellen lassen. Bei dicken Stämmen genügt eine kleine, kaum merkliche Verformung.

41.1 Das Seil zieht am Baum mit 500 N nach rechts; der Baum wird verbogen und zieht am Seil mit der Gegenkraft 500 N nach links.

Versuch 28: Ein Wägestück (Körper A) hängt nach *Abb. 41.2* an einer Feder (Körper B). Die Gewichtskraft $\vec{G}$ des Wägestücks greift an der Feder als $\vec{F_1}$ an und verlängert sie. Dabei übt die Feder ihrerseits eine mit der Verlängerung zunehmende elastische Kraft aus, die als $\vec{F_2}$ auf das Wägestück zurückwirkt. Ist $\vec{F_2}$ so groß geworden wie die Gewichtskraft $\vec{G}$, so halten sich $\vec{F_2}$ und $\vec{G}$ am Wägestück das Gleichgewicht. Um Körper A von Körper B klar zu trennen, legten wir in *Abb. 41.2*, rechts, zwischen beide einen „Schnitt" und verschoben A nach rechts. Wenn wir einen solchen Schnitt tatsächlich ausführen, das heißt das Wägestück von der Feder nehmen, so können wir $\vec{F_1}$ und $\vec{F_2}$ unmittelbar mit Kraftmessern bestimmen: Wir ziehen mit ihnen, wie in *Abb. 41.2 rechts*, an der Feder nach unten ($\vec{F_1}$), am Wägestück nach oben ($\vec{F_2}$).

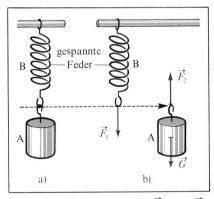

41.2 Kraft und Gegenkraft ($\vec{F_1}$ und $\vec{F_2}$). Gleichgewicht am Wägestück ($\vec{F_2}$ und $\vec{G}$).

Ein Körper (A) kann eine Kraft auf einen zweiten (B) ausüben. Greift der Körper A mit der Kraft $\vec{F_1}$ am Körper B an, so übt B auf A die Gegenkraft $\vec{F_2} = -\vec{F_1}$ von gleichem Betrag und entgegengesetzter Richtung aus.

Versuch 29: Lege ein Lineal mit beiden Enden auf Holzklötze und beschwere es in seiner Mitte durch ein Wägestück! Das Wägestück übt seine Gewichtskraft $\vec{G}$ auf das Lineal (als Kraft $\vec{F_2}$) aus und verbiegt es *(Abb. 42.1)*. Dabei entsteht im Lineal eine nach oben gerichtete, elastische Kraft, die auf das Wägestück als $\vec{F}_1$ einwirkt. Sie hält der nicht gezeichneten Gewichtskraft $\vec{G}$ des Wägestücks das Gleichgewicht.

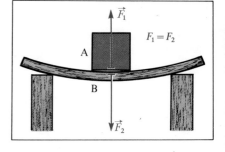

42.1 Im verbogenen Lineal entsteht eine elastische Gegenkraft F_1 zu F_2.

> **Häufig wird die zum Gleichgewicht nötige zweite Kraft als Gegenkraft von einem verformten elastischen Körper erzeugt.**

In *Abb. 41.2* greifen $\vec{F}_2$ und $\vec{G}$ am *gleichen* Körper (Wägestück A) an und halten sich das Gleichgewicht. $\vec{F}_1$ und $\vec{F}_2$ greifen dagegen an *verschiedenen* Körpern an (A bzw. B), können sich also *nicht* das Gleichgewicht halten. Es handelt sich bei $\vec{F}_1$ und $\vec{F}_2$ um **Kraft** und **Gegenkraft.** Der folgende Versuch zeigt deutlich, daß man beides nicht verwechseln darf:

Versuch 30: Lasse einen Magneten und ein Eisenstück je auf einem Korken schwimmen! Sie ziehen sich gegenseitig mit den Kräften $\vec{F}_1$ und $\vec{F}_2$ an und schwimmen aufeinander zu. $\vec{F}_1$ und $\vec{F}_2$ greifen an zwei verschiedenen Körpern an und sind *Kraft* und *Gegenkraft*. Solange beide Körper aufeinander zuschwimmen, besteht noch *kein Gleichgewicht*. Erst wenn sie sich berühren, verformen sie sich gegenseitig ein wenig und erzeugen so die zum Gleichgewicht nötigen Gegenkräfte. Dann bleiben Magnet und Eisen in Ruhe, obwohl sie starke Kräfte aufeinander ausüben.

Zieht man an einem Kraftmesser mit der Kraft $\vec{F}$, so wird seine Feder so weit gedehnt, bis sie eine gleich große, entgegengesetzt gerichtete elastische *Rückstellkraft* $-\vec{F}$ ausübt. Mit ihr wirkt der Kraftmesser auf den an ihm ziehenden Körper zurück.

Versuch 31: Man zieht an einem Kraftmesser, dessen anderes Ende frei ist; er wird in Bewegung gesetzt, aber nicht verlängert. Will man eine Kraft $\vec{F}$ messen, so muß am anderen Ende die gleich große, entgegengesetzt gerichtete Kraft $-\vec{F}$ angreifen. Beide Kräfte verlängern die Feder und halten sich dann das Gleichgewicht.

Bei Raketen und Strahltriebwerken werden Gase mit großer Kraft nach rückwärts ausgestoßen. Ihre Gegenkraft wirkt als Schubkraft. Näheres siehe Seite 118 und 179.

Aufgaben:

1. *Lies nochmals die Bedingungen für Gleichgewicht und führe Beispiele an, bei denen kein Gleichgewicht besteht! Was geschieht jeweils?*

2. *Sind in Abb. 41.1 die Kräfte F_1 und F_2 am Seil Gleichgewichtskräfte oder Kraft und Gegenkraft? Trage in Abb. 41.1 das Paar Kraft und Gegenkraft zwischen Seil und Baum ein! Beachte genau die Angriffspunkte!*

3. *Ein Ball wird auf eine Wand geworfen und prallt zurück. Zeichne Kraft und Gegenkraft samt Angriffspunkten ein! Warum handelt es sich hier nicht um ein Gleichgewicht?*

4. *Wie stark wird eine Angelrute von einem an ihr hängenden Fisch durchgebogen? Was geschieht, wenn sie der Last nicht mehr das Gleichgewicht zu halten vermag?*

5. *Am Ufer schwimmt ein Boot; man springt von ihm aus ans Land. Wie verhält sich das Boot? Wo greifen Kraft und Gegenkraft an? Welche Wirkung haben sie jeweils?*

§ 11 Die Reibung

1. Gleitreibung

Presse Deine Hand auf eine Tischplatte und ziehe sie dabei weg! Du spürst bei diesem Reibungsvorgang deutlich eine *hemmende Kraft*.

Versuch 32: Lege nach *Abb. 43.1* zwei Bürsten so aufeinander, daß die Borsten ineinandergreifen! Ziehe die obere Bürste mit der Kraft $\vec{F}$ nach rechts! Dabei werden die Borsten der unteren Bürste nach rechts gebogen; deshalb wirken sie mit der *Gegenkraft* $\vec{R}$ auf die obere Bürste zurück, und zwar nach links, das heißt der Bewegung entgegen. Diese *Gegenkraft* hemmt die Gleitbewegung; man nennt sie **Gleitreibungskraft R**. Da die Oberflächen von Körpern immer etwas rauh sind (*Abb. 43.2*), tritt diese Gleitreibungskraft stets auf, wenn Körper aneinander gleiten. Sie ist um so größer, je rauher die Gleitflächen sind und je stärker man die beiden Körper aufeinander preßt. Deshalb wird ein Fahrzeug um so schneller gebremst, je kräftiger man die Bremsbacken gegen die mit dem Rad umlaufende Bremstrommel drückt (*Abb. 45.1 und 45.2*). Hochpolierte Flächen gleiten dagegen mit geringer Reibung aneinander, verringern also die Gleitreibungskraft.

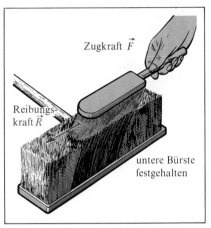

43.1 Die Reibungskraft $\vec{R}$ entsteht als Gegenkraft der verbogenen Borsten.

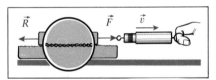

43.2 Die Reibung kommt durch die Rauhigkeiten der gleitenden Flächen zustande. Im Kreis sind sie mikroskopisch vergrößert.

2. Haftreibung

Versuch 33: Setze den Klotz nach *Abb. 43.2* mit dem Kraftmesser vorsichtig in Bewegung! Solange der Klotz noch auf der Unterlage haftet, kann man stärker an ihm ziehen als nachher beim gleichförmigen Gleiten. Wenn nämlich zwei Körper aneinander *haften*, so verzahnen sich die Unebenheiten stärker ineinander als beim raschen Hinweggleiten. Obwohl man bei „Reiben" zunächst nur an Bewegungsvorgänge denkt, entstammen die Kräfte beim Haften den gleichen Ursachen wie beim Gleiten. Man spricht hier von einer **Haftreibungskraft R'**. Sie tritt auch bei den Bürsten nach *Abb. 43.1* auf und ist stärker als die Gleitreibungskraft R.

3. Die Rollreibung

Versuch 34: Lege nach *Abb. 44.1* einen Holzklotz auf Bleistifte und ziehe ihn mit einem Kraftmesser weg! Die hemmende **Rollreibungskraft** ist viel kleiner als die Reibungskraft beim Gleiten. Die Unebenheiten können wie die Zähne zweier Zahnräder aufeinander abrollen und hemmen die Bewegung nur wenig. Allerdings gleitet das Rad eines Wagens im allgemeinen mit seiner Nabe auf dem Zapfen der Achse. Doch kann man diese Stelle fein polieren oder gar mit Kugel- oder Rollenlagern (*Abb. 44.2*) versehen. Dann wird auch dort das Gleiten durch ein Abrollen ersetzt. Wir haben gefunden:

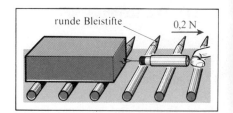

> **Haftreibungskraft > Gleitreibungskraft > Rollreibungskraft**

4. Schmieren

Bringt man Öl oder Fett zwischen reibende Flächen, zum Beispiel ins Achslager von Rädern, so bildet sich dort ein dünner Flüssigkeitsfilm aus. Die festen Teile berühren und verzahnen sich nicht mehr; nur die anliegenden Ölschichten gleiten aneinander. Man muß nur noch die kleine *Flüssigkeitsreibung* überwinden (Seite 81). Deshalb schmiert oder ölt man in der Technik alle Gleitstellen.

44.1 Rollreibung

5. Luftwiderstand

Vom Radfahren her ist als weitere bewegungshemmende Kraft der **Luftwiderstand** bekannt. Im Gegensatz zur Gleitreibung wächst er mit der Geschwindigkeit stark an. Das gleiche gilt vom Widerstand, den ein Boot oder ein Schwimmer im Wasser erfährt. Deshalb erfordert schnelles Schwimmen große Kräfte.

44.2 Kugellager (links) und Rollenlager (rechts)

6. Berechnung von Reibungskräften

Ein Holzklotz von 1 kg Masse wird über einen Steinboden gezogen und durch die Gewichtskraft $G = 10$ N auf diesen gepreßt. Um den haftenden Klotz in Bewegung zu setzen, braucht man die Kraft 7 N. Die *Haftreibungskraft R'* ist also der Bruchteil $f' = \frac{7}{10}$ der Kraft G, mit der die reibenden Flächen aneinandergepreßt werden. In *Tabelle 44.1* ist diese **Haftreibungszahl** f' für verschiedene Stoffpaare angegeben. — Beim *Gleiten* muß man nur $R = 3$ N aufbringen. Die **Gleitreibungszahl** f ist also $f = R/G = \frac{3}{10}$. Sie ist kleiner als f'. Beide Zahlen erlauben es, die Reibungskräfte bei waagerechter Unterlage aus der Gewichtskraft G zu berechnen:

> **Gleiten:** $R = f \cdot G$;   **Haften:** $R' = f' \cdot G$.   **(44.1)**

Tabelle 44.1
Haftreibungszahl f' und Gleitreibungszahl f

Stoffpaar	Haften f'	Gleiten f
Stahl auf Stahl	0,15	0,05
Holz auf Holz	0,6	0,5
Holz auf Stein	0,7	0,3
Schlittschuh auf Eis	0,03	0,01
Gummi auf Straße	0,6	0,3
Riemen auf Rad	0,7	0,3

7. Technische Anwendungen

Die Gleitreibung ist — abgesehen vom Abbremsen der Fahrzeuge — meist unerwünscht. Dagegen ist die Haftreibung oft unentbehrlich: Sie verhindert das Rutschen des Keilriemens beim Automotor und das Ausgleiten beim Gehen. Bei Glatteis streut man Sand auf den Gehweg, die Straßenbahnschienen und die Straße, um die nötigen Rauhigkeiten zu vergrößern. Gebirgsschuhe erhalten Nägel, Gummisohlen und Autoreifen ein „Profil". Bei abgefahrenem Reifenprofil sind auf nasser Straße oder auf Glatteis die Gleit- und Haftreibungskräfte so klein, daß die Fahrzeuge leicht seitlich rutschen (schleudern) oder viel zu große Bremswege haben. Ohne Reibung könnte man die Fäden aus einem Gewebe oder einer Naht leicht herausziehen; Knoten würden nicht halten.

Bei der Eisenbahnbremse und der Felgenbremse im Fahrrad werden die feststehenden Bremsbacken gegen die Lauffläche bzw. die Felge des Rades von außen, bei der Trommelbremse der Kraftfahrzeuge *(Abb. 45.1)* gegen die umlaufende Bremstrommel von innen gepreßt. Ähnlich arbeitet die Rücktrittbremse des Fahrrads. Die Scheibenbremse zeigt *Abb. 45.2*.

Aufgaben:

1. *Unterscheide beim Hinterrad eines Fahrrads die drei Zustände Rollen, Gleiten und Haften! Wann sind sie erwünscht, wann nicht? — Welche Bedeutung haben Spikes-Reifen beim Rollen, Gleiten und Haften des Rades auf der Straße?*

2. *Wann ist eine große Haftreibungskraft unerwünscht, wann eine große Gleitreibungskraft?*

3. *Untersuche die Vorderradbremse Deines Fahrrads!*

4. *Arbeite am selben Werkstück mit einer rauhen und einer abgeschliffenen Feile! Vergleiche die nötigen Kräfte!*

5. *Welche Rolle spielt die Reibung an der Kletterstange?*

6. *Du willst eine schwere Kiste wegschieben. Die Haftreibung verhindert es. Besteht Kräftegleichgewicht?*

7. *Warum dürfen Bremsbeläge nicht naß oder gar ölig werden?*

8. *Welche Gleitreibungskraft erfährt eine Person von 700 N Gewicht beim Schlittschuhlaufen?*

9. *Ein Auto hat eine Masse von 1000 kg; seine 4 Räder sind blockiert. Mit welcher Kraft muß man schieben?*

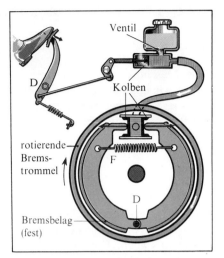

45.1 Trommelbremse. Wenn man die Bremsflüssigkeit mit dem Bremspedal unter Druck setzt, so preßt sie die beiden Bremskolben auseinander und die beiden Bremsbeläge von innen gegen die mit dem Rad umlaufende Bremstrommel. Bei D sind die Bremsbeläge drehbar befestigt. Sie werden bei Nichtgebrauch der Bremse von der Feder F nach innen gezogen.

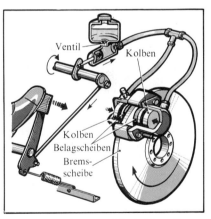

45.2 Scheibenbremse. Die beiden Bremskolben pressen die Belagscheiben von links und rechts gegen die umlaufende Bremsscheibe, wenn man die Bremsflüssigkeit beim Betätigen des Bremspedals unter Druck setzt. Die bei jedem Bremsvorgang entwickelte Wärme wird bei der Scheibenbremse durch den Fahrwind gut abgeführt, so daß die Bremsen nicht so schnell heiß laufen und dann nicht mehr gut greifen (Fading). Hierin ist die Scheibenbremse der Trommelbremse überlegen.

§ 12 Einfache Maschinen (Maschinenelemente)

Viele Maschinen wie Elektromotoren und Dampfmaschinen arbeiten für den Menschen. Hier wollen wir uns mit viel einfacheren Geräten beschäftigen, die uns zwar das Arbeiten nicht abnehmen, wohl aber erleichtern und manchmal erst möglich machen. Dies sind Seile, Stangen und Rollen. Sie sind in vielen komplizierten Maschinen der Technik enthalten.

1. Das Seil

Man will Ziegel ins Dachgeschoß bringen. Trägt man sie über die Treppe, so muß man jedes Mal seinen Körper mit hochschaffen. Deshalb zieht man die Ziegel mit einem Seil vom Giebelfenster aus hoch. Das Seil verlängert künstlich den Arm; es überträgt den *Angriffspunkt* der Muskelkraft nach unten auf die Ziegel. Dabei ändert es *Betrag* und *Richtung* dieser Kraft nicht (wenn man vom Seilgewicht absieht). Dies zeigt der folgende Versuch:

Versuch 35: Ziehe nach *Abb. 46.1* am rechten Kraftmesser mit 1 N! Die beiden andern zeigen auch 1 N an. (Siehe Versuch 31 auf Seite 42!)

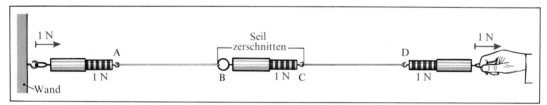

46.1 Das Seil überträgt die rechts ausgeübte Zugkraft 1 N unverändert. An jedem Seilstück (zum Beispiel an AB) und an jedem Kraftmesser besteht Gleichgewicht.

> **In einem gespannten Seil herrscht überall die gleiche Zugkraft.**

Seile werden angewandt beim Abschleppen von Autos, bei Aufzügen, Kränen und Seilbahnen. Man findet sie als Glockenseil, Angelschnur, Ankerkette, *Bowdenzug* am Fahrrad zum Bedienen der Bremsen (hier läuft das Seil in einem biegsamen Führungsrohr; *Bowden*, engl. Erfinder).

2. Die Stange

Mit einem Seil kann man zwar ein Auto abschleppen. Doch verhindert es nicht, daß das Auto auf den Zugwagen auffährt. Deshalb benützt man zwischen Auto

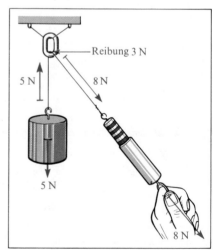

46.2 Im Ring tritt eine Reibungskraft von 3 N auf; man muß mit 8 N ziehen.

und Anhänger eine feste Stange als Kupplung. Sie kann *Zug-* und *Schubkräfte* übertragen. Beachte in *Abb. 72.3* die Pleuelstange der Kolbenmaschine. (Auf Seite 65 werden wir sehen, daß eine Stange auch noch als Hebel wirken kann: dann gelten andere Gesetze.)

> **Ein Seil überträgt Zugkräfte, eine Stange Zug- und Schubkräfte, ohne Betrag und Richtung zu verändern. Dabei wird der Angriffspunkt der Kraft verlagert.**

3. Die ortsfeste Rolle

In dem unter Ziffer 1 angeführten Beispiel ist es unbequem und gefährlich, die Ziegel vom Giebelfenster aus nach oben zu ziehen. Wenn man nach *Abb. 46.2* das Seil durch einen Ring laufen läßt, kann man viel bequemer nach unten ziehen; am Ring ändert sich die *Richtung* der Kraft. Doch muß man, wie der Kraftmesser zeigt, wegen der Reibung viel mehr Kraft aufwenden. Um diese Reibung zu verkleinern, könnte man das ganze Seil schmieren. Viel besser ist es, das Seil nach *Abb. 47.1* über eine **Rolle** zu legen. Sie dreht sich in einer *Gabel* und muß nur in den festen Achslagern geölt werden. Wenn man diese poliert oder gar mit Kugellagern ausstattet, so ist gegen die Reibung nur noch eine geringe Kraft aufzuwenden:

> **An der ortsfesten Rolle herrscht Gleichgewicht, wenn die Kräfte auf beiden Seiten gleich groß sind. Die ortsfeste Rolle lenkt eine Kraft in eine andere Richtung um.**

4. Die lose (ortsveränderliche) Rolle

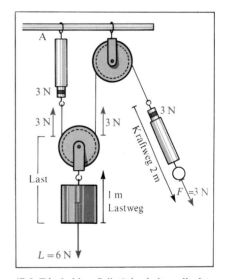

47.1 An der festen Rolle tritt keine merkliche Reibung auf; man muß nur mit 5 N ziehen.

47.2 Die beiden Seilstücke halten die lose Rolle und damit je die Hälfte der Last $L = 6$ N.

Versuch 36: Nach *Abb. 47.2* wird links eine sogenannte **lose Rolle** in eine Seilschlinge gelegt. Die Last hängt mit ihrer Gewichtskraft an der Gabel der losen Rolle. Wie die Kraftmesser zeigen, verteilt sich die Gewichtskraft von Last und loser Rolle (zusammen $L = 6$ N) gleichmäßig auf die beiden Stücke der Seilschlinge; jeder Unterschied würde sofort durch eine kleine Drehung der reibungsfrei gelagerten Rolle ausgeglichen. Um Gleichgewicht zu halten, müssen beide Seilstücke an der losen Rolle mit je $F = L/2$ nach oben ziehen. Man braucht deshalb am rechten Seilende nur die Kraft $F = L/2 = 3$ N. Die andere Hälfte der Last wird vom Balken bei A getragen.

Versuch 37: Hebe die Last um 1 m! Der *Lastweg* beträgt 1 m. Jedes der beiden Stücke der Seilschlinge, in der die lose Rolle hängt, ist um je 1 m zu verkürzen. Man muß deshalb das Seilende rechts um 2 m nach unten ziehen; der *Kraftweg* beträgt 2 m.

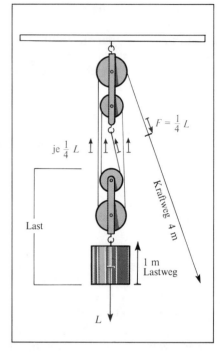

> **An der losen Rolle halbiert das Aufhängen der Last an zwei Seilstücken die zum Gleichgewicht nötige Kraft F in einem Seilstück: $F = L/2$ (L=Gewicht von Last und Rolle). Zum Heben der Last braucht man die halbe Kraft längs des doppelten Wegs.**

5. Der Flaschenzug

Versuch 38: Nach *Abb. 48.1* werden mehrere lose und feste Rollen in zwei Gabeln *(Flaschen)* gehängt. Ein Seil ist über die Rollen geschlungen; fahre ihm mit dem Bleistift nach! Das Gewicht L der Last hängt insgesamt in 2 Seilschlingen, verteilt sich also auf 4 Seilstücke. Jedes zieht an der Last mit $F = L/4$ nach oben. Deshalb braucht man am rechten Seilende nur die Kraft $F = L/4$:

48.1 Flaschenzug mit 2 ortsfesten und 2 losen Rollen. Jedes Seilstück trägt 1/4 der Last.

> **Hängt beim Flaschenzug die Last L an n Seilstücken, so braucht man zum Gleichgewicht im Seil nur den n-ten Teil der Last: $F = L/n$.**
>
> **Der Kraftweg ist n-mal so groß wie der Lastweg.**

Die Kraft wird nicht durch die *Rollen* verkleinert, sondern dadurch, daß die Last an mehreren *Seilstücken* hängt. In der Technik werden gleich große Rollen nicht über-, sondern nebeneinander auf eine Achse gesetzt. Um diese können sie sich unabhängig voneinander drehen.

Aufgaben:

1. *Man bezeichnet oft die einfachen Maschinen als Kraftwandler. Zeige, inwieweit sie Angriffspunkt, Richtung oder Betrag der Kraft ändern!*

2. *Inwieweit kann man den Schnürverschluß der Schuhe und die Kleidernaht als Flaschenzug auffassen?*

3. *Ein Mehlsack wird mit einer losen Rolle (Gewicht 20 N) hochgezogen. Eine Kraft von 270 N hält am Seilende Gleichgewicht. Wieviel Mehl wird hochgezogen, wenn der leere Sack 10 N wiegt?*

4. *Welche Last kann ein Mann mit der losen Rolle nach Aufgabe 3 höchstens heben, wenn er selbst nur 500 N aufbringt? Welche Last bewältigt er mit dem Flaschenzug nach Abb. 48.1?*

5. *Beim Versuch nach Abb. 46.1 wird der linke Kraftmesser nicht an der Wand befestigt, sondern man zieht an ihm mit 1 N nach links. Was zeigt der mittlere Kraftmesser an, wenn man rechts wieder mit 1 N zieht?*

6. *Mit welcher Kraft wird in Abb. 47.1 bzw. 47.2 insgesamt am Balken gezogen, wenn man vom Gewicht der oberen Rollen absieht? Alle Seilstücke haben vertikale Richtung.*

§ 13 Die Arbeit

1. Definition der Arbeit

Ein Arbeiter soll einen Sack von 600 N Gewichtskraft in ein 10 m höheres Stockwerk heben. Nach *Abb. 49.1, rechts*, zieht er ihn mit einem Seil, das über eine feste Rolle gelegt ist, hoch. Dabei muß er die Kraft $F_{s_1} = 600$ N längs des Weges $s_1 = 10$ m ausüben. Der Index s bei F_s zeigt, daß die Kraft *in der Richtung des Weges s* wirkt. Mit einer losen Rolle kann der Mann den Sack auch 10 m hochschaffen, das heißt an ihm die *gleiche Arbeit* verrichten. Dabei braucht er nur die halbe Kraft $F_{s_2} = 300$ N längs des doppelten Wegs $s_2 = 20$ m. Das Produkt

$$F_s \cdot s = 600 \text{ N} \cdot 10 \text{ m} = 300 \text{ N} \cdot 20 \text{ m} = 6000 \text{ N m}$$

bleibt gleich. Benutzt der Arbeiter einen Flaschenzug mit 6 Rollen, so braucht er die Kraft $F_{s_3} = 100$ N längs des Weges $s_3 = 6\,s_1 = 60$ m. Wieder hat er die *gleiche Arbeit an der Last* verrichtet, das heißt sie um 10 m gehoben; wieder ist das Produkt

$$F_s \cdot s = 100 \text{ N} \cdot 60 \text{ m} = 6000 \text{ N m}$$

gleich. Dieses Produkt ist *unabhängig* davon, welche Hilfsmittel der Mann benützt. *Zudem gibt es an, wieviel er gearbeitet hat:* Würde er 2 Säcke um 30 m hochschaffen, so wäre in allen besprochenen Fällen die Kraft F_s in der Wegrichtung doppelt und der Weg s dreifach, das Produkt $F_s \cdot s$ sechsfach *(Abb. 49.2, rechts)*. Dieses Produkt $W = F_s \cdot s$ nennen wir die *an der gehobenen Last verrichtete Arbeit W* (*W* kommt von work, engl.; Arbeit):

> **Die Arbeit W wird berechnet durch das Produkt aus dem Weg s und der Kraft F_s in der Wegrichtung:**
>
> $$W = F_s \cdot s. \qquad (49.1)$$
>
> **Durch einfache Maschinen kann man Arbeit nicht einsparen; man kann sie sich aber günstiger einteilen.**

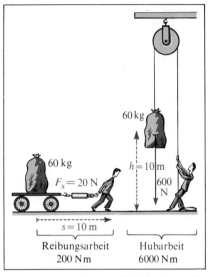

49.1 Rechts: An der Last wird beim Heben die *Hubarbeit* 6000 N m verrichtet. Links: Zum Fortbewegen um ebenfalls 10 m in waagerechter Richtung braucht man dagegen nur 200 N m an *Reibungsarbeit*.

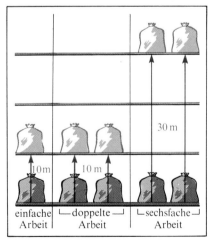

49.2 Die Arbeit hängt von Kraft *und* Weg ab und ist das Produkt aus beiden.

Die Arbeit zum *Heben* eines Körpers vom Gewicht G um den Höhenunterschied h nennt man **Hubarbeit W_H**. Sie beträgt

$$W_H = G \cdot h. \qquad (49.2)$$

Die Einheit der Arbeit $1\,N \cdot 1\,m = 1\,Nm$ nennt man **1 Joule** (Kurzzeichen J) nach dem englischen Physiker *J.P.Joule* (1818 bis 1889). Sie ist im Einheitengesetz wie folgt definiert:

> **1 Joule (J) ist gleich der Arbeit, die verrichtet wird, wenn der Angriffspunkt der Kraft 1 N in Richtung der Kraft um 1 m verschoben wird. $1\,J = 1\,Nm$ (Newton-Meter).**

Mißt man die Kraft in Kilopond ($1\,kp = 9{,}81\,N$), so gilt: $1\,kp \cdot 1\,m = 1\,kpm = 9{,}81\,Nm = 9{,}81\,J \approx 10\,J$.

Abb. 49.1 erläutert, warum man stets die Kraft F_s in der Wegrichtung nehmen muß: Der linke Mann zieht den Sack mit 600 N Gewicht leicht auf dem Wagen weg. Der Kraftmesser zeigt, daß er nur die Kraft $F_s = 20\,N$ *in der Wegrichtung* braucht (gegen die Reibung und zum Anfahren). Die Arbeit beträgt $W = F_s \cdot s = 200\,J$. Die Gewichtskraft 600 N, die beim Heben eine Rolle spielt, steht hier senkrecht zur Verschiebung s und wird von der Straße getragen. Sie ist in diesem Fall für die Berechnung der Arbeit belanglos.

Das Wort „*Arbeit*" ist im täglichen Leben vieldeutig (Aufgabe 2). Wir müssen uns davor hüten, aus der *Ermüdung* unserer Muskeln auf die Größe der *an einem Körper verrichteten Arbeit* zu schließen: Wenn man sich mit den Armen an einer Stange 10 m hochhangelt, so verrichtet man im Sinne der Physik am eigenen Körper ($G = 800\,N$) die gleiche Arbeit 8000 J, wie wenn man auf einer bequemen Leiter 10 m hochsteigt. Die Arme ermüden hier schneller als die Beine. Dies gibt das subjektive Gefühl größerer Anstrengung. − Man wird auch müde, wenn man einen Sack längere Zeit in gleicher Höhe *hält*. Da der Weg s Null ist, verrichtet man dabei an der Last keine Arbeit im Sinne der Physik: Es gilt $W = F_s \cdot s = 0$. Man hätte den Sack auch auf einen Tisch stellen können. Zum *Heben*, das heißt zum Verrichten von Arbeit, braucht man jedoch die Muskeln oder sogenannte *Arbeitsmaschinen* (Elektromotoren, Dampfmaschinen usw.).

> **Beim Heben eines Körpers verrichtet man an ihm Arbeit, nicht aber beim Halten in gleicher Höhe.**

Aufgaben:

1. *Durch welche Gleichung ist die Arbeit definiert? Wie ändert sich die Arbeit, wenn man die Kraft verdreifacht und den Weg halbiert?*

2. *Zähle die verschiedenen Bedeutungen des Wortes „Arbeit" im täglichen Leben auf und untersuche jeweils, ob es sich dabei auch um Arbeit im physikalischen Sinne handelt!*

3. *Ein Bergmann schiebt einen Wagen von 1 t Masse auf waagrechtem Geleise 5 km weit. Ein Nichtphysiker berechnet die Arbeit zu 50 000 000 J = 50 MJ (Mega-Joule). Was müßte der Bergmann tun, um der Rechnung entsprechend zu arbeiten? Wie groß ist seine Arbeit tatsächlich, wenn die Reibungskraft 50 N beträgt (siehe Abb. 49.1, links)?*

4. *Man zieht einen Körper am Flaschenzug nach Abb. 48.1 12 m hoch. Hierzu braucht man die Kraft 100 N. Wie groß ist die Arbeit, wenn man von Reibung absieht?*

5. *Ein Eisenträger (200 kg Masse) wird 10 m hoch gehoben. Welche Arbeit muß man aufwenden? − Man verwendet einen Flaschenzug mit 4 Rollen und braucht nur den 4ten Teil an Kraft. Ist auch die Arbeit auf $^1/_4$ gesunken?*

6. *Eine Pumpe fördert je Sekunde 2 Liter Wasser aus 8 m Tiefe. Welche Arbeit verrichtet sie in 1 Tag?*

7. *Man zieht eine Holzkiste (50 kg) 20 m weit waagerecht über einen Steinboden. Welche Kraft braucht man hierzu (s. Gl. 44.1)? Welche Arbeit ist nötig?*

§ 14 Die Energie

1. Energieformen der Mechanik

Eine *Uhr* läuft nur dann ständig, wenn an ihr ununterbrochen *Arbeit* verrichtet wird; denn die vielen Räder reiben ihre Zähne aneinander, auch reiben die Achsen in den Lagern. Da wir selbst die Uhr nicht ständig antreiben können, „ziehen" wir sie von Zeit zu Zeit auf: Bei einer Kuckucksuhr heben wir das Antriebs„gewicht", bei anderen Uhren spannen wir Federn. In beiden Fällen *wenden wir Arbeit auf*. So ist das Gewichtsstück infolge seiner *erhöhten Lage* fähig geworden, am Räderwerk Arbeit zu verrichten; die Feder kann Arbeit verrichten, solange sie gespannt ist. Man sagt: Durch den *Arbeitsaufwand* habe das Gewichtsstück **Lageenergie,** die Feder **Spannungsenergie** bekommen. Je höher wir anheben oder je stärker wir spannen, desto mehr Arbeit müssen wir am Gewichtsstück oder an der Feder aufwenden. Um so mehr Arbeit können diese dann ihrerseits an der Uhr verrichten, das heißt um so länger können sie diese antreiben. Unten angekommen hat das Gewichtsstück seine Lageenergie verloren; die entspannte Feder ist nicht mehr arbeitsfähig. Wohin kam diese Energie? Wir wissen, daß sich beim Reiben die Temperatur erhöht; man denke an das Heißlaufen von Bremsen. Die heißen Bremsen geben *Wärme* ab. Auch an den Reibungsstellen der Uhr wird die Energie in Wärme umgesetzt und abgegeben.

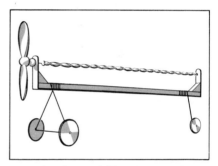

51.1 Die beim Verdrillen des Gummibands verrichtete Arbeit ist in ihm als Energie gespeichert.

> **Die Fähigkeit eines Körpers, Arbeit zu verrichten oder Wärme abzugeben, nennt man Energie. Verrichtet ein Körper Arbeit oder gibt er Wärme ab, dann sinkt seine Energie. Verrichtet man umgekehrt an einem Körper Arbeit, so nimmt seine Energie zu. Man mißt die Energie eines Körpers durch die Arbeit, die er verrichten kann.**

Versuch 39: Wir heben einen großen Wasserball 2 m hoch, das heißt wir verrichten an ihm Arbeit und geben ihm *Lageenergie (a in Abb. 51.2)*. Dann lassen wir den Ball fallen:

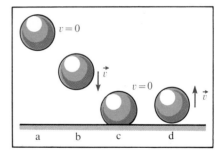

51.2 Bei einem hüpfenden Ball wandeln sich Lage-, Bewegungs- und Spannungsenergie ständig ineinander um.

Seine *Lageenergie* nimmt ab und er wird immer schneller (b), das heißt seine *Bewegungsenergie* wächst. Wenn der Ball den Boden zu berühren beginnt, so hat er das Maximum an *Bewegungsenergie*. Anschließend wird er etwas abgeplattet und kommt für einen Augenblick zur Ruhe. In diesem tiefsten Punkt haben sich *Bewegungs-* und *Lageenergie* voll in *Spannungsenergie* umgewandelt (c). Diese geht beim Zurückprallen wiederum in *Bewegungsenergie* über (d). Beim Hochsteigen wird der Ball langsamer und bekommt zunehmend *Lageenergie*. Oben ist er für einen Augenblick in Ruhe und hat wieder nur *Lageenergie* (a). Die beim Herabfallen eintretenden Energieumwandlungen sind rückgängig gemacht.

> **Es gibt drei mechanische Energieformen: Lage-, Bewegungs- und Spannungsenergie. Bei mechanischen Vorgängen wandeln sich diese Energieformen ineinander um. Beim Auftreten von Reibungsarbeit geht jedoch mechanische Energie verloren.**

Der in *Abb. 51.2* am Boden abgeprallte Ball erreicht nicht mehr ganz die ursprüngliche Höhe wie zuvor; die Lageenergie im höchsten Punkt wurde also kleiner. Diese Energieverluste haben mehrere Ursachen: Der Ball erwärmt sich etwas beim Aufschlag. Vor allem verrichtet er ständig Arbeit gegen den *Luftwiderstand*. Vom schnellen Fahren auf dem Rad kennen wir diesen Arbeitsaufwand. Bei langsamen Bewegungen ist er klein. Dies zeigt der folgende Versuch:

Versuch 40: Eine schwere Kugel hängt an einem sehr langen Draht und wird ausgelenkt. Da sie dabei etwas angehoben wird, erhält sie *Lageenergie (Abb. 52.1)*. Diese wandelt sich beim Schwingen wie bei einer Schaukel in *Bewegungs-* und dann wieder in *Lageenergie* um. Geschwindigkeit und Luftwiderstand bleiben klein. Auch nach mehreren Schwingungen haben Ausschlag und Geschwindigkeit des Pendelkörpers kaum abgenommen; der Verlust an mechanischer Energie ist fast unmerklich. Im luftleeren Raum würde er nur noch wegen einer geringen Reibungskraft des Drahts an der Aufhängung eintreten. Ein *Satellit* kann um so länger die Erde *ohne Antrieb* umkreisen, je höher er fliegt, je dünner also die Luft ist. Schon seit Millionen von Jahren umkreist der *Mond* als ein solcher Satellit die Erde.

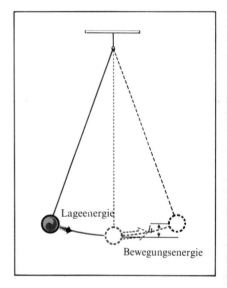

> **Wenn Reibung und Luftwiderstand fehlen, bleibt die mechanische Energie insgesamt erhalten.**

52.1 Beim Pendel wandeln sich Lage- und Bewegungsenergie periodisch ineinander um.

2.   Weitere Energieformen

Die Energie der **Sonnenstrahlen** erwärmt uns. Sie läßt aber auch Wasser im Meer verdunsten und den Dampf in die Höhe steigen. Dort bilden sich Wolken, in denen sich der Wasserdampf zu Tröpfchen verdichtet hat. *Wolken* sind also Wassermengen mit viel Lageenergie. Man sammelt das aus ihnen stammende Regenwasser in hoch gelegenen *Stauseen*. Wenn es herabfließt, treibt es *Turbinen* und *Dynamomaschinen* an. Die *Lageenergie* wird in **elektrische Energie** umgesetzt:

Versuch 41: 3 m über dem Boden ist ein *Fahrraddynamo* befestigt *(Abb. 53.1)*. Auf seiner Achse sitzt eine Rolle, auf die ein Faden gewickelt wurde. Vom Boden heben wir unter Arbeitsaufwand ein 150 g-Stück und hängen es an den Faden. Nach einem kleinen Stoß sinkt es schnell herab; seine *Lageenergie* wandelt sich weitgehend in *Bewegungsenergie* um; nur ein kleiner Teil verrichtet im Dynamo *Reibungsarbeit*. Nun schließen wir an den Dynamo über eine Leitung elektrische Lämpchen an und wiederholen den Versuch. Das Wägestück sinkt jetzt langsam ab und hat unten nur wenig Bewegungsenergie. Seine *Lageenergie* wurde weitgehend in *elektrische Energie* umgesetzt. Diese bringt die Glühfäden in den Lämpchen zum Leuchten; sie geben *Lichtenergie* und *Wärme* ab.

Diese *Energieumwandlungen* sind für unser heutiges Leben sehr wichtig. — In Kohlen und in Mineralöl ist die Energie der Sonnenstrahlung vergangener Jahrmillionen in **chemischer Form** gespeichert. Sie wird beim Verbrennen in Dampfkesseln als **Wärme** an Wasser weitergeleitet. Dieses verdampft; die *Energie des heißen Dampfes* treibt Dampfturbinen oder Kolbenmaschinen an (Seite 173). Sie verrichten Arbeit und geben dabei die Energie in anderer Form weiter. Alle Energie auf der Erde stammt letztlich von der Sonne (Ausnahmen: Kernenergie, Gezeitenenergie, Vulkanismus).

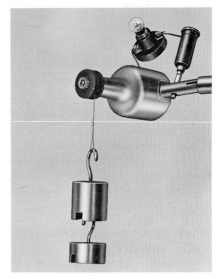

53.1 Mechanische Energie wird im Dynamo in elektrische Energie, diese in Licht und Wärme umgesetzt.

3.   Arbeit und Wärme bedeuten Energieübergang

Abschließend formulieren wir den *Zusammenhang* zwischen *Arbeit, Wärme* und *Energie:*
Wenn ein Körper A an einem Körper B Arbeit verrichtet oder ihm Wärme zuführt, so nimmt die Energie von A ab und die von B zu.

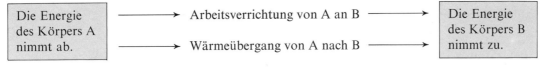

Die Energie des Körpers A nimmt ab.	⟶ Arbeitsverrichtung von A an B ⟶	Die Energie des Körpers B nimmt zu.
	⟶ Wärmeübergang von A nach B ⟶	

Einem Körper sieht man unmittelbar von außen an, ob er Lage- oder Bewegungsenergie besitzt. Die *Brownsche Bewegung* (Seite 35) wird jedoch nur in guten Mikroskopen sichtbar. Neben dieser Energie ihrer *ungeordneten Bewegung* haben die Moleküle wegen ihrer *Molekularkräfte (Kohäsion* Seite 39) auch noch gegeneinander *Spannungsenergie* (beachte die „Federn" in *Abb.* 40.1). Diese Energieformen *im Innern eines Körpers* lassen sich nur schwer voneinander abgrenzen. Man faßt sie deshalb unter dem Namen **innere Energie** zusammen, um sie von den von außen erkennbaren Lage- und Bewegungsenergien (Ziffer 1) unterscheiden zu können. Mit der inneren Energie beschäftigen wir uns in der *Wärmelehre*.

4.   Rückschau

Wir haben die Energie als Fähigkeit, Arbeit zu verrichten, eingeführt *(Seite 51)*. Die Arbeit ist auf *Seite 49* als die Größe definiert, die sich bei den einfachen Maschinen nicht ändert. Dies legt die Vermutung nahe, daß auch die Energie stets erhalten bleibt. Alle Untersuchungen, die dazu in der Physik gemacht wurden, haben dies bestätigt.

§ 15   Die Leistung

1. Definition der Leistung

Beim Berechnen der Arbeit W kümmerten wir uns nicht darum, wie *lange* man braucht, die Säcke hochzuschaffen. In der Gleichung $W = F_s \cdot s$ werden nur Kraft und Weg berücksichtigt, nicht aber die Zeit t. Natürlich ist es oft nicht gleichgültig, ob dieselbe Arbeit in einer oder in zwei Stunden verrichtet wird. Je *schneller* man eine bestimmte Arbeit ausführt, desto *mehr leistet man*. Deshalb nimmt man die *Arbeit je Zeiteinheit* als Maß für die **Leistung P** (in technischem Englisch bedeutet „power" Leistung):

> **Unter der Leistung P versteht man den Quotienten aus der verrichteten Arbeit W und der dazu gebrauchten Zeit t:**
>
> $$P = \frac{W}{t}.$$
>
> (54.1)

Die Leistung P ist also um so größer, je größer die verrichtete Arbeit W (im Zähler) und je kleiner die hierzu gebrauchte Zeit t (im Nenner) sind. Die Angabe der verrichteten Arbeit allein genügt nicht, um die Leistung zu kennzeichnen.

2. Leistungseinheiten

Die **Einheit der Leistung** ist nach Gleichung (54.1) $1 \frac{\text{N} \cdot \text{m}}{\text{s}} = 1 \frac{\text{J}}{\text{s}}$. Man nennt sie zu Ehren des Erfinders der Dampfmaschine *James Watt* (1736 bis 1819) **1 Watt.**

> **1 W (Watt) = 1 J/s; 1 kW = 1 000 W; 1 MW (Megawatt) = 1 000 000 W = 10^6 W.**

Schafft ein Arbeiter 150 kg Kohle in 5 Minuten 12 m hoch, so ist während dieser Zeit seine Leistung

$$P = \frac{W}{t} = \frac{G \cdot h}{t} = \frac{1500 \,\text{N} \cdot 12 \,\text{m}}{300 \,\text{s}} = 60 \,\frac{\text{Nm}}{\text{s}} = 60 \,\text{W}.$$

Früher benützte man die *Kraft*einheit 1 kp = 9,81 N; die *Leistungs*einheit war 1 kpm/s = 9,81 Nm/s = 9,81 W. Die Leistung von Maschinen gab man in „*Pferdestärken*" (PS) an:

$$\textbf{1 PS = 75 kpm/s = 736 W} \approx \frac{3}{4} \,\textbf{kW.}$$

Elektrische Leistungen werden schon immer in W oder in kW gemessen. Dies mag den falschen Eindruck erwecken, in Watt und in Kilowatt messe man nur die elektrische Leistung. In Wirklichkeit wurde die Einheit Watt für die elektrische Leistung von Lampen, Tauchsiedern usw. gleich der mechanischen Leistungseinheit gesetzt. Die Leistungen von Kraftfahrzeugen werden künftig nicht mehr in PS, sondern in kW angegeben.

Tabelle 55.1 Leistungen (ungefähre Werte)

Leistung eines Menschen während mehrerer Stunden	100 W
kurzzeitige Höchstleistung eines Menschen	2 kW
Leistung eines Personenwagens (VW 1200; 34 PS)	25 kW
Sportwagen (Mercedes 300 SL)	160 kW
Diesellokomotive	bis zu 3 000 kW
Dampfturbine	bis zu 1 200 MW
Schluchseekraftwerk	536 MW

3. Unterschied zwischen Kraft und Leistung

Häufig verwechselt man die *Leistung* einer Maschine mit ihrer *Kraft*. Dies ist aber falsch: Zieht ein Motor einen Korb mit der Kraft 500 N in 1 s um 2 m höher, dann leistet er 1 kW. Ein anderer Motor windet einen Körper mit der größeren Kraft 1 000 N in 1 s nur 0,1 m aufwärts. Die Leistung ist nur 0,1 kW. Offensichtlich spielt bei der Leistung die *Geschwindigkeit*, mit der ein Vorgang abläuft, eine wichtige Rolle. Dies zeigt die folgende Rechnung:

$$P = \frac{W}{t} = \frac{F_s \cdot s}{t} = F_s \cdot \frac{s}{t} = F_s \cdot v \qquad \left(\frac{s}{t} = v\right). \tag{55.1}$$

Die Leistung P hängt also nicht nur von der Kraft F_s in Wegrichtung, sondern auch von der Geschwindigkeit v ab. Beim Radfahren auf waagerechter Strecke setzt man sein Leistungsvermögen $P = F_s \cdot v = 100$ Watt mit großer Geschwindigkeit aber kleiner Kraft ein. Am Berg dagegen braucht man eine große Kraft F; die Geschwindigkeit $v = P/F_s$ wird deshalb klein. Wollte man die Geschwindigkeit beibehalten, so müßte man bei steiler werdender Straße die Leistung steigern; man würde viel schneller ermüden.

4. Leistungsmessung

Versuch 42: Renne so schnell wie möglich eine gerade Treppe hoch und stoppe die Zeit ab! Berechne aus Deinem Gewicht und dem Höhenunterschied die verrichtete Arbeit! Bestimme dann Deine Leistung!

Versuch 43: Befestige auf der Achse eines kleinen Elektromotors einen Faden, der beim Laufen aufgewickelt wird und dabei ein geeignetes Wägestück langsam hochzieht! Berechne die Leistung des Motors!

Versuch 44: Nach *Abb. 55.1* ist eine Schnur über eine feste Rolle gelegt und wird links durch 5 N gespannt. Wenn man mit Zeigefinger und Daumen entlang der

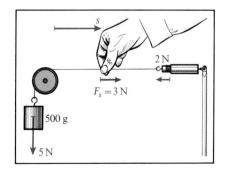

55.1 Leistungsmessung beim Reiben an einer Schnur (Vorbereitung auf Versuch 45).

Da die Schnur am Kraftmesser nur mit 2 N zieht, üben die Finger die Reibungskraft $F_s = 3$ N aus (vgl. auch Abb. 149.1!).

Schnur nach rechts *reibt*, so zeigt der Kraftmesser weniger an, zum Beispiel 2 N. Also üben die Finger die Gleitreibungskraft $F_s = 5\,N - 2\,N = 3\,N$ in Wegrichtung aus. Ist die Geschwindigkeit der Finger relativ zur Schnur $v = 0,1\,m/s$, dann beträgt ihre Leistung nach Gleichung (55.1)

$$P = F_s \cdot v = 3\,N \cdot 0,1\,m/s = 0,3\,Nm/s = 0,3\,W.$$

Versuch 45: Wir ersetzen in Versuch 44 die Rolle und die Finger durch die Schnurscheibe eines im Uhrzeigersinn rotierenden Motors *(Abb. 56.1)*. Dann können wir dessen mechanische Leistung messen. Die Schnurscheibe übt die Reibungskraft $F_s = 5\,N - 2\,N = 3\,N$ auf die Schnur aus. Der Umfang der Schnurrille beträgt $s = 0,2\,m$; zu 1 Umdrehung braucht sie $t = 0,1\,s$. Also ist ihre Geschwindigkeit relativ zur Schnur $v = s/t = 2\,m/s$. Die Motorleistung beträgt nach Gleichung (55.1)

$$P = F_s \cdot v = 3\,N \cdot 2\,m/s = 6\,Nm/s = 6\,J/s = 6\,W.$$

Durch die Reibungsarbeit wird das Rad heiß. Hierauf gehen wir auf Seite 149 ein.

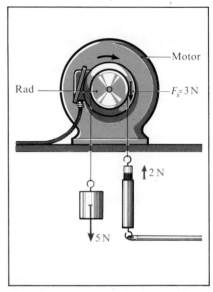

56.1 Leistungsmessung an einem Motor; die Drehzahl mißt man mit dem Stroboskop (Seite 185). Siehe auch *Abb. 55.1!*

5. Kilowattstunde (kWh)

Die Einheit Watt ist von *elektrischen* Lampen und Heizgeräten her bekannt. Schaltet man zum Beispiel einen Heizofen ein, auf dessen Typenschild 2 kW steht, so läuft der Elektrizitätszähler sehr schnell; die Stromrechnung steigt. Die Maschinen im Elektrizitätswerk müssen eine um $P = 2\,kW$ größere Leistung aufwenden (siehe Versuch 41; wegen gewisser Verluste, die schon im E-Werk und unterwegs als Wärme frei werden, sogar etwas mehr). Ist der Heizofen während der Zeit $t = 3\,h$ in Betrieb, so „läuft" der Zähler um $W = P \cdot t = 2\,kW \cdot 3\,h = 6\,kWh$ **(Kilowattstunden)** weiter. Die Zähleranzeige gibt das Produkt aus einer Leistung ($P = 2\,kW$) und einer Zeit ($t = 3\,h$). Dieses Produkt $W = P \cdot t$ ist nach Gleichung (54.1) die vom Elektrizitätswerk aufzubringende mechanische Arbeit W; 1 kWh ist also keine *Leistungs*-, sondern eine *Arbeits*- und *Energieeinheit*. 1 kWh kostet für den Haushalt etwa 12 Dpf.

$$1\,kWh = 1\,000\,W \cdot 3\,600\,s = 3\,600\,000\,Ws = 3\,600\,000\,J = 3,6 \cdot 10^6\,J.$$

Denn $1\,W \cdot s = 1\,\dfrac{J}{s} \cdot s = 1\,J$ ist die Einheit der *Arbeit*. Dieses Beispiel zeigt, mit welcher Sorgfalt man die Begriffe *Arbeit* und *Leistung* unterscheiden muß. Wir sagen nie „man leistet Arbeit", sondern „man verrichtet Arbeit" oder „man bringt Arbeit auf". Den Unterschied zwischen Arbeit und Leistung erläutert das folgende Beispiel: Ein Motor läuft mit der *konstanten* Leistung 10 kW. In 1 s verrichtet er 10 kJ an Arbeit, in 5 s das 5fache, nämlich 50 kJ usw. Während die Leistung konstant bleibt, steigt die verrichtete Arbeit proportional zur Zeit an.

6. Wasserräder und Turbinen

Die seit alters verwendeten **Wasserräder** finden wir noch in entlegenen Mühlen. Steht ein Gefälle von eini-gen Metern zur Verfügung, so füllt das Wasser die einzelnen Kammern des **oberschlächtigen Wasserrades** *(Abb. 57.1)*. Dieses kommt durch das Übergewicht zur Rotation. Man baut das Rad möglichst groß, damit das Wasser viel Lageenergie verliert und viel Arbeit verrichtet.Während diese oberschlächtigen Wasserräder die *Lageenergie* des Wassers ausnützen, entnimmt das **unterschlächtige Rad** *(Abb. 57.1)* *schnell fließendem* Wasser in einem Bach einen Teil seiner *Bewegungsenergie*.

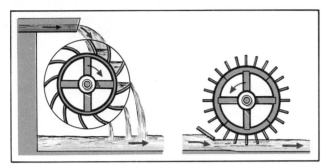

57.1 Oberschlächtiges und unterschlächtiges Wasserrad

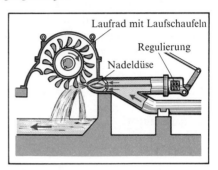

57.2 Pelton-Turbine (vgl. mit *Abb.* 375.3)

In modernen **Wasserkraftwerken** wandelt sich bei *hohem Ge-fälle* (100 − 1 800 m) die *Lageenergie* des Wassers in der Düse am Ende der Druckleitung in *Bewegungsenergie* um. Mit gro-ßer Geschwindigkeit stürzt dann der Wasserstrahl auf die Schaufeln der **Freistrahl-** oder **Pelton-Turbine** *(Abb. 57.2)*. Eine im **Walchenseewerk** eingebaute Freistrahlturbine hat bei einem Gefälle von 195 m und einem Wasserdurchlauf von 9,4 m³/s die Leistung 15000 kW. − Bei *kleinem Gefälle*, aber *großer Wassermenge*, laufen in *Flußkraftwerken* **Kaplan-Tur-binen** *(Abb. 57.3)*. In ihnen wird zunächst durch *feststehende* Schaufeln das Wasser im Sinne des Uhrzeigers in Drehung versetzt, um dann auf die propellerartig geformten Flügel zu stoßen. Damit diese eine große Kraft erfahren, gibt man ihnen eine große Fläche (bis zu 7 m Durchmesser). Je nach der zur Verfügung stehenden Wassermenge neigt man die Schaufeln durch einen in die Achse eingebauten Mechanismus mehr oder weniger stark. Den angeschlossenen Generator zur Stromerzeugung zeigt *Abb. 375.3*. Diese beiden Turbinen werden bis zu einer Leistung von etwa 50000 kW gebaut.

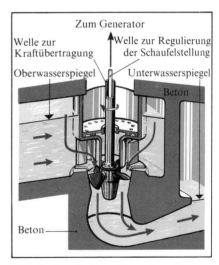

57.3 Kaplan-Turbine, Gesamtansicht

7. Rückschau

Wir haben eine ganze Reihe von Begriffen wie *Federhärte* $D = F/s$, *Arbeit* $W = F_s \cdot s$, *Energie* und *Leistung* $P = W/t$ definiert, indem wir die Größen *Strecke s*, *Kraft F* und *Zeit t* verschiedenartig zusammensetzten. In der Umgangssprache werden diese Begriffe von „*Kraft*" kaum unter-schieden. Doch braucht man diese exakten Begriffe, um physikalische Vorgänge wie etwa das Spannen von Federn unter *verschiedenen Gesichtspunkten* klar zu beschreiben: Mit dem Kraft-messer bestimmt man *Kräfte* durch die Verlängerung *s* einer Feder. Um harte Federn von weichen zu unterscheiden, genügt die Angabe einer Kraft nicht; wir führten den Quotienten $F/s = D$ ein. — Beim Spannen muß die Kraft *längs eines Weges s* wirken; man verrichtet *Arbeit*. Ist die Feder bis zu einer gewissen Marke verlängert, so braucht man keine weitere Arbeit; doch ist *Kraft* nötig, um sie am Zurückschnellen zu hindern. — Soll eine *weiche* Feder bis zur gleichen Endkraft F gespannt werden, dann muß man sie um eine größere Strecke s verlängern als eine harte $(s = F/D)$; also ist auch mehr *Arbeit* nötig. Dafür hat die weiche Feder mehr *Spannungsenergie* gespeichert und kann eine Uhr länger antreiben; denn sie hat auch einen größeren Entspannungsweg. — Man zieht eine Uhr *schnell* auf, setzt dabei viel mehr *Leistung* ein als nachher die Feder am Räderwerk; denn die Feder hält mit der *Energie*, die man ihr in Form von *Arbeit* zuführte, das Räderwerk mehrere Tage lang in Gang. — Eine gespannte Feder hat *Energie*, das heißt *Arbeitsfähigkeit*. Dies gilt auch, wenn sie gerade keine Arbeit verrichtet, weil die Uhr steht.

Wir stellen nochmals gegenüber: Man kann eine große *Kraft* ausüben, auch wenn sich der Angriffspunkt nicht verschiebt; doch wird dabei keine *Arbeit* verrichtet. — Das Verrichten von *Arbeit* ist ein *Vorgang*, während der Besitz von *Energie* ein *Zustand* ist, bei dem sich nichts zu verändern braucht.

Die Energie der Sonnenstrahlen, die Verbrennungsenergie von Kohle oder die Energie in einer Taschenlampenbatterie zeigen, daß der *Energiebegriff weit über die Mechanik* hinausgreift und nicht ausschließlich auf Arbeits- oder gar Kraftformen, die in der Mechanik üblich sind, zurückgeführt werden kann. Deshalb begegnen wir ihm in der Physik wie auch in anderen Naturwissenschaften ständig.

Aufgaben:

1. *Durch welche Gleichung ist die Leistung definiert? Wie ändert sie sich, wenn man Arbeit und Zeit verdoppelt?*

2. *Was braucht ein Junge, der auf die Dauer 50 W leistet, an reiner Arbeitszeit, um 150 kg Kohlen 12 m hoch zu bringen? Wieviel PS sind 50 W?*

3. *Wie weit vermag ein Pferd (500 W) einen Wagen in 1 h mit der Kraft 200 N zu ziehen? Wie viele PS sind 500 W?*

4. *Wie lange braucht ein 5 PS-Motor, um 10 m³ Wasser 20 m hoch zu pumpen? Wie viele kW sind 5 PS?*

5. *Ein Löschfahrzeug der Feuerwehr kann je Minute 15 000 l Wasser 75 m hoch pumpen. Wie groß ist seine Leistung in kW und PS?*

6. *Welche Kraft entwickelt ein Auto, das bei Vollgas eine Leistung von 35 PS hat, wenn es im 1. Gang mit 5 m/s fährt? Wie groß ist die Kraft im 4. Gang bei gleicher Drehzahl und Leistung des Motors, wenn das Auto die Geschwindigkeit 108 km/h hat? Rechne 35 PS in kW um!*

7. *Ein Schleifstein hat 30 cm Durchmesser und dreht sich 2mal je Sekunde. Beim Schleifen übt er längs seines Umfangs auf das Messer eine Kraft von 500 cN aus. Welche Leistung muß man hierfür aufbringen?*

8. *Mit welcher Geschwindigkeit kann ein 20 kW-Motor ein Werkstück von 0,5 t Masse hochziehen?*

9. *Lies die Rückschau auf Seite 57 genau und unterscheide die Begriffe Kraft, Energie, Arbeit, Leistung und Federhärte klar voneinander!*

10. *Welche Leistung liefert eine Freistrahlturbine, die bei einem Gefälle von 195 m in 1 s von 9,4 m³ Wasser durchlaufen wird, wenn man von Verlusten absieht? Wieviel % betragen also die Verluste in dem im Text S. 57 angegebenen Beispiel?*

11. *Ein Wanderer im Gebirge hat eine Leistung von 80 W und eine Masse von 100 kg. Welchen Höhenunterschied überwindet er in 1 h (dieser Wert ist bisweilen auf Wanderkarten angegeben)?*

§ 16   Zusammensetzung und Zerlegung von Kräften

1.   Zusammensetzung von Kräften

Bei der Festlegung der Kraftmessung auf Seite 23 haben wir gesehen: Wenn zwei Kräfte F_1 und F_2 (zum Beispiel von 200 N und 300 N) in *gleicher* Richtung am selben Punkt angreifen, so addieren wir einfach ihre Beträge *(Abb. 59.1)*: Das Resultat ist dasselbe, als wirke eine einzige Kraft F von diesem Betrag (500 N). Wir nennen sie die **Resultierende** $\vec{F} = \vec{F}_1 + \vec{F}_2$. Wir schreiben sie als Summe, weil man ihren Kraftpfeil $\vec{F}$ aus den Kraftpfeilen $\vec{F}_1$ und $\vec{F}_2$ ebenso erhält, wie man Zahlen auf der Zahlengeraden geometrisch addiert.

59.1 Zwei Kräfte gleicher Richtung setzen sich zu einer Kraft zusammen.

Beim Kräftegleichgewicht greifen im selben Punkt zwei *entgegengesetzte* Kräfte $\vec{F}_1$ und $\vec{F}_2 = -\vec{F}_1$ an, das heißt zwei Kräfte von gleichem Betrag und entgegengesetzter Richtung. Das Resultat ist dasselbe, als wirke keine Kraft: Die Resultierende ist Null.

Auch wenn zwei Kräfte im selben Punkt in *unterschiedlichen* Richtungen angreifen, setzen sie sich zu einer Resultierenden zusammen: Nach *Abb. 59.2* ziehen zwei Hunde in verschiedenen Richtungen an ihrer gemeinsamen Leine *l*, diese zeigt die Richtung der Resultierenden an. Um deren Betrag und Richtung zu finden, führen wir den folgenden Versuch aus.

59.2 Zusammensetzung von Kräften verschiedener Richtung

Versuch 46: Das gemeinsame Stück Leine wird durch ein Gummiband ersetzt, das am einen Ende (A) links oben an der Wandtafel befestigt ist. Am anderen Ende (B) greifen zwei Kräfte $\vec{F}_1$, $\vec{F}_2$ (3,0 N; 4,0 N) in verschiedenen Richtungen an, deren Kraftpfeile wir vom Angriffspunkt B aus auf die Tafel zeichnen (1 N $\cong$ 1 dm; *Abb. 59.3*). Wir wollen die Resultierende $\vec{F}$ finden, welche die gleiche Wirkung ausübt wie die beiden **Kraftkomponenten** (componere, lat.; zusammensetzen) $\vec{F}_1$ und $\vec{F}_2$ zusammen. Hierzu dehnen wir mit einem einzigen Kraftmesser das Gummiband bis zum selben Endpunkt B. Den Kraftpfeil der Resultierenden $\vec{F}$ (5,0 N) halten wir gleichfalls auf der Tafel fest. Ihr Betrag ist kleiner als die Summe der Beträge und läßt sich aus den Beträgen allein nicht errechnen. Wohl aber kann man den Kraftpfeil $\vec{F}$ aus den Kraftpfeilen $\vec{F}_1$ und $\vec{F}_2$ ermitteln: Ergänzt man die Kraftpfeile $\vec{F}_1$ und $\vec{F}_2$ zum sogenannten **Kräfteparallelogramm**, so ergibt die

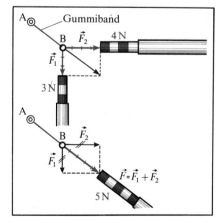

59.3 Zu Versuch 46

vom Angriffspunkt ausgehende Diagonale den Kraftpfeil der Resultierenden $\vec{F}$. Man sieht, daß sie näher bei der größeren Kraft liegt. Wir schreiben diese geometrische Zusammenfügung der Kraftpfeile als Vektoraddition $\vec{F} = \vec{F}_1 + \vec{F}_2$ (Festsetzung). Der Fall gleich- oder entgegengesetzt gerichteter Kräfte ist darin enthalten: $\vec{F}_1$ und $\vec{F}_2$ zeigen dann in der gleichen bzw. entgegengesetzten Richtung.

Zwei Kräfte, die in einem Punkt angreifen, lassen sich durch eine einzige Kraft ersetzen. Man findet den Kraftpfeil der Resultierenden $\vec{F}$ als Diagonale eines Parallelogramms, dessen Seiten die Kraftpfeile der beiden gegebenen Komponenten $\vec{F}_1, \vec{F}_2$ sind: Die Resultierende ist die Vektorsumme der Komponenten:

$$\vec{F} = \vec{F}_1 + \vec{F}_2 \; . \tag{60.1}$$

Wenn man die Vektorsumme konstruiert hat, streiche man die Pfeile der ersetzten Komponenten! Man vermeidet so den Eindruck, als wirkten drei Kräfte zugleich. Zur Vektoraddition braucht man übrigens nicht das ganze Parallelogramm zu zeichnen, in dem jede Komponente doppelt vorkommt: Es genügt, einen Kraftpfeil an den anderen „anzuhängen" (halbes Parallelogramm, „Kräftedreieck"; siehe *Abb. 60.1*). Dies gilt auch für die Addition von 3 Kräften; man addiert $\vec{F}_3$ zum Summenvektor $\vec{F}_1 + \vec{F}_2$.

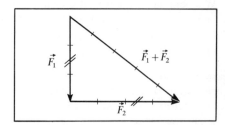

60.1 Kräftedreieck

Kräfte setzen sich wie Vektoren zusammen: Man darf im allgemeinen nicht ihre Beträge *algebraisch*, sondern muß ihre Kraftpfeile *geometrisch* addieren. Je größer der Winkel ist, den die Komponenten miteinander bilden, um so kleiner wird trotz gleicher Beträge ihre Resultierende *(Abb. 60.2)*.

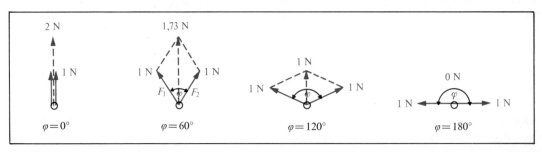

60.2 Die Resultierende der beiden Komponenten 1 N sinkt von 2 N (links) auf Null (rechts), wenn der Winkel zwischen ihnen von Null auf 180° wächst.

2.   Zerlegung einer Kraft in Komponenten

Wenn zwei miteinander einen Eimer tragen, so entfernen sie sich etwas voneinander, damit sie der Eimer beim Gehen nicht behindert. Je größer der Winkel ist, den die Arme miteinander bilden, um so mehr zerrt die Last an ihnen *(Abb. 60.3)*. Im folgenden Versuch ersetzen wir die Arme durch Kraftmesser:

60.3 Die Gewichtskraft wird aufgeteilt.

Versuch 47: Ein Körper, der an einem Kraftmesser mit seiner Gewichtskraft $G = 1{,}0$ N nach unten zieht, wird nach *Abb. 61.1* an zwei schräg stehende Kraftmesser gehängt. Er zieht an ihnen mit den Kräften $F_1 = 0{,}6$ N und $F_2 = 0{,}8$ N; die Kraft von 1 N hat sich in Komponenten von 0,6 N und 0,8 N „aufgeteilt". Wieder bilden die drei Kraftpfeile ein Kräfteparallelogramm. Nur wird jetzt die Kraft $\vec{G}$ (die Diagonale) nicht aus den Komponenten $\vec{F}_1$ und $\vec{F}_2$ zusammengesetzt, sondern in diese *zerlegt*. Man streiche dann die Diagonale weg! Die Komponentenzerlegung ist eindeutig möglich, wenn die in der Diagonale wirkende Kraft nach Betrag und Richtung bekannt ist und von den beiden Komponenten nur die (nicht parallelen) Richtungen gegeben sind. Diese Richtungen müssen mit der Diagonalenrichtung in einer Ebene liegen.

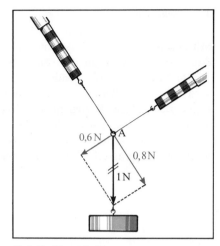

61.1 Zu Versuch 47

Eine gegebene Kraft $\vec{F}$ kann durch Komponenten $\vec{F}_1$, $\vec{F}_2$ mit zwei beliebig wählbaren nichtparallelen Richtungen ersetzt werden, die mit der Kraft in einer Ebene liegen. Die Kraftpfeile der Komponenten erhält man als Seiten eines Parallelogramms, dessen Diagonale die zu ersetzende Kraft darstellt und dessen Seitenrichtungen die Komponentenrichtungen sind:

$$\vec{F} = \vec{F}_1 + \vec{F}_2 \quad \text{(Kräfteparallelogramm)}.$$

Man sagt: Die Kraft ist in Komponenten zerlegt worden.

---

3. Komponentenzerlegung einer Kraft bei Arbeitsverrichtung

In *Abb. 61.2* greift die Kraft $\vec{F}$ in Deichselrichtung schräg nach oben am Wagen an. Sie zieht ihn nicht nur voran, sondern sucht ihn gleichzeitig zu heben. Das Heben wird zum Beispiel dann wichtig, wenn der Wagen mit den Rädern eingesunken ist. Man zieht dann an der Deichsel steil nach oben. Wir fassen die Kraft $\vec{F}$ als Diagonale eines Kräfteparallelogramms auf und zerlegen sie in eine Komponente $\vec{F}_1$ in Wegrichtung und in eine dazu senkrechte Komponente $\vec{F}_2$ senkrecht nach oben. Diese Wahl der Komponentenrichtungen ist physikalisch zweckmäßig; denn die Komponente $\vec{F}_1$ zieht den Wagen voran, $\vec{F}_2$ sucht ihn anzuheben und vermindert so die Reibung. Bewegt sich nun der Wagen unter der Wirkung der Kraft $\vec{F}$ um den Weg s, so folgt er in seiner Bewegung nur der Kraft $\vec{F}_1$, nicht aber der Kraft $\vec{F}_2$. Daher wird an ihm die Arbeit $W = F_1 \cdot s$ verrichtet; die Komponente $\vec{F}_2$ liefert dazu keinen Beitrag. Die in der Erklärung der Arbeit auf Seite 49 genannte Kraft F_s bedeutet also die *Kraftkomponente in Wegrichtung*, wenn man die Kraft in zwei Komponenten derart zerlegt, daß die eine $\vec{F}_1$ parallel zur Bewegungsrichtung, die andere $\vec{F}_2$ senkrecht dazu orientiert ist. Das Kräfteparallelogramm ist hierbei stets ein Rechteck!

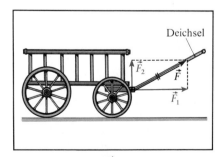

61.2 Die Zugkraft $\vec{F}$ am Wagen wird in Komponenten zerlegt.

4. Rückschau

Mit den Kräften haben wir physikalische Größen kennengelernt, die durch ihren Betrag — eine Zahlenangabe mit Einheit — allein noch nicht bestimmt sind. Das wird deutlich, wenn sich zwei Kräfte zu einer Resultierenden zusammensetzen oder wenn eine Kraft in Komponenten zerlegt wird: Nicht die Beträge der Komponenten addieren sich algebraisch, sondern ihre Kraftpfeile setzen sich vektoriell zusammen. Erst durch diese vektorielle Addition wird verständlich, daß beim Zusammensetzen von Komponenten verschiedener Richtung der Betrag der Resultierenden kleiner ist als die Summe der Komponentenbeträge. Für Komponenten gleicher oder entgegengesetzter Richtung erhalten wir die bekannte „skalare" Addition oder Subtraktion als Sonderfall.

Aufgaben:

1. *Ermittle durch Konstruktion die Resultierende der beiden Kräfte 6 N und 8 N, wenn sie Winkel von 0°, 30°, 60°, 90°, 120°, 150°, 180° einschließen! Zwischen welchen Grenzen liegt der Betrag der Resultierenden („Dreiecksungleichung")? Bei welchen Winkeln kann man mit den Beträgen allein in gewohnter algebraischer Weise rechnen?*

2. *Welchen Winkel müssen zwei Kräfte von je 20 N miteinander bilden, wenn die Resultierende ebenfalls 20 N betragen soll?*

3. *Wie findet man die Resultierende, wenn mehr als zwei Kräfte an einem Punkt angreifen? (Bequeme Konstruktion mit dem Kräftedreieck!)*

4. *An einem Telegraphenmasten zieht ein Draht horizontal nach Osten mit 2000 N, ein zweiter horizontal nach Süden mit 3000 N. Gib Lage und Größe der Resultierenden an! Von wo aus wird man zweckmäßigerweise den Masten durch eine Stütze, von wo aus durch ein schräg nach unten gespanntes Drahtseil sichern?*

5. *Wozu dienen die starken Schrägstreben eines Förderturms (Abb. 62.1)? Warum halbieren sie den Winkel, den die beiden Teile des Förderseils miteinander bilden?*

6. *In Abb. 62.2 wirkt die Kraft $\vec{F}$ auf den Keil. Sie ist in zwei Komponenten senkrecht zu den Keilflächen zerlegt. Wie wirken sich diese Komponenten aus? Wie ändern sich ihre Beträge, wenn der Keil spitzer wird? Wo verwendet man Keile?*

7. *Über die Straße ist ein zunächst waagerechtes Seil gespannt. In seiner Mitte wird eine Lampe aufgehängt (Abb. 62.3). Zerlege die Gewichtskraft der Lampe in Komponenten, die in den beiden Seilrichtungen ziehen! Vom Gewicht des Seils sei abgesehen. Die Komponenten geben die Spannkräfte im Seil. Wie ändern sich diese Seilspannungen, wenn — bei Kälte — der Durchhang des Seils kleiner wird?*

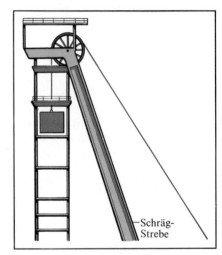

62.1 Kräfte an einem Förderturm

—Schräg-Strebe

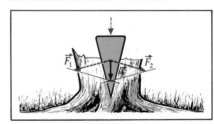

62.2 Kräftezerlegung am Keil; zu Aufgabe 6

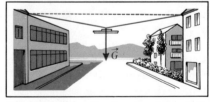

62.3 Konstruiere die Spannkraft im Seil; zu Aufgabe 7.

§ 17 Die schiefe Ebene

Wir haben bereits in § 13 einfache Maschinen untersucht, mit denen sich Angriffspunkt, Richtung oder Betrag von Kräften verändern lassen. Sie können wohl
das Arbeiten erleichtern, aber keine Arbeit einsparen.
Wir untersuchen nunmehr weitere Maschinenelemente.

Um einen Personenwagen auf einen Güterwaggon zu
laden, könnte man auf ebener Erde bis an den Waggon
heranfahren. Dann müßte man ihn aber mit erheblichem
Kraftaufwand — nämlich der Gewichtskraft des Wagens — senkrecht hochziehen *(Abb. 63.1)*. Statt dessen
fährt man auf einer *Schrägauffahrt* (Rampe) bis auf die
Höhe der Ladefläche. Die Schrägauffahrt bezeichnet
man in der Physik als **schiefe Ebene.** Längs ihrer Richtung wirkt nur die Kraft H, die man als **Hangabtrieb**
bezeichnet. Wir messen diesen Hangabtrieb mit einem
Kraftmesser, der nach *Abb. 63.2* parallel zur schiefen
Ebene gehalten wird. Sein Betrag ist kleiner als der Betrag der Gewichtskraft $\vec{L}$ („Last"). Zeichnerisch ermittelt man den Hangabtrieb, indem man die Gewichtskraft $\vec{L}$ in zwei Komponenten zerlegt, deren eine $\vec{H}$
parallel zur Fahrbahn und deren andere $\vec{N}$, die sogenannte „*Normalkraft*", dazu senkrecht gerichtet ist
(„normal" bedeutet hier „rechtwinklig"). Nach § 13 verrichtet die Normalkraft bei Bewegung keine Arbeit;
weder unterstützt sie die Bewegung, noch hemmt sie
diese.

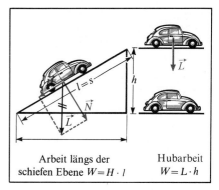

Arbeit längs der   Hubarbeit
schiefen Ebene $W = H \cdot l$ $W = L \cdot h$

63.1 Die schiefe Ebene läßt die Hubarbeit
ungeändert.

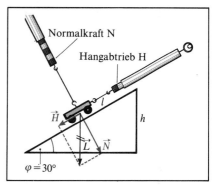

63.2 Zu Versuch 48

Versuch 48: Miß die Komponentenbeträge H und N nach *Abb. 63.2* mit Kraftmessern und
vergleiche sie mit den Werten, die sich durch zeichnerische Komponentenzerlegung der Gewichtskraft L ergeben!

Versuch 49: Verändere bei einer schiefen Ebene den Neigungswinkel φ so lange, bis der Hangabtrieb H halb so groß ist wie die Last L ($H = L/2$)! Man ist vielleicht erstaunt, daß dies nicht
bei 45°, sondern schon bei 30° eintritt. Das Ergebnis wird aber durch Ausmessen der Kraftpfeile
in *Abb. 63.2* bestätigt. (Bei $\varphi = 30°$ ist das halbe Kräfteparallelogramm ein halbes gleichseitiges
Dreieck!)

Beim Winkel 30° wird andererseits die Länge l der schiefen Ebene doppelt so groß wie der
Höhenunterschied h, den sie überwindet: $l = 2\,h$. (Auch das Wegdreieck ist ein halbes gleichseitiges Dreieck.) Für die an der schiefen Ebene verrichtete Arbeit W gilt also: $W = H \cdot l =$
$L/2 \cdot 2\,h = L \cdot h$; die Arbeit zur Auffahrt $H \cdot l$ ist gleich der Hubarbeit $L \cdot h$. Wie bei den schon
bekannten einfachen Maschinen, läßt sich auch hier keine Arbeit „einsparen": Die verringerte
Kraft erfordert einen vergrößerten Weg. Diese Gleichung $H \cdot l = L \cdot h$ gilt für alle Neigungswinkel:

Der Hangabtrieb H verhält sich zur Last L wie die Höhe h zur Länge l der schiefen Ebene:

$$\frac{H}{L} = \frac{h}{l}.$$ (64.1)

Versuch 50: Bestätige dies Ergebnis mit Kraftmessern bei 20°, 45°, 60°, 90°! Fertige für diese Winkel Skizzen entsprechend *Abb. 63.1* an, miß Strecken und Kraftpfeile aus und prüfe Gleichung (64.1) nach! Wer die Ähnlichkeitssätze der Geometrie kennt, kann den Beweis auch allgemein führen.

Wir nennen das Verhältnis h/l die *Neigung* der schiefen Ebene. Nach Gleichung (64.1) gibt sie den Bruchteil H/L der Gewichtskraft an, der als Zugkraft aufgewendet werden muß. Ihren Zusammenhang mit dem Neigungswinkel φ zeigt die Tabelle 64.1. Auf einer steilen Straße von 17,5° Neigungswinkel muß der Motor eines bergauffahrenden Wagens also (mindestens) 30 % der Gewichtskraft des Wagens als Zugkraft erzeugen.

Tabelle 64.1

Neigung h/l	Neigungswinkel φ
0,02	1,1°
0,05	2,9°
0,10	5,7°
0,20	11,5°
0,30	17,5°
0,50	30°
0,71	45,2°
0,87	60,5°
1,00	90°

Aufgaben:

1. *Ein Kraftwagen von 1000 kg Masse fährt eine Straße mit einer Neigung von 20 % bergauf. Welche Gewichtskraft erfährt der Wagen, welche Zugkraft muß der Motor aufbringen? Welche Leistung entwickelt der Motor, wenn der Wagen die Steigung mit der Geschwindigkeit von 54 km/h nimmt? Von der Reibung sei abgesehen.*

2. *Mit welcher Kraft (abgesehen von der Reibung) zieht eine D-Zug-Lokomotive einen Zug von 500 t Masse auf einer Strecke von 3 % Neigung bergauf? Welche Geschwindigkeit kann sie halten, wenn sie eine Leistung von 3000 kW entwickelt?*

3. *Warum lagert ein Fluß bei flacherem Lauf mehr Sand und Geröll ab (Deltabildung am Meer)?*

4. *Wenn man eine schiefe Ebene um einen Zylinder wickelt, erhält man eine Schraube. Fasse sie als einfache Maschine auf (Abb. 64.1)! Wie wird mit ihr Kraft gewonnen?*

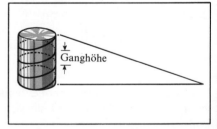

64.1 Die Schraube kann als schiefe Ebene aufgefaßt werden.

§ 18 Der Hebel

1. Der Hebel als Kraftwandler

Eine frei bewegliche Stange überträgt in ihrer Längsrichtung Schubkräfte unverändert (§ 12). Anders verhält sie sich, wenn wir sie *um eine feste Achse drehbar* lagern und so als Brechstange oder als Hebebaum benutzen. Dann kann man mit ihr bei kleinem Kraftaufwand große Kräfte ausüben und schwere Lasten heben *(Abb. 65.1)*. Eine Stange, die um eine feste Achse drehbar ist, heißt **Hebel**. Wie ein Hebel Kräfte überträgt, zeigen die folgenden Versuche. Wenn — wie in *Abb. 65.2* — die Kräfte senkrecht zum Hebel angreifen, so nennen wir die Strecke von der Drehachse zum Angriffspunkt einer Kraft den *Hebelarm* dieser Kraft.

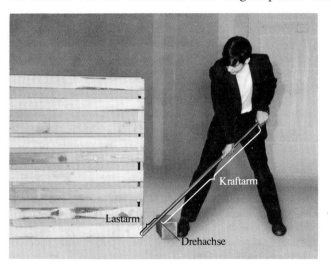

65.1 Die Brechstange wirkt links als zweiseitiger Hebel, rechts als einseitiger Hebel.

Versuch 51: Hänge nach *Abb. 65.2* an die rechte Seite des waagerechten Hebels mit dem Hebelarm $a_1 = 10$ cm ein Wägestück! Mit seiner Gewichtskraft $F_1 = 6{,}0$ N zieht es nach unten und sucht den Hebel im Uhrzeigersinn zu drehen. Miß mit einem Kraftmesser auf der anderen Seite der Achse („zweiseitiger Hebel"), welche Kraft F_2 nach unten an verschiedenen Hebelarmen a_2 aufgewendet werden muß, um die Last langsam zu heben oder in der Schwebe zu halten (siehe *Tabelle 66.1!*).

Versuch 52: Beim sogenannten einseitigen Hebel greift die Kraft F_2 auf derselben Seite wie die Last F_1 an, aber in entgegengesetzter Richtung *(Abb. 66.1)*. Miß F_2 mit einem Kraftmesser bei verschiedenen Hebelarmen! Die Ergebnisse sind für $F_1 = 6{,}0$ N und $a_1 = 10$ cm in der *Tabelle 66.1* zusammengestellt:

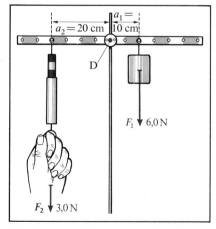

65.2 Gleichgewicht am zweiseitigen Hebel; D ist die Drehachse.

Tabelle 66.1

Hebelarm a_2 in cm	5	10	15	20	30
Kraft F_2 in N	12	6	4	3	2

Beim zweiseitigen Hebel haben die Kräfte F_1 und F_2 dieselbe, beim einseitigen entgegengesetzte Richtung. Ob die Last gehoben oder nur auf gleicher Höhe gehalten werden soll, erfordert dieselbe Kraft. Diese hängt nur vom Hebelarm ab: Je länger der Hebelarm, um so kleiner ist die Kraft. Am Hebelarm der doppelten (gleichen, halben) Länge ist eine Kraft vom halben (gleichen, doppelten) Betrag nötig. Das Produkt von Kraft und Hebelarm $F_1 \cdot a_1$ hat daher stets denselben Wert.

Mit dem Hebel kann man Betrag, Richtung und Angriffspunkt einer Kraft ändern. Am n-fachen Hebelarm braucht man nur $1/n$ der Kraft. Für die Kräfte F_1, F_2 und ihre Hebelarme a_1, a_2 gilt:

$$F_1 \cdot a_1 = F_2 \cdot a_2 \quad \text{(Hebelgesetz)}. \quad (66.1)$$

Beispiel: Wo muß man an einem Hebel eine Kraft $F_2 = 10$ N angreifen lassen, damit er am Hebelarm $a_1 = 4$ cm eine Kraft $F_1 = 50$ N ausübt? Da die Kraft $F_2 = F_1/5$ ist, muß F_2 am 5fachen Hebelarm $a_2 = 5\,a_1$ ausgeübt werden; also ist $a_2 = 20$ cm. Man kann die Frage auch mit Hilfe von Gleichung (66.1) beantworten. Es gilt:

$$F_1 \cdot a_1 = F_2 \cdot a_2,$$

das heißt $50 \text{ N} \cdot 4 \text{ cm} = 10 \text{ N} \cdot a_2,$

das heißt $a_2 = 20 \text{ cm}.$

Dies gilt für den einseitigen wie auch für den zweiseitigen Hebel.

2.   Arbeit am Hebel

Am längeren Hebelarm hebt man zwar die Last mit kleinerer Kraft; man muß aber dafür beim Heben einen längeren Weg s zurücklegen. Wie *Abb. 67.1* zeigt, ist der Hubweg s am n-fachen Hebelarm auch n-mal so groß. Da die Kraft F auf 1 n-tel sank, muß man die gleiche Arbeit $W = F \cdot s$ wie ohne Hebel aufwenden.

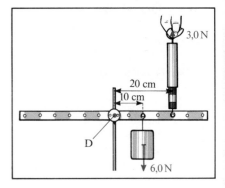

66.1 Einseitiger Hebel

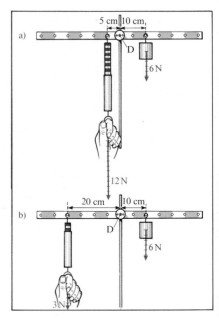

66.2 Man braucht a) die doppelte, b) die halbe Kraft.

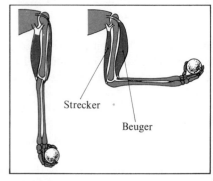

66.3 Der Unterarm als Hebel

> **Auch für den Hebel gilt der Satz von der Erhaltung der Arbeit.**

Für die Arbeitsberechnung darf man auf keinen Fall den Hebelarm a als Weg einsetzen! Die Angriffspunkte der Kraft und der Last bewegen sich vielmehr senkrecht zu den Hebelarmen in Kraftrichtung.

Nicht immer soll der Hebel die aufzuwendende Kraft verringern: Der menschliche Unterarm *(Abb. 66.3)* ist ein Hebel, der eine kleinere Last einen größeren Weg hebt, als es der Armmuskel allein vermöchte.

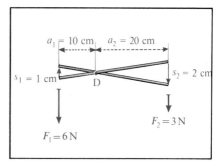

67.1 Berechne Drehmoment und Arbeit beider Kräfte!

3. Das Drehmoment; Gleichgewicht am Hebel

Wenn in *Abb. 65.2* und *66.1* die Last F_1 von der Kraft F_2 auf gleicher Höhe gehalten wird, so sucht F_1 am Hebelarm a_1 den Hebel im Uhrzeigersinn, F_2 (Hebelarm a_2) jedoch entgegen dem Uhrzeigersinn zu drehen. Beide Drehwirkungen „halten sich die Waage", am Hebel herrscht „Gleichgewicht". Nach dem Hebelgesetz sind dann die Produkte aus den Beträgen der Kraft F und des Hebelarms a für beide Drehrichtungen gleich groß, $F_1 \cdot a_1 = F_2 \cdot a_2$. Dieses Produkt $F \cdot a$ ist demnach ein Maß für die Drehwirkung einer Kraft F am Hebelarm a und wird Drehmoment der Kraft genannt (das Moment: Antrieb; movere, lat.; bewegen). Die Kraft allein reicht nicht aus, um die Drehwirkung zu kennzeichnen.

> **Unter dem Drehmoment M einer Kraft F versteht man das Produkt aus dem Kraftbetrag F und dem Hebelarm a; $M = F \cdot a$ (Definition des Drehmoments).** (67.1)
>
> **Die Einheit des Drehmoments ist 1 Nm. Sie gibt die Drehwirkung der Kraft 1 N an, die senkrecht zum Hebelarm 1 m wirkt (1 Nm = 100 Ncm).**

Versuch 53: Nach *Abb. 67.2* greifen mehrere Kräfte am gleichen Hebel an. An ihm herrscht Gleichgewicht. Die Drehmomente im Uhrzeigersinn sind $1,1 \text{ N} \cdot 20 \text{ cm} = 22 \text{ Ncm}$ und $0,1 \text{ N} \cdot 30 \text{ cm} = 3 \text{ Ncm}$. Ihre Summe beträgt 25 Ncm. Gegen den Uhrzeiger wirken die Drehmomente $0,4 \text{ N} \cdot 10 \text{ cm} = 4 \text{ Ncm}$, $0,3 \text{ N} \cdot 20 \text{ cm} = 6 \text{ Ncm}$ und $0,5 \text{ N} \cdot 30 \text{ cm} = 15 \text{ Ncm}$. Ihre Summe ist auch 25 Ncm. Greifen also mehrere Kräfte im selben Drehsinn an, so ist es sinnvoll, ihre Drehmomente zu addieren.

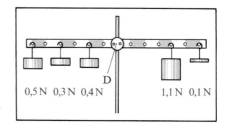

67.2 Zu Versuch 53

> **Am Hebel herrscht Gleichgewicht, wenn die Summe M_1 der Drehmomente im Uhrzeigersinn so groß ist wie die Summe M_2 der Drehmomente im Gegenzeigersinn:**
>
> $$M_1 = M_2 \quad \text{(Momentengleichgewicht)}.$$ (67.2)
>
> **Sind die Drehmomente nicht gleich, so dreht sich der Hebel im Sinne des größeren Drehmoments.**

4. Die Verwendung von Hebeln in Waagen

Waagen sind meistens Hebel, an denen die Drehmomente zweier angreifender Gewichtskräfte ins Gleichgewicht gebracht werden. So ist der Balken einer **gleicharmigen Waage** *(Abb. 26.1)* ein zweiseitiger Hebel mit gleich langen Hebelarmen. Bei ihr wird durch Probieren mit verschiedenen Stücken aus dem Wägesatz das Gleichgewicht hergestellt. Sie läßt sich zur Massenbestimmung benutzen, weil sich die Massen der Körper am selben Ort wie ihre Gewichtskräfte verhalten. Bei der **römischen Schnellwaage** *(Abb. 68.1)* hat man nur *ein* Wägestück und verändert seinen Hebelarm, bis Gleichgewicht eintritt. Ähnlich wirkende Laufgewichtswaagen findet man im Haushalt.

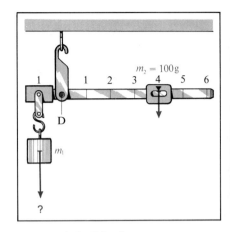

68.1 Römische Schnellwaage

5. Zusammensetzung und Zerlegung paralleler Kräfte am festen Körper

a) Ein Hebel im Gleichgewicht steht unter der Wirkung mehrerer Kräfte, die sich in ihrer Wirkung aufheben, jedoch nicht am selben Punkt angreifen. Ob man auch in diesem Fall die Einzelkräfte durch eine Resultierende ersetzen kann, wollen wir jetzt untersuchen.

Versuch 54: Hänge die Drehachse eines Hebels an einen Kraftmesser! Er zeigt die Gewichtskraft $\vec{G}$ ($G = 1$ N) der Hebelstange an. Stelle nun am Hebel nach *Abb. 68.2* das Gleichgewicht mit den beiden parallelen Kräften $\vec{F_1}$ und $\vec{F_2}$ her. Der Kraftmesser wird zusätzlich durch die Summe $\vec{F} = \vec{F_1} + \vec{F_2}$ ($F = 4$ N $+ 2$ N) der beiden Einzelkräfte belastet. Daher lassen sich die beiden parallelen Einzelkräfte zu einer Resultierenden $\vec{F}$ zusammenfassen. Sie greift an der Drehachse an; wäre zum Beispiel ihr Angriffspunkt rechts von der Achse, so würde sich der Hebel im Uhrzeigersinn drehen. Für die Abstände der Resultierenden $\vec{F}$ von den Komponenten $\vec{F_1}$ und $\vec{F_2}$ gilt nach dem Hebelgesetz $F_1 \cdot a_1 = F_2 \cdot a_2$ oder nach Umstellung $a_1 : a_2 = F_2 : F_1$. Die Resultierende zweier paralleler Einzelkräfte liegt um so näher bei der größeren Einzelkraft, je mehr diese die kleinere überwiegt.

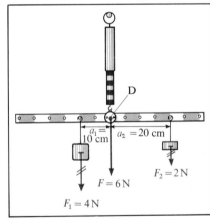

68.2 $\vec{F_1}$ und $\vec{F_2}$ setzen sich zur Resultierenden $\vec{F}$ zusammen.

An einem festen Körper setzen sich zwei gleichsinnig parallele Einzelkräfte $\vec{F_1}$ und $\vec{F_2}$ zu einer ihnen parallelen Resultierenden $\vec{F}$ zusammen: $\qquad \vec{F} = \vec{F_1} + \vec{F_2}.$ **(68.1)**

Für die Abstände dieser Resultierenden von den Einzelkräften gilt: $F_1 \cdot a_1 = F_2 \cdot a_2.$ **(68.2)**

Am Hebel herrscht Gleichgewicht, wenn die Drehachse auf der Resultierenden liegt.

b) In (a) waren die beiden Einzelkräfte F_1 und F_2 mit ihren Angriffspunkten gegeben; gesucht wurde der Angriffspunkt der Resultierenden. Beim **Tragbalken** nach *Abb. 69.1* wird nun umgekehrt eine Kraft in zwei parallele Einzelkräfte zerlegt. So verteilt sich die Gewichtskraft F der Last, die an ihm hängt, auf die beiden Träger.

Versuch 55: Hänge eine 100 cm lange waagerechte Stange an ihren Enden mit zwei Kraftmessern auf *(Abb. 69.3)*! Belaste sie dann 70 cm vom linken Kraftmesser entfernt mit $F = 10$ N! Die Last teilt sich auf in links $F_1 = 3$ N und rechts $F_2 = 7$ N. Es gilt: $F_1 + F_2 = F$ und

$$\frac{F_2}{F_1} = \frac{a_1}{a_2} = \frac{70 \text{ cm}}{30 \text{ cm}}.$$

Dies entspricht den Gleichungen (68.1) und (68.2).

69.1 Tragbalken

Wir prüfen die soeben aufgestellten Gleichungen nach, wenn die Last in der Mitte des Tragbalkens, wenn sie 20 cm vom rechten beziehungsweise linken Ende entfernt hängt! Hängt sie in der Mitte, so sind die Teilkräfte gleich groß.

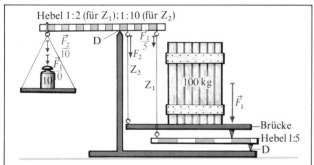

69.2 Dezimalwaage

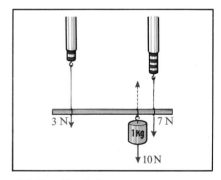

69.3 Zum Tragbalken

6. Die Dezimalwaage

Die Last ($m = 100$ kg) liegt auf der Brücke und teilt ihre Gewichtskraft $\vec{F}$ nach den Gesetzen des Tragbalkens in die Kräfte $\vec{F}_1$ und $\vec{F}_2$ auf: $\vec{F}_1 + \vec{F}_2 = \vec{F}$ *(Abb. 69.2)*. Dabei wird $\vec{F}_2$ unverändert durch die Stange Z_2 auf den oberen Hebel übertragen. An der Waagschale, die am 10mal längeren Hebelarm hängt, ist zum Ausgleich nur noch $\vec{F}_2/10$ nötig. $\vec{F}_1$ wird vom unteren Hebel übernommen und ist an seinem linken Ende, also im 5fachen Abstand vom Drehpunkt D, auf $\vec{F}_1/5$ vermindert. Die Stange Z_1 überträgt diese Kraft auf den oberen Hebel am rechten Ende. An der Waagschale, die links am doppelten Hebelarm hängt, braucht man nur noch die Hälfte von $\vec{F}_1/5$, also $\vec{F}_1/10$. Im ganzen muß diese Waagschale nur durch $(\vec{F}_1/10) + (\vec{F}_2/10) = \vec{F}/10$ belastet werden, also durch ein 10-kg-Wägestück. Dies gilt unabhängig davon, wo die Last auf der Brücke ruht.

Bei der Dezimalwaage braucht man zum Abwiegen nur den 10. Teil der Last.

7. Rückschau

Physikalische Größen wie *Arbeit, Leistung, Drehmoment* usw. müssen genau festgelegt, **definiert** werden (definire, lat.; begrenzen, genau bestimmen). Man versucht, diese Definitionen möglichst *zweckmäßig* zu wählen. Insbesondere sollen sich die Naturgesetze mit ihrer Hilfe möglichst einfach und umfassend ausdrücken lassen. Dies erkennt man am Hebelgesetz, das unter Benutzung des Drehmoments einfacher und umfassender lautet: Ist ein Hebel in Ruhe, so besteht Momentengleichgewicht.

Trotz zufällig gleicher Einheiten sind Arbeit und Drehmoment völlig verschiedene Größen: Die Arbeit wird durch ihren Betrag vollständig gekennzeichnet, das Drehmoment erst durch einen Betrag und einen Drehsinn. Aus diesem Grunde schreiben wir für die Arbeits- und Energieeinheit in der Regel die Abkürzung 1 J, für die Einheit des Drehmoments dagegen stets die Einheit 1 Nm, nicht J.

Aufgaben:

1. *Suche bei Abb. 70.1 die Drehachsen und zeige, daß die dargestellten Geräte Hebel sind! Welche Kräfte erfahren die Nuß beziehungsweise der Nagel, wenn die Hand die Kraft $F_2 = 50$ N ausübt? (Schätze das Verhältnis der Hebelarme in der Abbildung!)*

2. *Ist die Sense ein kraft- oder ein wegsparender Hebel? Entscheide diese Frage auch für die verschiedenen Anwendungen des Spatens!*

3. *Wie groß ist bei der römischen Schnellwaage die Masse der Last, wenn das Laufgewicht 100 g Masse hat und am 4mal so langen Hebelarm sitzt? Schreibe die Gleichgewichtsbedingung für Abb. 68.1 an, wenn ein Skalenteil 5 cm beträgt!*

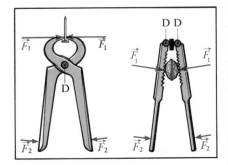

70.1 Zange und Nußknacker setzen sich aus zwei Hebeln zusammen.

§ 19   Hebel beliebiger Form

1.   Definition des Hebelarms

Bisher benutzten wir Hebel in Form gerader Stangen. Die Hebelgesetze gelten aber auch für andere Körper, die sich nur um eine feste Achse drehen können, also für Türen, für die Tretkurbeln und die Lenkstange am Fahrrad und für Räder aller Arten.

Versuch 56: Nach *Abb. 71.1* ist eine Kreisscheibe („Momentenscheibe") um ihre waagerechte Achse D drehbar. In zwei Punkten, die von D unterschiedlich weit entfernt und mit D nicht auf einer Geraden liegen, greifen die beiden Gewichtskräfte F_1 und F_2 an. Die Scheibe dreht sich und kommt dabei von selbst ins Gleichgewicht. Bei gleichen Kräften ($F_1 = F_2 = 2{,}5$ N) stellen sich gleiche (senkrechte) *Abstände* a_1, a_2 der Drehachse von den Wirkungslinien der

Kräfte F_1, F_2 ein. Unter der Wirkungslinie einer Kraft versteht man dabei die Gerade durch den Angriffspunkt in Richtung der Kraft. Bei unterschiedlichen Kräften ($F_1 = 2{,}5$ N, $F_2 = 5{,}0$ N) hat die Wirkungslinie der größeren Kraft den kleineren Abstand von der Drehachse ($a_1 = 16$ cm, $a_2 = 8$ cm). Auch hier ist das Produkt $F_1 \cdot a_1 = F_2 \cdot a_2$ für beide Drehrichtungen gleich. Wie der Versuch zeigt, kann das Hebelgesetz auch hier angewandt werden, wenn man als Hebelarme die *Abstände* a_1 und a_2 der Wirkungslinien von der Drehachse nimmt: 2,5 N · 16 cm = 5,0 N · 8 cm.

Wir definieren endgültig:

> **Der Hebelarm *a* einer Kraft *F* ist der Abstand ihrer Wirkungslinie von der Drehachse.**

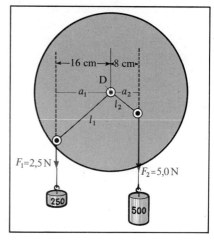

71.1 Zu Versuch 56

Versuch 57: Verschiebe die Angriffspunkte beider Kräfte längs ihrer Wirkungslinien! Die Entfernungen l_1 und l_2 der Angriffspunkte von der Drehachse ändern sich; das Gleichgewicht bleibt aber bestehen. Für die Drehmomente haben also l_1 und l_2 keine Bedeutung, wohl aber a_1 und a_2. — Um die besonderen Verhältnisse des § 18 zu bekommen, müßte man im Versuch nach *Abb. 71.1* die Kräfte auf einer horizontalen Geraden durch die Drehachse angreifen lassen.

> **Das Drehmoment $M = a \cdot F$ einer Kraft F ändert sich nicht, wenn man an einem festen Körper ihren Angriffspunkt längs ihrer Wirkungslinie verschiebt.**

Versuch 58: An der Momentenscheibe nach *Abb. 71.2* übt die Gewichtskraft $F_1 = 5$ N mit dem Hebelarm $a_1 = 10$ cm ein Drehmoment von 50 Ncm aus. Suche das Gleichgewicht und miß die Kräfte und ihre Hebelarme! Der nicht gestrichelt gezeichnete Kraftmesser muß die Kraft $F_2 = 2{,}5$ N ausüben; denn ihr Hebelarm ist mit $a_2 = 20$ cm angegeben. Das Drehmoment beträgt wieder $M_2 = F_2 \cdot a_2 = 50$ Ncm. Bei der gestrichelt gezeichneten Stellung des Kraftmessers lautet dagegen das Hebelgesetz: $F_3 \cdot 15$ cm = 5 N · 10 cm = 50 Ncm. Folglich ist $F_3 = 3{,}3$ N. Man erhält jedoch kein Gleichgewicht, wenn der Kraftmesser in Richtung des Durchmessers zieht; denn dann ist der Hebelarm der Kraft Null; sie übt kein Drehmoment aus.

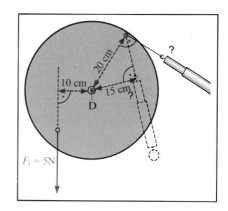

71.2 Zu Versuch 58

> **Das Hebelgesetz gilt auch dann, wenn die angreifenden Kräfte nicht parallel zueinander sind.**

Durch die Ergebnisse der Versuche 56 bis 58 haben wir den Begriff des Hebelarms einer Kraft wesentlich erweitert: Er ist nicht die Entfernung ihres Angriffspunkts, sondern der Abstand ihrer Wirkungslinie von der Drehachse. Deshalb kann man den Angriffspunkt längs dieser

Wirkungslinie verschieben. Außerdem brauchen die beiden Hebelarme nicht auf derselben Geraden zu liegen; sie und damit die zugehörigen Kräfte können einen beliebigen Winkel miteinander bilden.

Versuch 59: Wir prüfen diese Gesetze an einem Winkelhebel nach *Abb. 72.1* nach.

2. Anwendungen des Hebels

Versuch 60: Der wesentliche Teil der Briefwaage nach *Abb. 72.2* ist ein Winkelhebel mit der Drehachse D. Der zu wägende Körper erfährt die Gewichtskraft L; sie greift mit dem Hebelarm a_1 am Winkelhebel an. Der Hebelarm des „Gegengewichts" G ist a_2. Man kann die zugehörigen Wirkungslinien durch aufgehängte Lote verdeutlichen. Je schwerer der zu wiegende Körper L ist, um so stärker schwenkt das „Gegengewicht" G aus, um so länger wird sein Hebelarm a_2. Gleichzeitig wird der Hebelarm a_1 kürzer. So kann G verschieden schweren Lasten das Gleichgewicht halten, ohne daß man G ändert. – Bei der römischen Schnellwaage verschiebt man das Laufgewicht mit der Hand und ändert auf diese Weise seinen Hebelarm *(Abb. 68.1)* und damit sein Drehmoment.

Die Waage des Kaufmanns hat wie die Briefwaage ein „Gewicht", dessen Hebelarm sich durch Neigen ändert und dabei das veränderliche rücktreibende Drehmoment liefert. Man spricht von **Neigungsgewichtswaagen.** – Wenn man den Preis von 100 g der Ware kennt, läßt sich sofort an der dem Verkäufer zugewandten Seite der Preis des abgewogenen Stücks ablesen.

Wie bei der Briefwaage steht bei den Pleuelstangen der *Dampfmaschinen* und *Kolbenmotoren* der Hebelarm a *senkrecht* zum Kraftpfeil *(Abb. 72.3)*. Steht die Pleuelstange waagerecht, so wird a und damit das von ihr auf das Rad ausgeübte Drehmoment Null. In diesem **Totpunkt** kann die Kraft $\vec{F}$ das Rad nicht in Bewegung setzen. Doch wird diese Schwierigkeit bei ständiger Bewegung durch den „*Schwung*" der Maschine überwunden.

Türen verhalten sich wie Hebel. Da Türen in den Achsen (Angeln) stets etwas Reibung haben, braucht man zum Öffnen und Schließen ein bestimmtes Drehmoment:

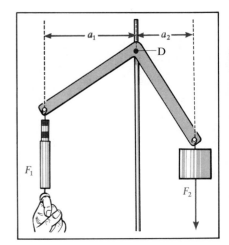

72.1 Zu Versuch 59: Auch beim Winkelhebel gilt das Hebelgesetz.

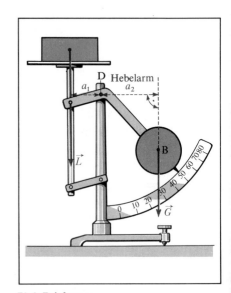

72.2 Briefwaage

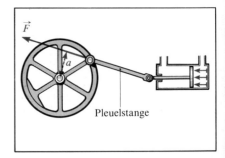

72.3 Kurbeltrieb

Versuch 61: Versuche nach *Abb. 73.1* eine Tür zu drehen: Ziehe an der Klinke a) senkrecht zur Tür, b) in Richtung der Tür, c) schräg zur Tür. Man braucht im Fall c) eine größere Kraft als im Fall a), weil der Hebelarm a bei c) kleiner ist als bei a). Drehmoment sowie Arbeit sind in beiden Fällen gleich groß. Die Tür dreht sich nicht, wenn man die Klinke von den Angeln weg nach außen zieht (b). Denn dann sind Hebelarm und Drehmoment Null.

Abb. 73.2 zeigt ein Wellrad, bei dem ein Rad mit einer Welle fest verbunden ist. Der Mann zieht am endlosen Seil und übt damit auf das Rad ein Drehmoment aus. Das Gegendrehmoment erzeugt die Last am langen Seil, das auf die Welle mit kleinerem Radius gewickelt wurde. Der kreisförmige Querschnitt von Rad und Welle sorgt dafür, daß bei beliebiger Stellung des Rades beide Hebelarme ihre Länge behalten. Die Muskelkraft des Mannes greift mit langem Hebelarm an und kann daher auch eine schwere Last heben.

Anstatt mit einem Rad, kann man ein Drehmoment auf eine Welle auch mit einer **Kurbel** ausüben, die einen Handgriff oder ein Pedal trägt (Lenkrad, Lenkstange, Tretkurbel am Fahrrad). Bei einer langen Kurbel braucht man eine kleine Kraft, um ein bestimmtes Drehmoment zu erzeugen. Dafür muß man einen großen Weg zurücklegen. Die Arbeit ist die gleiche wie bei einer kurzen Kurbel.

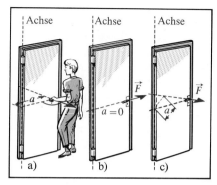

73.1 Tür als Hebel

73.2 Altes Wellrad

3. Getriebe

Hebel sind Maschinenelemente, die Kräfte, Drehmomente und Arbeit *übertragen* können. Sie vermögen hierbei Betrag, Angriffspunkt und Richtung der Kraft zu verändern, nicht aber das Drehmoment (Momentengleichgewicht!) und nicht die Arbeit. Beim Wellrad haben diese Hebel die Form von Rädern. Das gilt auch für die Getriebe, die aus mehreren solchen Rädern bestehen. Mit ihrer Hilfe kann man aber auch Drehmomente ändern (Momentenwandler):

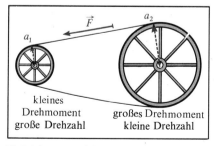

73.3 Riemengetriebe

Beim **Riemengetriebe** nach *Abb. 73.3* wird das linke Rad („Riemenscheibe", Radius a_1) von einem Motor angetrieben und zieht mit der Kraft F am endlosen **Treibriemen.** Er überträgt sie *unverändert* (wie ein Seil) an den Umfang des rechten Rades (Radius a_2). Dort bewirkt sie das Drehmoment $M_2 = F \cdot a_2$. Am linken Rad hat der Motor nur das kleinere Drehmoment $M_1 = F \cdot a_1$ aufzubringen, da $a_1 < a_2$. Das rechte Rad kann deshalb eine Maschine treiben, die ein größeres

Drehmoment braucht, als es der Motor erzeugt. Doch führt das linke Rad mehr Umdrehungen aus als das rechte. (Übertrage das bei einer Umdrehung der linken Riemenscheibe abgewickelte Riemenstück auf den Umfang des rechten!)

Beim Fahrrad gibt das Kettengetriebe dem Hinterrad eine größere Drehzahl als die, mit der wir die Tretkurbelwelle bewegen. Dafür ist das Drehmoment am Hinterrad kleiner. Zudem ist der Radius des Hinterrads groß gegenüber seinem Kettenrad. Deshalb kommt das Rad um etwa 5 m vorwärts, wenn die Füße auf ihrer Kreisbahn 1 m zurücklegen. Doch übt das Hinterrad nur $\frac{1}{5}$ der Kraft auf den Boden aus, mit der man auf die Pedale tritt:

Versuch 62: Zieh nach *Abb. 74.1* an den Pedalen mit $F_1 = 100$ N! (Fahrrad auf Sattel und Lenkstange stellen!). Das Hinterrad kann man an seiner Lauffläche mit nur 20 N festhalten. Dies ist die Kraft $\vec{F}_2$, mit der es beim Fahren auf den Boden wirken würde. Die entgegengesetzte Reibungskraft $-\vec{F}_2$, die der Boden auf das Rad ausübt, treibt dieses vorwärts! Bei Glatteis fällt der Antrieb aus. Die Gesetze für Drehmoment- und Kraftübertragung gelten auch beim **Zahnradgetriebe:** An der Berührungsstelle übt ein Zahn des einen Rades eine Kraft unmittelbar auf einen Zahn des anderen aus. Hat das zweite Rad den n-fachen Radius, so wird an ihm das n-fache Drehmoment erzeugt.

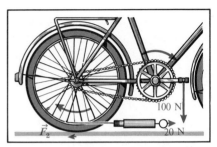

74.1 Kräfteverhältnis am Fahrrad: 5:1

> Im Riemen-, Ketten- und Zahnradgetriebe wirkt zwischen zwei unmittelbar verbundenen Rädern dieselbe Kraft. Sie bewirkt am größeren Rad das größere Drehmoment bei kleinerer Umdrehungszahl (Drehmomentwandler).

Abb. 74.2 erläutert die Drehmomentübertragung im (nichtsynchronisierten) Autogetriebe, bei dem die *Übersetzung*, das heißt das Verhältnis der Umdrehungszahlen, geändert werden kann *(Wechselgetriebe)*. Im umgekehrten Sinne ändern sich die Drehmomente. Am Berg muß man einen kleineren Gang, also eine stärkere Untersetzung „einlegen". Dann erhöht sich das Drehmoment und damit die Kraft an den Laufflächen der Räder. Doch bekommen diese eine kleinere Drehzahl. Dazu müssen andere Zahnradpaare ineinandergreifen. Sie lassen sich nur einrücken, wenn beide Zahnkränze dieselbe Umfangsgeschwindigkeit haben und keine Kraft übertragen. Vor dem Schalten trennt man daher das Getriebe vom Motor durch Betätigen der Kupplung. Diese besteht aus zwei Scheiben, welche normalerweise durch starke Federn gegeneinander gepreßt werden, so daß die eine die andere durch Haftreibungskräfte „mitnimmt" und so das Drehmoment des Motors weitergibt.

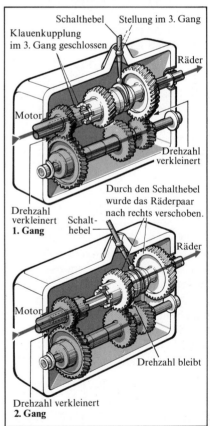

74.2 Dreiganggetriebe eines Kraftwagens, stark vereinfacht

4. Rückschau

Mit der schiefen Ebene und dem Hebel haben wir weitere einfache Maschinen kennengelernt, die sich als „Maschinenelemente" in vielen technischen Geräten finden: Keil, Schraube, Schnecke, Kurbel, Rolle, Rad, Zahnrad, Getriebe gehören dazu. Ihre Wirkungsweise wird durch die physikalischen Größen Kraft, Arbeit, Drehmoment beschrieben. Das Drehmoment wird bei Kräften bedeutsam, die an einem um eine feste Achse drehbaren Körper angreifen: Das Produkt aus dem Betrag der Kraft und dem Abstand ihrer Wirkungslinie von der Drehachse ist ein zweckmäßiges Maß für die Drehwirkung.

Kräfte erzeugen Verschiebungen, Drehmomente treiben Drehbewegungen an: Ziehen eines Nagels erfordert eine Kraft, das Losdrehen einer Schraube ein Drehmoment. Zwischen beiden Größen besteht eine weitgehende Analogie; bei Kräftegleichgewicht ist ein verschiebbarer Körper (zum Beispiel ein Wagen) ebenso in Ruhe wie bei Momentengleichgewicht ein um eine Achse drehbarer Körper. Ein frei beweglicher Körper kann nur dann in Ruhe bleiben, wenn an ihm sowohl Kräfte- wie Momentengleichgewicht herrscht. Für alle Maschinenelemente gilt gleichermaßen der *Grundsatz: Sie übertragen bei Bewegung die Arbeit unverändert*, sofern man von der unvermeidlichen Reibungsarbeit absieht. Arbeit wird verrichtet, wenn ein Körper sich unter der Wirkung einer Kraft verschiebt oder unter der Wirkung eines Drehmoments dreht. Wo Maschinenelemente Kräfte oder Drehmomente *wandeln*, muß stets eine verringerte Kraft mit vergrößertem Weg, ein verringertes Drehmoment mit vergrößertem Drehwinkel, also erhöhter Drehzahl, erkauft werden. Aus diesem Grundsatz der Arbeitserhaltung *(„Goldene Regel der Mechanik")* lassen sich alle Gesetze über die einfachen Maschinen herleiten.

Aufgaben:

1. *Suche bei der Nähmaschine, der Schreibmaschine, der Handbohrmaschine Hebel auf! Welche verringern die Kraft, welche den Weg? Welche Hebel findest Du am Fahrrad? Wo gibt es Totpunkte?*

2. *Welche Unterschiede bestehen zwischen Riemengetriebe und Wellrad bei der Übertragung von Kraft, Drehmoment und Arbeit?*

3. *Verfolge an der Seilwinde nach Abb. 75.1, wie die an der Kurbel verrichtete Arbeit auf das Seil übertragen wird! Begründe, warum am Seil eine viel größere Kraft wirkt als an der Kurbel! Vergleiche die Geschwindigkeiten von Kurbel und Seil!*

4. *Das linke Rad eines Riementriebs hat 20 cm Durchmesser, also 62,8 cm Umfang. Er dreht sich 10mal je Sekunde. Welche Geschwindigkeit hat der Treibriemen? Berechne die Drehzahl des rechten Rades (40 cm Durchmesser, also 125,6 cm Umfang)! — Am linken Rad wird ein Drehmoment von 1000 Nm ausgeübt. Wie groß ist die vom Treibriemen übertragene Kraft, wie groß das Drehmoment am rechten Rad? Welche Leistung überträgt der Treibriemen?*

5. *Fasse die feste und die lose Rolle als Hebel auf! Wo muß man jeweils den Drehpunkt annehmen (siehe Text zu Abb. 78.1)? Zeige, daß bei der losen Rolle F = L/2 ist!*

6. *Ermittle die Kraft, mit der nach Abb. 75.2 der Nagel aus dem Holz gezogen wird!*

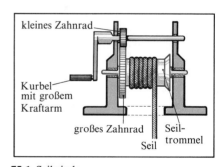

75.1 Seilwinde

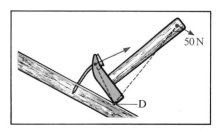

75.2 Mit welcher Kraft „sitzt" der Nagel?

§ 20   Der Schwerpunkt (Massenmittelpunkt)

Versuch 63: Lege ein flaches Lineal in einem beliebigen Punkt quer auf einen waagerecht fest-gehaltenen runden Bleistift! Sein längeres Ende zieht nach unten. Verschiebe das Lineal vor-sichtig so lange, bis es waagerecht schwebt! Es ist jetzt genau in der Mitte unterstützt. Die übrigen Teile erscheinen schwerelos, wie man sofort sieht, wenn man ein Ende auf die Briefwaage legt: Sie wird nicht belastet. Das Lineal verhält sich so, als wäre seine ganze Masse in der Mitte, im sogenannten **Schwerpunkt S (Massenmittelpunkt),** vereinigt und als griffe dort die Gesamt-gewichtskraft G an. Daher ließen wir die Drehachse zumeist durch den Schwerpunkt des Hebels gehen. Dann erzeugte seine Gewichtskraft G kein Drehmoment; ihr Hebelarm war Null.

Versuch 64: Lege zur Bestätigung nach *Abb. 76.1* die Drehachse durch den Punkt D! Stets muß man dem Drehmoment der Gewichtskraft G, die man sich an der in S zusammengezogenen Masse angreifend denkt, das Gleichgewicht halten. Rechts von D läßt sich im Punkte A ($\overline{DA}=\overline{DS}$) der Stab durch einen Kraftmesser mit der Kraft $F=G$ in waagerechter Lage halten. Im Punkt B, der den doppelten Abstand von der Achse hat ($\overline{DB}=2\overline{DS}$), braucht man nur noch die halbe Kraft $G/2$.

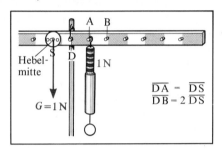

76.1 Zu Versuch 64

> **Ein fester Körper verhält sich häufig so, als wäre seine gesamte Masse im Schwerpunkt S vereinigt. Dort kann man sich die Gesamtgewichtskraft angreifend denken.**

Die Versuche bestätigen, was wir bereits früher gefunden hatten: Die Gewichtskräfte, mit denen die Erde an den einzelnen Teilchen eines Körpers zieht, setzen sich ins-gesamt zu einer Resultierenden G mit *wohlbestimmtem Angriffspunkt* zusammen (vergleiche *Abb. 76.2*). Beim Lineal, wie überhaupt bei jedem Körper, bei dem die Masse punktsymmetrisch in bezug auf einen Punkt S verteilt ist, fassen wir nach *Abb. 76.2* die symmetrisch zu S liegenden Beiträge 1 und 1', 2 und 2' usw. paar-weise zusammen. Daher greift die Resultierende in S an, und zwar für jede Lage des Körpers. Unterstützen wir ihn in S, so wirkt die Resultierende G in jeder Lage mit Hebelarm Null, das heißt ohne Drehmoment. – Hat ein homogener Körper eine Symmetrieachse oder eine Symmetrieebene, so liegt der Schwerpunkt darauf (*Abb. 76.3*). Der Schwerpunkt kann auch außerhalb des Körpers liegen: Bei einer Röhre liegt er in der Mitte des Hohlraums, bei einem Ring in der Mitte der Öff-nung, bei einer Flasche in ihrem Innern usw. Man kann

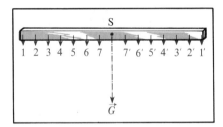

76.2 Schwerpunkt am Lineal

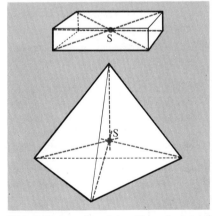

76.3 Schwerpunkt eines Tetraeders und eines Quaders.

den Schwerpunkt durch folgenden Versuch bestimmen, ein Verfahren, das vor allem bei unregelmäßig geformten Körpern bequem ist:

Versuch 65: Hänge nach *Abb. 77.1* ein beliebiges Pappestück frei drehbar an einem Punkt A auf und zeichne die Lotlinie („Schwerlinie") a durch den Aufhängepunkt ein! Bestimme ebenso die Schwerlinie b durch einen außerhalb a liegenden Punkt B. Sie schneiden sich im Punkt S. Bei jeder beliebigen Aufhängung dreht sich der Körper nämlich so lange, bis die Wirkungslinie der Gewichtskraft durch den Aufhängepunkt geht. Dann ist ihr Drehmoment Null. Der Schnittpunkt aller Schwerlinien ist also der Schwerpunkt. Zu seiner Bestimmung genügen zwei von ihnen.

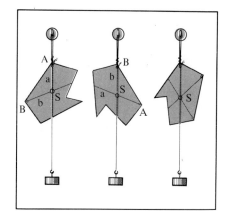

77.1 Zur Bestimmung des Schwerpunktes

Aufgaben:

1. *Wo liegt der Schwerpunkt eines dreieckigen Brettes? Unterstütze es in diesem Punkt! Gib eine Begründung, indem Du das Brett in Stäbe aufteilst, die parallel zu einer Seite liegen und durch die Seitenhalbierende in ihren Schwerpunkten geschnitten werden!*

2. *Ein 80 cm langer, homogener Stab hat eine Masse von 200 g und ist 20 cm rechts von der Mitte drehbar gelagert. Welche Kraft muß am rechten Ende angreifen, damit Gleichgewicht besteht? Wo müßte man hierzu mit 1 N senkrecht nach oben ziehen?*

3. *Ein 1 m langer Stab (m = 500 g) ist in der Mitte drehbar aufgehängt. Wo liegt sein Schwerpunkt, wenn man ihn am linken Ende mit 50 g belasten muß, damit er waagerecht bleibt?*

4. *Wo sollte der Schwerpunkt eines Autorades liegen? Wie erkennt man, ob er richtig liegt? Wie kann man ihn verschieben?*

§ 21   Gleichgewichtsarten; Standfestigkeit

1.   Bedingungen für das Gleichgewicht

Das Grundgesetz der Statik kennen wir bereits:

> **Ein Körper bleibt in Ruhe, wenn an ihm Kräftegleichgewicht und Momentengleichgewicht herrscht.**

Der Hebel in *Abb. 68.2* bleibt in Ruhe, weil der Kraftmesser mit 7 N nach oben zieht und den Gewichtskräften von insgesamt 7 N Kräftegleichgewicht hält. Die Drehmomente von F_1 und F_2 halten sich Momentengleichgewicht.
Ist die Resultierende der angreifenden Kräfte nicht Null, so verschiebt sie den Körper; ein resultierendes Drehmoment dreht ihn um die Achse.

2.   Störung des Gleichgewichts

Körper im Gleichgewicht können sich sehr verschieden verhalten, wenn sie gestört werden:

Versuch 66: Suche nach *Abb. 78.1* einen Tischtennisball in einem größeren Uhrglas, auf dem umgedrehten Uhrglas, auf einer genau waagerechten Tischplatte ins Gleichgewicht zu bringen! Störe das Gleichgewicht jeweils durch leichtes Anblasen!

Versuch 67: Führe den entsprechenden Versuch mit einem Eiswürfel und einer nassen flachen Schale aus!

Versuch 68: Stecke durch einen Stab (Pappe, Styropor) eine waagerechte Achse D, die nicht durch den Schwerpunkt S geht, und laß ihn los! Er dreht sich in eine Gleichgewichtslage und verharrt dort stabil. Drehe ihn dann um 180° aus dieser stabilen Lage und beobachte! Stecke schließlich die Achse genau durch den Schwerpunkt *(Abb. 78.2)*! Störe jede der 3 Gleichgewichtslagen durch eine geringfügige Drehung!

Von selbst nehmen Ball, Eiswürfel und Stab eine **stabile** Gleichgewichtslage ein. Nach jeder kleinen Störung (Verschiebung, Verdrehung) pendelt der Körper um diese stabile Lage und kehrt schließlich zu ihr zurück (stabilis, lat.; feststehend, sicher).

In der sogenannten **labilen** Gleichgewichtslage *(Abb. 79.1)* wird ein Körper nur mit Mühe gehalten: Bei der geringsten Störung strebt er von dieser fort (labilis, lat.; wankend).

Stört man ein indifferentes Gleichgewicht, so verharrt der Körper auch in einer benachbarten Gleichgewichtslage (indifferens, lat.; unterschiedslos).

Dieses unterschiedliche Verhalten läßt sich einmal mit Hilfe der Größen *Kraft* und *Drehmoment*, zum andern mit Hilfe der Begriffe *Arbeit, Schwerpunkt, Lageenergie* klar beschreiben:

a) In allen untersuchten Gleichgewichtslagen greifen am Körper zwei entgegengesetzte Kräfte an: Außer der Gewichtskraft $\vec{G}$ wirkt am Ball und Eisstück noch die Gegenkraft $-\vec{G}$ der verformten Unterlage, am Stab noch die Gegenkraft der verformten Achse *(Abb. 41.2)*: Es herrscht **Kräftegleichgewicht.** Wir müssen nach dem Grundgesetz der Statik (Seite 77) auch noch die *Drehmomente* untersuchen:

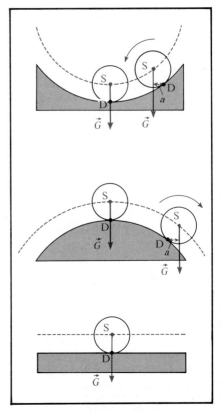

78.1 Die drei Gleichgewichtsarten bei einer Kugel. Bei einer Drehung bewegt sich ihr Schwerpunkt S, während der Kugelpunkt D für einen Augenblick in Ruhe ist. D stellt also den jeweiligen Drehpunkt dar.

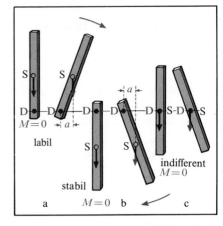

78.2 Der Stab kippt von der labilen Lage (a) in die stabile (b) um. (c): indifferentes Gleichgewicht.

Bei drehbaren Körpern, wie dem Ball in Versuch 66 oder dem um die Achse beweglichen Stab von Versuch 68, besteht nur dann Gleichgewicht, wenn sich nicht nur die Kräfte, sondern auch die Drehmomente aufheben oder wenn sie den Wert Null haben **(Momentengleichgewicht)**. Beim Ball und beim Stab gehen die Wirkungslinien der Schwerkraft in jeder Gleichgewichtslage durch die Drehachse. Dies können wir sowohl bei *Abb. 78.1* wie bei *Abb. 78.2* nachprüfen: S und D liegen im Gleichgewichtsfall senkrecht übereinander. Das Drehmoment ist also Null (auch das Drehmoment der Gegenkraft $-\vec{G}$ ist Null).

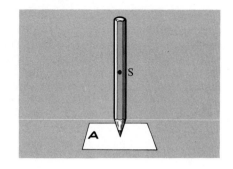

79.1 Labiles Gleichgewicht

b) Bewegt eine Störung den Körper etwas aus seiner stabilen (labilen) Gleichgewichtslage, so tritt am verschiebbaren Körper (Eiswürfel) eine Kraft auf, die ihn in diese zurück (von ihr fort) treibt. Am drehbaren Körper (Ball, Stab) entsteht ein Drehmoment, das ihn in die Gleichgewichtslage zurück (weiter aus ihr heraus) zu drehen trachtet. Suche in den *Abb. 78.2* den jeweiligen Hebelarm *a* und prüfe den Richtungssinn des auftretenden Drehmoments! Im *indifferenten* Gleichgewicht weckt eine Störung weder eine Kraft noch ein Drehmoment.

c) Bei allen betrachteten Beispielen nimmt der Schwerpunkt im *stabilen* Gleichgewicht die tiefste Lage ein und wird bei jeder Bewegung zunächst gehoben. Daher muß dem Körper zu jeder Lageveränderung Arbeit von außen zugeführt werden. Ohne Energiezufuhr kann er die Stellung geringster Lageenergie nicht verlassen.

Im *labilen* Gleichgewicht kann sich der Körper in benachbarte Stellungen geringerer Lageenergie bewegen. Dabei verrichtet er Arbeit nach außen oder gewinnt Bewegungsenergie. Bei dieser Lageveränderung senkt sich sein Schwerpunkt. Aus einer solchen Stellung geringerer Lageenergie kann sich der Körper nicht von selbst in die Gleichgewichtslage zurückbewegen.

Im indifferenten Gleichgewicht kann der Körper in benachbarte Lagen gelangen, in denen er wieder im Gleichgewicht ist. Bei solchen Veränderungen bleibt der Schwerpunkt auf gleicher Höhe.

> **Ein Körper ist im stabilen Gleichgewicht, wenn alle benachbarten Lagen größere Lageenergie besitzen.**
>
> **Das Gleichgewicht eines Körpers ist labil, wenn er sich in eine Stellung kleinerer Lageenergie bewegen kann.**
>
> **Das Gleichgewicht eines Körpers ist indifferent, wenn er sich in eine benachbarte Gleichgewichtslage gleicher Lageenergie, aber in keine Stellung mit kleinerer Energie bewegen kann.**

3. Standfestigkeit

Wenn ein Körper „von selbst" umfällt, ist seine Gewichtskraft daran schuld. Im Schwerpunkt S vereinigt, erzeugt sie ein Drehmoment. In dem in *Abb. 80.1* dargestellten Fall kippt dieses Drehmoment den Körper um D im Uhrzeigersinn um. Das durch S gehende Lot **(Schwerpunktslot)** trifft die **Standfläche** des Körpers nicht mehr.

Die Standfläche eines Körpers besteht nicht nur aus der Berührungsfläche des Körpers mit der Unterlage, sondern „umspannt" auch alle dazwischenliegenden Punkte. Beim Photostativ ist sie das Dreieck, in dessen Ecken die Stativbeine stehen. Da diese Standfläche bei uns Menschen durch die Füße gegeben ist, dürfen wir unsern Schwerpunkt nicht allzusehr verlagern, wenn wir stehenbleiben wollen. Mit einem schweren, weit ausladenden Sack auf dem Rücken müssen wir uns so weit nach vorn beugen, daß unsere kleine Standfläche vom Schwerpunktslot getroffen wird.

Ein Körper bleibt auf seiner Standfläche nur dann stehen, wenn sie vom Schwerpunktslot getroffen wird.

Versuch 69: Um den Körper in *Abb. 80.2a standfest* zu machen, können wir seine Standfläche verbreitern, indem wir ihm einen Fuß geben (*Abb. 80.2b*, Stehlampen). Dem „kopflastigen" Körper in *Abb. 80.2a* können wir aber auch helfen, wenn wir ihn unten mit Blei ausfüllen. Der Schwerpunkt S sinkt und gelangt über die Unterstützungsfläche *(Abb. 80.2c)*. Bei Kränen bringt man zu diesem Zweck häufig ein Gegengewicht an.

Fällt ein Körper nicht mehr von selbst um – das heißt durch seine eigene Gewichtskraft –, so können ihn doch *äußere Kräfte* umwerfen, etwa ein Windzug oder ein unachtsamer Stoß. Diese Kräfte müssen dabei *Arbeit verrichten*, um den Schwerpunkt S des Körpers in die Stellung zu heben, aus der er von selbst umfällt. Diese Arbeit ist um so größer, je tiefer der Schwerpunkt liegt, je größer also die Strecke ist, um die er gehoben werden muß, bis der Körper von selbst weiter fällt *(Abb. 80.3)*.

Ein Körper steht um so fester, je mehr Arbeit man aufbringen muß, um ihn umzuwerfen. Seine Standfestigkeit ist im allgemeinen um so größer, je tiefer sein Schwerpunkt liegt und je größer seine Standfläche und seine Gewichtskraft sind.

Aufgaben:

1. *Wie ändert sich die Stabilität eines Kraftwagens, wenn man die Koffer statt im Gepäckraum auf dem Dach verstaut?*

2. *Warum richtet sich das Stehaufmännchen in Abb. 80.4 auf? Wann ist es im labilen Gleichgewicht?*

3. *Überlege die Standfestigkeit von Vasen mit und ohne Blumen, mit und ohne Wasser! Mache Versuche mit einem Kraftmesser!*

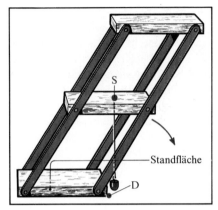

80.1 Ein Körper kippt, wenn das Schwerpunktlot die Standfläche nicht mehr trifft.

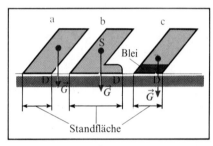

80.2 Welcher Körper fällt von selbst um?

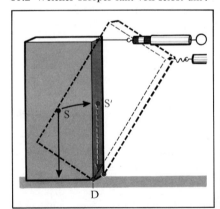

80.3 Aus der gestrichelten Lage fällt der Körper von selbst um.

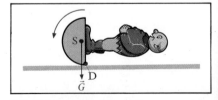

80.4 Stehaufmännchen

Statik der Flüssigkeiten und Gase

§ 22   Eigenschaften der Flüssigkeiten; Wichte

1.   Hydrostatik

Versuch 70: Wir vergleichen Wasser mit Mehl. Beide Stoffe lassen sich in Gefäße füllen und nehmen deren Form an. Während sich aber Mehl zu einem Berg aufhäufen läßt, hat ruhendes Wasser eine waagerechte Oberfläche; Wasserteilchen würden an der kleinsten Erhebung abgleiten und so alle Unebenheiten ausgleichen. Dies gilt für alle Flüssigkeiten; ihre kleinsten Teilchen lassen sich noch leichter gegeneinander verschieben als Mehlstäubchen. Flüssigkeiten verhalten sich deshalb anders als feste Körper; wir müssen sie gesondert betrachten.

Versuch 71: Nach *Abb. 81.1* kann ein leichter Faden durch seine Gewichtskraft das schwimmende Brett langsam nach rechts ziehen. Allerdings spüren wir bei schnellem Schwimmen erhebliche Widerstandskräfte; denn die Wasserteilchen müssen rasch beiseite geschoben werden. Dies erfordert ebenso wie das schnelle Wegziehen eines Wagens große Kräfte. Um von diesen Widerstandskräften absehen zu können, beschränken wir uns vorerst auf Flüssigkeiten in Ruhe oder bei nur langsamer Bewegung. Wir behandeln die **Hydrostatik,** die *Lehre vom Gleichgewicht in Flüssigkeiten* (hydor, griech.; Wasser).

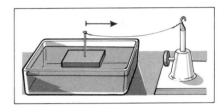

81.1 Der leichte Faden zieht das schwimmende Brett leicht weg. Die Wassermoleküle lassen sich ohne weiteres gegeneinander verschieben, obwohl sie sich gegenseitig berühren.

> **Flüssigkeitsteilchen lassen sich bei langsamen Bewegungen leicht gegeneinander verschieben.**

In dieser Hinsicht verhalten sich Flüssigkeiten völlig anders als feste Stoffe. Dagegen lassen sich Flüssigkeiten wie feste Körper nicht merklich zusammendrücken. – Auch Flüssigkeiten erfahren Gewichtskräfte. Wir gehen auf sie im folgenden ein, um später zu verstehen, warum „leichtes" Öl auf Wasser und Wasser auf „schwerem" Quecksilber schwimmt.

2.   Die Wichte

Leichte und schwere Stoffe könnte man an sich durch ihre *Dichte*, das heißt durch den Quotienten aus Masse m und Volumen V, unterscheiden (Seite 28). Die Dichte hat die Einheit 1 g/cm³ und gibt die Masse für 1 cm³ an. Es liegt aber näher, die *Gewichtskräfte* von 1 cm³ verschiedener Stoffe zu vergleichen. Hierzu führen wir den Quotienten aus der Gewichtskraft G und dem Volumen V ein und nennen ihn **Wichte** $\gamma = G/V$. Das Kunstwort „Wichte" ist dem Wort „Dichte" nachgebildet; man sagt statt Wichte häufig auch *„spezifisches Gewicht"*. Wir wollen die Wichte von Wasser berechnen:

Nach Seite 24 erfährt Wasser der Masse $m = 102$ g vom Volumen $V = 102$ cm³ in Mitteleuropa die Gewichtskraft $G = 1$ N $= 100$ cN. Also beträgt die Wichte von Wasser bei uns

$$\gamma = \frac{G}{V} = \frac{1 \text{ N}}{102 \text{ cm}^3} = \frac{100 \text{ cN}}{102 \text{ cm}^3} = 0{,}981 \ \frac{\text{cN}}{\text{cm}^3} \approx 1 \ \frac{\text{cN}}{\text{cm}^3} . \qquad (82.1)$$

Das Gewicht G und damit die Wichte $\gamma = G/V$ ändern sich auf der Erde höchstens um 0,5%. Dies spielt meist keine Rolle. Wir können auf der Erde sogar noch einen Schritt weitergehen: Dort ist der Zahlenwert der in cN/cm³ gemessenen Wichte fast so groß wie der Zahlenwert der in g/cm³ angegebenen Dichte (bei Wasser 1 g/cm³). Der Unterschied beträgt etwa 2%. Man kann die Wichte von Stoffen auf der Erde deshalb den Dichtetabellen auf Seite 422 entnehmen. Dies gilt aber nicht mehr auf dem Mond: Dort hat Wasser ebenfalls die Dichte 1 g/cm³; die Wichte beträgt aber nur noch $\frac{1}{6}$ cN/cm³; denn die Gewichtskraft G ist auf $\frac{1}{6}$ gesunken. Man muß also begrifflich streng zwischen Dichte und Wichte unterscheiden.

Wichte $\quad \gamma = \dfrac{G}{V}; \quad G = V \cdot \gamma; \quad V = \dfrac{G}{\gamma}. \qquad (82.2)$

Die Einheit der Wichte ist 1 cN/cm³. Die Wichte ist im Gegensatz zur Dichte ortsabhängig. Auf der Erde sind die Zahlenwerte von Wichte (in cN/cm³) und Dichte (in g/cm³) angenähert gleich.

Aufgaben:

1. *Welche Wichte haben Alkohol (Dichte 0,8 g/cm³), Eisen (7,2 g/cm³), Quecksilber (13,6 g/cm³) auf der Erde, welche auf dem Mond? (Rechne in* cN/cm³ *und in* N/cm³ *!)*

2. *Man bestimmt die Wichte eines Körpers mit Kraftmesser und Meßzylinder auf dem Mond zu 0,4 cN/cm³. Welche Wichte hätte er auf der Erde? Wie groß ist seine Dichte?*

3. *Die Dichte von Steinen beträgt etwa 2,5 g/cm³. Wie groß ist ihre Wichte auf dem Mond? — Welches Volumen hat ein Stein, dessen Gewicht ein Mondfahrer dort mit dem Kraftmesser zu 100 N bestimmt?*

---

§ 23   Der Stempeldruck in Flüssigkeiten

1.   Der Druckzustand

Auf *feste* Körper lassen sich Kräfte ausüben, die jeweils eine ganz bestimmte *Richtung* haben. Will man dagegen mit dem Finger eine Kraft auf eine Wasseroberfläche übertragen, so weichen die Teilchen seitlich aus. Deshalb kann man auch keinen Stein auf Wasser legen.

Versuch 72: Um eine Kraft auf Wasser auszuüben, benutzt man nach *Abb. 82.1* einen dicht schließenden Stempel. Auf seiner ganzen Fläche A (area, lat.; vergleiche Ar)

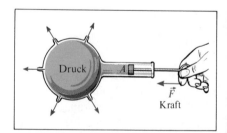

82.1 Zu Versuch 72; man vergleiche mit dem Modellversuch in Abb 83.2! (Die andere Hand hält das Glasgefäß.)

wirkt die Kraft $\vec{F}$ der Hand auf das Wasser nach links. Dieses spritzt jedoch aus den Öffnungen nach *allen Richtungen* gleich stark. Die auf das Wasser nach links ausgeübte Kraft wirkt sich nach allen Seiten aus.

Versuch 73: Das Gefäß nach *Abb. 83.1* enthält neben Wasser eine mit Luft gefüllte Gummiblase. Übt man eine Kraft auf den Stempel aus und verschiebt ihn nach links um die Strecke *s*, so wird die Blase kleiner, bleibt aber rund (gestrichelt). Klemmte man sie dagegen zwischen feste Körper, so würde sie plattgedrückt.

Um dieses Verhalten der Flüssigkeiten zu verstehen, denken wir uns im Modellversuch nach *Abb. 83.2* ein Gefäß mit kleinen, reibungsfreien Kügelchen angefüllt. Auf sie übt der rechte Stempel eine Kraft nach links aus (vergleiche mit *Abb. 82.1*). Jedes Kügelchen versucht, sich zwischen zwei andere zu schieben. So wirken die Kügelchen insgesamt nach allen Seiten. Im Innern entsteht ein als **Druck** bezeichneter *Zustand*. Dies bedeutet, daß nach allen Richtungen Kräfte wirksam werden. Wie man diesen *Druckzustand* in Flüssigkeiten definiert, zeigt der folgende Versuch:

Versuch 74: Nach *Abb. 83.3* sind drei Glasspritzen mit einer Flüssigkeit gefüllt und durch Schlauchleitungen miteinander verbunden. Legt man zunächst überall gleiche Wägestücke auf, so wird der dickste Kolben gehoben. Er wirkt zwar mit der gleichen Kraft *F* auf die Flüssigkeit wie die andern, bietet ihr aber die größte Angriffsfläche. Nur dann tritt Gleichgewicht ein, wenn sich die Kräfte *F* wie die Flächen *A* der Kolben verhalten (siehe *Tabelle 83.1*). Auch dies erklärt der Modellversuch nach *Abb. 83.2:* Je größer eine Fläche ist, um so mehr Kugeln üben auf sie Kräfte aus.

Tabelle 83.1

	Fläche A	Kraft F	F/A
Kolben 1	2 cm^2	200 cN	100 cN/cm^2
Kolben 2	4 cm^2	400 cN	100 cN/cm^2
Kolben 3	6 cm^2	600 cN	100 cN/cm^2

Offensichtlich wirkt die Flüssigkeit auf jedes Quadratzentimeter ihrer Begrenzungsfläche mit der gleichen Kraft 100 cN. Deshalb ändert sich am Versuch nichts, wenn man noch mehr Kolben anbringt und diese proportional zu ihren Flächen belastet.

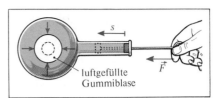

83.1 Zu Versuch 73

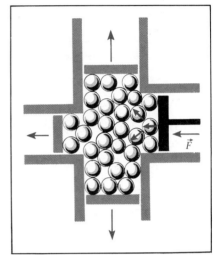

83.2 Die Kugeln suchen sich nach allen Seiten wegzudrücken, wenn auf den rechten Stempel die Kraft $\vec{F}$ ausgeübt wird.

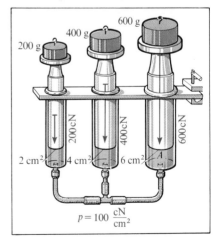

83.3 Die Kräfte sind verschieden; der Druck jedoch überall gleich, nämlich 100 cN/cm^2. Es herrscht *Druckgleichgewicht*. Vor dem Auflegen der Wägestücke bestand Gleichgewicht; das Gewicht der Kolben wird vernachlässigt.

Der Quotient $\dfrac{F}{A}$ ist in der ruhenden Flüssigkeit überall gleich groß, sofern keine großen Höhenunterschiede auftreten:

$$p = \frac{\text{Kraft } F}{\text{gedrückte Fläche } A} .$$

Man nennt diese Größe den **Druck** *p*. Er gibt an, mit welcher Kraft die Flüssigkeit auf 1 cm² ihrer Begrenzungsfläche wirkt. Diese Kraft ist dem Druck proportional. Die Angabe einer Kraft genügt nicht, um den Druck zu kennzeichnen; man muß auch die Größe der Fläche *A* kennen.

Erfährt in einer Flüssigkeit die Begrenzungsfläche *A* die Kraft *F*, so nennen wir den Quotienten $\dfrac{F}{A}$ den Druck *p*:

$$p = \frac{F}{A} \qquad \text{(Definition des Drucks)}. \tag{84.1}$$

Der Druck, den ein Stempel in einer ruhenden Flüssigkeit erzeugt (Stempeldruck), ist wegen der leichten Verschiebbarkeit der Flüssigkeitsteilchen überall gleich groß:

$$\frac{F_1}{A_1} = \frac{F_2}{A_2} = \frac{F_3}{A_3} = \cdots = \text{konstant} = p \qquad \text{(Gesetz für den Stempeldruck)}. \tag{84.2}$$

Die Fläche *A*, auf welche die Kraft $\vec{F}$ wirkt, ist an der Spitze des Kraftpfeils durch einen Querstrich angedeutet (siehe *Abb. 85.2*). Von einem Angriffs*punkt* der Kraft kann man nicht mehr sprechen. Die Kraft steht *senkrecht* zur Fläche *A*; denn eine schräg wirkende Kraft würde die Flüssigkeitsteilchen seitlich wegschieben. Dies wird aber im Gleichgewichtszustand nicht beobachtet (ein Wagen, auf den man schräg von oben eine Kraft ausübt, fährt weg).

Kennt man den Druck *p* in einer Flüssigkeit, so folgt für die Kraft *F* auf eine beliebig liegende Begrenzungsfläche *A*:

1) $F = p \cdot A$ **(Betrag der Druckkraft),** $\tag{84.3}$

2) *F* **steht senkrecht zur gedrückten Fläche (Richtung der Druckkraft).**

Der Druck selbst hängt also nicht von der Stellung der gedrückten Fläche ab. Wir dürfen ihm *keine Richtung* zuschreiben. Er ist ein *Skalar* wie Volumen und Masse (Seite 25). Erst wenn wir eine bestimmte Begrenzungsfläche ins Auge fassen, können wir die senkrecht zu ihr wirkende *Druckkraft* $\vec{F}$ als *Vektor* eintragen. Der Begriff Druck ist als physikalischer Fachausdruck von der Druckkraft genauso zu unterscheiden wie etwa Arbeit von Leistung oder Masse von Gewicht, während in der Umgangssprache kaum zwischen Kraft und Druck unterschieden wird.

2. Druckeinheiten und Druckmessung

Wir fanden in Tabelle 83.1 für den Druck $p = F/A$ die Einheit 1 cN/cm²; in der Wetterkunde nennt man sie **1 Millibar (mbar**; siehe die Wetterkarte Seite 171). Ferner benutzen wir die 1 000mal größere Einheit **1 bar** = 1 000 mbar = 1 000 cN/cm² = 10 N/cm².

Also gilt für die von uns künftig benutzten Druckeinheiten 1 bar und 1 mbar:

$$\textbf{1 mbar} = 1 \ \frac{\textbf{cN}}{\textbf{cm}^2} \quad \textbf{und} \quad \textbf{1 bar} = 10 \ \frac{\textbf{N}}{\textbf{cm}^2}. \qquad (85.1)$$

Nach Seite 25 gilt: 1 kp = 9,81 N ≈ 10 N. Deshalb ist das in der Technik vor Einführung des Einheitengesetzes übliche Druckmaß

$$\textbf{1 Atmosphäre (1 at)} = 1 \ \frac{\textbf{kp}}{\textbf{cm}^2} = \textbf{0,981 bar} \approx \textbf{1 bar.} \qquad (85.2)$$

Im Einheitengesetz ist auch die sehr kleine Druckeinheit **1 Pascal (Pa)** $= 1 \ \text{N/m}^2 = \frac{1}{100000}$ bar angeführt.

Geräte zur Druckmessung heißen **Manometer** (manos, griech.; dünn). Beim **Membranmanometer** erzeugt der zu messende Druck an der dünnen, gewellten Membran eine ihm proportionale Kraft. Ein Hebelmechanismus überträgt die eintretende Verbiegung nach oben auf den Zeiger, der an der Skala den Druck angibt. Empfindliche Manometer haben große und dünne Membranen.

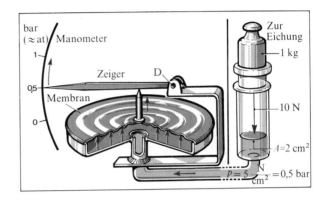

85.1 Membranmanometer, Aufbau und Eichung

Versuch 75: *Abb. 85.1* zeigt rechts, wie man das Manometer *eicht*, das heißt die Skala nach Druckeinheiten unterteilt. Man stellt wie in *Abb. 83.3* bekannte Drücke mit Hilfe des Kolbens und der aufgelegten Wägestücke her.

Der Stempeldruck $p = F/A$ sei an einer Stelle der Flüssigkeit gemessen und betrage zum Beispiel 2 bar (≈ 2 at). Dann wirkt auf eine beliebige Fläche der Größe $A = 100 \ \text{cm}^2$ die Kraft

$$F = p \cdot A = 2 \ \text{bar} \cdot 100 \ \text{cm}^2 = 20 \ \frac{\text{N}}{\text{cm}^2} \cdot 100 \ \text{cm}^2 = 2000 \ \text{N} \approx 200 \ \text{kp}.$$

3. Anwendungen des Drucks

a) Bei der mit Öl gefüllten **hydraulischen Presse** nach *Abb. 85.2* übt die Hand über den Hebel auf den linken Stempel die Kraft $F_1 = 40$ N aus. Diese Kraft verteilt sich gleichmäßig auf die 2 cm² des Stempelquerschnitts A_1. Infolge dieses Stempeldrucks herrscht in der ganzen Flüssigkeit nach Gleichung (84.2) der gleiche Druck

$$p = \frac{F_1}{A_1} = \frac{40 \ \text{N}}{2 \ \text{cm}^2} = 20 \ \frac{\text{N}}{\text{cm}^2} = 2 \ \text{bar.}$$

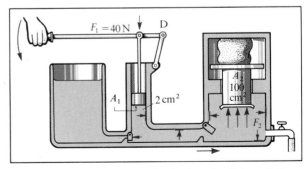

85.2 Hydraulische Presse. Beim Senken des linken Kolbens wird das linke Ventil geschlossen, das rechte geöffnet. Beim Heben ist es umgekehrt; der Kolben „saugt" Öl vom linken Vorratsgefäß an, das er beim Senken nach rechts preßt.

Damit erfährt jedes beliebige Quadratzentimeter der Begrenzungsfläche die Kraft 20 N. Dies nutzt man im rechten Kolben der Fläche $A_2 = 100\ \text{cm}^2$ aus. Er erfährt die Druckkraft

$$F_2 = p \cdot A_2 = 2\ \text{bar} \cdot 100\ \text{cm}^2 = 20\ \frac{\text{N}}{\text{cm}^2} \cdot 100\ \text{cm}^2 = 2000\ \text{N}.$$

Die Kraftübersetzung ist $40\ \text{N} : 2000\ \text{N} = 1 : 50$, also gleich dem Verhältnis der beiden Kolbenflächen ($2\ \text{cm}^2 : 100\ \text{cm}^2$).

Wir wollen nun klären, ob man mit der hydraulischen Presse nicht nur Kraft, sondern auch Arbeit gewinnen kann. Der rechte Kolben ($A_2 = 100\ \text{cm}^2$) soll um eine größere Strecke, zum Beispiel um $s_2 = 1\ \text{m}$, gehoben werden. Hierzu muß man unter ihn Wasser (oder Öl) vom Volumen $V = 100\ \text{cm}^2 \cdot 1\ \text{m} = 10000\ \text{cm}^3$ aus dem linken Vorratsgefäß pumpen. Wenn man den linken Kolben anhebt, so öffnet sich das linke Ventil, während das rechte infolge der Belastung des rechten Kolbens geschlossen bleibt. Senkt man den linken Kolben ($A_1 = 2\ \text{cm}^2$) um 10 cm, so schließt sich das linke Ventil, und nur $V_1 = 2\ \text{cm}^2 \cdot 10\ \text{cm} = 20\ \text{cm}^3$ Flüssigkeit werden nach rechts gepumpt. Damit sich der rechte Kolben um $s_2 = 1\ \text{m}$ hebt, muß man dies 500mal wiederholen ($10000\ \text{cm}^3 / 20\ \text{cm}^3 = 500$). Jedesmal ist am linken Kolben die Arbeit $40\ \text{N} \cdot 0{,}1\ \text{m} = 4\ \text{Nm}$ zu verrichten; die insgesamt verrichtete Arbeit ist 500mal so groß und beträgt

$$W_1 = 500 \cdot 4\ \text{Nm} = 2000\ \text{Nm}.$$

Dafür kann der rechte Kolben die Arbeit $\qquad W_2 = F_2 \cdot s_2 = 2000\ \text{N} \cdot 1\ \text{m} = 2000\ \text{Nm}$ verrichten. Die beiden Arbeitsbeträge sind gleich groß. Man erkennt dies schon daran, daß die von den Kolben zurückgelegten Wege umgekehrt proportional zu den Kolbenflächen und damit auch umgekehrt proportional zu den Druckkräften sind.

Bei der hydraulischen Presse bleibt die Arbeit erhalten.

Hydraulische Pressen verwendet man zum Formen von Karosserieteilen, zum Pressen von Stroh und Obst sowie zum Geldprägen. In der **Hebebühne** für Kraftfahrzeuge nach *Abb. 86.1* wird der Druck durch Preßluft erzeugt, die ein motorgetriebener, schnell laufender Kompressor herstellt, dessen Kolbenfläche klein ist. Auch zum Heben von Stühlen (beim Friseur und beim Zahnarzt) verwendet man einfache hydraulische Pressen.

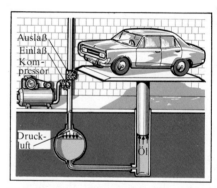

86.1 Hebebühne für Kraftfahrzeuge

b) Um alle 4 Räder beim Kraftwagen gleichmäßig zu bremsen, wird beim Betätigen des Bremspedals die Bremsflüssigkeit von einem Kolben unter Druck gesetzt. Sie wirkt durch Schlauchleitungen an allen 4 Rädern auf Bremskolben, welche die Bremsbacken mit gleichen Kräften an die rotierenden Bremstrommeln pressen *(Abb. 45.1)*. Bei der älteren Seilzugbremse ist dagegen nicht immer gewährleistet, daß alle 4 Räder gleich stark gebremst werden, so daß unter Umständen Schleudergefahr besteht. Wenn bei der Flüssigkeitsbremse der Bremsschlauch leck wird, versagen alle 4 Bremsen, es sei denn, man benutzt 2 getrennte Bremssysteme (Zweikreissystem).

Aufgaben:

1. *Zähle alle unmittelbaren Folgen der leichten Verschiebbarkeit der Flüssigkeitsteilchen auf! Warum sind Oberflächen in ruhenden Flüssigkeiten waagerecht? Wie fließt das Wasser im Fluß?*

2. *Was ändert sich im Versuch nach Abb. 83.3, wenn man auf den linken Stempel 1,5 kg statt 0,2 kg legt?*

3. *Auf eine Fläche von 5 cm² wirkt die Kraft 200 N. Wie groß ist der Druck in Bar, Millibar, Atmosphären?*

4. *Der Druckkolben einer hydraulischen Presse hat 5 cm² Querschnitt, der Preßkolben 500 cm². Welche Kraft ist am Druckkolben nötig, um einen Wagen von 10^4 N Gewicht zu heben? Wieviel Flüssigkeit muß man zum Preßkolben pumpen, damit sich dieser um 1 m hebt? Um wieviel muß sich dann der Druckkolben insgesamt senken?*

5. *Berechne in der vorhergehenden Aufgabe die Arbeit an beiden Kolben und vergleiche!*

6. *Mit Hilfe des Drucks in der Wasserleitung von 2,5 bar soll ein Wagen von 5 t Masse gehoben werden. Welchen Querschnitt muß der Kolben erhalten?*

7. *Welche Fläche muß ein Kolben haben, um mit 100 N Kraft den Druck 3 bar zu erzeugen?*

8. *In einer Wasserleitung herrscht ein Druck von 4,3 bar. Welche Kraft braucht man, um mit dem Daumen an einem geöffneten Hahn von 1,4 cm² Querschnitt das Ausfließen zu verhindern? Welche Kraft wäre hierzu am Hydrantanschluß von 25 cm² Querschnitt nötig?*

9. *Welchen „Druck" erfährt der Schnee unter einer Person von 75 kg auf 2 Skiern von 2,2 m Länge und 8 cm Breite? Wie groß ist dagegen der Druck, wenn 70 kg auf einem Absatz mit 20 cm² Fläche „ruhen"?*

10. *Mit welchem „Druck" bohrt sich eine Reißnagelspitze von $\frac{1}{10}$ mm² Fläche ins Holz, wenn man mit 50 N drückt?*

11. *Warum legt man auf Teppichboden unter die Rollen eines Klaviers Platten, die unten eben sind?*

§ 24 Der hydrostatische Druck (Gewichtsdruck)

1. Gewichtsdruck in Gefäßen mit vertikalen Wänden

Bisher haben wir den Druck durch Stempel erzeugt, die von *außen* Kräfte auf die Flüssigkeit ausüben. Wir empfinden aber beim Tauchen im Schwimmbad Kräfte in den Ohren. Sie nehmen mit der Tiefe zu. Offensichtlich werden sie von der *Gewichtskraft* des über dem Taucher lastenden Wassers erzeugt.

Versuch 76: Wir zeigen diese Druckkräfte mit einer *Drucksonde* nach *Abb. 87.1.* In ihr wirkt die Druckkraft auf eine Gummimembran wie auf das Trommelfell im Ohr. Drücken wir die Membran mit dem Finger etwas ein, so verdrängt sie Luft, die den Stand des rot gezeichneten Wassers im angeschlossenen U-Rohr verändert. Wird diese Drucksonde in Wasser getaucht, so steigt die Anzeige im U-Rohr vom Wert Null an der Oberfläche mit wachsender Tiefe an; denn die Gewichtskraft des über der Sonde lastenden Wassers nimmt zu. Diese Gewichtskraft zeigt nach unten. Trotzdem bleibt die Anzeige im U-Rohr und damit die Druckkraft gleich groß, wenn man in einer bestimmten Tiefe die Membran um die horizontale Achse BC dreht. Wie man zudem an der Verformung der Membran erkennt, steht diese

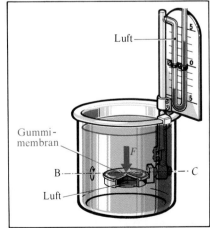

87.1. Drucksonde

Druckkraft in jeder Stellung senkrecht zur gedrückten Fläche. Der hier nachgewiesene Druck ist also wie der Stempeldruck *von der Stellung der gedrückten Fläche unabhängig*. Er ist dagegen abhängig von der jeweiligen Wassertiefe. Man nennt ihn **hydrostatischen Druck** oder **Gewichtsdruck**.

Wir können den Gewichtsdruck in einer bestimmten Tiefe h einfach berechnen. Hierzu stellen wir uns die darüber lastende Flüssigkeit der Wichte γ als Stempel mit der Grundfläche A und der Höhe h vor (*Abb. 88.1;* siehe Seite 82). Das Volumen dieses Stempels ist $V = A \cdot h$, seine Gewichtskraft beträgt $G = V \cdot \gamma = A \cdot h \cdot \gamma$. Sie wirkt als Druckkraft $F = G$ voll auf die Fläche A in der Tiefe h, da die vertikalen Gefäßwände von ihr nichts abfangen können. Dort erzeugt sie den Druck

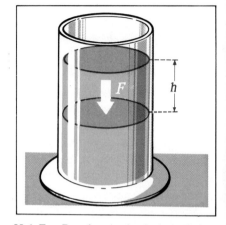

88.1 Zur Berechnung des hydrostatischen Drucks in der Tiefe h bestimmt man die Gewichtskraft $F = G$ der über der unteren, rot gezeichneten Fläche lastenden Flüssigkeit.

$$p = \frac{F}{A} = \frac{G}{A} = \frac{A \cdot h \cdot \gamma}{A} = h \cdot \gamma. \qquad (88.1)$$

In dieser Gleichung $p = h \cdot \gamma$ tritt der Querschnitt A des Gefäßes nicht mehr auf. Wir können mit ihr also den Druck berechnen, auch wenn wir die Größe der Grundfläche nicht kennen; der Druck ist von der Fläche unabhängig.

Beispiel:

Ein zylindrisches Gefäß ist 20 cm hoch mit Wasser ($\gamma = 0{,}98$ cN/cm³) gefüllt. Der Druck an der Bodenfläche beträgt $p = h \cdot \gamma = 20\,\text{cm} \cdot 0{,}98\,\text{cN/cm}^3 = 19{,}6\,\text{cN/cm}^2 = 19{,}6\,\text{mbar} \approx 20\,\text{mbar}$ (siehe Gleichung 88.1).

Hieraus folgt ein für das folgende sehr bequemer Merksatz:

> **Der hydrostatische Druck einer x cm hohen Wassersäule beträgt ungefähr x mbar = x cN/cm²: in 1 m Wassertiefe ist er 100 mbar = 0,1 bar = 1 N/cm² (genaugenommen ist er um 2% kleiner).**

2. Gewichtsdruck bei beliebiger Gefäßform

Versuch 77: In *Abb. 88.2* sind 4 verschieden geformte Glasgefäße gezeichnet, die gleiche Grundflächen haben. Sie sind durch eine Gummimembran M verschließbar. Die Druckkräfte, welche diese Membran erfährt, werden durch den Ausschlag des Zeigers verglichen. Dieser steigt beim Einfüllen von Wasser und zeigt die Druckzunahme mit der Füllhöhe h. Doch ist er bei gleicher Füllhöhe unabhängig davon, welches der Gefäße a bis d wir benützen. Beim sich nach oben erweiternden Gefäß b können wir dies noch am ehesten verstehen: Der hydrostatische Druck am Boden wird nur vom Gewicht derjenigen Flüssigkeit erzeugt, die senkrecht über dem Bo-

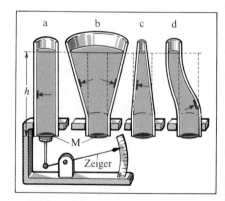

88.2 Der hydrostatische Druck ist von der Gefäßform unabhängig.

den steht (in *Abb. 88.2b* durch senkrecht gestrichelte Linien abgegrenzt). Alles Wasser, das über den schrägen Wänden liegt, wird von diesen getragen. Deshalb darf die oben gefundene Gleichung $p = h \cdot \gamma$ auch hier angewandt werden.

Auch bei dem sich nach oben verjüngenden Gefäß c ist der Druck bei gleicher Füllhöhe h so groß wie in den Gefäßen a und b. Hier erzeugt eine viel kleinere Wassermenge die gleiche Druckkraft auf den Boden wie bei den andern Gefäßen. Das Wasser übt nämlich senkrecht zur Wand eine Druckkraft schräg nach oben aus. Die Wand wirkt auf das Wasser mit einer *Gegenkraft* schräg nach unten zurück (Seite 41). Die Druckkraft auf den Boden ist deshalb größer als die Gewichtskraft des Wassers. In ähnlicher Weise kann man sich, auf einer Waage stehend, gegen die Decke abstützen; man wird scheinbar schwerer (siehe Aufgabe 6).

Um den Druck am Boden im Gefäß d zu verstehen, betrachten wir zunächst einen Taucher, der in eine Unterwasserhöhle waagerecht schwimmt (*Abb. 89.1a*). Er bemerkt keine Druckunterschiede in der Horizontalen. Sollten solche Druckunterschiede in einer Horizontalebene auftreten (etwa durch zufließendes Wasser), so verschieben sich sofort die Flüssigkeitsteilchen und führen Druckausgleich herbei. *Da alle Flüssigkeitsteilchen eine Gewichtskraft nach unten erfahren, kann der Druck nur nach unten, nicht auch nach einer Seite, zunehmen.*

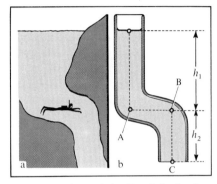

89.1 Der hydrostatische Druck ist in einer horizontalen Ebene konstant.

> **In einer waagerechten, ruhenden Flüssigkeitsschicht besteht überall der gleiche Druck.**

In *Abb. 89.1b* betrachten wir die Drücke an den Stellen A, B und C. Die Höhe h_1 bestimmt den Druck in A. In B ist er gleich groß. Die Höhe h_2 bestimmt die Druckzunahme von B nach C. Daher kann man den Druck in C so berechnen, als ob über C eine senkrechte Wassersäule der Höhe $h = h_1 + h_2$ stehen würde (siehe *Abb. 88.2d*). Versuch 77 erlaubt uns also, die für Gefäße mit vertikalen Wänden abgeleitete Gleichung $p = h \cdot \gamma$ ohne Einschränkung auf beliebig geformte Gefäße anzuwenden. Im folgenden Versuch messen wir den hydrostatischen Druck:

Versuch 78: Wir senken ein unten offenes Glasrohr in ein hohes, mit Wasser gefülltes, beliebig geformtes Gefäß (*Abb. 89.2*). Durch den Schlauch drücken wir Luft und verdrängen so das Wasser aus dem Rohr. Den

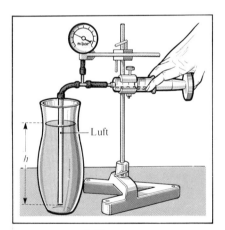

89.2 Zu Versuch 78

dabei ausgeübten Druck zeigt ein empfindliches, nach *Abb. 85.1* geeichtes Manometer an. Liegt die Rohrmündung $h = 30$ cm unter der Oberfläche, so kann man einen Druck von höchstens 30 mbar ausüben. Dann ist der Druck der Luft an der Rohrmündung so groß wie der dortige Wasserdruck $p = h \cdot \gamma = 30$ mbar. Man kann keinen höheren Druck ausüben, da sonst die Luft in Blasen hochsteigt. Nach diesem Versuch wurde früher der Benzinstand in Autotanks gemessen.

> **Der hydrostatische Druck _p_ in einer Flüssigkeit ist von der Form des Gefäßes und von der Stellung der gedrückten Fläche unabhängig. Er hängt nur von der Tiefe _h_ und von der Wichte _γ_ der Flüssigkeit ab:**
>
> $$p = h \cdot \gamma. \qquad (90.1)$$

90.1 Zu Versuch 79

Versuch 79: Wir verschließen außerhalb des Wassers die untere Öffnung des Glaszylinders nach _Abb. 90.1_ mit einer sehr leichten Platte, indem wir sie mit einem Faden an den unteren Zylinderrand ziehen. Dann tauchen wir den Zylinder ein. Die vom Wasser nach oben ausgeübte Druckkraft _F_ preßt die Platte gegen die Zylinderöffnung. Diese Kraft spürt man, wenn man den Zylinder mit der Hand hält. Nun gießen wir vorsichtig Wasser in den Zylinder. Wenn es innen so hoch wie außen steht, fällt die Platte ab. Der Druck unter und über der Platte ist dann gleich groß. Er hängt nicht von der Form der ihn ausübenden Wassermenge ab.

Versuch 80: An die Dose nach _Abb. 90.2_ ist seitlich ein Röhrchen gelötet, darüber ein dünner, langer Schlauch gestülpt. Das Wasser in der Dose kann durch sein Gewicht den gut sitzenden Deckel nicht öffnen. Füllt man aber den Schlauch mit einer _geringen_ zusätzlichen Wassermenge und hält ihn in die Höhe, so wird der Deckel aufgedrückt.

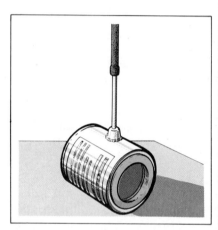

90.2 Zu Versuch 80

Die **Staumauer** nach _Abb. 90.3_ ist nicht nur im Felsen gut verankert. Um den Druckkräften im Stausee standhalten zu können, wird sie wie ein Gewölbe dem Wasser entgegen gebogen. Da diese Kräfte nach unten zunehmen, macht man sie in 60 m Tiefe etwa 50 m dick (rot gezeichneter Querschnitt). 60 m unter dem Wasserspiegel beträgt der Druck nach Seite 88 etwa 6 bar = 60 N/cm². Eine 500 m lange und 60 m hohe Mauer erfährt Druckkräfte von insgesamt 10^{10} N. Dies entspricht der Gewichtskraft von 10^6 t, das heißt von 1 000 beladenen Güterzügen.

Aufgaben:

1. _Berechne den Druck 10 cm unter der Oberfläche von Wasser (Wichte 0,98 cN/cm³), Quecksilber (γ = 13,3 cN/cm³), Alkohol (0,8 cN/cm³) in den Einheiten mbar und at!_

2. _Wie groß ist der Druck in 923 m Meerestiefe (Wichte von Salzwasser 1,00 cN/cm³)? Diese Tiefe erreichte als erster Beebe 1934. Welcher Druck herrscht in 11 000 m Tiefe (in bar und at)?_

3. _Wie hoch muß eine Quecksilbersäule sein, um den Druck von 1 bar herzustellen? Wie hoch müßte eine Alkoholsäule sein, die den gleichen Druck erzeugt? Siehe die Angaben in Aufgabe 1!_

90.3 Staumauer mit Querschnitt. Das gestaute Wasser wird durch dicke Rohrleitungen in mehrere 100 m tiefer liegende Turbinen geleitet und treibt durch seinen großen Druck die Generatoren an (S. 57 und S. 375).

4. *Hängt die Kraft, die ein Staudamm auszuhalten hat, von der Größe des dahinterliegenden Stausees ab?*

5. *Ist der Druck in 10 m Tiefe im Stillen Ozean mit seiner großen Fläche größer als in einem 10 m tiefen, engen Schacht, der ebenfalls mit Salzwasser gefüllt ist?*

6. *Das in Abb. 91.1 gezeigte Gefäß hat eine Grundfläche von 100 cm² und senkrechte Wände bis 10 cm Höhe. Dann ist es durch eine Fläche von 99 cm² abgeschlossen. Bei B ist ihr ein Rohr von 1 cm² Querschnitt und 10 cm Höhe (C) aufgesetzt.*

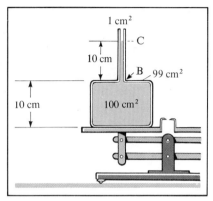

a) Wie groß sind die Druckkräfte auf den Boden, wenn das Wasser bis B beziehungsweise bis C reicht?

b) Vergleiche diese Kräfte mit dem jeweiligen Wassergewicht!

c) Berechne die nach oben gerichtete Druckkraft auf die obere waagerechte Fläche von 99 cm², wenn das Wasser bis C reicht!

d) Welcher Zusammenhang besteht zwischen der in (c) berechneten Druckkraft, der Druckkraft auf den Boden und dem Wassergewicht? Erkläre diesen Zusammenhang mit dem Satz von Kraft und Gegenkraft nach Seite 41!

7. *Was würde eine Waage anzeigen, wenn man auf ihr das Gefäß der Abb. 91.1 bis C mit Wasser füllte? Kann man also Flüssigkeiten in solchen Gefäßen abwiegen?*

91.1 Zu Aufgabe 6 und 7

§ 25   Verbundene Gefäße und Flüssigkeitsmanometer

1.   Verbundene Gefäße

Unter **verbundenen Gefäßen** verstehen wir offene, mit Flüssigkeit gefüllte Behälter, die *unterhalb* des Flüssigkeitsspiegels miteinander verbunden und oben offen sind (im Gegensatz zur pneumatischen Wanne in *Abb. 14.2*). Steht zum Beispiel in *Abb. 91.2* das Wasser in einer Röhre beim Eingießen zunächst etwas höher als in den andern, so ist an der Einmündung dieser Röhre in das waagerechte Verbindungsrohr der hydrostatische Druck etwas größer. Das Wasser fließt deshalb in die anderen Röhren ab, bis in allen die Oberflächen auf

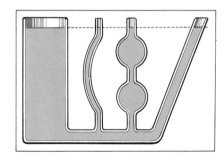

91.2 Gleichgewicht in verbundenen Gefäßen

gleicher Höhe stehen. Wir können dies verfolgen, wenn wir das Fließen des Wassers in der waagerechten Röhre beim Einfüllen durch eingestopfte Watte verlangsamen.

In verbundenen Gefäßen liegen die Oberflächen einer ruhenden Flüssigkeit in gleicher Höhe.

(Ausnahmen: enge Gefäße, siehe Seite 103, und nicht einheitliche Flüssigkeit, siehe Aufgabe 8.)

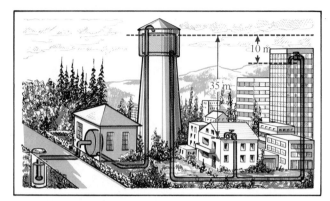

92.1 Wasserversorgung. Der Hochbehälter im Wasserturm muß so groß sein, daß er dem oft stoßweisen Wasserverbrauch gewachsen ist.

92.2 Wegen des Strömungs- und Luftwiderstands spritzt rechts das Wasser nicht ganz bis zur Oberfläche im Gefäß hoch.

Verbundene Gefäße findet man beim Rohrsystem der **Wasserversorgung.** In *Abb. 92.1* wird aus dem Brunnen Wasser durch das Pumphaus in den Wasserturm gepumpt. Von dort erreicht es die Zapfstellen in den Häusern. Diese müssen tiefer liegen als der Wasserspiegel im Turm. − Eine natürliche Wasserversorgung stellen die **artesischen Brunnen** dar (nach der französischen Landschaft Artois; *Abb. 92.3*). 1841 spritzte in Paris ein solcher Brunnen 87 m hoch.

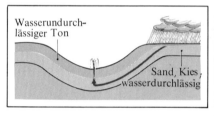

92.3 Artesischer Brunnen

Das Gesetz der verbundenen Gefäße ermöglicht es, in **Schleusenanlagen** ein Schiff ohne Kräne und Pumpen zu heben *(Abb. 92.4):* Das aus dem „*Unterwasser*" kommende Schiff fährt durch das geöffnete „*Untertor*" in die Schleusenkammer ein *(Abb. 92.4a)*. Dann werden das Untertor und der untere „*Umlauf*" B geschlossen *(Abb. 92.4b)*. Nun öffnet man den oberen Umlauf C; „*Oberwasser*" fließt in die Kammer und hebt das Schiff auf das obere Niveau. Nach Öffnen des „*Obertors*" kann das Schiff ausfahren (c). Bei Talfahrt geht man umgekehrt vor.

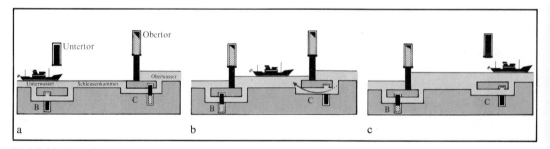

92.4 Schleusenanlage

2. Das U-Manometer

Wir schließen die Stadtgasleitung an ein *U-Rohr* an, das mit gefärbtem Wasser gefüllt ist. Dieses steigt rechts und sinkt links. Der Unterschied *h* der beiden Oberflächen zeigt den Gasdruck an *(Abb. 93.1)*. Entfernt man nämlich links den Gasanschluß und rechts gleichzeitig die Wassersäule der Höhe *h*, so zeigt sich, daß das Wasser unter der gestrichelten Linie für sich im Gleichgewicht ist. Also hält der hydrostatische Druck $p = h \cdot \gamma$ der Wassersäule der Höhe *h* dem links herrschenden Gasdruck das Gleichgewicht. Ist $h = 4$ cm, so beträgt der Gasdruck nach Seite 88 etwa 4 mbar.

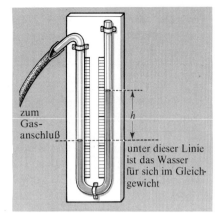

zum Gasanschluß

unter dieser Linie ist das Wasser für sich im Gleichgewicht

93.1 U-Manometer

Aufgaben:

1. *Wie kann man an der Ausflußöffnung den Kaffeestand im Innern einer Kaffeekanne erkennen?*

2. *In welchen Stadtteilen versiegt bei Wassermangel zuerst die Leitung? Warum legt man Wassertürme hoch an? Kann man mit dem Wasser aus dem Hydranten, ohne zu pumpen, den Dachstuhlbrand des Wasserturms bekämpfen (Abb. 92.1)?*

3. *Wenn der Leitung nachts kein Wasser entnommen wird, beträgt der Druck 4,5 bar. Wie hoch über dem Wasserhahn ist der Wasserspiegel im Wasserturm? Warum ist bei Tag der Druck kleiner?*

4. *Wie groß ist nachts der Wasserdruck im Hahn des kleinen Hauses und des Hochhauses nach Abb. 92.1?*

5. *Wie groß wäre der Höhenunterschied h im Manometer nach Abb. 93.1 bei Quecksilberfüllung, wenn der Druck 4 mbar beträgt; wie groß wäre er bei Alkoholfüllung?*

6. *Hängt der Höhenunterschied h eines Flüssigkeitsmanometers von Form und Querschnitt der Röhren ab?*

7. *Wann dringt Wasser von einem Fluß in benachbarte Keller? Wann kommt Grundwasser in der Nähe eines Flusses in Wiesen an die Oberfläche?*

8. *In einem U-Rohr befindet sich Quecksilber. Schütte in dem einen Schenkel Wasser dazu! Wie verändern sich die Quecksilberoberflächen? Wie verhalten sich die Höhen der Wasser- und der Quecksilbersäule über der Trennfläche ($\gamma_{Hg} = 13,3$ cN/cm³)? Fertige eine Skizze!*

§ 26 Der Auftrieb in Flüssigkeiten

1. Der Satz des Archimedes

Nur mit großer Kraft kann man einen leeren Eimer mit dem Boden voraus unter Wasser drücken; denn die Druckkräfte des Wassers wirken auf die Unterseite des Eimers nach oben und geben ihm eine nach oben gerichtete **Auftriebskraft** F_A, kurz **Auftrieb** genannt. Läßt man den Eimer los, bevor er völlig eingetaucht ist, so schnellt er hoch. Diese Druckkräfte lassen aber auch einen vollen Eimer unter Wasser viel leichter erscheinen; sie täuschen eine Verminderung der nach unten gerichteten Gewichtskraft *G* vor. Dieser **scheinbare Gewichtsverlust** wird beim Baden angenehm empfunden. Man fühlt sich von der Erdschwere befreit; spitze Steine, auf die man tritt, spürt man um so weniger, je tiefer man eintaucht. In großen Wasserbehältern bereiten sich Astronauten auf das Arbeiten im schwerelosen Zustand vor.

Ein ganz oder teilweise in eine Flüssigkeit getauchter Körper erfährt eine Auftriebskraft F_A, kurz Auftrieb genannt. Sie täuscht einen Gewichtsverlust vor.

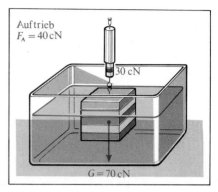

Versuch 81: Wir wollen nun untersuchen, wie groß diese Auftriebskraft F_A ist. Hierzu tauchen wir einen 5 cm hohen Quader mit 10 cm² Grundfläche und 70 cN Gewicht nach *Abb. 94.1* Zentimeter um Zentimeter in Wasser. Die Anzeige des Kraftmessers geht zurück, solange noch ein Teil über Wasser ragt. Verdrängt der Körper zum Beispiel 40 cm³ Wasser vom Gewicht 40 cN, so zeigt der Kraftmesser statt 70 cN nur noch 30 cN an. Der scheinbare Gewichtsverlust von 40 cN stimmt also mit dem Gewicht des verdrängten Wassers überein. − In Alkohol getaucht beträgt der Gewichtsverlust nur 32 cN; denn 40 cm³ Alkohol wiegen 32 cN ($\gamma = 0.8$ cN/cm³).

94.1 Der Quader wiegt $G = 70$ cN und ist in 5 Sektoren zu je 10 cm³ unterteilt. Von ihnen tauchen 4 unter Wasser und verdrängen 40 cN Wasser. Wie der Kraftmesser zeigt, erfährt der Würfel einen Auftrieb F_A von ebenfalls 40 cN.

Versuch 82: Wir lassen nun den Körper ganz eintauchen. Er verdrängt 50 cm³. In Wasser ist der Auftrieb auf 50 cN, in Alkohol auf 40 cN gestiegen. Er bleibt konstant, auch wenn man den Körper noch tiefer taucht.

Die hier durch Versuch ermittelten Gesetze fand *Archimedes* (Seite 122) bereits um 250 vor Christus.

Satz des Archimedes: Der Auftrieb ist gleich dem Gewicht der verdrängten Flüssigkeit.

2.   Beweis für den Satz des Archimedes

Der Satz des Archimedes ist so wichtig, daß wir uns nicht damit zufrieden geben, ihn nur *experimentell* zu ermitteln. Die Versuche zeigen nämlich nicht, woher dieser Gewichtsverlust rührt. Man könnte sich zum Beispiel vorstellen, daß die Flüssigkeit die Erdanziehung „abschirmt". Oben haben wir schon vermutet, daß die *Druckkräfte* diesen Gewichtsverlust erzeugen. Wenn dies richtig ist, so müßte es gelingen, den Satz des Archimedes *mathematisch* − ohne Zuhilfenahme eines Experiments − aus den uns bekannten Gesetzen über den Druck in Flüssigkeiten herzuleiten: Der Körper nach *Abb. 94.2* erfährt zunächst Druckkräfte von den *Seiten*. Sie halten sich das Gleichgewicht. Die *untere* Fläche A erfährt eine nach *oben* gerichtete *Druckkraft* F_2, die mit wachsender Tiefe h_2 zunimmt. In der Tiefe h_2 ist der hydrostatische Druck $p_2 = h_2 \cdot \gamma_{Fl}$. Dabei ist γ_{Fl} die Wichte der Flüssigkeit. Der eingetauchte Körper erfährt also die nach oben gerichtete Kraft

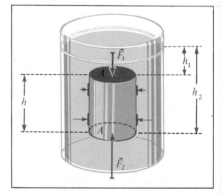

94.2 Berechnung des Auftriebs aus den Druckkräften

$$F_2 = p_2 \cdot A = h_2 \cdot \gamma_{Fl} \cdot A.$$

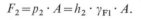

Nun erfährt die *obere* Fläche A des ganz eingetauchten Körpers eine *Druckkraft* F_1 nach unten. Sie ist kleiner als F_2, da an der oberen Fläche der kleinere Druck $p_1 = h_1 \cdot \gamma_{Fl}$ herrscht; es gilt $F_1 = p_1 \cdot A = h_1 \cdot \gamma_{Fl} \cdot A$. Insgesamt wirkt auf den eingetauchten Körper nur die Differenz $F_2 - F_1$ dieser beiden entgegengesetzt gerichteten Druckkräfte. Sie wird vom Kraftmesser angezeigt als Auftriebskraft:

$$F_A = F_2 - F_1 = h_2 \cdot \gamma_{Fl} \cdot A - h_1 \cdot \gamma_{Fl} \cdot A = (h_2 - h_1) \cdot \gamma_{Fl} \cdot A. \tag{95.1}$$

Dabei ist $h = h_2 - h_1$ die Höhe des Körpers, $(h_2 - h_1) \cdot A$ also sein Volumen V. Dies ist gleich dem *Volumen V* der verdrängten Flüssigkeit. Multipliziert man es mit deren Wichte γ_{Fl}, so erhält man das *Gewicht* der verdrängten Flüssigkeit, nämlich $(h_2 - h_1) \cdot A \cdot \gamma_{Fl}$. Nach Gleichung (95.1) ist dies aber gerade die Auftriebskraft F_A.

Wir fassen zusammen: **a) Der Auftrieb entsteht dadurch, daß der hydrostatische Druck mit der Tiefe zunimmt. b) Diese Druckzunahme allein erklärt die Größe des gemessenen Auftriebs vollständig.**

3. Auftrieb unregelmäßig geformter Körper

Bisher haben wir nur den Auftrieb bei Körpern betrachtet, die regelmäßig geformt waren. Im folgenden Versuch soll der Satz des *Archimedes* für einen *beliebig gestalteten Körper* mit der Waage sehr genau nachgeprüft werden:

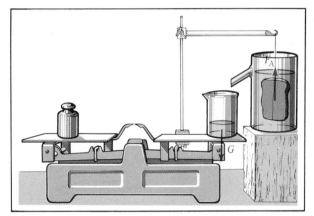

95.1 Auch bei unregelmäßig geformten Körpern gilt der Satz des *Archimedes*.

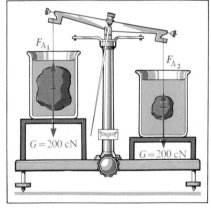

95.2 Der Körper mit dem größeren Volumen erfährt den größeren Auftrieb.

Versuch 83: Nach *Abb. 95.1* hängt ein Körper beliebiger Form auf der rechten Seite einer Waage und wird austariert. Dann taucht man ihn in ein volles Überlaufgefäß. Wegen der Auftriebskraft steigt zunächst die rechte Waagschale. Doch stellt sich wieder Gleichgewicht ein, wenn alles vom Körper verdrängte Wasser in das Gefäß auf der rechten Waagschale geflossen ist. Dabei spielt die Form des Körpers keine Rolle. Er erfährt auch dann einen Auftrieb, wenn er unten spitz ist. Man verforme einen Quader aus Plastik; sein Auftrieb bleibt.

Versuch 84: An einem Waagebalken halten sich ein Messing- und ein Eisenstück von je 200 cN das Gleichgewicht *(Abb. 95.2)*. Taucht man aber beide in Wasser, so hebt sich die linke Seite mit dem Eisenstück. Eisen ($\gamma = 7,9$ cN/cm³) verdrängt bei gleichem Gewicht infolge seines größeren Volumens (25 cm³) mehr Wasser und erfährt einen größeren Auftrieb als Messing ($\gamma = 8,3$ cN/cm³; $V = 24$ cm³).

Auf diese Weise soll *Archimedes* nachgeprüft haben, ob ein dem König *Hieron von Syrakus* gelieferter goldener Kranz auch wirklich echt sei. Er tauchte den „goldenen" Kranz und einen gleich schweren Klumpen reinen Goldes an der Waage hängend in Wasser. Da sich die Seite mit dem Kranz hob, war der Goldschmied überführt, Gold zum Teil unterschlagen und durch ein gleich schweres Stück Silber ersetzt zu haben. (1 g Silber hat nach der Tabelle am Schluß des Buches ein Volumen von etwa 0,1 cm³, 1 g Gold von 0,05 cm³.)

Man kann den Satz des *Archimedes* auch aus einem einfachen Gedankenexperiment folgern: Wir denken uns den beliebig geformten Körper aus der Flüssigkeit genommen. Der Raum, den er dort einnahm, wird von der Flüssigkeit ausgefüllt. Trotz ihrer Gewichtskraft bleibt diese Flüssigkeitsmenge schwebend im Gleichgewicht. Sie muß also von der umgebenden Flüssigkeit eine gleich große, nach oben gerichtete Auftriebskraft erfahren. Diese wurde natürlich auch auf den vorher eingetauchten Körper ausgeübt.

Musteraufgabe

a) Ein Körper wiegt in Luft 70 cN, in Wasser nur noch 40 cN. Berechne Volumen und Wichte!

Gewicht des Körpers in Luft	$G = 70$ cN (Wägung)
Scheinbares Gewicht des Körpers in Wasser	40 cN (Wägung)
Scheinbarer Gewichtsverlust in Wasser (Auftrieb)	30 cN (Differenz)
Gewicht der verdrängten Wassermenge	30 cN (Archimedes)
Volumen der verdrängten Wassermenge	$V_1 = 30$ cm³ ($\gamma = 1$ cN/cm³)
Volumen des verdrängenden Körpers	$V = 30$ cm³ ($V = V_1$)
Wichte des Körpers	$\gamma = G/V = 70$ cN/30 cm³ = **2,33 cN/cm³**

b) In einer unbekannten Flüssigkeit wiegt dieser Körper nur noch 30 cN. Wie groß ist ihre Wichte?

Scheinbares Gewicht des Körpers in der unbekannten Flüssigkeit	30 cN (Wägung)
Scheinbarer Gewichtsverlust in der Flüssigkeit	40 cN (Differenz)
Gewicht der verdrängten Flüssigkeit	$G' = 40$ cN (Archimedes)
Volumen der verdrängten Flüssigkeit	$V' = V = 30$ cm³ (Volumen des Körpers)
Wichte der verdrängten Flüssigkeit	$\gamma' = G'/V' = 40$ cN/30 cm³ = **1,33 cN/cm³**

Gib auch in Zukunft bei allen Rechnungen in jeder Zeile die zugrundeliegenden Überlegungen stichwortartig an!

Bestimmt man die Wichte eines Körpers nach dem Gesetz des *Archimedes* und mit dem Meßglas *(Abb. 16.2)* je 5mal, so ist die Streuung der Meßwerte beim Meßglas viel größer als bei der Wägung. Die Wichte kann man also nach dem neuen Verfahren genauer bestimmen.

4. Rückschau

Wir haben *zwei verschiedene Methoden* kennengelernt, um den Satz des *Archimedes* zu finden. Wir wollen sie nochmals herausstellen, da man sie in der Physik ständig nebeneinander benutzt:
In Versuch 81, 82 und 83 fanden wir an Hand weniger Beobachtungen und Experimente, daß bei den von uns benützten Körpern und Flüssigkeiten die Auftriebskraft so groß wie die Gewichtskraft der verdrängten Flüssigkeit ist. Dieses Ergebnis haben wir kühn verallgemeinert. Man nennt

dieses Vorgehen das **induktive** Verfahren. Dabei könnte eine einzige gesicherte gegenteilige Beobachtung diesen *induktiven Schluß* aufheben oder zumindest einschränken. Auch das *Hookesche Gesetz* (Seite 32) fanden wir induktiv aus einigen Meßwerten. Doch mußte es auf den Elastizitätsbereich der Feder eingeschränkt werden. Selbstverständlich wird unser induktives Verfahren durch noch genauere Messungen zahlreicher anderer Physiker und durch viele technische Anwendungen gestützt.

Wir lernten aber auch eine zweite physikalische Methode kennen, mit der man in der Physik Erkenntnisse gewinnt, nämlich die **deduktive:** In *Ziffer 2 erklärten* wir den Auftrieb durch die *Zunahme des hydrostatischen Drucks mit der Tiefe.* Wir leiteten das Gesetz des *Archimedes* aus den bereits bekannten Gleichungen zum hydrostatischen Druck her. Dieses deduktive Verfahren schafft im Gegensatz zum induktiven *logische Zusammenhänge* und gibt damit eine *Erklärung* für das gefundene Gesetz. **Man versteht in der Physik unter Erklären das Zurückführen eines Tatbestands auf schon bekannte Gesetze.** Diese können natürlich ihrerseits wieder aus anderen deduktiv gewonnen worden sein. Dabei kommt man schließlich zu einigen wenigen grundlegenden Sätzen, die nur induktiv, das heißt aus Versuchen, gewonnen werden können. So sind die Gesetze des hydrostatischen Drucks, mit denen wir den Auftrieb erklärten, deduktiv daraus abgeleitet, daß auch Flüssigkeiten eine Gewichtskraft erfahren; dies ist aber induktiv, das heißt durch vielfältige Erfahrung gewonnen, und kann von uns nicht weiter erklärt werden.

An diesen Beispielen erkennen wir, wie bei der physikalischen Forschung das *induktive* Verfahren mit dem *deduktiven* Hand in Hand geht. Die überragende Rolle der **Experimente** in der Physik erkennen wir daran, daß die *induktiven* Schlüsse auf Experimenten beruhen. Außerdem müssen *deduktiv* gewonnene Erkenntnisse experimentell *bestätigt* werden (siehe Versuch 83). Andererseits liefert das *deduktive* Verfahren die *Beziehungen*, die wir erfassen möchten, wenn wir das Naturgeschehen in seinen **Zusammenhängen** begreifen wollen.

Aufgaben:

1. *Hängt der Auftrieb vom Gewicht oder vom Volumen des eingetauchten Körpers ab? Ist er einem von beiden gleich?*

2. *Erkläre mit der Gleichung $p = h \cdot \gamma$, warum der Auftrieb eines bestimmten Körpers in einer spezifisch schweren Flüssigkeit größer ist als in einer leichten?*

3. *Ein Brett wird waagerecht ganz in Wasser getaucht. Ändert sich der Auftrieb, wenn man es vertikal stellt? Hängt der Auftrieb eines eingetauchten Kegels davon ab, ob seine Spitze oder seine Grundfläche nach unten zeigt?*

4. *Führe die Herleitung in Ziffer 2 statt mit Variablen mit den Werten $A = 10$ cm², $h_1 = 5$ cm, $h_2 = 11$ cm und $\gamma_{Fl} = 2$ cN/cm³ durch! Warum ist dies kein allgemeiner Beweis für den Satz des Archimedes?*

5. *Führe den Beweis in Ziffer 2 für einen nur teilweise eingetauchten Körper aus! Die untere Zylinderfläche liege in der Tiefe h_2 unter der Oberfläche der Flüssigkeit.*

6. *Ein 100 cN schweres Stück Zucker wiegt in Petroleum ($\gamma = 0,8$ cN/cm³), in dem es unlöslich ist, nur noch 50 cN. Wie groß sind Volumen und Wichte?*

7. *Du hebst unter Wasser einen Felsblock ($\gamma = 2,5$ cN/cm³) mit der Kraft 100 N. Welches Gewicht hat er über Wasser? Betrachte zunächst 1 cm³!*

8. *Ein Körper wiegt in Luft 20,50 cN, in Wasser 13,75 cN, in einer unbekannten Flüssigkeit 9,36 cN. Berechne die Wichte dieser Flüssigkeit ($\gamma_{Wasser} = 0,981$ cN/cm³)!*

9. *Irgendwo im Weltraum ist Wasser ohne Gewicht in einem Gefäß. Gibt es einen Auftrieb? Wirkt sich der Stempeldruck einer eingeschlossenen Flüssigkeitsmenge dort überall gleichmäßig aus?*

§ 27 Schwimmen, Schweben und Sinken in Flüssigkeiten

1. Wann schwimmt ein Körper?

Um ein gesunkenes Schiff zu heben, preßt man Luft in sein Inneres *(Abb. 98.1)*. Diese verdrängt das eingedrungene Wasser. Das Schiff wird dadurch leichter, *schwebt*, kommt schließlich an die Oberfläche und *schwimmt*. — Soll ein *U-Boot* tauchen, so pumpt man in große Wasserbehälter *(Tauchzellen in Abb. 99.1)* Wasserballast, den man zum Auftauchen mit Druckluft wieder hinauspreßt. Nach Aufnahme einer ganz bestimmten Wassermenge kann das U-Boot unter Wasser *schweben*.

Auf jeden völlig eingetauchten Körper wirken zwei entgegengesetzt gerichtete Kräfte, nämlich seine Gewichtskraft G und die Auftriebskraft F_A *(Abb. 98.2)*. *Er folgt der größeren von beiden.* Dies zeigt *Tabelle 98.1*. In ihr ist $\gamma_{K\ddot{o}}$ die Wichte des Körpers, γ_{Fl} die Wichte der Flüssigkeit. Der *völlig eingetauchte Körper* und die von ihm verdrängte Flüssigkeit haben das gleiche Volumen V. Dann ist sein Gewicht $G = \gamma_{K\ddot{o}} \cdot V$; der Auftrieb beträgt $F_A = \gamma_{Fl} \cdot V$. Deshalb folgt die 3. Zeile der *Tabelle 98.1* unmittelbar aus der zweiten.

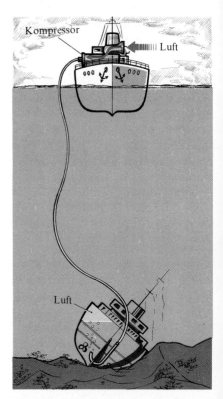

98.1 Heben eines gesunkenen Schiffes

Tabelle 98.1

	Sinken	Schweben in beliebiger Tiefe	Steigen
Kräftevergleich am völlig eingetauchten Körper vom Gewicht G	$G > F_A$	$G = F_A$	$G < F_A$
Vergleich der Wichten	$\gamma_{K\ddot{o}} > \gamma_{Fl}$	$\gamma_{K\ddot{o}} = \gamma_{Fl}$	$\gamma_{K\ddot{o}} < \gamma_{Fl}$

Unter $\gamma_{K\ddot{o}}$ versteht man bei *zusammengesetzten* Körpern die *mittlere Wichte* $\gamma_{K\ddot{o}} = G/V$. Bei einem eisernen Schiff ist durch die großen luftgefüllten Hohlräume das Volumen V so groß geworden, daß diese mittlere Wichte kleiner als 1 cN/cm^3 ist. — Kompaktes Eisen hat die Wichte $7,8 \text{ cN/cm}^3$ und sinkt in Wasser, schwimmt aber auf Quecksilber. In *Abb. 98.1* verringert man die mittlere Wichte durch Einpumpen von Luft.

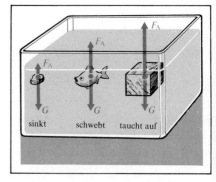

98.2 Ein Körper kann in einer Flüssigkeit sinken, schweben oder auftauchen, je nachdem ob der Auftrieb F_A kleiner, gleich oder größer als die Gewichtskraft G ist.

Ein Körper schwimmt, wenn seine mittlere Wichte kleiner als die der Flüssigkeit ist.

2. Das Gleichgewicht beim Schwimmen

Hier in der *Hydrostatik* betrachten wir das Schwimmen eines *ruhenden* Körpers in einer *ruhenden* Flüssigkeit. Wir sehen also von Schwimmbewegungen ab.

Versuch 85: Ein Körper aus Holz schwimmt auf Wasser *(Abb. 99.2)*. Er taucht so weit ein, bis seine Gewichtskraft $G_{Kö}$ durch die Auftriebskraft F_A ausgeglichen ist. Die Anzeige des Kraftmessers geht auf Null zurück. Der Körper erscheint gewichtslos; es gilt $G_{Kö} = F_A$. Drücken wir den schwimmenden Körper etwas tiefer, so erhöhen wir den Auftrieb F_A. Wenn wir den Körper dann loslassen, steigt er so weit, bis wieder $G_{Kö} = F_A$ ist. Ziehen wir den Körper etwas hoch, so vermindern wir F_A. In beiden Fällen sind die Kräfte bestrebt, das Gleichgewicht wieder herzustellen. Es handelt sich also um ein *stabiles Gleichgewicht.*

Nach dem Satz des *Archimedes* ist der Auftrieb F_A gleich dem Gewicht G_{Fl} der verdrängten Flüssigkeit. Hieraus folgt mit $G_{Kö} = F_A$:

> **Ein schwimmender Körper taucht so tief ein, bis das Gewicht G_{Fl} der verdrängten Flüssigkeit gleich dem Körpergewicht $G_{Kö}$ ist: $G_{Fl} = G_{Kö}$.**

Versuch 86: Dieses wichtige Ergebnis bestätigt der Versuch nach *Abb. 99.3*. Das Überlaufgefäß ist links mit Wasser gefüllt und austariert. Dann taucht man den Körper ein, so daß er schwimmt. Er belastet durch sein Gewicht $G_{Kö}$ die Waagschale zusätzlich. Wenn jedoch die verdrängte Wassermenge (G_{Fl}) abgeflossen ist, so spielt die Waage wieder ein. Das Gewicht G_{Fl} ist, wie wir gesehen haben, gleich dem Körpergewicht $G_{Kö}$ — Ein beladener *Frachtkahn* verdrängt also mehr Wasser als ein leerer; er sinkt tiefer in das Wasser ein. — Der Kahn fahre vom Süß- in Salzwasser mit größerer Wichte. Am Gewicht G_{Fl} des verdrängten Wassers ändert sich nichts ($G_{Fl} = G_{Kö}$). Doch ist dessen Volumen $V_{Fl} = G_{Fl}/\gamma_{Fl}$ im Salzwasser kleiner. Der Kahn hebt sich etwas.

Auf dem Gleichgewicht beim Schwimmen beruht die **Senkwaage** (auch **Aräometer** genannt; araios, griech.; dünn, schmal). Mit ihr mißt man die Wichte von Flüssigkeiten *(Abb. 100.1)*. Eine Senkwaage wiege 10 cN. Dann muß sie beim Schwimmen auch 10 cN Flüssigkeit verdrängen ($G_{Kö} = F_A = G_{Fl}$). Dies sind 10 cm³ Wasser, 8,3 cm³ Salzlösung ($\gamma = 1,2$ cN/cm³) oder 12,5 cm³ Al-

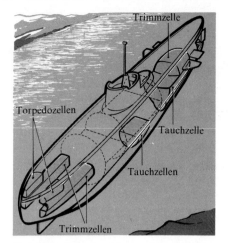

99.1 Beim Tauchen des U-Boots werden die Tauchzellen „geflutet". Die Trimmzellen dienen zum Waagerechtstellen des Bootes.

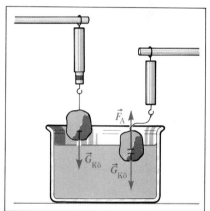

99.2 Ein schwimmender Körper erscheint gewichtslos.

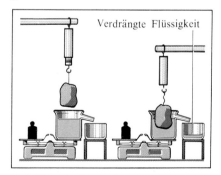

99.3 Ein schwimmender Körper und das von ihm verdrängte Wasser sind gleich schwer. Deshalb ist die Waage nach dem Überlauf wieder im Gleichgewicht.

kohol (0,8 cN/cm³). In Alkohol sinkt sie am tiefsten ein. An der Eintauchtiefe kann man also die Wichte ablesen (siehe Aufgabe 12). Außerdem benutzt man Senkwaagen (auch *Spindeln* genannt) mit speziellen Einteilungen: *Alkoholwaagen* geben den Alkoholgehalt von Spirituosen je nach Eichung in Gewichts- oder Volumenprozenten an.

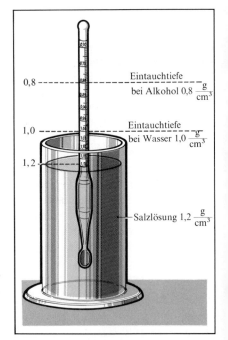

Aufgaben:

Je nach Genauigkeit ist die Wichte von Süßwasser zu 0,98 cN/cm³ oder 1 cN/cm³ angegeben:

1. *Suche Gemeinsamkeiten und Unterschiede beim Schweben und Schwimmen!*

2. *Fülle einen Papierbecher zur Hälfte mit Wasser und lasse ihn auf Wasser schwimmen! Wie tief sinkt er ein, wenn man von seinem Gewicht absieht?*

3. *Ein 50 cm³ fassender Körper taucht beim Schwimmen auf Wasser (1 cN/cm³) mit 40 cm³ unter die Oberfläche. Wie groß ist sein Gewicht? Wie groß müßte die Wichte einer Flüssigkeit sein, daß er in ihr schwebt?*

4. *Ein Körper wiegt 100 cN und schwebt unter Wasser (1 cN/cm³). Mit welcher Kraft sinkt er in Alkohol (0,8 cN/cm³)? Mit welcher Kraft steigt er in Kochsalzlösung (1,12 cN/cm³)? Wie viele cm³ ragen beim Schwimmen über die Oberfläche?*

100.1 Dichtebestimmung mit einer Senkwaage; vergleiche Aufgabe 12!

5. *Ein Ei wiegt in Luft 61 cN, in Wasser 6 cN. Welche Wichte hat eine Kochsalzlösung, in der es gewichtslos schwebt? Mit welcher Kraft steigt es in einer Lösung der Wichte 1,18 cN/cm³ nach oben? Wie viele cm³ ragen dann von ihm über die Oberfläche (Wichte von Wasser 0,98 cN/cm³).*

6. *Wieviel Prozent eines Eisbergs (0,90 cN/cm³) ragen über die Oberfläche? (Wichte des Salzwassers 1,0 cN/cm³).*

7. *In einem randvoll gefüllten Becherglas schwimmt ein Eisbrocken (0,9 cN/cm³). Läuft das Wasser über, wenn das Eis schmilzt?*

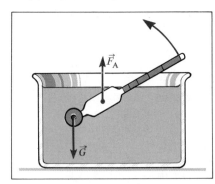

100.2 Die Kräfte $\vec{F}_A$ und $\vec{G}$ greifen an verschiedenen Punkten der Senkwaage an.

8. *Wieviel wiegt ein Kriegsschiff mit 20000 Tonnen Wasserverdrängung? Wieviel m³ Meerwasser (1,00 cN/cm³) verdrängt es? (Die Bruttoregistertonne ist ein Raummaß, in dem man den gesamten Rauminhalt eines Schiffes mißt: 1 B.R.T. = 100 englische Kubikfuß = 2,8316 m³.)*

9. *Die mittlere Wichte des Menschen liegt zwischen 0,96 und 1,00 cN/cm³. Warum ändert sie sich beim Atmen? Warum müssen wir auch im Salzwasser zusätzliche „Schwimm"bewegungen machen, um mit dem Kopf über der Oberfläche zu bleiben?*

10. *1 cm³ Kork wird mit 1 cm³ Aluminium verbunden. Schwimmt dieser Körper auf dem Wasser? Berechne seine durchschnittliche Wichte (Gesamtgewicht/Gesamtvolumen)! Wieviel Kork müßte man nehmen, damit solch ein Körper gerade schwebt? Wie groß ist dann die durchschnittliche Wichte?*

11. *Zwei gleich große Bechergläser sind randvoll mit Wasser gefüllt. Dabei schwimmt in einem ein Stück Holz (0,8 cN/cm³). Welches Glas hat den schwereren Inhalt?*

12. *Warum mißt man mit der Senkwaage strenggenommen nicht die Wichte, sondern die Dichte (denke den Versuch am Pol und am Äquator ausgeführt!)?*

13. *Ein Baumstamm ($V=0,5$ m³; $\gamma=0,6$ cN/cm³) schwimmt auf Wasser (1 cN/cm³). Wie viele Schiffbrüchige können sich an ihm theoretisch halten, wenn sich jeder auf den Stamm mit 100 N stützt?*

14. *Wieviel dm³ Kork muß ein Schwimmgürtel haben, damit er eine Tragkraft von 30 N bekommt ($\gamma=0,2$ cN/cm³)? Berechne zuerst die Tragkraft von 1 cm³ Kork!*

15. *In einem kleinen Teich schwimmt ein mit Steinen beladenes Boot. Ein Knabe wirft aus ihm die Steine ins Wasser. Hebt oder senkt sich der Wasserspiegel? (Rechne mit 1 m³ Steinen der Wichte 2,5 cN/cm³!) — Was geschieht mit dem Wasserspiegel, wenn der Knabe Holz aus dem Boot aufs Wasser wirft?*

16. *Warum trägt ein Taucher einen großen luftgefüllten Helm und schwere Bleischuhe (Abb. 101.1)?*

101.1 Der Taucher mit Preßluftflaschen benötigt keinen Luftschlauch.

§ 28 Molekularkräfte bei Flüssigkeiten; Oberflächenspannung

1. Kohäsionskräfte und Oberflächenspannung

Versuch 87: Lege auf eine saubere Wasseroberfläche vorsichtig eine Rasierklinge, eine Büroklammer oder ein ebenes Stück von einem Drahtnetz! Diese Gegenstände schwimmen, obwohl ihre Wichten größer sind als die von Wasser; man kann sie sogar noch etwas belasten. Erst wenn man die Gegenstände etwas unter die Oberfläche drückt, sinken sie. Offensichtlich sind an der Oberfläche besondere Kräfte wirksam:

Versuch 88: In einem waagerechten Ring ist eine Seifenhaut gespannt *(Abb. 101.2)*. Auf sie wurde eine (schon angefeuchtete) Fadenschlinge gelegt. Wenn man mit einer Nadel die Seifenhaut innerhalb der Schlinge verletzt, so zieht die äußere Seifenhaut die Schlinge zu einem Kreis auseinander.

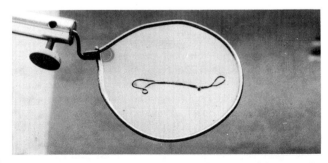 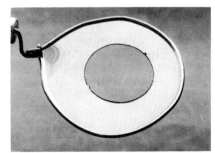

101.2 Die Oberflächenspannung zieht die Fadenschlinge zu einem Kreis auseinander.

Eine Seifenhaut scheint also wie die Gummihülle eines Luftballons gespannt zu sein. Nun wissen wir bereits, daß zwischen den Molekülen fester Körper Molekularkräfte, sogenannte Kohäsionskräfte, wirken (siehe die kleinen Federchen in *Abb. 40.1*). Solche Kohäsionskräfte halten auch die Moleküle des Wassertropfens in *Abb. 102.1* zusammen; sonst würde er herabfallen. Doch sind diese Kräfte in Flüssigkeiten klein und können nicht verhindern, daß man ihre Moleküle leicht gegeneinander verschieben kann. Betrachten wir nach *Abb. 102.2* ein solches Molekül im *Innern* der Flüssigkeit. Es erfährt von den Nachbarmolekülen Kräfte nach allen Richtungen. Diese heben sich auf; ihre Resultierende (Vektorsumme) R ist Null. Bei Molekülen an der *Oberfläche* fallen die nach oben gerichteten Kräfte weg. Die andern addieren sich zu einer starken Resultierenden $\vec{R}$ nach innen. Sie ist bestrebt, das Oberflächenmolekül ins Innere zu ziehen, also die Oberfläche zu verkleinern. Die Oberfläche ist wie eine „Haut" gespannt, die sich so weit wie möglich zusammenzieht; man spricht von einer **Oberflächenspannung**. Diese „Haut" hält einen Tropfen angenähert rund; sie zieht auch kleine Quecksilbermengen zur Kugelform zusammen *(Abb. 102.3)*; denn die Kugel hat von allen Körpern gleichen Volumens die kleinste Oberfläche (1 cm³ hat als Kugel die Oberfläche 4,8 cm², als Würfel 6 cm², als „Folie" von 0,1 mm Dicke etwa 200 cm²!). In dieser „Haut" bilden die Körper in Versuch 88 kleine Mulden, so daß sie mehr Wasser verdrängen als ihrem Volumen entspricht und schwimmen können. Auch manche Insekten laufen auf einer solchen „*Oberflächenhaut*".

102.1 Wassertropfen an Glasplatte

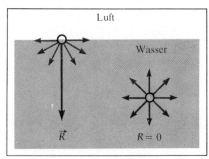

102.2 Molekularkräfte auf ein Teilchen an der Oberfläche (links) und im Innern einer Flüssigkeit (rechts).

Versuch 89: Die trockenen Haare eines Pinsels sind etwas gespreizt. Dies ist auch der Fall, wenn der Pinsel in Wasser taucht. Holt man ihn heraus, so zieht die Oberflächenspannung die Haare eng zusammen.

Versuch 90: Durch die Oberflächenspannung wird auch eine *Seifenblase* in Kugelform gehalten. Nimmt man den Mund vom Blasröhrchen, so erkennt man die Oberflächenspannung besonders deutlich: sie drückt die Luft aus der Blase; diese zieht sich zusammen und verkleinert ihre Oberfläche.

102.3 Die starken Kohäsionskräfte bewirken, daß Quecksilbertropfen nicht zerfließen.

Versuch 91: Wir bringen einige Körnchen oder Tropfen eines *Spülmittels* auf die Wasseroberfläche in Versuch 87. Sobald es sich verteilt hat, sinkt das Drahtnetz; die Oberflächenspannung des Wassers wurde stark verkleinert. Deshalb tritt Wasser durch die Öffnungen im Netz nach oben und benetzt die Drähte von allen Seiten; die Oberflächenspannung entfällt nun für das Netz, und es sinkt. Man sagt, das Wasser wurde „*entspannt*". Analog zu diesem Drahtnetzversuch dringt beim *Waschvorgang* Wasser, das durch *Waschmittel* „*entspannt*" wurde, zwischen Schmutzteilchen und Textilfasern und löst beide voneinander. Auf Geschirr vermag „*entspanntes Wasser*" keine haftenden Tropfen zu bilden. Reines Wasser hat eine so große Oberflächenspannung, daß man aus ihm keine seifenblasenähnlichen Gebilde machen kann; Seifenblasen haben ja viel größere Oberflächen als Tropfen (bei gleicher Wassermenge). Blasen und Schaum sind nur dann beständig, wenn die Oberflächenspannung herabgesetzt ist, etwa durch Waschmittelreste in Flüssen oder bei Wasser aus Moorgebieten.

2. Adhäsion

Der Tropfen in *Abb. 102.1* löst sich trotz seines Gewichts nicht von der Glasplatte; er haftet und *benetzt* das Glas. Offensichtlich werden die Wassermoleküle stark von den Glasmolekülen angezogen. Diese Kraft zwischen verschiedenen Molekülarten nennt man **Adhäsion** (adhaerere, lat.; festhängen, ankleben); sie ist zu unterscheiden von der Kohäsion, die zwischen gleichartigen Molekülen auftritt. Adhäsion wie Kohäsion sind *Molekularkräfte gleicher Art*; sie können aber verschieden groß sein. Sauberes Quecksilber haftet nicht an Glas, benetzt es also nicht. Die Kohäsionskräfte der Quecksilbermoleküle untereinander überwiegen nämlich die Adhäsionskräfte zum Glas erheblich; es bilden sich *Quecksilbertropfen*, die leicht über das Glas laufen, während Wasser Glas benetzt und haftet.

3. Kapillarität

Versuch 92: Auch nach *Abb. 103.1* und *103.2* verhalten sich Quecksilber und Wasser gegenüber sauberen Glasflächen völlig verschieden. Die Quecksilberoberfläche ist am Gefäßrand nach unten so abgerundet, als ob sie einen Tropfen bilden wollte *(Abb. 103.1 links)*. Die starken Kohäsionskräfte überwiegen die Adhäsionskräfte bei weitem und bilden eine erhebliche Oberflächenspannung. Diese hält die Quecksilberoberfläche insgesamt so klein wie möglich. Deshalb sinkt der Quecksilberfaden um so stärker, je dünner die Röhre ist (bei dünnen Röhren ist — wie bei kleinen Tropfen — die Oberfläche groß gegenüber dem Volumen). Zwischen Wasser und sauberem Glas bestehen dagegen starke Adhäsionskräfte. Diese ziehen die Wassermoleküle an die Wand und lassen sie sogar hochsteigen. Die Oberflächenspannung des Wassers hebt dann die Wasserteilchen auch zur Mitte des Röhrchens hin und verkleinert so die Oberfläche. Je enger ein Röhrchen ist, um so weniger spielt die Gewichtskraft des Wassers gegenüber diesen Molekularkräften eine Rolle. Entgegen dem Gesetz über verbundene Gefäße (Seite 91) steigt Wasser in **Kapillaren** höher, und zwar um so mehr, je enger sie sind (capillus, lat.; Haar; Kapillare: Haarröhrchen). Diese **Kapillarwirkung** läßt Wasser in den Poren von Papier, von Tü-

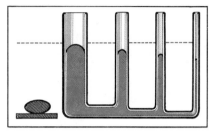

103.1 Kapillarwirkung bei Quecksilber

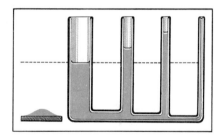

103.2 Nachweis der Kapillarwirkung bei Wasser: In engen Röhren steht es höher, da es Glas benetzt.

chern, in Kreide, in porösen Steinen und in Würfelzucker hochsteigen. Damit Wasser nicht in die Poren von Mauerwerk eindringt, schützt man dies im Erdboden durch Teeranstriche und Dachpappe. — Die Kapillarwirkung spielt auch in der Biologie bei der Wasserversorgung der Pflanzen eine Rolle.

Die Adhäsionskräfte zwischen Öl (Fett) und Wasser sind viel kleiner als die Kohäsionskräfte zwischen den Wassermolekülen. Deshalb perlt Wasser von eingeölten Gegenständen ab. Hierauf beruht die wasserabweisende Wirkung des *Ölzeugs* der Seeleute sowie des Vogelgefieders und die *Imprägnierung* von Regenmänteln und Holzböden. Die Karosserie von Autos wird mit Wachspflegemitteln (Politur) behandelt. Dann sinkt die Adhäsion zu Wasser so stark, daß das Wasser Tropfen bildet, welche abperlen und vom Fahrwind leicht mitgenommen werden.

Aufgabe:

Warum bildet Wasser auf einer fettigen Glasoberfläche Tropfen? Wie würde es in den Röhrchen nach Abb. 103.2 stehen, wenn die Glasoberfläche mit Öl verunreinigt wäre?

§ 29   Eigenschaften der Gase

Versuch 93: Wenn man einen Fußball aufpumpt, so spürt man, daß auch Luft einen Raum einnimmt. Im Gegensatz zu den Flüssigkeiten kann man aber das Volumen von Luft − und von allen Gasen − durch Druck stark verkleinern; zwischen den Molekülen von Gasen ist viel freier Raum (Seite 38). Deshalb sind Gasmoleküle sehr leicht gegeneinander verschiebbar. Auch ist in einer abgeschlossenen (nicht allzu großen) Gasmenge der *Druck* überall gleich. Dies bestätigt der Versuch 74 auf Seite 83, wenn man die 3 Glasspritzen mit Luft füllt.

Versuch 94: Um zu prüfen, ob auch Gase eine *Gewichtskraft* erfahren, holen wir mit einer Pumpe nach *Abb. 104.1* Luft aus einem runden Glaskolben heraus (Gefäße mit ebenem Boden könnten zertrümmert werden). Er wird etwas leichter; die Gewichtsabnahme beträgt $G = 2{,}5$ cN. Wenn wir dann den Hahn des evakuierten (leergepumpten) Kolbens unter Wasser öffnen, so strömen 2 l Wasser ein *(Abb. 115.3)*. Das Volumen der entnommenen Luft beträgt also $V = 2$ l. Die Wichte der Luft ist dann

$$\gamma = \frac{G}{V} = 1{,}25 \frac{\text{cN}}{\text{l}}.$$

Sie hängt von der Temperatur und dem Druck ab.

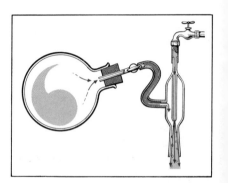

104.1 In der Wasserstrahlpumpe reißt der Wasserstrahl die Luft mit sich.

Versuch 95: Wir pumpen einen gleich großen Glaskolben leer und lassen dann Stadtgas einströmen. Der beim Auspumpen der Luft entstandene Gewichtsverlust wird nur etwa zur Hälfte ausgeglichen. Die Wichte von Stadtgas beträgt also etwa 50% der Wichte von Luft.

Gemeinsame Eigenschaften von **festen Körpern, Flüssigkeiten** und **Gasen:**

a) Alle Körper nehmen einen *Raum* ein.

b) Sie erfahren eine *Gewichtskraft* (1 Liter Luft wiegt etwa 1,25 cN).

Gemeinsame Eigenschaften von **Flüssigkeiten** und **Gasen:**

a) Ihre Teilchen sind leicht gegeneinander *verschiebbar.*

b) In eingeschlossenen Flüssigkeiten und Gasen ist der *Druck* in gleicher Höhe gleich groß.

Charakteristische Eigenschaften der **Gase:**

a) Sie lassen sich leicht zusammendrücken. Zwischen ihren Molekülen ist viel freier Raum.

b) Gase nehmen den ganzen ihnen zur Verfügung stehenden Raum ein. Ihre Moleküle bewegen sich und streben auseinander. Sie üben deshalb auf alle Wände des Gefäßes *Druckkräfte* aus (Seite 38).

Aufgaben:

1. *Wieviel wiegt 1* m³ *Luft, wieviel die Luft in einem Raum von 12* m *Länge, 8* m *Breite und 4* m *Höhe ?*

2. *Wiege einen schwach gefüllten Fußball! Pumpe weitere Luft ein und wiege wieder!*

§ 30   Der Luftdruck, das Barometer

1.   Nachweis des Luftdrucks

Wir leben am Grunde des großen Luftmeers, der **Atmosphäre** (atmos, griech.; Dunst; sphaira, griech.; Kugel). Ebenso wie Flüssigkeiten müßte auch die Luft durch ihre Gewichtskraft einen *hydrostatischen Druck* erzeugen. Wir spüren ihn zwar nicht, können ihn aber mit einem Kunstgriff nachweisen:

Versuch 96: Aus dem Innern des Gefäßes nach *Abb. 105.1*, das mit einer Zellophanhaut verschlossen ist, wird die Luft weggepumpt. Ihre Druckkräfte wirken dann nicht mehr vom Gefäßinnern her, sondern nur noch von oben und drücken die Haut mit lautem Knall ein. – Wir spüren den hier nachgewiesenen **Luftdruck** nicht, weil die allgegenwärtige Luft von allen Seiten Kräfte ausübt. Auch im Innern unseres Körpers herrscht dieser Druck, so daß an jeder Stelle Gleichgewicht besteht. – Zwar spüren wir bei schnellem Radfahren die Luft deutlich, weil wir ihre Teilchen rasch beiseite schieben müssen. Hier handelt es sich um Vorgänge bei bewegten Körpern, nicht um den in Versuch 96 nachgewiesenen hydrostatischen Druck ruhender Luft, kurz Luftdruck genannt.

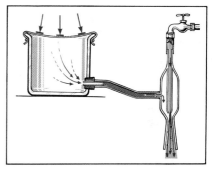

105.1 Der einseitig auftretende Luftdruck drückt die Membran ein.

Versuch 97: Die Größe des Luftdrucks können wir mit einer Glasspritze messen *(Abb. 105.2)*. Zunächst schieben wir aus ihr mit dem Kolben alle Luft hinaus und verschließen dann die Öffnung gut. Um den Stempel (8 cm²) herauszuziehen, brauchen wir eine Kraft von ungefähr 80 N gegen die nur noch von außen wirkende Luft. Der Druck der irdischen Lufthülle beträgt also etwa

$$p = F/A = 10 \ \text{N/cm}^2 = 1 \ \text{bar} = 1\,000 \ \text{mbar}.$$

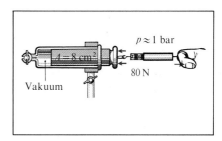

105.2 Versuch zum Messen des Luftdrucks

Versuch 98: Die Kraft zum Herausziehen des Stempels hängt nicht von der *Richtung* ab, in der wir die Spritze halten. Dies entspricht dem Versuch mit der Drucksonde nach *Abb. 87.1* und zeigt, daß auch der Luftdruck *von der Stellung der gedrückten Fläche unabhängig ist.*

2.   Das Barometer

Versuch 99: Mit dem **Quecksilberbarometer** kann man den Luftdruck genau messen: Wir schließen nach *Abb. 106.1* oben an eine 1 m lange Röhre eine Pumpe an. Dabei steigt aus dem Gefäß das Quecksilber nur bis zu einer Höhe von etwa 75 cm. Wenn wir das Rohr neigen, so gelangt Quecksilber über den Hahn, da der Höhenunterschied *h* gleichbleibt. Auf diese Weise ist alle Luft aus der Röhre verdrängt. Nun schließen wir den Hahn und stellen die Röhre wieder vertikal. Der

Quecksilberfaden löst sich oben; zwischen ihm und dem Hahn entsteht ein leerer Raum, ein **Vakuum** (vacuus, lat.; leer). Er kann keine Kraft auf die Quecksilbersäule ausüben, da sich in ihm nichts befindet. Das Quecksilber wird also allein vom *Luftdruck* aus dem Vorratsgefäß *hochgedrückt*. Dies bestätigt der folgende Versuch:

Wir erhöhen den Luftdruck im Gefäß bei A mit einer Glasspritze; die Quecksilbersäule steigt. Sie sinkt, wenn man bei A Luft herausholt und so den Luftdruck erniedrigt. Nimmt man mit einer guten Pumpe die Luft im (dickwandigen) Vorratsgefäß ganz weg, so sinkt die Höhe *h* des Quecksilbers in der Röhre auf Null.

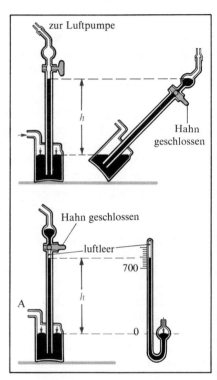

Der hydrostatische Druck $p = h \cdot \gamma$ der Quecksilbersäule im Barometer hält dem nur einseitig auftretenden Luftdruck das Gleichgewicht.

Im Durchschnitt ist diese Quecksilbersäule in Meereshöhe 760 mm hoch; man sagte früher, der Luftdruck betrage dort 760 mm Hg oder 760 Torr (nach *Torricelli*, italienischer Physiker, um 1644). In den heute zugelassenen Einheiten beträgt dieser sogenannte *physikalische Normdruck*

$$p = h \cdot \gamma = 76 \text{ cm} \cdot 13{,}3 \ \frac{\text{cN}}{\text{cm}^3}$$
$$= 1013 \ \frac{\text{cN}}{\text{cm}^2} = 1013 \text{ mbar} = 1{,}013 \text{ bar}.$$

Dies ist angenähert 1 at (Seite 85); 1 Torr = 1,33 mbar.

Der physikalische Normdruck (mittlerer Luftdruck in Meereshöhe) beträgt 1013 mbar und hält dem hydrostatischen Druck einer 760 mm hohen Quecksilbersäule das Gleichgewicht.

106.1 Quecksilberbarometer. Quecksilber steigt infolge des Luftdrucks etwa 76 cm hoch.

Wasser würde in einem Barometer 13,6mal so hoch steigen wie Quecksilber, das heißt etwa 10 m hoch. Viel bequemer als solche Flüssigkeitsbarometer sind die **Dosenbarometer** *(Abb. 106.2)*. In ihnen ist eine Metalldose mit einem welligen, leicht biegsamen Deckel (Membran) luftleer gepumpt. Damit sie der Luftdruck nicht zusammenpreßt, wird sie von einer starken Flachfeder gehalten. Steigt der Luftdruck, so wird diese Feder stärker gebogen. Dies macht ein Zeigerwerk stark vergrößert sichtbar. Mit Hilfe von Quecksilberbarometern eicht man diese handlichen Dosenbarometer. Im **Barographen** nach *Abb. 107.1* sind mehrere Druckdosen übereinandergesetzt. Dies vergrößert den Ausschlag wesentlich. Man kann deshalb den Luftdruck von einem Schreibwerk auf einem langsam vorbeilaufenden Papierstreifen ständig registrieren.

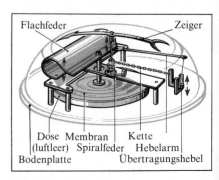

106.2 Dosenbarometer

3. Anwendung des Barometers

Mit Barometern wird täglich der Luftdruck an vielen Orten gemessen. Wir geben eine Meldung einer *Wetterstation* wieder: „Luftdruck um 18 Uhr in Stuttgart in 297 m Höhe 727,6 Torr=969,9 mbar, umgerechnet auf Meereshöhe (NN) 755 Torr oder 1006 mbar. Tendenz: Steigend". Solchen Angaben entnehmen wir: a) *Der Luftdruck ändert sich im Laufe der Zeit.* Dies gilt vor allem, wenn das Wetter umschlägt. Das Barometer wird deshalb im Volksmund *Wetterglas* genannt. b) *Der Luftdruck nimmt um 1* mbar *ab, wenn man in der bodennahen Atmosphäre um etwa 8* m *höher steigt.* Dies kann man bereits im Schulgebäude nachweisen, aber auch berechnen: Eine Luftsäule ($\gamma = 0{,}00125$ cN/cm^3), die den Druck 1 mbar = 1 cN/cm^2 ausübt, hat die Höhe

107.1 Barograph

$$h = \frac{p}{\gamma} = \frac{1 \text{ cN/cm}^2}{0{,}00125 \text{ cN/cm}^3} = 800 \text{ cm} = 8 \text{ m}.$$

Steigt man also um 8 m höher, so läßt man diese Luftsäule unter sich; man registriert ihren Druckanteil nicht mehr. Nach dieser Angabe arbeiten z. B. *Höhenmesser* in Flugzeugen; dabei muß man aber berücksichtigen, daß die Wichte der Luft mit der Höhe abnimmt:

4. Die Erdatmosphäre

Mit der Höhe wird die Luft immer „dünner", ihre Wichte nimmt ab. Dies verringert die weitere Abnahme des Luftdrucks. In 5,5 km Höhe ist er auf $\frac{1}{2}$ bar, in 11 km (Obergrenze der Gewitterwolken; Luftverkehr mit Düsenmaschinen) auf $\frac{1}{4}$ bar, in 16,5 km auf $\frac{1}{8}$ bar gefallen. Überschallflugzeuge können bis über 20 km Höhe steigen; der Luftwiderstand ist dort in der „dünnen" Luft sehr klein. In 100 km Höhe beträgt der Luftdruck etwa $\frac{1}{1000}$ bar. Oberhalb von 200 km Höhe gibt es praktisch keinen Luftwiderstand mehr; deshalb fliegen *Erdsatelliten* zwischen 200 km und 1000 km Höhe. *Nachrichtensatelliten* können in 36000 km Höhe über einem bestimmten Ort des Äquators „stehen" (siehe auch S. 120). Veranschauliche diese Höhen an einem Globus (der Erdradius beträgt 6370 km)! — Die Erdatmosphäre empfängt bis herab zu 70 km Höhe immer wieder von der Sonne abgeschleuderte Teilchen *(Sonnenwind)*, die *Nordlichterscheinungen* (bis hinauf zu 1100 km) und Störungen des *Kurzwellenfunkverkehrs* auslösen. Zwischen 3000 km und 30000 km liegen die von Raumfahrern gefürchteten *Strahlungsgürtel* mit Teilchen sehr hoher Energie. Die Gesamtmasse der Atmosphäre beträgt $5{,}13 \cdot 10^{18}$ kg, das heißt ein Millionstel der Erdmasse ($5{,}98 \cdot 10^{24}$ kg). Über die Temperaturverteilung in der Atmosphäre siehe Seite 168.

5. Über- und Unterdruck

Mit dem Barometer messen wir den Druck gegenüber dem *Vakuum*, den man manchmal **absoluten Druck** nennt. Die Härte eines Fahrradschlauchs hängt dagegen vom **Überdruck** $p_{\ddot{u}}$ gegenüber dem äußeren Luftdruck ab. Er wird von technischen Manometern angegeben. Die früher hierzu benützte Einheit 1 atü ist heute nicht mehr zulässig. Am Wassermanometer in *Abb. 93.1* haben wir den *Überdruck* des Stadtgases zu 4 mbar gemessen. Er ist für die Geschwindigkeit, mit der das Gas im Herd ausströmt, maßgebend. Mißt dieses Manometer *Unterdruck*, so steht der linke Schenkel höher als der rechte.

Aufgaben:

1. *Fülle einen Zylinder oder ein Glas mit ebenem Rand ganz mit Wasser, lege ein Papierblatt auf und drehe den Zylinder schnell um (Abb.108.1)! Warum läuft das Wasser nicht aus? Welcher Druck herrscht am Boden B des Zylinders, wenn dieser 30 cm hoch ist (äußerer Luftdruck 1000 mbar)?*

2. *Warum enthalten Flugzeuge Barometer? Nimm zu einer Gebirgswanderung ein kleines Dosenbarometer mit! Man kann es mit einer Höhenskala versehen kaufen. Warum ist es im allgemeinen nötig, die Einstellung auf der Talstation in bekannter Höhe zu korrigieren?*

3. *Warum gilt beim Quecksilberbarometer das Gesetz der verbundenen Gefäße (Seite 91) nicht? Wo treten ähnliche Abweichungen auf? Warum müssen verbundene Gefäße auch oberhalb des Flüssigkeitsspiegels eine Verbindung aufweisen?*

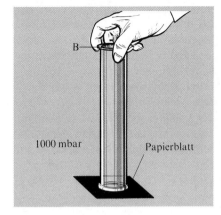

108.1 Zu Aufgabe 1

4. *Warum hängt die Höhe der Quecksilbersäule im Barometer nicht von Form und Querschnitt der Röhre ab? — Wie groß ist der Druck im Quecksilber in halber Höhe, wie groß 10 cm unter dem oberen Spiegel, wenn der Luftdruck 1000 mbar beträgt (berechne den absoluten Druck und den Unterdruck)?*

5. *Wie hoch müßte die Erdatmosphäre sein, wenn die Wichte der Luft den konstanten Wert 1,25 cN/dm³ hätte?*

6. *Um wie viele Meter muß man in der bodennahen Atmosphäre höher steigen, damit die Anzeige des Quecksilberbarometers um 1 mm abnimmt (1 mm Quecksilbersäule entspricht 1 Torr; Wichte von Luft 1,25 cN/dm³)?*

§ 31   Druck in eingeschlossenen Gasen; Gesetz von Boyle und Mariotte

Wir schlossen bereits aus dem Modellversuch auf Seite 38, daß sich die Moleküle eines Gases sehr schnell bewegen. Durch ihren Aufprall auf die Gefäßwände erzeugen sie Druckkräfte. Diese sind auch noch vorhanden, wenn das Gas von der Atmosphäre abgeschnitten wird:

Versuch 100: Verschließe die Öffnung einer halb mit Luft gefüllten Glasspritze! Der Stempel verschiebt sich nicht; die eingeschlossene Luft hat für sich einen Druck, sie besitzt **Eigendruck.** Am Stempel besteht zwischen ihm und dem äußeren Luftdruck 1 bar Gleichgewicht. Wenn wir das Volumen der Luft verkleinern, so steigt der Eigendruck über 1 bar. Die Luftmoleküle werden auf einen engeren Raum konzentriert; je Sekunde prallen mehr von ihnen auf 1 cm². — Ziehen wir den Stempel heraus, so verteilen sich die eingeschlossenen Luftmoleküle auf einen größeren Raum. Auf 1 cm² der Wand stoßen weniger; der Eigendruck der Luft sinkt unter 1 bar. Deshalb überwiegt der äußere Luftdruck und schiebt den losgelassenen Stempel wieder nach innen.

> **Jede Gasmenge hat einen Druck. Er rührt von der Bewegung ihrer Moleküle her und äußert sich als Expansionsbestreben des Gases. Dieser Eigendruck steigt, wenn man das Volumen der Gasmenge verkleinert; er nimmt ab, wenn man dem Gas einen größeren Raum zur Verfügung stellt.**

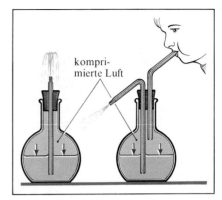

109.1 Links: Heronsball, rechts: Spritzflasche

Versuch 101: Diese Eigenschaft der Gase kannte bereits *Heron von Alexandria* (vermutlich 1. Jahrhundert nach Christus). Bläst man Luft in den nach ihm benannten **Heronsball** *(Abb. 109.1)*, so wird die dort schon vorhandene wie auch die zugeführte Luft auf kleineren Raum zusammengepreßt. Ihr Eigendruck steigt deshalb über den äußeren Luftdruck. Wenn man die Öffnung freigibt, spritzt das Wasser aus der Flasche hoch. Den vergrößerten Eigendruck zusammengepreßter Luft (oft *Preßluft* genannt) benützt man beim *Luftgewehr*, der *Rohrpost*, im *Preßlufthammer*, in den *Reifen* und *Druckluftbremsen* von Fahrzeugen und in der *Spritzflasche* *(Abb. 109.1)*.

Versuch 102 : Mit der Glasspritze wird der Druck im wassergefüllten Gefäß nach *Abb. 109.2* vergrößert. Hierdurch nimmt das Volumen der Luft im Kopf des *Glastauchers* ab; er wird durch das eindringende Wasser schwerer und sinkt wie ein U-Boot. Nimmt man den Druck wieder weg, so dehnt sich die komprimierte Luft aus und verdrängt das eingedrungene Wasser; der Glastaucher steigt.

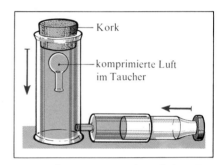

109.2 Glastaucher, auch Cartesischer Taucher genannt

Versuch 103: Wir untersuchen nun den Zusammenhang zwischen Druck p und Volumen V einer *eingeschlossenen* Gasmenge. Hierzu trennen wir in einem Glasrohr von 1 cm² Querschnitt eine 10 cm lange Luftsäule durch eine genau eingepaßte, leicht verschiebbare Stahlkugel ab *(Abb. 109.3)*. Zunächst ist links und rechts von ihr der Druck 1 bar. Die mit der Glasspritze oder einer Pumpe erzeugten Drücke lesen wir am Manometer ab, das Volumen der abgetrennten Luftmenge am Maßstab.

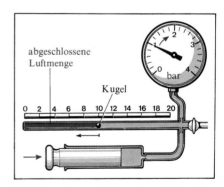

109.3 Zu Versuch 103; das Manometer zeigt den absoluten Druck p an (S. 107).

Tabelle 109.1

Druck p	in bar	1	1,33	1,5	1,75	2	0,5	0,33	0,6
Volumen V	in cm³	10	7,5	6,7	5,7	5	20	30	16,7
$p \cdot V$	in bar·cm³	10	10	10	10	10	10	10	10

Wir gehen zum Beispiel vom Druck 0,5 bar und vom Volumen 20 cm³ aus. Beim doppelten Druck (1 bar) wird die Gasmenge auf 10 cm³, also auf halbes Volumen zusammengepreßt, beim dreifachen Druck (1,5 bar) auf 6,7 cm³, also ⅓. Das Produkt $p \cdot V$ aus Druck und Volumen ist konstant (3. Zeile):
Gesetz von *Boyle* (englischer Physiker) und *Mariotte* (französischer Physiker), beide 2. Hälfte des 17. Jahrhunderts:

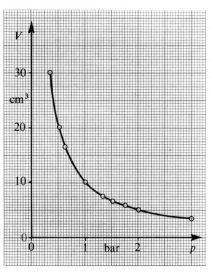

110.1 Zusammenhang zwischen p und V, graphisch dargestellt

Das Volumen einer eingeschlossenen Gasmenge ist bei konstanter Temperatur dem Kehrwert des Drucks proportional:

$$V \sim \frac{1}{p}.$$

Oder: Das Produkt aus Druck und Volumen ist konstant:

$$p_1 \cdot V_1 = p_2 \cdot V_2 = p_3 \cdot V_3 = \text{konstant.} \qquad (110.1)$$

Der Zusatz „bei konstanter Temperatur" ist nötig: Der Druck in einem Fahrradreifen, der in der Sonne steht, steigt, auch wenn das Volumen der Luft konstant bleibt. — Das Schaubild des Gesetzes von *Boyle* und *Mariotte* ist nach *Abb. 110.1* eine *Hyperbel*. Sie zeigt, wie bei kleiner werdendem Druck das Volumen stark ansteigt, bei wachsendem Druck aber abnimmt. — Wir müssen hier immer mit dem *absoluten Druck rechnen*, nie mit Überdruck (Seite 107).

Beispiel:

a) Eine Preßluftflasche hat ein Innenvolumen von $V_1 = 20$ l; der Druck beträgt $p_1 = 100$ bar. Auf welches Volumen V_2 dehnt sich die Luft beim Öffnen aus ($p_2 = 1$ bar)?
Nach Gleichung (110.1) gilt 100 bar · 20 l = 1 bar · V_2 oder $V_2 = 2000$ l. Beim Reduzieren des Drucks auf $\frac{1}{100}$ steigt das Volumen auf das 100fache. 1980 l Luft strömen aus.

b) Welcher Teil wurde entnommen, wenn der Druck nur auf 25 bar gesunken ist? Bei $p_3 = 25$ bar würde die gesamte Preßluft ein Volumen V_3 einnehmen, für das gilt: 25 bar · V_3 = 100 bar · 20 l oder $V_3 = 80$ l. Da die Flasche noch 20 l von 25 bar enthält, sind 60 l von 25 bar ausgeströmt. Bei 1 bar, also im Zimmer, dehnt sich diese Luft auf 25 · 60 l = 1 500 l aus. Es wurden 75 % der ursprünglichen Luft entnommen.

Mit der *Molekülvorstellung* können wir das Gesetz von *Boyle* und *Mariotte* leicht verstehen: Haben wir eine Gasmenge auf halbes Volumen zusammengepreßt, so sind in jedem Kubikzentimeter doppelt so viele Moleküle. Sie geben auf jedes Quadratzentimeter der Wand doppelt so viele Stöße je Sekunde, das heißt die doppelte Druckkraft. Der Druck verdoppelt sich.

Aufgaben:

1. *Wann hat in der pneumatischen Wanne die aufgefangene Luft das gleiche Volumen, wie sie es in der freien Atmosphäre hätte, wann ein größeres (Abb. 14.2)?*

2. *Eine Sauerstoffflasche enthält 20 l Gas von 200 bar. Wieviel Liter von Atmosphärendruck kann man entnehmen, wenn die Temperatur gleichbleibt? Was wiegt der Inhalt (Wichte bei 1 bar: 1,25 cN/dm³)?*

3. *Eine mit Luft gefüllte Flasche wird mit der Öffnung nach unten in einem See versenkt. Auf welchen Bruchteil wird die Luft in 30 m Tiefe zusammengedrückt? — Wann hat die Luft $\frac{1}{5}$ ihres Ausgangsvolumens?*

4. *In welcher Tiefe würde die Flasche in Aufgabe 3 mit 1000 cm³ Inhalt für sich schweben, wenn das Glas* ($\gamma = 2,5$ cN/cm³) *500 cN wiegt? Die Wichte der Luft an der Oberfläche sei 1,25 cN/dm³. Ist das Gleichgewicht stabil?*

5. *Auf welchen Bruchteil würde die Luft in einer Tiefseekugel in 2000 m Tiefe zusammengedrückt, falls Wasser durch eine untenliegende Öffnung ungehindert eindringen könnte (Wichte von Meerwasser 1,0 cN/cm³).*

6. *Bei einem Unfall fährt ein Auto in einen See. Warum kann man unter Wasser die Türen nicht öffnen, auch wenn sie nicht beschädigt sind? Wie groß ist die Druckkraft auf eine Tür von 0,5 m² Fläche in 3 m Tiefe? — Lebensrettungsgesellschaften empfehlen, so lange zu warten, bis genügend Wasser ins Innere eingedrungen ist. Warum läßt sich dann eine Tür leicht öffnen?*

7. *Bei einem Wettersturz „fällt das Barometer" von 1000 mbar auf 970 mbar. Wie viele Liter Luft von 970 mbar verlassen hierbei ein Zimmer mit 100 m³ Rauminhalt, wenn die Temperatur konstant bleibt?*

8. *Ein Autoreifen hat ein Volumen von 60 l. Er wird vom Überdruck 2,5 bar auf 3,5 bar aufgepumpt. Wieviel Luft von 1 bar muß der Kompressor zuführen (siehe Beispiel b)? Rechne mit absolutem Druck!*

9. *Gelingt der Versuch mit dem Glastaucher nach Abb. 109.2 besser, wenn man die Spritze oben anbringt, so daß der Druck „von oben" wirkt?*

§ 32   Pumpen; Anwendungen des Luftdrucks

1.   Die Kolbenluftpumpe

Bereits um 1650 erfand der Magdeburger Bürgermeister *Otto von Guericke* die **Kolbenluftpumpe.** Mit ihrer Hilfe führte er die Eigenschaften der Luft in eindrucksvollen Versuchen vor.

Versuch 104: Der luftdicht schließende *Kolben* schiebt nach *Abb. 111.1, oben,* zunächst die Luft aus dem Zylinder ins Freie. Hierzu bringt man den *Dreiweghahn* in die Stellung a. Legt man dann den Hahn in die Stellung b um, so wird der Zylinder von der Außenluft abgeschlossen und dafür mit der auszupumpenden Glasglocke, dem **Rezipienten R,** verbunden. Zylinder und Rezipient haben beide das Volumen 1 l. Mit erheblicher Kraft muß man dann den Kolben nach rechts ziehen. Die ursprünglich im Rezipienten vorhandene Luft verteilt sich auf Rezipient und Zylinder. Dabei verdoppelt sich ihr Volumen. Nach dem Gesetz von *Boyle* und *Mariotte* sinkt der Druck von 1 bar auf $\frac{1}{2}$ bar. Legt man den Hahn wieder in die Stellung a, so läßt sich der Vorgang wiederholen. Die beim 1. Hub im Rezipienten verbliebene Luft von $\frac{1}{2}$ bar verteilt sich beim 2. Pumpenzug auf 2 Liter; ihr Druck sinkt auf $\frac{1}{4}$ bar, beim nächsten Hub auf $\frac{1}{8}$ bar

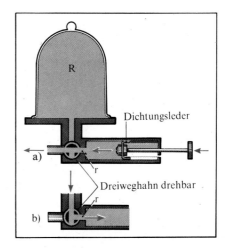

111.1 Luftpumpe mit Dreiweghahn, der von außen mit der Hand betätigt wird.

usw. Man erhält also selbst nach beliebig vielen Zügen kein absolutes Vakuum, auch wenn man von undichten Stellen absieht. Zudem füllt sich jedesmal in Stellung a das Rohrstück r mit Luft von Atmosphärendruck. Man muß diesen „schädlichen Raum" klein halten.

Otto von **Guericke** (1602 bis 1686) war 35 Jahre lang Bürgermeister seiner Heimatstadt Magdeburg und setzte sich sehr für ihren Wiederaufbau nach dem Dreißigjährigen Krieg ein. Berühmt machten ihn die Liebhabereien seiner Mußestunden: Der ungeheure, unbegrenzte *Raum oberhalb unserer Lufthülle*, in dem sich die Gestirne widerstandsfrei bewegen, fesselte ihn. Ist dieser Raum leer, fragten sich damals die Gelehrten, *kann es überhaupt einen von Materie freien Raum geben?* Um dies zu untersuchen, pumpte Guericke zunächst mit einer *Wasserpumpe (Abb. 114.2)* ein wassergefülltes Faß leer; die Luft strömte jedoch unter

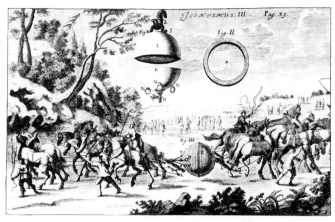

112.1 *Guerickes* Versuch mit den *Magdeburger Halbkugeln*

Zischen durch alle Ritzen ins Innere ein. Daraufhin konstruierte er seine berühmte *Luftpumpe*, die heute noch im Deutschen Museum in München zu sehen ist, und evakuierte mit Erfolg Kupfer- und Glasgefäße. Er pumpte die Luft oben aus den Gefäßen. Dies zeigte, daß Luft − im Gegensatz zu Wasser − bestrebt ist, den ganzen zur Verfügung stehenden Raum auszufüllen. Ferner bestimmte er das *Luftgewicht* und führte die Wirkungen des *Luftdrucks* seinen erstaunten Zeitgenossen vor *(Abb. 112.1)*. Guericke machte durch seine großangelegten *Schauversuche* den Menschen bewußt, daß „Luft ein gewisses körperliches Etwas ist" und daß man − im Prinzip − einen leeren Raum herstellen kann. Seine geniale Experimentierkunst ließ ihn zum Mitbegründer der modernen Naturwissenschaften werden. Vieles, was damals sensationell erschien, ist uns heute selbstverständlich. Auch wissenschaftliche Sensationen der Gegenwart werden morgen schon zur Alltäglichkeit gehören; nur vollzieht sich dieser „Gewöhnungsprozeß" heute viel schneller als im 17. Jahrhundert.

2.   Die Kapselpumpe

Die Kapselpumpe beruht wie die Kolbenpumpe auf dem Gesetz von *Boyle* und *Mariotte (Abb. 112.2)*. Ein massiver Metallzylinder dreht sich in einer Trommel um eine waagerechte Achse, die oberhalb der Trommelachse liegt. Die rot gezeichnete Feder preßt die Stahlschieber stets luftdicht an die exakt geschliffene Innenwand. Die Luft wird von links nach rechts gepumpt. Dabei muß der Zylinder im obersten Punkt luftdicht an der Trommelwand gleiten; ein Ölfilm dichtet und schmiert zugleich. Diese rotierende Pumpe verdrängte die Kolbenpumpe fast völlig, da sie sich durch einen Elektromotor bequem antreiben läßt. Bei der 2stufigen Pumpe schaltet man zwei Pumpen im selben Gehäuse hintereinander; der Druck kann dann auf 10^{-5} mbar erniedrigt werden.

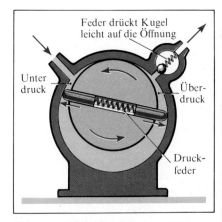

112.2 Schnitt durch eine Kapselluftpumpe (Drehschieberpumpe)

3. Wirkungen des Luftdrucks

Um den Luftdruck nachzuweisen, setzte *Guericke* zwei kupferne Halbkugeln (Querschnittsfläche 1 400 cm²) luftdicht zusammen und pumpte sie, soweit es ihm möglich war, leer. Hierbei sank der Druck im Innern erheblich ab. Erst 2mal 8 Pferde trennten die Kugeln, überwanden also die Druckkräfte der Luft *(Abb. 112.1)*. *Guericke* erklärte auch die 10 m hohe Wassersäule in seinem **Wasserbarometer** durch die Druckkräfte der Luft. Er beobachtete dabei, daß der Luftdruck mit dem Wetter zusammenhängt.

Versuch 105: Wir füllen eine *Injektionsspritze* mit Wasser. Hierzu vergrößern wir ihren Innenraum durch Zurückziehen des Kolbens. Infolgedessen sinkt dort der Luftdruck nach dem Gesetz von *Boyle* und *Mariotte*. Der äußere Luftdruck überwiegt nun und preßt die Flüssigkeit hoch.

Versuch 106: Auf ähnliche Weise stellen wir in unserer *Mundhöhle Unterdruck* durch Vergrößern des Mundraums her. Dann kann der äußere Luftdruck ein Getränk durch ein Röhrchen in den Mund *hochdrücken.* Es ist also nicht ganz richtig, wenn man sagt, man habe das Getränk „*hochge-sogen" (siehe Rückschau Seite 115).* — Beim *Einatmen* vergrößert man den Brustkorb, so daß in ihm ein schwacher Unterdruck entsteht. Die äußere Luft strömt wegen ihres etwas höheren Drucks ein.

Versuch 107: Mit dem **Stechheber** nach *Abb. 113.1* hat man Wasser „hochgesaugt"; hierzu erzeugte man oberhalb des Wasserspiegels einen kleinen *Unterdruck.* Er gleicht den hydrostatischen Druck des Wassers gerade aus. Das Wasser hat deshalb an der Spitze des Hebers genau den Druck der äußeren Luft und fließt nicht aus. — Legen wir den Heber waagerecht, so fällt der hydrostatische Druck weg; der Unterdruck der Luft im Heber verschwindet, weil sie sich etwas zusammenzieht. Dies erkennt man daran, daß an der Spitze etwas Luft in den Heber dringt. Stellen wir ihn dann wieder aufrecht, so fließen einige Tröpfchen aus, und der nötige Unterdruck über der Flüssig-keit stellt sich wieder her. Das Wasser fließt aus, wenn man oben den Finger wegnimmt.

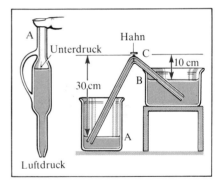

113.1 Links: Stech-, rechts: Winkelheber

Versuch 108: Wenn man am Rohr des **Winkelhebers** *(Abb. 113.1)* bei A „saugt", so füllt er sich mit Wasser. Dieses fließt weiter, wenn der Wasserspiegel bei A tiefer als bei B liegt. Um dies zu verstehen, verschließen wir vorübergehend die Leitung bei C. Der Luftdruck verhindert das Zurückfließen des Wassers nach A und B. Links vom Hahn C herrscht nur noch ein Druck von (1 000 − 30) mbar, da der bei A drücken-den Luft eine Wassersäule von 30 cm Höhe entgegenwirkt. Rechts vom Hahn ist der Druck im Wasser dagegen et-was größer: (1 000 − 10) mbar. Deshalb strömt beim Öffnen des Hahns C Wasser von rechts nach links, bis die Oberflä-chen in beiden Gefäßen gleich hoch stehen.

4. Die Fahrradpumpe

In der **Fahrradpumpe** verkleinert man das Volumen der ein-geschlossenen Luft und erhöht so ihren Druck *(Abb. 113.2)*. Deshalb wird die im Kolben festgeschraubte **Ledermanschette**

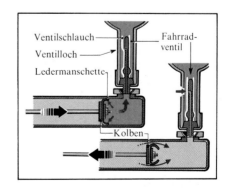

113.2 Fahrradpumpe mit Fahrradventil

an den Zylindermantel gepreßt und so der Kolben abgedichtet. Der hohe Druck im rot gezeichneten Kanal des *Fahrradventils* hebt den übergestülpten weiß gezeichneten Ventilschlauch etwas vom Ventilloch ab; Preßluft strömt in den Schlauch. Beim Zurückziehen des Kolbens schließt der Ventilschlauch wieder das Ventilloch; im Pumpenzylinder entsteht zudem Unterdruck. Die Außenluft drückt jetzt die Ledermanschette am Kolben nach innen und strömt in den Zylinder *(Abb. 113.2, unten)*. So wird dieser wieder mit Luft gefüllt.

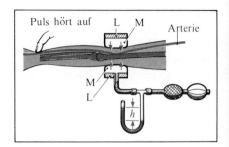

114.1 Blutdruckmesser

5. Der Blutdruckmesser

Der Arzt pumpt mit dem Gummiball so lange Luft in die Gummimanschette M, bis die Oberarmarterie gegen den Knochen gedrückt und damit abgeklemmt wird *(Abb. 114.1)*. Dann fühlt er den Puls am Handgelenk nicht mehr. In diesem Fall ist der am Manometer abgelesene Druck gleich dem maximalen Überdruck des Bluts in der Arterie. (Das Leinenband L verhindert die Ausdehnung der Gummimanschette nach außen.) Der Blutdruck liegt bei jungen Leuten um 160 mbar; der Höhenunterschied h am Quecksilbermanometer beträgt 120 mm.

6. Wasserpumpen

a) Saugpumpen: Beim Niederdrücken des Pumpenschwengels in *Abb. 114.2* wird der Kolben gehoben und das Kugelventil II in ihm geschlossen. Unter dem Kolben entsteht Unterdruck; deshalb hebt der äußere Luftdruck die *Ventilkugel* I und öffnet so das Ventil (oben rechts). Dabei preßt er Wasser in den Zylinder zum Kolben hoch. — Bewegt man den Kolben abwärts, so schließt Ventil I, weil die Kugel zurücksinkt. Ventil II wird geöffnet, indem sich dessen Kugel hebt. Dabei gelangt Wasser über den Kolben und wird beim nächsten Kolbenhub zum Abflußrohr gehoben. — Nach Seite 106 kann der normale Luftdruck Wasser höchstens 10 m hochdrücken. Deshalb darf sich der Kolben höchstens 10 m über der Wasseroberfläche befinden (in der Praxis nur 7,5 m). — Solche Saugpumpen senkt man auf den Grund tiefer *Bohrlöcher* (bis 1000 m), um Erdöl zu fördern.

b) Bei der **Druckpumpe** *(Abb. 114.3)* hat der Kolben kein Ventil. Wenn man ihn nach unten stößt *(Druckhub)*, so entweicht das vorher ange„saugte" Wasser durch das seitliche Ansatzrohr. Dabei schließt sich das Ventil I (Kugel unten) und das Ventil III wird geöffnet (Kugel oben). Im sich anschließenden Rohr wird das Wasser hochgedrückt. Das ungleichmäßige Stoßen des Wassers im Druckrohr wird durch

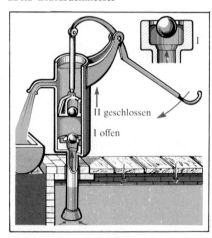

114.2 Saugpumpe; Saughub: Ventil I offen, Ventil II geschlossen; rechts oben ist das Kugelventil im geöffneten Zustand gezeichnet; die Kugel ist angehoben, das Wasser kann an ihr vorbei nach oben (gilt auch für *Abb. 114.3*).

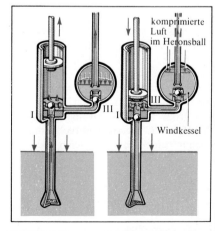

114.3 Druckpumpe. Links: *Saughub*; Ventil I offen, III geschlossen. Rechts: *Druckhub:* I geschlossen, III offen

Einfügen eines *Heronsballs, Windkessel* genannt, vermindert (siehe Versuch 101). Im Gegensatz zur Saugpumpe kann man mit der Druckpumpe das Wasser theoretisch beliebig hoch pressen, zum Beispiel in einen hochgelegenen Wasservorratsbehälter.

c) Bei der **Kreiselpumpe** *(Abb. 115.1)* treibt ein Motor das rot gezeichnete *Flügelrad* schnell an. Das Wasser wird an die Außenwand geschleudert und fließt durch den *Druckstutzen* ab. In der Mitte entsteht Unterdruck. Daher strömt Wasser über den *Ansaugstutzen* nach. Ventile sind nicht nötig. Man findet diese Pumpe bei der *Feuerwehrspritze*. Sie braucht keinen Windkessel.

d) Mit der **Membranpumpe** kann man kleine Flüssigkeitsmengen in Bewegung setzen *(Abb. 115.2)*. Die Membran wird durch den sich drehenden Nocken (links) oder durch einen wechselstromgespeisten Elektromagneten hin- und herbewegt. Diese Membranpumpe enthält weder Kolben noch Achseinführungen, die man dichten müßte. Deshalb ist sie zum Pumpen von Benzin im Auto gut geeignet. Sie dient auch zum Belüften von Aquarien.

7. Rückschau

Im täglichen Leben sagt man, im Versuch nach *Abb. 115.3* werde das Wasser durch das *Vakuum* in den Glaskolben „*gesaugt*". Dabei lebt im Wort „*saugen*" eine Vorstellung des Mittelalters weiter, nach der die Natur aus Prinzip keinen leeren Raum dulde und ihn mit aller Kraft mit Materie anfüllen müsse; die Natur habe einen „*Schrecken vor dem Leeren*" *(horror vacui)*. Von einem dem Wasserdruck entsprechenden *Luftdruck*, der in Wirklichkeit das Wasser hoch*drückt*, wußte man nichts. Man sprach nämlich der Luft die Eigenschaft ab, eine Gewichtskraft nach unten zu erfahren, sondern glaubte, sie strebe als „*leichtes Element*" nach *oben*. Guericke zeigte dagegen, daß Luft schwer ist und deshalb in der Atmosphäre einen hydrostatischen Druck, den sogenannten Luftdruck, hat. Hierzu mußte er mit seinen Pumpen Luft so stark verdünnen, daß ihr Druck erheblich absank. Das Wort „*saugen*" sollte man deshalb nur für das Erzeugen von *Unterdruck*, etwa nach Versuch 104 bis 107, verwenden.

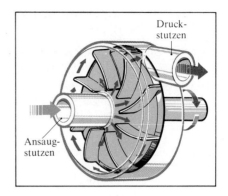

115.1 Kreiselpumpe

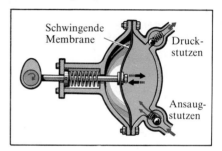

115.2 Membranpumpe; in der gezeichneten Stellung schwingt die Membran nach links, Einlaßventil geöffnet, Ausstoßventil geschlossen.

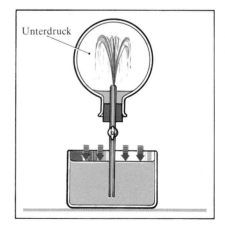

115.3 Wird das Wasser vom Vakuum „eingesaugt" oder vom Luftdruck hochgedrückt?

Aufgaben:

1. *Damit Milch aus einer Konservendose mit gleichmäßigem Strahl ausfließen kann, muß man vorher in den Deckel 2 Löcher stanzen. Warum kommen aus einer Dose, die nur 1 Loch enthält, nach jedem Kippen nur wenige Tropfen? Was ändert sich, wenn man zusätzlich auf den Boden der Dose drückt?*

2. *Wie wirkt ein Haftgummi am Schaufenster? Warum hält der Deckel auf einem Einmachglas so fest? Was muß man tun, um ihn leicht abnehmen zu können?*

3. *Erkläre die Wirkung der Ledermanschette an der Fahrradpumpe beim Vorstoßen und Zurückziehen des Kolbens (Abb. 113.2)! Wie muß man diese Manschette einsetzen, um Unterdruck herzustellen?*

4. *Miß die Fläche Deiner Brust, die sich beim Atmen hebt und berechne die Kraft, die Du aufbringen müßtest, um mit einem Schnorchel, das heißt einem Schlauch, der zur Wasseroberfläche führt, in 1 m Wassertiefe zu atmen! Wie muß man deshalb vorgehen, damit ein Taucher in 50 m Tiefe durch einen Luftschlauch atmen kann?*

5. *Unsere vollen Lungen enthalten 4 Liter Luft. Beim Tauchen können sie bis auf 1,15 Liter zusammengepreßt werden. In welcher Tiefe ist dann der Taucher? Taucht er tiefer, so kann der Eigendruck der Luft dem äußeren Wasserdruck nicht mehr das Gleichgewicht halten, so daß die Festigkeit des Brustkorbs in Anspruch genommen werden muß. Da dies unerträglich ist, hat der Taucher beim Vorstoß in größere Tiefen Preßluft einzuatmen, die er im allgemeinen in einer Flasche mit sich führt.*

6. *Warum dehnt sich in Abb. 116.1, links, der mit der Außenluft verbundene Ballon A im Rezipienten viel stärker aus als der zugebundene Ballon B?*

7. *Um bei Frostgefahr das Wasser aus den Leitungsrohren abzulassen, genügt es nicht, diese im Keller vom Zufluß durch den Hahn A abzusperren und dort den Ablaßhahn B zu öffnen. Warum nicht? Fertige eine Skizze an und erläutere das richtige Vorgehen (siehe Abb. 116.1, rechts)!*

8. *Erkläre die Arbeitsweise der Kugelventile in Abb. 114.2!*

9. *Warum muß der Pumpkolben bei der Erdölförderung tief im Bohrloch, unmittelbar über dem Erdölspiegel, sein? Warum benützt man eine Saug- und keine Druckpumpe (denke an die mechanische Beanspruchung der langen, dünnen Kolbenstange, die von oben betätigt werden muß)?*

10. *Aus einem 1000 m tiefen Bohrloch soll Erdöl (0,85 g/cm^3) gefördert werden; der Kolben hat einen Querschnitt von 300 cm^2. Mit welcher Kraft muß man an ihm nach oben ziehen, wenn man vom Gewicht des Kolbens und der Zugstange absieht?*

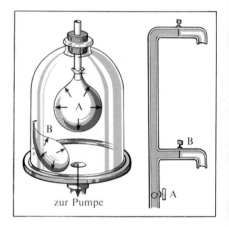

zur Pumpe

116.1 Links: Zu Aufgabe 6; rechts: zu Aufgabe 7

---

§ 33   Auftrieb in Gasen, Luftballon, Kaminwirkung

Versuch 109: Ein mit Wasserstoff ($\gamma = 0,09$ cN/l) oder Stadtgas (0,6 cN/l) gefüllter Kinderballon fliegt in die Höhe, ein mit Luft (1,25 cN/l) gefüllter dagegen nicht. Beide Ballone verdrängen bei gleicher Größe dieselbe Luftmenge, erfahren also die gleiche, nach oben gerichtete Auftriebskraft F_A. Das Eigengewicht G des Ballons ist bei Stadtgas- oder gar Wasserstoff-Füllung kleiner als F_A, selbst wenn diese Gase im Innern des Ballons komprimiert sind. Das gleiche gilt für Seifenblasen. Den Auftrieb in Gasen zeigt auch der folgende Versuch:

Versuch 110: In *Abb. 117.1* hält der kleine Messingkörper der großen, abgeschlossenen Glaskugel in Luft das Gleichgewicht. Die Glaskugel ist zwar etwas schwerer als das Messingstück, verdrängt aber mehr Luft und erfährt einen entsprechend größeren Auftrieb F_A. Dies zeigt sich, wenn wir die Luft und damit den Auftrieb unter der Glasglocke einer Pumpe wegnehmen. Die Glaskugel sinkt dann. — Man kann diese Waage auch in eine Wanne stellen und Kohlendioxid (2 cN/l) einleiten. Dann steigt die Glaskugel. Jetzt ist ihr Auftrieb größer als in Luft.

> **Der Auftrieb von Ballonen und Seifenblasen ist gleich dem Gewicht der von ihnen verdrängten Luftmenge (Satz des *Archimedes* für Gase; Beweis nach Seite 96).**

Über den Auftrieb von *Flugzeugen* siehe Seite 119. — Freiballone steigen mit Registriergeräten für Luftdruck, Temperatur usw. in Höhen über 35 km und senden die Meßwerte als Funksignale zur Erde *(Radiosonden)*.

Ein Kamin muß „ziehen", damit in ihm die Verbrennungsgase hochsteigen und den Rauch mitreißen. Infolge ihrer

117.1 Wenn man Luft wegpumpt, wird der Auftrieb F_A kleiner, die Glaskugel sinkt.

hohen Temperatur haben sich die Gase ausgedehnt, besitzen also eine kleinere Wichte als die kalte Außenluft. Deshalb erfahren sie in ihr — wie ein mit Wasserstoff gefüllter Ballon — einen Auftrieb, der größer als ihre Gewichtskraft ist. Das gleiche gilt für die Verbrennungsgase in offenen Flammen.

Aufgaben:

1. *Warum platzt ein geschlossener Freiballon in der Höhe?*

2. *Auf das Wievielfache würde sich das Füllgas des nur teilweise gefüllten Piccardschen Ballons in 16,5 km Höhe ausdehnen? (Etwa diese Höhe erreichte er 1932 [siehe Seite 107!]).*

3. *Aristoteles wollte klären, ob Luft ein Gewicht besitze. Zu diesem Zweck wog er eine Blase zuerst mit Luft angefüllt und dann zusammengeknüllt. Sie war beidemal gleich schwer, so daß er der Luft ein Gewicht absprach (siehe Rückschau Seite 115). Wo lag sein Trugschluß?*

4. *Tariere auf einer Waage eine Spritze mit eingeschobenem Kolben! Ziehe dann den Kolben heraus, so daß sich das Gerät mit Luft füllt! Wie ändert sich das Gewicht, wie die Anzeige der Waage? — Was geschieht, wenn man den Kolben bei verschlossener Öffnung herauszieht, festklemmt und dann wieder wiegt?*

5. *Die Hülle eines Kinderballons wiegt 3,0 cN und faßt 5,0 l Gas. Wie groß ist sein Auftrieb in Luft von der Wichte 1,27 cN/l? Wie groß sind Gesamtgewicht und Tragkraft bei einer Füllung mit Leuchtgas (0,6 cN/l), Wasserstoff (0,09 cN/l) und Helium (0,18 cN/l)? Warum ist die Tragkraft bei dem gegenüber Wasserstoff doppelt so schweren Helium nicht auf die Hälfte gesunken?*

6. *Ein Kamin ist 10 m hoch und mit Warmluft der Wichte 1,0 cN/l gefüllt, während die Außenluft die Wichte 1,25 cN/l besitzt. Wie groß ist die Druckdifferenz am Ofen, wenn der Kamin oben offen ist? (An der oberen Öffnung herrscht der gleiche Druck außen in der Luft wie innen im Kamin; berechne die Zunahme des hydrostatischen Drucks nach unten hin, und zwar innen und außen!) Infolge der Druckdifferenz „zieht" der Kamin; es wird ihm Luft und damit Sauerstoff von unten zugeführt. (Wichtig für die Verbrennung.)*

§ 34   Rückstoß, Fliegen, Raketen und Raumfahrt

1.   Der Rückstoß

Um einen schweren Wagen bergauf zu schieben, müssen wir uns mit den Füßen am Boden abstützen. Physikalisch bedeutet dies, daß wir eine Kraft $\vec{F}_1$ auf den Boden nach *hinten* ausüben. Wie auf Seite 41 gezeigt, reagiert der Boden (Körper A) mit einer **Gegenkraft** $\vec{F}_2$, die an den Füßen (Körper B) nach *vorn* angreift. Diese Gegenkraft des Bodens übertragen wir auf den Wagen. Ohne sie, also allein aus eigener Kraft, kommen wir nicht voran. Dies zeigt sich bei Glatteis. – Wenn man in einem Boot Steine mit großer Kraft nach hinten wirft, so fährt es voran. Die *Gegenkraft*, welche die beschleunigten Steine auf den Werfenden ausüben, überträgt dieser auf das Boot. Entsprechendes gilt, wenn man unter Kraftaufwand mit den Händen, mit einem *Paddel* oder einer motorgetriebenen *Schraube* Wasser nach hinten in Bewegung setzt. Die Gegenkraft des beschleunigten Wassers treibt das Boot voran; man „*stützt*" sich am Wasser ab. Wenn wir künftig von „*Abstützen*" sprechen, so meinen wir eine solche *Gegenkraft beschleunigter Körper. Propeller* und *Düsentriebwerke* von Flugzeugen beschleunigen Luft nach hinten; sie „*stützen*" sich an der beschleunigten Luft ab. Für diese Antriebsarten brauchen Boot und Flugzeug nur *Energie* mitzuführen (Benzin). Den Körper, an dem sie sich „abstützen", finden sie in der Umgebung.

Wie soll man aber im *leeren Weltraum* vorankommen? Hier muß man auch die *Materie*, an der man sich „*abstützen*" will, mitführen. Dies geschieht in den **Raketen:**

Versuch 111: Fülle die Rakete nach *Abb. 118.1* teilweise mit Wasser und pumpe noch viel Luft dazu. Im Innern entsteht ein Überdruck, der beim Lösen der Sperre das Wasser nach unten mit großer Kraft herausschleudert. Die *Gegenkraft* des Wassers wirkt auf den Raketenkörper und treibt ihn in die Höhe; er „*stützt*" sich am ausgeschleuderten Wasser ab.

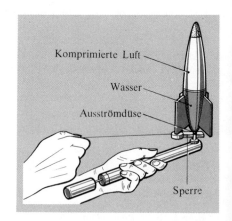

118.1 Rakete, in der durch Preßluft Wasser ausgestoßen wird

Versuch 112: Diese Gegenkraft erkennen wir auch an der *Handbrause* im Bad. Wenn aus ihr das Wasser nach links strömt, so spürt man deutlich die Gegenkraft auf die Brause nach rechts. Man könnte nun einwenden, diese Gegenkraft rühre vom Stoß des ausströmenden Wassers gegen die umgebende Luft her. Wenn dies richtig wäre, so müßte diese Gegenkraft viel größer werden, wenn man den Wasserstrahl unmittelbar auf eine feste Wand richtet. Doch erhöht sich dabei die Gegenkraft, die man an der Brause spürt, nicht. Die umgebende Luft ist also ohne Belang; der Rückstoß würde auch im luftleeren Raum auftreten. Dies zeigt auch die folgende Überlegung: Wären die Öffnungen der Brause verschlossen, so würde das Wasser auf den Brausenkörper nach allen Seiten gleich große Druckkräfte ausüben, die sich das Gleichgewicht hielten. Weil aber beim Ausströmen die Druckkräfte auf den Brausenkörper an den Öffnungen entfallen, überwiegt die Kraft auf die gegenüberliegende Wand. So überträgt das Wasser seinen Rückstoß auf den Brausenkörper. – Einen weiteren Versuch zu diesem Thema zeigt *Abb. 179.1.*

2. Auftrieb durch das Beschleunigen von Körpern

Der Auftrieb, der einen **Hubschrauber** in die Höhe hebt, darf nicht mit dem auf Seite 94 besprochenen Auftrieb, welcher aus dem hydrostatischen Druck entsteht, verwechselt werden: dieser wäre viel zu klein. Vielmehr beschleunigen die *Drehflügel* des Hubschraubers Luft nach unten; durch ihre Gegenkraft wird er gehoben. Der Hubschrauber „*stützt*" sich an diesen beschleunigten Luftmassen ab. — Der **Drachen** steht schräg zum Wind und lenkt die anströmende Luft teilweise nach unten *(Abb. 119.1)*. Hierzu muß er eine beschleunigende Kraft auf die Luft nach unten ausüben; ihre Gegenkraft läßt den Drachen steigen und hält ihn dann in der Höhe.

Die **Tragflächen** des **Flugzeugs** sind etwas geneigt oder nach unten gekrümmt *(Abb. 119.2)*. Hierdurch werden beim Flug Luftmassen nach unten abgelenkt. Dies genügt bei den hohen Geschwindigkeiten, die nötige Kraft nach oben zu vermitteln. Sie hält der Gewichtskraft das Gleichgewicht, wenn das Flugzeug seine Höhe beibehält.

Wenn wir im Wasser *Schwimmbewegungen* ausführen, so stoßen wir Wassermassen zunächst nach hinten; dies treibt uns voran. Wir stoßen sie aber auch etwas nach unten. Deshalb können wir den Kopf weiter über Wasser halten, als es der hydrostatische Auftrieb allein ermöglichte.

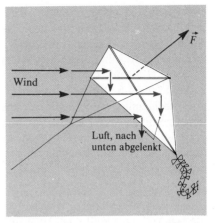

119.1 Umlenkung der Luft am Drachen

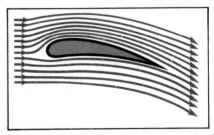

119.2 Querschnitt durch den Tragflügel eines Flugzeuges; die ihn umströmende Luft wird etwas nach unten abgelenkt.

3. Weltraumraketen

Weltraumraketen müssen — wie wir sahen — die zum „*Abstützen*" nötige Materie mit sich führen. Zudem hat man in diese Stoffe soviel *Energie* zu packen, daß die Gegenkräfte beim Ausstoß möglichst groß werden. Man benutzt sprengstoffähnliche Materialien.

a) Das Innere von **Feststoff-Raketen** *(Feuerwerkskörper, militärische Raketen)* ist mit einem festen Treibsatz gefüllt *(Schwarzpulver, Nitrozellulose* und *Nitroglyzerin* oder *Ammoniumnitrat* mit *Ammoniumperchlorat* und Zusätzen). Dieser Treibsatz brennt von der Düse aus langsam mit Geschwindigkeiten zwischen 3 mm/s und 30 cm/s ab. Dabei entwickelt er Gase von einem Druck bis zu 200 bar. Sie strömen mit hoher Geschwindigkeit aus (bis 3 km/s) und erzeugen eine Gegenkraft, **Schub** genannt, bis zu $5 \cdot 10^6$ Newton. Diese Feststoffraketen sind ständig betriebsbereit. Doch läßt sich das Abbrennen des Treibsatzes nach dem Zünden nicht mehr beeinflussen.

b) Die **Flüssigkeitsraketen,** zum Beispiel die 111 m hohe **Saturn V** der *NASA (National Aeronautics and Space Administration in USA)*, müssen vor dem Start betankt werden: Die Brennstofftanks enthalten Alkohol, Flugbenzin oder flüssigen Wasserstoff (-253 °C). Zum Verbrennen muß man zudem *Sauerstoff* oder ein anderes *Oxydationsmittel* in komprimierter, also verflüssigter Form in den Weltraum mitnehmen. Je nach Bedarf werden beide Flüssigkeiten in die *Brennkammer* gespritzt. So kann man Brenndauer und Größe der Schubkraft ständig regeln. Nach dem Zünden entwickeln sich Verbrennungsgase von hohem Druck (bis 200 bar), die mit Geschwindigkeiten bis zu 4,6 km/s aus der Düse strömen. Diese muß wegen der hohen Verbrennungstemperatur (4000 °C) gekühlt werden. Die 1. Stufe von Saturn V *(Abb. 121.2)* erzeugt eine Schubkraft von $3,4 \cdot 10^7$ N und brennt 2,5 min lang. Sie beschleunigt die Rakete in 65 km Höhe auf 8500 km/h. Dann wird die leere Hülle der 1. Stufe als unnötiger Ballast abgeworfen und die 2. Stufe gezündet. Sie erzeugt 6,5 min lang $4,6 \cdot 10^6$ N Schubkraft. Die 3. Stufe hat nur noch 4% der gesamten Masse (2700 t) und beschleunigt mit $9,3 \cdot 10^5$ N während insgesamt 8 min auf 40000 km/h. Um vom Mond mit seiner geringen Anziehungskraft abzuheben, braucht man für die Mondfähre nur noch eine Schubkraft von 10^5 N. – Im leeren Raum kann man Raketen nicht wie Flugzeuge mit Leitwerken steuern, welche die Gegenkraft der anströmenden Luft nutzen. Man dreht deshalb die Verbrennungsdüse etwas oder benutzt seitlich angebrachte Steuerdüsen.

c) Für geplante Flüge zu fernen Planeten unseres Sonnensystems oder gar über dieses hinaus zu fernen Fixsternen (?) braucht man Triebwerke, die wenig Materie noch sehr viel stärker beschleunigen. Mit elektrischen Verfahren hofft man Ausströmgeschwindigkeiten um 100 km/s zu erreichen.

4. Raumfahrt

a) Auf der Oberstufe werden wir berechnen, daß ein **Erd-satellit** in etwa 100 km Höhe die Geschwindigkeit 7,9 km/s = 28000 km/h haben muß, um die Erde auf einer Kreisbahn (häufig *Parkbahn* genannt; siehe *Abb. 120.1*) in etwa 1,5 h zu umfliegen. Dabei braucht er keinen Antrieb. – Ein *Nachrichtensatellit* muß in 36000 km Höhe mit „nur" 3 km/s fliegen. Dann braucht er zu einem Umlauf 24 h und kann über einem bestimmten Punkt des Äquators „stehen"; denn die Erde dreht sich in dieser Zeit auch einmal um ihre Achse.

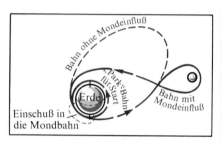

120.1 Flugbahn zum Mond mit Rückkehrschleife

b) Um das Schwerefeld der Erde zu verlassen, muß man die Rakete aus der Parkbahn heraus auf 40000 km/h beschleunigen. Da hier Lufteinflüsse (Wind, Luftwiderstand) fehlen, kann man genau im richtigen Bahnpunkt in exakt vorausberechneter Richtung („Startfenster") starten. Nach einem antriebslosen Flug erreicht man dann das „Schwerefeld" des gewünschten Himmelskörpers (Mond, Planet, *Abb. 120.1*). Man fliegt an ihm vorbei oder läßt sich vom Triebwerk abbremsen und vom Himmelskörper einfangen. Man kann dabei diesen wieder auf einer Parkbahn umkreisen und nach einer weiteren Abbremsung gezielt landen. Von der Parkbahn aus kann man sich aber auch wieder zur Erde beschleunigen lassen. Nur von Computern schnell und genau berechnete Daten ermöglichen es, Weltraumflüge durchzuführen.

c) Die NASA plant, Ende 1977 als „*Grand Tour*" nach einer „*Swing-by-Methode*" einen Flugkörper in Jupiternähe zu senden (5mal weiter von der Sonne entfernt als die Erde). Das Schwerefeld des Jupiters soll die Raumsonde zum Saturn weiterbeschleunigen (10fache Sonnenentfernung), so daß sie 1986 beim äußersten Planeten Pluto (40fache Sonnenentfernung) eintrifft. Die 1. Jupitersonde flog 1973.

d) Für die Erde sind **Raumlaboratorien** *(Skylab)* von großer Bedeutung, die ohne Antrieb als Satelliten ständig kreisen. Von ihnen aus können Wettergeschehen, Vegetation und Bodenschätze auf der Erde mit empfindlichen Methoden erforscht werden. Zudem lassen sich astronomische Beobachtungen ohne störende Erdatmosphäre ausführen. Auch an ständige Mondstationen ist gedacht.

Aufgaben:

1. *Wie muß man vorgehen, damit das Triebwerk die Rakete im Weltraum abbremst?*

2. *Warum kann sich ein Hubschrauber aus dem Stand heraus in die Höhe heben, während ein Flugzeug zunächst auf der Startbahn eine große Horizontalgeschwindigkeit erreichen muß?*

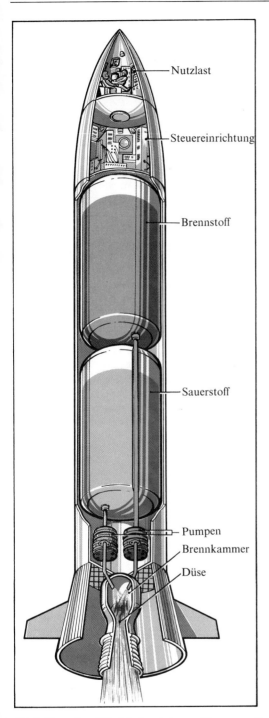

121.1 Einstufige Flüssigkeitsrakete; wollte man mit ihr zum Mond und zurückfliegen, so müßte man auf dem größten Teil des Wegs die weitgehend leeren Behälter für Brennstoff und Sauerstoff mitschleppen.

121.2 Die Mondrakete Saturn V auf dem Weg zum Startplatz. Sie ist insgesamt 111 m hoch und wiegt 2740 t. Sie ermöglichte die ersten bemannten Mondlandungen.

Aus der Geschichte der Statik

Schon in vorgeschichtlicher Zeit transportierte man schwere Lasten mit Hilfe von Seilen, Rollen, Keilen, Hebeln und schiefen Ebenen (Rampen). Ohne diese *einfachen Maschinen* konnte man die Pyramiden und die zahlreichen Bewässerungsanlagen des Altertums wohl nicht bauen. Die *Ägypter* kannten zudem schon um 5000 v. Chr. die *gleicharmige Hebelwaage;* das *Maß-* und *Gewichtswesen* war bereits in *Babylon* hoch entwickelt. Die *Griechen* bauten Wasserleitungen mit Drücken bis 20 bar; doch kannten sie die zugrunde-liegenden Gesetze nicht; denn die wissenschaftliche Forschung setzte erst sehr zögernd ein. Die Gelehrten verstanden unter *Mechanik* bis zum Mittelalter keine Wissenschaft, mit der man die Natur erforschen wollte, sondern eine *Kunst* (griechisch „Technik"), die Natur zu überlisten. Im Griechischen bedeutete **Mechanik** „*eine List ersinnen*". Der Handwerker, der Maschinen und Geräte baute, wollte mit ihnen un-natürliche, der Natur zuwiderlaufende Vorgänge durch eine List erzwingen. Man war sogar überzeugt, daß *Experimente*, die man mit Geräten und Maschinen ausführt, nichts über Naturvorgänge aussagen, sondern diesen zuwiderlaufen und in das Gebiet der Magie gehören (beim naiven Betrachten der Kunst-stücke eines Zauberers glauben auch wir bisweilen noch, dieser überliste die Natur und ihre Gesetze; in Wirklichkeit täuscht er den Beobachter). So war man früher der Ansicht, die Natur könne man nur durch *reines Nachdenken* und durch *reine Beobachtung* (ohne Instrumente) erforschen. *Goethe*, der sich auch mit physikalischen Fragen beschäftigte, schrieb zum Beispiel in seiner Farbenlehre: „Und was sie [die Natur] deinem Geist nicht offenbaren mag, das zwingst du ihr nicht ab mit Hebeln und mit Schrauben."

Archimedes (Seite 94; um 250 v. Chr.) fand zwar das *Hebelgesetz* und die Gesetze des für die Schiffahrt wichtigen *Auftriebs. Heron von Alexandria* (wahrscheinlich 1. Jahrhundert n. Chr.) sprach die sogenannte *goldene Regel der Mechanik* aus, nach der man bei den einfachen Maschinen keine Arbeit gewinnen, son-dern nur die Kraft oder nur den Weg vergrößern könne (Seite 75). Diese Ansätze wissenschaftlicher For-schung wurden wieder verschüttet, da sich die Gelehrten aus den angeführten Gründen nicht herabließen, Instrumente und Maschinen zu benutzen oder gar zu studieren. Erst *Galilei* (1564 bis 1642) überwand diesen Gegensatz zwischen Natur und „Technik" endgültig; er lehrte, daß man mit Maschinen und In-strumenten (zum Beispiel dem Fernrohr) die Natur nicht überlisten, sondern im Gegenteil besser beob-achten könne und daß auch die vom Menschen „gewaltsam" erzeugten Bewegungen den Naturgesetzen entsprechen. Damit war der Weg für eine *experimentelle Naturforschung* frei.

Der Holländer *Simon Stevin* (1548 bis 1620) gab der *Statik der festen und flüssigen Körper* eine abschließen-de Gestalt; dabei knüpfte er an *Archimedes* an, erläuterte dessen Lehre vom *Schwerpunkt* und vom *Gleich-gewicht der Kräfte;* er erklärte *Hebel* und *Flaschenzüge* sowie die Gesetze der s*chiefen Ebene* und führte das *Kräfteparallelogramm* ein. Ferner zeigte er, daß der *hydrostatische Druck* von der Gefäßform unabhängig ist und erläuterte die Gesetze des *Auftriebs* und des *Schwimmens. Torricelli* regte an, ein Quecksilber-barometer zu bauen (1643), mit dem man die Schwankungen des *Luftdrucks* nachwies. Über Guericke Seite 112.

Vom 17. Jahrhundert an erkannte man an der Mechanik besonders deutlich, daß die *Naturgesetze in mathematischer Form* ausgesprochen werden müssen, und erhob nun die Mechanik zum Ideal einer stren-gen Wissenschaft. Man glaubte sogar, alle Naturgesetze mechanisch erklären zu können.

Wir sehen: Mit den einfachen mechanischen Maschinen konnte man schon seit alters her gut umgehen, ohne aber ihre physikalischen Gesetze zu kennen; die Forschung war dagegen durch Vorurteile aller Art gehemmt. Heute setzt jeder Fortschritt in der Technik neue wissenschaftliche Entdeckungen durch eine möglichst vorurteilsfreie Erforschung der Naturgesetze voraus. Dabei befruchten sich *messende Experi-mente* und *mathematische Durchdringung* gegenseitig: **Die Forschung von heute ist die Technik von morgen.** Die **Technik** ist aber nicht gleichzusetzen mit der Wissenschaft: die Wissenschaft sucht nach Erkenntnissen, die Technik bemüht sich, diese Erkenntnisse für den Menschen nutzbar zu machen. Heute erkennen wir zunehmend, daß dieser Nutzen mit Nachteilen und mit Schäden für den Menschen und die Natur verbun-den sein kann (Umweltverschmutzung). Der verantwortungsvolle Techniker muß sich deshalb bemühen, diese Schäden zu vermeiden. Dies kann er nur, wenn er sowohl die Naturgesetze wie auch die Gefahren, die dem Menschen drohen, beachtet. Hierin liegt eine der wichtigsten Aufgaben unserer Zeit.

Wärmelehre

§ 35   Die Temperatur und ihre Messung

In den ersten Abschnitten dieses Buches haben wir die mechanischen Eigenschaften der Körper untersucht. Dabei ließen wir Temperatureinflüsse außer acht. In der Wärmelehre wollen wir jetzt genauer untersuchen, welche Eigenschaften der Körper von der Temperatur abhängen und wie sich die Zustandsformen beim Erwärmen ändern. Neben der Temperatur werden wir dabei auch die Wärme als physikalische Größe kennenlernen, der eine ganz besondere Bedeutung in Physik und Technik zukommt: Ein großer Teil der vom Menschen benutzten Energie wird über Wärme gewonnen, zum Beispiel in Dampfturbinen und Verbrennungsmaschinen aller Art.

1.   Die Ausdehnung der Körper bei Temperaturzunahme

Nervenenden, die überall in unserer Haut verteilt sind, lassen uns einen Körper als heiß, warm, lau, kühl oder kalt empfinden. Wir beschreiben mit diesen Worten den Wärmezustand eines Körpers. Daß unsere Empfindung diesen Wärmezustand wenig zuverlässig angibt, lehrt der folgende Versuch:

Versuch 1: Wir stecken die rechte Hand in heißes, die linke in kaltes Wasser und tauchen anschließend beide Hände in die lauwarme Mischung *(Abb. 123.1)*. Nun empfinden wir diese Mischung mit der rechten Hand kälter als mit der linken.

Der Physiker braucht zum Kennzeichnen des Wärmezustandes eines Körpers ein objektives, das heißt von unserem Wärmeempfinden unabhängiges Maß; er nennt es **Temperatur.** Zum Messen von Temperaturen kann jede Eigenschaft eines Körpers dienen, die sich beim Erwärmen in meßbarer und eindeutiger Weise ändert. Geräte zum Messen von Temperaturen heißen **Thermometer** (thermos, griech.; warm). Um die Wirkungsweise der Thermometer zu verstehen, machen wir folgende Versuche:

Versuch 2: Eine Eisenkugel geht bei Zimmertemperatur nur knapp durch einen eisernen Ring hindurch *(Abb. 123.2a)*. Sie bleibt in ihm stecken, wenn sie zuvor mit

123.1 So kann man die Zuverlässigkeit unseres Temperatursinns prüfen.

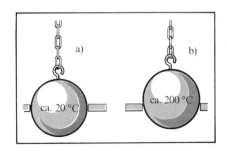

123.2 Feste Körper dehnen sich beim Erwärmen aus.

einem Bunsenbrenner erhitzt wurde *(Abb. 123.2b)*. Sie geht wieder hindurch, wenn sie sich abgekühlt hat oder wenn der Ring erwärmt wurde. Der Ring verhält sich beim Erwärmen wie ein Gürtel, den man länger und damit auch weiter einstellt.

Versuch 3: Wir füllen einen Glaskolben mit Wasser, das durch Auskochen luftfrei gemacht wurde, verschließen ihn durch einen Stopfen mit Steigrohr *(Abb. 124.1)* und erwärmen. Der Wasserspiegel im Rohr beginnt nach einiger Zeit zu steigen. Lassen wir dann das Wasser im Kolben abkühlen, so sinkt auch der Wasserspiegel im Rohr wieder.

Versuch 4: Wir halten die Rohröffnung eines mit Luft gefüllten Kolbens unter Wasser und erwärmen ihn. Luftblasen verlassen das Rohr und steigen durch das Wasser ins Freie. Kühlt sich der Kolben nun ab, so steigt das Wasser durch das Rohr in den Kolben.

Diese Versuche und andere Beobachtungen zeigen uns:

> **Im allgemeinen dehnen sich Körper beim Erwärmen aus, beim Abkühlen ziehen sie sich zusammen.**

Die Eigenschaft der Körper, sich beim Erwärmen auszudehnen, verwenden wir in vielfältiger Form zum Messen von Temperaturen. Am zweckmäßigsten hat sich für den täglichen Gebrauch das *Quecksilberthermometer* erwiesen. Sein Hauptteil ist eine oben zugeschmolzene Kapillare, die sich unten zu einem kleinen Gefäß erweitert. Das Quecksilber, welches das Gefäß und einen Teil der Kapillare ausfüllt, nimmt bei enger Berührung die Temperatur eines anderen Körpers an. Erst

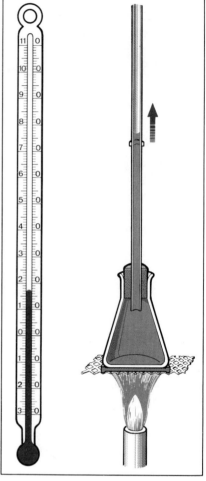

124.1 Thermometer und Thermometermodell

wenn das der Fall ist, wenn sich also der Stand des Quecksilbers in der Kapillare nicht mehr ändert, darf man die Temperatur auf der Skala hinter der Kapillare ablesen. Beim Fieberthermometer, das $\frac{1}{10}$ Grad anzeigt, dauert dies mehrere Minuten; je kleiner nämlich der Temperaturunterschied ist, desto langsamer geht der Ausgleich.

2. Beispiele für die Wärmeausdehnung

a) Metallräder werden fest mit ihrer Achse verbunden, indem man die kalte Achse in das Mittelloch des erwärmten Rades einpaßt und dieses dann abkühlen läßt. Das Rad wird „aufgeschrumpft". Ebenso wird ein eiserner Reifen, der ein Holzrad zusammenhalten soll, heiß aufgezogen; beim Abkühlen zieht er sich zusammen und gibt dadurch dem ganzen Rad festen Halt.

b) Viele Brücken sind nur auf einer Seite fest gelagert und haben auf der anderen Seite ein Rollenlager *(Abb. 125.1)*; dadurch kann sich die Länge der Brücke bei Temperaturschwankungen ändern, ohne daß gefährliche Spannungen entstehen.

c) Der festsitzende Glasstopfen einer Flasche lockert sich, wenn man den Flaschenhals vorsichtig erwärmt. Siehe Versuch 2!

d) Lange gerade Rohrleitungen erhalten Ausgleichsbogen *(Abb. 125.2)*, um die durch Temperaturänderungen bedingten Spannungen auszugleichen.

125.1 Rollenlager einer Brücke

3.   Die Temperaturskala

Versuch 5: Wir tauchen das Thermometer in ein Gefäß mit zerstoßenem Eis. Die Kuppe des Quecksilbers stellt sich auf den Nullpunkt der Skala ein und bleibt dort stehen, bis alles Eis geschmolzen ist *(Abb. 125.3)*.

Versuch 6: Tauchen wir das Thermometer in einen Kolben mit siedendem Wasser, so stellt es sich auf den Punkt 100 der Skala ein und behält diese Stellung bei, solange das Wasser siedet. (Genaugenommen muß der Versuch bei normalem Luftdruck, das heißt bei einem Barometerstand von 1013 mbar, das ist der Druck einer 760 mm hohen Quecksilbersäule, ausgeführt werden.)

125.2 Ausgleichsbogen in einer Rohrleitung

Die durch die beiden Versuche festgelegten Temperaturen heißen **Eispunkt** und **Siedepunkt.** Sie können jederzeit hergestellt und am Thermometer markiert werden. Ihr Abstand wird nach dem Vorschlag des Schweden *Celsius* (1701 bis 1744) in hundert gleiche Teile, Grade (gradus, lat.; Schritt), eingeteilt. Jeder Gradschritt heißt ein Kelvin (1 K) nach dem englischen Physiker *Kelvin* (1824 bis 1907). Der Eispunkt wird mit 0 °C (sprich Null Grad Celsius), der Siedepunkt mit 100 °C bezeichnet. Setzt man die Skala nach unten fort, so erhält man negative Celsius-Grade (-1 °C, -2 °C usw.). Die auf der Celsius-Skala gemessene Temperatur bezeichnen wir mit dem Buchstaben ϑ (griech. Theta).

Man muß, ebenso wie bei Zeitangaben, zwischen verschiedenen Temperaturen ϑ_1, ϑ_2 (Angaben in °C) und Temperaturdifferenzen (-intervallen) $\Delta\vartheta = \vartheta_2 - \vartheta_1$ (Angabe in K) unterscheiden. Δ (gelesen „Delta") bedeutet allgemein „Differenz von".

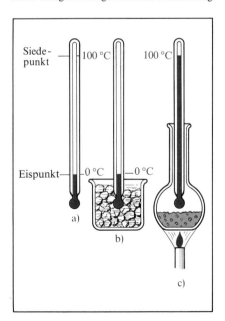

125.3 Zur Bestimmung der Fundamentalpunkte des Thermometers

Beispiele

a) Die Temperaturdifferenz $\Delta\vartheta$ zwischen den beiden Punkten $\vartheta_1 = 17{,}8\,°C$ und $\vartheta_2 = 23{,}5\,°C$ ist $\Delta\vartheta = \vartheta_2 - \vartheta_1 = 5{,}7\,K$.

b) Fällt die Temperatur an einem Winterabend von $\vartheta_1 = 2{,}3\,°C$ auf $\vartheta_2 = -8{,}8\,°C$, so beträgt die Temperaturabnahme $\Delta\vartheta = 11{,}1\,K$.

Die ersten Versuche, Temperaturen genau zu messen, hat der italienische Physiker *Galilei* (siehe Seite 122) in der ersten Hälfte des 17. Jahrhunderts unternommen. Er benutzte Thermometer, bei denen Luft durch einen Quecksilbertropfen abgesperrt war. Erst der Physiker *G. Fahrenheit* (1686 bis 1736) baute Flüssigkeitsthermometer von beträchtlicher Genauigkeit. Von ihm stammt auch die noch heute in vielen angelsächsischen Ländern verwendete Skala, die Fahrenheit-Skala, auf der Eis- und Siedepunkt die Bezeichnungen 32 °F und 212 °F tragen *(Abb. 126.1)*. Auf 9 Fahrenheit-Grade kommen 5 Kelvin.

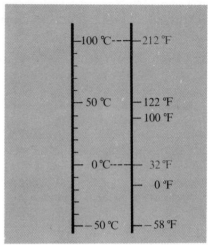

126.1 Celsius- und Fahrenheit-Skala

Das Quecksilber ist als Thermometersubstanz deshalb nur beschränkt verwendbar, weil es bei $-39\,°C$ gefriert und (bei normalem Luftdruck) bei $357\,°C$ siedet. Dagegen sind *Alkoholthermometer* zwischen $-70\,°C$ und $+60\,°C$ brauchbar. Pentanthermometer erlauben Messungen bis $-200\,°C$. Auf Verfahren zum Messen allertiefster und sehr hoher Temperaturen werden wir später eingehen.

Am **Maximum-Minimum-Thermometer** *(Abb. 126.2)* kann man die höchste und die tiefste Temperatur (Maximum und Minimum) seit der letzten Einstellung ablesen. Es enthält im Mittelteil der Kapillare Quecksilber, darüber links und rechts Alkohol, der das linke Gefäß vollständig, das rechte nur teilweise ausfüllt. Beim Erwärmen dehnen sich beide Flüssigkeiten aus, der Quecksilberfaden schiebt dabei ein Eisenstückchen vor sich her. Beim Abkühlen bleibt es an der höchsten Stelle hängen und gestattet das Ablesen des Maximums, da der Alkohol beim Abkühlen am Stäbchen vorbei wieder zurückfließen kann. In entsprechender Weise wird das Minimum auf der linken Seite markiert. Nach dem Ablesen führt man die Stäbchen mit einem Magneten wieder an das Quecksilber heran.

Beim **Fieberthermometer** *(Abb. 126.2)* ist der Kapillarenansatz verengt. Dadurch kann sich das Quecksilber zwar nach oben ausdehnen, doch reißt der Faden beim Wiederabkühlen an der Verengung ab. Das Fieberthermometer zeigt deshalb die Höchsttemperatur an. Vor jeder neuen Messung muß der Quecksilberfaden nach unten geschleudert werden.

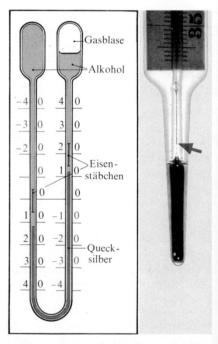

126.2 Links: Maximum-Minimum-Thermometer; rechts: Fieberthermometer mit Engstelle (Pfeil)

Wir haben festgestellt, daß Körper beim Erwärmen und Abkühlen ihre Länge und ihr Volumen ändern. Darüber wollen wir durch Meßversuche nähere Auskunft erhalten, zunächst für feste Körper, dann für Flüssigkeiten.

1. Feste Körper

Versuch 7: Ein Metallrohr ist links fest eingespannt *(Abb. 127.1)* und liegt rechts auf einem $a = 1{,}0$ cm hohen, rot gezeichneten Steg S (Blechstreifen, halbe Rasierklinge), der um seine untere Kante in einer Kerbe der Unterlage kippen kann. Am Steg ist ein leichter Zeiger befestigt, der vom Drehpunkt aus gemessen $r = 25$ cm lang ist. Die Verschiebung der Zeigerspitze ist also 25mal so groß wie der Weg der Stegoberkante, das heißt wie die Verlängerung $\Delta l = l - l_0$ des Rohres (in *Abb. 127.1* angedeutet $\Delta l = 1$ mm für die Ausgangslänge $l_0 = 1$ m bei 0 °C). Für die Zunahme der Länge bei der Temperaturerhöhung von 0 °C (Länge l_0) auf die Temperatur ϑ (Länge l), das heißt für $l - l_0$, schreiben wir künftig zur Abkürzung Δl.

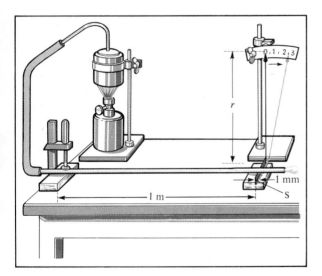

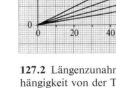

127.1 Durch Wasserdampf wird das Rohr erhitzt; es bewegt den roten Zeiger nach rechts (grau getönt).

127.2 Längenzunahme $\Delta l = l - l_0$ in Abhängigkeit von der Temperatur

Leitet man zunächst Eiswasser von 0 °C, dann Wasser von 20, 40, 60, 80 °C und schließlich Wasserdampf von 100 °C durch das Rohr, so läßt sich an der Skala ablesen, um wieviel die Länge des Rohrs jeweils durch das Erwärmen zugenommen hat. Beim Abkühlen zieht sich das Rohr wieder zusammen, und es erhält wieder die ursprüngliche Länge. Es ergibt sich dabei, daß die Längenänderung Δl der Temperaturänderung $\Delta\vartheta$ proportional ist *(Abb. 127.2)*. Dasselbe Ergebnis erhält man auch, wenn man anstelle des Rohres einen Stab gleicher Länge erwärmt. Daraus folgt:

$$\Delta l \sim \Delta \vartheta.$$

Die Längenzunahme Δl hängt außerdem von der Ausgangslänge l_0 bei 0 °C ab: Bei der doppelten (dreifachen) Ausgangslänge l_0 ergibt sich jeweils die doppelte (dreifache) Längenzunahme Δl. (Man denke sich ein mehrere Meter langes Rohr aus 1 m langen Teilstücken zusammengesetzt.) Bei dreifacher Ausgangslänge l_0 und doppelter Temperaturzunahme $\Delta \vartheta$ erfährt ein Stab oder Rohr die sechsfache Längenzunahme Δl. Der Querschnitt ist dabei ohne Bedeutung. Wir finden also:

Die Längenänderung Δl eines Stabes ist dem Produkt aus seiner Ausgangslänge l_0 und der Temperaturänderung $\Delta \vartheta$ proportional:

$$\Delta l = \alpha \cdot l_0 \cdot \Delta \vartheta. \tag{128.1}$$

Der Proportionalitätsfaktor α heißt der Längenausdehnungskoeffizient.

Man legt zur Ermittlung von α die Länge l_0 bei 0 °C zugrunde; nimmt man eine andere Ausgangslänge (etwa die Länge bei Zimmertemperatur), so begeht man einen kleinen Fehler, der bei festen Körpern meist zu vernachlässigen ist. Gleichung 128.1 ist auch dann noch anwendbar. Durch Messungen hat man gefunden:

Ein Kupferstab von der Ausgangslänge $l_0 = 1$ m dehnt sich beim Erwärmen von 0 °C auf 100 °C (Temperaturzunahme $\Delta \vartheta = 100$ K) um $\Delta l = 1,6$ mm aus. Daraus ergibt sich mit Hilfe der Gleichung (128.1) der Längenausdehnungskoeffizient α des Kupfers:

$$\alpha = \frac{\Delta l}{l_0 \cdot \Delta \vartheta} = \frac{1,6 \text{ mm}}{1 \text{ m} \cdot 100 \text{ K}} = \frac{0,0016 \text{ m}}{1 \text{ m} \cdot 100 \text{ K}} = 0,000016 \ \frac{1}{K} = 16 \cdot 10^{-6} K^{-1}.$$

Seine Einheit ist somit $\frac{1}{K} = K^{-1}$; α gibt die relative Längenänderung $\frac{\Delta l}{l_0}$ bei einer Temperaturänderung um 1 K an.

Andere Werte ergeben sich bei Eisen, Aluminium, Zink usw., das heißt, jeder Stoff hat einen ganz bestimmten *Ausdehnungskoeffizienten*. α ist eine **Materialkonstante** (siehe *Tabelle 128.1*).

Tabelle 128.1 Längenausdehnungskoeffizient einiger Stoffe

Material	Längenausdehnungs-koeffizient in 1/K	Material	Längenausdehnungs-koeffizient in 1/K
Zink	0,000026	Chrom	0,000009
Aluminium	0,000024	Platin	0,000009
Messing	0,000019	Jenaer Glas	0,000008
Kupfer	0,000017	Porzellan	0,000003
Eisen	0,000012	Invarstahl	0,0000015
Beton	0,000012	Quarzglas	0,0000006

Einen besonders geringen Ausdehnungskoeffizienten haben unter anderem eine *Invarstahl* genannte Legierung (invariabilis, lat.; unveränderlich) und auch Quarzglas, das deshalb extremen Temperaturänderungen standhält. Invarstahl verwendet man unter anderem für Präzisionsmaßstäbe.

Verhindert man die beim Erwärmen und Abkühlen eines festen Körpers entstehende Längenänderung dadurch, daß man den Körper fest einspannt, so treten außerordentlich große Kräfte auf. Dies untersuchen wir mit dem sogenannten *Bolzensprenger*:

Versuch 8: Wie aus *Abb. 129.1* ersichtlich, wird in die Spannvorrichtung Sp eine an einem Ende durchbohrte Eisenschiene E fest eingespannt, die auf der einen Seite durch einen gußeisernen Bolzen B, auf der anderen Seite durch eine Flügelmutter F gehalten wird. Erwärmt man die Schiene E mit einem Bunsenbrenner kräftig, so dehnt sie sich, und man kann die Flügelmutter F um einige Windungen anziehen. Nimmt man den Brenner dann weg, so zieht sich die Schiene wieder zusammen, und der Bolzen wird gesprengt (Vorsicht vor wegfliegenden Bruchstücken! Kiste darüberstülpen!). Der Versuch zeigt, daß die innere Energie eines Körpers beim Erwärmen zunimmt (siehe Mechanik Seite 53). Beim Abkühlen kann sie zum Teil in Form von mechanischer Arbeit wieder abgegeben werden.

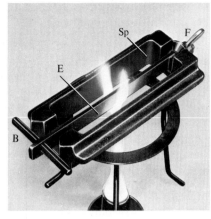

129.1 Bolzensprengapparat

Feste Körper dehnen sich nicht nur in der Länge, sondern auch in der Höhe und Breite aus. Erwärmt man einen Würfel der Kantenlänge $l_0 = 1$ m so, daß die Kantenlänge um $2^0/_{00}$, das heißt auf 1,002 m, zunimmt, so steigt sein Volumen von 1 m³ auf $V = (1,002 \text{ m})^3 = 1,006012008 \text{ m}^3 \approx 1,006 \text{ m}^3$. Sein Volumen nimmt also um rund $6^0/_{00}$ zu, das ist das Dreifache der relativen Längenzunahme.

Für die Volumenzunahme ΔV eines festen Körpers mit dem Ausgangsvolumen V_0 gilt bei einer Temperaturerhöhung um $\Delta \vartheta$:

$$\Delta V = \gamma \cdot V_0 \cdot \Delta \vartheta. \qquad (129.1)$$

Dabei ist γ der räumliche Ausdehnungskoeffizient. Für ihn gilt:

$$\gamma = 3\alpha. \qquad (129.2)$$

Auch das Innenvolumen eines Hohlkörpers nimmt beim Erwärmen zu. Er dehnt sich innen genausoviel aus wie ein fester Körper aus demselben Material, der diesen Innenraum ausfüllt (vergleiche Versuch 2 auf Seite 123).

Weitere Beispiele für die Wärmeausdehnung fester Körper

1. Drähte von elektrischen Hochspannungsleitungen hängen im Sommer stärker durch als im Winter.

2. *Eisenbeton*, der die günstigen Festigkeitseigenschaften von Eisen und Beton in sich vereinigt, läßt sich nur deswegen herstellen, weil beide Stoffe nahezu gleiche Ausdehnungskoeffizienten haben (siehe *Tabelle 128.1*).

3. Elektrische Zuleitungen können nur dann luftdicht in Glasgeräte eingeschmolzen werden, wenn Draht und Glas die gleichen Ausdehnungskoeffizienten haben (Wichtig für die Herstellung von Glühlampen und Elektronenröhren!).

4. Werden 2 Blechstreifen, zum Beispiel aus Messing und Eisen, fest miteinander vernietet oder verschweißt, erhält man einen sogenannten **Bimetallstreifen** *(Abb. 130.1)*. Beim Erwärmen biegt er sich von der Seite, an der sich das Metall mit dem größeren Ausdehnungskoeffizienten befindet, weg zur anderen Seite.

In vielen technischen Geräten wird diese Eigenschaft der Bimetallstreifen genutzt:

a) Man rollt sie zu einer Spirale auf und versieht sie am Ende mit einem Zeiger, der auf einer Skala die Temperatur anzeigt: *Bimetallthermometer (Abb.130.2)*. Versieht man den Zeiger am Ende mit einem Schreibstift, so erhält man einen Temperaturschreiber oder *Thermographen*. Er registriert über einen längeren Zeitraum hinweg den Temperaturverlauf auf einem Papierstreifen, den ein Uhrwerk auf einer rotierenden Trommel an dem Schreibstift vorbeibewegt.

b) *Bimetallregler* sorgen bei Gasgeräten dafür, daß nur dann Gas ausströmen kann, wenn die Zündflamme brennt. Bei automatischen Kohleöfen regulieren sie die Luftzufuhr: Wird das Feuer schwächer, so öffnen sie die Ofenklappe.

c) *Bimetallschalter:* Ein besonders vielseitig verwendbares Bauelement erhält man, wenn man an dem Bimetall einen elektrischen Kontakt anbringt. Mit seiner Hilfe kann man bei Überschreiten einer bestimmten Temperatur Feueralarm automatisch auslösen oder eine Löscheinrichtung einschalten. Ein im Wohnzimmer angebrachter Bimetallkontakt schaltet die Zentralheizung aus, wenn eine bestimmte Temperatur erreicht ist. Kühlt sich das Zimmer danach ein wenig ab, so schließt sich der Kontakt, und die Heizung arbeitet wieder. Hier wird der Bimetallschalter zum Regler, der die Temperatur weitgehend konstant hält. Daher heißt er **Thermostat** (siehe auch unter Informatik, S. 404).

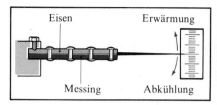

130.1 Der Bimetallstreifen verbiegt sich bei Erwärmung. Messing dehnt sich stärker aus als Eisen.

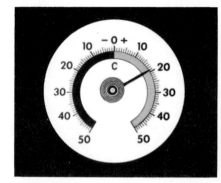

130.2 Bimetallthermometer

2. Flüssigkeiten

Sowohl das Quecksilber im Thermometer als auch das Wasser im Steigrohr in Versuch 3 (auf Seite 124) steigen beim Erwärmen empor. Das Innenvolumen der Gefäße vergrößert sich zwar auch beim Erwärmen, jedoch erheblich weniger als das Volumen der darin enthaltenen Flüssigkeit:

> **Flüssigkeiten dehnen sich beim Erwärmen wesentlich stärker aus als feste Körper.**

Versuch 9: Von drei gleichen Kolben ($V \approx 250$ cm^3) füllen wir einen mit Wasser, den zweiten mit Glykol und den dritten mit Alkohol. Wir versehen die drei Kolben mit Steigrohren gleicher Weite und tauchen sie dann in warmes Wasser von etwa 45 °C *(Abb. 130.3)*.

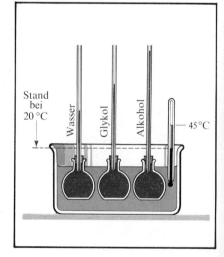

130.3 Zu Versuch 9

Der Flüssigkeitsspiegel sinkt zunächst ein wenig und steigt dann in allen drei Rohren beträchtlich. Die drei Flüssigkeiten steigen verschieden hoch, ihre Ausdehnungskoeffizienten sind verschieden. Beobachtet man das Ansteigen der Flüssigkeitssäulen genauer, so stellt man außerdem fest, daß sich eine Flüssigkeit in verschiedenen Temperaturbereichen unterschiedlich ausdehnt. Je höher die Temperatur bereits ist, desto stärker dehnen sich die meisten Flüssigkeiten bei einer zusätzlichen Temperaturerhöhung um 1 K aus. Das zeigt die folgende Tabelle:

Tabelle 131.1 Volumenzunahme ΔV in cm³ von 1 l Flüssigkeit während der Erwärmung um 1 K in verschiedenen Temperaturbereichen ($\vartheta_1 \dots \vartheta_2$):

($\vartheta_1 \dots \vartheta_2$) in °C	Quecksilber	Alkohol	Wasser	Glykol	Petroleum	Benzol
0 … 1	0,18	1,03	−0,06	0,59	0,90	1,16
30 … 31	0,18	1,13	0,31	0,67	0,98	1,30
60 … 61	0,18	1,24	0,53	0,74	1,07	1,43
90 … 91	0,18	–	0,70	0,79	1,15	–

Versuch 10: Wir füllen einen Kolben mit ausgekochtem Wasser und verschließen ihn mit einem doppelt durchbohrten Stopfen, in den ein Thermometer und ein Steigrohr gesteckt sind. Steckt man den Kolben in Eis, so beobachtet man, daß sich das Wasser mit abnehmender Temperatur bis 4 °C zusammenzieht (bei Zimmertemperatur um etwa 0,2 $^0/_{00}$ je Kelvin), sich bei weiterer Abkühlung aber wieder ausdehnt *(Abb. 131.1)*.

Dieses im Vergleich zu anderen Stoffen ungewöhnliche Verhalten nennt man die **Anomalie des Wassers** (anomalus, griech.-lat.; regelwidrig). Sie ist auch in *Tabelle 131.1* an dem negativen Ausdehnungskoeffizienten des Wassers zwischen 0 °C und 1 °C zu erkennen.

Berechnet man die Dichte $\varrho = m/V$ des Wassers bei verschiedenen Temperaturen, so zeigt sich:

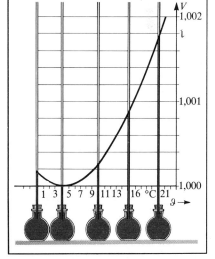

131.1 Anomalie der Wärmeausdehnung beim Wasser

Wasser hat bei 4 °C seine größte Dichte.

Im Bereich zwischen 3 °C und 5 °C verläuft die Kurve in *Abb. 131.1* nahezu waagerecht. Ein kleiner Fehler bei der Temperaturmessung hat in diesem Bereich fast keinen Einfluß auf die Dichte des Wassers. Aus diesem Grund hat man ursprünglich Wasser von 4 °C für die Definition des Kilogramms verwendet (siehe Einführung Seite 27).

Wenn Wasser gefriert, zeigt es eine weitere Anomalie. Das zeigt uns folgender Versuch:

Versuch 11: Wir füllen ein Reagenzglas bis zu einer Höhe von 10 cm mit Wasser und stecken es in eine sogenannte Kältemischung (das ist eine Mischung von Eis oder Schnee mit Salz, siehe Seite 153), welche das Wasser im Reagenzglas schnell zum Gefrieren bringt. Der beim Gefrieren des Wassers entstehende Eiszylinder hat eine Länge von annähernd 11 cm. Beim Erstarren dehnt sich das Wasser, im Gegensatz zu den meisten anderen Stoffen, aus, und zwar um etwa 9 % seines Volumens bei 0 °C. Eis schwimmt daher an der Wasseroberfläche. Dabei ist nur $^1/_{12}$ des Eisblocks über Wasser, der Rest ist untergetaucht. Bei Eisbergen ragt ein größerer Teil aus dem Wasser, weil sie aus lufthaltigem Gletschereis bestehen *(Abb. 132.1)*.

Versuch 12: Wir füllen eine dickwandige Glasflasche oder besser eine gußeiserne Hohlkugel mit abgekochtem Wasser, verschließen sie fest und legen sie bei Frostwetter in eine Kiste mit Deckel (zum Schutz vor herumfliegenden Splittern) ins Freie. Flasche und Eisenkugel werden durch das sich bildende Eis gesprengt. (Im Wasser dürfen keine Luftblasen sein!)

132.1 Eis schwimmt an der Wasseroberfläche.

Das anomale Verhalten des Wassers hat in der Natur wichtige Auswirkungen:

a) Die bodennahen Schichten hinreichend tiefer Gewässer haben das ganze Jahr hindurch angenähert die Temperatur 4 °C. In den Ozeanen hat sich infolge des Salzgehalts das Dichtemaximum so weit zu tieferen Temperaturen verschoben, daß das kälteste Wasser unten liegt.

b) Im Sommer nimmt die Temperatur in Seen und Teichen sowie langsam fließenden Gewässern von oben nach unten ab, und man kommt beim Tauchen, vor allem im Früh-Sommer, schnell in kältere Wasserschichten. (Prüfe das mit einem Maximum-Minimum-Thermometer!) Im Winter wird das Wasser durch einfallende Kaltluft abgekühlt; der Temperaturverlauf der Wasserschichten ist umgekehrt *(Abb. 132.2)*. Stehende und langsam fließende Gewässer gefrieren deshalb stets von oben.

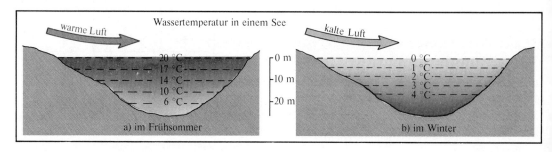

132.2 Temperaturschichtung in einem stehenden Gewässer

c) Die Verwitterung des Gesteins wird durch das Gefrieren des in Spalten und Ritzen eingedrungenen Wassers im Winter stark beschleunigt *(Spaltenfrost!)*. Ebenso werden Straßenbeläge zerstört, wenn eingesickertes Wasser im Winter gefriert *(Frostaufbrüche!)*.

Aufgaben:

1. *Um wieviel verlängert sich ein 120 cm langer Kupferdraht, wenn er von 0 °C auf 40 °C erwärmt wird?*

2. *Um wieviel ist der Eiffelturm (Eisen), Höhe rund 300 m, an einem Sommertag bei 30 °C höher als im Winter bei − 20 °C?*

3. *Warum ist Wasser als Thermometerflüssigkeit unbrauchbar?*

4. *Ein Würfel von 1 m Kantenlänge wird so stark erwärmt, daß jede Kante um $1^0/_{00}$ länger wird. Um wieviel $^0/_{00}$ nimmt sein Volumen zu?*

5. *Warum muß im Herbst das Wasser aus den im Garten liegenden Wasserleitungen abgelassen werden?*

6. *Um wieviel dehnen sich 2 l Quecksilber aus, wenn man seine Temperatur von 0 °C auf 30 °C erhöht? (Benutze Tabelle 131.1!)*

7. *Jemand mißt mit einem Stahllineal, das in der Sonne gelegen hat. Werden die Meßwerte zu groß oder zu klein?*

8. *Fernsehtürme werden oft aus aufeinandergesetzten Betonrohren gebaut. Welche Wirkung hat die Sonnenstrahlung auf sie?*

9. *Wieviel Liter Eis werden beim Gefrieren aus 0,7 l Wasser?*

10. *Eine Zentralheizung faßt 400 l Wasser. Ermittle mit Tabelle 131.1 die Volumenzunahme, wenn das Wasser von 30 °C auf 31 °C bzw. von 60 °C auf 61 °C erwärmt wird! Schätze seine Volumenzunahme bei Erwärmung von 30 °C auf 60 °C!*

11. *Miß an verschiedenen Thermometern möglichst genau die Länge zweier gleicher Temperaturintervalle am unteren und am oberen Ende der Skala! Was stellst Du fest? Erkläre!*

§ 37 Das thermische Verhalten der Luft und anderer Gase

1. Gasthermometer und Kelvin-Temperatur

Versuch 13: Wir schließen eine bestimmte Luftmenge durch einen Quecksilbertropfen nach *Abb. 133.1* in einem Kolben ein. Schon durch das Erwärmen mit den Händen dehnt sich die eingeschlossene Luft aus und schiebt den Quecksilbertropfen deutlich nach rechts. **Luft und alle anderen Gase dehnen sich beim Erwärmen viel stärker aus als feste Körper oder Flüssigkeiten.**

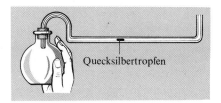

Quecksilbertropfen

133.1 Das Volumen der eingeschlossenen Luft vergrößert sich durch Erwärmen.

Genaue Messungen gestattet das Gerät nach *Abb. 134.1*; es heißt deshalb auch **Gasthermometer**. In seiner Kapillare ist unter dem Quecksilbertropfen eine bestimmte Luftmenge eingeschlossen. Wir machen mit diesem Gasthermometer folgenden Versuch:

Versuch 14: Wir stecken es wie ein gewöhnliches Thermometer in schmelzendes Eis und markieren mit einem Klemmring das abgeschlossene Luftvolumen bei $\vartheta_1 = 0$ °C. Anschließend stecken wir es in siedendes Wasser und markieren mit einem zweiten Klemmring das Volumen bei $\vartheta_2 = 100$ °C. Damit sind Eis- und Siedepunkt gekennzeichnet. Wir teilen den dazugehörigen Abstand in 100 gleiche Teile. Diese Teilung setzen wir nach beiden Seiten fort und kommen dabei am unteren Ende der Kapillare zu einem Teilpunkt, der auf der Celsius-Skala die Bezeichnung $\vartheta_3 = -273$ °C trägt. Es hat sich als zweckmäßig erwiesen, diesen Punkt zum Nullpunkt einer neuen Temperaturskala, der **Kelvin-Skala**, zu machen.

Kelvin- und Celsius-Skala haben gleich große Gradschritte, die wir schon bisher mit 1 K bezeichnet haben. Der Anfangspunkt der Kelvin-Skala wird mit 0 K bezeichnet. Er liegt, wie sehr genaue Messungen gezeigt haben, bei $-273,15\,°C$. Temperaturangaben auf der Kelvin-Skala werden mit dem Buchstaben T bezeichnet. Eispunkt ($\vartheta_E = 0\,°C$) und Siedepunkt ($\vartheta_S = 100\,°C$) tragen auf der Kelvin-Skala die Bezeichnungen $T_E = 273$ K und $T_S = 373$ K. Der Celsius-Temperatur $\vartheta = 20\,°C$ entspricht die Kelvin-Temperatur $T = 293$ K. Ist also ein beliebiger Temperaturpunkt auf der Celsius-Skala durch die Angabe $\vartheta = k\,°C$ gegeben, so kann man umrechnen:

$$k\,°C \triangleq (273 + k)\ \text{K}.$$

> **Temperaturangaben der Kelvin-Skala sind um 273 K höher als die der Celsius-Skala.**

Wir werden künftig beide Skalen nebeneinander verwenden. Für Temperaturunterschiede, die wir sowohl mit ΔT als auch mit $\Delta\vartheta$ bezeichnen können ($\Delta T = \Delta\vartheta$), verwenden wir ausschließlich die Bezeichnung **Kelvin**.

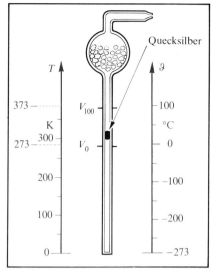

134.1 Gasthermometer mit Celsius-Teilung und Kelvin-Teilung. In der angesetzten Kugel befindet sich ein Trockenmittel. Das Gas in der Röhre bleibt dann trocken. Dies ist wichtig, weil Wasserdampf unsere Meßergebnisse stört.

2. Die Gasgesetze

Das Ergebnis des Versuchs 14 stellt sich auch bei anderen Gasen ein; es läßt sich nach *Abb. 134.1* allgemein in folgender Weise formulieren:

> **Erwärmt man ein beliebiges Gas um 1 K, so dehnt es sich um $\dfrac{1}{273}$ seines Volumens V_0 bei 273 K (0 °C) aus, sofern der Druck konstant bleibt.**

Dieses Gesetz und auch die *Abb. 134.1* gelten streng nur für ein gedachtes **ideales Gas,** das auch bei tiefsten Temperaturen gasförmig bleibt und bei 0 K, dem absoluten Nullpunkt, überhaupt kein Volumen mehr hat. *Reale Gase* werden bei sehr tiefen Temperaturen flüssig, sie kommen jedoch dem *idealen Gaszustand* um so näher, je weiter sie vom Verflüssigungspunkt entfernt sind *(Tabelle 136.1).* Die *Abb. 134.2* zeigt unmittelbar, daß das Volumen V der Luft (und anderer Gase) dann der Kelvin-Temperatur T proportional ist.

> **Das Volumen V einer abgeschlossenen Gasmenge ist bei konstantem Druck p der Kelvin-Temperatur T proportional (Gesetz von Gay-Lussac):**
>
> **$V \sim T$ (bei konstantem Druck p).   (134.1)**

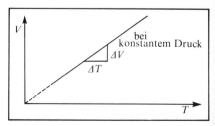

134.2 Gesetz von Gay-Lussac

Wenn man also bei einer abgeschlossenen Gasmenge die Kelvin-Temperatur T ver-n-facht, erhält man n-faches Volumen. Um das Volumen konstant zu halten, muß man nach dem Gesetz von *Boyle und Mariotte* (Seite 110) den Druck, unter dem das Gas steht, ver-n-fachen. Demnach ist aber auch der Druck einer abgeschlossenen Gasmenge der Kelvin-Temperatur T proportional, wenn das Volumen konstant bleibt (*Abb.135.1*).

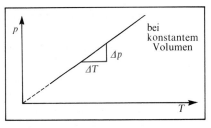

135.1 Gesetz von Amontons

> **Der Druck p einer abgeschlossenen Gasmenge ist bei konstantem Volumen V der Kelvin-Temperatur T proportional (Gesetz von Amontons):**
>
> $$p \sim T \text{ (bei konstantem Volumen).} \tag{135.1}$$

Die einfache Form der beiden Gesetze zeigt, wie zweckmäßig es ist, die Celsius-Skala durch die Kelvin-Skala zu ersetzen.

3.   Die allgemeine Zustandsgleichung der Gase

Erhöht man die Kelvin-Temperatur bei konstantem Druck auf das Dreifache, steigt nach Gleichung (134.1) auch das Volumen auf den dreifachen Wert. Wird anschließend (bei konstanter Temperatur) der Druck verfünffacht, so sinkt das Volumen nach Gleichung (110.1) auf 3/5 des Ausgangswerts: Das Volumen V einer Gasmenge ist also dem Quotienten aus der Kelvin-Temperatur T und dem Druck p proportional: $V \sim T/p$, oder $V/(T/p) = \text{konstant}$.

> **Wenn man Druck, Temperatur und Volumen einer abgeschlossenen Gasmenge ändert, so gilt:**
>
> $$\frac{p \cdot V}{T} = \text{konstant.} \tag{135.2}$$

Weil Gleichung (135.2) für beliebige Zustandsänderungen einer abgeschlossenen Gasmenge gilt, nennt man sie auch die allgemeine Zustandsgleichung der Gase oder auch das **allgemeine Gasgesetz.**

Bezeichnet man mit V_0 das Volumen einer Gasmenge bei der Temperatur $T_0 = 273$ K (0 °C) und bei dem Normdruck $p_0 = 1013$ mbar, mit p, V, T die Werte, die irgendeinen anderen Zustand der Gasmenge kennzeichnen, so erhält die Gleichung (135.2) die Form:

> $$\frac{p \cdot V}{T} = \frac{p_0 \cdot V_0}{T_0}. \tag{135.3}$$

Sind in dieser Gleichung fünf Größen bekannt, so kann man die sechste berechnen. Vor allem kann man das Volumen V_1 einer Gasmenge, das man beim Druck p_1 und der Temperatur T_1 kennt, auf „**Normalbedingungen**", das heißt auf $T_0 = 273$ K (0 °C) und $p_0 = 1013$ mbar umrechnen. Das so erhaltene Volumen V_0 heißt *Normvolumen*. Diese Umrechnungen sind für die Praxis von besonderer Bedeutung, da man so Gasmengen bequem angeben und vergleichen kann. Dabei wird jedoch vorausgesetzt, daß die Gase genügend weit von ihrer Verflüssigungstemperatur entfernt sind, daß man sie also bei der Berechnung wie ein ideales Gas (siehe Seite 134) behandeln darf.

Beispiel: In einer Spritze mit leicht verschiebbarem Kolben ist bei $T = 288$ K (15 °C) und $p = 995$ mbar Luft vom Volumen $V = 80$ cm³ eingeschlossen. Wie groß ist das Normvolumen V_0? Aus der Gleichung (135.3) ergibt sich:

$$\frac{995 \text{ mbar} \cdot 80 \text{ cm}^3}{288 \text{ K}} = \frac{1013 \text{ mbar} \cdot V_0}{273 \text{ K}}.$$

Daraus folgt: $V_0 = \dfrac{995 \text{ mbar} \cdot 273 \text{ K}}{1013 \text{ mbar} \cdot 288 \text{ K}} \cdot 80 \text{ cm}^3 = 74,5 \text{ cm}^3.$

Tabelle 136.1 Verflüssigungstemperatur verschiedener Gase bei normalem Druck ($p_0 = 1013$ mbar)

Helium	4 K $\cong$ −269 °C	Sauerstoff	91 K $\cong$ −182 °C
Wasserstoff	21 K $\cong$ −253 °C	Kohlendioxid *	194 K $\cong$ − 79 °C
Neon	27 K $\cong$ −246 °C	Propan	228 K $\cong$ − 45 °C
Stickstoff	77 K $\cong$ −196 °C	Butan	272,5 K $\cong$ − 0,5 °C

* Sublimationstemperatur

4. Temperaturmessung mit dem Gasthermometer

Nach dem Gesetz von *Gay-Lussac* läßt sich das Gasthermometer zum Messen von Temperaturen verwenden. Das zeigt folgendes Beispiel:

Bei $T_1 = 273$ K (0 °C) sei das Volumen des eingeschlossenen Gases $V_1 = 175$ mm³. Wir halten das Thermometer in warmes Wasser und finden das Volumen $V_2 = 205$ mm³. Bei konstantem Druck kann man die Gleichung (135.3) vereinfachen zu $\dfrac{T_2}{T_1} = \dfrac{V_2}{V_1}$. Mit den genannten Werten gilt:

$$\frac{T_2}{273 \text{ K}} = \frac{V_2}{V_1} = \frac{205 \text{ mm}^3}{175 \text{ mm}^3}, \quad \text{das heißt} \quad T_2 = \frac{205}{175} \cdot 273 \text{ K} = 320 \text{ K}, \quad \text{das sind } 46,8 \text{ °C}.$$

Ein Quecksilberthermometer liefert den gleichen Wert, das heißt, wir können im normalen Temperaturbereich keine ungleichmäßige Ausdehnung des Quecksilbers gegenüber den Gasen feststellen (siehe auch *Tabelle 131.1*). Erst oberhalb von 470 K (ca. 200 °C) treten mit der Annäherung an den Siedepunkt auch bei Quecksilber, ebenso wie bei anderen Flüssigkeiten, erhebliche Abweichungen auf.

Das Gasthermometer ist allerdings umständlicher als das Quecksilberthermometer zu handhaben und hat noch einen weiteren Nachteil, der seinen praktischen Gebrauch weitgehend einschränkt: Will man mit ihm am nächsten Tage messen, muß man zunächst wieder V_1 (bei 273 K) bestimmen, da sich der Luftdruck geändert haben könnte. Bei der Messung von sehr tiefen und sehr hohen Temperaturen muß man diese Nachteile in Kauf nehmen; denn unterhalb $T = 234$ K (-39 °C) versagt das Quecksilberthermometer, weil das Quecksilber bei dieser Temperatur erstarrt. Auch andere Flüssigkeiten (Alkohol, Pentan) erstarren bei sehr tiefen Temperaturen, bei denen Gasthermometer mit geeigneter Füllung (Wasserstoff oder Helium, siehe Tabelle 136.1) noch brauchbar sind. Gasthermometer werden deshalb normalerweise nur zum Eichen verwendet und nur dann praktisch benutzt, wenn andere Meßverfahren versagen.

Aufgaben:

1. a) *Rechne in Kelvin-Temperatur T um:* $\vartheta = 25\ °C$, $-183\ °C$, $10\,000\ °C$!

   b) *Rechne in Celsius-Temperatur ϑ um: $T = 350$ K, 1000 K, 0 K!*

2. *Eine Gasmenge hat bei 293 K (20 °C) und 1025 mbar das Volumen 25* cm^3; *welches Volumen hat das Gas unter Normalbedingungen, das heißt bei 273 K (0 °C) und 1013 mbar?*

3. *Der Luftdruck in einem Autoreifen beträgt bei $T_1 = 293$ K (20 °C) $p_1 = 2,8$ bar, das Volumen beträgt $V_1 = 26,0$* dm^3. *Durch Erwärmung auf $T_2 = 333$ K (60 °C) gibt der Reifen so weit nach, daß das Volumen auf $V = 26,4$* dm^3 *ansteigt. Welcher Druck p_2 stellt sich ein?*

4. *Welches Volumen bekommt ein mit Wasserstoff gefüllter Ballon, der bei 1013 mbar und 288 K (15 °C) ein Volumen von 250* m^3 *hat, wenn in großer Höhe ein Druck von 350 mbar und eine Temperatur von 223 K (−50 °C) herrschen? Überwiegt der Druck- oder Temperatureinfluß? (Wir denken uns die Hülle so nachgiebig, daß sie keinen nennenswerten Unterschied zwischen Innen- und Außendruck verursacht.)*

5. *In einem rechtwinkligen Achsenkreuz ist waagerecht die Celsius-Temperatur ϑ, senkrecht die Kelvin-Temperatur T aufgetragen. Trage die zu den Celsius-Temperaturen $\vartheta_1 = 0\ °C$ und $\vartheta_2 = 100\ °C$ gehörenden Kelvin-Temperaturen T_1 und T_2 senkrecht über diesen auf und verbinde die so festgelegten Punkte durch eine gerade Linie! Bei welcher Celsius-Temperatur schneidet die Gerade die waagerechte Achse?*

6. *Ein Schlauchboot wird bei einer Lufttemperatur von 20 °C mit einem Druck von 1200 mbar aufgepumpt. Durch kräftige Sonnenbestrahlung steigt anschließend die Temperatur der Hülle und damit auch die der eingeschlossenen Luft auf 50 °C. Berechne den erreichten Innendruck unter der Annahme, daß die Hülle nicht nachgibt!*

§ 38 Temperatur und Molekülbewegung

Versuche über den Zusammenhalt verschiedener Körper zeigen uns (siehe Seite 39), daß starke anziehende Kräfte zwischen den Molekülen fester und flüssiger Körper bestehen. Diese werden aber nur dann wirksam, wenn die Moleküle dicht gepackt sind. Bei festen Körpern sind die *Kohäsionskräfte* so groß, daß sie eine fast unveränderliche, bei Kristallen sogar völlig regelmäßige Anordnung der Moleküle gegeneinander erzwingen. Dies spiegelt sich nicht nur äußerlich in der regelmäßigen Form wider, sondern kann auch durch Abbildungen mit Hilfe des sogenannten Feldelektronenmikroskops sichtbar gemacht werden. Bei Gasen dagegen sind die Abstände zwischen den Molekülen groß und daher die zwischen ihnen wirkenden Kräfte so klein, daß sie vernachlässigt werden können. Man kann Gase leicht zusammendrücken.

Im vorigen Paragraphen haben wir festgestellt, daß eine Steigerung der Temperatur eines Gases eine Druckzunahme *(Gesetz von Amontons)* oder eine Volumenzunahme *(Gesetz von Gay-Lussac)* zur Folge hat. Diese Eigenschaft der Gase können wir an einem Modellgas studieren, bei dem kleine Kügelchen durch die vibrierende Grundplatte eines Gefäßes in Bewegung gesetzt werden. Dazu machen wir folgenden Versuch:

Versuch 15: Wir lassen die Grundplatte so heftig schwingen, daß die Kügelchen das ganze Gefäß durchfliegen und die Deckplatte anheben (siehe *Abb. 38.2*). Verstärken wir die Bewegung der Grundplatte und damit auch der Kügelchen weiter, so hebt sich die Deckplatte noch mehr, das heißt, das Volumen unseres Modellgases nimmt zu. Wir können diese Volumenzunahme dadurch verhindern oder rückgängig machen, daß wir die Deckplatte stärker belasten, das heißt einen höheren Druck auf sie ausüben.

Die entsprechenden Beobachtungen haben wir an wirklichen Gasen gemacht, wenn wir ihre Temperatur gesteigert haben. Daraus schließen wir:

> **Temperaturzunahme eines Gases bedeutet Zunahme der Energie der ungeordneten Bewegung seiner Moleküle.**

Die Auswirkung der Molekülbewegung bei Gasen zeigt uns der folgende Versuch:

Versuch 16: Wir füllen einen Standzylinder mit braunem Bromdampf, den wir mit einer Glasplatte abdecken. Vorsicht: Brom ist giftig (bromos, griech.; Gestank)! Dann stülpen wir einen gleichen luftgefüllten Zylinder darüber und ziehen die Glasplatte heraus. In wenigen Minuten haben sich beide Gase völlig durchmischt, wie an der gleichmäßigen Braunfärbung zu erkennen ist. Diese Vorgänge verlaufen um so schneller, je höher die Temperatur ist.

Daß auch die Geschwindigkeit der Moleküle in Flüssigkeiten mit der Temperatur steigt, erklärt den folgenden Versuch:

Versuch 17: Zwei gleiche Bechergläser werden mit 500 g Wasser von 10 °C bzw. 80 °C gefüllt. Anschließend wird je ein kleines Stück Zucker in jedes Becherglas gelegt. Läßt man beide Gläser ohne Erschütterung stehen, so zeigt sich, daß sich der Zucker im heißen Wasser nach wenigen Minuten aufgelöst hat, während die Auflösung im kalten Wasser viel mehr Zeit erfordert. Offensichtlich haben die Wassermoleküle bei höherer Temperatur eine höhere Geschwindigkeit und können dadurch die Zuckermoleküle leichter vom festen Zuckerstück losreißen und schneller abtransportieren. Auch viele andere Vorgänge, wie z. B. das Garkochen von Speisen, verlaufen um so schneller, je höher die Temperatur ist, je schneller sich also die Moleküle bewegen.

Im Gegensatz zu den *Gasen* beobachten wir bei *Flüssigkeiten* nur eine geringe Volumenzunahme beim Erwärmen, das heißt, sie haben einen viel kleineren Ausdehnungskoeffizienten als Gase. Ihre Moleküle können sich zwar gegeneinander verschieben; sie sind aber nahezu dicht gepackt, weil sie durch erhebliche Kräfte zusammengehalten werden. Bei Temperaturerhöhung führen sie schnellere Bewegungen aus und brauchen hierzu insgesamt mehr Platz, obwohl die Moleküle selbst sich nicht ausdehnen. Will man das Volumen einer Flüssigkeit bei Temperaturzunahme konstant halten, so muß man sehr hohe Drücke anwenden. Um eine Volumenzunahme des Wassers um 1 % zu verhindern oder rückgängig zu machen, braucht man einen Druck von etwa 200 bar!

In festen Körpern ändern die Moleküle ihre gegenseitige Lage zwar nicht; sie sind aber trotzdem nicht in Ruhe, sondern führen unregelmäßige Schwingungen auf kleinstem Raum aus. Mit steigender Temperatur wächst ihre Schwingungsenergie. Weil die Moleküle für die heftigeren Schwingungen dann mehr Platz brauchen, nimmt das Volumen des ganzen Körpers zu.

§ 39 Wärme als Energieübergang

Versuch 18: Wir bringen ein heißes Stück Eisen in kaltes Wasser. Die Temperatur des Eisens sinkt und die des Wassers steigt, bis beide die gleiche Temperatur haben. Ein in das Wasser gehaltenes Thermometer zeigt dann keine weitere Temperaturzunahme an. Die schließlich erreichte Temperatur lesen wir ab.

Versuch 19: Wir mischen heißes Wasser der Temperatur T_1 mit kaltem Wasser der Temperatur T_2. Nach gründlichem Umrühren finden wir eine zwischen T_1 und T_2 liegende Mischungstemperatur T, die wir dann ablesen können:

$$T_2 < T < T_1.$$

Bringt man Körper verschiedener Temperatur zusammen, so nehmen sie schließlich die gleiche Temperatur an. Wenn wir die Temperatur eines Körpers erhöhen (erniedrigen), so sagen wir auch, wir *erwärmen* ihn (wir kühlen ihn ab). Damit drücken wir aus, daß wir ihm *Wärme* zuführen (entziehen). Bei obigen Versuchen gab also der Körper mit der höheren Temperatur so lange Wärme an den kälteren ab, bis beide die gleiche Temperatur hatten.

Um zu erfassen, worin dieser *Wärmeübergang* besteht, gehen wir davon aus, daß die Moleküle eines heißen Körpers mehr Energie der ungeordneten Bewegung haben als die eines kalten Körpers, und können dann sagen:

Berühren oder mischen sich zwei Körper verschiedener Temperatur, so geben die Moleküle des heißeren Körpers durch Stöße so lange Energie an die des kälteren Körpers ab, bis beide dieselbe Temperatur haben. Der heiße Körper verliert innere Energie, der kältere nimmt sie auf.

Die bei einem Temperaturunterschied mittels ungeordneter Molekülbewegung übertretende Energie nennt man Wärme oder Wärmemenge.

Man kann die Temperatur und damit die innere Energie eines Körpers auch durch Verrichten von Reibungsarbeit erhöhen. Hierzu folgende Beispiele:

a) Reibt man die *Hände* kräftig aneinander, so werden sie warm. Man spürt diese Erwärmung beim Reiben besonders unangenehm, wenn man sich nur mit den Händen an einer Kletterstange festhält und herunterrutscht.

b) Beim *Bohren* und *Sägen* von Metall oder hartem Holz entstehen so hohe Temperaturen, daß Bohrer und Sägeblatt gelegentlich blau anlaufen. Beim Anfeuchten zischt es!

c) Beim *Schleifen* von Metallstücken entstehen oft so hohe Temperaturen, daß die abgetrennten Metallteile hell aufglühen.

d) Fährt man mit einem Fahrrad bergab und betätigt dabei die *Rücktrittbremse*, so steigt die Temperatur in der Nabe um so höher, je stärker und länger man bremst. Fährt ein Kraftfahrer versehentlich mit angezogener Bremse, so werden in kurzer Zeit die Felgen heiß. Dadurch kann schließlich die ganze Bremsanlage unwirksam werden. Versagt die Schmierung eines Eisenbahnwagens, so erhitzen sich die Achsen bis zur Rotglut.

Die **Molekülvorstellung** gibt uns eine einfache Erklärung für alle diese Vorgänge:

Rutscht ein Körper auf seiner Unterlage, so werden die Moleküle der Berührungsflächen in stärkere Schwingungen versetzt. Ist der Körper durch die Reibung zum Stillstand gekommen, so ist aus der *geordneten Bewegung*, bei der sich alle Moleküle des Körpers in der gleichen Richtung bewegten, verstärkte *ungeordnete Bewegung* der Moleküle der Reibungsflächen geworden. Da sich die Schwingungsenergie der Moleküle im Laufe der Zeit gleichmäßig auf alle Moleküle verteilt, nimmt schließlich die Temperatur des ganzen Körpers und die seiner Unterlage zu.

Versuch 20: Mit einem Quirl wird Glyzerin in einem Becherglas gerührt. Die Stäbe des schnell rotierenden Quirls schlagen gegen die Glyzerinmoleküle und verstärken deren ungeordnete Bewegung. Die Temperatur des Glyzerins steigt dadurch etwas an. Der Temperaturanstieg ist (im Gegensatz zu der beim Händereiben beobachteten starken Temperaturzunahme) deshalb so gering, weil hier alle Glyzerinmoleküle unmittelbar in lebhaftere Bewegung versetzt werden und damit die Bewegungsenergie sofort gleichmäßig verteilt wird.

Wärme erhalten wir auch, wenn wir brennbare Körper (Streichholz, Kerze, Stadtgas, Benzin, Holz, Kohle usw.) entzünden. Auf bequeme und saubere Weise erhalten wir Wärme, wenn elektrischer Strom durch die Drähte von elektrischen Heizgeräten (Tauchsieder usw.) fließt.

§ 40 Wärmemessung

1. Energieübergang durch Wärme

Wir haben gesehen, daß *Zufuhr von Wärme* gleichbedeutend ist mit der *Übertragung von Energie der ungeordneten Molekülbewegung.* Deshalb messen wir die Wärme wie alle Energie in der Einheit 1 Joule (siehe Seite 50). Man könnte sie unmittelbar aus der aufgewandten Reibungsarbeit bestimmen. Dieses etwas umständliche Verfahren werden wir erst auf Seite 149 benutzen. Wesentlich bequemer lassen sich viele Versuche mit einem *Tauchsieder* ausführen, auf dem wir bereits eine Leistungsangabe von zum Beispiel 300 W finden (Leistung $P = W/t$; Einheit 1 Watt $= 1$ J/s). Die Angabe 300 W auf dem Tauchsieder besagt, daß die Maschinen des Elektrizitätswerkes zusätzlich die mechanische Leistung $P = 300$ W $= 300$ J/s aufbringen müssen, solange der Tauchsieder eingeschaltet ist. Anders ausgedrückt: Die Maschinen müssen für den Tauchsieder je Sekunde 300 J mechanischer Arbeit verrichten. Diese wird auf dem Umweg über die Energie des elektrischen Stromes (siehe Seite 52) vom Tauchsieder als Wärme an das Wasser abgegeben. Dabei werden zunächst die Moleküle der Tauchsiederspirale in heftige Bewegung versetzt; sie stoßen dann die Wassermoleküle an.

Die Einheit der Wärme Q ist das Joule (J).

Ein Wärmegerät mit der Leistung P gibt in der Zeit t die Wärme $Q = P \cdot t$ ab.

In der Mechanik lautete die analoge Gleichung: Arbeit $W = P \cdot t$.

Bei anderen elektrischen Geräten, insbesondere bei den Elektromotoren, wird elektrische Energie in mechanische Arbeit zurückverwandelt *(Abb. 141.1)*.

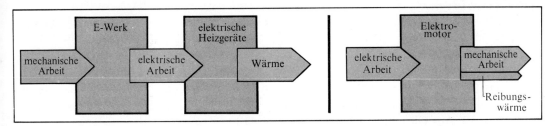

141.1 Schematische Darstellung der Energieumwandlung;
links: in elektrischen Heizgeräten (Heizofen, Kochplatte, Tauchsieder),   rechts: in Elektromotoren

2. Temperaturänderung bei Wärmezufuhr; spezifische Wärmekapazität

Versuch 21: Wir verwenden als Wärmequelle unseren kleinen Tauchsieder mit der Aufschrift 300 W und erwärmen mit ihm eine Wassermenge von $m_1 = 300$ g einige Minuten lang. Dabei rühren wir gut um und messen alle 30 s die Temperatur des Wassers. In diesen 30 s gibt der Tauchsieder $300 \, W \cdot 30 \, s = 300 \, \frac{J}{s} \cdot 30 \, s = 9000 \, J = 9 \, kJ$ ab. Anschließend wiederholen wir den Versuch mit $m_2 = 600$ g und $m_3 = 1200$ g Wasser. In einer Tabelle stellen wir die Ergebnisse zusammen; wir geben an, welche Zeitspannen t, Wärmemengen Q, Wassermassen m und Temperaturzunahmen $\Delta\vartheta$ zusammengehören.

Tabelle 141.1

t in s	Q in J	m_1 in g	$\Delta\vartheta_1$ in K	m_2 in g	$\Delta\vartheta_2$ in K	m_3 in g	$\Delta\vartheta_3$ in K	$m \cdot \Delta\vartheta$ in g·K
0	0	300	0	600	0	1200	0	0
30	9000	300	7	600	3,5	1200	1,8	2100
60	18000	300	14	600	7	1200	3,5	4200
90	27000	300	21	600	10,5	1200	5,3	6300
120	36000	300	28	600	14	1200	7,0	8400
150	45000	300	35	600	17,5	1200	8,7	10500

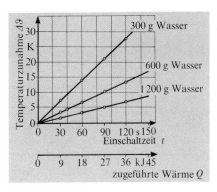

141.2 Temperaturzunahme verschiedener Wassermengen ($m_1 = 300$ g, $m_2 = 600$ g, $m_3 = 1200$ g) beim Erwärmen mit einem 300 W-Tauchsieder

Bei *gleicher* Wärmemenge Q (siehe zum Beispiel zweite Zeile mit $Q = 9000$ J) erhält man bei *doppelter* Masse (600 g) nur die *halbe* Temperaturerhöhung (3,5 K) gegenüber der einfachen Masse (300 g und 7 K). Das Produkt aus Masse m und Temperaturerhöhung $\Delta\vartheta$, nämlich $m \cdot \Delta\vartheta$ (siehe letzte Spalte), ist also bei gleicher Wärmemenge konstant. Wenn man weiterhin die zweite und letzte Spalte miteinander vergleicht, erkennt man, daß dieses Produkt verdoppelt (verdreifacht) wird, wenn man die doppelte (dreifache) Wärme Q zuführt. Das Produkt $m \cdot \Delta\vartheta$ ist also der zugeführten Wärme Q proportional: $Q \sim m \cdot \Delta\vartheta$ oder mit dem Proportionalitätsfaktor c geschrieben: $Q = c \cdot m \cdot \Delta\vartheta$.

> **Um die Temperatur des Wassers um einen bestimmten Betrag zu erhöhen, wird eine Wärmemenge Q gebraucht, die dem Produkt aus der Masse m des Wassers und der Temperaturzunahme $\Delta\vartheta$ proportional ist:**
>
> $$Q = c \cdot m \cdot \Delta\vartheta. \tag{142.1}$$

Den Wert des Proportionalitätsfaktors c in dieser Gleichung finden wir für Wasser, wenn wir nach der Wärme Q fragen, die man braucht, um $m = 1$ g Wasser um $\Delta\vartheta = 1$ K zu erwärmen: Im Versuch 21 brauchten wir $Q = 18\,000$ J, um $m = 600$ g Wasser um $\Delta\vartheta = 7$ K zu erwärmen. Wollte man 1 g um 7 K erwärmen, brauchte man also nur 30 J, für eine Temperaturzunahme um 1 K sogar nur 4,3 J. Aus Gleichung 142.1 folgt:

$$c = \frac{Q}{m \cdot \Delta\vartheta} = \frac{18\,000\ \text{J}}{600\ \text{g} \cdot 7\ \text{K}} = 4,3\ \frac{\text{J}}{\text{g} \cdot \text{K}}.$$

Der von uns ermittelte Wert ist etwas zu groß; denn wir haben nicht berücksichtigt, daß ein Teil der vom Tauchsieder gelieferten Wärme zum Erhöhen der Gefäßtemperatur gebraucht wird und daß ein Teil an die umgebende Luft abgegeben wird. Sehr genaue Messungen, die diese Fehler berücksichtigen, führen für Wasser zu dem Wert:

$$c = 4,1868\ \frac{\text{J}}{\text{g} \cdot \text{K}} \approx 4,2\ \frac{\text{J}}{\text{g} \cdot \text{K}}.$$

Man braucht also 4,2 J, um 1 g Wasser um 1 K zu erwärmen. Gilt dies für alle Stoffe?

Versuch 22: Mit einem 300 W-Tauchsieder erwärmen wir 600 g *Glykol* statt 600 g Wasser. Wir führen also dem Glykol in einer Minute $300 \cdot 60$ Ws $= 18\,000$ J zu. Dabei steigt seine Temperatur um $\Delta\vartheta = 12$ K (statt $\Delta\vartheta = 7$ K bei Wasser)!

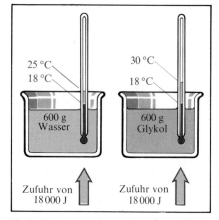

Aus $Q = c \cdot m \cdot \Delta\vartheta$ folgt nun $\qquad c = \dfrac{Q}{m \cdot \Delta\vartheta}.$

Mit den gemessenen Werten des Glykols erhalten wir:

$$c_{\text{Glykol}} = \frac{18\,000\ \text{J}}{600\ \text{g} \cdot 12\ \text{K}} = 2,5\ \frac{\text{J}}{\text{g} \cdot \text{K}}.$$

Damit haben wir eine *Materialkonstante c* gefunden, die angibt, welche Wärme man braucht, um 1 g eines Stoffes um 1 K zu erwärmen. Man nennt sie **spezifische Wärmekapazität** und kürzt sie mit dem Buchstaben c ab.

142.1 Glykol hat eine geringere spezifische Wärmekapazität als Wasser.

> **Die Einheit der spezifischen Wärmekapazität ist $1\ \dfrac{\text{J}}{\text{g} \cdot \text{K}}$. Ihr Zahlenwert gibt an, welche Wärme (in Joule) man braucht, um 1 g des betreffenden Stoffes um 1 K zu erwärmen.**

Beispiel: Welche Wärme braucht man, um das Wasser einer Badewanne (200 l) von 15 °C auf 37 °C zu erwärmen? Nach Gleichung (142.1) gilt:

$$Q = c \cdot m \cdot \Delta\vartheta = 4,2\ \frac{\text{J}}{\text{g} \cdot \text{K}}\ 200\,000\ \text{g} \cdot 22\ \text{K} \approx 18\,500\ \text{kJ}.$$

Aufgaben:

1. *Wieviel Joule braucht man, um 2,5 l Wasser von 17,5 °C auf 35 °C zu erwärmen?*

2. *Ein Bunsenbrenner liefert 16 kJ/min. In welcher Zeit kommen 0,3 l Wasser von 10 °C zum Sieden?*

3. *Erwärme mit einem Tauchsieder 1 l Wasser 3 min lang und ermittle aus der Temperaturzunahme $\Delta \vartheta$ die Wärmeleistung des Tauchsieders, das heißt die in einer Sekunde gelieferte Wärmemenge! Vergleiche das Ergebnis mit der auf dem Tauchsieder vermerkten Wattzahl!*

4. *Bringe zu Hause 1 l Wasser (Anfangstemperatur 15 °C) zum Sieden und lies am Gasmesser die verbrauchte Gasmenge ab! Berechne die Wärmemenge, die 1 l Leuchtgas beim Verbrennen dem Wasser zuführt!*

5. *Welche Leistung muß die Heizspirale einer Waschmaschine haben, um 10 l Wasser in 30 Minuten von 15 °C auf 95 °C zu erhitzen?*

6. *Warum unterscheidet man zwischen Wärme und Temperatur (siehe Tabelle 141.1)?*

§ 41   Mischungsversuche, Wärmequellen

1.   Mischungsversuche

Wir haben bisher untersucht, welche *Wirkungen* die von einem Tauchsieder gelieferte Wärme hat. Wir untersuchen jetzt genauer, was geschieht, wenn *Wärme* von einem wärmeren auf einen kälteren Körper *übergeht*. Dazu machen wir folgenden Versuch:

Versuch 23: Wir erwärmen mit einem Tauchsieder 300 g Wasser von 15 °C auf 30 °C und dann weiter bis auf 45 °C. Der Tauchsieder muß während der beiden Versuchsabschnitte gleich lange eingeschaltet sein und führt daher gleiche Wärmemengen Q_1 und Q_2 zu, nämlich

$$Q_1 = 4{,}19 \frac{J}{g \cdot K} \cdot 300 \text{ g} \cdot (45-30) \text{ K} = 18850 \text{ J} \qquad Q_2 = 4{,}19 \frac{J}{g \cdot K} \cdot 300 \text{ g} \cdot (30-15) \text{ K} = 18850 \text{ J}$$

Nun mischen wir dieses Wasser von 45 °C mit ebenfalls 300 g von 15 °C. Nach *Abb. 143.1* hat sich

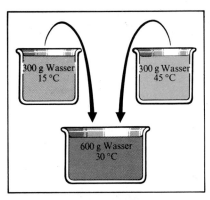

das kalte Wasser um 15 K erwärmt	das warme Wasser um 15 K abgekühlt

und die Wärmemenge

$Q_{auf} = 18850$ J aufgenommen.	$Q_{ab} = 18850$ J abgegeben.

Beide Wärmemengen sind also gleich:

$$Q_{auf} = Q_{ab}.$$

143.1 Wenn man gleiche Wassermengen mischt, erhält man den Mittelwert der Temperaturen.

Das warme Wasser hat dabei genau die Wärmemenge wieder abgegeben, die ihm zu Beginn des Versuches (während des zweiten Zeitabschnittes) vom Tauchsieder zugeführt wurde.

Wiederholt man den Versuch mit 600 g Wasser von 15 °C und 300 g Wasser von 45 °C, so erhält man eine Mischungstemperatur von 25 °C. Berechnet man die abgegebene Wärmemenge und die aufgenommene Wärmemenge, so findet man wieder:

$$Q_{\text{auf}} = Q_{\text{ab}}.$$

Für Aufnahme und Abgabe von Wärmemengen gelten demnach folgende Gesetze:

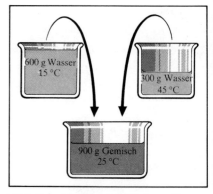

144.1 Beim Mischen verschiedener Mengen liegt die Mischtemperatur näher bei der Temperatur der größeren Menge.

Die beim Erwärmen eines Körpers zugeführte Wärmemenge wird beim Abkühlen auf die Ausgangstemperatur wieder abgegeben.

Bei Mischungsversuchen ist die aufgenommene gleich der abgegebenen Wärmemenge.

Die aufgenommene (abgegebene) Wärmemenge ist gleich dem Produkt aus der spezifischen Wärmekapazität c, der Stoffmenge m und der Temperaturänderung $\Delta\vartheta$:

$$Q = c \cdot m \cdot \Delta\vartheta. \tag{144.1}$$

Die ersten beiden Gesetze zeigen, *daß die Energie* (siehe Seite 51) *auch in der Wärmelehre insgesamt erhalten bleibt.* So kann man das Ergebnis eines Mischungsversuchs vorausberechnen, bevor man ihn durchgeführt hat. Beispiel zur Berechnung der *Mischungstemperatur ϑ*:

Für ein Bad gießt man 40 l Wasser von 85 °C in 80 l Wasser von 10 °C. Wir berechnen die Mischungstemperatur x °C. Das geschieht im folgenden links. Rechts steht zur Kontrolle und zum leichteren Verständnis die gleiche Rechnung mit der experimentell bestimmten Mischungstemperatur 35 °C. Vergleiche beide Rechnungen zeilenweise miteinander!

Abgegebene Wärmemenge:

$$Q_{\text{ab}} = 4{,}19 \frac{\text{kJ}}{\text{kg} \cdot \text{K}} \cdot 40 \text{ kg} \cdot (85 - x)\text{ K} \qquad Q_{\text{ab}} = 4{,}19 \frac{\text{kJ}}{\text{kg} \cdot \text{K}} \cdot 40 \text{ kg} \cdot (85 - 35)\text{ K}$$

$$= 4{,}19 \cdot 2000 \text{ kJ}$$

Aufgenommene Wärmemenge:

$$Q_{\text{auf}} = 4{,}19 \frac{\text{kJ}}{\text{kg} \cdot \text{K}} \cdot 80 \text{ kg} \cdot (x - 10)\text{ K} \qquad Q_{\text{auf}} = 4{,}19 \frac{\text{kJ}}{\text{kg} \cdot \text{K}} \cdot 80 \text{ kg} \cdot (35 - 10)\text{ K}$$

$$= 4{,}19 \cdot 2000 \text{ kJ}$$

Da $Q_{\text{auf}} = Q_{\text{ab}}$ ist, erhalten wir für die unbekannte Mischungstemperatur x °C die Gleichung:

Das heißt, die Bedingung $Q_{\text{ab}} = Q_{\text{auf}}$ ist erfüllt, wenn die Mischungstemperatur 35 °C beträgt.

$$4{,}19 \frac{\text{kJ}}{\text{kg} \cdot \text{K}} \cdot 80 \text{ kg} \cdot (x - 10)\text{ K} = 4{,}19 \frac{\text{kJ}}{\text{kg} \cdot \text{K}} \cdot 40 \text{ kg} \cdot (85 - x)\text{ K}$$

Aus ihr folgt: $x = 35$. Die Mischungstemperatur beträgt also $\vartheta = 35$ °C.

2. Die spezifische Wärmekapazität fester Körper

Erwärmt man Wasser oder andere Flüssigkeiten, so wird ein Teil der zugeführten Wärme zum Erwärmen des Behälters benötigt. Will man diese Wärme berechnen, so muß man wissen, wieviel Wärme man braucht, um 1 g eines festen Stoffes um 1 K zu erwärmen. Dazu machen wir folgenden Versuch:

Versuch 24: Wir erwärmen 200 g *Stahlkugeln* (aus Kugellagern) im Wasserbad auf 100 °C und schütten sie in 200 g Wasser von 20 °C *(Abb. 145.1)*. Es ergibt sich eine überraschend niedrige Mischungstemperatur von nur 27,5 °C!

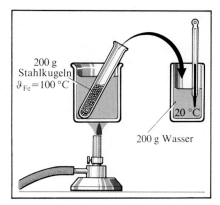

145.1 Zu Versuch 24

Daraus errechnen wir auf folgende Weise die spezifische Wärmekapazität c_{Fe} des Eisens (Fe: Abkürzung von ferrum, lat.; Eisen).

Die von den Stahlkugeln *abgegebene Wärmemenge* ist

$$Q_{ab} = c_{Fe} \cdot 200 \text{ g} \cdot (100 - 27,5) \text{ K}$$

$$= c_{Fe} \cdot 200 \text{ g} \cdot 72,5 \text{ K}$$

Die vom Wasser *aufgenommene Wärmemenge* ist

$$Q_{auf} = 4,19 \frac{J}{g\,K} \cdot 200 \text{ g} \cdot (27,5 - 20) \text{ K}$$

$$= 4,19 \frac{J}{g\,K} \cdot 200 \text{ g} \cdot 7,5 \text{ K}$$

Aus
$$Q_{ab} = Q_{auf}$$

folgt
$$c_{Fe} = \frac{7,5 \text{ K}}{72,5 \text{ K}} \cdot 4,19 \frac{J}{g\,K} \approx 0,43 \frac{J}{g\,K},$$

das heißt, um 1 g Eisen um 1 K zu erwärmen, brauchen wir nur $\frac{1}{10}$ der für dieselbe Masse Wasser erforderlichen Wärmemenge. Als genauen Wert fand man: $c_{Fe} = 0,45$ J/(g · K).

Wir haben die spezifische Wärmekapazität c_{Fe} des Eisens durch einen Mischungsversuch bestimmt. Umgekehrt können wir bei bekanntem c_{Fe} aus einem Mischungsversuch die Temperatur ϑ eines erhitzten Eisenkörpers angenähert ermitteln. Hierfür folgendes Beispiel:

Ein kleiner Eisenklotz $[m_{Fe} = 200 \text{ g}, c_{Fe} = 0,45 \text{ J/(g · K)}]$ wird in der Bunsenflamme auf Rotglut erhitzt und dann schnell in ein bereitgestelltes Gefäß mit Wasser $[m_W = 250 \text{ g}, c_W = 4,2 \text{ J/(g · K)}]$ getaucht. Dabei steigt die Wassertemperatur von $\vartheta_1 = 16$ °C auf $\vartheta_2 = 76$ °C.

Das Wasser hat die Wärmemenge $\qquad Q_{auf} = 4,2 \frac{J}{g \cdot K} \cdot 250 \text{ g} \cdot 60 \text{ K}$ aufgenommen,

das Eisen hat die Wärmemenge $\qquad Q_{ab} = 0,45 \frac{J}{g \cdot K} \cdot 200 \text{ g} \cdot \Delta\vartheta$ abgegeben.

Nimmt man an, daß dabei keine Verluste aufgetreten sind, ist wiederum

$$Q_{auf} = Q_{ab}, \text{ das heißt, es ist}$$

$$63\,000 \text{ J} = 90 \frac{J}{K} \cdot \Delta\vartheta.$$

Daraus folgt $\qquad \Delta\vartheta = 700 \text{ K.}$

Die Temperatur des Eisens betrug daher mindestens $\vartheta = \vartheta_2 + \Delta\vartheta = 776$ °C.

In der Tabelle 146.1 sind die **spezifischen Wärmekapazitäten** von festen und flüssigen Stoffen angegeben. Sie zeigt, daß die spezifische Wärmekapazität des *Wassers* die aller anderen Stoffe wesentlich übersteigt. Hierin liegt ein Grund, weshalb sich große Wassermassen, wie sie die Weltmeere darstellen, im Frühling erheblich langsamer erwärmen als das Festland. Umgekehrt kühlt sich das Meer im Herbst viel langsamer ab als das Festland (Unterschied zwischen **See-** und **Landklima**). Die ausgleichende Wirkung des Meeres auf das Klima wird wesentlich dadurch verstärkt, daß es an der Oberfläche ständig durch Wind und Gezeitenströmungen umgerührt wird. Es nehmen viel größere Wasser- als Gesteinsmengen in der Nähe der Oberfläche am Wärmeaustausch teil.

Tabelle 146.1 Spezifische Wärmekapazität einiger Stoffe

Stoff	in $\dfrac{J}{g\,K}$	in $\dfrac{cal}{g\,K}$	Stoff	in $\dfrac{J}{g\,K}$	in $\dfrac{cal}{g\,K}$
Wasser	4,19	1,000	Blei	0,13	0,031
Eis	2,09	0,50	Glas	0,7 … 0,8	0,17 … 0,20
Aluminium	0,90	0,214	Alkohol	2,4	0,57
Eisen	0,45	0,11	Benzol	1,7	0,41
Kupfer	0,38	0,092	Petroleum	2,0 … 2,1	0,47. .. 0,50
Messing	0,38	0,092	Glykol	2,4	0,57
Silber	0,24	0,056	Glyzerin	2,4	0,57
Quecksilber	0,14	0,033			

Bis zum 31. 12. 1977 darf man Wärmemengen auch noch in der Einheit 1 Kalorie (cal) messen. 1 cal war definiert als diejenige Wärme, die man braucht, um 1 g Wasser um 1 K zu erwärmen. Da man nach Seite 142 hierzu 4,19 J braucht, gilt: 1 cal = 4,19 Joule.

Weil 1 Joule eine sehr kleine Wärmeeinheit ist, verwendet man in der Praxis der Physik meist die größeren Einheiten **1 kJ** = 1 000 J = 10^3 **J** und **1 MJ** = 10^6 **J**. In der Technik verwendet man auch die Kilowattstunde: 1 Kilowattstunde = 1 000 · 3 600 Joule = 3,6 Megajoule.

$$\textbf{1 kWh} = \textbf{3,6} \cdot \textbf{10}^6 \textbf{ J} = \textbf{3,6} \cdot \textbf{10}^6 \textbf{ Ws.}$$

Weitere Beispiele: a) Für die Erwärmung von 100 kg Wasser von 10 °C (das ist etwa die Temperatur des Leitungswassers) auf 35 °C (Temperatur von warmem Badewasser), braucht man

$$4,19 \frac{J}{g \cdot K} \cdot 10^5 \, g \cdot (35 - 10) \, K = 4,19 \cdot 10^5 \cdot 25 \, J = \frac{10,5 \cdot 10^6}{3,6 \cdot 10^6} \, kWh = 2,9 \, kWh.$$

Die dafür erforderliche Energie liefern uns die Generatoren des Elektrizitätswerks. Bei einem Preis von 0,20 DM je kWh kostet uns das Bad rund 0,60 DM; dazu kommt der Preis des Wassers!

b) Um $\frac{1}{2}$ kg Wasser von 10 °C zum Sieden zu bringen, braucht man 90 · 500 · 4,19 Ws = 1,88 · 10^5 Ws = 0,052 kWh. (Preis etwa 1 Pfennig. Rechne nach!)

c) Will man die Wasserfüllung eines kleinen Schwimmbeckens, das 100 m³ (10^5 kg) Wasser faßt, von 12 °C auf 22 °C erwärmen, so braucht man dazu:

$$4,19 \frac{kJ}{kg \cdot K} \cdot 10^5 \, kg \cdot 10 \, K = 4,19 \cdot 10^9 \, J = \frac{4,19 \cdot 10^9}{3,6 \cdot 10^6} \, kWh = 1160 \, kWh.$$

3. Die Verbrennungswärme, Wärmequellen

Der für das Leben auf der Erde entscheidende *Energiespender* ist die **Sonne.** Jedes Quadratmeter der Erde, das senkrecht von den Sonnenstrahlen getroffen wird, erhält in einer Minute annähernd 84 kJ. Daneben sind es vor allem die auf der ganzen Erde verstreut vorhandenen Lager von *festen* und *flüssigen Brennstoffen*, die uns heute die für unser Dasein nötige Energie liefern. Genau genommen sind auch sie in chemischer Form gespeicherte Sonnenenergie aus früheren Erdperioden. Da eine solche Speicherung unter den heutigen Bedingungen kaum noch stattfindet, müssen wir bereits heute in wachsendem Umfang auch die *Kernenergie* (siehe Seite 416) ausnutzen. An manchen Stellen, zum Beispiel in Island, kann man auch auf die im heißen Erdinnern gespeicherte Energie zurückgreifen, indem man das heiße Wasser vulkanischer Quellen zu Heizzwecken benutzt.

Um den Energiegehalt brennbarer Stoffe zu kennzeichnen, sprechen wir von ihrem **spezifischen Heizwert,** das ist der Quotient aus der beim Verbrennen gelieferten Wärmemenge und der verbrannten Stoffmenge (Einheit: 1 kJ/kg = 1 J/g; siehe *Tabelle 148.1*).

Der spezifische Heizwert eines brennbaren Stoffes läßt sich durch folgenden Versuch annähernd bestimmen:

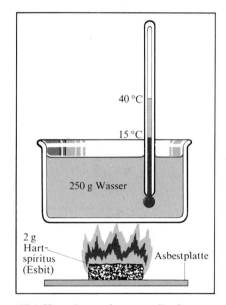

Versuch 25: Unter einem mit 250 g kaltem Wasser $\left(c_W = 4{,}19 \dfrac{J}{g \cdot K}\right)$ gefüllten dünnwandigen Metallgefäß $\left(m = 100 \text{ g}; c_{Fe} = 0{,}45 \dfrac{J}{g \cdot K}\right)$ werden 2 g Hartspiritus verbrannt *(Abb. 147.1)*. Dabei geht ein großer Teil der von der Flamme gelieferten Wärme in das Gefäß und in das Wasser über. Die Temperatur steigt von 15 °C auf 40 °C.

An das Wasser wird die Wärmemenge

$$Q_1 = 4{,}19 \frac{J}{g\,K} \cdot 250 \text{ g} \cdot (40 - 15) \text{ K} = 26\,000 \text{ J} = 26 \text{ kJ,}$$

an die Büchse wird die Wärmemenge

$$Q_2 = 0{,}45 \frac{J}{g\,K} \cdot 100 \text{ g} \cdot (40 - 15) \text{ K} \approx 1{,}1 \text{ kJ}$$

abgegeben. Wir haben der Büchse die gleiche Temperatur zugeschrieben wie dem Wasser, da sie in engem Wärmekontakt stehen.

147.1 Versuchsanordnung zur Bestimmung des Heizwertes von Esbit. Wenn das Gefäß großen Querschnitt hat, geht wenig Wärme verloren.

Die von 2 g Hartspiritus an Wasser und Büchse abgegebene Wärmemenge beträgt demnach

$$Q = Q_1 + Q_2 = 27 \text{ kJ,}$$

das heißt 1 kg Hartspiritus liefert mindestens

$$500 \cdot 27 \text{ kJ} = \frac{500 \cdot 27}{3\,600} \text{ kWh} = 3{,}8 \text{ kWh.}$$

Tabelle 148.1 Spezifischer Heizwert verschiedener Brennstoffe in 10^3 kJ/kg

$\left(\text{bei Gasen zusätzliche Angabe in } 10^3 \dfrac{\text{kJ}}{\text{m}^3}\right)$

Brennstoff	Heizwert in 10^3 kJ/kg	Brennstoff	Heizwert	
			in 10^3 kJ/kg	in 10^3 kJ/m³
trockenes Holz	14	Benzin	46	
Rohbraunkohle	8 … 15	Äthylalkohol	30	
Braunkohlenbrikett	20	Stadtgas	29	17
Koks	29	Erdgas	30 … 35	31
Steinkohle	31	Propan	50	104
Heizöl	42	Wasserstoff	143	13

Die beim Verbrennen von 1 m³ Stadtgas entstehende Wärmemenge beträgt etwa 17 MJ. Von dieser Wärmemenge werden beim Kochen auf dem Gasherd in der Regel nur 30 bis 40% ausgenutzt. Ebenso entweicht ein beträchtlicher Teil der in Heizungen und Öfen erzeugten Wärme durch den Schornstein ins Freie. Einen besseren **Wirkungsgrad** als die üblichen Gasherde erreichen die sogenannten *Durchlauferhitzer*, bei denen die Flammengase an einer größeren Zahl von Wasserrohren vorbeistreichen und dabei bis zu 85% ihrer Verbrennungswärme an das Wasser abgeben. Unter dem *Wirkungsgrad* versteht man hier den *Quotienten aus der dem Wasser zugeführten Wärme zu der bei der Verbrennung abgegebenen Wärme.* Er hat also als Quotient zweier gleichbenannter Größen (Wärme) keine Einheit und kann deshalb in Prozent angegeben werden. Der Wirkungsgrad spielt auch bei den Wärmeenergiemaschinen (Seite 173) eine wichtige Rolle.

Aufgaben:

1. *Führe die Rechnung zu Versuch 23 mit den gegebenen Zahlen durch und prüfe die Richtigkeit dieser Aussage!*

2. *Stelle durch 2 Ablesungen des Zählerstandes am Anfang und Ende eines Monats fest, wie viele Kilowattstunden in eurem Haushalt in diesem Monat zum Betrieb aller elektrischen Geräte gebraucht worden sind!*

3. *Um wieviel Kilowattstunden läuft das Zählwerk im Elektrizitätszähler weiter, wenn eine Waschmaschine 10 l Wasser von 15 °C auf 95 °C erwärmt?*

4. *In einem Becherglas (m = 100 g) sind 500 g Wasser. Wieviel Joule sind nötig, um das Becherglas mit Inhalt von 20 °C auf 50 °C zu erwärmen?* $\left(\text{Die spezifische Wärmekapazität von Glas ist } c_{Gl} = 0{,}8 \dfrac{J}{g\,K}.\right)$

5. *Eine Porzellantasse (m = 125 g) mit der spezifischen Wärmekapazität $c = 0{,}8 \dfrac{J}{g\,K}$ hat Zimmertemperatur $\vartheta_1 = 20$ °C. Welche Endtemperatur ergibt sich, wenn man 125 g Tee (Wasser) von $\vartheta_2 = 80$ °C hineingießt, vorausgesetzt, es geht keine Wärme an die Umgebung verloren?*

6. *Was kostet eine Kilowattstunde, wenn man sie durch Verbrennen von Hartspiritus gewinnen wollte? (100 g Hartspiritus kosten 1,25 DM.)*

7. *Erkläre den Unterschied zwischen Wärme(menge), spezifischer Wärmekapazität und spezifischem Heizwert! Inwiefern erkennt man diesen Unterschied an den Einheiten? (Statt spezifischer Wärmekapazität sagte man früher spezifische Wärme.)*

8. *Rechne 1 kWh in Kilokalorien (kcal) um (1 kcal = 1000 cal)! — Ein Tauchsieder mit 600 Watt Leistung ist 10 min in Betrieb. Welche elektrische Energie wird als Wärme abgegeben (in J, kWh und kcal)?*

9. *Was kann man über die Mischungstemperatur in Abb. 143.1 aussagen, wenn das Gefäß, in dem gemischt wird, zunächst Zimmertemperatur hat?*

§ 42   Mechanische Arbeit und Wärme

Wir haben unsere Überlegungen über die Wärme damit begonnen (Seite 140), daß wir mit einem Tauchsieder Wasser erwärmt haben. Dazu mußte zunächst *mechanische Energie* im E-Werk in *elektrische Energie*, diese dann im Tauchsieder in *Wärme* umgewandelt werden (siehe Seite 141). Diesen Umweg können wir uns ersparen, wenn wir *mechanische Energie* durch *Reibungsarbeit* unmittelbar in *Wärme* überführen (siehe Seite 49).

Versuch 26: Unser Versuchsgerät besteht aus einem Kupferzylinder Z (es kann auch Messing sein), der an einer Seite in axialer Richtung angebohrt und auf der anderen Seite drehbar gelagert ist *(Abb. 149.1)*. In die Bohrung kommt etwas gekörntes Kupfer und ein $\frac{1}{10}$ K-Thermometer. Beides wird durch eine kleine Gummidichtung gehalten. Das mehrfach um den Zylinder herumgelegte Reibband R wird auf der einen Seite durch ein 5 kg-Stück, auf der anderen Seite durch eine Schraubenfeder (Federkraftmesser) gespannt. Dreht man die Kurbel so schnell, daß die Schraubenfeder fast entspannt ist, wirkt praktisch die gesamte Gewichtskraft des 5 kg-Stücks mit $F = 49{,}1$ N in tangentialer Richtung auf den Zylinder.

Dabei „trägt" die zwischen Zylinder und Reibband auftretende Reibungskraft das angehängte 5 kg-Stück. Der Zylindermantel muß mit der Reibungskraft $F = 49{,}1$ N gegenüber dem ruhenden Reibband bewegt werden, und zwar bei jeder Umdrehung um die Strecke des Zylinderumfangs $U = \pi\,d$ (siehe *Abb. 149.1* und *56.1*).

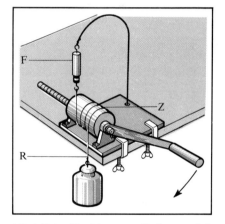

Aus dem Durchmesser $d = 50$ mm ergibt sich bei $n = 200$ Umdrehungen die insgesamt verrichtete Reibungsarbeit

$$W = n \cdot U \cdot F = n \cdot \pi \cdot d \cdot F = 200 \cdot 3{,}14 \cdot 0{,}05 \text{ m} \cdot 49{,}1 \text{ N}$$
$$= 1\,540 \text{ Nm} = 1\,540 \text{ J}.$$

Diese von uns aufgewandte Arbeit wird durch Reibung vollständig in Wärme umgewandelt. Sie müßte daher nach Gleichung (144.1) die Temperaturerhöhung

$$\Delta\vartheta = \frac{Q}{c \cdot m}$$

zur Folge haben.

149.1 Beim Verrichten von Reibungsarbeit entsteht Wärme, welche dem Zylinder Z zufließt und seine Temperatur erhöht.

Die gesamte Masse des Kupfers (Zylinder, Reibband, Kupferschrot) beträgt $m = 1150$ g, die spezifische Wärmekapazität des Kupfers ist nach *Tabelle 146.1* $c = 0{,}38 \, \frac{\text{J}}{\text{g} \cdot \text{K}}$. Setzen wir ein, so ergibt sich, daß wir eine Temperaturzunahme von

$$\Delta\vartheta = \frac{1\,540 \text{ J}}{0{,}38 \, \dfrac{\text{J}}{\text{g} \cdot \text{K}} \cdot 1150 \text{ g}} = 3{,}5 \text{ K}$$

erwarten können. Am Thermometer können wir die Temperaturzunahme beobachten. Wir finden: Die Temperaturzunahme ist der Zahl der Umdrehungen, das heißt der verrichteten Reibungsarbeit, proportional; die Temperatur steigt nach $n = 200$ Umdrehungen, wie vorausberechnet, um 3,5 K.

Damit ist unsere Annahme von Seite 140 bestätigt, nach der ein Tauchsieder mit der Leistungsangabe 300 Watt eine Wärme von 300 Joule je Sekunde abgibt. Wir haben also auf zwei Arten mechanische Arbeit in Wärme verwandelt und dabei das gleiche Ergebnis erhalten:

a) auf *direktem Weg* durch Reibungsvorgänge,

b) auf dem *Umweg* über elektrische Energie mit Hilfe eines Tauchsieders. Die Art der Umwandlung (das Verfahren) beeinflußt also das Ergebnis *nicht*. Es ist das Verdienst des Engländers *J. P. Joule* (1818 bis 1889), durch eine große Zahl von Versuchen viele dieser Umwandlungsmöglichkeiten erprobt zu haben. Nach ihm wurde die heutige Energieeinheit 1 Joule benannt. *J. R. Mayer* hat als erster gezeigt, daß sich umgekehrt unter gewissen Umständen wiederum eine gegebene Wärmemenge in mechanische Arbeit umwandelt, ohne daß dabei Verluste auftreten. Er ist damit der eigentliche Entdecker des **Energieerhaltungssatzes** geworden, auf den wir mehrfach (siehe Seite 52) gestoßen sind. Wir wollen ihn vorläufig so formulieren:

> **Es gibt verschiedene Energieformen, die sich bei Naturvorgängen ineinander umwandeln. Dabei geht keine Energie verloren.**

Aufgaben:

1. *Ein Nagel von 5 g Masse* $\left(c = 0,45 \dfrac{J}{g\,K}\right)$ *wird mit einer Kraft von durchschnittlich 1000 N 6 cm tief in ein Brett getrieben. Um wieviel Grad erwärmt er sich, wenn er 80 % der Reibungswärme aufnimmt?*

2. *Ein 1 m langes Papprohr, das 500 g Bleischrot* $\left(c = 0,13 \dfrac{J}{g\,K}\right)$ *enthält, wird 100 mal herumgedreht, so daß das Bleischrot insgesamt 100 · 1 m hochgehoben wird und die gleiche Strecke auch herunterfällt. Dabei erhöht sich die Temperatur des Bleischrots von 17,5 °C auf 21,5 °C. Wieviel Prozent der dabei verrichteten Hubarbeit sind als Wärme auf das Schrot übergegangen?*

3. *Ein Bleistück von 1 kg Masse fällt aus 10 m Höhe auf eine harte Unterlage. Um wieviel erwärmt sich das Blei, wenn die ganze Lageenergie W = G · h in Wärme umgewandelt wird und im Blei bleibt?*

4. *Aus welcher Höhe muß 1 kg Wasser herabfallen, damit die freiwerdende Lageenergie W = G · h bei vollständiger Umwandlung in Wärme das Wasser um 1 K erwärmt (Wasserfall)?*

5. *Wie groß ist die Temperaturerhöhung des Wassers beim höchsten Wasserfall (in Venezuela; 810 m hoch)?*

6. *Ein Heizkessel trägt die Aufschrift: 35 000 kcal/h. Wieviel Joule bzw. kWh liefert er in 1 Stunde?*

§ 43   Schmelzen und Erstarren

1.   Änderung der Zustandsform bei Wärmezufuhr

Daß Wärmezufuhr nicht immer zugleich Temperaturzunahme bedeutet, zeigte sich bereits bei der Festlegung des Nullpunktes und des Hundertpunkts der Celsiusskala (auf Seite 125). Wir erinnern uns: Die Temperatur eines Eis-Wassergemischs blieb trotz Wärmezufuhr aus der umgebenden Luft so lange bei 0 °C (273 K), bis alles Eis geschmolzen war; die Temperatur des siedenden Wassers blieb trotz dauernder Wärmezufuhr unverändert bei 100 °C (373 K).

2. Schmelz- und Erstarrungspunkt

Versuch 27: In einem Reagenzglas erwärmen wir Naphthalinpulver mit kleiner Flamme in vorgewärmtem Wasser und verfolgen die Temperatur des Naphthalins. Das Thermometer steigt zunächst ziemlich gleichmäßig bis auf etwa 80 °C an und bleibt dann nahezu an derselben Stelle stehen, bis *alles* Naphthalin geschmolzen ist, obwohl weiter Wärme zugeführt wird *(Abb. 151.1)*. Erst dann steigt die Temperatur weiter. Beim Abkühlen des flüssigen Naphthalins sinkt die Temperatur ebenso gleichmäßig bis zum *Erstarrungspunkt* (wiederum bei 80 °C) und bleibt dort stehen, bis *alles* Naphthalin erstarrt ist. Dann erst sinkt sie weiter. Da ein Temperaturunterschied zur Umgebung besteht, wird ständig Wärme abgeführt.

Der Erstarrungspunkt eines Stoffes fällt mit seinem Schmelzpunkt zusammen.

Tabelle 151.1 Schmelzpunkte einiger Stoffe
(bei einem Barometerstand von 1 013 mbar)

Quecksilber		− 39 °C
Eis		0 °C
Paraffin	etwa	53 °C
Naphthalin		80 °C
Natrium		98 °C
Zinn		232 °C
Kupfer		1 084 °C
Eisen		1 535 °C
Platin		1 773 °C
Wolfram		3 370 °C

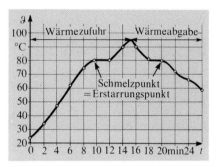

151.1 Zu Versuch 27

Versuch 28: Hängt man über einen Block Eis ein 5 kg-Stück an einem dünnen Stahldraht *(Abb. 151.2)*, so schmilzt der Block unter dem Druck des Drahtes. Das entstehende Schmelzwasser gefriert über dem Draht sofort wieder zu Eis, so daß der Draht durch den Block allmählich hindurchwandert, ohne ihn zu zerlegen. Dieser Versuch zeigt, daß der Schmelzpunkt des Eises bei *wachsendem* Druck *sinkt*.

151.2 Eis schmilzt unter Druck.

Die vom Druck des Drahtes bewirkte **Schmelzpunkterniedrigung** ist aber so gering, daß der Versuch schon bei Temperaturen unter − 2 °C mißlingt. Auch bei diesem Versuch verhält sich das Wasser *anomal*; denn im allgemeinen wird der Schmelzpunkt eines Stoffes mit wachsendem Druck *heraufgesetzt*. Die Angaben der *Tabelle 151.1* gelten deshalb genau nur bei einem Luftdruck von 1013 mbar. Ähnlich schmilzt Gletschereis am Boden unter seinem eigenen Druck und fließt dadurch langsam talwärts.

Nur kristallisierte Stoffe wie Naphthalin, Eis (siehe die Schneeflocke auf Seite 39) und die Metalle schmelzen bei einer scharf bestimmten Temperatur, bei der das Kristallgitter zusammenbricht. Nicht kristallisierte Stoffe wie Glas und Paraffin werden beim Erwärmen allmählich weich und flüssig. Dies nutzt zum Beispiel der Glasbläser aus.

3. Schmelz- und Erstarrungswärme

Der Versuch 27 zeigt, daß Wärme nicht nur zum *Erhöhen der Temperatur*, sondern auch zum **Schmelzen** gebraucht wird. Dabei wird Energie zugeführt, durch die die starren Bindungen zwischen den Molekülen des festen Körpers gelockert werden. Hierzu braucht man die sogenannte **Schmelzwärme**.

Der Quotient aus der zum Schmelzen erforderlichen Wärme Q und der geschmolzenen Stoffmenge m heißt spezifische Schmelzwärme s: $\quad s = \dfrac{Q}{m}$. **Ihre Einheit ist** $1\,\dfrac{\text{J}}{\text{g}} = 1\,\dfrac{\text{kJ}}{\text{kg}}$.

Versuch 29: Um die *spezifische Schmelzwärme* von Eis zu bestimmen, übergießen wir in einem Thermosgefäß einige Eisstückchen (etwa 300 g), die zwischen Fließpapier gut abgetrocknet wurden, mit der gleichen Menge Wasser von 90 °C. Dann warten wir, bis alles Eis geschmolzen ist, und messen eine Mischungstemperatur von nur 5 °C. Das Wasser hat je Gramm $85 \cdot 4{,}19\,\text{J} = 356\,\text{J}$ abgegeben, während zum Erwärmen des Schmelzwassers nur $5 \cdot 4{,}19\,\text{J/g} = 21\,\text{J/g}$ benötigt wurden. Der Rest von 335 J/g diente also zum Schmelzen des Eises.

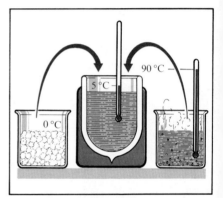

Die spezifische Schmelzwärme des Eises beträgt $335\,\dfrac{\text{J}}{\text{g}}$.

152.1 300 g Eis und 300 g Wasser von 90 °C geben 600 g Wasser von nur 5 °C.

Tabelle 152.1 Spezifische Schmelzwärme in J/g

Quecksilber	13
Blei	25
Schwefel	42
Zinn	60
Silber	105
Naphthalin	148
Kupfer	205
Eisen	260
Eis	335
Aluminium	400
Kochsalz	500

152.2 Eisberge schmelzen nur langsam.

Weil man zum Schmelzen von Eis viel Wärme braucht, kann man Getränke mit Eisstücken kühlen. Sie schwimmen in der Flüssigkeit und entziehen ihr die Schmelzwärme. Auf den Meeren treiben *Eisberge* oft wochenlang und gelangen dabei bis in Breiten mit verhältnismäßig hohen Temperaturen. Durch langsames Abschmelzen entziehen sie ihrer Umgebung Wärme und umgeben sich dadurch mit kalten Wassermassen, die eine weitere Wärmezufuhr erschweren. Nach dem Energieerhaltungssatz muß die zum Schmelzen aufgewandte Wärme beim Erstarren wieder frei werden. Beim Erstarren verfestigen sich die beim Schmelzen gelockerten Bindungen zwischen den Molekülen. Diese **Erstarrungswärme** zeigt der folgende qualitative Versuch:

Versuch 30: In einem weiten Reagenzglas wird Natriumthiosulfat (Fixiersalz) im Wasserbad erwärmt; es schmilzt bei 48 °C. Läßt man es anschließend langsam erkalten, so bleibt es bis etwa 20 °C flüssig. Die Flüssigkeit hat jetzt eine Temperatur, die weit unter ihrem Erstarrungspunkt liegt. Man nennt sie **unterkühlte Flüssigkeit.** Wirft man jetzt einige Kriställchen hinein, so bilden sich sofort viele weitere Kristalle. Dabei steigt die Temperatur auf 48 °C, obwohl wir keine Wärme von außen zugeführt haben *(Abb. 153.1)*.

Quantitative Versuche zeigen in Übereinstimmung mit dem Energieerhaltungssatz, daß die *gesamte* zum Schmelzen aufgewandte Wärme beim Erstarren frei wird.

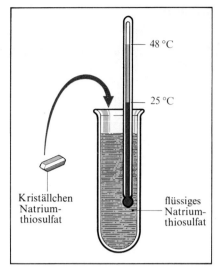

153.1 Die beim Erstarren freiwerdende Schmelzwärme erwärmt die unterkühlte Fixiersalzschmelze von 25 °C auf 48 °C.

> **Die spezifische Erstarrungswärme eines Stoffes ist gleich seiner spezifischen Schmelzwärme.**

4. Lösungswärme, Kältemischungen

Versuch 31: Löse in 200 g Wasser unter Umrühren 20 g Kochsalz bzw. 20 g Salmiaksalz (Ammoniumchlorid) und beobachte die Temperaturabnahme der Lösungen!

Beim Lösen vieler Stoffe in Wasser, Alkohol, Benzin oder anderen Flüssigkeiten sinkt die Temperatur. Zum Überführen eines Körpers aus dem festen in den gelösten Zustand ist im allgemeinen Wärme nötig, weil auch hierbei, wie beim Schmelzen, die Moleküle aus einem festgefügten Verband herausgebrochen werden müssen. Diese Wärme wird der Lösung entzogen. Der Quotient aus der zum Lösen erforderlichen Wärme und der gelösten Stoffmenge heißt die **spezifische Lösungswärme.**

Versuch 32: Mischt man fein zerstoßenes Eis oder Schnee mit Kochsalz, so löst sich das Salz, und der Schnee schmilzt. Zugleich sinkt die Temperatur der Mischung. Verwendet man drei Gewichtsteile Schnee und einen Gewichtsteil Salz, so erhält man eine Temperatur von etwa − 18 °C. Die zum Schmelzen des Schnees und zum Lösen des Salzes erforderliche Wärme wird der gesamten Mischung entzogen, die sich deshalb abkühlt. Sie heißt ,,**Kältemischung**''. Verwendet man leicht lösliche Salze (zum Beispiel Kalziumchlorid), so lassen sich auf diese Weise Temperaturen bis zu − 50 °C erzielen.

Dieser Versuch liefert uns noch ein weiteres wichtiges Ergebnis: Salzwasser hat nicht die Erstarrungstemperatur 0 °C, sondern je nach Konzentration erstarrt es unter 0 °C, etwa bei − 10 °C oder − 15 °C. Wenn daher Kochsalz auf Eis gestreut wird, bildet sich Salzwasser. Dies bleibt auch bei einer Umgebungstemperatur von − 5 °C flüssig *(Tausalzstreuung)*. − Das Wort ,,*Kältemischung*'' ist in Anführungszeichen gesetzt. *Kälte* ist ein subjektiver Begriff; in der Physik gibt es zwar höhere und tiefere Temperaturen, also ungeordnete Molekülbewegung verschiedener Stärke, aber keine ,,Kälte''.

Aufgaben:

1. *Wieviel Kilojoule braucht man, um 5 kg Eis zu schmelzen?*

2. *0,5 kg Eis von 0 °C sollen in Wasser von 100 °C verwandelt werden. Welche Wärmemenge ist dazu nötig?*

3. *Welche Mischungstemperatur ergibt sich, wenn man 50 g Eis von 0 °C in 0,5 l Wasser von 50 °C zum Schmelzen bringt?*

4. *Wieviel Gramm Eis von 0 °C muß man mit 1 kg Wasser von 20 °C zum Schmelzen bringen, damit Schmelzwasser von 0 °C entsteht?*

5. *Warum streut man im Winter Salz auf Gehwege und Straßen? Welche physikalischen Vorgänge finden dabei statt?*

6. *Man wirft einen Eiswürfel von 15 cm³ (Dichte 0,9 g/cm³) in ein Glas mit 200 cm³ Mineralwasser von 25 °C. Welche Temperatur stellt sich nach dem Schmelzen ein, wenn man vom Wärmeaustausch mit der Umgebung absieht?*

§ 44 Verdampfen und Kondensieren

1. Verdampfen von Flüssigkeiten

Lassen wir eine Schale mit Wasser offen stehen, so beobachten wir, daß schon bei Zimmertemperatur das Wasser in den *gasförmigen* Zustand übergeht; es *verdunstet*. Das **Verdunsten** geht um so schneller vor sich, je näher die Temperatur der Flüssigkeit dem *Siedepunkt* kommt; es findet nur an der Oberfläche statt. Dagegen bilden sich beim **Sieden** Gasblasen im Innern der Flüssigkeit. Zudem erfolgt das Sieden nur bei einer bestimmten Temperatur, dem **Siedepunkt.** *Verdunsten* und *Sieden* faßt man unter dem Oberbegriff **Verdampfen** zusammen, da bei beiden Vorgängen die Flüssigkeit in den gas-(dampf-)förmigen Zustand übergeht.

2. Der Siedepunkt

Beim Festlegen der Fundamentalpunkte der Temperaturskala (siehe Seite 125) sahen wir, daß die Temperatur des Wassers bei Wärmezufuhr gleichmäßig ansteigt und bei 100 °C, dem **Siedepunkt des Wassers,** unverändert stehenbleibt. Vor allem an den Stellen, an denen man Wärme zuführt, bilden sich große *Dampfblasen*, die an die Oberfläche emporsteigen: das Wasser siedet. Bei größerer Wärmezufuhr (stärkere Gasflamme) wird vermehrt Dampf gebildet; es gelingt aber nicht, bei normalem Luftdruck die Wassertemperatur über 100 °C zu steigern. Die zugeführte Wärme wird dazu verwendet, das flüssige Wasser von 100 °C in Wasserdampf von 100 °C umzuwandeln. Der Wasserdampf in den Blasen und im Kolben ist wie Luft unsichtbar.

Beim Übergang aus dem flüssigen in den gasförmigen Zustand steigt das Volumen stark an. Aus einem Liter Wasser von 100 °C werden bei normalem Druck etwa 1 700 Liter Wasserdampf!

Versuch 33: Wir erwärmen mit unserem kleinen 300 W-Tauchsieder (siehe Seite 140) je 300 g verschiedener Flüssigkeiten (Wasser, Alkohol, Glykol) und verfolgen den Temperaturverlauf. Die *Abb. 155.1* zeigt den Temperaturverlauf. Macht man den Versuch mit dem Frostschutzmittel Glykol, so steigt die Temperatur weit über 100 °C; denn der Siedepunkt wird erst bei 197 °C erreicht. In allen Fällen ergibt sich eine ganz bestimmte Temperatur als Siedepunkt (siehe *Tabelle 155.1*).

Tabelle 155.1 Siedepunkte einiger Stoffe bei normalem Luftdruck (1013 mbar)

Stoff	Siedepunkt	
Stickstoff	− 196 °C	77 K
Sauerstoff	− 183 °C	90 K
Propan	− 45 °C	228 K
Ammoniak	− 33 °C	240 K
Frigen (Kühlschrank-flüssigkeit)	+ 24 °C	297 K
Äther	35 °C	308 K
Alkohol	78 °C	351 K
Benzol	80 °C	353 K
Glykol	197 °C	470 K
Glyzerin	290 °C	563 K
Quecksilber	357 °C	630 K
Schwefel	444 °C	717 K
Zink	910 °C	1183 K
Eisen	2880 °C	3153 K

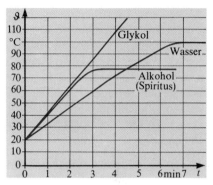

155.1 Zur Bestimmung der Siedepunkte von Wasser, Alkohol und Glykol

Der Siedepunkt des leicht brennbaren *Äthers* liegt besonders tief. Man ermittelt ihn, indem man ein Reagenzglas mit Äther in ein mäßig heißes Wasserbad (etwa 50 °C) steckt. Bei 35 °C fängt der Äther an zu sieden (Vorsicht! Keine Flamme in der Nähe brennen lassen!).

Gemische von Flüssigkeiten mit verschiedenem Siedepunkt lassen sich durch **Destillieren** (destillare, lat.; herabtropfen), das heißt langsames Verdampfen und getrenntes Auffangen der Destillate, voneinander trennen. Dabei verdampft zunächst der Stoff mit dem *niedrigeren* Siedepunkt, zum Beispiel aus einem Alkohol-Wasser-Gemisch zuerst Alkohol (bei Wein auch die Duftstoffe:

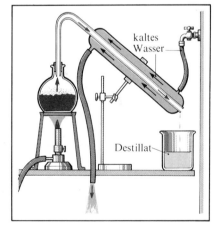

155.2 Flüssigkeiten werden durch Destillation von Verunreinigungen befreit.

Weinbrand). − Erdöl ist ein Gemisch von Stoffen mit verschiedenen Siedepunkten. Es wird durch *fraktionierte Destillation* (frangere, lat.; brechen, unterbrechen) in seine Bestandteile zerlegt (Leichtbenzin, Benzin, Dieselöl, Schmieröl usw.). − Durch Destillation werden Flüssigkeiten auch von Verunreinigungen befreit *(Abb. 155.2)*. So stellt man destilliertes, das heißt ganz besonders reines Wasser her; man kann sogar Trinkwasser aus Meerwasser gewinnen. Die *Entsalzung von Meerwasser* ist bei der Besiedlung und Bewässerung trockener Landstriche von großer Bedeutung. Da man zum Destillieren viel Wärme braucht, kostet das Destillieren von 1 m³ Wasser über 1 DM. Man versucht, hierfür auch Sonnen- und Kernenergie heranzuziehen.

3. Druckabhängigkeit des Siedepunkts

Wenn ein Fahrradreifen nicht mehr genügend Druck hat, also zu weich geworden ist, kann man durch Nachpumpen von Luft den Druck erhöhen; umgekehrt kann man mit Hilfe einer Saugpumpe die Luft in einem Gefäß verdünnen und damit den Druck herabsetzen (siehe Seite 111).

Versuch 34: In einem starkwandigen Gefäß, das mit einem Überdruckventil versehen ist *(Abb. 156.1)*, erwärmen wir Wasser und verfolgen am Thermometer die sich einstellenden Temperaturen. Ein solcher Dampftopf wird nach seinem Erfinder *Papin*, Papinscher Topf genannt. Als Dampfkochtopf benutzt man ihn, um bei Temperaturen über 100 °C das Garkochen von Speisen zu beschleunigen.

Die Temperatur steigt weit über den normalen Siedepunkt von 100 °C. Bei dauerndem Sieden des Wassers bildet sich immer mehr Wasserdampf, der den Druck im Gefäß in gleicher Weise erhöht, wie wenn Luft hineingepumpt worden wäre. Schließlich wird der Druck so groß, daß sich das Ventil öffnet. Von diesem Augenblick an bleibt die Temperatur konstant.

Versuch 35: In einen kleinen Rundkolben füllen wir nach *Abb. 156.2* heißes Wasser, und tauchen ein Thermometer hinein. Pumpen wir mit einer Wasserstrahlpumpe Luft aus dem Gefäß, so fängt nach kurzer Zeit das Wasser zu *sieden* an.

> **Der Siedepunkt des Wassers steigt, wenn der Druck zunimmt, er sinkt, wenn man den Druck herabsetzt.**

Wie wir wissen, nimmt der Luftdruck in der Atmosphäre nach oben immer mehr ab (Genaueres Seite 168). Der Siedepunkt des Wassers wird also um so *tiefer* liegen, je *größer* die Höhe ist, in der das Sieden erfolgt. Tabelle 156.1 und *Abb. 157.1* geben an, wie hoch Siedepunkt und normaler Barometerstand in verschiedenen Höhen sind.

In der Höhe der Himalajagipfel siedet das Wasser schon unter 75 °C! Will man Lösungen möglichst schnell oder bei niedriger Temperatur vom Wasser befreien, so läßt man sie unter vermindertem Druck sieden (Eindicken von Zuckerlösungen oder Marmeladen in den Zucker- und Konservenfabriken).

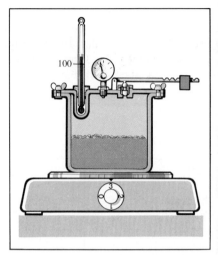

156.1 Papinscher Topf

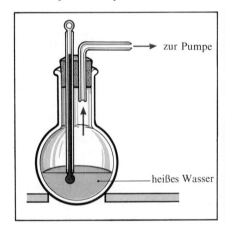

156.2 Hier siedet das Wasser unter vermindertem Druck.

Tabelle 156.1 Siedepunkt des Wassers und Luftdruck in verschiedenen Höhen über dem Meeresspiegel (ü. M.)

Höhe ü. M. in m	Siedepunkt	Luftdruck in mbar
0	100 °C	1013
1 000	96,8 °C	892
2 000	93,5 °C	791
3 000	90,1 °C	699
5 000	83,3 °C	537
10 000	66,5 °C	272
15 000	49,5 °C	122

Ebenso, wie es unter besonderen Umständen gelingt, Flüssigkeiten zu **unterkühlen** (siehe Versuch 30 auf Seite 153), gelingt es zuweilen, Flüssigkeiten zu **überhitzen**. Dies zeigt der folgende Versuch:

Versuch 36: Bringt man destilliertes Wasser in ein sehr reines weites Reagenzglas und erwärmt es möglichst allseitig ohne es zu erschüttern, so steigt die Temperatur auf über 100 °C (373 K). Das Wasser ist **überhitzt**. Erschüttert man das Glas oder bringt ein paar Sandkörner oder ähnliches hinein, so beginnt das Wasser plötzlich sehr stark zu sieden, und ein großer Teil des Wassers wird durch die entstehenden Dampfblasen hinausgeschleudert (Vorsicht!). Dabei sinkt die Temperatur wieder auf 100 °C. Man kann diesen unerwünschten „Siedeverzug" verhindern durch Einbringen von sogenannten „Siedesteinchen", an denen bei 100 °C die Dampfbildung einsetzt. Entsprechendes galt für unterkühlte Flüssigkeiten (S. 153); das unterkühlte Fixiersalz wurde durch Einwerfen eines Kriställchens wieder fest.

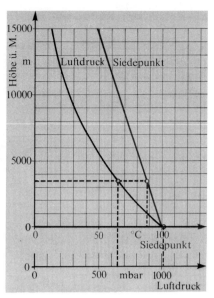

157.1 Luftdruck und Siedepunkt des Wassers bei verschiedenen Höhen ü. M.

4. Die spezifische Verdampfungswärme

Während des Siedevorgangs bleibt die Temperatur trotz dauernder Wärmezufuhr *unverändert*. Daraus können wir schließen, daß, ebenso wie zum Schmelzen, auch zum Verdampfen Wärme notwendig ist.

Der Quotient aus der zum Verdampfen erforderlichen Wärmemenge Q und der verdampften Stoffmenge m heißt die spezifische Verdampfungswärme r:

$$r = \frac{Q}{m} \, .$$

Ihre Einheit ist: $1 \, \dfrac{J}{g} = 1 \, \dfrac{kJ}{kg} \, .$

Versuch 37: Um die *spezifische Verdampfungswärme des Wassers* näherungsweise zu bestimmen, bringen wir in eine kleine Blechdose 50 g Wasser von 20 °C. Wir erwärmen das Wasser mit dem Bunsenbrenner und bestimmen die Zeit, bis das Wasser siedet (zum Beispiel 30 s), und die Zeit, die vergeht, bis *alles* Wasser verdampft ist (zum Beispiel 180 s). Das Verdampfen des Wassers von 100 °C braucht also sechsmal soviel Zeit wie das Erwärmen von 20 °C auf 100 °C. Das Erwärmen von 1 g Wasser von 20 °C auf 100 °C erfordert die Wärmemenge $Q = 4,2 \cdot 80 \, J = 336 \, J$. Die zum Verdampfen nötige Wärmemenge ist sechsmal so groß und beträgt 2016 J je Gramm. Genaue Messungen liefern das folgende Ergebnis:

Die spezifische Verdampfungswärme des Wassers beträgt $2\,258 \, \dfrac{J}{g}$.

---

5. Kondensieren; die spezifische Kondensationswärme

Kommt Wasserdampf in eine wesentlich kältere Umgebung, so verdichtet er sich wieder zu Wasser, er kondensiert (condensare, lat.; verdichten) in kleinen Tröpfchen, die in der Luft schweben können und so *Nebel* oder *Wolken* bilden *(Abb.158.1)*. Sie sind im Gegensatz zum Wasserdampf sichtbar.

> **Wasserdampf ist, wie Luft, ein unsichtbares Gas.**

Häufig kondensiert Wasserdampf an kalten Gegenständen als *Tau* („Schwitzen" einer Fensterscheibe). Geschieht dies in einem geschlossenen, nur mit Dampf gefüllten Gefäß, so nimmt dabei der Innendruck erheblich ab. So verschließt man zum Beispiel ein Weckglas. Dies zeigt der folgende Versuch:

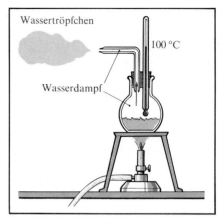

158.1 Der ausströmende Wasserdampf kondensiert an der Luft zu feinen Tröpfchen. Der Wasserdampf ist unsichtbar, sichtbar sind erst die kondensierten Wassertröpfchen.

Versuch 38: In einem Blechkanister mit Schraubdeckel wird wenig Wasser zu kräftigem Sieden erhitzt. Der Dampf verdrängt die Luft. Nimmt man die Flamme weg und schraubt schnell zu, so wird der Kanister nach einiger Zeit vom äußeren Luftdruck mit großer Gewalt zusammengedrückt. – Nun bestimmen wir die beim Kondensieren freiwerdende Wärme:

Versuch 39: Wir verschließen einen Kolben durch einen Stopfen mit einem Glasrohr und bringen das Wasser zum Sieden *(Abb. 158.2)*. Den Wasserdampf leiten wir in ein Glas mit 200 g Wasser von Zimmertemperatur (20 °C). Nach einigen Minuten unterbrechen wir den Versuch und bestimmen die Temperaturerhöhung im Glas und durch die Zunahme der Wassermenge die Masse des kondensierten Dampfs:

Anfangsmenge: 200 g	Anfangstemperatur: 20 °C
Endmenge: 206 g	Endtemperatur: 38,5 °C

200 g Wasser wurden also von 20 °C auf 38,5 °C erwärmt. Dazu sind $4,19 \cdot 200 \cdot 18,5$ J = 15 500 J nötig. Die Abkühlung von 6 g Kondenswasser von 100 °C auf 38,5 °C liefert aber nur $4,19 \cdot 6 \cdot 61,5$ J = 1550 J. Beim Übergang des Wasserdampfs von 100 °C in Wasser von 100 °C, also beim Kondensieren, müssen demnach (15 500 − 1 550) J = 13 950 J frei geworden sein, das heißt je Gramm (13 950/6) J ≈ 2 330 J.

> **Der Quotient aus der beim Kondensieren frei werdenden Wärmemenge Q und der kondensierten Stoffmenge m heißt spezifische Kondensationswärme r:** $\qquad r = \dfrac{Q}{m}$.
> **Sie beträgt bei Wasser 2258 J/g.**
> **Die spezifische Verdampfungswärme ist gleich der spezifischen Kondensationswärme.**

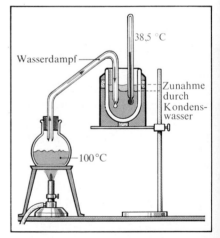

158.2 Bestimmung der spezifischen Kondensationswärme des Wassers

Vom Energieprinzip her gesehen bedeutet das: Um eine Flüssigkeit in Dampf von gleicher Temperatur zu verwandeln, müssen wir einen bestimmten Energiebetrag als Wärme aufwenden. Beim Kondensieren des Dampfes wird diese Energie wieder frei und tritt als Wärme zutage.

Tabelle 159.1 Spezifische Verdampfungswärme einiger Stoffe

Stoff	Spezifische Verdampfungswärme in J/g	Stoff	Spezifische Verdampfungswärme in J/g
Wasser	2258	Propan	427
Ammoniak	1369	Benzin	419
Alkohol	858	Sauerstoff	214
Wasserstoff	467	Stickstoff	201

6. Wärmebedarf beim Verdunsten; „Verdunstungskälte"

Versuch 40: Zwischen zwei gleiche ineinandergelegte Uhrgläser werden einige Tropfen Wasser gebracht. Läßt man Äther auf der oberen Schale durch kräftiges Blasen schnell verdunsten, frieren die beiden Schälchen aneinander!

Auch zum Verdunsten ist Wärme nötig. Sie wird der Flüssigkeit und ihrer Umgebung entnommen; deren Temperatur sinkt also. Man spricht dabei – etwas ungenau – von „**Verdunstungskälte"**. Verdunstungskälte tritt auch auf, wenn Benzin beim Austreten aus der Düse eines Autovergasers zerstäubt wird und teilweise verdampft. Dem Vergaser wird bei diesem Vorgang so viel Wärme entzogen, daß er sich beim Start zuweilen bis unter 0 °C abkühlt. Es bildet sich auf der Außenseite Reif, gelegentlich auch an der Innenseite. Das kann zu Betriebsstörungen führen („Vergaservereisung").

7. Sublimieren

Versuch 41: Wir erwärmen einige Jodkristalle in einem trockenen Proberöhrchen über einer kleinen Flamme. Die Kristalle werden kleiner, während sich das Röhrchen mit violettem Joddampf füllt und auf den kälteren Glasteilen ein Jodspiegel entsteht. – Einen solchen unmittelbaren Übergang vom festen in den gasförmigen Zustand können wir auch am „*Trockeneis*" (das ist festes Kohlendioxid von −78,5 °C) und bei klarem, trockenem Frostwetter an Eis und Schnee ohne zusätzliche Wärmezufuhr beobachten. Hängt man feuchte Wäsche bei trockenem, klarem Frostwetter im Freien auf, so ist sie nach kurzer Zeit steif gefroren. Trotzdem trocknet die Wäsche, vor allem im Luftzug, schnell. Wir sehen:

Feste Körper können bei Temperaturen, die unterhalb des Schmelzpunktes liegen, auch unmittelbar in Dampf übergehen, sie **sublimieren**. Der Vorgang selber heißt **Sublimation** (sublimis, lat.; in der Luft schwebend); dabei wird der flüssige Aggregatzustand übersprungen. Umgekehrt kondensiert der Joddampf an kälteren Stellen, indem er unmittelbar in seine kristalline Form übergeht.

8. Kältemaschinen

Die beim Verdampfen und Kondensieren ablaufenden Vorgänge werden im **Kühlschrank** praktisch genutzt. Sein Prinzip zeigt uns der folgende Versuch:

Versuch 42: In einen kleinen Rundkolben ($V = 100$ cm³) füllen wir etwas Äther *(Abb. 160.1)* und pumpen anschließend die Luft und auch die Ätherdämpfe aus dem Kolben, so daß der Äther infolge der Druckverminderung unterhalb seiner normalen Siedetemperatur verdampft. Die zur Bildung des Ätherdampfes erforderliche Verdampfungswärme wird der Umgebung entnommen, dadurch werden die restliche Flüssigkeit und auch die Gefäßwand stark abgekühlt. Schließlich bildet sich Reif an der Außenseite des Kolbens. Hält man ein feuchtes Tuch an den Kolben, so friert es schnell fest.

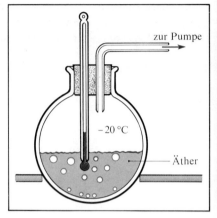

160.1 Äther siedet unter vermindertem Druck; die Temperatur sinkt auf -20 °C.

Im Kühlschrank *(Abb. 160.2)* erfolgt die durch Unterdruck beschleunigte Verdampfung einer geeigneten Flüssigkeit, des sogenannten *Kältemittels* (meist Frigen; vergleiche *Tabelle 155.1*), in einem besonderen Rohrsystem, dem *Verdampfer*. Um dort den nötigen geringen Druck aufrechtzuerhalten, wird der Dampf von dem Kompressor aus dem Verdampfer abgesaugt und in ein zweites Rohrsystem *(Kondensator)* hinter oder unter dem Kühlschrank gepumpt. Dort kondensiert es unter hohem Druck bei Raumtemperatur und gibt die Kondensationswärme an die Zimmerluft ab. Anschließend strömt das flüssige Kältemittel durch ein Kapillarrohr, welches den Druckausgleich zwischen dem Kondensator und dem Verdampfer verhindert, in den Verdampfer zurück. Sein Kreislauf beginnt nun von neuem. Ein besonderer Regler (Thermostat) sorgt dafür, daß die Innentemperatur des Kühlschrankes nur geringfügig schwankt, indem er den Kompressormotor automatisch ein- und auch wieder ausschaltet.

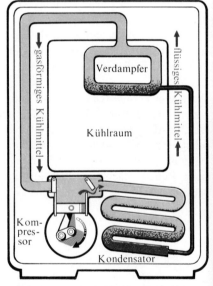

160.2 Kompressorkühlschrank (schematisch)

Aufgaben:

1. *Halte eine kalte Glasscheibe in den aus siedendem Wasser aufsteigenden Wasserdampf! Was beobachtest Du?*

2. *In Gegenden mit trockenem, heißem Klima wird das Trinkwasser in porösen Tongefäßen aufbewahrt, durch die ständig kleine Wassermengen hindurchtreten können. Warum?*

3. *Warum friert man auch bei großer Hitze, wenn man bei windigem Wetter aus dem Wasser kommt?*

4. *Bei welcher Temperatur siedet das Wasser a) auf der Zugspitze (2960 m), b) auf dem Mt. Blanc (4810 m), c) auf dem Mount Everest (8848 m)? Verwende den dazugehörigen Graphen der Abb. 157.1! Wie groß ist der Luftdruck in diesen Höhen?*

5. *Warum spritzt und prasselt es, wenn man Fleisch zum Braten in siedendes Fett legt?*

6. *Warum bedeckt sich die Kühlfläche eines Kühlschranks mit einer ständig wachsenden Reifschicht?*

Tabelle 161.1 Zusammenfassende Rückschau auf die verschiedenen Aggregatzustandsänderungen bei Wärmezufuhr

Vorgang	Molekulartheoretische Deutung	Wärmeaufwand gekennzeichnet durch
I. Erwärmen des festen Körpers mit Temperaturanstieg bis zum Schmelzpunkt	Die zugeführte Wärme wird zum Erhöhen der Energie der um ihre Gleichgewichtslage schwingenden Moleküle verwendet.	spezifische Wärmekapazität fester Stoffe $\left(\text{Eis: } 2{,}1\ \dfrac{J}{g \cdot K}\right)$
II. Schmelzen des Körpers ohne Temperaturänderung	Die Bewegungsenergie der Moleküle wird so groß, daß sie nicht mehr in die Gleichgewichtslage zurückkehren. Gegen die Kohäsionskräfte wird Arbeit verrichtet.	spezifische Schmelzwärme (Eis: 335 J/g)
III. Erwärmen der Flüssigkeit bis zum Siedepunkt	Die zugeführte Wärme erhöht die Bewegungsenergie der gegeneinander beweglichen Moleküle.	spezifische Wärmekapazität der Flüssigkeit $\left(\text{Wasser: } 4{,}19\ \dfrac{J}{g \cdot K}\right)$
IV. Verdampfen der Flüssigkeit ohne Temperaturänderung	Die zugeführte Wärme wird größtenteils zur Überwindung der zwischen den Flüssigkeitsmolekülen vorhandenen Kohäsionskräfte benutzt.	spezifische Verdampfungswärme $\left(\text{Wasser: } 2258\ \dfrac{J}{g}\right)$
V. Erwärmen des Gases	Die Bewegungsenergie der Gasmoleküle nimmt zu.	spezifische Wärmekapazität des Gases $\left(\text{Wasserdampf:} 2{,}0\ \dfrac{J}{g \cdot K}\right)$

Alle Vorgänge I— V verlaufen bei Wärmeabgabe in umgekehrter Richtung.

§ 45   Ausbreitung der Wärme

Halten wir einen Nagel mit der Spitze in die Flamme, so wird nicht nur die Spitze, sondern der ganze Nagel heiß; setzen wir einen Topf Wasser auf das Feuer, so erwärmt sich der gesamte Inhalt des Topfes. Stellen wir uns in die Sonne, so spüren wir, auch wenn die Luft kalt ist, unmittelbar eine Erwärmung durch die Sonnenstrahlen. Bei jeder Temperaturmessung vergeht einige Zeit, bis das Thermometer die Temperatur des zu messenden Körpers angenommen hat. Dabei geht Wärme von dem Körper auf das Thermometer über oder umgekehrt. — Die verschiedenen Arten von Wärmeübergang wollen wir jetzt näher untersuchen.

1. Die Wärmeleitung

Versuch 43: Wir halten einen eisernen Nagel und einen Kupferdraht von gleicher Länge und gleichem Querschnitt mit der Hand in die Flamme des Bunsenbrenners. Wir wiederholen den Versuch mit einem Stück Holz und einem Glasstab.

Die Versuche zeigen, daß die an einem Ende zugeführte Wärme verschieden schnell weitergeleitet wird. Wir sprechen von **Wärmeleitung,** wenn die Wärme, das heißt genaugenommen die Bewegungsenergie der Moleküle, unmittelbar von Molekül zu Molekül weitergegeben wird, ohne daß sich die Moleküle selbst dabei fortbewegen *(Abb. 162.1).*

162.1 Wärmeleitung. Die Pfeile geben Momentanwerte der Geschwindigkeit der schwingenden Moleküle wieder.

> **Gute Wärmeleiter sind alle Metalle, schlechte Leiter sind Glas, Porzellan, Steingut, Holz, Kunststoffe.**

Versuch 44: Wir lassen Leuchtgas durch ein engmaschiges Kupferdrahtnetz hindurchströmen und zünden das Gas oberhalb des Netzes an *(Abb. 162.2).* Die Flamme schlägt nicht durch das Netz, weil seine Kupferdrähte die Wärme gut nach allen Seiten wegleiten; deshalb wird unter dem Netz die Entzündungstemperatur des Gases nicht mehr erreicht. – Nach diesem Prinzip ist die *Grubensicherheitslampe* gebaut: Eine Petroleumlampe wird von Drahtnetzen umschlossen; der Bergmann kann mit ihr auch Stollen beleuchten, die von brennbaren Gasen (schlagenden Wettern) erfüllt sind.

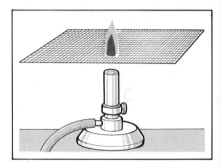

162.2 Das Drahtnetz leitet die Wärme der Flamme ab. Das Gas darunter kommt deshalb nicht auf die Entzündungstemperatur.

Versuch 45: Wir füllen ein Reagenzglas mit Wasser, geben ein Stück Eis hinein und drücken dieses mit einer Drahtspirale nach unten. Dann fassen wir das Röhrchen am unteren Ende und erwärmen das obere Ende mit der Flamme des Bunsenbrenners. Das Wasser siedet oben, während es unten noch kalt ist (vergleiche *Abb. 162.3).*

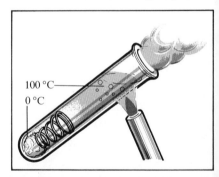

100 °C
0 °C

162.3 Dieser Versuch beweist, daß Wasser die Wärme verhältnismäßig schlecht leitet. Obwohl das Wasser im oberen Teil des Reagenzglases siedet, schmilzt das Eis am Grunde nicht.

> **Wasser ist im Vergleich zu den Metallen ein schlechter Wärmeleiter.**

Versuch 46: Wir erhitzen ein Stück Kupferblech oder einen recht flachen Blechlöffel stark und spritzen einige Tropfen Wasser darauf. Die Tropfen laufen auf der Platte hin und her und scheinen über der Platte beziehungsweise dem Löffel zu schweben, weil sich zwischen ihnen und dem Metall eine Dampfschicht bildet, die die Wärme schlecht leitet und das weitere Verdampfen stark verlangsamt.

> **Besonders schlechte Wärmeleiter sind Wasserdampf und alle sonstigen Gase.**

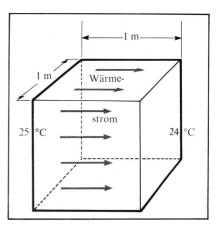

Um die Wärmeleitfähigkeit verschiedener Stoffe miteinander vergleichen zu können, gibt man an, wieviel kJ/h durch einen 1-m³-Würfel von einer Seite zur gegenüberliegenden gelangen *(Abb. 163.1)*, wenn zwischen ihnen ein Temperaturunterschied von $\Delta\vartheta = 1$ K herrscht (siehe Tabelle 163.1). Unter sonst gleichen Bedingungen tritt bei halber Dicke doppelt so viel, bei dreifacher Temperaturdifferenz dreimal so viel Wärme hindurch: Die durch eine Wand vom Querschnitt A hindurchtretende Wärmemenge Q ist proportional zu diesem Querschnitt A, zur Temperaturdifferenz $\Delta\vartheta$ und zur Zeitspanne t; sie ist umgekehrt proportional zur Wandstärke d. Der materialabhängige Proportionalitätsfaktor λ heißt **Wärmeleitfähigkeit.** Für die Wärme Q gilt also:

163.1 Wärmestrom von der wärmeren zur kälteren Würfelfläche.

$$Q = \lambda \cdot A \cdot \Delta\vartheta \cdot t \cdot \frac{1}{d} \, .$$

Beispiel: Durch die Mauer von $A = 12$ m² und $d = 0,25$ m Dicke geht in $t = 1$ h bei einem Temperaturunterschied von $\Delta\vartheta = 30$ K und der Wärmeleitfähigkeit $\lambda = 4 \, \frac{\mathrm{kJ}}{\mathrm{m} \cdot \mathrm{h} \cdot \mathrm{K}}$ die Wärme

$$Q = 4 \, \frac{\mathrm{kJ}}{\mathrm{m} \cdot \mathrm{h} \cdot \mathrm{K}} \cdot 12 \, \mathrm{m}^2 \cdot 30 \, \mathrm{K} \cdot 1 \, \mathrm{h} \cdot \frac{1}{0,25 \, \mathrm{m}} = 5\,760 \, \mathrm{kJ} \qquad \text{hindurch.}$$

Tabelle 163.1 Wärmeleitfähigkeit λ einiger Stoffe

Material	Wärmeleitfähigkeit in $\frac{\mathrm{kJ}}{\mathrm{m} \cdot \mathrm{h} \cdot \mathrm{K}}$		Material	Wärmeleitfähigkeit in $\frac{\mathrm{kJ}}{\mathrm{m} \cdot \mathrm{h} \cdot \mathrm{K}}$
Silber		1450	Glas	um 4
Kupfer		1400	Hartgummi	0,5
Aluminium		750	Wasser	0,9
Messing		400	Lufthaltige Isolierstoffe	
Eisen		230	Wolle, Styropor (Seite 30)	0,12
Blei		125	Luft	0,09
Gesteine	um	8	Wasserstoff	0,63
Mauerwerk	um	4	Kohlendioxid	0,06
Holz (trocken)	um	0,4	Krypton (Seite 369)	0,03

Die Wärmeleitfähigkeit des Silbers ist mehr als 10000mal so groß wie die der Luft und etwa 350mal so groß wie die von Glas. Die sehr verschiedene Wärmeleitfähigkeit der Stoffe täuscht uns oft über die Temperatur eines Körpers, wenn man diese durch Berühren mit der Hand ermitteln will. Am Fahrrad, das im Winter draußen gestanden hat, erscheint uns der Eisenrahmen kälter als die Gummigriffe von gleicher Temperatur, weil Eisen die Körperwärme rascher ableitet als Gummi. Die unterschiedliche Wärmeleitfähigkeit der Stoffe spielt in der Technik der **Wärmeisolation** eine große Rolle: Metallgefäße werden mit Holz- oder Kunststoffgriffen versehen. — Doppelfenster halten die Wärme wesentlich besser als einfache Fenster mit mehrfacher Glasstärke. – Wasserleitungen, die gegen Wärmeverluste oder gegen Einfrieren geschützt werden sollen, umhüllt man mit Stroh, Glaswolle oder Kieselgur (Schalen von Kieselalgen, deren Hohlräume viel Luft enthalten).

Wärme kann, wie wir wissen, nur von Materie geleitet werden. Deshalb baut man nach *Abb. 164.1 Thermos-* oder *Dewar-Gefäße* mit Doppelwänden aus Glas, deren Zwischenraum sorgfältig luftleer gepumpt wird. Sie bilden so einen besonders guten Schutz gegen Wärmeverluste. Als Verschluß verwendet man einen die Wärme schlecht leitenden Korkstopfen.

2. Konvektion

Versuch 47: In ein großes, mit Wasser gefülltes Glasgefäß bringen wir einige Sägespäne oder etwas Korkmehl und erwärmen es einseitig mit einem Tauchsieder *(siehe Abb. 164.2)*. Das Wasser wird rechts unten stark erwärmt und dehnt sich dort aus; das erwärmte Wasser steigt nach oben, und es entsteht eine an der Bewegung der Späne erkennbare Strömung, durch die das erwärmte Wasser bis an die Oberfläche und an die dort noch kalte Gefäßwandung gebracht wird. Bei diesem Vorgang wird dem Wasser an einer Stelle (Tauchsieder) Wärme zugeführt, die es an einer anderen Stelle (Glaswand) wieder abgibt. Man nennt dies **Konvektion.**

Ein Beispiel für die Übertragung von Wärme durch Konvektion ist die *Warmwasserheizung (Abb. 165.1)*. Das im Kessel erwärmte Wasser steigt im Rohrsystem aufwärts bis an das obere Ende eines jeden Heizkörpers. Diesen erwärmt es (und damit auch die Umgebung)

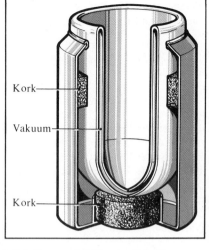

164.1 Thermosbehälter im Schnitt

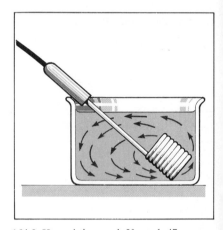

164.2 Konvektion nach Versuch 47

und sinkt abgekühlt in den Kessel zurück. Der Umlauf des Wassers wird bei modernen Heizungsanlagen häufig durch eine Umwälzpumpe unterstützt.

„Warmwasserheizungen" wesentlich größeren Ausmaßes stellen verschiedene *Meeresströmungen* dar, durch die gewaltige Wassermengen aus den heißen Tropen in kältere Gebiete der Erde transportiert werden. So fließt zum Beispiel der Golfstrom aus dem Golf von Mexiko bis an die Küsten Nordeuropas und sorgt dort für einen relativ milden Winter. Ähnliches gilt von den *Luftströmungen* in der Atmosphäre, die wir später noch genauer kennenlernen (siehe Seite 169).

Die gute Isolation der Luft gegen Wärmeverluste wird erst dann voll ausgenutzt, wenn der Luftraum durch schlecht leitende feste Stoffe in Kammern aufgeteilt ist, die eine Luftbewegung und damit die Konvektion der Wärme weitgehend unterbinden (Wolle, Stroh, Federn, Styropor).

Vom Standpunkt der Molekularvorstellung gesehen unterscheiden sich Wärmeleitung und Konvektion grundlegend: Bei *Wärmeleitung* wird die Energie von Molekül zu Molekül weitergegeben, während die Moleküle ortsfest sind. Bei *Konvektion* werden Flüssigkeits- oder Gasmassen unterschiedlicher Temperatur transportiert. Dabei nehmen sie die Bewegungsenergie ihrer Moleküle mit. Heiße Flüssigkeiten und Gase steigen nach oben, kalte sinken ab.

3. Wärmestrahlung

Der Kolben weitgehend luftleer gepumpter Glühlampen wird nach dem Einschalten langsam heiß, obwohl im ausgepumpten Innenraum kein merklicher Wärmetransport durch Leitung oder Konvektion möglich ist. Von der Sonne gelangen ständig große Energiemengen zu uns, obwohl im Weltraum die Materie viel dünner verteilt ist als in einer noch so gut ausgepumpten Glühlampe. – Die hier beobachtete Übertragung von Energie ohne Mitwirkung eines Stoffes heißt **Wärmestrahlung.** Über den Energietransport durch Strahlung geben folgende Versuche Auskunft:

Versuch 48: Wir nehmen zwei gleiche Thermometer, berußen die Kugel des einen über brennendem Naphthalin und umwickeln die Kugel des anderen mit Stanniol. Halten wir beide einige Zeit in die Strahlung der Sonne oder einer Bogenlampe, so zeigt das Thermometer mit geschwärzter Kugel eine beträchtlich höhere Temperatur an.

> **Dunkle Körper absorbieren (verschlucken) einen großen Teil der auffallenden Strahlung; helle, vor allem glänzende Körper, werfen sie zurück.**

Versuch 49: Ein Hohlwürfel aus Metall *(Abb. 165.2)*, von dem zwei gegenüberliegende Flächen poliert bzw. schwarz angestrichen sind, wird mit heißem Wasser gefüllt. An zwei symmetrisch aufgebauten, gleichartigen Thermometern wird der Temperaturverlauf verfolgt. Die Temperatur des rechten Thermometers steigt wesentlich schneller als die des linken. Die schwarze Fläche *emittiert* (emittere, lat.; aussenden) mehr Strahlung als die blanke Fläche.

> **Dunkle Körper emittieren mehr Strahlung als helle Körper der gleichen Temperatur.**

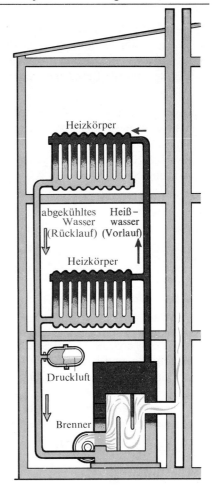

165.1 Schnitt durch eine Warmwasserheizung

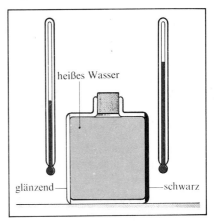

165.2 Die schwarze Fläche strahlt mehr Wärme ab als die weiße.

Die Lufthülle der Erde ist für Sonnenstrahlen fast völlig durchlässig. Die Luft kann deshalb durch die Sonnenstrahlung nicht direkt erwärmt werden. Erst der Erdboden absorbiert die Strahlung und wird dadurch wärmer. Durch Leitung und Konvektion wird die Wärme dann vom Boden auf die Luft übertragen.

Versuch 50: Wir stellen zwei Heizsonnen einander so gegenüber, wie es *Abb. 166.1* zeigt. An die Stelle des rechten Heizkörpers bringen wir die berußte Kugel unseres Prüfthermometers. Nach kurzem Probieren finden wir eine Stelle, an der die Wärmewirkung besonders stark ist.

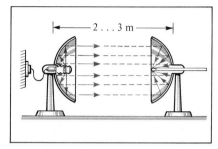

Der „Reflektor" sammelt die Wärmestrahlung in einem Punkt, dem „Brennpunkt". Für die Wärmestrahlung gelten Gesetze, die wir in der Optik auch für das Licht kennenlernen.

166.1 Zu Versuch 51

4. Heizung

Eine Heizung soll die Temperatur der Luft und der im Raum befindlichen Gegenstände auf etwa 20 °C erhöhen und dann konstant halten. Sind in einem geheizten Raum Wände und Möbel kalt, so strahlt unser Körper mehr Energie an sie ab, als er von ihnen empfängt. Man fröstelt, auch wenn die Luft bereits erwärmt ist. Umgekehrt kann man bei niedriger Lufttemperatur im Freien sitzen, wenn man einen elektrischen Heizstrahler *(Infrarotstrahler)* benutzt oder wenn die Sonne im Winter genügend Energie zustrahlt.

Bei *Kachelöfen* dauert es wegen der großen Masse und der verhältnismäßig hohen spezifischen Wärmekapazität der Kacheln $\left(c \approx 1\, \dfrac{J}{g \cdot K}\right)$ ziemlich lange, bis der Ofen Wärme abgibt. Dafür bleibt er nach dem Ausgehen des Feuers lange warm. Über die Art der Wärmeabgabe durch Zentralheizungskörper und Kachelöfen an die Zimmerluft geben die *Abb. 166.2a, b* Aufschluß:

a) Der unter dem Fenster angebrachte Zentralheizungskörper läßt bereits erwärmte Zimmerluft an die Füße der Bewohner gelangen *(Abb. 166.2a)*.

b) Der meist in einer Zimmerecke aufgestellte Kachelofen bewirkt eine Luftströmung, welche kalte Luft vom Fenster unmittelbar an die Füße der Bewohner führt *(Abb. 166.2b)*.

Bei den modernen *Ölöfen* wird durch die heiße Ölflamme ein verhältnismäßig dünnwandiger Eisenkörper $\left(c = 0,4\, \dfrac{J}{g \cdot K}\right)$ schnell aufgeheizt. Zwischen ihm und der äußeren Hülle des Ofens ist ein Zwischenraum. In ihm steigt die erhitzte Zimmerluft nach oben (Kaminwirkung) und führt die Wärme rasch an den Raum ab, während kalte Luft unten nachströmt.

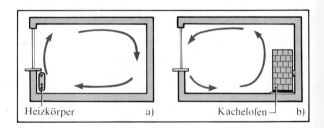

166.2 Luftströmung
a) im zentralbeheizten Zimmer
b) im ofenbeheizten Zimmer

Die *elektrischen Strahlungsöfen* senden Wärmestrahlen aus, die nicht unmittelbar die Luft, sondern nur die bestrahlten Körper erwärmen, und auch diese nur einseitig. Von dort aus geht dann allmählich die Wärme auf die Luft über.

„Stehende" Luft wirkt wärmeisolierend; bläst man dagegen mit Hilfe eines Ventilators die Luft an den elektrisch erhitzten Drähten vorbei, so werden sie stärker gekühlt und hören auf zu glühen, die Zimmerluft wird auf diese Weise rasch umgewälzt und erwärmt. Nach diesem Prinzip arbeiten die sogenannten Heizlüfter. – Die bequeme elektrische Heizung ist trotz ihres 100%igen Wirkungsgrads verhältnismäßig teuer.

Aufgaben:

1. *Man kann, ohne sich zu verbrennen, für einen Augenblick den Finger in eine Metallschmelze stecken. Warum wohl?*

2. *Beobachte und beschreibe die über einer brennenden Kerze aufsteigende Luftströmung!*

3. *Untersuche mit einer Kerzenflamme die Luftströmungen in verschiedenen Höhen an der etwas geöffneten Tür eines geheizten Zimmers und in der Umgebung des Heizkörpers (Ofen)!*

4. *Warum sind die Kühlwagen der Bundesbahn weiß angestrichen?*

5. *In hochgelegenen Gegenden Innerasiens mit kurzen Sommern streuen die Bauern im Frühjahr Asche auf die noch mit Schnee bedeckten Felder; warum?*

6. *Warum hat das Thermosgefäß einen doppelwandigen, luftleer gepumpten Glasmantel, der außerdem noch verspiegelt ist?*

7. *In einem Zimmer mit 20 m² Außenfläche soll bei −5 °C Außentemperatur eine Innentemperatur von +20 °C aufrechterhalten werden. Die Wandstärke ist 0,25 m, die Wärmeleitfähigkeit des Mauerwerks ist 2,8 $\frac{kJ}{m \cdot h \cdot K}$. Welche Wärmeleistung muß der Ofen haben?*

8. *Warum haben Behälter, in denen in Selbstbedienungsgeschäften verderbliche Lebensmittel gekühlt aufbewahrt werden, stets Wannenform?*

9. *Hält man die Hand in eine blanke Blechbüchse ohne die Wand zu berühren, so hat man ein deutliches Wärmegefühl. Woher kommt das?*

§ 46   Wetterkunde

1. Die Lufthülle der Erde

Alle Wettererscheinungen spielen sich in einer etwa 12 km hohen Luftschicht ab, die man die **Troposphäre** nennt (trope, griech.; Wendung; sphaira, griech.; Kugel). Sie enthält in trockenem Zustand 78 Volumenprozent Stickstoff, 21% Sauerstoff, nahezu 1% Argon und andere Edelgase sowie etwa 0,03% Kohlendioxid. Wesentlich für das Wettergeschehen ist der Wasserdampfgehalt, der an der Erdoberfläche zwischen 4% in feuchtheißen Gegenden und 0,2% in Polnähe schwankt. Über der Troposphäre liegt die **Stratosphäre.** Auf Seite 107 sind weitere Einzelheiten der irdischen Lufthülle näher beschrieben.

Von zahlreichen über die ganze Erde verteilten *Wetterstationen* werden laufend die sogenannten Wetterelemente beobachtet und registriert. Zu diesen gehören Luftdruck, Temperatur und Feuchtigkeit, ferner Windstärke und -richtung, Bewölkung und Niederschlag.

2.　Der Luftdruck

Der Luftdruck beträgt in Meereshöhe im Mittel 1013 mbar (760 Torr). Er nimmt mit der Höhe ab *(Abb. 168.1)*, und zwar in Erdnähe um etwa 1 mbar auf je 8 m. Diese Abnahme verlangsamt sich mit wachsender Höhe, weil der Luftmantel der Erde nach oben zu dünner wird.

Will man den Luftdruck an verschiedenen Orten der Erde vergleichen, so muß man die Höhe der Orte über N. N. berücksichtigen (N. N. = Normalnull = Normale Höhe des Meeresspiegels).

3.　Die Temperatur

Da die Atmosphäre hauptsächlich von der Erdoberfläche aus geheizt wird (siehe Seite 166), beobachten wir in Bodennähe die höchsten Temperaturen. Die Temperatur nimmt mit steigender Höhe bis etwa 11 km um 0,65 K je 100 m ab und bleibt dann bis 20 km Höhe bei −55° C annähernd konstant. In größerer Höhe steigt sie wieder an, weil in hohen Luftschichten ein Teil der von der Sonne ankommenden Strahlung absorbiert wird. Den Verlauf der mittleren Temperatur bis zu einer Höhe von 35 km, wie er durch Sondenaufstiege ermittelt wurde, zeigt *Abb. 168.2*. Die Temperatur nimmt bis 10 km Höhe beim Höhersteigen ab, weil der Druck sinkt (siehe Versuch 51) und keine Strahlung mehr absorbiert wird.

4.　Der Wind, Windsysteme und ihre Entstehung

Wir unterscheiden großräumige (globale) und örtliche (lokale) *Luftströmungen*, deren Entstehung wir uns an den *Abb. 169.1a* und *b* klarzumachen suchen: wird an irgendeiner Stelle A die darüberliegende Luftsäule erwärmt, so dehnt sich die Luft bei A aus und fließt in der Höhe (bei B) seitwärts ab. Dadurch sinkt der Luftdruck bei A etwas, und schwerere *Kaltluft* strömt unten

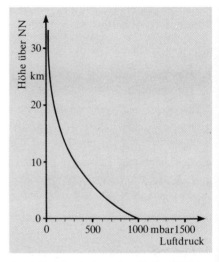

168.1 Luftdruckabnahme mit der Höhe

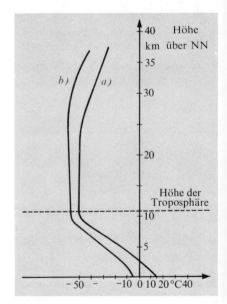

168.2 Temperaturverlauf in der Atmosphäre a) im Sommer, b) im Winter. Düsenflugzeuge fliegen in Höhen mit einer Außentemperatur von etwa −40 bis −50 °C, und zwar auch in den Tropen.

von den Seiten nach A (vergleiche Versuch 47 auf Seite 164). Allgemein strömt die Luft von Orten hohen zu Orten niedrigen Luftdrucks; diese Luftströmungen nehmen wir als Wind wahr. Besonders gut läßt sich diese Luftzirkulation auf kleinem Raum bei schönem Sommerwetter an Meeresküsten beobachten *(Abb. 169.2a, b)*. Tagsüber ist das Land wärmer als das Wasser; infolgedessen weht ein kühler *Seewind*, während sich nachts infolge der rascheren Abkühlung des Landes die Windrichtung umkehrt *(Landwind)*.

Regelmäßige großräumige Strömungen entstehen auf der Erde dadurch, daß äquatornahe Gebiete der Erde mehr Wärme empfangen als polnahe. In der Nähe des Äquators bildet sich durch einen bis in große Höhen (etwa 16 km) aufsteigenden Luftstrom eine Tiefdruckzone *(Abb. 169.3)*, in die am Boden das ganze Jahr hindurch Luft von Norden und Süden her einströmt, während sie in der Höhe nach den Polen abfließt. Zwischen dem 25. und 35. Breitengrad, im Gebiet der *Roßbreiten*, sinkt sie ab und führt zu hohem Luftdruck am Boden. Das in unseren Wetterberichten oft genannte **Azorenhoch** ist ein Teil dieser Hochdruckzone, die sich im Sommer bis nach Südeuropa vorschiebt. Die in Bodennähe zum Äquator strömenden Luftmassen gelangen dabei in Gegenden, die wegen ihrer größeren Äquatornähe eine größere Geschwindigkeit in der West-Ostrichtung haben, und bleiben gegenüber der Erddrehung zurück. Aus dem Nordwind wird ein Nord-Ostwind, der **Nord-Ost-Passat**. Entsprechend gibt es auf der Südhalbkugel den **Süd-Ost-Passat** (siehe *Abb. 169.3*). Weitere Einzelheiten finden sich in Spezialkarten des Schulatlas.

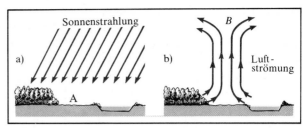

169.1 Entstehung von Luftströmungen

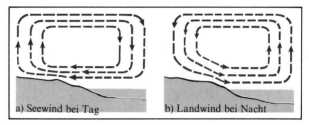

169.2 Bei schönem Wetter herrscht an der Küste tagsüber Seewind, nachts Landwind.

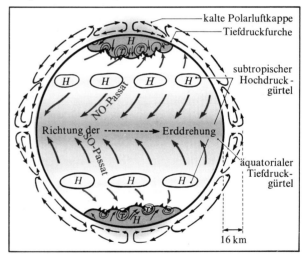

169.3 Verteilung der großräumigen Windströmungen und der Hoch- und Tiefdruckgebiete auf der Erde

5. Luftfeuchtigkeit, Wolken und Niederschläge

Während das Verhältnis der übrigen Bestandteile der Luft bis zu großen Höhen konstant ist, hängt ihr Wasserdampfgehalt stark von der Temperatur ab. Ein bestimmtes Volumen kann Wasserdampf nur bis zu einer Höchstmenge, die von der Temperatur abhängt, enthalten.

Man sagt, die Luft sei mit Wasserdampf *gesättigt*, wenn sie die höchstmögliche Menge an Wasserdampf enthält; sie heißt *ungesättigt*, wenn ihr Wasserdampfgehalt kleiner ist. *Abb. 170.1* zeigt die bei verschiedenen Temperaturen im Zustand der Sättigung in 1 m³ enthaltene Wasserdampfmenge. Das Verhältnis der tatsächlich vorhandenen zur Sättigungsmenge heißt **relative Feuchte;** sie wird meistens in % angegeben. Bei steigender Temperatur sinkt die relative Feuchte bei gleichbleibender absoluter Feuchte, das heißt falls kein Wasser nachverdampft. Die relative Feuchte beträgt bei uns im Jahresdurchschnitt 77 %.

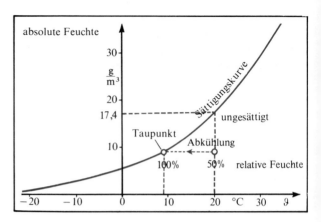

170.1 Wasserdampfgehalt der Luft in Abhängigkeit von der Temperatur im Zustand der Sättigung

Beispiel: Luft von 20 °C kann nach *Abb. 170.1* höchstens 17,4 g/m³ Wasserdampf enthalten. Enthält sie aber nur 8,7 g/m³, so beträgt die relative Feuchte $f = \dfrac{8,7}{17,4} \cdot 100\% = 50\%$.

Wird ungesättigte Luft abgekühlt, so steigt ihre relative Feuchte und erreicht bei einer bestimmten Temperatur, dem **Taupunkt,** schließlich 100 %. Bei weiterer Abkühlung kondensiert der überschüssige Wasserdampf zu Nebel oder Tau, falls sogenannte Kondensationskerne vorhanden sind (s. Versuch 51). Liegt der Taupunkt unter 0 °C, so entstehen Eiskristalle (Schneeflocken oder Reif).

Versuch 51: Ein großer Kolben ($V = 1$ dm³) wird einige mm hoch mit Wasser gefüllt und mit einem Stopfen mit Hahnrohr verschlossen. Nach einigem Schütteln nimmt der Raum im Kolben so viel (unsichtbaren) Wasserdampf wie möglich auf (20 g/m³ bei 22 °C). Dann öffnen wir den Hahn, drücken etwas Zigarettenrauch hinein und schließen den Hahn wieder. Dabei wird die Luft im Kolben etwas komprimiert, das heißt, es wird Arbeit verrichtet. Infolgedessen steigt die Temperatur im Kolben etwas. Hat sich die Luft im Kolben nach kurzer Zeit wieder auf Zimmertemperatur abgekühlt, öffnet man den Hahn wieder. Dabei dehnt sich die Luft aus und verrichtet selbst Arbeit gegen den äußeren Luftdruck; infolgedessen kühlt sie sich etwas ab. Es entsteht dichter Nebel im Kolben. Die Kondensation des Wasserdampfs zu Nebel wird durch kleinste Schwebeteilchen, sogenannte Kondensationskerne, die in der Luft vorhanden sind, sehr gefördert. Diese Kerne liefert uns der Rauch. Bläst man wieder Luft in den Kolben, so steigt der Druck wieder. Die Luft erwärmt sich, und der Nebel verschwindet. – Der erste Teil dieses Versuchs entspricht dem Wettergeschehen in einem „Tief": In ein Tiefdruckgebiet strömt Luft von allen Seiten ein; sie muß nach oben ausweichen. Dabei dehnt sie sich wegen des geringer werdenden Luftdrucks aus und kühlt sich ab. Der in ihr vorhandene Wasserdampf schlägt sich an kleinen Rauchteilchen nieder und bildet Wassertröpfchen. Wir sehen sie als **Nebel** oder **Wolken.** Wolken bilden sich auch, wenn warme Luft an kalten Luftschichten oder an den Hängen von Gebirgen zum Aufgleiten gezwungen wird. Ein Teil der Luftfeuchtigkeit fällt als Regen oder Schnee an der dem Wind zugekehrten Seite des Gebirges (sogenannte *Luvseite*). Die auf der windabgewandten Seite (der sogenannten *Leeseite*) absinkende Luft erwärmt sich: **Föhn** *(Abb. 170.2).*

170.2 Wolkenbildung an Gebirgshängen

Der zweite Teil unseres Versuchs 51 erläutert die Vorgänge in einem „Hoch": Dort herrscht hoher Luftdruck, und die Luft strömt nach allen Seiten weg. Dafür sinkt Luft aus der Höhe herab, wird komprimiert und dadurch erwärmt. Wolken lösen sich auf (siehe Seite 168). In den Roßbreiten herrscht diese Wetterlage fortgesetzt, so daß Niederschläge dort äußerst selten sind. Die großen Wüstengebiete der Erde liegen in den Roßbreiten nördlich und südlich des Äquators.

> **Aufsteigende Luft kühlt sich ab; dabei können Wolken entstehen. Absinkende Luft erwärmt sich; dabei können Wolken aufgelöst werden.**

Zum Messen der Regenhöhe wird das Regenwasser in einem zylindrischen Gefäß mit trichterförmigem Ansatz aufgefangen, das in mm geeicht ist. Die jährliche Niederschlagsmenge beträgt in Deutschland im Durchschnitt etwa 520 mm. Sie nimmt mit wachsender Entfernung vom Meer ab, doch ist sie an den Hängen der Gebirge wesentlich größer.

6. Die Wetterkarte

Sie enthält Angaben über Luftdruck, Temperatur, Windstärke und -richtung, Bewölkung und Niederschläge. Die *Abb. 171.1* zeigt eine Druckverteilung mit stark ausgeprägten Tiefdruckgebieten, wie sie vor allem im zeitigen Frühjahr häufig auftritt.

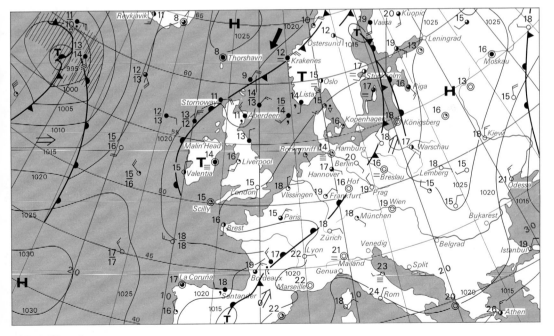

171.1 Wetterkarte

Zeichenerklärung: ○ wolkenlos, ◐ heiter, ◑ halb bedeckt, ◕ wolkig ● bedeckt, ≡ Nebel, ๏ Nieseln, • Regen, ✳ Schnee, ▽ Schauer, ⌐ Gewitter. Ein- oder zweistellige Zahlen: Lufttemperatur in °C, ▓ Niederschlagsgebiet, ▲▲▲ Kaltfront mit Abkühlung, ●●● Warmfront mit Erwärmung, ⟋ kalte, ⟋ warme Luftströmung, ◦⟍ Windrichtung und -stärke (die Pfeile fliegen mit dem Wind; jede „Feder" entspricht rund 5 m/s).

Linien, die Orte mit gleichem Luftdruck verbinden, heißen **Isobaren** (isos, griech.; gleich; barys, griech.; schwer). Umschließen die Isobaren einen Raum mit hohem Druck, so sprechen wir von einem Hochdruckgebiet, kurz „Hoch" genannt, im umgekehrten Falle von einem „Tief" oder auch einer **Zyklone** (kyklos, griech., Kreis). Je größer die Druckunterschiede zwischen Hoch und Tief sind, desto stärker ist der Wind, der diese Druckunterschiede auszugleichen sucht. Dabei bleibt äquatorwärts strömende Luft (wie wir das bereits bei den Passatwinden — siehe Seite 169 — sahen), gegenüber der Erddrehung zurück, während polwärts fließende Luft der Erddrehung vorauseilt. Daraus ergibt sich die zuerst von dem niederländischen Wetterforscher *Buys-Ballot* (1817 bis 1890) ausgesprochene Windregel:

> **Auf der Nordhalbkugel der Erde strömt die in ein Tief hineinfließende Luft im Gegensinne des Uhrzeigers um das Tief, die aus einem Hoch herausfließende Luft strömt im Uhrzeigersinn um das Hoch (*Abb. 172.1*).**

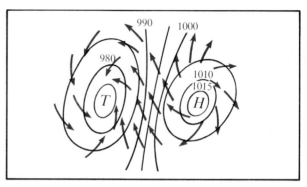

172.1 Luftströmung um ein Hoch (*H*) und um ein Tief (*T*)

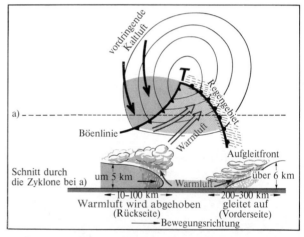

172.2 Der Aufbau einer Zyklone und die Wettererscheinungen an den Fronten ihres Warmluftsektors

Der Wetterablauf in Deutschland wird einen großen Teil des Jahres über von Zyklonen (Tiefdruckgebieten) bestimmt, die ihren Ursprung über dem Atlantik haben, wo feuchtwarme Meeresluft und kalte Polarluft große Wirbel bilden (ähnlich den Wirbeln in strömendem Wasser). *Abb. 172.2* stellt die Wettervorgänge in einer Zyklone in Grund- und Aufriß dar. Die Grenzen des Warmluftsektors heißen Fronten. Vor der „Aufgleitfront" entstehen ausgedehnte Regengebiete, weil warme Luft sich auf die kalte schiebt. Auf der Rückseite der Warmluft (links in *Abb. 172.2*) schiebt sich schwerere Kaltluft unter die Warmluft und zwingt sie zu schnellem Aufsteigen mit kräftiger Abkühlung und meist schauerartigen Regen- oder Hagelfällen. Der geschilderte Wetterablauf stellt sich besonders häufig in den Übergangszeiten zwischen Sommer und Winter ein (Aprilwetter, Novemberstürme).

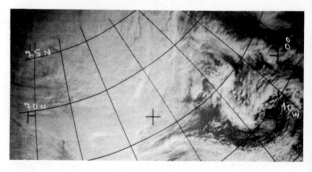

172.3 Tiefdruckgebiet (Wolkenwirbel), von einem Wettersatelliten aus fotografiert

§ 47   Wärmeenergiemaschinen

1. Die Kolbendampfmaschine

Die ersten erfolgreichen Versuche, die Energie des Wasserdampfes zum Verrichten mechanischer Arbeit auszunutzen, hat bereits um 1690 der in Marburg lebende Professor der Physik *D. Papin* (siehe Seite 156) unternommen. Seine Maschinen wurden in der Hauptsache zum Antrieb von Pumpen in Bergwerken verwendet. Wesentlich vervollkommnet wurde die Kolbendampfmaschine von dem Engländer *J. Watt* (1736 bis 1819), der deshalb vielfach als ihr eigentlicher Erfinder angesprochen wird. Sie war Vorläufer der modernen Dampfkessel *(Abb. 173.1)* und -turbinen von heute. Ihre Wirkungsweise ist folgende:

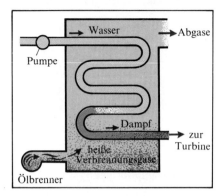

173.1 Schema eines modernen Dampfkessels

Durch einen Wasserkessel laufen zahlreiche Heizrohre, durch welche die Flammengase strömen und das Wasser verdampfen lassen (Vergleiche im Gegensatz dazu *Abb. 173.1!*). Der Wasserdampf sammelt sich im sogenannten Dampfdom und wird von dort aus über eine Schiebersteuerung *(Abb. 173.2)* oder über eine Ventilsteuerung in den Zylinder geleitet.

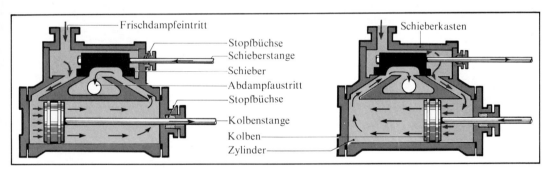

173.2 Dampfzylinder mit Schiebersteuerung

Hier prallen die Wasserdampfmoleküle mit hoher Geschwindigkeit gegen den beweglichen Kolben und geben einen Teil ihrer Bewegungsenergie an den Kolben ab, der zur Seite (in *Abb. 173.2* nach rechts) geschoben wird. Dabei wird Arbeit verrichtet. Anschließend wird die Auslaßöffnung auf der linken Seite des Kolbens freigegeben, durch die der Dampf ins Freie strömen kann. Gleichzeitig tritt frischer Dampf durch die Eintrittsöffnung in den rechts vom Kolben liegenden Zylinderraum ein. Der Vorgang wiederholt sich nun in der entgegengesetzten Richtung.

Um den Dampf besser auszunutzen, sorgt man durch entsprechende Steuerung des Schiebers beziehungsweise der Ventile dafür, daß bereits nach etwa $^1/_5$ des zurückgelegten Kolbenweges die Dampfzufuhr abgesperrt wird. Der im Zylinder befindliche Dampf dehnt sich von da an aus und schiebt durch seinen Druck den Kolben bis zum äußersten Ende des Zylinders.

Der Druck des Wasserdampfes ist seit dem Bau der ersten Dampfmaschinen immer mehr gesteigert worden. Trotzdem ist der **Wirkungsgrad**, das ist der Bruchteil der wirklich zum Verrichten von Arbeit ausgenutzten inneren Energie des Dampfes, noch recht gering und beträgt im günstigsten Falle 30–35%. Der ungenutzte Anteil geht als Bewegungsenergie der Wassermoleküle mit dem Abdampf durch den Schornstein ins Freie. Da bereits die Energie der Verbrennungsgase nur unvollständig an den Wasserdampf abgegeben wird, liegt der Gesamtwirkungsgrad der Maschine unter 20%.

Wenn auch die Kolbendampfmaschine in den hochindustrialisierten Ländern weitgehend durch modernere Maschinen verdrängt ist, stellt sie doch als Lokomotive (locus, lat.; der Ort; movere, lat.; bewegen) noch immer in vielen Ländern ein unentbehrliches Antriebsmittel für den Personen- und Güterverkehr dar. Weil die Dampflokomotive aber einen hohen Bedarf an Bedienungs- und Wartungspersonal hat und die Luft durch Rauch und Abgase stark verschmutzt, wird sie allmählich durch die Elektrolok oder durch die mit Heizöl betriebene Diesellok ersetzt.

2. Die Dampfturbine

Bei der Kolbendampfmaschine wird eine Drehbewegung erst auf dem Umweg über die hin- und hergehende Bewegung des Kolbens erreicht. Dagegen strömt bei der **Dampfturbine** der Dampf durch eine Reihe von engen Düsen (in der *Abb. 174.1* durch eine einzige angedeutet!) mit großer Geschwindigkeit gegen die Schaufeln eines großen Schaufelrades und dreht dieses.

Um die Energie des Dampfes möglichst vollständig auszunutzen, genügt es nicht, den Dampf nur auf ein einziges Schaufelrad wirken zu lassen. Er wird deshalb durch feststehende Leitschaufeln auf ein zweites und drittes Schaufelrad gelenkt. (In *Abb. 174.1* sind die feststehenden Leitschaufeln grau, die Laufschaufeln rot.) Bei den großen Turbinen der Elektrizitätswerke werden in dieser Weise bis zu 15 Schaufelräder auf einer Achse befestigt und durch je ein Leitwerk voneinander getrennt *(Abb. 174.2)*.

Die großen Dampfturbineneinheiten in den Elektrizitätswerken haben Leistungen von 300 MW bis 1200 MW. Es lohnt sich deshalb, alle nur möglichen technischen Hilfsmittel einzusetzen, um die der Dampfmaschine anhaftenden Mängel auszuschalten.

Durch Steigerung der Dampftemperatur auf über 500 °C und des Dampfdrucks auf über 200 bar konnte der Wirkungsgrad von etwa 30% im Jahre 1950 auf über 40% im Jahre 1970 gesteigert werden. Diese Entwicklung wurde dadurch möglich, daß es den Chemikern gelang, Metallegierungen zu finden, welche die nötige Festigkeit und Härte auch noch bei Dunkelrotglut behalten. Dar-

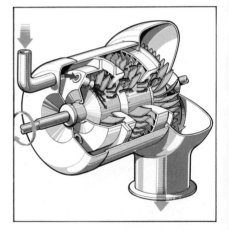

174.1 Dampfturbine (schematisch)

174.2 Zusammenbau einer Dampfturbine

über hinaus konnte die Luftverschmutzung durch die von den Abgasen mitgerissenen Ruß- und Ascheteilchen durch den Einbau wirksamer Elektrofilter weitgehend beseitigt werden. Größere Wärmeenergiewerke beeinträchtigen zwar durch ihre Abgase die nähere Umgebung. Ihr Betrieb ist aber insgesamt umweltfreundlicher, als wenn Haushalte und Industriebetriebe ihren Energiebedarf durch eigene Kleinanlagen decken würden.

3. Verbrennungsenergiemaschinen

a) Der Ottomotor. Den ersten nach dem 4-Takt-Prinzip arbeitenden Motor, der noch nicht wie die heute verwendeten Motoren mit flüssigen Treibstoffen, sondern mit Gas betrieben wurde, konnte *N. Otto* (1832—1891) im Jahre 1867 vorführen. Ihm zu Ehren heißt er heute Ottomotor. Wegen der Verwendung von Gas als Treibstoff war er zunächst an einen festen Standort gebunden. Erst *G. Daimler* (1834—1900) und *C. F. Benz* (1844—1929) ersetzten das Gas durch leicht verdampfende flüssige Treibstoffe, vor allem Benzin, und machten den Motor damit zum heute unentbehrlichen Antriebsmittel fast aller nicht schienengebundenen Fahrzeuge. Sein Wirkungsgrad beträgt etwa 35%.

Die Wirkungsweise des Viertaktmotors läßt sich in die 4 folgenden Arbeitsperioden (Takte) gliedern *(Abb. 175.1)*:

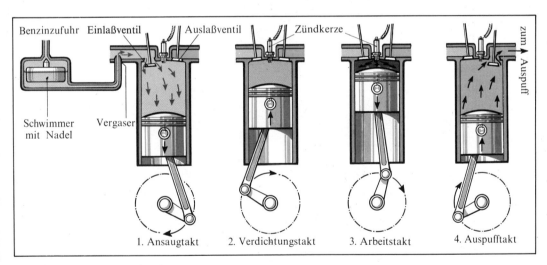

175.1 Wirkungsweise des Viertaktmotors

1. Ansaugtakt: Zu Beginn des 1. Taktes öffnet sich das Einlaßventil. Der Kolben bewegt sich nach unten. Dabei saugt er ein Kraftstoff-Luft-Gemisch in den Zylinder. Dieses wird von dem in der Ansaugleitung liegenden Vergaser erzeugt. Er arbeitet ähnlich wie ein Zerstäuber und reguliert die Benzinzufuhr selbsttätig *(Abb. 175.1 links)*.

2. Verdichtungstakt: Nachdem sich das Ventil am Ende des 1. Taktes geschlossen hat, wird das Gasgemisch von dem nach oben gehenden Kolben zusammengedrückt. Dabei steigt der Druck auf 10 bis 12 bar. Gleichzeitig steigt die Temperatur im Zylinder auf 300 bis 400 °C.

3. Arbeitstakt: Ein Funke der Zündkerze entzündet das Gemisch am Anfang des 3. Taktes. Dabei entsteht im Innern des Zylinders ein Druck von 50 bis 70 bar und eine Temperatur von etwa 2000 °C. Ein Teil der Bewegungsenergie der Gasmoleküle wird auf den Kolben übertragen. Der Kolben wird nach unten gedrückt. Dabei wird Arbeit verrichtet und das Gas abgekühlt.

4. Auspufftakt: Das verbrannte Gasgemisch wird bei geöffnetem Auslaßventil von dem nach oben gehenden Kolben ins Freie gedrückt, und das Spiel beginnt von neuem.

Es kommen dabei 2 Umdrehungen der Kurbelwelle auf die 4 Takte, von denen nur einer Arbeit verrichtet, während die anderen Takte Arbeit benötigen. Ein Motor mit nur einem Zylinder müßte daher unregelmäßig (stoßweise) laufen, wenn man nicht ein schweres Schwungrad zum Ausgleich verwenden würde. Die meisten Fahrzeugmotoren baut man deshalb mit 4 Zylindern, deren Kolben auf dieselbe Welle wirken und so angeordnet sind, daß bei jeder halben Umdrehung jeweils einer der 4 Zylinder seinen Arbeitstakt hat. Die *Abb. 176.1* stellt den Schnitt durch den Motorblock des Volkswagens dar, bei dem je 2 Zylinder einander gegenüber angeordnet sind *(Boxermotor)*. Bei anderen Motorentypen sind die Zylinder hintereinander *(Reihenmotor)* oder in Sternform *(Sternmotor)* angeordnet.

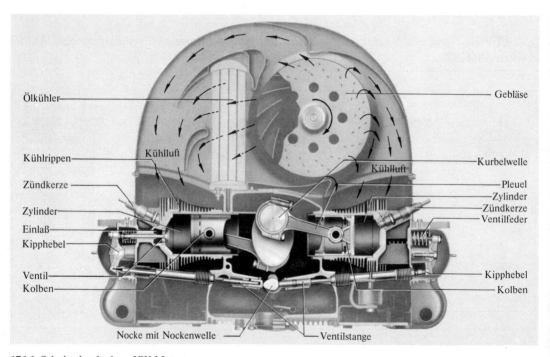

176.1 Schnitt durch einen VW-Motor

Die Einsatzmöglichkeit eines Motors hängt außer von seinem Wirkungsgrad unter anderem auch von seinem „Leistungsgewicht" ab, das ist der Quotient aus Motormasse und Motorleistung, gemessen in kg/kW. Das Leistungsgewicht kleiner Fahrzeug-Otto-Motoren liegt bei 3 bis 4 kg/kW.

Während beim Viertaktmotor Ansaugen und Ausstoßen einen besonderen Takt beanspruchen, erfolgen diese beiden Vorgänge beim Zweitaktmotor in der sehr kurzen Zeitspanne zwischen Arbeits- und Verdichtungstakt. Seine Wirkungsweise ergibt sich nach *Abb. 177.1.*

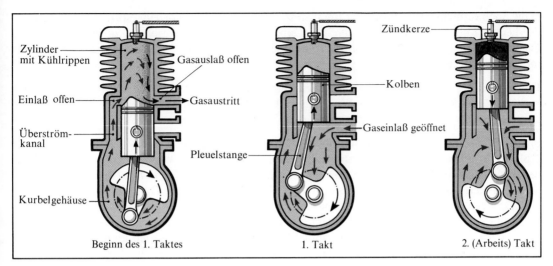

Zylinder mit Kühlrippen — Gasauslaß offen — Gasaustritt — Einlaß offen — Überström-kanal — Kurbelgehäuse — Zündkerze — Kolben — Gaseinlaß geöffnet — Pleuelstange

Beginn des 1. Taktes   1. Takt   2. (Arbeits) Takt

177.1 Wirkungsweise des Zweitaktmotors

Im ersten Takt drückt der Kolben auf dem Weg nach oben das Gemisch über sich zusammen, während er den Auslaßkanal und den Überströmkanal verschließt. Gleichzeitig strömt frisches Gasgemisch durch den vom Kolben freigegebenen Einlaßkanal in das darunterliegende Kurbelgehäuse. Ist der Kolben oben angelangt, wird das Gemisch gezündet und drückt den Kolben wieder nach unten. Dabei wird das Gemisch im Kurbelgehäuse vorverdichtet und kann am Ende des Arbeitstaktes durch den Überströmkanal in den Zylinder übertreten, während gleichzeitig die Verbrennungsgase durch die Auslaßöffnung entweichen. Eine Nase am Kolbenboden sorgt dafür, daß das frische Gemisch nicht unmittelbar durch den Auslaßkanal den Zylinder wieder verläßt.

Der Vorteil des 2-Takters gegen den 4-Takter liegt in der Ersparnis der Ventile und der zu ihrer Bedienung erforderlichen zahlreichen beweglichen Teile (Nockenwelle, Kipphebel, Ventilstangen, Ventilfedern) sowie in der Mehrleistung bei gleichem Gewicht und Platzbedarf (kleineres Leistungsgewicht).

Ein wesentlicher Nachteil ist es, daß das Kurbelgehäuse mit der Kurbelwelle in die Arbeit der Zylinder einbezogen ist und in Kammern (für jeden Zylinder eine) abgeteilt werden muß. Das erschwert den Bau mehrzylindriger Motoren nach dem 2-Taktprinzip wesentlich. Durch die Konzentration des Auspuff- und Ansaugvorgangs auf den äußerst kurzen Zeitraum zwischen den Takten ist es schwer, eine saubere Leerung und Neufüllung des Zylinders zu erreichen. Dadurch wird der Brennstoffverbrauch erhöht. Das 2-Taktprinzip konnte sich deshalb bei Ottomotoren bisher nur bei kleinen Leistungen durchsetzen.

b) Der Dieselmotor. Ein weiterer wesentlicher Fortschritt in der Entwicklung der Verbrennungsmaschinen wurde von *R. Diesel* (1858 bis 1913) erzielt. Die Wirkungsweise des Dieselmotors unterscheidet sich in folgenden Punkten von der des Ottomotors (wir beschränken uns auf den 4-Taktdieselmotor):

An Stelle eines Brennstoffluftgemisches wird reine Luft angesaugt und verdichtet. Im Gegensatz zum Ottomotor wird die Verdichtung hier viel weiter getrieben, so daß die Luft eine Temperatur von etwa 600 °C erreicht. Am Anfang des 3. Taktes wird durch eine Hochdruckpumpe in die hoch verdichtete Luft flüssiger Brennstoff, sogenanntes Dieselöl, eingespritzt, welches sich in der heißen Luft entzündet und verbrennt. Dabei steigt die Temperatur auf über 2000 °C. Das Gas treibt den Kolben durch seinen Druck nach unten und wird im 4. Takt, wie beim Otto-motor, hinausgedrückt.

Der Vorteil des Dieselmotors liegt vor allem darin, daß auch schwer verdampfende Treibstoffe verwendet werden können. Sein Wirkungsgrad ist infolge der hohen Betriebstemperatur im allgemeinen etwas höher als der des Ottomotors und kann bis über 40% gesteigert werden.

c) Der Wankelmotor oder Drehkolbenmotor. Ebenso, wie der Kolbenmotor als Umkehrung der Kolbenluftpumpe (siehe Seite 111) aufgefaßt werden kann, stellt der Wankelmotor die Umkehrung der rotierenden Kapselluftpumpe dar. Er wurde erfunden von *F. Wankel* (geb. 1902). Seine Wirkungsweise ergibt sich aus *Abb. 178.1*. Der Motor liefert, wie die Dampfturbine, unmittelbar eine Drehbewegung; denn der Motor besitzt, außer der Antriebswelle, als einzigen beweglichen Teil den dreiseitigen Drehkolben (Läufer), der in einem ovalen Verbrennungsraum rotiert. Hier-durch entstehen drei voneinander getrennte Arbeitsräume, die durch den umlaufenden Kolben vergrößert oder verkleinert werden. Bei einer Läuferumdrehung erreicht dieser Motor 3 Zün-dungen, er erzeugt deshalb auf kleinem Raum sehr viel Leistung. Sein Leistungsgewicht ist merk-lich besser als das eines Viertaktmotors. Ein größerer Wirkungsgrad als bei Hubkolbenmotoren kann mit ihm aber nicht erreicht werden.

Bei allen Verbrennungsmotoren kann der Wirkungsgrad nur dadurch gesteigert werden, daß man das Gasgemisch vor der Zündung stärker verdichtet. Eine beliebig starke Verdichtung lassen aber unsere Kraftstoffe nicht zu. Sie würden sich schon vor dem Erreichen des oberen Tot-punktes von selbst entzünden. Dann tritt das gefürchtete Klopfen oder Klingeln ein, das einen Motor in kurzer Zeit zerstört. Das zur Zeit gebräuchlichste Mittel, die Klopffestigkeit (Oktanzahl) eines Kraftstoffes zu erhöhen, enthält Blei und ist giftig. Man darf es deshalb nur in geringen Mengen dem Kraftstoff hinzufügen. Die Kraftfahrzeugsteuer wird schon seit Jahren nach dem Hubraum, d.h. dem Volumen, um welches das Gasgemisch komprimiert wird, berechnet. Die Autofirmen sind deshalb bestrebt, den Hubraum klein zu halten. Dafür müssen sie das Gasge-misch stärker komprimieren, damit bei einer Explosion mehr Energie frei wird. Dies fördert aber das Klopfen und macht den giftigen Bleizusatz nötig, der die Umweltverschmutzung erhöht.

Zur Zeit haben Öl und Benzin als energiereiche Brennstoffe noch eine überragende Bedeutung. Es ist jedoch abzusehen, daß die Ölvorräte auf der Erde einmal zur Neige gehen werden und man in nicht zu ferner Zukunft auch unsere Kraftfahrzeuge mit neuen Energiequellen betreiben wird.

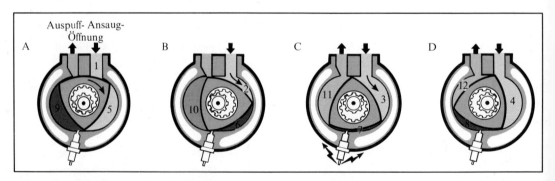

178.1 Wirkungsweise des Wankelmotors: 1–4 Ansaugen, 5–7 Verdichten, 8–10 Arbeiten, 11–12 Ausschieben

4. Strahl-(Düsen-)Triebwerke

Eine unmittelbare Form, die Energie heißer Gase in mechanische Energie umzuwandeln, finden wir bei den modernen *Strahltriebwerken*, auch Düsentriebwerke genannt. Sie werden heute fast ausschließlich zum Antrieb von Flugzeugen mit hoher Geschwindigkeit verwendet. Um ihre Wirkungsweise zu verstehen, machen wir folgenden Modellversuch:

Versuch 52: Wir hängen einen Fön an 1 bis 2 m langen Schnüren so auf *(Abb. 179.1)*, daß der Luftstrom waagerecht austritt. An der Austrittsdüse befestigen wir einen Kraftmesser. Schalten wir ein, so wird durch die seitlichen siebartigen Öffnungen Luft angesaugt und von den Schaufeln des kleinen Motors im Gehäuseinnern in Richtung der Austrittsdüse stark beschleunigt. Der Luftstrom tritt mit hoher Geschwindigkeit nach rechts aus. Dabei treten, wie schon bei anderen Versuchen der Mechanik (siehe Seite 59), zwei Kräfte auf, nämlich

1. die *Antriebskraft*, welche die Luftmoleküle nach rechts in Bewegung setzt.

2. eine gleich große, aber entgegengesetzt gerichtete *Rückstoßkraft*, welche den Fön nach links drückt.

Die zweite Kraft zeigt der Kraftmesser an. Die zum Betrieb erforderliche Energie wird dem Lichtnetz entnommen.

Der im Modellversuch dargestellte Vorgang läuft in ähnlicher Form in den Turbinen-Strahl-Triebwerken ab. Diese haben wegen ihrer Einfachheit und ihrer Leichtigkeit die früher zum Antrieb von Flugzeugen verwendeten Verbrennungsmotoren fast völlig verdrängt (Ausnahme: kleine Sportflugzeuge). Ihre Wirkungsweise soll in *Abb. 179.2* erläutert werden: Der Luftkompressor, dessen Wirkungsweise der eines Staubsaugers gleicht, saugt die erforderliche Außenluft an, drückt sie in die rings um die Achse angeordneten Brennkammern und komprimiert sie gleichzeitig auf etwa 12 bar. Der Brennstoff wird durch die Düsen in gleichmäßigem Strom in die Verbrennungskammern eingespritzt und verbrennt dort. Die Temperatur wird dadurch erhöht und das Volumen der Verbrennungsgase nimmt stark zu. Sie strömen dann gegen die Schaufeln des Turbinenmotors T, der den vorn angebrachten Kompressor antreibt. Anschließend treten sie durch die Düse nach hinten aus und verleihen dem Flugzeug den erforderlichen Schub. Die gesamte Antriebskraft wird dem Flugzeug also durch den Rückstoß der Verbrennungsgase zugeführt.

Der Vorteil der Strahltriebwerke gegenüber Kolbenmotoren mit Luftschrauben liegt keineswegs in ihrem höheren Wirkungsgrad. Dieser wächst mit der Fluggeschwindigkeit und erreicht bei Reisegeschwindigkeiten von 800 km/h kaum 20%, so daß sie nur in sehr schnellen Flugzeugen wirtschaftlich verwendet werden können. Sie sind Kolbenmotoren durch ihr geringeres Leistungs-

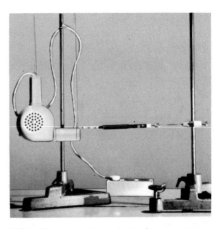

179.1 Die ausströmende Luft erzeugt am Fön eine Kraft, den Schub. Er entsteht durch Rückstoß und kann mit einem Federkraftmesser gemessen werden.

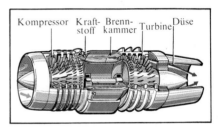

179.2 Strahltriebwerk. Der Vortrieb wird durch den mit großer Geschwindigkeit nach hinten austretenden Luftstrahl bewirkt. Die hinter den Brennkammern angeordnete Turbine soll nicht zu groß sein. Sie darf dem ausströmenden Gas nur so viel Energie entnehmen, wie zum Antrieb des Kompressors erforderlich ist.

gewicht und besonders durch die Möglichkeit überlegen, mit ihnen wesentlich höhere Geschwindigkeiten zu erreichen. In modernen Langstreckenflugzeugen wird ein Schub von der Größenordnung 10^5 N je Triebwerk und ein Leistungsgewicht von der Größenordnung 0,1 kg/kW erreicht, während kleine Fahrzeugmotoren (VW-Motor) ein Leistungsgewicht von etwa 3 kg/kW haben.

Aufgabe:

Der Heizwert der in den großen Wärmeenergiewerken verwendeten Brennstoffe (Steinkohle, Öl) liegt bei etwa 30 MJ/kg. Wieviel Tonnen Brennstoff müssen stündlich verfeuert werden, wenn der Wirkungsgrad 40 % ist und wenn eine Leistung von 300 MW erzielt werden soll?

Rückschau:

Wir haben an zahlreichen Beispielen aus der Mechanik und Wärmelehre die Möglichkeiten kennengelernt, verschiedene Energieformen ineinander umzuwandeln.

Zuletzt haben wir gesehen, wie sich die Energie der ungeordneten Bewegung der Moleküle eines heißen Gases in andere Energieformen zurückverwandeln läßt.

Wir mußten feststellen, daß das nur beschränkt möglich ist. Voraussetzung hierfür ist in der Regel, daß zwischen dem Innen- und dem Außenraum der Maschinen unterschiedliche Temperatur und unterschiedlicher Druck herrschen und daß diese Räume durch eine bewegliche Wand voneinander getrennt sind. Diese Wand ist bei Dampfmaschine und Motor — außer Drehkolben-(Wankel-)Motor — der hin- und hergehende Kolben. Bei der Dampfturbine sind es die Schaufeln des Läufers, beim Drehkolben-(Wankel-)Motor ist es der rotierende Läufer selbst, der diese Trennung bewirkt. Der Unterschied der von beiden Seiten auf die Trennwand ausgeübten Kräfte setzt diese in Bewegung, und es wird dabei Arbeit verrichtet. Die ursprüngliche ungeordnete Wärmebewegung der Gasmoleküle des heißen Arbeitsgases wird in eine geordnete, hin- und hergehende oder rotierende Bewegung umgewandelt. Beim Strahltriebwerk wird schließlich der gesamte Raketen-(Flugzeug-)Körper unmittelbar durch den Rückstoß der nach hinten ausströmenden Gasmoleküle in Bewegung gesetzt.

Bei all diesen Vorgängen wird nur ein Teil der Bewegungsenergie der Moleküle genutzt. Ein beträchtlicher Anteil der Bewegungsenergie der Gasmoleküle geht als Wärme, das heißt mittels ungeordneter Bewegung, auf den Außenraum über.

Der Energieerhaltungssatz, den wir auf Seite 150 kennenlernten, bleibt trotzdem richtig; er sagt aus, daß bei Energieumwandlungen keine Energie verloren geht. Er sagt nichts darüber aus, ob und unter welchen Voraussetzungen eine solche Energieumwandlung wirklich eintritt. Das einzige, was wir bisher sagen können, ist, daß der Anteil an innerer Energie eines Körpers, der in andere Energieformen verwandelt werden kann, um so größer ist, je höher die Differenz der Temperaturen zwischen Innen- und Außenraum ist.

Diese Erkenntnisse setzten sich erst im letzten Jahrhundert durch: Lange glaubte man, ein heißer Körper enthalte mehr „**Wärmestoff**" als ein kalter; Wärmezufuhr bedeute Übergang dieses Wärmestoffs. Erst die auf Seite 150 beschriebenen Reibungsversuche und Überlegungen zeigten um 1850, daß Wärme eine Form des Energieübergangs ist. Um 1860 wurde erkannt, daß es sich dabei um die Energie der ungeordneten Bewegung der Moleküle handelt.

Akustik (Lehre vom Schall)

§ 48 Die Erregung von Schall

1. Schallerreger schwingen

Auf die Frage, was **Schall** ist, scheint die Antwort recht leicht zu sein: Alles, was wir hören können. Aber die folgenden Beobachtungen und Versuche bringen überraschende zusätzliche Einsichten.

Versuch 1: Wenn wir beim Sprechen die Hand so an den Hals legen, daß die Finger am Kehlkopf anliegen, spüren wir eigenartige kleine *Schwingbewegungen*. Sie beginnen und enden mit dem Sprechen. Offenbar hängen sie mit der Erzeugung der Sprechlaute zusammen. Ein weiterer Versuch zeigt, daß auch sonst die Erregung von Schall mit solchen raschen *Vibrationen* verbunden ist.

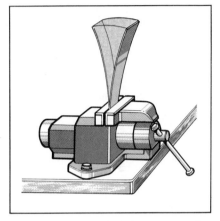

181.1 Schwingung eines eingespannten Federstahlstreifens

Versuch 2: Wir spannen einen elastischen Streifen aus Federstahlband an einem Ende ein. Das andere biegen wir zur Seite und lassen es los. Es führt eine hin- und hergehende periodische Bewegung, eine sogenannte **Schwingbewegung**, aus *(Abb. 181.1)*. Je kürzer wir den schwingenden Streifen machen, desto rascher schwingt er; die Zahl der Hin- und Hergänge in einer Sekunde, das heißt die Zahl der **Perioden** je Sekunde, wird größer.

Zur Beschreibung einer solchen Bewegung benutzt man einen besonderen Begriff, die **Frequenz.** Sie gibt an, wie viele Perioden auf eine Sekunde kommen (frequentia, lat.; Häufigkeit).

Oberhalb einer bestimmten Frequenz des eingespannten Stahlstreifens tritt etwas Neues ein: Wir *sehen* nicht nur die schnell schwingende Bewegung, wir hören dazu auch noch einen Ton. Der Ton wird höher, wenn wir den Streifen weiter verkürzen, wenn also die Frequenz der Schwingung erhöht wird.

181.2 Glas mit Pendelchen, das die Schwingungen des Glases anzeigt

Durch Schwingungen von *Metallzungen* werden bei der *Mund-* und der *Ziehharmonika* Töne erregt. Wir kennen auch noch weitere Vorgänge, bei denen rasche Schwingbewegungen mit Schallempfindungen zusammen auftreten: beim *Flügelschlag* von *Insekten*, bei einer angeschlagenen *Glocke* oder einer angezupften *Saite*.

Versuch 3: Schallerreger machen bei ihren Schwingungen oft nur sehr kleine Ausschläge. Wir können die Schwingungen aber dadurch leicht nachweisen, daß wir ein kleines Pendelchen gegen den Erreger halten: es wird abgestoßen *(Abb. 181.2).*

Schallerreger machen schnelle Schwingbewegungen.

Die Schwingbewegung ist eine periodisch hin- und hergehende Bewegung.

Eine Periode der Bewegung umfaßt einen Hin- und einen Rückgang.

Die Frequenz gibt die Zahl der Perioden in einer Sekunde an.

---

2. Die Schreibstimmgabel

Versuch 4: Ein Schallerreger, der vom Musikunterricht her bekannt ist, ist die **Stimmgabel.** Die Schwingungen ihrer Zinken können wir in einem Versuch sehr schön sichtbar machen: Wir befestigen an einem ihrer Zinken eine kleine Drahtspitze. Nachdem wir die Gabel angeschlagen haben, führen wir diese Spitze über eine berußte Glasplatte, die auf einem Schreibprojektor liegt. Auf der Projektionswand erscheint jetzt stark vergrößert die Spur, die die Schwingung in die Rußschicht geritzt hat. Es handelt sich um einen *Wellenzug* mit allmählich kleiner werdender Wellenhöhe. Die Stimmgabel hat sozusagen ihre Schwingungen selbst aufgeschrieben. Man nennt sie deshalb *Schreibstimmgabel.* (Siehe auch Versuch 7 auf Seite 185!)

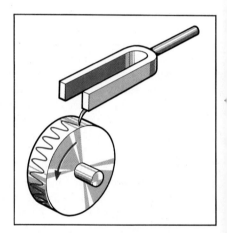

182.1 Schreibstimmgabel über einer sich drehenden Trommel

Aufgaben:

1. *Wo hast Du schon die Erfahrung gemacht, daß rasch schwingende Körper Schall aussenden?*

2. *Vergleiche die Tonhöhe, die Du bei einer Hummel und bei einer kleinen Mücke wahrnimmst! Was entnimmst Du daraus über die Frequenz des Flügelschlages bei beiden?*

3. *Wie konnten wir nachweisen, daß wir einen höheren Ton hören, wenn der Tonerreger mit höherer Frequenz schwingt?*

4. *Warum werden die Wellenhöhen der in Versuch 4 gezeichneten Spuren einer Stimmgabelschwingung allmählich kleiner?*

5. *Was würde man auf der Projektionswand sehen, wenn man bei Versuch 4 die Hand mit der Stimmgabel nicht bewegen würde? Was, wenn man zwar die Hand bewegte, aber vergessen hätte, die Stimmgabel vorher anzuschlagen?*

§ 49   Pendelschwingung und Zeitmessung

1.   Die Pendelschwingung

Wir wollen über Schwingbewegungen etwas mehr erfahren. Hierzu erzeugen wir eine, die so langsam erfolgt, daß wir sie mit dem Auge verfolgen können.

Versuch 5: Wir hängen eine Bleikugel an einen Faden. Dieses *Pendel* bringen wir zum Schwingen. Die Kugel bewegt sich dabei immer auf der gleichen Bahn hin und her. Ihre Geschwindigkeit ist beim Durchgang durch den tiefsten Punkt am größten. Der Weg des Pendelkörpers von diesem Punkt der Bahn (stabile Gleichgewichtslage) bis zum Umkehrpunkt heißt Schwingungsweite oder **Amplitude.** Sie wird infolge des Luftwiderstands immer kleiner; es handelt sich um eine **gedämpfte Schwingung.** Gibt man dem Pendel bei jeder Periode einen kleinen Stoß, so kann man eine **ungedämpfte Schwingbewegung** erzeugen: die Amplituden bleiben gleich groß. Dies ist zum Beispiel beim *Uhrpendel* der Fall.

Die für einen Hin- und Hergang benötigte Zeit nennen wir **Periodendauer** *T.* Wir wollen nun ein Diagramm einer ungedämpften Schwingbewegung zeichnen. In *Abb. 183.1* wurde auf der waagerechten Achse die *Zeit t,* auf der senkrechten die jeweilige *Auslenkung s* aus der stabilen Gleichgewichtslage aufgetragen. Eine solche Kurve haben wir schon bei Versuch 4 kennengelernt.

Unter der *Periode* einer Schwingbewegung verstanden wir einen *Hin-* und einen *Rückgang.* Die dazu erforderliche Zeit, die *Periodendauer T,* kann zwischen zwei Umkehrpunkten auf derselben Seite gemessen werden oder zwischen zwei Durchgängen durch die Gleichgewichtslage in derselben Richtung.

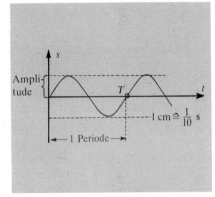

183.1 Diagramm einer Schwingbewegung

Mißt man Zeiten mit einer Stoppuhr, so macht man Fehler bis zu etwa ein fünftel Sekunde ($\frac{1}{5}$ s). Um trotzdem einigermaßen richtige Werte für die *Periodendauer* zu bekommen, stoppt man nicht nur eine, sondern viele Perioden und teilt die gemessene Zeit durch ihre Zahl. Dadurch verteilt sich der Fehler, und die Angabe der Periodendauer wird genauer.

Versuch 6: Wir bestimmen die Periodendauer eines Pendels bei *verschieden* großen Amplituden. Überraschenderweise kommt bei nicht zu großen Amplituden immer *derselbe* Wert heraus.

Beispiel: Wenn bei einem ganz kurzen Pendelchen 40 Schwingungen zufällig genau 20 s dauern, ist seine Periodendauer $T = \frac{20\,\text{s}}{40} = \frac{1}{2}$ s. Seine Frequenz ist $f = \frac{40}{20\,\text{s}} = 2\,\frac{1}{\text{s}}$, gelesen zwei durch Sekunde.

Die Maßbezeichnung 1/s wird auch „**Hertz**'' genannt, geschrieben Hz. (Diese Bezeichnung wurde dem deutschen Physiker *Heinrich Hertz* zu Ehren gewählt, der das Gebiet der elektrischen Schwingungen erforscht hat.) Das Pendelchen schwingt also mit der Frequenz 2 Hz. Wir entnehmen der Rechnung, daß *Frequenz* und *Periodendauer Kehrwerte* voneinander sind: $f = 1/T$.

Wir können auch verstehen, warum die Periodendauer eines Pendels unabhängig von der Amplitude ist. Es liegen etwa dieselben Verhältnisse vor wie beim Schlittenfahren an einem Hang, der oben immer steiler wird. Je höher man startet, desto rascher kommt man auf große Geschwindigkeit. So ist es verständlich, daß man immer dieselbe Zeit für die Abfahrt braucht, unabhängig davon, wie lang die durchfahrene Strecke ist.

Es gibt gedämpfte und ungedämpfte Schwingungen. Die Amplitude einer Schwingung ist der Weg von der Gleichgewichtslage bis zum Umkehrpunkt. Die Periodendauer T wird zwischen zwei aufeinander folgenden Umkehrpunkten auf der gleichen Seite gemessen.

Der Kehrwert der Periodendauer ist die Frequenz f. Es ist $f = \dfrac{1}{T}$.

Die Maßeinheit der Frequenz ist $1\ \text{Hz} = \dfrac{1}{\text{s}}$.

---

2. Zeitmessung

Ein Tag, das ist die Zeit zwischen zwei aufeinanderfolgenden Höchstständen der Sonne, hat keine ganz gleichbleibende Länge. Unter dem **mittleren Sonnentag** versteht man die durchschnittliche Länge des Tages, wenn man über ein ganzes Jahr mittelt. Auf diesen mittleren Sonnentag hat man ursprünglich die Einheit der Zeit, die **Sekunde,** bezogen. Heute ist die Sekunde durch eine besondere Uhr festgelegt, deren Bau auf periodischen Vorgängen in Atomen beruht und die sehr hohe Genauigkeit verbürgt (in einem Tag auf $\frac{1}{20\,000}$ s genau). Im Alltag gebraucht man einfachere Uhren. Bei der **Pendeluhr** benutzt man als zeitzählenden Vorgang die *Pendelschwingung.* Ihre Amplituden werden zwar immer kleiner, wenn die Feder allmählich abläuft. Trotzdem erfordert, wie wir gesehen haben, jede Schwingung immer dieselbe Zeit. Bei anderen Uhren schwingt kein Pendel, sondern ein kleines Rad, die ,,Unruhe'', um ihre Gleichgewichtslage; eine Spiralfeder sucht sie dorthin zurückzuziehen. Der Sekundenzeiger der Uhr ist mit dieser Schwingbewegung gekoppelt und bewegt sich deshalb ruckweise vorwärts.

Die Einheit der Zeit ist die Sekunde (s). Sie ist durch Atomuhren festgelegt.

Bei den Uhren wird von der Tatsache Gebrauch gemacht, daß die Periodendauer eines Pendels, der Unruhe oder anderer Schwinger unabhängig von der Schwingungsweite ist.

Aufgaben:

1. *Wovon gehen die kleinen Anstöße aus, die das Uhrpendel oder die Unruhe der Wecker- oder Armbanduhr für eine ungedämpfte Schwingung brauchen?*

2. *Beschreibe, wie man mit kleiner Kraft eine schwere Glocke zu Schwingungen großer Amplitude bringen kann!*

3. *Die Unruhe einer Weckeruhr macht in der Minute 120 Schwingungen, die einer Armbanduhr braucht für 100 Schwingungen 40 s. Wie groß sind jeweils Frequenz und Periodendauer?*

4. *Wo ist in Abb. 183.1 die Periode und die Periodendauer T einzutragen, wenn man nicht von der Gleichgewichtslage, sondern von einem Umkehrpunkt aus zählt?*

5. *Beschreibt der von der Schreibstimmgabel aufgezeichnete Wellenzug eine gedämpfte oder ungedämpfte Schwingung?*

§ 50   Schallschwingungen und Schallempfindung

1.   Frequenzmessung bei der Schreibstimmgabel

Wir wissen schon, daß eine *größere Frequenz* beim Tonerreger einen *höheren Ton* hervorruft. Nun wollen wir durch einen Versuch die *Frequenz* eines bestimmten Erregers feststellen. Wir wählen dazu die in Versuch 4 benutzte *Schreibstimmgabel*.

Versuch 7: Wir bringen auf dem Umfang eines Rades einen Streifen Kohlepapier an und lassen das Rad gleichmäßig umlaufen. Dann drücken wir die Spitze der angeschlagenen Schreibstimmgabel leicht gegen das Papier. Wieder erhalten wir eine Kurve wie bei Versuch 4 *(Abb. 182.1)*. Aber diesmal können wir aus Umfang und Drehzahl die *Frequenz* berechnen.

Beispiel: Das Rad dreht sich in einer Sekunde einmal und hat den Umfang 1 m. Auf 10 cm werden 26 Perioden gezählt. Auf den ganzen Umfang kommen dann 260 Perioden. Die Gabel hat also 260 Schwingungen in einer Sekunde gemacht, ihre Frequenz beträgt 260 Hz.

2.   Sichtbarmachen einer schnellen Schwingung mit dem Stroboskop

Das Stroboskop ist ein elektrisches Gerät, das in gleichbleibenden kurzen Zeitabständen helle Lichtblitze erzeugt. Die Frequenz der Blitzfolge läßt sich an einem Drehknopf auf bestimmte Werte einstellen.

Versuch 8: Wir beleuchten im verdunkelten Raum eine große Stimmgabel, die wir vorher angeschlagen haben, mit dem Stroboskop. Machen wir die Frequenz der Lichtblitze etwas kleiner oder größer als die der Stimmgabel, so scheint die Gabel ganz langsame Schwingbewegungen auszuführen; sind die Frequenzen völlig gleich, scheint sie ganz still zu stehen. Das letzte verstehen wir gut: Die Lichtblitze treffen die Gabel nach jeweils einer Periode immer in derselben Stellung, eben in der, die wir sehen. In einer Sekunde geschieht dies mehrere hundert mal. Das bemerken wir aber nicht. So rasch aufeinanderfolgende Bilder verschmelzen für uns zu einem zusammenhängenden Eindruck: Die Stimmgabelzinken scheinen zu ruhen, obwohl sie in Wirklichkeit in rascher Bewegung sind. Ist die Stroboskop-Frequenz etwas kleiner, so folgen sich zwei Lichtblitze in etwas größerem zeitlichem Abstand. Sie treffen die Stimmgabelzinken in zwei Lagen, die nur ganz wenig gegeneinander verschoben sind; in Wirklichkeit hat inzwischen eine volle Periode der Schwingung und eine geringe weitere Verschiebung stattgefunden. Die rasch aufeinander folgenden beleuchteten Stellungen der Gabelzinken vermitteln uns den Eindruck einer stetigen Be-

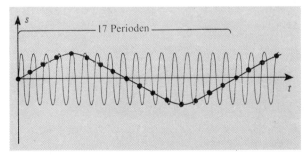

185.1 Auf eine Periode der beobachteten Schwingbewegung kommen 17 Perioden der tatsächlich stattgefundenen.

wegung. In *Abb. 185.1* sind 20 Perioden der Stimmgabelschwingung in der üblichen Weise wiedergegeben. Die Beleuchtung durch die Stroboskopblitze erfolgte in den eingezeichneten Punkten. Die Verbindungslinie dieser Punkte ist die graphische Wiedergabe der wahrgenommenen langsamen Schwingbewegung.

Kino und Fernseher arbeiten nach dem gleichen Prinzip: Rasch aufeinanderfolgende stehende Bilder vermitteln den Eindruck stetiger Bewegung. In den Zwischenzeiten ist die Kinoleinwand dunkel.

3. Hörbereich und Ultraschall

Versuch 9: Mit Hilfe eines elektrischen Geräts, des **Tonfrequenzgenerators,** kann man Lautsprecher zu Schwingungen *beliebiger* Frequenz anregen. Erhöht man dabei die Frequenz auf über 12 000 Hz, so hören manche, vor allem ältere Personen, den zugehörigen Ton nicht mehr. Bei anderen liegt diese Grenze höher, bei Kindern oft erst bei 20 000 Hz.

Den Frequenzbereich oberhalb der menschlichen **Hörgrenze** nennt man **Ultraschall.** Unser Ohr nimmt Schwingungen solch hoher Frequenzen nicht mehr wahr, obwohl sich physikalisch nichts weiter geändert hat als die Frequenz.

Von manchen Tieren, zum Beispiel Hunden und Fledermäusen, wissen wir, daß sie Ultraschall wahrnehmen können. Man kann deshalb Hundepfeifen mit solch hoher Frequenz bauen, daß Menschen ihren Ton nicht hören können.

4. Die Schallempfindung

Aus all dem geht hervor, daß wir deutlich unterscheiden müssen zwischen dem physikalischen Vorgang „Schall" und der subjektiven **Schallempfindung.** Schallschwingungen sind oft vorhanden, auch wenn niemand da ist, der sie hört; andererseits wissen wir vom „Klingen" unseres Ohrs her, daß wir die Empfindung „Schall" auch ohne äußere Erregung haben können.

> **Schall entsteht, wenn ein Schallerreger schwingt. Schall ist hörbar, wenn seine Frequenz im Hörbereich liegt, das heißt etwa zwischen 16 und 16 000 Schwingungen in der Sekunde.**

Aufgaben:

1. *Statt mit dem Verfahren nach Versuch 7 kann eine Stimmgabelfrequenz auch mit Hilfe eines Plattenspielers bestimmt werden. Auf seinem Teller befestigt man eine mit Bärlappsamen bestäubte Glasplatte. Die Stimmgabelspitze zeichnet eine kreisförmige Wellenlinie, wenn man sie leicht dagegen drückt. Welche Frequenz ergibt sich, wenn der Teller 78 Umdrehungen in der Minute macht und man auf einem Viertelkreis 50 Perioden zählt?*

2. *Versuche zu erklären, warum im Film oder beim Fernsehen Räder oft stillstehen oder sich falsch zu drehen scheinen!*

3. *Pfeifen geben einen um so höheren Ton, je kürzer sie sind. Wie sieht also die in Abschnitt 3 angeführte Hundepfeife aus?*

§ 51   Die Ausbreitung des Schalls

1.   Die Schalleitung

Versuch 10: Unter die Glasglocke einer Luftpumpe (siehe *Abb. 111.1*) bringen wir eine elektrische Klingel. Ihr Ton wird um so leiser, je weniger Luft noch in der Glocke ist *(Abb. 187.1)*. Schließlich verschwindet er vollständig, wenn die Klingel auf einer weichen Filzunterlage steht. Berührt sie aber den Teller oder die Glocke der Luftpumpe, so dringt ein leiser Ton nach außen, auch wenn alle Luft entfernt worden ist.

Im leeren Raum kann sich Schall nicht ausbreiten. Im allgemeinen wird er durch die *Luft* weitergeleitet, doch eignen sich auch *feste Körper* und *Flüssigkeiten* dazu: das Ticken einer auf dem Tisch liegenden Uhr wird durch das Holz zum Ohr geleitet, das man an die Tischplatte drückt; an Eisenbahnschienen vernimmt man auf große Entfernungen das Stoßen der Räder; unter Wasser getaucht, hört man ein klingendes Geräusch, wenn man zwei Steine gegeneinander stößt.

Versuch 11: Ein Modellversuch soll uns die Vorgänge bei der **Schallausbreitung** klar machen. Dazu hängen wir viele kleine Pendelchen (zum Beispiel an dünnen Fäden befestigte Tischtennisbälle) in einer Reihe mit kleinen Zwischenräumen auf. Dem ersten geben wir einen solchen Stoß, daß es zentral aufs zweite trifft *(Abb. 187.2)*. Dabei kommt das erste zur Ruhe, und das zweite übernimmt die Geschwindigkeit und damit die Rolle des ersten. So wandert der Stoß durch die ganze Pendelreihe hindurch. Jede Kugel bewegt sich dabei nur um eine ganz kleine Strecke weiter. Denken wir uns an Stelle der Pendelkugeln die Luftteilchen, so gewinnen wir eine gute Vorstellung von der Ausbreitung des Schalls.

Versuch 12: Ein weiterer Versuch soll die Richtigkeit dieser Vorstellung noch erhärten: Ein Tamburin oder ein mit einer Gummihaut überzogener Ring wird einem zweiten wie in *Abb. 187.3* gegenübergestellt. Trifft das große Pendel die Membran links, so wird ein die rechte Membran berührendes kleines Pendel kräftig weggestoßen: Die Luftteilchen haben die Bewegung der Membran Schicht für Schicht weitergegeben. Dabei führen sie selbst nur ganz kleine Bewegungen aus.

187.1 Eine Klingel in einem ausgepumpten Glas hört man nicht.

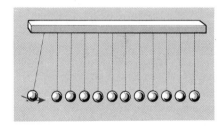

187.2 Durchgang eines Stoßes durch eine Pendelreihe.

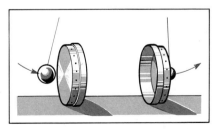

187.3 Durchgang eines Stoßes durch Luft. Das rechte Pendelchen dient als Schwingungsanzeiger.

Von einem Schallerreger, zum Beispiel einer Glocke, wird so in jeder Sekunde die seiner Frequenz entsprechende Zahl von Stößen von Luftteilchen zu Luftteilchen übertragen. Keineswegs bewegt sich dabei Luft von der Glocke bis zu unserem Ohr.

Abb. 188.1 zeigt, wie die Luft von der Membran eines Lautsprechers angestoßen wird und wie sie diese Anstöße weitergibt. Auf diese Weise entsteht eine Folge von *Luftverdichtungen* und *-verdünnungen*, die vom Erreger wegeilen. Das erinnert uns an **Wasserwellen,** die von einer Erregerstelle ausgehen *(Abb. 188.2)*. Auch hier bewegt sich nicht das Wasser selbst vom Erreger weg, sondern nur die vom Erreger erzeugte *Wellenform* der Oberfläche. Das sehen wir, wenn wir kleine Korkstückchen auf das Wasser werfen. Sie bewegen sich nur ein wenig auf und ab, wenn sie von den Wellen erfaßt werden.

Analog zum Ausdruck *Wasserwellen* sprechen wir beim Schall von **Schallwellen.** Das sind aber *räumliche Wellen* in Kugelschalenform, während die kreisförmigen Wasserwellen (hauptsächlich) in der Ebene der Wasseroberfläche verlaufen.

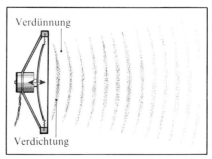

Verdünnung

Verdichtung

188.1 Schallfeld vor einer Lautsprechermembran

> **Schallerreger erzeugen im Schallträger Schallwellen, die von der Erregerstelle nach allen Seiten wegeilen.**

2. Die Schallgeschwindigkeit

Oft hört man Schläge, die jemand mit einer Axt oder einer Ramme auf einer Baustelle ausführt, später, als man sie sieht. Wie Wasserwellen brauchen auch Schallwellen eine bestimmte Zeit t, um einen Weg s zurückzulegen. Ihre *Geschwindigkeit v* kann dann nach Seite 19 als $v = s/t$ berechnet werden. Mit einer Startpistole und einer Stoppuhr läßt sich eine ungefähre Messung der Schallgeschwindigkeit leicht ausführen *(Abb. 188.3)*.

Zu einer genaueren Untersuchung benutzen wir einen elektrischen *Kurzzeitmesser*, der es erlaubt, 10000stel Sekunden zu messen.

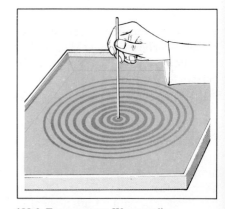

188.2 Erregung von Wasserwellen

Versuch 13: Wir schalten zwei Mikrophone I und II so an den Kurzzeitmesser, daß er auf ein Signal von I startet, auf ein Signal von II wieder anhält. (Das *Mikrophon* ist der Teil des Telefons, der sich in der Sprechmuschel befindet. Es wandelt ein Schallsignal in ein elektrisches um.) Das

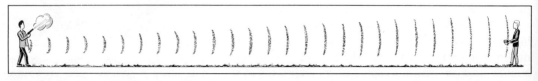

188.3 Messung der Schallgeschwindigkeit

Schallsignal erzeugen wir mit einer Knallplätzchen-Pistole. Bei einem gegenseitigen Abstand der Mikrophone von $s = 1,70$ m finden wir eine Zeit $t = 0,0050$ s. Verdoppeln wir die Strecke, so verdoppelt sich auch die gemessene Zeit. Die Geschwindigkeit des Schalls wird also mit größerer Entfernung vom Erreger nicht kleiner. Wir berechnen sie aus unserem Versuch zu $v = \dfrac{s}{t} = \dfrac{1,7\ \text{m}}{0,0050\ \text{s}} =$ $340\ \frac{\text{m}}{\text{s}}$. Wir müssen uns allerdings darüber im klaren sein, daß dieses Ergebnis keine sehr große Genauigkeit haben kann. Ein Meßfehler von einer 10000stel Sekunde gibt einen Geschwindigkeitsunterschied von ± 6 m/s. Genaue Messungen haben aber unser Ergebnis bestätigt und außerdem gezeigt, daß die **Schallgeschwindigkeit** mit höheren Temperaturen etwas steigt. Als einfache Merkregel wollen wir festhalten:

Der Schall legt in 3 Sekunden etwa einen Kilometer zurück.

Man hat die *Schallgeschwindigkeit* auch in anderen Stoffen gemessen und bekam die in *Tabelle 189.1* enthaltenen Werte.

Tabelle 189.1 Geschwindigkeit des Schalls in verschiedenen Stoffen bei 20 °C

Stoff	Geschwindigkeit	Stoff	Geschwindigkeit	Stoff	Geschwindigkeit
Kautschuk	35 m/s	Tetrachlor-	950 m/s	Kohlendioxid	260 m/s
Kork	500 m/s	kohlenstoff		Sauerstoff	322 m/s
Blei	1 200 m/s	Alkohol	1 180 m/s	Luft	340 m/s
Kupfer	3 900 m/s	Benzol	1 350 m/s	Stickstoff	345 m/s
Holz bis	5 500 m/s	Quecksilber	1 450 m/s	Helium	1 005 m/s
Eisen bis	5 800 m/s	Wasser	1 480 m/s	Wasserstoff	1 330 m/s

3. Das Echo

Es gibt noch eine Erscheinung, die wir mit unserem Pendelversuch erklären können: das **Echo.**

Versuch 14: Wir stellen neben das letzte Pendelchen bei dem Versuch nach *Abb. 187.2* eine feste Wand. Es wird, nachdem es vom vorletzten angestoßen wurde, von dieser *zurückgeworfen* und trifft wieder auf seinen Nachbarn. Dieser Stoß in *umgekehrter* Richtung pflanzt sich wieder durch die ganze Reihe fort und kehrt zum Ausgangspunkt zurück. Ähnlich wird auch der Schall an einem Hindernis reflektiert, auf das er trifft. Aus der Zeit bis zur Rückkehr des Echos läßt sich die Entfernung bis zum Hindernis berechnen.

Beispiel: Wie weit ist ein Rufer von einer Felswand entfernt, wenn er nach $1\frac{1}{2}$ s ein Echo hört? Der Schallweg beträgt $1,5 \cdot 340$ m $= 510$ m. Die gesuchte Entfernung ist halb so groß, also 255 m *(Abb. 189.1)*.

Laufzeit 1,5 s

189.1 Echo an einer Felswand

4. Reflexion und Nachhall

Versuch 15: Bei einem Versuch nach *Abb. 190.1* hört man die Uhr nur dann deutlich ticken, wenn man den Spiegel in einer ganz bestimmten Stellung hält: In dieser Stellung sind die beiden eingezeichneten Winkel, der *Ein-* und der *Ausfallswinkel* des Schalls, *einander gleich.* Schall wird also nach den gleichen Gesetzen reflektiert wie ein *elastischer Ball* oder *Licht.* Man *hört* die Uhr dann am besten, wenn man sie im Spiegel auch *sehen* kann. Der von den Wänden eines Raumes zurückgeworfene Schall stört bei kleinen Entfernungen nicht. Vielmehr unterstützt der reflektierte Schall den Schall, der direkt zum Ohr des Hörers kommt:

190.1 Reflexion von Schall

Im Zimmer muß man, um verstanden zu werden, nicht so laut reden wie im Freien. Unangenehm wird diese als **Nachhall** bezeichnete Erscheinung erst, wenn sich die Laufzeiten um mehr als $\frac{1}{20}$ s, die Laufwege also um mehr als 17 m unterscheiden. *Der Schalldeckel* über der Kanzel der Kirchen soll dem nach oben gehenden Schall den weiten Weg zur Decke verlegen und ihn fast ohne Mehrweg zum Hörer werfen. Der geradlinig ankommende Schall wird dann verstärkt und nicht durch Nachhall gestört.

Der störende *Nachhall* läßt sich weitgehend dadurch verhindern, daß man großen Räumen günstige Formen gibt oder ihre Decken und Wände mit schallschluckenden weichen Materialien bekleidet. Man spricht in diesem Zusammenhang von der guten oder schlechten *Akustik* eines Raumes und gebraucht dieses Wort dann in einem anderen Sinn als bei der Überschrift dieses Kapitels. Wie wirkungsvoll poröse weiche Stoffe die *Schallreflexion* verhindern, erfahren wir recht beeindruckend, wenn an einem Tag mit Neuschnee die gewohnten Umgebungsgeräusche kaum mehr zu hören sind.

5. Schalldämmung

Bei Bauten kommt es nicht nur darauf an, störende *Reflexionen* zu vermeiden. Man möchte Wohnungen auch gegen Schallübertragung von den Nachbarn her isolieren. Schwere Wände und Decken verhindern am besten eine Störung durch Sprech- oder Musikgeräusche. Leider leiten manche Baustoffe (zum Beispiel Beton) Schallschwingungen, durch die sie selbst ins Schwingen geraten, recht gut (Trittschall). Deshalb verhindert man durch den Einbau schlechter Schall-Leiter, daß die Schallschwingungen vom Fußboden direkt auf Betonbauteile übertragen werden *(schwimmender Estrich).* Weiche poröse Stoffe dämpfen Schallschwingungen stark, sie leiten Schall deshalb schlecht.

Die Filzplatte unter der Klingel in *Versuch 10,* Gummiunterlagen unter Maschinen, etwa Elektromotoren in Kühlschränken, oder die weiche Polsterung der Tür zum Sprechzimmer des Zahnarztes stellen so eine recht gute Schalldämmung dar.

Weiche, poröse Stoffe sind schlechte Schall-Leiter und werden daher zur Schalldämmung benutzt.

Aufgaben:

1. *Stelle mit Versuchen nach Abb. 191.1 und 191.2 selbst fest, daß Metalle und Wasser Schall leiten! Ähnlich wie in Abb. 191.1 kann ein Kraftfahrzeugmechaniker einen laufenden Motor mit einer Metallstange „abhorchen".*

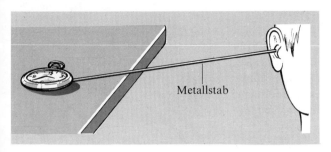

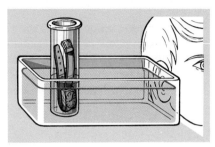

191.1 Schall-Leitung in einem Stab   **191.2** Schall-Leitung in Wasser

2. *Fertige nach Abb. 191.3 ein Schnurtelephon an! Die Schnur überträgt den Schall von der ersten auf die zweite Membran. Als „Sprechmuschel" bzw. „Hörer" eignen sich auch leere Joghurtbecher.*

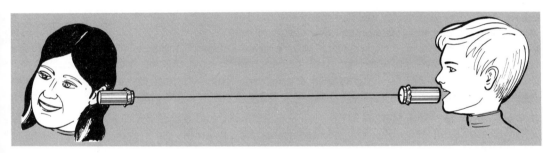

191.3 Schnurtelephon

3. *Können sich zwei Astronauten auf dem Mond akustisch verständigen? Geht es möglicherweise, wenn sich ihre Schutzhelme berühren?*

4. *Verfolge, wie der Schall von den einzelnen Abschnitten der nicht geradlinigen Bahn eines Blitzes zum Ohr gelangt und erkläre die lange Dauer und die wechselnde Lautstärke des Donners, das heißt sein Rollen!*

5. *Wie weit ist ein Gewitter entfernt, wenn Du den Donner 9 s nach dem Blitz hörst?*

6. *Wie tief ist das Meer an einer Stelle, an der das Echolot (siehe Abb. 191.4) einen Zeitunterschied von 20 Millisekunden zwischen Schallsignal und Echo mißt? (1 Millisekunde = $\frac{1}{1000}$ s)*

7. *Können die Teilnehmer eines langen Festzuges ohne gegenseitige Störung zusammen ein Lied singen?*

8. *Warum legt man unter Schreibmaschinen meist eine Filzmatte?*

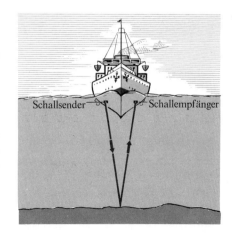

191.4 Echolot

§ 52 Die Wahrnehmung des Schalls

1. Das Hören

Wir wissen jetzt schon einiges darüber, wie Schall *entsteht* und sich *ausbreitet*. Nun untersuchen wir die Vorgänge auf der *Empfängerseite*, beim *Ohr (Abb. 192.1)*. Die *Ohrhöhle* ist nach innen durch ein gespanntes Häutchen, das **Trommelfell,** abgeschlossen. Um zu erkennen, wie das Trommelfell auf Schall anspricht, machen wir einen Modellversuch:

Versuch 16: Eine Papiermembran ist über eine kreisrunde Öffnung in einem Holzbrettchen gespannt und trägt nahe am oberen Rand ein kleines Spiegelchen *(Abb. 192.2)*. Ein darauf gerichteter Lichtstrahl wird zurückgeworfen und erzeugt an der Wand einen fast punktförmigen weißen Fleck. Drückt man mit dem Finger von vorne auf die Mitte der Membran, so bewegt sich der Lichtpunkt nach unten. Wir richten einen

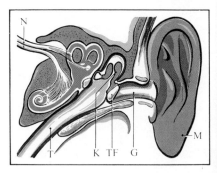

192.1 Das Ohr. Der von der Ohrmuschel M aufgefangene Schall kommt über den Gehörgang G zum Trommelfell TF. Von dort wird die Schwingung über die Gehörknöchelchen K zum inneren Ohr geleitet. Dort werden die Enden des Hörnervs N gereizt. Diese Reizung löst die Schallempfindung aus. Die Ohrtrompete T führt zum Rachenraum.

kleinen, mit dem Tonfrequenzgenerator betriebenen Lautsprecher oder eine angeblasene Pfeife gegen die Membran und bemerken, daß der Lichtfleck in vertikaler Richtung auseinandergezogen wird *(Abb. 192.3)*. Offenbar schwingt er so rasch auf und ab, daß wir infolge der *Nachwirkung* des Lichts in unserem Auge statt eines Punktes einen Strich sehen.

Bringen wir in den Gang des zurückgeworfenen Strahls einen Spiegel, der sich um eine vertikale Achse dreht, so eilt der vorher ruhende Lichtpunkt so rasch über die Wand, daß wir eine helle Gerade sehen. Bei tönender Pfeife, also schwingender Membran, erscheint eine schön gleichmäßige *Wellenkurve*, und zwar eine von der Art, die wir von der *Schreibstimmgabel* her schon

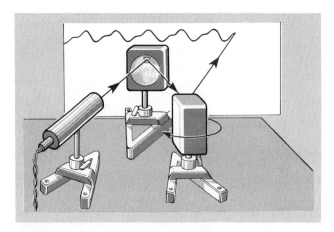

192.2 Aufzeichnung von Membranschwingungen mit Hilfe eines Lichtstrahls

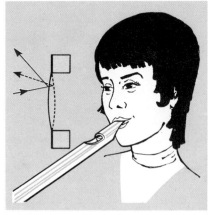

192.3 Die Membran wird zu Schwingungen angeregt

kennen *(Abb. 182.1)*. Das Ergebnis des Membran-
versuchs muß so gedeutet werden: Die Luft überträgt
die Schwingungen des Lautsprechers mit Schallgeschwindigkeit auf die Membran. Die Kurve an der
Wand zeigt das *nebeneinander*, was beim Schwingen
der Membran *nacheinander* erfolgt (vergleiche mit
Abb. 183.1). Wenn man den Lautsprecher *leiser* stellt,
werden die Amplituden *kleiner*. Eine Stimmgabel mit
höherer *Frequenz* ergibt Wellenlinien mit kürzeren
Perioden an der Wand. Es ist nicht schwer, von der Kurve
auf die Art der Schwingung des Erregers zu schließen.

Besser lassen sich solche Kurven mit Hilfe eines *Oszillographen* (Schwingungsschreibers) gewinnen (siehe *Abb.
193.1*). Auch bei diesem Gerät wird zunächst eine Membran vom Schall getroffen. Mit elektrischen Hilfsmitteln
wird die Schwingung als leuchtende Kurve sichtbar gemacht.

Versuch 17: Wir können so Schall jeder Herkunft untersuchen. *Einfache* Töne, zum Beispiel die einer Stimmgabel oder einer schwach angeblasenen Pfeife, ergeben
glatte Wellenzüge mit fast gleichbleibenden Amplituden
(Abb. 193.2a); zwei zusammenklingende Stimmgabeln
mit 440 Hz und 1700 Hz geben einen Kurvenzug, dem
man ansieht, daß er aus zwei *überlagerten Wellen* besteht *(Abb. 193.2b)*. Eine *stark* angeblasene Pfeife gibt
ein ähnliches Bild. Bei ihr kann unser Ohr ja auch
mehrere zugleich erklingende Töne unterscheiden. Ein
noch komplizierteres Bild finden wir, wenn wir einen
Vokal gegen die Membran singen *(Abb. 193.2c)*. Auch
hier ist eine bestimmte **Grundfrequenz** noch deutlich
erkennbar. *Geräusche* ergeben äußerst verwickelte Kur-
venzüge mit vielen verschieden hohen Spitzen, bei denen
man keine bestimmte **Grundfrequenz** mehr ausmachen
kann. Schließlich ist ein *Knall* im wesentlichen durch
einen kräftigen Ausschlag gekennzeichnet, der rasch
wieder in die gerade Linie übergeht *(Abb. 193.2d)*.

2. Die Klangfarbe

Da das *Trommelfell* auch eine schwingungsfähige Membran ist, verlaufen die Vorgänge bei ihm ähnlich wie bei
der Membran unseres Versuchs. Wird es vom Schall
einer Stimmgabel, einer Pfeife oder vom Klang einer
menschlichen Stimme, die den Vokal o singt, getroffen,

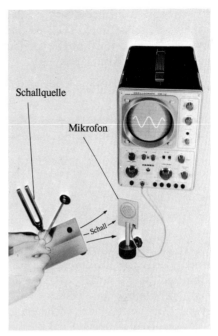

193.1 Oszillograph zur Untersuchung von
Schallschwingungen

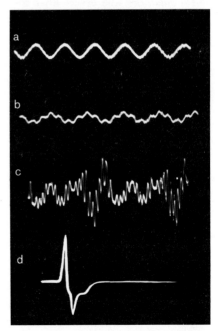

193.2 Mit einem Oszillographen aufgenommene Schwingungsformen; a Stimmgabel,
b zwei zusammenklingende Stimmgabeln,
c Vokal o, d Knall

so schwingt es in der durch die Kurven in *Abb. 193.2a* bis *c* wiedergegebenen Weise. Dabei haben wir, selbst wenn **Tonhöhe** und **Lautstärke** gleich sein sollten, ganz verschiedene *Klangempfindungen*, die es uns ermöglichen, die Herkunft der Klänge anzugeben: Jeder hat seine ganz bestimmte **Klangfarbe.**

Zusammenfassend können wir feststellen:

Bei unserer Tonempfindung wird der Frequenz einer Schwingung die Tonhöhe, der Amplitude die Lautstärke und der charakteristischen Form der Schwingung die Klangfarbe zugeordnet.

---

3. Die Lautstärke

Unser Trommelfell erfährt in der Nähe eines Schallerregers verhältnismäßig große Kräfte, wir empfinden sie als *Lautstärke*. In größerer Entfernung sind diese Kräfte wesentlich kleiner und schließlich so klein, daß es zu einer *Schallempfindung* gar nicht mehr kommt. Entsprechend wird die Membran im Versuch nach *Abb. 192.3* in der Nähe der Pfeife zu kräftigen Schwingungen, etwas weiter weg zu schwächeren und in größerer Entfernung zu nicht mehr wahrnehmbaren Schwingungen angeregt. Daß die **Lautstärke** mit der Entfernung abnimmt, erklärt sich aus der Ausbreitungsart der Schallwellen: Das Volumen, das die schalenförmigen Schallwellen umfassen, wird mit wachsendem Radius immer größer, ohne daß eine weitere Anregung dazukommt.

Die *Lautstärke*, die etwas über die Intensität unserer *subjektiven* Hörempfindung aussagt, ist keine einfach zu messende Größe. Sie wird in der Einheit **phon** angegeben (phone, griech.; Ton), deren Festlegung hier nicht erläutert werden kann. Die *Tabelle 194.1* enthält einige Lautstärken in phon und außerdem Relativwerte für die **Schallstärke.** Die *Schallstärke* ist eine meßbare physikalische Größe für den Schall (wie etwa die Amplitude der schwingenden Luftteilchen).

Tabelle 194.1

Art des Schalls	phon	Relative Schallstärke
Hörschwelle	0	1
Flüstersprache	20	10^2
Normales Sprechen	40	10^4
Lautsprechermusik	60	10^6
Sehr lauter Straßenlärm	80	10^8
Nietarbeiten in Fabrikhalle	100	10^{10}
Flugzeugmotor in 4 m Abstand	120	10^{12}
Schmerzschwelle	130	10^{13}

194.1 Megaphon (Sprachrohr)

Die **Hörschwelle** bezeichnet die Grenze der Hörbarkeit nach unten, die **Schmerzschwelle** den Beginn von Schmerzempfindungen im Ohr infolge von Überbeanspruchung.

Beim **Megaphon** (mega, griech.; groß) wird der Schall durch die Reflexion an der trichterförmigen Wand in einem *kleinen* Winkel des Raums zusammengehalten *(Abb. 194.1)*. Wer sich *in* diesem Raumwinkel befindet, empfindet *größere* Lautstärke, wer *außerhalb* ist, *geringere*, als es ohne Verwendung des Rohrs der Fall wäre. Es handelt sich also nicht um eine *Vermehrung*, sondern um eine *andere Verteilung* des Schalls im Raum. Umgekehrt fängt die *Ohrmuschel* und gegebenenfalls ein **Hörrohr** mehr Schall auf und leitet ihn zum Trommelfell, als es die recht kleine Ohröffnung allein tun könnte.

Aufgabe:

Warum kann man sich durch Rohrleitungen auf große Entfernungen verständigen? Viele Sprechanlagen auf Schiffen beruhen auf diesem Prinzip.

§ 53   Die Tonleiter

1.   Die Lochsirene

Versuch 18: Eine um ihren Mittelpunkt drehbare Blechscheibe besitzt acht konzentrisch angeordnete Lochreihen. In den einzelnen Reihen befinden sich 24, 27, 30, 32, 36, 40, 45 und 48 Löcher in jeweils gleichen Abständen *(Abb. 195.1)*. Wenn bei beliebiger, aber *gleichbleibender* Drehzahl durch ein Glasrohr gegen eine der Lochreihen geblasen wird, so hören wir einen Ton *gleichbleibender* Höhe.

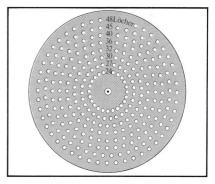

195.1 Scheibe einer Lochsirene

Die Töne kommen bei dieser **Lochsirene** auf folgende Weise zustande: Der Luftstrom kann aus dem Rohr ungehindert weiterfließen, solange sich eine der Öffnungen vor dem Rohrende befindet. Im nächsten Augenblick wird er aber durch die nicht durchlässige Blechscheibe abgeschnitten. Gleich darauf erscheint wieder eine Öffnung und so fort. Dadurch bekommt die Luft hinter der Sirenenscheibe rasch aufeinanderfolgende, regelmäßige Stöße, ganz ähnlich wie durch Schwingungen eines festen Schallerregers *(Abb. 195.2)*. Ist die *Drehzahl* der Sirene bekannt, so läßt sich die *Frequenz* des entstehenden Tons berechnen. Bei 10 Umdrehungen in der Sekunde bekommt die Luft beim Anblasen der äußeren Reihe 10mal 48 Anstöße in der Sekunde, die Frequenz des entstehenden Tones ist 480 Hz.

Bläst man nun bei gleichbleibender Drehzahl nacheinander alle acht Lochreihen an, so erklingt eine **Durtonleiter.** Das ist eine uns von der Musik her wohlvertraute Folge ganz bestimmter **Intervalle.**

195.2 Lochsirene

Bei doppelter Drehzahl, also 20 Umdrehungen je Sekunde, hören wir dagegen eine Tonleiter, bei welcher der durch die innere Reihe erzeugte Ton die Frequenz 480 Hz hat. Die ganze Tonleiter liegt genau eine Oktave höher.

Tabelle 196.1

Angeblasene Reihe	1	2	3	4	5	6	7	8
Tonfrequenz bei 10 Umdrehungen je Sekunde	240 Hz	270 Hz	300 Hz	320 Hz	360 Hz	400 Hz	450 Hz	480 Hz
Tonfrequenz bei 20 Umdrehungen je Sekunde	480 Hz	540 Hz	600 Hz	640 Hz	720 Hz	800 Hz	900 Hz	960 Hz
Intervall	Prime	Sekunde	Terz	Quarte	Quinte	Sexte	Septime	Oktave

Bei den musikalischen *Intervallen*, deren Namen in der *Tabelle 196.1* aufgeführt sind, kommt es also auf das *Frequenzverhältnis* an. Bei jeder festen Drehzahl erzeugen die acht Lochreihen die Tonleiter. Das Verhältnis der Lochzahlen zweier Reihen gibt unmittelbar das Frequenzverhältnis der Töne des zugehörigen musikalischen Intervalls.

> **Ein musikalisches Intervall ist physikalisch durch das Frequenzverhältnis der Töne gekennzeichnet. Verdoppelt man die Frequenz eines Tons, so erhält man seine Oktave. Das Verhältnis der Frequenzen der Töne der Durtonleiter ist 24:27:30:32:36:40:45:48.**

Es ist nun so, daß das Ohr ein *einfaches* Frequenzverhältnis beim Zusammenklang *angenehm*, als **Konsonanz**, empfindet, wie zum Beispiel bei der *Oktave* mit 2:1 oder der *Quinte* mit 3:2. Dagegen werden zusammenklingende Töne mit *weniger einfachem* Frequenzverhältnis, wie zum Beispiel die *Sekunde* mit 9:8 oder die *Septime* mit 15:8, *unangenehm*, als *Dissonanz*, empfunden.

2. Der Kammerton

Musikinstrumente können nur dann zusammen gespielt werden, wenn bei allen zur *gleichen Note* auch *dieselbe Tonhöhe* erzeugt wird. Um die Musikinstrumente entsprechend stimmen zu können, hat man die Schwingungszahl eines Vergleichstons *international* festgelegt:

> **Der Kammerton a′, nach dem die Musikinstrumente gestimmt werden, hat die Frequenz 440 Hz.**

Aus dieser Angabe und den von der Sirene her bekannten Frequenzverhältnissen können wir die Töne der Durtonleiter berechnen:

> **Zu den Tönen c′, d′, e′, f′, g′, a′, h′, c″ gehören die Frequenzen: 264, 297, 330, 352, 396, 440, 495, 528 Hz.**

Aufgaben:

1. *Welche Drehzahl muß die beschriebene Lochsirene haben, damit sie die Töne c′ bis c″ erzeugt?*

2. *Gib die Frequenzverhältnisse des Dur-Dreiklangs an!*

3. *Welches musikalische Intervall gehört zu dem Frequenzverhältnis 3:1?*

4. *Beim Klavier ist ungefähr in der Mitte der Tastenreihe der Ton c′. Welche Frequenzen haben die beiden Töne, die drei Oktaven höher beziehungsweise drei tiefer liegen?*

5. *Wie wären diese Frequenzen bei der bis 1940 gültigen Festlegung des Kammertones zu 435 Hz?*

6. *Wie könnte man mit Hilfe einer Lochsirene die Frequenz eines auf beliebige Weise erzeugten Tones bestimmen?*

7. *Gelingt diese Feststellung auch mit Hilfe eines Klaviers?*

§ 54   Die Resonanz

Versuch 19: Wir stellen eine Stimmgabel mit Holzkasten auf den Tisch und bringen ein leichtes Pendel so an, daß es einen der Gabelzinken leicht berührt *(Abb. 197.1)*. Eine zweite, ganz gleiche Stimmgabel, die wir mit der Hand in die Nähe der ersten halten, bringen wir durch kräftiges Anschlagen zum Tönen. Nach kurzer Zeit umfassen wir ihre Zinken und hindern sie so am weiteren Schwingen. Trotzdem vernehmen wir noch einen Ton und sehen an den Ausschlägen des kleinen Pendels, daß jetzt die andere Stimmgabel schwingt. Es ist **Resonanz** eingetreten (resonare, lat.; widerhallen). Offenbar hat die Luft die Schwingungen der einen Gabel auf die andere übertragen. Daß dies möglich ist, soll uns ein weiterer Versuch mit ganz langsamen Schwingungen zeigen:

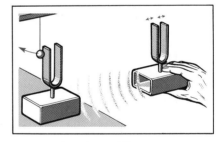

197.1 Eine zweite Stimmgabel kommt infolge Resonanz zum Schwingen; die Luft hat die Schwingungen übertragen.

Versuch 20: Ein 2 kg-Wägestück wird an einem etwa 2 m langen Faden aufgehängt. Dann blasen wir einmal kräftig dagegen. Der Erfolg ist eine kaum wahrnehmbare *Pendelschwingung*. Wir können sie aber leicht zu kräftigen Schwingungen aufschaukeln, wenn wir mehrmals gegen das Pendel blasen. Voraussetzung dafür ist, daß dies immer in der **Eigenfrequenz** der Pendelschwingung im richtigen Augenblick geschieht *(Abb. 197.2)*.

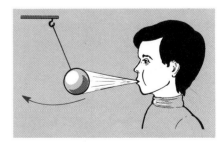

197.2 Luftstöße bringen das schwere Pendel zum Schwingen.

Bei dem Versuch mit den beiden *Resonanzstimmgabeln* waren die Luftstöße, die die erste Gabel verursachte, imstande, die zweite zu kräftigen Schwingungen aufzuschaukeln. Die *Eigenfrequenzen* stimmten überein; deshalb erfolgten die Luftstöße immer im richtigen Augenblick.

Ein weiterer Versuch zeigt, daß auch bei den Resonanzstimmgabeln die anregende und die angeregte Frequenz gleich sein *müssen*, wenn Resonanz eintreten soll.

Versuch 21: Wir erniedrigen die Frequenz einer der Gabeln durch kleine Zusatzkörper, die wir an ihre Zinken klemmen. Wiederholen wir jetzt den Versuch 19, so finden wir *keine* Resonanz mehr. Zur Resonanzerregung müßte auch die andere Gabel entsprechende kleine Zusatzkörper tragen.

> **Erfährt ein schwingungsfähiger Körper aufeinanderfolgend kleine Stöße in seiner Eigenfrequenz, so kann er zu kräftigen Schwingungen angeregt werden: Es tritt Resonanz ein.**

Eine praktische Anwendung findet die *Resonanz* beim Bau von **Frequenzmessern.** Solche Geräte besitzen viele Stahlzungen verschiedener Länge. Die zu messende Frequenz regt *die* Zunge zum Schwingen an, deren *Eigenfrequenz* mit ihr übereinstimmt (siehe *Abb. 198.1*).

Manche Teile einer Maschine oder eines Autos sind *schwingungsfähige* Gebilde. Fällt die *Drehzahl* des Motors mit der *Eigenfrequenz* eines solchen Teils zusammen, so erzeugt er *Resonanzschwingungen.* Derartige Schwingungen können so stark werden, daß sie zu Zerstörungen führen. Auf **Drehzahlmessern** werden die Bereiche solcher **kritischen Drehzahlen** durch rote Sektoren gekennzeichnet; auf ihnen soll der Zeiger des Instruments nicht lange verweilen.

198.1 Frequenzmesser. Der halb durchsichtig erscheinende Deckel läßt die Stahlzungen erkennen, die durch Beschweren mit Lötzinn am oberen Ende auf die richtige Eigenfrequenz gebracht sind. Die Zunge mit $1875 \, \frac{1}{\text{min}}$ schwingt in Resonanz.

Wird ein schwingungsfähiger Körper gezwungen, in einer *anderen* als seiner Eigenfrequenz zu schwingen, so spricht man von **erzwungenem Mitschwingen.** Die Amplituden bleiben in diesem Fall verhältnismäßig klein. So bringt zum Beispiel eine *Stimmgabel* eine Tischplatte zum Mitschwingen, wenn man sie mit ihrem Stiel auf die Platte setzt. Trotz der geringen Amplitude der erzwungenen Schwingung wird in diesem Fall der Ton deutlich hörbar, weil die große Platte Schall gut abstrahlt. Die Stimmgabel allein ist kein guter **Schallstrahler,** weil ihre schwingenden Zinken eine zu kleine Oberfläche haben. Man hört sie nur, wenn sie nahe ans Ohr gehalten wird.

Aufgaben:

1. *Auspuffrohre von Kraftfahrzeugen oder Begrenzungszeiger auf den Kotflügeln von Lastwagen kommen oft ins Schwingen, besonders wenn der Motor im Leerlauf nur langsam dreht. Wie kann man solche Schwingungen vermeiden?*

2. *Oft klirren kleine Gegenstände in einem Raum, in dem Klavier gespielt wird. Erkläre dies!*

3. *Trägt man eine gefüllte Tasse bei gleichbleibendem Schrittmaß durchs Zimmer, so schwappt unter ungünstigen Umständen trotz größter Vorsicht Flüssigkeit über den Rand. Welches sind diese ungünstigen Umstände? Wie kann man das Überschwappen verhindern?*

4. *Erkläre, warum eine Stahlzunge beim Frequenzmesser nach Abb. 198.1 nicht zum Schwingen kommt, wenn die anregende Frequenz etwas unter oder über der Eigenfrequenz der Zunge liegt!*

§ 55   Schwingende Saiten und Platten

1.   Die Eigenfrequenzen einer Saite

Versuch 22: Zwei Stege grenzen von einem Stahldraht, der durch ein angehängtes Wägestück gespannt ist, ein Stück ab, das frei schwingen kann *(Abb. 199.1)*. Setzt man den Stiel einer angeschlagenen Stimmgabel auf einen der Stege, so findet man beim Verschieben des anderen Stegs eine Stellung, in der der Draht zu *Resonanzschwingungen* angeregt wird. (Die Schwingungen weist man am einfach-

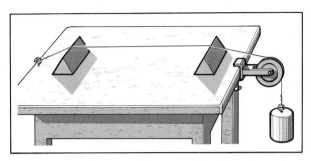

199.1 Sogenanntes Monochord zur Untersuchung von Saitenschwingungen

sten mit einem vorher auf den Draht geschobenen Papierring nach.) Gespannte **Saiten** besitzen also **Eigenfrequenzen.** In diesen *Eigenfrequenzen* schwingen sie auch dann, wenn man sie anders, nämlich durch Anzupfen oder Streichen mit einem Geigenbogen, anregt. Wird dabei das Spanngewicht *vervierfacht* oder die abgegrenzte Drahtlänge durch Verschieben eines Steges *halbiert*, so hören wir die *Oktave* zum ersten Ton. Spannen wir eine andere Saite gleicher Länge mit gleicher Kraft, so ergeben sich je nach ihrem *Gewicht*, das heißt im allgemeinen je nach ihrem *Querschnitt*, andere Tonhöhen. Die *schwerste* Saite erzeugt den *tiefsten* Ton.

Bei der Geige macht man von allen drei Möglichkeiten Gebrauch, um eine bestimmte Tonhöhe zu erzielen. Die *tieferklingenden* Saiten sind *dicker* und oft mit Metalldraht umwickelt, um sie noch *schwerer* zu machen. Beim Stimmen verändert man durch Drehen der Wirbel die *Spannung* der Saite und beim Spielen die *Saitenlänge*, indem man sie auf dem „Griffbrett" mit dem Finger abgrenzt.

Die Tonhöhe einer Saite hängt von ihrer Länge, ihrer Spannkraft und von ihrem Gewicht ab:

Die Frequenzen einer Saite verhalten sich umgekehrt wie die auf ihr abgegriffenen Längen; mit größerer Spannkraft steigt, mit größerem Saitengewicht sinkt die Tonhöhe.

---

2.   Obertöne und Klangfarbe

Versuch 23: Wir wiederholen den Versuch 22, benutzen aber diesmal eine Stimmgabel, die genau mit der doppelten Frequenz schwingt. Statt dessen können wir auch einen Tonfrequenzgenerator mit entsprechend eingestellten Tonhöhen gebrauchen, dessen Lautsprecher wir nahe vor den Holzkasten des Monochords stellen. Wenn nichts an der Saite geändert worden ist, finden wir auch bei der doppelten Frequenz Resonanzschwingen. Wir können diese Schwingungen nicht nur *hörbar*, sondern auch *sichtbar* machen. Dazu schieben wir vorher einen kleinen Papierring über die Saite. Dadurch ist die Schwingung der Saite auch auf große Entfernung noch zu erkennen. Die stärkste Bewegung finden wir im ersten und dritten Viertel der Saitenlänge, dort sind **Bewegungsbäuche**

der Saitenschwingung. Im Mittelpunkt der Saite bleibt der Ring dagegen unbewegt hängen; dort ist ein **Bewegungsknoten** *(Abb. 200.1 b)*. Während die eine Saitenhälfte nach *unten* schwingt, schwingt die andere nach *oben* und umgekehrt. Die Frequenz dieser Schwingung ist doppelt so groß, wie wenn die Saite einheitlich als Ganzes schwingt *(Abb. 200.1 a)*. Bei entsprechend größeren Frequenzen bildet die Saite Schwingungsformen mit noch mehr Knoten aus *(Abb. 200.1 c und d)*. Eine Saite hat also nicht nur *eine* Eigenfrequenz, sondern *viele*. Schwingt sie einheitlich als *Ganzes*, so erzeugt sie ihren **Grundton,** schwingt sie *in Teilen*, so erzeugt sie **Obertöne.** (Vergleiche auch den Versuch der Aufgabe 6!)

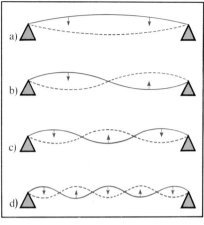

200.1 Vier Schwingungsformen einer Saite (Modell, mit langem Schlauch erzeugt)

Versuch 24: Mit einer weichen Stahldrahtlocke (gewendelte Stahldrahtfeder) lassen sich die möglichen *Schwingungsformen* einer Saite zeigen und sogar die *Frequenzverhältnisse* prüfen. Man klemmt die Wendel auf einer Seite fest und zieht sie am anderen Ende mit der Hand auf einige Meter Länge so aus, daß sie nicht überdehnt wird. Durch kleine Schwingbewegungen passender Frequenz mit der Hand erhält man nacheinander die in *Abb. 200.1* gezeigten Schwingungsformen. Ein Meßversuch ergab zum Beispiel für die Grundfrequenz 10, für die erste Oberfrequenz 20 und für die zweite 30 Schwingungen in 9 s. Die Frequenzen verhalten sich also wie 1:2:3.

Versuch 25: Wir erregen die Drahtlocke wie in Versuch 24 zur Grundschwingung und erzeugen dann zusätzlich eine Oberschwingung, etwa die dritte. Es gelingt leicht, die *Überlagerung* beider Schwingungsformen zu erhalten, deren Momentanbild etwa aussieht wie *Abb. 193.2 b*. Ob auch bei Saiten mehrere Schwingungsformen *zugleich* möglich sind, zeigt der nächste Versuch.

Versuch 26: Wir zupfen eine Saite ungefähr im ersten Viertel ihrer Länge an und hören daraufhin einen Ton bestimmter Höhe. Dann berühren wir die Saite in ihrem Mittelpunkt leicht mit einer Hühnerfeder: Nach kurzer Zeit hören wir nur noch die Oktave zum vorher erzeugten Ton, allerdings leiser. Durch das Berühren im Bewegungsbauch der Grundschwingung wurde der Grundton gelöscht; für den ersten Oberton liegt der Berührungspunkt dagegen im Bewegungsknoten, weshalb er nicht beeinträchtigt wird. Solange der Grundton noch zu hören ist, ändert die zugleich erregte Oberschwingung nur den *Charakter*, aber nicht die *Höhe* des von uns vernommenen Tons. Ist der Grundton verschwunden, so übernimmt die Oberschwingung dessen Rolle und bestimmt die Tonhöhe; sie stellt jetzt die Grundschwingung des restlichen Schwingungsgemisches dar, denn sowohl beim zunächst erzeugten, als auch beim Restton nach dem Berühren schwingen noch weitere Obertöne mit.

Wird eine Saite in üblicher Weise angeregt, so erzeugt sie Grundton und Obertöne zugleich, überlagert also die verschiedenen Schwingungen. Das ergibt eine recht komplizierte Form der Schwingung. Die **Tonhöhe** wird durch die **Grundschwingung,** die **Klangfarbe** durch **alle Schwingungen zusammen** bestimmt. Entsprechendes gilt für die meisten Tonerreger, wie wir ja schon an dem Membranversuch erkannt haben. Da aber jeder Tonerreger ganz *charakteristische* Obertöne erzeugt, verstehen wir, warum eine *Geige* anders klingt als eine *Flöte* und diese wieder anders als eine *Singstimme*, kurz, wodurch die verschiedenen **Klangfarben** bedingt sind.

> Saiten können als Ganzes und zugleich in zwei, drei, vier und mehr Abschnitten schwingen. Dasselbe gilt für viele andere Tonerreger. Das so entstehende Gemisch der Obertöne bestimmt die von uns empfundene Klangfarbe.

3. Die Schwingungsform der Stimmgabel

Auch die Schwingungen einer *Stimmgabel* verlaufen so, daß manche Punkte in Ruhe bleiben (Knoten) und andere sich stark bewegen.

Versuch 27: Mit einem leichten Pendel können wir die Bewegungsknoten aufsuchen. In ihnen wird das Pendelchen nicht weggestoßen. Wir finden sie auch durch Betasten mit der Fingerspitze. Wenn sich die Zinken einander *nähern*, bewegt sich der Bogen und damit der Stiel der Gabel nach *unten*, wenn sie sich *spreizen*, nach *oben* (*Abb. 201.1*). Jetzt können wir verstehen, warum eine Tischplatte zum Mitschwingen gezwungen wird, wenn wir den Stiel der Stimmgabel dagegen drücken. Bei der *Resonanzstimmgabel* (siehe *Abb. 197.1* und *204.2*) überträgt der Stiel der Gabel die Schwingungen zunächst auf das Deckbrett des Kastens; erst dadurch wird der Luftraum zum Schwingen angeregt. Auch bei Versuch 22 wird die Stimmgabelschwingung durch den Stiel auf den Steg des Monochords übertragen.

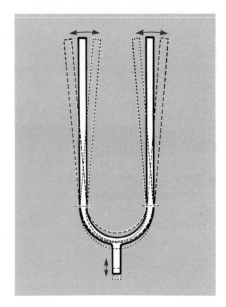

201.1 Schwingende Stimmgabel. Auch der Stiel schwingt.

Aufgaben:

1. *Bestimme die auf einer Saite abzugreifenden Längen für die Töne der Tonleiter und untersuche, wie gut das Verhältnis von je zweien mit der Tabelle der Frequenzen übereinstimmt!*

2. *Worin unterscheiden sich die Saiten von Musikinstrumenten? Wie wirken sich diese Unterschiede aus?*

3. *Wenn man einen Gummifaden auf verschiedene Längen ausspannt, so verändern sich die Tonhöhen beim Anzupfen so gut wie gar nicht. Wie ist das zu erklären?*

4. *Was erzeugt die Töne, die man hört, wenn man das Ohr an den Mast einer Telefonleitung legt?*

5. *Da sich die schwingenden Abschnitte einer Saite wie $1:\frac{1}{2}:\frac{1}{3}:\frac{1}{4}:\frac{1}{5}:\frac{1}{6}$ usw. verhalten, verhalten sich die Frequenzen der möglichen Töne wie $1:2:3:4:5$ usw. Welche ersten Obertöne gehören demnach zu einer Saite mit dem Grundton c?*

6. *a) Entdämpfe auf dem Klavier eine Saite durch Niederdrücken und Festhalten der Taste! Nachdem die Oktave darunter kräftig angeschlagen und wieder losgelassen worden ist, klingt der Grundton der entdämpften Saite leise weiter (man kann das auch durch Berühren der Saite mit dem Finger feststellen). Erkläre dieses Verhalten! Suche weitere Tasten links von der entdämpften, die im Einklang mit dieser Erklärung die entdämpfte Saite zum Schwingen anregen!*

   b) Die entdämpfte Saite kommt auch dann zum Schwingen, wenn man die nächsthöhere Oktave kurz anschlägt; sie gibt dann aber den Ton der angeschlagenen Saite, schwingt also nicht in ihrer Grundschwingung. Erkläre auch dies und suche im Einklang mit der Erklärung weitere Saiten, die die entdämpfte Saite zu Oberschwingungen anregen!

§ 56   Schwingende Luftsäulen

1.   Eigenfrequenzen von Luftsäulen

Versuch 28: Aus einer mit Wasser gefüllten Glasröhre kann die Flüssigkeit so abgelassen werden, daß sich der Wasserspiegel stetig senkt. Wird währenddessen eine schwingende Stimmgabel oder ein kleiner, durch einen Tonfrequenzgenerator betriebener Lautsprecher über das Ende der Röhre gehalten, so wird der zunächst kaum wahrnehmbare Ton plötzlich *lauter*, erreicht ein *Maximum* und verschwindet dann wieder *(Abb. 202.1)*.

Dieser Versuch gelingt auch dann, wenn wir die Glasröhre mit der Hand umfassen. Die *Luftsäule* in der Röhre, und nicht die Röhre selbst, wird zu **Resonanzschwingungen** angeregt.

Versuch 29: Verwenden wir einen Ton, dessen Frequenz dreimal so groß ist, wie die des in Versuch 28 benutzten (Quinte der nächst höheren Oktave), so erhalten wir Resonanz bei derselben Länge der Luftsäule.

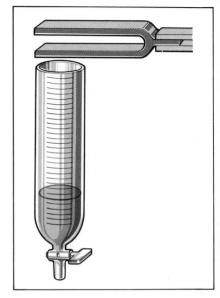

202.1 Resonanzrohr

Versuch 30: In ein weites Glasrohr streuen wir etwas Korkmehl. Dann bringen wir die Röhre in waagerechte Lage und halten den Lautsprecher eines Tonfrequenzgenerators vor das eine Ende der Röhre. Wenn wir die Frequenz des Generators langsam ändern, stellen wir immer wieder fest, daß das Mehl an manchen Stellen wegstiebt, an anderen liegen bleibt *(Abb. 202.2)*. Immer,

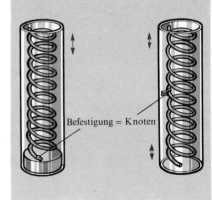

Befestigung = Knoten

202.3 Federmodelle für die Schwingung der unten geschlossenen bzw. offenen Röhre

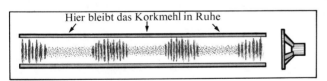

Hier bleibt das Korkmehl in Ruhe

202.2 Resonanzschwingungen in einer Glasröhre, mit Korkmehl sichtbar gemacht

wenn sich diese Korkmehlrippen ausbilden, ist eine Erhöhung der Lautstärke wahrzunehmen. Wir schließen daraus, daß auch bei schwingenden Luftsäulen Stellen ohne Bewegung, also *Bewegungs*knoten, und solche maximaler Bewegung, Bewegungsbäuche, auftreten. Bei höheren Tönen rücken die Knoten enger zusammen. Weiter können wir feststellen, daß sich am Ende der Röhre keine Korkmehlrippe ausbildet, wenn dieses Ende verschlossen wird. Bleibt es dagegen offen, so finden wir dort einen Bewegungsbauch.

Luftsäulen sind resonanzfähig. Sie haben Eigenfrequenzen.

Versuch 31: Die Luftsäule in der Glasröhre wird auch dann zu Schwingungen angeregt, wenn wir mit den Fingern auf ihre Öffnung schlagen. So entsteht im wesentlichen ihre Grundschwingung.

Bei der einseitig geschlossenen Röhre ist am offenen Ende ein Bauch, am geschlossenen ein Knoten der Bewegung. Bei der offenen sind an beiden Enden Bewegungsbäuche, in der Mitte ein Knoten.

Mit Hilfe einer Modellvorstellung können wir uns ein Bild von den Schwingungen der Luftsäule machen. In *Abb. 202.3* ist links eine Schraubenfeder gezeichnet, die innen am Boden einer Röhre befestigt ist. Sie führt, wenn man sie oben anzupft, Schwingungen aus, die denen der einseitig geschlossenen Röhre entsprechen.

Abb. 202.3 rechts gibt das Federmodell für die Grundschwingung der beidseitig offenen Röhre wieder. Die Feder ist in ihrer Mitte befestigt. Ihre Enden schwingen gleichzeitig nach außen, kurz darauf nach innen.

2.   Die Lippenpfeife

Bei den *Pfeifen* werden die Schwingungen durch den hineingeblasenen Luftstrom erregt. *Abb. 203.1* links zeigt die geschlossene (gedackte) **Pfeife.** Der Luftstrom trennt sich an der Lippe der Pfeife in zwei Teilströme. Der innere trifft auf die eingeschlossene Luft und preßt sie zusammen. Infolge der Trägheit schießt sie über den Gleichgewichtszustand hinaus und federt dann zurück. Dabei wird der eingeblasene Strom nach außen gelenkt und kann kurze Zeit nicht mehr wirken. Da sich die Luftsäule aber auch diesmal wegen ihrer Trägheit

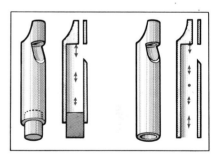

203.1 Links: geschlossene (gedackte), rechts: offene Lippenpfeife

zu weit nach oben bewegt, kehrt sich ihre Bewegungsrichtung um. Dadurch wird der Anblasestrom wieder ins Innere gezogen. Der Vorgang kann also wieder von vorn beginnen und wird so in schneller Folge zur Schwingung. Bestimmend für diese Schwingung ist die *Eigenfrequenz* der eingeschlossenen Luftsäule. *Abb. 203.1* rechts stellt eine **offene Pfeife** dar. Ist sie doppelt so lang wie eine geschlossene Pfeife, so hat sie dieselbe Tonhöhe. Versuche mit Pfeifen verschiedener Länge ergeben ein Gesetz, das dem bei den Saiten gefundenen entspricht:

Die Frequenzen von Pfeifen verhalten sich umgekehrt wie die Längen.

Dies gilt für ihre *Grundfrequenz*; *Obertöne* sind wie bei den Saiten oft *zugleich* mit dem Grundton vorhanden. Durch *starkes* Anblasen (sogenanntes **Überblasen**) kann man aber auch erreichen, daß der eigentliche Grundton ganz verschwindet und ein Oberton an seine Stelle tritt. Dies kann man leicht an einer Blockflöte beobachten.

3. Die Zungenpfeife

Bei der **Zungenpfeife** *(Abb. 204.1)* versetzt der von links eingeblasene Luftstrom eine *Metallzunge* in Schwingungen. Ihre Frequenz kann mit Hilfe der *Stimmkrücke* etwas abgeändert werden. In den Lufträumen über und unter der Zunge werden Resonanzschwingungen angeregt, die die Klangfarbe beeinflussen. Orgeln enthalten in ihrem *Schnarrwerk* viele solcher Zungenpfeifen.

Aufgaben:

1. *Vergleiche die Länge des Resonanzkastens einer Stimmgabel (Abb. 204.2) mit der Länge der Luftsäule, die von derselben Stimmgabel nach Versuch 28 zu Resonanzschwingungen angeregt wird (Abb. 202.1)! Beschreibe die Anregung der zweiten Stimmgabel an Hand der Abb. 204.2!*

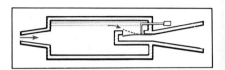

204.1 Zungenpfeife

2. *Erzeuge mit 4 gleichen Reagenzgläsern die Töne des Durdreiklangs, indem Du sie teilweise mit Wasser füllst und durch Drüberblasen anregst! Miß die Längen der schwingenden Luftsäulen! Stimmt das Gesetz über die Frequenzen genau?*

3. *Suche die ersten Obertöne einer offenen und einer gedackten Pfeife durch Überblasen zu bestimmen!*

4. *Welche Musikinstrumente kennst Du, die schwingende Luftsäulen als Tonerreger benutzen? Wie werden sie angeregt?*

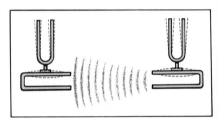

204.2 Zwei Resonanzstimmgabeln

§ 57   Die Schallaufzeichnung

1.   Information durch akustische Wahrnehmungen

Alles, was wir mit unseren Ohren hören, gibt uns *Informationen*. Handelt es sich etwa um ein Gespräch, so ist dieser Begriff ohnehin klar. Heute wird aber das Wort **Information** in viel weiter gehendem Sinn gebraucht, so daß alles, was uns unsere Sinneswahrnehmungen vermitteln, als *Information* bezeichnet wird. Hören wir zum Beispiel einen Durdreiklang, so informiert uns unser Ohr, daß irgendwo auf irgend eine Weise drei Töne mit ganz bestimmten musikalischen Intervallen angeregt wurden (wir wissen aus unseren Versuchen, daß es sich um die Frequenzverhältnisse 4:5:6 handelt; diese Information liefert unser Ohr *nicht* beim bloßen Hinhören).

2.   Speicherung von akustischen Informationen

Die Wissenschaft von den Informationen, die **Informatik,** beschäftigt sich unter anderem mit der Möglichkeit, Informationen zu *speichern* und zu beliebiger Zeit *abzurufen*. Dies ist für den Gebrauch im täglichen Leben und in der Technik sehr wichtig. (Siehe auch § 118 ff.!)

3. Die Schallplatte

Eine Möglichkeit, Schallinformationen zu speichern, stellt die Schallplatte dar. Beim Membranversuch *(Abb. 192.2)* wurde durch die Lichtmarke eine Kurve gezeichnet, die den Schwingungen der Membran und damit denen des Tonerregers entsprach. *Edison* hat 1877 die Möglichkeit gefunden, diese Tatsache zur späteren Wiedergabe von einmal festgehaltenen Tönen zu benutzen: Bei der Tonaufnahme wird durch eine mit der Membran verbundene Nadel eine Tonspur in das zunächst weiche Material einer Platte geritzt, die unter der Nadelspitze gleichmäßig vorbeibewegt wird *(Abb. 205.1)*. Die Tonspur ist dann entsprechend geformt *(Abb. 205.2)*. Die Platte wird dann gehärtet. Bei der Wiedergabe läuft die Nadel in der Spur, so daß die Membran die gleichen Bewegungen machen muß, die sie bei der Aufnahme ausführte. Dann muß sie aber auch gleiche Töne erzeugen. Dieselbe Vorrichtung *(Abb. 205.1)* könnte also auch umgekehrt zur Aufzeichnung der Tonspur benutzt werden. An Stelle der in der Rille geführten Nadel N tritt ein durch die Membran M bewegter Stichel S.

Versuch 32: Ein einfacher Versuch kann uns die Tonabnahme bei einer Schallplatte veranschaulichen. Dazu kleben wir eine Nähnadel auf ein Stück dünnen Karton und setzen ihre Spitze, wie in *Abb. 205.3* angegeben, leicht in eine Rille einer alten Schallplatte. Wenn sich die Platte dreht, ist der Karton gezwungen, die Bewegung der Nadelspitze mitzumachen. Die Töne der Musik oder der Sprache werden gut hörbar abgestrahlt.

Statt des Hebelwerks wird heute im allgemeinen eine elektrische Übertragung benutzt. Sie besitzt nicht nur den Vorteil besserer Klangqualität, sondern erlaubt darüber hinaus bei geringem technischem Aufwand eine beliebige Verstärkung der Töne. Genau wie bei der mechanischen Übertragung werden die Schwingungen durch eine in der Tonspur geführte Nadel mit Saphirspitze abgenommen. Dann werden aber elektrische Wechselströme erzeugt, welche die Membran des Lautsprechers zu Schwingungen veranlassen, die denen der Aufnahmemembran bei der Herstellung der Platte entsprechen.

Von der bei der Aufnahme gewonnenen Originalschallplatte wird zunächst eine Stahl-Negativmatrize hergestellt. Damit lassen sich dann sehr viele Platten produzieren, indem man sie unter großem Druck auf vorbereitete Kunststoffplatten preßt.

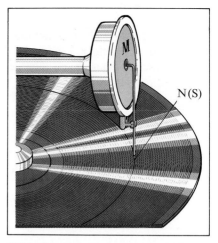

205.1 Zum Prinzip des Plattenspielers

205.2 Fotografischer Ausschnitt aus einer Schallplatte, stark vergrößert

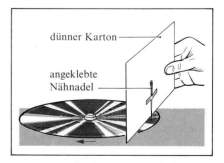

205.3 Tonabnahme bei der Schallplatte (Modellversuch)

4. Stereophonie

Schall, der uns erreicht, kommt nur dann ganz gleichzeitig in unsere beiden Ohren, wenn die Schallquelle sich in der Symmetrie-Ebene unseres Kopfes befindet. Ist dies nicht der Fall, so können unsere Sinnesorgane aus dem Zeitunterschied ungefähr die Richtung heraushören, aus der der Schall eintrifft.

Nimmt man Musik nicht mit einem, sondern mit zwei Mikrophonen auf, die einen kleinen Abstand voneinander haben, so können wir die beiden etwas verschiedenen Wiedergaben je einem Kopfhörer zuführen. Es zeigt sich, daß dann beim Hören wieder der räumliche Eindruck hervorgerufen wird, der beim direkten Hören auch bestand. Es ist gelungen, die beiden Tonspuren in *einer* Rille der Schallplatte unterzubringen, so daß keine unbeabsichtigten zeitlichen Verschiebungen eintreten können. Solche Platten nennt man *Stereoplatten* (stereo, griech.; Raum-). Die *Stereowiedergabe* kann auch mit zwei Lautsprechern erfolgen, die in passendem Abstand voneinander anzuordnen sind (Stereoanlage).

5. Das Tonbandgerät

Beim **Tonbandgerät** wird die Schallschwingung nicht als Tonspur auf weiche Platten übertragen; vielmehr wird ein durchlaufendes Band den Schwingungen entsprechend verschieden stark *magnetisiert*. Beim Abspielen werden diese verschieden starken Magnetisierungen über elektrische Ströme wieder in Membranschwingungen zurückübersetzt. Der Vorteil dieses Geräts ist vor allem der, daß das Band entmagnetisiert, das heißt *gelöscht* werden kann, so daß es zu neuen Aufnahmen zur Verfügung steht (siehe Seite 393).

Aufgaben:

1. *Was verraten die Kurven in den Schallplattenrillen bei genügender Vergrößerung über den akustischen Charakter des zugehörigen Klanges? Wie drücken sich vor allem laut und leise, hoch und tief aus?*
2. *Was ändert sich beim Plattenspieler akustisch, wenn sich die Drehzahl des Laufwerks ändert?*
3. *Die Platten sind heute nicht mehr zylindrisch mit Schraubenlinien als Tonspur, wie sie Edison benutzte, sondern eben mit spiralförmig verlaufenden Rillen; bei gleichbleibender Drehzahl sind also die Rillenlängen, die in gleichen Zeiten unter der Nadel vorbeilaufen, verschieden, je nach ihrer Entfernung von der Drehachse. Wie unterscheidet sich die Spur des gleichen Tons in einer inneren und einer äußeren Rille?*

§ 58   Rückschau

Akustische Erscheinungen zeigen ein doppeltes Gesicht: Es handelt sich beim Schall zunächst um *physikalische Vorgänge*, die ablaufen, auch wenn niemand da ist, der sie mit seinen Sinnen aufnimmt. Wenn aber unser Hörsinn diese Vorgänge registriert, entsprechen ihnen ganz bestimmte *Empfindungen. Tabelle 207.1* gibt Auskunft über die erkannten Zuordnungen.

Tabelle 207.1

Meßbare physikalische Größe	Unsere subjektive Empfindung
Schwingungen mit weniger als 16 Hz	keine Tonempfindung
Schwingungen zwischen 16 und 20000 Hz	tiefste bis höchste Töne
Schwingungen mit mehr als 20000 Hz	keine Tonempfindung (Ultraschall)
kleine Schwingungsamplitude	leiser Ton
große Schwingungsamplitude	lauter Ton
sehr große Schwingungsamplitude	Schmerzschwelle wird überschritten
bestimmtes Frequenzverhältnis	bestimmtes musikalisches Intervall
einfaches Frequenzverhältnis	Konsonanz
kein einfaches Frequenzverhältnis	Dissonanz
verschiedene Schwingungsformen des Erregers	verschiedene Klangfarben

An einem etwas ausführlicheren Beispiel sollen die *physikalischen Vorgänge* und *physiologischen Zusammenhänge* noch einmal besprochen werden. Stellen wir uns etwa einen *Fabriksaal* voller laufender Maschinen vor:

Teile der Maschinen bekommen beim Betrieb regelmäßige oder unregelmäßige Stöße, die sie zu kleinen elastischen Schwingungen in den verschiedensten Frequenzen veranlassen. In der umgebenden Luft werden durch diese Schwingungen **Schallwellen** erzeugt, die mit einer Geschwindigkeit von 340 m/s von der Erregerstelle wegeilen. Bald treffen sie auf die Wände des Raumes. Dort werden sie teils *reflektiert*, teils *verschluckt* (absorbiert) und teils *weitergeleitet*.

Die *reflektierten Wellen* treffen in rascher Folge erneut auf die Wände. Dabei büßen sie jedesmal an Energie ein. Der Schall im Maschinensaal stellt sich also physikalisch gesehen als ein *Feld aus einer Unzahl von Schallwellen* dar, die in den verschiedensten Richtungen, mit den verschiedensten Frequenzen und den verschiedensten Stärken durch den Raum eilen. Inzwischen entstehen an den Maschinen immer neue Schallwellen, während sich die vorher entstandenen nach vielfachen Reflexionen totlaufen.

Als Vergleich mag etwa ein Gefäß mit Wasser dienen, in dem an mehreren Stellen mit wechselnder Stärke und Frequenz Wellen erregt werden. Diese Wellen werden an den Wänden des Gefäßes reflektiert und bilden bald ein wildes unentwirrbares *Wellengemisch*. Ähnlich ergeht es den Schallwellen in unserer Fabrikhalle.

Das *Trommelfell* unseres Ohres befinde sich an irgendeiner Stelle in diesem Raum. Dort erhält es von den vielen auftreffenden Wellen Anstöße und leitet den empfangenen Reiz ins Gehirn weiter, wo die *Schallempfindung* entsteht. Diese Empfindung vermittelt uns aber keineswegs ein Bild des Wellenfeldes im Raum, wir hören vielmehr ein vielfältiges Gemisch von Tönen verschiedener Tonhöhe und Lautstärke, das sich, wenn vielleicht auch rhythmisch, dauernd ändert. *Unsere subjektive Schallempfindung* ist von ganz anderer *Qualität* als die *physikalische Gegebenheit Schall*.

Die Beschreibung des physikalischen Vorgangs ist noch nicht vollständig. Die Maschinenschwingungen erzeugen auch in den *Mauern* Schallwellen, die sich in ihnen mit großer Geschwindigkeit ausbreiten. Ebenso wird ein Teil des Luftschalls von den Mauern aufgenommen und weitergeleitet. Durch die Außenwände werden diese Wellen an die *Außenluft* übertragen. Dort breiten sie sich in radialer Richtung aus. Dabei „verdünnt" sich der Schall immer mehr. In einiger Entfernung von der Fabrik hören wir nichts mehr von ihrem Lärm.

Aus der Geschichte der Akustik

Die *Griechen* des klassischen Altertums wußten bereits, daß Schwingungen der Schallerreger Töne verursachen. Die *Pythagoreer* beschäftigten sich mit dem Zusammenhang zwischen Tonintervallen und den Verhältnissen von Saitenlängen (4. Jahrh. v. Chr.). Aber erst im 17. Jahrhundert untersuchte man planmäßig die Tonhöhen von Saiten in ihrer Abhängigkeit von Länge, Dicke, Spannung und Material. Große Mühe verwandte man auf die Bestimmung der Schallgeschwindigkeit. Zu Beginn des 18. Jahrhunderts fand man, daß der Schall im luftleeren Raum nicht weitergeleitet wird. *Newton* gewann genauere Vorstellungen über die Bewegungsabläufe in einer Schallwelle und versuchte sogar, diese auch rechnerisch auszuwerten. In der Mitte des 19. Jahrhunderts entdeckte man die Tonerzeugung durch Sirenen und damit die Möglichkeit, mit ihrer Hilfe Frequenzen im Hörbereich zu messen. *H. Helmholtz* beschäftigte sich vor allem mit der physiologischen Seite der Akustik und schlug so eine weitere Brücke zwischen Physik und Biologie. (Physiologie ist die Lehre von den Lebensvorgängen und damit der Biologie zugeordnet.) Er entwickelte außerdem eine Methode zur Frequenzbestimmung in Tongemischen mit Hilfe von Hohlkörperresonatoren.

Optik

§ 59   Leuchtende und beleuchtete Körper

1. Lichtquellen

Versuch 1: In einem völlig dunklen Raum können wir nichts erkennen. Um etwas zu sehen, müssen wir erst Licht erzeugen. Dazu zünden wir zum Beispiel eine Kerze an, oder wir schalten eine Glühlampe ein. Dann geht von der heißen Kerzenflamme oder dem glühenden Draht in der Lampe Licht aus. Dies sind Beispiele für **künstliche Lichtquellen.**

Die Sonne als unsere wichtigste Lichtquelle bei Tage, der Blitz, die glühende Lava eines Vulkans, das lodernde Feuer im Kamin, die Fixsterne bei Nacht sind **natürliche Lichtquellen.** Sie alle haben hohe Temperaturen, es sind **Temperaturstrahler.** Dagegen erzeugen Glühwürmchen und Tiefseefische in ihren Leuchtorganen Licht, ohne sich spürbar zu erwärmen. Auch Phosphor und faulendes Holz leuchten ohne erhöhte Temperatur. Die genannten Lichtquellen sind **selbstleuchtende Körper.**

2. Die allseitige Ausbreitung des Lichts

Eine Leuchtkugel kann von vielen Menschen in der Umgebung von allen Seiten her gesehen werden. Das Licht einer offen aufgestellten brennenden Kerze erhellt den ganzen Raum. Dabei nehmen wir das Licht mit unserem besonderen Sinnesorgan, dem *Auge*, wahr.

> **Licht breitet sich von der Lichtquelle allseitig aus. Wir empfinden Licht nur dann, wenn es ins Auge fällt.**

3. Die Streuung des Lichts an beleuchteten Körpern

Trifft das Fernlicht der Scheinwerfer eines Autos bei Nacht Bäume oder Begrenzungspfähle am Straßenrand, so sehen wir sie. Offensichtlich werfen sie das Licht zurück. (Das Licht, das von einer angestrahlten Hauswand ausgeht, kann so hell sein, daß wir in ihm lesen können.) Erlöschen die Scheinwerfer, so können wir die angestrahlten Gegenstände nicht mehr erkennen.

209.1 Vorbeiflutendes Licht kann unser Auge nicht wahrnehmen: Unsichtbare Scheinwerfer im Vordergrund werfen Licht auf das Haus in der Mitte. Wir sehen das Haus, weil es einen Teil des Lichts zum Beobachter streut. Das Licht, das am Haus seitlich vorbeigeht, wird nicht gestreut; wir sehen deshalb den Hintergrund dunkel, obwohl auch er von Licht durchflutet ist.

Das Sonnenlicht, das durch den Weltraum geht, ist für uns unsichtbar. Trifft es auf den Mond, so sehen wir dessen beleuchtete Fläche. Sie strahlt uns Licht zu. Wäre der Mond ein Selbstleuchter, hätten wir dauernd Vollmond. Entsprechendes trifft auf unsere Erde zu. Ein Astronaut sieht sie als beleuchteten Körper im Weltraum schweben.

Ein Zimmer ist am Tage hell, obgleich die Sonne nicht ins Fenster scheint. Dabei strahlt das Licht von beleuchteten Körpern draußen — zum Beispiel von der gegenüberliegenden Hauswand oder der Straße — ins Zimmer und wird von der Decke und den Wänden zurückgeworfen.

Versuch 2: Bei leichtem Regen können wir den Weg des Lichts aus unseren Autoscheinwerfern gut verfolgen. Wir sehen unzählig viele beleuchtete Wassertröpfchen. Den Weg des Lichts aus unserer Experimentierleuchte können wir in ähnlicher Weise sichtbar machen. Wir blasen Tabakrauch oder künstlichen Nebel vor die Lampe. Die feinen vom Licht getroffenen Teilchen geben das Licht nach allen Seiten weiter. Man sagt, sie **streuen** das Licht. So gelangt ein kleiner Teil davon in unser Auge *(Abb. 210.2).*

210.1 Leichter Nebel macht den Weg des Lichts sichtbar.

Während der Morgen- und Abenddämmerung sehen wir die Sonne selbst nicht, aber sie erhellt den Himmel, wenn sie nicht tiefer als 18° unter dem Horizont steht. Wasser- und Staubteilchen und auch die Luft selbst streuen das Sonnenlicht. Ohne diese Erscheinung würde auf den hellen Tag fast ohne Übergang tiefe Nacht folgen. Die Dauer der Dämmerung hängt von dem Winkel ab, den der Tagbogen der Sonne mit dem Horizont bildet. Am Äquator geht die Sonne senkrecht auf und unter, die Dämmerung ist dort am kürzesten.

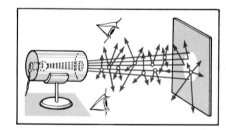

210.2 Licht wird an Staubteilchen nach allen Richtungen gestreut.

> **Fällt Licht auf Körper, so wird es im allgemeinen an ihnen gestreut und kann in unser Auge fallen. Wir sehen dann diese beleuchteten Körper, ohne daß sie selbst Lichtquellen sind.**

Wir sehen häufig die Körper nicht unmittelbar, sondern *Bilder* von ihnen, etwa bei Spiegeln aller Art, beim Sucher im Fotoapparat, beim Fernrohr oder im Mikroskop. Diese Bilder sind meist vergrößert oder verkleinert. Hauptaufgabe der Optik ist es, zu erklären, wie solche Bilder zustandekommen. Im folgenden Abschnitt untersuchen wir ein besonders einfaches Beispiel.

Aufgaben:

1. *Welche der folgenden Körper sind normalerweise selbstleuchtend, welche beleuchtet? Spiegel, Heizdraht im Elektroofen, Leuchtziffern einer Uhr, weiße Wolke, Feuerwerk, angestrahlte Gebäude, Sternschnuppe, Glühwürmchen.*

2. *Welche künstlichen Lichtquellen werden im täglichen Leben verwendet?*

3. *Wie kann ein Autofahrer, ohne auszusteigen, feststellen, ob die Scheinwerfer seines Wagens leuchten?*

§ 60 Die Lochkamera

1. Das optische Bild

Versuch 3: Fällt Licht durch eine kleine Öffnung im Verdunkelungsvorhang eines Zimmers, so entsteht auf der gegenüberliegenden Wand ein Abbild der draußen hell beleuchteten Umgebung. Ein solches Bild kann man auch in einem Versuch auffangen. Wir benutzen dazu eine **Lochkamera** (camera, lat.; Kammer). Das ist ein Kasten, in dem die Rückwand durch eine Mattscheibe ersetzt ist *(Abb. 211.1)*. In der Vorderwand befindet sich ein kleines Loch. Auf der Mattscheibe sieht man ein auf dem Kopf stehendes Bild eines Gegenstandes, der sich vor dem Loch befindet. Wir nennen dieses mit Licht erzeugte Bild ein *optisches Bild*. Es unterscheidet sich von einem gemalten oder gedruckten Bild zum Beispiel dadurch, daß man es nicht aufbewahren oder wegtragen kann. Wir untersuchen es im folgenden Versuch.

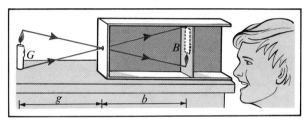

211.1 Lochkamera

Versuch 4: Wir stellen ein Blech mit einem kleinen Loch, eine sogenannte Lochblende, auf und parallel dazu einen durchscheinenden Schirm. Als Gegenstand, den wir abbilden wollen, benutzen wir ein rückwärtig beleuchtetes **L** *(Abb. 211.2)*. Von jedem seiner Punkte geht Licht aus nach allen Seiten. Durch die feine Blendenöffnung dringt davon aber nur ein sehr schmales Lichtbündel und erzeugt auf dem Schirm einen klei-

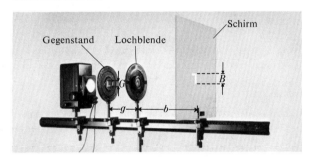

211.2 Entstehung eines optischen Bildes

nen Lichtfleck. Alle diese Flecke ordnen sich zueinander so an, wie ihre Ausgangsstellen im leuchtenden Gegenstand liegen, und ergeben zusammen das Bild des Gegenstandes. Da sich die Lichtbündel in der Blendenöffnung kreuzen, werden im Bild oben und unten, rechts und links vertauscht. Entsprechende Bild- und Gegenstandspunkte haben gleiche Farben. Auch die Helligkeit im Bild verteilt sich wie im Gegenstand. Wie von den Punkten des Gegenstandes, so geht auch von den Bildpunkten nach allen Seiten Licht aus. Man kann deshalb das Bild aus vielen Richtungen gleichzeitig sehen. Das Bild auf einer Mattscheibe kann man von beiden Seiten der Scheibe sehen.

Entsprechende Gegenstands- und Bildpunkte eines optischen Bildes bilden ähnliche Figuren, haben gleiche Farben und zeigen gleiche Helligkeitsverhältnisse.

Das durch eine Lochkamera erzeugte Bild ist umgekehrt und seitenvertauscht.

2. Der Abbildungsmaßstab

Versuch 5: Rücken wir in Versuch 4 den Gegenstand (**L**) von der Lochblende weiter weg, so wird sein Bild kleiner. Schieben wir den Schirm weiter weg, wird es größer. Dabei messen wir jedesmal die Höhe G des Gegenstands und die Höhe B seines Bildes. Der Quotient B/G ändert sich.

> **Der Quotient B/G wird als Abbildungsmaßstab A bezeichnet:**
>
> $$A = \frac{B}{G}$$ (212.1)

Ist A zum Beispiel 2:1, so ist das Bild doppelt so hoch wie der Gegenstand, bei 1:2 nur halb so hoch. Der Abbildungsmaßstab gibt die lineare Vergrößerung oder Verkleinerung an.

Versuch 6: Wir messen in diesem Versuch auch noch den als Gegenstandsweite g bezeichneten Abstand der Blende vom Gegenstand (**L**) und die als Bildweite b bezeichnete Entfernung von der Blende zum Bild *(Abb. 211.2).* Die Ergebnisse stellen wir in einer Meßreihe zusammen.

> **Der Quotient aus Bildweite und Gegenstandsweite ist stets gleich dem von Bildhöhe und Gegenstandshöhe:**
>
> $$A = \frac{B}{G} = \frac{b}{g}$$ (212.2)

Der Beweis für Gleichung (212.2) kann mit dem Strahlensatz geführt werden, wenn man *Abb. 211.1* betrachtet: Der Quotient B/b ist gleich G/g; durch Umformung ergibt sich Gleichung (212.2).

Zwar strahlt von jedem Punkt des Gegenstandes Licht nach allen Seiten. Aber nur das Licht, das durch die Öffnung der Kamera geht, läßt das Bild entstehen.

Aufgaben:

1. *Der Glühdraht einer elektrischen Glühlampe befindet sich 5 cm vor einer Lochkamera, das Bild des Drahtes auf der Mattscheibe 20 cm hinter dem Loch. Bestimme den Abbildungsmaßstab A!*
2. *Wievielmal so groß ist die Fläche eines Bildes gegenüber der Fläche seines Gegenstandes bei $A = 2:1$?*

§ 61   Die Ausbreitung des Lichts

1. Die Modellvorstellung „Lichtstrahl"

Versuch 7: In einem Versuch nach *Abb. 210.2* tritt aus der Öffnung der Experimentierleuchte ein kegelförmiges Lichtbündel, das wir mit künstlichem Nebel sichtbar machen. Vor die Lampe stellen wir eine **Irisblende,** deren Durchmesser wir stetig verändern können *(Abb. 213.1).* Verkleinern wir ihre Öffnung, so wird das ausgesonderte Lichtbündel immer schmäler. Wir können jedoch in der Praxis keine beliebig engen Lichtbündel herstellen. In Gedanken können wir aber das Verfahren beliebig fortsetzen. In der Vorstellung bleibt dann eine *geometrische Linie* übrig. Man nennt sie *Lichtstrahl*. Der Lichtstrahl ist eine rein gedankliche Vorstellung, eine Modellvorstellung. In Wirklichkeit gibt es nur Lichtbündel.

Lichtstrahlen können wir durch gezeichnete gerade Linien veranschaulichen. Nach *Abb. 211.1* können wir mit Lichtstrahlen das Bild eines Gegenstandes finden. Deshalb können wir mit den durch gerade Linien dargestellten Lichtstrahlen konstruieren wie in der Geometrie. Daher spricht man von einer **geometrischen Optik**.

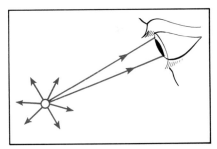

213.1 Irisblende a) teilweise geöffnet, b) fast geschlossen

2. Die geradlinige Ausbreitung des Lichts

Den Versuch 5 führten wir in einem homogenen Stoff aus (homos, griech.; gleich; genos, griech.; Art), nämlich in Luft von überall gleichem Luftdruck und gleicher Temperatur. In einem homogenen Stoff breitet sich das Licht geradlinig aus. Der Lichtstrahl gibt die Ausbreitungsrichtung des Lichts an.

Licht, das von einem Punkt her, zum Beispiel von einer kleinen Taschenlampenbirne ins Auge gelangt, ist immer ein kegelförmiges Bündel *(Abb. 213.2)*. Wir haben uns durch die dauernde Erfahrung so an die geradlinige

213.2 Wir „sehen" einen Punkt in der Richtung, aus der die Strahlen kommen.

Ausbreitung gewöhnt, daß wir den lichtaussendenden Punkt immer an der Stelle annehmen, das heißt „sehen", von der diese Strahlen herkommen oder herzukommen scheinen. Man sagt dann: „Ich sehe dort einen hellen Punkt!"

> **Licht breitet sich von jedem Punkt einer Lichtquelle geradlinig und allseitig aus.**

3. Das Kreuzen von Lichtstrahlen

Versuch 8: Wir schalten eine Experimentierleuchte ein und verfolgen das Lichtbündel. Dann schalten wir eine zweite ein und lassen die beiden Lichtbündel sich kreuzen. Beide laufen nachher unbeeinflußt weiter.

Auch bei der Lochkamera überschneiden sich Lichtbündel in der Blendenöffnung, ohne sich gegenseitig zu stören. Die Lichtbündel der Scheinwerfer von zwei Autos, die sich aus verschiedenen Richtungen begegnen, durchdringen einander, ohne sich irgendwie zu beeinflussen.

> **Lichtstrahlen können sich gegenseitig durchdringen, ohne sich zu stören.**

4. Anwendungen

Die Eigenschaft des Lichts, sich geradlinig auszubreiten, wird im täglichen Leben vielfach angewendet. Der Schreiner sieht an der Kante eines Brettes entlang, um festzustellen, ob er gerade gehobelt hat. Ebenso können wir die Kante eines Lineals prüfen. Der Landmesser muß die rotweißen Fluchtstäbe im Gelände anvisieren *(Abb. 214.1)*, bis ein Helfer sie in gerader Richtung hintereinander aufgestellt hat. Über Kimme und Korn visiert man mit dem Gewehr ein Ziel an, das heißt, man bringt Auge, Kimme, Korn und Ziel in eine gerade Linie.

214.1 So visiert der Landmesser. Zur genaueren Messung benutzt er zusätzlich optische Instrumente.

5. Die Lichtgeschwindigkeit

Schaltet man eine Lampe ein, so wird es sofort im Raum hell. Es scheint so, als ob das Licht überhaupt keine Zeit brauche, um bis in alle Ecken zu gelangen. Tatsächlich ist es schwierig, auf solch kurze Entfernungen die Geschwindigkeit festzustellen, mit der sich das Licht ausbreitet, weil man dazu Bruchteile von Millionstelsekunden genau messen müßte. Bei sehr großen Entfernungen aber läßt sich die Zeit, die das Licht für den Weg braucht, bequem messen. Man kann zum Beispiel die Entfernung von der Erde zum Mond verwenden, die man mit Winkelmessungen von der Erdoberfläche aus bestimmen konnte. Sie beträgt 384000 km.

Astronauten haben auf dem Mond einen Spiegel aufgestellt, der aus vielen Rückstrahlern besteht (wie sie uns zum Beispiel vom Fahrrad bekannt sind). Ein kurzer von der Erde ausgesandter Lichtblitz läuft bis zum Spiegel und wird von ihm zur Erde zurück geschickt. Die Zeit, die das Licht für den Weg zum Mond und zurück, also für 768000 km, braucht, wird gemessen. Sie beträgt 2,56 s. In einer Sekunde legt daher das Licht den 2,56. Teil von 768000 km zurück, das sind etwa 300000 km oder $3 \cdot 10^5$ km $= 3 \cdot 10^8$ m.

Das beschriebene Experiment kann man allerdings nicht mit herkömmlichen Lichtquellen durchführen. Man benötigt ein sehr intensives, exakt paralleles Lichtbündel. Dies wird heute nahezu erreicht mit dem sogenannten *Laserlicht*.

Die Lichtgeschwindigkeit beträgt etwa 300000 km/s.

Aufgaben:

1. *Warum stoppt ein Zeitnehmer beim Hundertmeterlauf die Zeit nicht nach dem Knall, sondern nach dem Rauch der Startpistole?*

2. *Wie lange braucht das Licht von der Sonne zur Erde? Die Entfernung der Erde von der Sonne beträgt $150 \cdot 10^6$ km.*

3. *In der Astronomie versteht man unter einem Lichtjahr die Strecke, die das Licht in einem Jahr zurücklegt. Wie groß ist sie? Vergleiche sie mit der Entfernung Erde − Sonne!*

4. *Der nächste Fixstern ist $40,7 \cdot 10^{12}$ km entfernt. Wieviel Lichtjahre sind das?*

§ 62   Der Schatten

1.   Die Durchsichtigkeit verschiedener Stoffe

Durch die Glasscheibe im Fenster können wir alles, was sich draußen befindet, klar und deutlich sehen. Wir sagen, Fensterglas sei ein *durchsichtiger Stoff*. Es bleibt, wenn es nicht verschmutzt ist, selbst unsichtbar. Daher werden klare Glastüren meist durch Beschriftung oder andere Zeichen kenntlich gemacht. Durchsichtige Stoffe sind zum Beispiel auch Zellophan und Luft.

Ein Autofahrer kann bei Nebel andere Verkehrsteilnehmer nur schemenhaft wahrnehmen. Nebel läßt zwar Licht teilweise durch, *zerstreut* aber einen Teil an seinen feinen Tröpfchen nach allen Seiten. Zudem wird Licht *absorbiert* (absorbere, lat.; aufschlürfen). Nebel, Milch, Rauch, Pergamentpapier sind *durchscheinend*. Holz, Metalle, Hartgummi sind *undurchsichtig*.

Diese Unterscheidung der Stoffe ist nicht streng. Wasser, das uns durchsichtig erscheint, läßt in dicker Schicht kein Licht mehr durch. In der Tiefsee herrscht völlige Dunkelheit. Blattgold läßt als Goldschlägerhaut von $\frac{1}{2000}$ mm Dicke grünliches Licht durch.

2.   Die verschiedenen Schatten

Versuch 9: Mit einer Hand, die man in den Weg des Lichts hält, kann man an der Wand Schattenspiele veranstalten. Dabei erscheinen die Schatten scharf begrenzt, wenn man eine möglichst punktförmige Lichtquelle verwendet, dagegen unscharf mit verwaschenen Rändern, wenn man die Hand in die Nähe einer großflächigen Lampe hält.

Versuch 10: Wir untersuchen Schatten experimentell: Zunächst stellen wir eine leuchtende Kerze (oder ein kleines Glühlämpchen) vor einen Schirm und zwischen Schirm und Kerze ein Brettchen. Die in *Abb. 215.1 a* gezeichneten Lichtstrahlen streifen an der Brettkante vorbei. Sie grenzen auf dem Schirm einen Bereich ab, in den kein Licht gelangt: den **Schatten.**

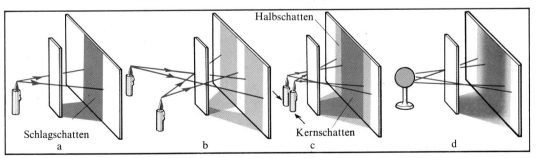

215.1 Verschiedene Arten des Schattens

Versuch 11: Entzünden wir eine zweite Kerze, so entsteht auch ein zweiter Schatten. Nähern wir die Kerzen einander, so wandern die Schatten aufeinander zu. Schließlich decken sie sich teilweise *(Abb. 215.1 b* und *c).* Der Schatten besteht jetzt aus einem dunklen **Kernschatten,** umgeben von einem etwas helleren **Halbschatten.** Die Übergänge zwischen ihnen sind hart.

Versuch 12: Beleuchten wir das Brett mit vielen dicht nebeneinander aufgestellten Kerzen, entsteht ein Schatten, der von der dunklen Mitte nach beiden Seiten stufenweise aufgehellt wird. Die vielen Kerzen können wir durch eine einzige, ausgedehnte Lichtquelle ersetzen, zum Beispiel durch eine Glühlampe unter einer Milchglasglocke *(Abb. 215.1d)*. Der Kernschatten geht dann stufenlos in das schattenfreie Gebiet über.

Die plastischen Formen eines Gegenstandes treten erst dann hervor, wenn durch seitliche Beleuchtung auf dem Gegenstand selbst Schatten entstehen, sogenannte **Körperschatten.** Beim Arbeiten, besonders beim Schreiben, wirken Schatten störend. Deshalb läßt man das Licht möglichst von links einfallen, oder man läßt Licht von Lichtquellen nur an die Decke strahlen. Die Decke streut das Licht nach allen Seiten, so daß ein Punkt im Raum Licht von allen beleuchteten Punkten der Decke bekommt und sich keine Schatten bilden können. Man nennt dies *indirekte Beleuchtung.*

3. Mondphasen, Sonnen- und Mondfinsternisse

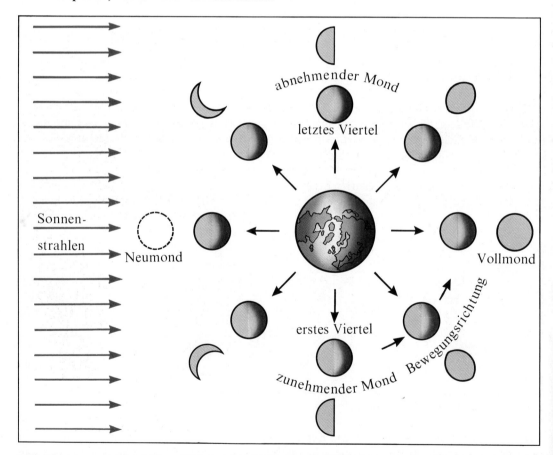

216.1 Entstehung der Mondphasen. Die schwarzen Pfeile geben die Blickrichtung von der Erde aus an. Beobachter sehen die im äußeren Kreis dargestellten Phasen des Mondes. (Die Abbildung ist nicht maßstäblich. Der Mond hat einen Abstand von 30 Erddurchmessern von der Erde!)

Der von der Sonne beleuchtete Mond zeigt uns eine wechselnde Gestalt, die sogenannten *Mond-phasen. Abb. 216.1* erläutert was geschieht, während die der Sonne zugekehrte Hälfte des Mondes immer beleuchtet ist, die andere in seinem Körperschatten liegt: Bei den verschiedenen Stellungen von Sonne, Erde und Mond, die sich ergeben, wenn der Mond die Erde umkreist, sehen wir seinen beleuchteten Teil entweder voll *(Vollmond)*, teilweise *(zu- und abnehmender Mond)* oder gar nicht *(Neumond)*. Die Erde wirft im Sonnenlicht einen langen Schatten in den Weltraum. Wegen der großen Leuchtfläche der Sonne entstehen kegelförmige Kern- und Halbschatten.

Tritt der Mond nach *Abb. 217.1* in den Erd-Kernschatten ein, so erleben wir eine *Mondfinsternis*, und zwar eine *totale* (totus, lat.; gänzlich), wenn der Mond vollständig, eine *partielle* (pars, lat.; Teil), wenn er auf seiner Bahn nur teilweise in den Kernschatten eintaucht. Der Durchgang durch den Halbschatten ist kaum merklich. Im Normalfall geht der Erdschatten am Mond vorbei.

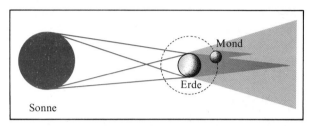

217.1 Mondfinsternis (nicht maßstabsgetreu)

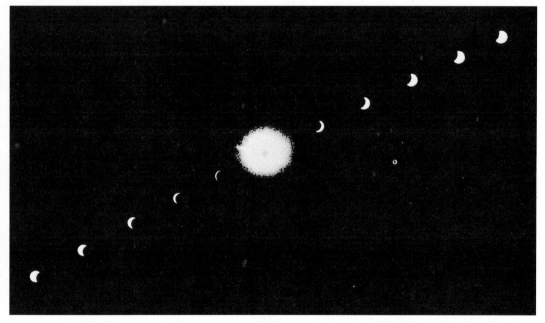

217.2 11 Bilder einer totalen Sonnenfinsternis, aufgenommen im Abstand von 10 Minuten. Der nur teilweise in seinem Umriß erkennbare Mond schiebt sich — von rechts kommend — immer weiter vor die Sonne, bis er sie im 6. Bild völlig verdeckt. Die über den Sonnenrand hinausstrahlende, sonst nicht sichtbare Korona der Sonne überstrahlt die Aufnahme infolge der hier längeren Belichtungszeit.

Hinter dem Mond entsteht ein Schattenkegel, der gelegentlich über die Erde wandert *(Abb 218.1)*. Dabei kann der Halbschatten eine Breite erreichen, die dem Erdradius entspricht, während der größte Durchmesser des Kernschattens nur 246 km beträgt. Im Gebiet des Kern-schattens tritt eine *totale Sonnenfinsternis* ein. Ein Beobachter im Halbschatten erlebt eine *partielle Sonnenfinsternis*, denn für ihn bleibt ein sichelförmiger Teil der Sonne unbedeckt.

Daß wir nicht bei jedem Umlauf des Mondes, also alle 4 Wochen, eine Finsternis erleben, liegt daran, daß die Mondbahn um etwa 5° gegen die Bahnebene der Erde geneigt ist. Meist geht der Mondschatten an der Erde vorbei. Die nächste totale Sonnenfinsternis können wir in Deutschland 1999 beobachten.

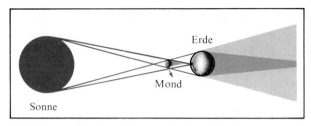

218.1 Sonnenfinsternis (nicht maßstabsgetreu)

5. Rückschau

Bisher haben wir erfahren, aus welchen Quellen Licht stammt. Ferner untersuchten wir, wie es sich verhält, wenn es sich ungehindert ausbreiten kann. Dabei fiel uns die außerordentlich hohe Lichtgeschwindigkeit auf. Dann erlebten wir, wie verschieden sich Stoffe hinsichtlich der Durchlässigkeit für Licht verhalten. Und schließlich beobachteten wir die Schatten, die das Licht erzeugt, wenn es auf Hindernisse trifft. Als besonders wichtige Eigenschaft des Lichts erkannten wir, daß es sich im *homogenen Medium* (medium, lat.; Mittel) geradlinig ausbreitet. Das ließ sich gut mit der Modellvorstellung „Lichtstrahl" erklären. Es bleibt noch zu untersuchen, was mit dem Licht geschieht, wenn es auf die Grenzfläche von verschiedenen Medien trifft.

Aufgaben:

1. *Beurteile hinsichtlich ihrer Durchsichtigkeit: Seidenpapier, Ölpapier, Schreibpapier, Pappe, Qualm, Eis, Kaffee, Tee!*

2. *Eine Mattscheibe ist infolge von Unebenheiten der rauhen Seite durchscheinend. Wie verhält sie sich, wenn auf diese Seite Öl in dünner Schicht aufgetragen wird? Was geschieht, wenn man bei der Lochkamera die Mattscheibe durch eine saubere Glasscheibe ersetzt? Was ist der Fall, wenn man diese Scheibe mit Bärlappsamen oder Mehl bestäubt?*

3. *Wie sieht der Schatten einer Kreisfläche aus, die man im Licht einer Taschenlampe (ohne Glaslinse) dreht, wie aber der Schatten eines Tischtennisballs? Was folgt aus der Beobachtung, daß bei Mondfinsternissen der Erdschatten auf dem Mond immer kreisförmig begrenzt erscheint, für die Gestalt der Erde?*

4. *Warum kann eine Mondfinsternis nur bei Vollmond, eine Sonnenfinsternis nur bei Neumond eintreten?*

5. *Im Fall der Abb. 218.2 ist die Entfernung des Mondes von der Erde so groß, daß der Kernschatten des Mondes die Erde nicht mehr erreicht (der Abstand Erde— Mond ist nicht ganz konstant).*
Was wird ein Beobachter in A von der Sonne sehen?
Wie wird er diese Art Sonnenfinsternis nennen?

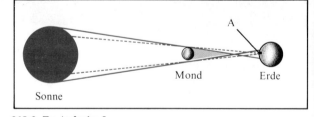

218.2 Zu Aufgabe 5

6. *Wie muß bei dem in Abb. 215.1b gezeigten Versuchsaufbau der Schirm verschoben werden, damit auf ihm ein Kernschatten entsteht?*

7. *Warum ist nicht bei jedem Vollmond eine Mondfinsternis zu beobachten?*

§ 63 Die Reflexion des Lichts am ebenen Spiegel

Im Spiegel sehen wir unser eigenes Bild. Auch eine ruhig stehende Wasserfläche spiegelt die Dinge der Umgebung. Ebenso können Glasscheiben und blanke Metallflächen als Spiegel wirken. Sie müssen nur glatt, am besten poliert sein. Wir betrachten zunächst nur ebene Spiegel, auch *Planspiegel* genannt. Für den üblichen Gebrauch sind sie aus Glas hergestellt, das auf der Rückseite versilbert und mit einer Schutzschicht überzogen ist.

1. Eigenschaften des Spiegelbildes

Kinder suchen hinter einem Spiegel nach dem, was sie darin sehen. Erst die Erfahrung zeigt ihnen, daß sie das Gesehene dort nicht finden. Das Bild kann auch nicht auf einem Schirm aufgefangen werden.

Versuch 13: Wir stellen eine saubere Glasscheibe vertikal auf und davor eine Kerze. Blicken wir auf die Scheibe, sehen wir hinter ihr ein aufrechtes Bild der Kerze. Nähern wir von hinten eine genau gleiche Kerze bis sie sich mit dem Bild deckt, so stimmen ihre Größen überein. Zünden wir die vordere Kerze an, dann sieht es für alle Beobachter, die durch das Glas schauen, so aus, als ob die zweite Kerze auch brenne. Wir zeichnen auf einem Papierstreifen, der unter der Scheibe auf dem Tisch liegt, die Verbindungsstrecke zwischen den Kerzen. Sie steht senkrecht auf der Scheibe und wird von ihr halbiert. Diese Stellung von Kerze und Bild nennt man *spiegelsymmetrisch (Abb. 219.1).*

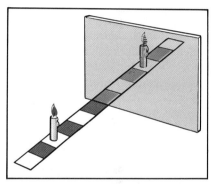

219.1 Spiegelbild einer Kerze

> **Gegenstand und Bild liegen beim ebenen Spiegel symmetrisch zur Spiegelebene.**

In *Abb. 219.2* sieht der Betrachter über den vor dem Spiegel stehenden Buchstaben **F** hinweg. Dessen schwarze, dem Beobachter abgewandte Seite ist im Spiegelbild dem Beobachter zugewandt, während die rote Vorderseite zur unsichtbaren Rückseite des Bildes wird. Der Spiegel vertauscht also bei dieser Betrachtung vorn und hinten. Wenn man sein eigenes Spiegelbild anschaut und den rechten Arm hebt, scheint sich im Bild der linke zu bewegen. In Wirklichkeit ist aber doch das Bild des rechten Arms auf der rechten Seite des Spiegels, das des linken Arms auf der linken Seite. Die scheinbare Vertauschung liegt daran, daß man sich selbst an die

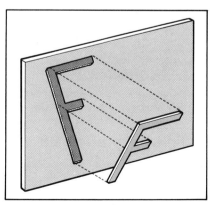

219.2 Gegenstand und Bild liegen symmetrisch zur Spiegelebene. Die Halbierungspunkte der gestrichelt gezeichneten Strecken liegen auf dem Spiegel, das dunkel getönte Spiegelbild ist also hinter dem Spiegel.

Stelle des Bildes versetzt denkt und sich hierzu in Gedanken um 180° dreht. Dabei vertauschen sich rechts und links. Man muß also unterscheiden, ob man das Bild beurteilt vom Standpunkt eines Beobachters vor oder hinter dem Spiegel *(Abb. 220.1)*.

2.   Die Reflexion eines Lichtstrahls

Versuch 14: Wir wollen herausfinden, wie ein Spiegelbild entsteht. Dazu beobachten wir zunächst einen einzelnen Lichtstrahl, der auf einen ebenen Spiegel fällt. Wir benutzen eine optische Scheibe. Das ist eine Platte, auf der eine Kreisteilung in Winkelgraden und zwei aufeinander senkrechte Durchmesser aufgezeichnet sind. In ihrem Schnittpunkt befestigen wir einen kleinen ebenen

220.1 Das Mädchen vor dem Spiegel kämmt sich mit der rechten Hand. Daß es sich im Spiegelbild mit der linken Hand zu kämmen scheint, ist eine Täuschung.

Spiegelstreifen so, daß die Spiegelfläche senkrecht zur Scheibe steht. Das Lot darauf ist der Durchmesser, der zum Winkelgrad Null geht. Aus unserer Experimentierleuchte lassen wir ein schmales Lichtbündel von links schräg auf den Spiegel treffen, den *einfallenden Strahl*. Wir verschieben die Anordnung so, daß der Strahl über die Scheibe streift und diese in einem schmalen hellen Band aufleuchtet. Zugleich geht dann vom Spiegel ein Strahl nach oben weg, der *reflektierte Strahl* (reflectere, lat.; zurückbeugen). Die Strahlen und das Lot auf dem Spiegel, das sogenannte *Einfallslot*, liegen dann in der durch die Scheibe bestimmten Ebene *(Abb. 220.3)*.

220.2 Optische Bank mit optischer Scheibe und ebenem Spiegel. Eine Klammer hält den Spiegel in der richtigen Lage fest.

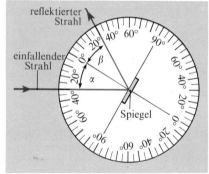

220.3 Reflexion des Lichts am ebenen Spiegel auf der optischen Scheibe

---

1. Reflexionsgesetz: Einfallender Strahl, Einfallslot und reflektierter Strahl liegen in einer Ebene.

Versuch 15: Wir nennen nach Übereinkunft den Winkel zwischen Lot und einfallendem Strahl den *Einfallswinkel* α und den Winkel zwischen Lot und reflektiertem Strahl den *Reflexionswinkel* β. Dann finden wir immer α = β, und zwar unabhängig vom Einfallswinkel. Das Einfallslot ist Symmetrieachse zwischen einfallendem und reflektiertem Strahl.

---

2. Reflexionsgesetz: Beim ebenen Spiegel sind Einfalls- und Reflexionswinkel gleich.

---

3. Die Umkehrbarkeit des Lichtweges

Versuch 16: Wir stellen die Experimentierleuchte so auf, daß der auf der optischen Scheibe einfallende Strahl den Weg eines der im Versuch 14 gefundenen reflektierten Strahlen, nur in umgekehrter Richtung, nimmt. Dann verläßt der jetzt reflektierte Strahl den Spiegel auf der Bahn des früheren einfallenden Strahls. Geometrisch läßt sich diese Tatsache aus der symmetrischen Lage der beiden Strahlen zum Einfallslot erklären. Wir können für die Reflexion eines Lichtstrahls am ebenen Spiegel schließen:

> **Beim ebenen Spiegel ist der Lichtweg umkehrbar.**

4. Die Entstehung eines Bildpunktes beim ebenen Spiegel

Strahlen, die von einem leuchtenden Punkt L ausgehen, werden an einem Spiegel reflektiert und treffen nach *Abb. 221.1* in ein Auge. Für dieses Auge scheinen die reflektierten Strahlen von einem Punkt B herzukommen. Es „sieht" einen leuchtenden Punkt B hinter der Spiegelfläche. Dieser Punkt B liegt symmetrisch zu L. B läßt sich konstruieren *(Abb. 221.2)*. Nach dem Reflexionsgesetz ist $\alpha = \beta$. Außerdem gilt $\alpha' = \beta$ (Scheitelwinkel), folglich ist $\alpha = \alpha'$. Dies gilt für jeden von L ausgehenden Strahl. Wir erhalten daher die nach rückwärts verlängerten Strahlen durch Umklappen der einfallenden Strahlen um die Achse Sp, so daß B genau so weit hinter dem Spiegel liegt wie L davor. Die Strecke $\overline{LB}$ steht immer senkrecht zum Spiegel. Das Bild eines ausgedehnten Gegenstandes kann nunmehr punktweise konstruiert werden. Klappt man an der Linie, die den Spiegel darstellt, um, so decken sich Bild und Gegenstand. Beide sind kongruent, also genau gleich groß.

Das Spiegelbild weist zwar alle Eigenschaften eines optischen Bildes auf. Die Lichtstrahlen kommen jedoch nur scheinbar vom Ort des Bildes. Deshalb kann es auch nicht auf einem Schirm aufgefangen werden. Es ist nur scheinbar oder **virtuell** vorhanden (virtuel, franz.; möglich). Das Bild in der Lochkamera heißt dagegen **reell** (réel, franz.; wirklich), weil vom Bildort tatsächlich Strahlen ausgehen.

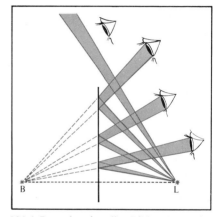

221.1 Lage des virtuellen Bildpunktes beim ebenen Spiegel. Das Auge ganz oben erhält keine Lichtstrahlen, die von L aus zunächst auf den Spiegel fallen. Es sieht deshalb auch kein Bild im Punkt B.

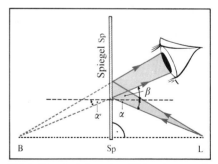

221.2 Konstruktion des Bildpunktes nach geometrischen Überlegungen

> **Ein virtuelles Bild setzt sich aus virtuellen Bildpunkten zusammen. Jeder Bildpunkt hinter dem Spiegel ist Schnittpunkt von Geraden, die rückwärtige Verlängerungen der reflektierten, ins Auge fallenden Lichtstrahlen sind.**

5.　Beispiel einer Bildkonstruktion

Wie hoch muß ein Spiegel sein, in dem sich eine 1,60 m große Person in ihrer ganzen Größe betrachten kann; wie hoch darf dann die Unterkante des Spiegels höchstens über dem Fußboden liegen? Die Augenhöhe sei 1,50 m. Wir zeichnen nach *Abb. 222.1* maßstabsgetreu und berechnen die gesuchten Größen: Person und Bild haben wegen der Kongruenz die gleiche Größe. Der Spiegel muß in der Mitte zwischen beiden stehen. Die Strahlen vom Auge nach den äußersten Punkten des Bildes grenzen die Mindesthöhe des Spiegels ein. Wir lesen in der Zeichnung die gesuchten Größen ab! Ergebnis: Spiegelgröße 0,80 m ist halbe Größe der Person. Unterkante des Spiegels in 0,75 m Höhe über dem Fußboden liegt in halber Augenhöhe.

Die Konstruktionen in den Abschnitten 4 und 5 sind Beispiele für die früher erwähnte sogenannte *geometrische Optik*.

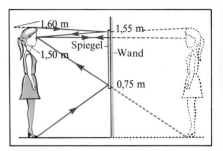

222.1 Zur Konstruktionsaufgabe über die Spiegelgröße

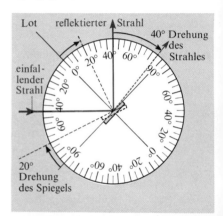

222.2 Reflexion eines Lichtstrahls am drehbaren Spiegel: 20° Drehung des Spiegels bewirken 40° Drehung des reflektierten Strahls.

6.　Anwendungen des ebenen Spiegels

Versuch 17: Wenn man das Sonnenlicht mit einem Taschenspiegel reflektiert, beobachtet man, daß eine kleine Drehung des Spiegels den reflektierten Lichtfleck weit seitlich auslenkt. Wir ahmen den Vorgang auf der optischen Scheibe nach *(Abb. 222.2)*. Zuerst wählen wir einen beliebigen Einfallswinkel. Dann lassen wir den einfallenden Strahl unverändert, drehen aber die Scheibe um den Winkel γ. Der Einfallswinkel nimmt dann um γ zu, da sich das Lot auch um den Winkel γ gedreht hat. Der von ihm aus gemessene Reflexionswinkel wächst ebenfalls um γ. Wird also der Spiegel um den Winkel γ gedreht, so ändert der reflektierte Strahl seine Richtung um 2γ. Dies geschieht unter anderem beim *Lichtzeiger* empfindlicher Meßinstrumente. Man läßt einen Lichtstrahl auf einen kleinen Spiegel fallen, der an dem sich drehenden Instrumententeil befestigt ist. Der reflektierte Strahl erzeugt auf einem entfernt aufgestellten Maßstab einen Lichtfleck. Dieser wandert bei einer geringen Drehung des Spiegels weit zur Seite, und zwar um so mehr, je weiter der Maßstab entfernt ist.

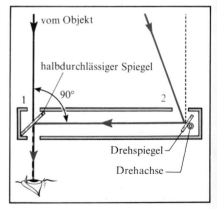

222.3 Prinzip des Entfernungsmessers. Der linke Spiegel ist fest unter einem Winkel von 45° eingesetzt, der rechte drehbar.

Die Entfernung eines aufzunehmenden Objektes mißt man mit einem *Entfernungsmesser*. Die *Abb. 222.3* zeigt, wie die vom Objekt ausgehenden schwarz gezeichneten Strahlen durch einen halbdurchlässigen Spiegel in das Auge kommen. Die rot gezeichneten Strahlen gelangen erst auf dem Umweg über einen drehbaren Spiegel zum Auge. Wenn man diesen richtig einstellt, decken sich die Bilder der „roten" und „schwarzgezeichneten" Strahlen im Auge. Man sieht nur noch *ein* Bild und kann jetzt die Entfernung des Objektes auf einer Skala ablesen. Für sehr weit entfernte Gegenstände hat man beide Spiegel parallel zu stellen. Rückt der Gegenstand näher, so muß der Drehspiegel entgegen dem Uhrzeigersinn gedreht werden.

In der Spiegelreflex-Kamera ist ein Spiegel schräg eingebaut. Ein Blick von oben in den Apparat erfaßt dann die vor der Kamera befindlichen Aufnahmeobjekte. Vor der eigentlichen Aufnahme wird der Spiegel hochgeklappt.

Aufgaben:

1. *Konstruiere punktweise das Spiegelbild des in der Zeichenebene liegenden Buchstabens E, wenn der Spiegel parallel zur vertikalen Linie des E und senkrecht zur Zeichenebene steht! (Zwei Fälle: Spiegel links oder rechts des E)*

2. *Wie viele Bilder zeigt bei genauem Zusehen ein Spiegel aus dickem Kristallglas? Betrachte das Bild Deines Fingers, der sich dem Spiegel von der Seite her nähert!*

3. *Auf welche Entfernung muß man den Fotoapparat einstellen, wenn man sein Spiegelbild fotografieren will?*

4. *Um wieviel Grad dreht sich der reflektierte Strahl, wenn der Spiegel um 10°, 30° gedreht wird? Die Beobachtungen sollen durch einen Versuch nachgeprüft werden! Ein Taschenspiegel wird über einem Winkelmesser gedreht. (Drehachse senkrecht im Mittelpunkt des Winkelmessers.)*

5. *Wann stehen beim ebenen Spiegel einfallender und reflektierter Strahl senkrecht aufeinander?*

6. *Was folgt aus dem 2. Reflexionsgesetz für den Fall, daß der einfallende Strahl die Richtung des Einfallslotes hat?*

7. *Stelle zwei Spiegel im rechten Winkel zueinander auf (Winkelspiegel) und einen Bleistift dazwischen! Wieviel Bilder sieht man? Versuche, durch Konstruktion die Lage der Bilder zu finden!*

8. *Ändert sich etwas am Ergebnis in dem Beispiel auf Seite 222, wenn die Person in verschiedenen Abständen vor dem Spiegel steht? Überlege und zeichne!*

§ 64   Die Reflexion des Lichts an gekrümmten Spiegeln

1.   Gekrümmte Spiegelflächen

Nicht alle Spiegel sind Planspiegel. In der versilberten Weihnachtskugel sieht man verkleinert das ganze Zimmer. In der spiegelnden Radkappe eines Autos und dem Verkehrsspiegel an unübersichtlichen Straßenkreuzungen erblickt man ein verkleinertes Bild, das mehr von der Umgebung als das Bild in einem gleichgroßen Planspiegel zeigt. Diese Spiegel sind nach vorn gewölbt, sie sind **erhaben** oder **konvex** (convexus, lat.; gewölbt). Wir nennen sie **Wölbspiegel** oder *erhabene* Spiegel. Im Rasierspiegel kann man sich vergrößert betrachten. Seine hohle Seite zeigt dabei zum Betrachter. Es ist ein **Konkav-** oder **Hohlspiegel** (concavus, lat.; hohl). Wir betrachten zunächst nur Spiegelflächen, die Teile einer Kugel sind, sogenannte **sphärische Spiegel** (sphaira, griech.; Kugel).

2. Der Strahlengang beim Hohlspiegel

Wir verabreden einige Bezeichnungen für den Hohlspiegel *(Abb. 224.1)*. Den *Kugel-* oder *Krümmungsmittelpunkt* bezeichnen wir mit M, die Mitte des Spiegels, auch *Scheitel* genannt, mit S. Die Gerade SM heißt
optische Achse, der Radius $\overline{AM} = \overline{BM}$ *Krümmungsradius*
und ⊀ AMB *Öffnungswinkel* des Spiegels.

Der Krümmungsradius wird meist groß gegen den
Bogen AB gewählt. Dann ist der Spiegel flach gewölbt
und der Öffnungswinkel klein. Unsere Versuche werden
mit solchen *Hohlspiegeln* ausgeführt.

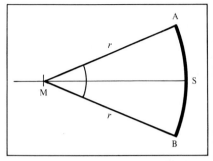

224.1 Schnitt durch einen Hohlspiegel

Versuch 18: Wir befestigen einen biegsamen, blanken,
flach zum Bogen gekrümmten Metallstreifen als Hohlspiegel auf der optischen Scheibe. Sein Scheitel S fällt
dabei mit dem Mittelpunkt der Kreisteilung und die
optische Achse mit einem Durchmesser dieses Kreises
zusammen *(Abb. 224.2)*. Aus der Experimentierleuchte
lassen wir einige Strahlen, die zueinander und zur optischen Achse parallel laufen, auf den Spiegel fallen. Diese
Strahlen werden nicht wieder als *Parallelstrahlen* reflektiert, sondern schneiden sich auf der Achse.

224.2 Strahlengang bei einem Hohlspiegel
auf der optischen Scheibe; Anordnung der
Scheibe wie bei Abb. 220.2

Versuch 19: Mit einem Hohlspiegel können wir aus den
parallelen Sonnenstrahlen einen hellen Lichtfleck erzeugen, auf einem Stück Papier, das wir vor den Spiegel
halten. Durch Probieren finden wir eine Stelle, an der
der Fleck fast zu einem Punkt zusammenschrumpft.
Diese Stelle wird so heiß, daß das Papier entflammt.
Wir nennen den Punkt **Brennpunkt** F oder **Fokus** (focus,
lat.; Herd). Sein Abstand vom Spiegel heißt **Brennweite** *f*.

Versuch 20: In der Anordnung von Versuch 18 blenden
wir die einfallenden Strahlen bis auf einen ab. Es entsteht wie beim ebenen Spiegel ein reflektierter Strahl.
In der Schnittfigur durch den Hohlspiegel nach *Abb. 224.4*
dürfen wir daher die Auftreffstelle A des Strahls als
kleinen ebenen Spiegel betrachten. Dieser liegt tangential
zum Hohlspiegel. Das Einfallslot liegt in Richtung des
Radius und geht durch M. Der einfallende Strahl wird
nach dem Reflexionsgesetz reflektiert und trifft die optische Achse in C. Das Einfallslot ist Winkelhalbierende
zwischen den einfallenden und reflektierten Strahlen.

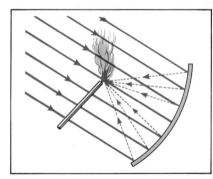

224.3 Hohlspiegel als Brennspiegel

Hier erweist es sich, wie sinnvoll es war, Einfalls- und
Reflexionswinkel vom Lot aus zu messen. C ist die
Stelle, an der wir in Versuch 19 das Papier entflammen

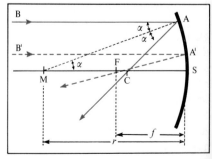

224.4 Zur Reflexion am Hohlspiegel

konnten. Durch Ausmessen finden wir, daß der Abstand $\overline{CS}$ etwa die Hälfte vom Krümmungsradius beträgt (siehe Aufgabe 5!). Man definiert für den Hohlspiegel einen exakt festgelegten Brennpunkt F durch folgende Überlegung: In *Abb. 224.4* ist ∡ BAM der Einfallswinkel α, der als Reflexionswinkel ∡ MAC und als Wechselwinkel an Parallelen ∡ AMC nochmals auftreten muß.

$$\angle\ BAM = \angle\ CAM = \angle\ AMC = \alpha.$$

Daher ist das Dreieck AMC gleichschenklig, das heißt $\overline{CA} = \overline{CM}$. Verläuft nun der Strahl BA immer näher zur Achse, so nähert sich $\overline{CA}$ immer mehr $\overline{CS}$. Wenn schließlich $\overline{CS} = \overline{CA}$ gesetzt werden darf, ist C der Brennpunkt F. ($\overline{SA}$ ist dann klein gegen $\overline{SC}$, das heißt der Spiegel hat einen kleinen Öffnungswinkel.) Daher gilt $\overline{CM} = \overline{CA} \approx \overline{CS}$. Dies ist in *Abb. 224.4* für A′ nahezu erreicht. C liegt dann nahezu in der Mitte zwischen S und M. Deshalb nennt man den Mittelpunkt der Strecke $\overline{SM}$ den **Brennpunkt F**. Für seinen Abstand zum Spiegel, die **Brennweite $f = \overline{FS}$**, gilt:

$$f = \frac{r}{2}.$$

C und F stimmen um so genauer überein, je näher A bei S liegt. Wir werden später untersuchen müssen, welche Folgen es hat, wenn die genannte Bedingung nicht genau erfüllt ist.

Der Strahlengang von nicht achsenparallel einfallenden Strahlen läßt sich wie in *Abb. 224.4* nach dem Reflexionsgesetz konstruieren. Ein durch M einfallender Strahl, zum Beispiel in Richtung MA, ein sogenannter Mittelpunkts- oder Zentralstrahl, ist nach *Abb. 224.4* zugleich Einfallslot. Er wird daher in sich selbst reflektiert.

Bei einem sphärischen Hohlspiegel mit kleinem Öffnungswinkel schneiden sich achsenparallel einfallende Strahlen nach der Reflexion nahezu im Brennpunkt. Die Brennweite ist halb so groß wie der Krümmungsradius:

$$f = \frac{r}{2}. \tag{225.1}$$

---

3. Die Umkehrbarkeit des Lichtweges beim Hohlspiegel

Schon beim ebenen Spiegel fanden wir, daß der Lichtweg umkehrbar ist. Da wir Stück für Stück des Hohlspiegels durch kleine ebene Spiegel ersetzt denken können, gilt dies auch für alle Strahlen, die auf einen Hohlspiegel fallen:

Beim Hohlspiegel ist der Lichtweg umkehrbar.

---

4. Die Eigenschaften des Bildes beim Hohlspiegel

Versuch 21: Wir stellen eine brennende Kerze in größerer Entfernung vor dem Hohlspiegel auf, schauen zu ihm hin und suchen das Bild der Kerze. Es ist stark verkleinert, umgekehrt, seitenvertauscht und scheint im Raum vor dem Spiegel zu stehen. Dort können wir es mit einem kleinen Schirm auffangen. Nähern wir die Kerze dem Spiegel, so entfernt sich das Bild von ihm und wird größer. Durch Probieren finden wir eine Stelle, an der die Höhe der Kerze und ihres Bildes gleich sind. Wir messen als Abstand vom Spiegel $2f$. Nähern wir die Kerze weiter dem Spiegel, dann wird das Bild schnell größer und rückt immer weiter weg. Schließlich kann es nicht mehr aufgefangen werden, wenn die Kerze auf der Mitte der Strecke $\overline{MS}$ angekommen ist *(Abb. 226.1)*.

Beim weiteren Annähern der Kerze an den Spiegel erscheint aber wieder ein Bild. Jedoch können wir es nicht mehr auffangen. Es ist aufrecht, vergrößert, seitenrichtig und scheint wie beim ebenen Spiegel hinter dem Hohlspiegel zu liegen. Es ist ein virtuelles Bild. Je näher die Kerze dem Spiegel kommt, desto kleiner wird es und desto näher scheint es an den Spiegel heranzukommen.

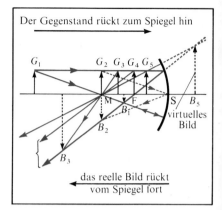

226.1 Lage der Bilder beim Hohlspiegel bei unterschiedlichen Gegenstandsweiten

5. Die Entstehung der Bilder beim Hohlspiegel

Wir stellen einen Strahlengang aus dem Versuch 21 zeichnerisch dar. In *Abb. 226.3* befindet sich eine Kerze weiter vom Spiegel entfernt als der Krümmungsmittelpunkt M. Von dem Lichtbündel, das von der Kerzenspitze ausgeht, brauchen wir nur zwei Strahlen zu zeichnen, deren Verlauf sich einfach verfolgen läßt: den achsenparallelen Strahl und den Zentralstrahl durch M. Die reflektierten Strahlen schneiden sich. Der Schnittpunkt stellt den *Bildpunkt* der Kerzenspitze dar. Dort würden sich auch alle weiteren von der Spitze von *G* ausgehenden Strahlen nach der Reflexion schneiden. Bringt man an diese Stelle einen Schirm, so wird dieser Punkt hell beleuchtet und streut das Licht nach allen Seiten. Für alle Gegenstandspunkte der Kerze gilt Entsprechendes: Man sieht ihr Bild auf dem Schirm. Nimmt man den Schirm weg, dann durchdringen sich die Strahlen ungestört. Treffen sie in das Auge, so hat man den Eindruck, die Kerze stünde an der Stelle des Bildes; man sieht dort ein reelles, im Raum schwebendes Bild; es ist reell, weil sich in seinen Punkten Strahlen tatsächlich schneiden.

226.2 Vergrößertes Bild im Hohlspiegel (Rasierspiegel)

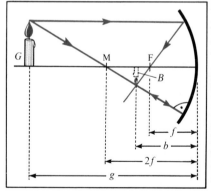

226.3 Bild beim Hohlspiegel für $g > 2f$

Die *Abb. 226.1* zeigt, wie und wo die Bilder bei anderen Stellungen der Kerze entstehen. Steht die Kerze zwischen dem Brennpunkt F und dem Spiegel, dann schneiden sich die reflektierten Lichtstrahlen nicht mehr. Wir sehen aber im Schnittpunkt der rückwärts verlängerten Strahlen ein virtuelles Bild.

Wir stellen jetzt unsere Ergebnisse in einer Tabelle zusammen. Dabei nennen wir den Abstand der Kerze (also des Gegenstandes) vom Spiegel die *Gegenstandsweite g*, den des Bildes die *Bildweite b*. Die *Gegenstandshöhe* bezeichnen wir wie früher mit *G*, die *Bildhöhe* mit *B* und den *Abbildungsmaßstab* mit *A*.

Tabelle 227.1

| Gegenstand | Bild | | | | Abbildungs-maßstab |
Ort	Ort	Art	Orientierung	Höhe	
$g > 2f$	$f < b < 2f$	reell	umgekehrt und seitenvertauscht	$B < G$	$A < 1$
$g = 2f$	$b = 2f$	reell	umgekehrt und seitenvertauscht	$B = G$	$A = 1$
$f < g < 2f$	$b > 2f$	reell	umgekehrt und seitenvertauscht	$B > G$	$A > 1$
$g = f$	kein Bild	—	—	—	—
$g < f$	$b > g$	virtuell	aufrecht und seitenrichtig	$B > G$	$A > 1$

6.   Der Hohlspiegel als Scheinwerfer

Versuch 22: Wir bringen in den Brennpunkt eines Hohlspiegels ein kleines Glühlämpchen. Die von ihm ausgehenden Strahlen sind **divergent** (di = dis, lat.; auseinander; vergere, lat.; sich neigen), sie verlaufen kegelförmig zum Spiegel hin *(Abb. 227.1)*. Die reflektierten Strahlen verlassen ihn achsenparallel, denn es handelt sich um die Umkehrung des Weges von achsenparallel einfallenden Strahlen.

Schieben wir die Lichtquelle weiter vom Spiegel weg *(Abb. 227.2)*, so wird das reflektierte Strahlenbündel **konvergent** (con, lat.; zusammen), das heißt, die Strahlen schneiden sich. Rücken wir dagegen die Lichtquelle von F nach dem Spiegel hin, dann sind die reflektierten Strahlen nur schwächer divergent als die einfallenden Strahlen *(Abb. 227.3)*. Die Eigenschaft des Hohlspiegels, Licht zu bündeln, nutzt man unter anderem beim Scheinwerfer aus.

> **Hohlspiegel machen Strahlenbündel konvergent oder schwächer divergent.**

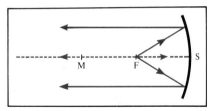

227.1 Parallel ausfallende Strahlen

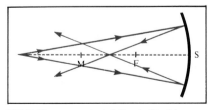

227.2 Konvergent ausfallende Strahlen

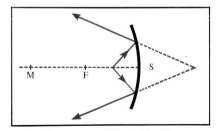

227.3 Divergent ausfallende Strahlen

7. Der Parabolspiegel

In Abschnitt 1 dieses Paragraphen hatten wir verabredet, nur mit Spiegeln zu arbeiten, die Kugelspiegel sind, in Abschnitt 2, daß sie flach gekrümmt sind und daß nur Parallelstrahlen nahe an der optischen Achse zugelassen sein sollten. Sind die beiden letzten Bedingungen nicht erfüllt, dann werden achsenparallele Strahlen, die in der Nähe des Randes den Hohlspiegel treffen, sogenannte *Randstrahlen*, nicht genau als Brennstrahlen reflektiert. Sie schneiden die Achse näher zum Spiegel hin. Umgekehrt würden beim Scheinwerfer vom Brennpunkt ausgehende Strahlen den Spiegel nicht alle achsenparallel verlassen. Achsenparallele Strahlen könnte man dadurch erhalten, daß man die äußeren Teile des Hohlspiegels etwas weiter aufbiegt. Ein so geformter Spiegel heißt **Parabolspiegel.** Die Scheinwerfer im Auto und beim Fahrrad sind *Parabolspiegel.* Solche Spiegel werden auch beim astronomischen Fernrohr verwendet. (In § 77 werden wir darauf eingehen.)

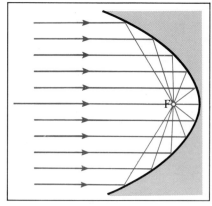

228.1 Parabolspiegel

8. Strahlengang und Bilder beim erhabenen Spiegel

Versuch 23: Wir bringen auf der optischen Scheibe ähnlich wie in Versuch 18 einen kreisförmig gebogenen, spiegelnden Metallstreifen an, die erhabene Seite den einfallenden Strahlen zugewandt. Dann lassen wir Strahlen aus verschiedenen Richtungen auf den Spiegel fallen. Dabei finden wir:

> **Erhabene Spiegel machen Strahlenbündel stärker divergent.**

Abb. 228.2 zeigt als besondere Fälle Strahlen, die so gerichtet sind, daß ihre Verlängerungen durch den Krümmungsmittelpunkt gehen (1), sogenannte Zentralstrahlen oder Mittelpunktstrahlen. Sie werden in sich selbst reflektiert. Achsenparallele Strahlen (2) werden so zurückgeworfen, daß sie vom Mittelpunkt F der Strecke $\overline{SM}$ herzukommen scheinen. F heißt *scheinbarer Brennpunkt.*

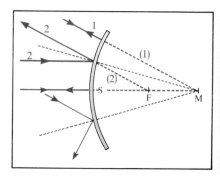

228.2 Reflexion am erhabenen Spiegel

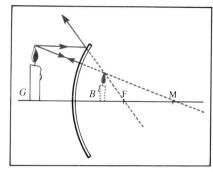

228.3 Entstehung des virtuellen Bildes beim erhabenen Spiegel

Nach diesen Feststellungen können wir einen Bildpunkt beim erhabenen Spiegel konstruieren *(Abb. 228.3).* Reflektierte Strahlen schneiden sich nicht. Dagegen schneiden sich die nach rückwärts verlängerten Strahlen hinter dem Spiegel. Es gibt nur virtuelle Bilder. Sie sind aufrecht und verkleinert. Je weiter der Gegenstand vom Spiegel wegrückt, desto kleiner werden sie, liegen aber immer innerhalb der (scheinbaren) Brennweite.

> **Bilder beim erhabenen Spiegel sind immer virtuell, aufrecht, seitenrichtig und verkleinert.**

Aufgaben:

1. *Zeichne bei einem Hohlspiegel den Verlauf der reflektierten Strahlen für einfallende Strahlen, die*
   a) unter sich parallel, aber schräg zur optischen Achse laufen, b) von einem Punkt der im Brennpunkt senkrecht auf der optischen Achse stehenden Brennebene ausgehen!

2. *Ein Lichtstrahl, der durch den Brennpunkt geht und auf einen Hohlspiegel trifft, drehe sich um den Brennpunkt. Wie bewegt sich der reflektierte Strahl?*

3. *Bei der Zweifadenlampe im Autoscheinwerfer sitzt die 1. Wendel nicht genau im Brennpunkt des Parabolspiegels. Das Licht ist konvergent (a). Beim Abblenden wird das Licht durch ein Blech unter der jetzt eingeschalteten 2. Wendel abgeschirmt (b). Es fällt kein Licht nach oben aus. Erkläre die Wirkungsweise dieses Scheinwerfers! Wie wird die Fahrbahn beleuchtet? Wie kommt bei Fernlicht genügend Licht auf die Fahrbahn unmittelbar vor dem Auto?*

4. *Warum genügen zwei Strahlen für die Konstruktion eines Bildpunktes bei gekrümmten Spiegeln?*

5. *Prüfe die Angabe, daß in Abb. 224.4 der Punkt C den Krümmungsradius angenähert halbiert in einer entsprechenden Zeichnung nach, in der der Radius 15 cm und der Abstand optische Achse — Parallelstrahl 5 cm betragen!*

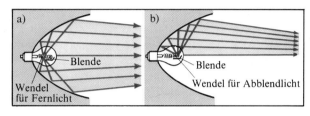

229.1 Zu Aufgabe 3

§ 65   Die Brechung des Lichts

1. Das Verhalten eines Lichtstrahls beim Übergang von einem Stoff in einen anderen

Versuch 24: Wir stellen einen Stab schräg in ein Gefäß mit Wasser. Betrachten wir die Anordnung von vorne oben, so scheint der Stab an der Wasseroberfläche geknickt zu sein, und zwar so, als ob der im Wasser befindliche Teil des Stabs gehoben wäre. Zur Erklärung dieser Erscheinung untersuchen wir, wie sich Lichtstrahlen verhalten, wenn sie von *einem* durchsichtigen Stoff in einen *anderen* durchsichtigen Stoff übertreten.

Versuch 25: Wir lassen einen Lichtstrahl schräg aus der Luft auf eine Wasserfläche fallen. In der Versuchsanordnung nach *Abb. 230.1* machen wir den Weg des Strahls in Luft durch Rauch, im Wasser durch leichte Trübung sichtbar. Ein Teil des Lichtes wird an der Wasserfläche reflektiert. Ein anderer Teil aber tritt in das Wasser ein. Er ändert dabei sprunghaft seine Richtung. Man sagt, *er wird gebrochen.* Im Wasser läuft dann der Strahl geradlinig weiter.

229.2 In Wasser getauchter Stab

Versuch 26: Wir untersuchen jetzt den Strahlengang auf der optischen Scheibe, auf der wir nach *Abb. 230.3* ein Glasstück mit halbkreisförmigem Querschnitt befestigen. Die Nullgradlinie soll dabei im Mittelpunkt M senkrecht auf dem Durchmesser des Halbkreises stehen. Diese Gerade ist somit Einfallslot für jeden Lichtstrahl, der im Fußpunkt M des Lotes auftrifft. Wir verwenden einfarbiges Licht.

Ein Strahl, der aus der Luft in Richtung des Lotes, also senkrecht, auf das Glas trifft, verläuft geradlinig ungebrochen weiter. Beim Verlassen des Glaskörpers trifft er in Richtung des Radius, also wieder senkrecht, auf die Grenzfläche gegen Luft und wird wiederum nicht gebrochen. Gleiches gilt für alle Strahlen, die von M aus auf den Halbkreis fallen. Diese Strahlen treten nur dann ungebrochen aus dem Glaskörper aus, wenn er die besondere Form eines Halbzylinders hat.

Ein Strahl, der wie in *Abb. 230.3* schräg auftrifft, wird ähnlich gebrochen wie beim Übergang in Wasser. Wir nennen den Winkel zwischen ihm und dem Einfallslot den **Einfallswinkel** α, den zwischen Lot und gebrochenem Strahl den **Brechungswinkel** β. Der einfallende Strahl, der gebrochene Strahl und das Einfallslot liegen immer in einer Ebene. Der Brechungswinkel ist kleiner als der Einfallswinkel.

> **Ein Lichtstrahl wird beim Übergang von Luft in Wasser zum Lot hin gebrochen, und zwar um so mehr, je flacher der einfallende Strahl auf die Grenzfläche trifft.**

In einer Meßreihe ermitteln wir Werte zusammengehöriger Einfalls- und Brechungswinkel, ordnen sie in *Tabelle 231.1* und stellen den Zusammenhang zwischen den Winkeln graphisch dar *(Abb. 231.1)*.

Andere durchsichtige, homogene Stoffe, zum Beispiel Wasser, zeigen bei gleichem Einfallswinkel einen größeren, Diamant einen kleineren Brechungswinkel als Glas. Der Stoff, in dem der Brechungswinkel kleiner ist, heißt das optisch dichtere Mittel oder Medium. Im *Schaubild 231.1* erkennen wir den optisch dichteren Stoff daran, daß die zugehörige Kurve tiefer liegt. Entsprechend bezeichnet man in *Abb. 230.2* Wasser gegenüber Luft als optisch dichter, weil der Winkel β in Wasser kleiner als der Winkel α in Luft ist.

230.1 Versuchsanordnung, die zeigt, wie Licht von Luft in Wasser übergeht: Es wird „gebrochen".

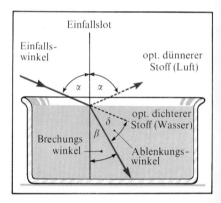

230.2 Von einem auf die Wasseroberfläche treffenden Lichtstrahl wird ein kleiner Teil reflektiert, der Hauptteil zum Einfallslot hin gebrochen. Für den Winkel δ, um den das gebrochene Licht abgelenkt wurde, gilt $\delta = \alpha - \beta$.

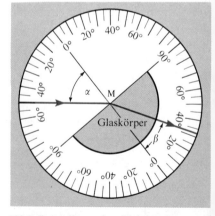

230.3 Darstellung der Lichtbrechung auf der optischen Scheibe

Tabelle 231.1

Lichtbrechung beim Übergang			Ablenkung in Glas gegenüber Luft
von Luft	in Wasser	in Glas	
Einfallswinkel α	Brechungswinkel β		
			$\delta = \alpha - \beta$
0°	0°	0°	0°
20°	14,8°	13,2°	6,8°
40°	28,8°	25,4°	14,6°
60°	40,5°	35,3°	24,7°
80°	47,6°	41,0°	39,0°
90°	48,6°	41,8°	48,2°

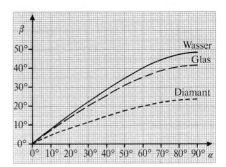

231.1 Graphische Darstellung des Zusammenhangs zwischen Einfallswinkel und Brechungswinkel beim Übergang des Lichts von Luft in einen anderen Stoff

Versuch 27: Wir drehen im Versuch 26 die optische Scheibe um 180°, so daß ein Lichtstrahl jetzt senkrecht auf die kreisförmige Seite des Glaskörpers trifft. Er verläuft radial zum Mittelpunkt M des Glases. Nun wählen wir aus der *Tabelle 231.1* einen der dortigen Brechungswinkel β als Einfallswinkel und suchen in der Luft den zugehörigen Brechungswinkel. Er stimmt mit dem früheren Einfallswinkel α der Tabelle überein. Dies trifft auch bei den anderen Winkeln aus der Tabelle zu.

Auch bei der Brechung ist der Lichtweg umkehrbar.

Versuch 28: Wir legen eine Münze so auf den Boden einer leeren Schüssel, daß sie über den Rand hinweg gerade nicht mehr zu sehen ist. Wenn wir dann Wasser in die Schüssel gießen, ist die Münze bei unveränderter Stellung des Auges wieder sichtbar *(Abb. 231.2)*. Von dem im Wasser befindlichen und vom Tageslicht beleuchteten Körper gehen Lichtstrahlen, zum Beispiel 1 und 2, aus. Strahl 2 trifft schräger auf die Wasseroberfläche, wird also stärker gebrochen (2′) als der Strahl 1 in 1′. Das Auge verfolgt die Strahlen 1′ und 2′ rückwärts und glaubt die Münze M in M′ zu sehen. Das dort gesehene scheinbare Bild erscheint gegen M gehoben. Damit erklärt sich auch das Anheben des unteren Endes des Stabes in Versuch 24.

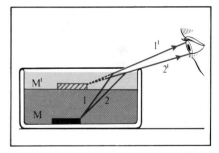

231.2 Brechung von Strahlen beim Übergang von einem optisch dichteren in einen optisch dünneren Stoff. Der Boden des Gefäßes erscheint angehoben.

Wir können jetzt unsere Ergebnisse zusammenfassen:

Beim Übergang aus einem Stoff in einen anderen werden Lichtstrahlen (im allgemeinen) gebrochen, und zwar um so stärker, je flacher sie auf die Grenzfläche beider Stoffe auftreffen. Der Stoff, in dem sie den kleineren Winkel mit dem Lot bilden, heißt das optisch dichtere Mittel (Medium), der andere das optisch dünnere Mittel (Medium). Einfallender Strahl, Einfallslot und gebrochener Strahl liegen in einer Ebene.

2. Die Brechung der Lichtstrahlen in inhomogenen optischen Mitteln

Versuch 29: Wir ändern den Versuch 25 ab. Mit Hilfe eines Schlauchs unterschichten wir das Wasser in der Wanne mit einer konzentrierten Kochsalzlösung, deren optische Dichte größer ist als die des Wassers. Nach einiger Zeit enthält die Wanne eine Kochsalzlösung, die sich nach oben hin immer mehr verdünnt. Entsprechend nimmt auch ihre optische Dichte ab. Der Lichtstrahl, der nach der Brechung an der Wasseroberfläche zunächst geradlinig verläuft, biegt sich nach unten *(Abb. 232.1)*, und zwar um so stärker, je mehr die Konzentration der Kochsalzlösung zunimmt.

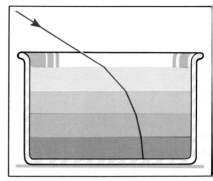

232.1 Strahlengang in einem nach unten optisch dichter werdenden Stoff; Modellversuch zu Abb. 232.2

Versuch 30: Wir hängen in ein Gefäß mit Wasser oben ein Säckchen mit Kochsalz und beleuchten von hinten. Dann sieht man die entstehende Kochsalzlösung in Schlieren zu Boden sinken. An den Grenzflächen zwischen Lösung und Wasser wird das von hinten durch die Flüssigkeit fallende Licht in immer wechselnden Richtungen gebrochen (und auch reflektiert). Deswegen erscheint der Hintergrund verschieden hell. Die Schichten von Lösung und Wasser ändern sich ständig und mit ihnen auch die *Schlieren*. Entsprechende Erscheinungen treten auf, wenn wir ein Stück Zucker in Wasser halten, beim Eingießen von Schwefelsäure in Wasser und beim Erwärmen von Wasser mit dem Tauchsieder.

Heiße Luft ist optisch dünner als kalte. Aus diesem Grunde sehen wir ebenfalls Schlieren in Strömungen von erhitzten Gasen über Flammen, heißen Ofenplatten, Schornsteinen, heißen Straßendecken. Gegenstände, die wir durch solche erwärmte und bewegte Luft hindurch sehen, scheinen zu zittern, sie „flimmern". Auch das Funkeln der Sterne erklärt sich so.

In ähnlicher Weise nimmt die *optische Dichte* der Atmosphäre von der Erdoberfläche aus mit zunehmender Höhe ab. Wir können uns Schichten verschiedener Dichte vorstellen, an deren Grenzflächen die von einem Gestirn kommenden Lichtstrahlen zur Erde hin gebrochen werden. Wir sprechen von atmosphärischer Strahlenbrechung. Ein Stern scheint für uns höher als in Wirklichkeit zu stehen, und zwar um so mehr, je näher er dem Horizont kommt *(Abb. 232.2)*. Nur Sterne im Zenit (das heißt senkrecht über dem Beobachter) sieht man in ihrer wahren Richtung.

Um den wahren Sternort bei astronomischen Beobachtungen von der Erde aus zu bestimmen, muß die atmosphärische Strahlenbrechung in Rechnung gestellt werden. Diese Schwierigkeit entfällt, wenn man von

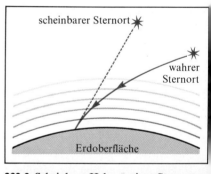

232.2 Scheinbare Hebung eines Sternortes

232.3 Die Sonne erscheint am Horizont durch die Strahlenbrechung abgeflacht.

Raumstationen aus beobachtet. Aus diesem Grunde werden solche Stationen (zum Beispiel „Skylab") auch mit astronomischen Beobachtungsgeräten ausgerüstet.

Die Sonne erscheint am Horizont abgeflacht, weil ihr unterer Rand mehr gehoben scheint als der obere, während der waagerechte Durchmesser unverändert bleibt *(Abb. 232.3)*. Insgesamt sehen wir sie in dieser Stellung um mehr als ihren Durchmesser zu hoch, so daß wir sie (und entsprechend auch den Mond und die Sterne) noch sehen, obwohl sie bereits hinter dem Horizont untergegangen ist. Den Sonnenaufgang sehen wir entsprechend verfrüht.

Weit entfernte Orte auf der Erde erscheinen unter besonderen Bedingungen bisweilen durch die atmosphärische Strahlenbrechung gehoben. Die Insel Helgoland ist zum Beispiel von Cuxhaven aus manchmal zu sehen, obwohl sie unter dem Horizont liegt.

Aufgaben:

1. *Zeichne mit Hilfe des Schaubildes in Abb. 231.1 oder der Tabelle dazu den gebrochenen Strahl beim Übergang des Lichtes von Luft in Glas bei einem Einfallswinkel von 35° (20°)!*

2. *Zeichne den gebrochenen Strahl beim Übergang von Luft in Glas und Diamant für die Einfallswinkel 20° und 60°! Verwende dabei die Angaben der Tabelle 231.1!*

3. *Warum können wir einen Glasstab in Luft oder Wasser sehen, obwohl Glas durchsichtig ist?*

4. *Bestimme aus Abb. 233.1 und mit Hilfe des Schaubildes 231.1 den unbekannten Stoff!*

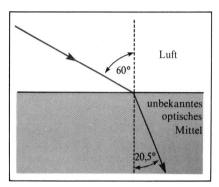

233.1 Zu Aufgabe 4

---

§ 66 Die Totalreflexion des Lichts

1. Der Grenzwinkel der Totalreflexion

In der *Tabelle 231.1* fällt auf, daß bei der Brechung zwar im optisch dünneren Mittel der Einfallswinkel bis 90° wachsen kann, der Brechungswinkel aber stets unter 90° bleibt. Was wird geschehen, wenn wir den Versuch umkehren und den Einfallswinkel im optisch dichteren Mittel bis 90° ändern?

Versuch 31: Eine in ein Aquarium getauchte Lampe sendet durch mehrere Schlitzblenden Licht aus. Nach *Abb. 233.2* wird ein Lichtstrahl beim Übergang vom optisch dichteren Wasser in die optisch dünnere

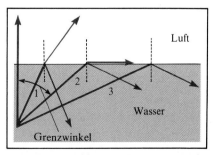

233.2 Bei Strahl 3 tritt ein kleiner Teil entlang der Oberfläche aus, der größte Teil wird reflektiert. Der Strahl 4 wird total reflektiert, da er flacher als Strahl 3 auftrifft.

Luft bei kleinen Einfallswinkeln im Wasser aufgespalten in einen gebrochenen und einen reflektierten Strahl. Dagegen werden Strahlen, die flacher als Strahl 2 in *Abb. 233.2* auftreffen, nur noch reflektiert. Man sagt, sie werden *total reflektiert* (totus, lat.; gänzlich).

Versuch 32: Auf der optischen Scheibe befestigen wir das halbzylindrische Glasstück von Versuch 26 so, daß ein Strahl senkrecht auf die gekrümmte Fläche fällt *(Abb. 234.1)*. Lassen wir den Einfallswinkel im Glas durch Drehen der Scheibe von 0° anwachsen, so wird zunächst zwar ein schwacher Teil des Lichtes in das Glas zurückgeworfen, der größere Teil tritt aber als gebrochener Strahl in die Luft über. Mit wachsendem Einfallswinkel α nimmt die Helligkeit des reflektierten Strahls zu, die des gebrochenen ab. Der Brechungswinkel β wird schnell größer. Erreicht er 90°, so streift der gebrochene Strahl über die Grenzfläche. Der zugehörige Einfallswinkel beträgt jetzt 42°. Er heißt *Grenzwinkel der Totalreflexion*. Ist der Einfallswinkel größer als der Grenzwinkel der Totalreflexion, so werden alle Lichtstrahlen in das Glas zurückgeworfen. Diese Strahlen nennt man totalreflektierte Strahlen. Sie sind ebenso hell wie die einfallenden Strahlen. An der Scheibe können wir ablesen, daß auch hier gilt: **Einfallswinkel = Ausfallswinkel.**

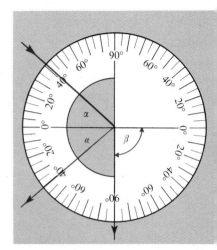

234.1 Der Einfallswinkel α ist Grenzwinkel der Totalreflexion. β beträgt 90°, der gebrochene Strahl tritt streifend aus.

Totalreflexion tritt ein, wenn Licht aus einem optisch dichteren Mittel kommend auf die Grenzfläche zu einem optisch dünneren Mittel trifft und der Grenzwinkel der Totalreflexion überschritten ist. Das Reflexionsgesetz am ebenen Spiegel gilt auch für total reflektierte Lichtstrahlen.

---

2. Beispiele für das Auftreten der Totalreflexion

Tabelle 234.1

Grenzwinkel gegen Luft	
von	
Wasser	48,5°
Quarzglas	43°
Kronglas, Plexiglas	42°
Flintglas	39,5°
Diamant	24°

Licht, das in einen gebogenen Glasstab an einem Ende eintritt, kann ihn erst am anderen Ende verlassen, weil es an den Grenzflächen gegen Luft immer wieder total reflektiert wird. Man kann Licht darin *leiten* wie in einem Schlauch. Dies ist auch bei sehr feinen Glas-

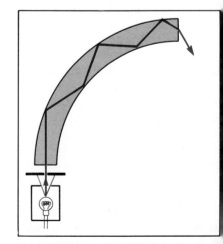

234.2 Entstehung der Lichtleitung in einem Glasstab

oder Fiberfasern der Fall, deren Durchmesser kleiner als 1 mm ist. Durch ein Bündel solcher leicht biegsamen Fasern, das der Arzt zum Beispiel bis in den Magen vorschiebt, kann er das Innere eines Organs ausleuchten *(Abb. 235.1)* und sogar fotografieren.

Im Sommer bildet sich über der erhitzten Decke der Autobahn eine heiße Luftschicht, über der eine kältere liegt. Ein Autofahrer glaubt, in der Ferne eine Wasserfläche zu sehen. In Wirklichkeit sieht er den Himmel durch Totalreflexion gespiegelt.

Über dem Meer und über Wüsten entstehen gelegentlich Schichten warmer bzw. kalter Luft. Dann können durch Totalreflexion Gegenstände, die hinter dem Horizont liegen, in der Luft schwebend umgekehrt gesehen werden. Man spricht von einer Fata Morgana.

235.1 Lichtleiter in technischer Ausführung

Aufgaben:

1. *Halte das Rohrende eines Glastrichters zu und tauche ihn umgekehrt unter Wasser! Beobachte von oben die Totalreflexion an der schrägen Trichterwand (Abb. 235.2)!*

2. *Stelle hinter ein größeres, mit Wasser gefülltes Aquarium oder Einmachglas eine brennende Kerze und blicke von der Vorderseite schräg von unten gegen die Wasserfläche! Wo scheint das Bild der Kerze zu liegen? Erkläre die Beobachtung!*

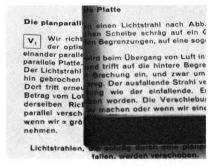

235.2 Zu Aufgabe 1

§ 67 Der Strahlengang durch eine planparallele Platte und ein Prisma

1. Die planparallele Platte

Legen wir eine dicke *planparallel* geschliffene Glasplatte auf eine Schrift, so erscheinen uns die Buchstaben bei schräger Betrachtung verschoben *(Abb. 235.3)*.

Versuch 33: Wir bringen eine solche Platte auf der optischen Scheibe an *(Abb. 236.1)*. Trifft ein Lichtstrahl aus Luft unter dem Einfallswinkel α auf eine der parallelen Seiten auf, wird er beim Eintritt in die Platte zum Lot hin gebrochen. Der Winkel β, der hier als Brechungswinkel entsteht, tritt an der zweiten Grenzfläche

235.3 Durch eine planparallele Platte sieht man die untergelegte Schrift verschoben.

als Einfallswinkel im Glas erneut auf. Aus diesem Grunde wird der Strahl beim Verlassen der Platte um einen Winkel vom Lot weggebrochen, der gleich dem Winkel α ist. Der ausfallende Strahl ändert daher seine Richtung gegenüber dem in Luft einfallenden nicht. Er erfährt eine Parallelversetzung um die in *Abb. 236.1* eingetragene Strecke *d*.

> **Ein Lichtstrahl wird beim schrägen Durchgang durch eine planparallele Platte parallel verschoben.**

Die Verschiebung *d* wächst mit dem Einfallswinkel und der Plattendicke. Bei senkrechtem Einfall des Strahls ist bei exakt planparallelen Platten *d* gleich Null. Durch fehlerfreies Fensterglas können wir unsere Umwelt ohne Verzerrung, wenn auch mit einer kaum merklichen seitlichen Verschiebung, betrachten. Verzerrungen entstehen, wenn die Flächen der Glasvorder- und -rückseite nicht völlig parallel zueinander sind.

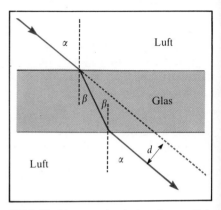

236.1 Strahlengang durch eine planparallele Platte

2. Das optische Prisma

Ein durchsichtiger Körper, bei dem Eintritt- und Austrittgrenzfläche für Lichtstrahlen nicht parallel sind, ist ein **optisches Prisma.** Die Flächen schneiden sich und schließen den *Keilwinkel γ* ein. Ihm gegenüber liegt die Basisfläche.

Versuch 34: Wir befestigen ein Glasprisma auf der optischen Scheibe und richten einen einfarbigen Lichtstrahl wie in *Abb. 236.2* schräg auf die Prismenfläche. Er wird hier gebrochen. Beim Verlassen des Prismas wird er erneut im selben Sinne gebrochen, so daß seine Richtung erheblich geändert wird.

236.2 Strahlengang durch ein Prisma auf der optischen Scheibe

Nimmt man ein Prisma mit größerem Winkel γ, dann ist bei gleichem Einfallswinkel α der Einfallswinkel β_2 auf der neuen Austrittsfläche (2) größer als β_1 an der alten Fläche (1) *(Abb. 236.3)*. Zu diesem β_2 gehört nach *Tabelle 231.1* eine stärkere Ablenkung δ. Daher wird der Strahl mehr abgelenkt als früher ($\varepsilon_2 > \varepsilon_1$). Außerdem hängt die Ablenkung vom Brechungsvermögen des Prismenmaterials ab.

> **Ein Lichtstrahl, der durch ein Prisma geht, wird aus seiner Richtung abgelenkt, und zwar immer nach dem breiten Ende des Prismas hin.**
> **Die Ablenkung durch ein Prisma ist um so größer, je stumpfer der Keilwinkel ist.**

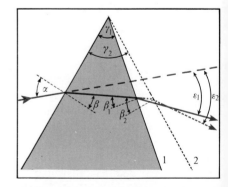

236.3 Ein Prisma mit größerem brechenden Keilwinkel lenkt einen Lichtstrahl stärker ab als eines mit kleinerem Winkel.

Das **totalreflektierende Prima** ist ein prismatischer Glaskörper mit einem gleichschenklig-recht-winkligen Dreieck als Querschnitt. Senkrecht zur Kathetenfläche einfallendes Licht wird an der Hypotenusenfläche unter 45°, also total reflektiert (*Abb. 234.1*; s. *Abb. 250.3*). Fällt das Licht senkrecht durch die Hypotenusenfläche, so wird es an beiden Katheten total reflektiert *(Abb. 265.2)*. Bei der Reflexion an Glasspiegeln treten dagegen Doppelreflexe (Aufgabe 2, S. 223) und eine erhebliche Lichtschwächung auf.

3. Rückschau

Bei unseren Untersuchungen über die Spiegelung und Brechung haben wir in Gedanken die tatsächlich vorhandenen Lichtbündel durch „Lichtstrahlen" ersetzt. Das Modell des Lichtstrahls gab uns die Möglichkeit, zu erklären, wie Bilder von Gegenständen entstehen, zum Beispiel hinter einer Lochblende oder bei einem Spiegel. Nur mit Hilfe des Lichtstrahls ließen sich einfache Gesetze finden, welche die zunächst unverständlichen und schwierigen optischen Vorgänge verständlich machten. Bilder werden vielfach auch von Linsen, zum Beispiel im Fotoapparat, erzeugt. Wir wollen nun mit Hilfe von Lichtstrahlen untersuchen, wie diese Bilder entstehen.

Aufgaben:

1. *Zeichne den Weg eines Lichtstrahls, der unter einem Einfallswinkel von 60° auf eine planparallele Glasplatte fällt! Untersuche die Bedingungen, von denen die Größe der Parallelverschiebung des austretenden Strahls abhängt!*

2. *Zeichne mit Hilfe von Schaubild 231.1 die Ablenkung eines Lichtstrahls durch ein Glasprisma mit γ = 25°! Einfallswinkel: a) 30°, b) 40°.*

3. *Stelle durch eine genaue Zeichnung den Verlauf von Strahlen fest, die senkrecht von außen auf die Hypotenusenfläche eines gleichschenklig-rechtwinkligen Prismas fallen!*

4. *Zeichne den Strahlengang bei dem trapezförmigen Prisma nach Abb. 237.1 für drei parallel zu den Parallelseiten des Trapezes einfallenden Strahlen und erkläre die für dieses Gerät übliche Bezeichnung Umkehrprisma!*

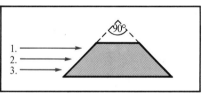

237.1 Zu Aufgabe 4

§ 68   Der Strahlengang durch konvexe Linsen

1.   Die Formen von konvexen Linsen

Beim Betasten einer Lupe fällt auf, daß sie in der Mitte dicker ist als am Rande. Man nennt sie eine **konvexe Linse.** Die Oberflächen von optischen Linsen sind im allgemeinen Teile von Kugelflächen, das heißt sie sind *sphärisch* gekrümmt. Die Linsen werden meist aus Glas, für Sonderzwecke auch aus Quarz oder Steinsalz hergestellt.

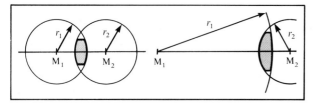

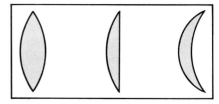

238.1 Querschnitte durch Bikonvexlinsen mit gleichen bzw. verschiedenen Krümmungsradien r_1 und r_2

238.2 Bikonvexe, plankonvexe, konkavkonvexe Linse

Wir stellen uns vor, die Figur *Abb. 238.1* rotiere um M_1M_2 als Achse. Dann erhalten wir aus der dunklen Fläche räumlich die Form einer konvexen Linse. Je nach Länge der Radien der Kreise und dem Abstand $\overline{M_1M_2}$ entstehen verschiedene (auch unsymmetrische) Formen von Konvexlinsen, von denen *Abb. 238.2* drei im Schnitt zeigt. Wir verabreden noch einige Bezeichnungen: Die Verbindungslinie der Krümmungsmittelpunkte M_1M_2 in *Abb. 238.1* heißt **optische Achse**. Ihr Schnittpunkt mit der zu ihr senkrechten Mittelebene einer Linse heißt **optischer Mittelpunkt**. Von ihm aus messen wir die Entfernungen zur Linse. Die Bezeichnungen in *Abb. 238.3* sind sinngemäß von den sphärischen Spiegeln übertragen.

2. Der Strahlengang für achsenparallele Strahlen bei konvexen Linsen

Versuch 35: Eine Konvexlinse kann die parallelen Sonnenstrahlen in einem Punkt, dem **Brennpunkt**, sammeln *(Abb. 238.4)*. Sie wird daher als Sammellinse oder auch Brennglas bezeichnet. Den Abstand des Brennpunkts von der Linsenmitte nennt man Brennweite f.

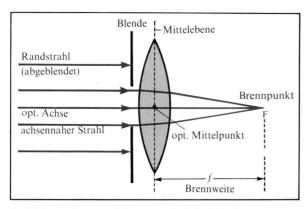

238.3 Bezeichnungen bei Linsen wie bei Hohlspiegeln

238.4 Konvexlinse als Brennglas

Versuch 36: Wir bringen ein Glasstück, dessen Form dem Schnitt durch eine Sammellinse entspricht, auf der optischen Scheibe an und lassen mehrere achsenparallele Strahlen auftreffen. Sie werden durch die Linse konvergent gemacht *(Abb. 239.1)*.

Abb. 239.2 erklärt die Wirkungsweise der Linse. Wir denken sie uns in mehrere Stücke mit ebenen Außenflächen aufgeteilt. Jedes Stück wirkt wie ein Prisma. Die äußeren haben größere brechende Keilwinkel als die, die näher zur Mitte liegen. Von den achsenparallel auftreffenden Strahlen werden daher die weiter außen ankommenden, die sogenannten Randstrahlen, stärker gebrochen als die in der Nähe der Mitte. Bei Linsen mit sphärisch gekrümmten brechenden Flächen werden die Randstrahlen sogar soviel stärker gebrochen, daß ihr Schnittpunkt näher zur Linse liegt als der von achsennahen Strahlen. Der Unterschied ist bei dicken, stärker gewölbten Linsen größer als bei dünnen. Wir halten störende Randstrahlen künftig durch Blenden zurück und beschränken uns außerdem auf dünne Linsen. Unter diesen Voraussetzungen können wir sagen:

> **Strahlen, die parallel zur optischen Achse verlaufen, werden durch eine konvexe Linse so gebrochen, daß sie sich in einem Punkt der Achse, dem Brennpunkt F, schneiden. Seine Entfernung vom optischen Mittelpunkt der Linse heißt Brennweite f.**

Versuch 37: Dreht man in Versuch 35 das Brennglas mit seinem Stiel als Achse um 180°, zeigt sich, daß die Brennweiten auf beiden Seiten gleich groß sind, selbst wenn die beiden brechenden Flächen verschieden große Krümmungsradien r_1 und r_2 haben (*Abb. 238.1*, rechts). Jede Linse hat zwei Brennpunkte.

Eigentlich müßte die Brechung der Strahlen an der Vorder- und Rückseite der Linse konstruiert werden. Bei dünnen Linsen verabreden wir vereinfachend, die Strahlen ungebrochen bis zur Mittelebene der Linse zu zeichnen und dort nur einmal abzuknicken.

3. Der Strahlengang für nicht achsenparallele Strahlen bei konvexen Linsen

Versuch 38: Wir bringen eine Punktlichtlampe in den Brennpunkt einer *Konvexlinse*. Dann sehen wir, daß die gebrochenen Strahlen die Linse achsenparallel verlassen. Dies folgt auch aus Versuch 36 wegen der Umkehrung des Lichtweges. Strahlen, die durch den Brennpunkt gehen, nennen wir Brennstrahlen. Sie verlassen die Linse als Parallelstrahlen. Verschieben wir die Lampe längs der optischen Achse, so erhalten wir Strahlengänge nach *Abb. 239.3* und stellen fest:

> **Konvexlinsen machen divergente Strahlenbündel konvergent oder mindern die Divergenz.**

239.1 Parallelstrahlen treffen auf der optischen Scheibe auf eine Sammellinse; sie werden konvergent.

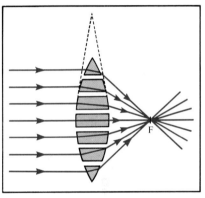

239.2 Sammellinse aus Prismenstücken zusammengesetzt

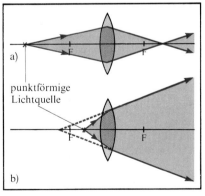

239.3 Konvexlinsen lassen divergente Strahlenbündel a) konvergent werden oder b) sie mindern die Divergenz.

Versuch 39: Richten wir einen Strahl auf den optischen Mittelpunkt einer Konvexlinse, einen sogenannten *Mittelpunktstrahl*, so verläuft er ungebrochen durch die Linse. Genau genommen tritt eine geringe Parallelverschiebung ein, weil wir das Mittelstück der Linse als planparallele Platte ansehen dürfen. Alle Strahlen, die parallel zu einem Mittelpunktstrahl schräg auf die Linse fallen, werden so gebrochen, daß ihr Schnittpunkt in einer Ebene liegt, die im Brennpunkt senkrecht auf der optischen Achse steht, der sogenannten *Brennebene (Abb. 240.1)*.

Dies läßt sich mit *Abb. 240.2* erklären. Der Brennstrahl F_1A und der Mittelpunktstrahl MB fallen schräg auf die Linse. Da der Brennstrahl zum Parallelstrahl wird, ist $\overline{MA} = \overline{F_2B}$. Die Dreiecke F_1MA und MF_2B haben gleiche Winkel, sind also kongruent. Deshalb ist $\overline{BA} = \overline{F_2M} = \overline{MF_1} = f$. Die schräg einfallenden und zueinander parallelen Strahlen schneiden sich also im Punkt B der Brennebene.

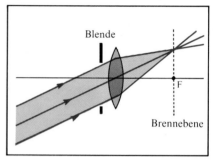

240.1 Strahlen, die von einem weit entfernten Punkt schräg auf die Linse fallen, erzeugen ein Bild des Punktes in der Brennebene.

> **Fallen von weit entfernten Gegenständen hinreichend genau parallele Strahlen auf die Konvexlinse, so vereinigen sie sich in einem Punkt der Brennebene. Achsenparallele Strahlen vereinigen sich im Brennpunkt F.**

Wir fassen unsere Ergebnisse in einer Tabelle zusammen:

Tabelle 240.1

Einfallender Strahl	Strahl hinter der Konvexlinse
Mittelpunktstrahl	verläuft ungebrochen weiter
Brennstrahl	verläuft parallel zur Achse
achsenparalleler Strahl	verläuft durch den Brennpunkt
Parallelstrahlen zum Mittelpunktstrahl	schneiden sich in der Brennebene

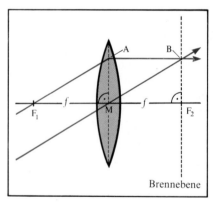

240.2 Brennstrahlen werden zu achsenparallelen Strahlen.

Aufgaben:

1. *Bei älteren Rückstrahlern (Katzenaugen) von Fahrzeugen wird hinter einer dicken plankonvexen Linse ein halbkugeliger Hohlspiegel so angebracht, daß sein Krümmungsmittelpunkt in der Mitte der ebenen Linsenfläche liegt (Abb. 240.3). Wo muß der Brennpunkt der Linse liegen, damit achsenparallel einfallendes Licht wieder zur Lichtquelle zurückgeworfen wird? Zeichne den Strahlengang! Versuche es auch für einen schräg einfallenden Strahl!*

2. *Vergleiche die Strahlengänge bei einer Konvexlinse und bei einem Hohlspiegel! Welche Gemeinsamkeiten lassen sich feststellen?*

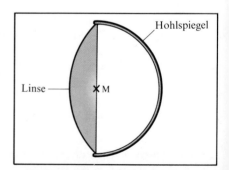

240.3 Rückstrahler. Zu Aufgabe 1

3. *Zeichne den Strahlenverlauf hinter einer Konvexlinse, wenn der einfallende Strahl a) Mittelpunktstrahl, b) Brennstrahl, c) achsenparalleler Strahl ist oder d) parallel zum Mittelpunktstrahl verläuft!*

4. *Warum gibt es hinter einer Sammellinse kein paralleles Lichtbündel, wenn eine Lichtquelle, die im vorderen Brennpunkt steht, nicht genau punktförmig ist?*

5. *Wie ist der Strahlengang, wenn eine bikonvexe Linse geringere optische Dichte hat als ihre Umgebung? Zeichne den Verlauf eines achsenparallelen Strahls!*

§ 69   Das Entstehen von Bildern durch Konvexlinsen

1.   Die Konstruktion eines Bildpunktes bei einer Konvexlinse

Mit Hilfe von Linsen kann man scharfe Bilder erhalten, wie zum Beispiel beim Fotoapparat. Wir wollen untersuchen, wie diese Bilder entstehen und welche Eigenschaften sie haben.

Versuch 40: Eine Kerze befindet sich in größerem Abstand vor einer Konvexlinse. Wir fangen ein Bild hinter ihr auf. Wie beim Hohlspiegel (vergleiche hierzu § 64) untersuchen wir zunächst den Strahlengang, der zum Entstehen eines einzelnen Bildpunktes führt. Dabei benutzen wir Bezeichnungen, die aus der *Abb. 241.1* zu entnehmen sind.

Ein Punkt A der Kerze sendet allseitig Strahlen aus. Von ihnen wählen wir diejenigen aus, deren Verlauf hinter der Linse einfach anzugeben ist. Nach § 68 wird der Parallelstrahl, der von A ausgeht, auf der Bildseite zum Brennstrahl durch F_2. Der Brennstrahl von A durch F_1 wird Parallelstrahl. Der Mittelpunktstrahl bleibt ungebrochen. Diese drei Strahlen schneiden sich in einem Punkt, dem **Bildpunkt** B. Zu allen in derselben Gegenstandsebene liegenden Punkten kann auf diese Weise ein Bildpunkt konstruiert werden. Diese Bildpunkte liegen in einer Bildebene, die wiederum senkrecht zur Achse steht. Die Bildpunkte sind nach Lage, gegenseitigen Abständen, Farbe und Helligkeit so angeordnet wie die entsprechenden Gegenstandspunkte.

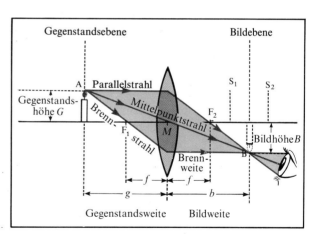

241.1 Strahlenbündel, die von einem Punkt der Gegenstandsebene ausgehen, schneiden sich in einem Punkt der Bildebene.

Wir erhalten also ein **optisches Bild** des Gegenstandes. Da sich in einem Bildpunkt tatsächlich Strahlen schneiden, ist es ein **reelles Bild.** Wenn im Bildpunkt B kein Schirm steht, durchdringen sich die Strahlen und gelangen so in unser Auge, als ob in B der Gegenstandspunkt selbst stünde. Das Bild „schwebt" frei im Raum. Es ist umgekehrt und seitenvertauscht.

Versuch 41: Auf einer Mattscheibe, die wir in die Bildebene bringen, wird das Bild sichtbar und kann von allen Seiten beobachtet werden. Dann gehen nämlich von jedem Bildpunkt auf dem Schirm Strahlen nach allen Richtungen aus. Verschieben wir den Schirm in die Stellung S_1 oder S_2 in *Abb. 241.1*, so fängt er statt scharfer Bildpunkte kreisförmige Querschnitte der Lichtbündel auf, sogenannte **Zerstreuungskreise.** Die Kreise von benachbarten Bildpunkten überschneiden sich, daher wird das Bild unscharf.

2. Lage und Größe der Bilder bei einer Konvexlinse

Versuch 42: Nähern wir eine Kerze aus größerer Entfernung einer Konvexlinse in Richtung auf den Brennpunkt F_1 *(Abb. 242.1)*, so bewegt sich das Bild auf der anderen Seite der Linse vom Brennpunkt F_2 in derselben Richtung fort. Es wird dabei immer größer. Erreicht die Kerze eine Stelle, an der sie und ihr Bild gleich groß sind, dann stehen Kerze und Bild auch gleich weit von der Linse entfernt, Bild- und Gegenstandsweite sind dann gleich der doppelten Brennweite der Linse. Schieben wir die Kerze noch näher an die Linse heran, wird ihr Bild rasch größer und rückt weiter fort. Steht die Kerze im Brennpunkt, so ist es nicht mehr möglich, ein reelles Bild aufzufangen. Man sagt, es liege im *Unendlichen.*

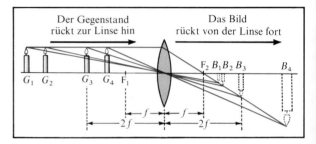

242.1 Beachte, wie sich die Bildweite verhält, wenn sich die Gegenstandsweiten in den Lagen G_1 und G_2 beziehungsweise G_3 und G_4 um die gleichen Beträge ändern!

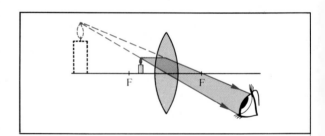

242.2 Virtuelles Bild bei der Konvexlinse

Versuch 43: Wir stellen die Kerze zwischen Brennpunkt und Linse auf. Es gelingt nicht, ein reelles Bild aufzufangen. Schaut man aber durch die Linse zur Kerze hin, dann sieht man ein aufrechtes, vergrößertes Bild auf der Seite der Kerze. Wie es zustande kommt, zeigt *Abb. 242.2*. Die gebrochenen Strahlen divergieren, haben also keine reellen Schnittpunkte. Jedoch schneiden sich ihre rückwärtigen Verlängerungen. Es entsteht ein **virtuelles Bild** wie beim ebenen Spiegel. Es muß streng von dem im Raum schwebenden reellen Bild unterschieden werden, das wir zuvor kennen lernten.

Das reelle, im Raum schwebende Bild kommt dadurch zustande, daß sich Lichtstrahlen, die von einem Gegenstandspunkt herkommen, wieder in einem Punkt schneiden. Da sich hier das Licht konzentriert, wird ein Schirm in diesem Punkt hell beleuchtet. Nimmt man den Schirm weg, dann gehen die Strahlen geradlinig weiter. Fallen sie in ein Auge, so bekommt man den zutreffenden Eindruck, daß die Strahlen von diesem Punkt herkommen. Man sieht dort ein reelles Bild. Beim virtuellen Bild hat man jedoch fälschlicherweise den Eindruck, sie kämen vom „gesehenen" Bildpunkt her. Die Knickstelle zwischen diesem Bildpunkt und dem Auge nimmt das Auge ja nicht wahr (siehe die Bildentstehung am ebenen Spiegel). Aus Gewohnheit verfolgen wir stets die ins Auge fallenden Strahlen rückwärts und „sehen" im tatsächlichen oder scheinbaren Ausgangspunkt einen Bildpunkt *(Abb. 213.2)*.

3. Zusammenfassung der Ergebnisse

Tabelle 243.1 Lage und Größe der Bilder bei einer Konvexlinse

Gegenstand	Bild			
Ort	Ort	Art	Orientierung	Bildhöhe, Abbildungsmaßstab
1. außerhalb der doppelten Brennweite $g > 2f$	zwischen einfacher und doppelter Brennweite $f < b < 2f$	reell	umgekehrt, seitenvertauscht	verkleinert $B < G,\ A < 1$
2. in der doppelten Brennweite $g = 2f$	in der doppelten Brennweite $b = 2f$	reell	umgekehrt, seitenvertauscht	gleich groß $B = G,\ A = 1$
3. zwischen einfacher und doppelter Brennweite $f < g < 2f$	außerhalb der doppelten Brennweite $b > 2f$	reell	umgekehrt, seitenvertauscht	vergrößert $B > G,\ A > 1$
4. in der einfachen Brennweite $g = f$	im Unendlichen	—	—	—
5. innerhalb der einfachen Brennweite $g < f$	auf derselben Linsenseite $b > g$	virtuell	aufrecht, seitenrichtig	vergrößert $B > G,\ A > 1$

Aufgaben:

1. *Wie ändert sich das Bild, wenn man bei der Sammellinse in Abb. 241.1 die untere Hälfte abdeckt? Wie ändert es sich, wenn die abdeckende Blende dicht vor der Linse verschoben wird? Wie ändert es sich, wenn die Blende in der Nähe des Gegenstandes oder des Bildes in den Strahlengang gebracht wird?*

2. *Wie läßt sich aus Fall Nr. 2 der Tabelle 243.1 die Brennweite einer Konvexlinse bestimmen?*

3. *Wir sehen die Sonne als ausgedehnte Scheibe. Warum gibt Sonnenlicht keinen scharfen Brennpunkt (Abb. 238.4)?*

4. *Ein Gegenstand bewegt sich mit konstanter Geschwindigkeit aus großer Entfernung auf eine Konvexlinse zu. Das reelle Bild bewegt sich von der Linse fort. Wann ist seine Geschwindigkeit a) kleiner, b) größer als die des Gegenstandes?*

5. *Ein weit entfernter Gegenstand (Baum, Haus) wird durch eine Konvexlinse auf einem Schirm abgebildet. Warum ist der Abstand Linse-Schirm nahezu gleich der Brennweite f?*

§ 70 Der Strahlengang und die Bildentstehung bei konkaven optischen Linsen

1. Die Formen konkaver Linsen

Ein Brillenglas kann in der Mitte *dünner* sein als am Rande. Dann spricht man von einer *konkaven Linse*. Ähnlich wie bei den konvexen Linsen stellen wir uns vor, daß die Figur *Abb. 244.1* um $\overline{M_1 M_2}$ als Achse rotiert. Dann entsteht aus der dunklen Fläche räumlich die Form einer konkaven Linse. Je nach Länge der Kreisradien und dem Abstand $M_1 M_2$ entstehen verschiedene Formen, von denen *Abb. 244.2* drei charakteristische zeigt.

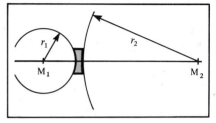

244.1 Zum Entstehen einer Konkavlinse

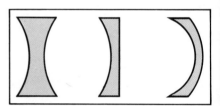

244.2 Bikonkave, plankonkave, konvexkonkave Linse

2. Der Strahlengang durch konkave Linsen

Um zu verstehen, wie Strahlen durch eine *bikonkave* Linse abgelenkt werden, denken wir sie uns in prismenförmige Teilstücke zerlegt wie bei den konvexen Linsen. Jedoch liegen hier die abgeschnittenen Prismenkanten zur Linsenmitte hin. Dann werden achsenparallel auftreffende Strahlen von der Achse weg gebrochen. Die Strahlen werden zerstreut und divergent gemacht. Man nennt konkave Linsen auch **Zerstreuungslinsen** *(Abb. 244.3).*

Verlängert man die gebrochenen Strahlen nach rückwärts, schneiden sie sich in einem Punkt der Achse, der auf der Seite der einfallenden Strahlen liegt. Wir bezeichnen ihn als *(scheinbaren) Brennpunkt*. Bei Konkavlinsen scheinen achsenparallel einfallende Strahlen vom Brennpunkt herzukommen. Mittelpunktstrahlen bleiben Mittelpunktstrahlen.

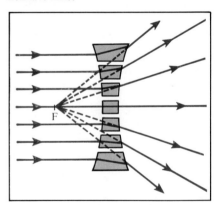

244.3 Modell einer Zerstreuungslinse, aus Prismenstücken zusammengesetzt

---

Konkavlinsen schwächen die Konvergenz, erzeugen oder stärken die Divergenz von Licht.

---

3. Lage und Größe der Bilder bei einer Konkavlinse

Weil Parallelstrahlen durch eine Konkavlinse divergent gemacht werden, kann von einem Gegenstand kein reelles Bild hinter der Linse entstehen. Die gebrochenen Strahlen können sich nämlich dort nicht schneiden; nur ihre rückwärtigen Verlängerungen schneiden sich vor der Linse.

Versuch 44: Schauen wir durch eine Zerstreuungslinse zum Gegenstand hin, sehen wir auf seiner Seite ein *virtuelles Bild.* Wie ein Bildpunkt und entsprechend ein Bild mit Hilfe der drei charakteristischen Strahlen konstruiert werden kann, zeigt *Abb. 245.1.* Schieben wir die Kerze nach dieser Abbildung immer näher an die Linse heran, so wird das Bild zwar größer, bleibt aber stets kleiner

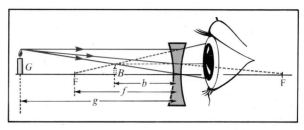

245.1 Virtuelles Bild bei einer Konkavlinse

als der Gegenstand. Erst wenn dieser die Linse berührt, ist das Bild nahezu gleich groß. Es kann niemals ein reelles Bild des Gegenstandes entstehen.

Durch eine Konkavlinse sehen wir von einem Gegenstand immer ein virtuelles, aufrechtes und verkleinertes Bild.

Aufgaben:

1. *Wie kann man mit Hilfe des virtuellen Bildes schnell feststellen, ob man eine Konvex- oder eine Konkavlinse vor sich hat?*

2. *Welche Linse muß man verwenden, wenn man einen Gegenstand a) aufrecht und vergrößert, b) aufrecht und verkleinert sehen will, indem man einfach durch die Linse auf einen Gegenstand blickt, also keinen Schirm verwendet.*

3. *Auf eine Konkavlinse fällt nach Abb. 245.2 achsenparalleles Licht. Die Linse wird so aufgestellt, daß sie auf einem Schirm einen Lichtkreis erzeugt, dessen Durchmesser doppelt so groß ist wie der der Linse. Wie groß ist die Brennweite? Wie kann man also die Brennweite einer Konkavlinse experimentell bestimmen?*

4. *Zeichne den Verlauf eines beliebigen Strahls, der von einem Punkt der Brennebene auf eine Zerstreuungslinse fällt! (Benutze dabei Parallelstrahl und Mittelpunktstrahl vom gleichen Punkt aus!)*

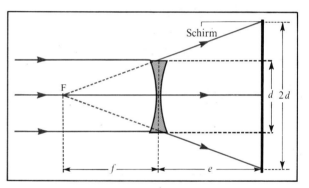

245.2 Zu Aufgabe 3: Bestimmung der Brennweite einer Konkavlinse

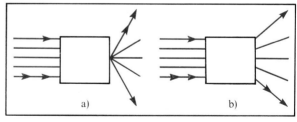

245.3 Zu Aufgabe 5: Welche Linsen sind in den Kästen verborgen?

5. *In den in Abb. 245.3 a und b angedeuteten Kästen werden die von links einfallenden Strahlen abgelenkt. Zusammengehörige Strahlen sind durch einen beziehungsweise zwei Pfeile gekennzeichnet. Welche Linse befindet sich jeweils in den Kästen, um die Richtungsänderung der Strahlen zu bewirken? Zeichne im größeren Maßstab und gib die genaue Lage der gesuchten Linse an!*

6. *Wie kommt ein reelles, auf einem Schirm aufgefangenes, wie ein reelles im Raum schwebendes, wie ein scheinbares Bild zustande? Wo liegen diese Bilder?*

§ 71 Die Linsengleichung

Wir wollen jetzt untersuchen, ob sich die durch Linsen erzeugten Bilder berechnen lassen. Wie bei der Lochkamera nennen wir den Quotienten aus Bildhöhe B und Gegenstandshöhe G den Abbildungsmaßstab A.

$$A = \frac{B}{G} \qquad\qquad (246.1)$$

Der Zusammenhang zwischen Gegenstandsweite g und Bildweite b bei einer bestimmten Brennweite f ergibt sich aus der sogenannten **Linsengleichung,** die wir nach Versuch 45 *(Abb. 246.1)* ableiten wollen:

$$\frac{1}{f} = \frac{1}{g} + \frac{1}{b} \qquad\qquad (246.2)$$

Versuch 45: Wir überzeugen uns von der Richtigkeit der Linsengleichung, indem wir g und b in einem Versuch nach *Abb. 246.1* messen und in die Gleichung *(246.2)* einsetzen (f bestimmt man durch Abbilden eines weit entfernten Gegenstandes).

In *Abb. 246.1* verhält sich in den ähnlichen Dreiecken CDM und KHM

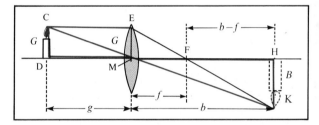

246.1 Zur Ableitung der Linsengleichung

$$B:G = b:g$$

und in den Dreiecken FME und FHK, da $\overline{EM} = \overline{CD} = G$ ist,

$$B:G = (b-f):f.$$

Wir setzen die rechten Seiten der Proportionen gleich und formen um:

$$b:g = (b-f):f$$
$$bf = bg - fg,$$

dividieren durch $b \cdot f \cdot g$, ordnen und erhalten die Linsengleichung

$$\frac{1}{f} = \frac{1}{g} + \frac{1}{b}.$$

Die Linsengleichung kann auch für den Fall des virtuellen Bildes bei Konvexlinsen verwendet werden. Dann muß b ein negatives Vorzeichen erhalten. Die Gleichung ist ferner auch bei Konkavlinsen verwendbar, wenn f und b negativ genommen werden. Der Abbildungsmaßstab wird dann

$$A = \frac{|B|}{G} = \frac{|b|}{g}.$$

Bildweite b und Bildgröße B bekommen also negatives Vorzeichen, wenn Bild und Gegenstand auf derselben Seite der Linse liegen; bei Konkavlinsen ist auch f negativ.

Beispiele: Wir können die Linsengleichung verwenden, um a) bei gegebenem f, g und G die Bildweite, die Bildhöhe und den Abbildungsmaßstab zu berechnen, b) die Brennweite einer Linse zu bestimmen, wenn b und g gemessen wurden.

a) Bestimme den Abbildungsmaßstab, wenn $G = 25$ cm, $f = 15$ cm und $g = 20$ cm sind!

$$\frac{1}{15 \text{ cm}} = \frac{1}{20 \text{ cm}} + \frac{1}{b}, \qquad b = 60 \text{ cm}.$$

Daraus ergibt sich der Abbildungsmaßstab $A = \dfrac{b}{g} = \dfrac{60 \text{ cm}}{20 \text{ cm}} = 3$, das heißt, das Bild ist dreimal so hoch wie der Gegenstand.

b) Bestimme die Brennweite einer Konvexlinse, wenn $g = 20$ cm, $b = 60$ cm!

$$\frac{1}{f} = \frac{1}{20 \text{ cm}} + \frac{1}{60 \text{ cm}}, \qquad f = 15 \text{ cm}.$$

Aufgaben:

1. *Vor einer Sammellinse mit $f = 25$ cm steht ein 60 cm hoher Gegenstand im Abstand $g = 150$ cm. Berechne die Höhe des Bildes und seinen Abstand von der Linse!*

2. *Ein Gegenstand soll durch eine Sammellinse mit 15 cm Brennweite 3fach (10fach, nfach) linear vergrößert abgebildet werden. Wo muß er vor der Linse aufgestellt werden, wo liegt das Bild? Rechnung und Strahlenkonstruktion!*

3. *Welche Brennweite muß eine Linse haben, wenn ein Gegenstand, der sich 60 cm vor ihr befindet, in natürlichen Größe abgebildet werden soll?*

4. *Leite die Linsengleichung für Zerstreuungslinsen her! Beachte dabei die Hinweise von S. 242 unten!*

5. *Welche von zwei Linsen mit $f_1 < f_2$ muß man verwenden, um von einem Gegenstand der gegebenen Größe G in der gegebenen Entfernung g ein möglichst großes Bild zu erhalten (wichtig beim Fotoapparat)? Die Aufgabe kann durch Zeichnung gelöst werden.*

6. *Welche von zwei Linsen mit $f_1 < f_2$ muß man verwenden, um von einem Gegenstand der gegebenen Größe G bei gegebener maximaler Bildweite b, zum Beispiel in einem Zimmer, ein möglichst großes Bild zu erhalten (wichtig beim Diaskop)? Die Aufgabe kann durch Zeichnung gelöst werden.*

§ 72   Die Brechkraft von Linsen; Linsenkombinationen

1.   Das Maß für die Brechkraft

Je stärker die Krümmung einer Konvexlinse ist, desto kleiner ist ihre Brennweite f. Als Maß für die brechende Eigenschaft einer Sammellinse wählt man die sogenannte Brechkraft D und definiert $D = 1/f$. Die Brechkraft D wird in **Dioptrien**, abgekürzt dpt, angegeben (optos, griech.; zum Sehen geeignet). Dabei ist f in Metern zu messen $\left(1 \text{ dpt} = \dfrac{1}{\text{m}} \right)$.

Eine Dioptrie ist die Brechkraft D einer Linse mit der Brennweite $f = 1$ m. $D = \dfrac{1}{f}$.   **(248.1)**

Beispiel: Eine Konvexlinse mit $f = 0{,}20$ m hat die Brechkraft $D = \dfrac{1}{0{,}20 \text{ m}} = 5$ dpt.

Optiker und Augenarzt geben die Stärke von Brillengläsern in *Dioptrien* an. Wegen der negativen Brennweite von Zerstreuungslinsen hat auch ihre Dioptrienzahl negatives Vorzeichen. Aus dem Rezept eines Arztes kann man daher an den Vorzeichen feststellen, ob eine Konvex- oder eine Konkavlinse verordnet wurde.

2. Der Strahlengang durch eine Kombination von Konvexlinsen

Die Bilder bei einfachen sphärischen Linsen genügen nicht exakt den Bedingungen der punktförmigen optischen Abbildung. Sie zeigen oft Unschärfen und Verzerrungen, ihre Umrisse erscheinen oft farbig gerändert. Solche als **Linsenfehler** bezeichneten Erscheinungen werden in der optischen Industrie weitgehend durch passend zusammengestellte *Linsensysteme* vermieden. Zwei oder mehr Linsen werden dabei so nahe aneinander gerückt, oft miteinander verkittet, daß sie wie eine einzige Linse wirken. Die einfachsten Eigenschaften von Linsensystemen behandeln wir im folgenden, ohne aber auf die wesentlich komplizierteren Methoden zur Korrektur von Linsenfehlern einzugehen.

Versuch 46: Wir stellen zwei Sammellinsen mit bekannten Brennweiten f_1 und f_2 nebeneinander und lassen ein achsenparalleles Lichtbündel darauf fallen. Die Strahlen werden auch jetzt in einem Brennpunkt gesammelt. Er liegt aber näher an der Kombination der Linsen als die Brennpunkte F_1 und F_2 der einzelnen Linsen. Die Strahlen konvergieren stärker *(Abb. 248.1)*.

Mit Hilfe der *Abb. 248.2* können wir die Brennweite f der Kombination berechnen. Dabei wird der Abstand der optischen Mittelpunkte der Linsen vernachlässigt. Offenbar wird F_1 als Gegenstandspunkt mit der Gegenstandsweite $g = f_1$ in den Bildpunkt F_2 mit der Bildweite $b = f_2$ abgebildet. Nach der Linsengleichung (246.2) gilt dann

$$\frac{1}{f} = \frac{1}{f_1} + \frac{1}{f_2}.$$

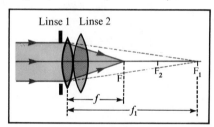

248.1 Durch Zusammenstellen zweier Sammellinsen wird eine Brennweite erzielt, die kleiner ist als die einzelnen Brennweiten.

Diese Beziehung läßt sich mit den **Brechkräften** der Linsen einfacher ausdrücken:

$$D = D_1 + D_2. \qquad \textbf{(248.2)}$$

Die Brennweite zweier zusammengestellter Konvexlinsen ist kleiner als die der Einzellinsen. Die Gesamtbrechkraft ist gleich der Summe der einzelnen Brechkräfte.

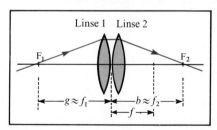

248.2 Der Brennpunkt F_2 ist gleichzeitig Bildpunkt des Brennpunkts F_1 der Linse 1.

Beispiel: Berechne die Brennweite der Kombination zweier Sammellinsen mit

$$f_1 = 0,10 \text{ m}, \quad D_1 = 10 \text{ dpt}$$

$$\text{und} \quad f_2 = 0,50 \text{ m}; \quad D_2 = 2 \text{ dpt}!$$

$$D = 10 \text{ dpt} + 2 \text{ dpt};$$

$$D = 12 \text{ dpt}; \quad f = \frac{1}{D} = 8,33 \text{ cm}.$$

3. Der Strahlengang durch eine Kombination von Konvex- und Konkavlinsen

Versuch 47: Wir lassen auf eine starke Konvexlinse mit der Brechkraft D_1 ein achsenparalleles Strahlenbündel fallen und stellen den Brennpunkt fest. Dann bringen wir dicht dahinter eine Zerstreuungslinse mit der Brechkraft D_2. Wenn $D_1 > |D_2|$ ist, wird das hinter der Konvexlinse stark konvergente Lichtbündel weniger konvergent *(Abb. 249.1).*

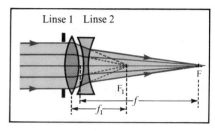

Die Linsenkombination wirkt wie eine Sammellinse mit einer Gesamtbrechkraft $D = D_1 + D_2$. Sie hat also eine geringere Brechkraft als die einzelne Konvexlinse und entsprechend eine größere Brennweite.

249.1 Das hinter der Konvexlinse stark konvergente Lichtbündel wird durch die Konkavlinse weniger konvergent.

Eine als Sammellinse wirkende Kombination einer Zerstreuungslinse mit einer Sammellinse hat eine größere Brennweite als die Sammellinse allein.

Mit solchen Zusammenstellungen kann man die Brennweite einer Konkavlinse bestimmen.
Beispiel: Die Konvexlinse hat $f_1 = 0,10$ m, $D_1 = 10$ dpt und die Linsenkombination $f = 0,125$ m, $D = 8$ dpt. Dann ist $D_2 = D - D_1 = 8$ dpt $- 10$ dpt $= -2$ dpt und $f_2 = -\frac{1}{2}$ m $= -50$ cm.

Aufgaben:

1. *Welche Brennweiten haben Linsenkombinationen mit den Brechkräften 2 dpt und 3 dpt, 2 dpt und -3 dpt?*

2. *Bestätige durch Versuche, daß die Linsengleichung auch für eine Linsenkombination von zwei eng hintereinander gestellten Linsen gilt! Die Gegenstandsweite ist dabei bis zur Mitte der vorderen Linse, die Bildweite ab Mitte der hinteren Linse zu messen.*

3. *Welche Brennweite und welche Brechkraft hat ein Linsensystem, das aus zwei gleichen Konvexlinsen zusammengestellt ist?*

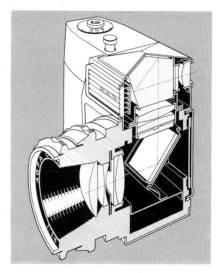

249.2 Linsenkombinationen in einer Spiegelreflexkamera

§ 73 Der Fotoapparat

1. Das Objektiv

Das Bild in der Lochkamera ist sehr lichtschwach. Vergrößert man die kleine Öffnung der Kamera, so wird das Bild zwar heller, aber unschärfer. Ein helleres und doch gleichzeitig schärferes Bild können wir erhalten, wenn wir in die große Öffnung eine Sammellinse setzen. Sie wird **Objektiv** genannt (objectum, lat.; Gegenstand). Objektive für gute Kameras sind aus mehreren Linsen zusammengesetzt, um Linsenfehler zu vermeiden.

Das von der Linse erzeugte Bild wird im Fotoapparat auf einem Film aufgefangen. Er ist mit einer lichtempfindlichen Bromsilberschicht überzogen, die vom Licht so verändert wird, daß nach einem chemischen Entwicklungs- und Fixierverfahren ein sogenanntes **Negativ** entsteht. In ihm erscheinen helle Stellen des Gegenstandes dunkel und umgekehrt. Das Negativ wird auf lichtempfindliches Papier nochmals abgebildet. Nach dem Entwickeln und Fixieren des Fotopapiers entsteht das gewünschte **Positiv,** in dem Hell und Dunkel der Wirklichkeit entsprechen.

250.1 Moderne Kleinbildkamera

250.2 Objektiv einer Kamera mit Blendenring und Entfernungsskala. Die Blendenzahlen auf dem rechten Ring dienen zur Ablesung der Schärfentiefe.

2. Das Einstellen der Entfernung

Das Objektiv bildet einen ebenen, zur optischen Achse senkrechten Gegenstand nur in einer ganz bestimmten Bildweite scharf ab. Um auf dem Film für verschiedene Gegenstandsweiten scharfe Bilder zu erzielen, muß die jeweils passende Bildweite einstellbar sein. Hierzu läßt sich die Linse mit einem Gewindegang vor- und zurückdrehen. Auf einer Skala sind die zugehörigen Gegenstandsweiten g in Metern abzulesen.

Der Abstand der Metermarken auf dieser Skala wird mit wachsender Entfernung der Gegenstände immer kleiner. Dies wird uns verständlich, wenn wir in *Abb. 242.1* die Abstände der Bilder B_1 und B_2 bzw. B_3 und B_4 mit der Lage der zugehörigen Gegenstände G_1 und G_2 bzw. G_3 und G_4 vergleichen. Alle über 20 m entfernten Gegenstände werden hinreichend scharf abgebildet, wenn man auf ∞ (unendlich) einstellt und

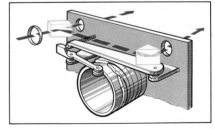

250.3 Mit dem Objektiv gekoppelter Entfernungsmesser

damit die Bildweite gleich der Brennweite des Objektivs macht. Bei einfachsten Fotoapparaten kann die Bildweite nicht verändert werden. Dann können nur Objekte, die weiter als 6...8 m entfernt sind, hinreichend scharf abgebildet werden.

Die Gegenstandsweite kann mit dem in § 63 beschriebenen Entfernungsmesser bestimmt werden. Der dort erwähnte Drehspiegel wird dabei durch ein totalreflektierendes Prisma ersetzt *(Abb. 250.3)*. Seine Drehung ist bei guten Apparaten mit der Einstellung des Objektivs gekoppelt, so daß sich das Ablesen der Entfernungsskala erübrigt.

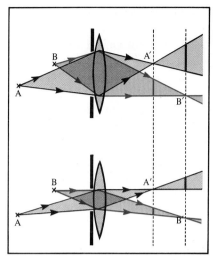

251.1 Durch stärkeres Abblenden werden die Strahlenkegel schlanker. Die Zerstreuungskreise können so klein gemacht werden, daß die vom Apparat verschieden weit entfernten Objekte A und B in den Bildebenen von A′ und B′ genügend scharf abgebildet werden. Beim Fotoapparat wird der Film zwischen A′ und B′ angebracht.

3. Die Schärfentiefe

Versuch 48: Wir stellen zwei nicht mattierte Glühlampen A und B in verschiedenen Abständen vor eine Sammellinse und suchen ihre Bilder auf einem Schirm *(Abb. 251.1)*. Lampe A wird mit einem Farbfleck gekennzeichnet. Halten wir den Schirm in die Bildebene A′, so erscheint das Bild der Glühwendel von A scharf, während das von B unscharf ist. Befindet sich der Schirm in B′, so ist das Bild von B scharf, das von A nicht. *Abb. 251.1* läßt erkennen, wie das von einem Punkt A ausgehende, grau gezeichnete Lichtbündel auf dem Schirm einen Zerstreuungskreis ergibt. Verkleinern wir die Öffnung der Blende (zum Beispiel einer Irisblende *Abb. 213.1*), so wird der Zerstreuungskreis kleiner, das Bild schärfer *(Abb. 251.1, unten)*.

Bei einer Kleinbildkamera mit $f = 5$ cm können noch Zerstreuungskreise bis zu einem Durchmesser von $\frac{1}{30}$ mm zugelassen werden, ohne daß die Unschärfe stört. Die lichtempfindliche Filmschicht setzt sich nämlich aus vielen kleinen Körnern zusammen, die in Gelatine eingebettet sind. Das fertige Foto baut sich aus Körnchen auf wie ein Mosaikbild aus Steinchen. Eine schärfere Abbildung als sie der Korngröße entspricht, ist also unnötig. Wenn in diesem Sinne auf eine punktförmige Abbildung verzichtet werden kann, dann erscheinen im Bild auch noch Gegenstände in einer Zone vor und hinter der Entfernung scharf, auf die das Objektiv eingestellt ist. Die Länge dieser Zone heißt **Schärfentiefe.**

Für die Schärfentiefe eines Apparates mit $f = 5$ cm gibt *Tabelle 251.1* Auskunft:

Tabelle 251.1

Entfernungs-einstellung	Blendenzahl	Schärfentiefe von	bis
6 m	16	2,80 m	∞
6 m	8	3,80 m	14,30 m
6 m	4	4,70 m	8,50 m
6 m	2	5,20 m	7,00 m

4. Die Belichtungszeit

Bilden wir ein Objekt bei derselben Gegenstandsweite zuerst durch eine Linse mit der Brennweite f, dann durch eine Linse mit der Brennweite $2f$ ab, so erhalten wir in vergrößerter Bildweite ein doppelt so hohes und doppelt so breites Bild (vgl. in *Abb. 252.1a* mit *c*). Die pro Sekunde durch die Blende einfallende Lichtmenge verteilt sich also auf die vierfache Fläche, das heißt die sogenannte *Beleuchtungsstärke* (vergleiche § 82) sinkt auf den vierten Teil. Um dies auszugleichen, muß man die *Belichtungszeit T* vervierfachen. Allgemein gilt

$$T \sim f^2. \tag{252.1}$$

Verdoppeln wir aber bei der ursprünglichen Brennweite den Blendendurchmesser d, dann vervierfacht sich die Kreisfläche der Blende und es fällt die vierfache Lichtmenge pro Sekunde ein (vgl. in *Abb. 252.1a* mit *b*). Wir brauchen daher nur noch den vierten Teil der Belichtungszeit T, um gleich gut belichtete Filme zu erhalten. T ist demnach umgekehrt proportional d^2:

$$T \sim \frac{1}{d^2}. \tag{252.2}$$

Aus den Gleichungen (252.1) und (252.2) folgt:

$$T \sim \left(\frac{f}{d}\right)^2 \tag{252.3}$$

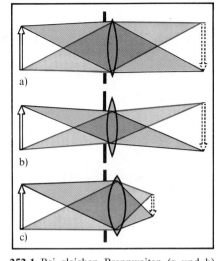

252.1 Bei gleichen Brennweiten (a und b) ist das Bild um so heller, je größer die Blendenöffnung ist, weil dann mehr Licht durch die Linse fällt. Bei gleichen Blendenöffnungen (a und c) ist das Bild um so heller, je kürzer die Brennweite ist, weil sich das Licht dann auf ein kleineres Bild konzentriert. Man braucht also bei der kleineren Brennweite eine kürzere Belichtungszeit.

Den Quotienten f/d nennt man **Blendenzahl**. Ihren größten Wert, nämlich den bei „offener" Blende, vermerkt die Fotoindustrie auf der Fassung des Objektivs in der Form $1:(f/d)$, zum Beispiel 1:5,6. Dieser Kehrwert heißt **Lichtstärke** des Objektivs. Die Blendenzahlen werden auf dem Objektivring angegeben (*Abb. 250.2*, linker Ring).

Wir stellen in einer Tabelle die Werte für f/d zusammen und berechnen $(f/d)^2$:

Tabelle 252.1

Blendenzahl f/d	2	2,8	4	5,6	8	11	16
Belichtungszeit $T \approx (f/d)^2$	4	8	16	32	64	128	256
$T:T_0$ (T_0 bei $f/d=2$)	1	2	4	8	16	32	64

Die nächstkleinere Blende, das heißt die nächstgrößere Blendenzahl, erfordert die doppelte Belichtungszeit.

Die Belichtungszeit hängt vor allem noch von der Helligkeit des Objektes und der Lichtempfindlichkeit des Films ab.

Beispiele: In einem Zimmer gibt der Belichtungsmesser für $f/d=2$ die Belichtungszeit $T=0,1$ s an. Will man größere Schärfentiefe haben und daher zur Blendenzahl 8 übergehen, so muß man 16mal so lang belichten ($T=1,6$ s), bei Blendenzahl 11 sogar 32mal so lange ($T=3,2$ s).

Bei einer Außenaufnahme zeigt für $f/d=2$ der Belichtungsmesser $T=\frac{1}{1000}$ s an. Dann wäre für die Blendenzahl 8 die Belichtungszeit $T=\frac{1}{50}$ s. Dies ist die übliche Einstellung.

Vorteil einer Kleinbildkamera: Im Vergleich mit einer großen Kamera mit gleicher Blenden-öffnung erfordert die Kleinbildkamera wegen ihrer kürzeren Brennweite f kürzere Belichtungs-zeiten $T\sim(f/d)^2$. Außerdem ist die erreichbare Schärfentiefe größer.

5. Vorsatzlinsen; „Gummilinsen"

Versuch 49: Wir bilden einen Gegenstand mit einer Sammellinse auf einem Schirm ab. Linse und Schirm stellen das Modell eines Fotoapparates dar. Wollen wir ein größeres Bild haben, müssen wir das Modell dem Gegenstand nähern, dabei aber auch den Schirm von der Linse wegschieben.

Ein Fotoapparat läßt sich im allgemeinen nur bis auf die kleinste Entfernung von 1 m einstellen. Für Gegenstandsweiten zwischen 1 m und 0,20 m setzt man eine Sammellinse vor das Objektiv. Diese Linsenkombination verkürzt nach § 72 die Brennweite. Damit lassen sich auch noch nahe Gegenstände abbilden. Um mit dem Fotoapparat von fernen Gegenständen doch ein großes Bild zu erzielen, verlängert man die Brennweite des Objektivs durch Vorschalten einer Konkavlinse **(Teleobjektiv).** Natürlich kann man für Nah- und Fernaufnahmen Objektive mit verschiedenen Brennweiten benutzen. Um das zu vermeiden, verwendet man Objektive mit veränderlicher Brennweite. Setzt man hinter eine Konvexlinse eine Konkavlinse, so ist die Brennweite dieses Systems nicht nur von den Brennweiten der beiden Linsen abhängig: Stehen sie dicht zusammen, wie in *Abb. 248.1*, so ist die erzielte Brennweite länger als bei größerem Abstand. Eine solche veränderliche Linsenkombination wird (etwas irreführend) **Gummilinse** oder auch **Zoom** (to zoom, engl.; steil (empor)steigen) genannt. Sie wird oft in Film- und Fernsehkameras eingesetzt.

Aufgaben:

1. *Welche Brennweite müßte die Vorsatzlinse für das Objektiv eines Fotoapparates haben, das die Brennweite $f=10$ cm besitzt, wenn man einen Gegenstand, der sich 50 cm vor dem Objektiv befindet, in dessen Brennweite (also auf dem Film) scharf abbilden will?*

2. *Um wieviel Zentimeter muß das Objektiv ($f=10$ cm) eines Fotoapparates verschoben werden, wenn es zunächst auf ∞, dann nacheinander auf Gegenstände eingestellt wird, die sich in 10 m, 5 m, 2 m, 1 m, 0,50 m beziehungsweise 0,25 m Entfernung befinden?*

3. *Wie groß ist bei einem Objektiv mit $f=10$ cm das Bild eines 10 m hohen Gegenstandes, der 20 m vor der Kamera steht, und wie groß ist die Bildweite? Wie lang müßten Bildweite und Brennweite eines Objektivs sein, das bei gleichen Umständen ein 10 cm hohes Bild ergibt?*

4. *Von einem Flugzeug wird aus 2 km Höhe eine Aufnahme der Erde gemacht. Die Luftbildkamera hat eine Brennweite $f=50$ cm, ihre Bildgröße ist 18 cm × 18 cm. Wieviel km² der Erdoberfläche werden abgebildet? Wieviel wären es aus 20 km und 200 km Höhe? (Die optische Achse des Apparates steht vertikal.)*

5. *Das Objektiv einer Kleinbildkamera ($f=5$ cm) ist verstellbar für Gegenstandsweiten von 50 cm bis ∞. Welche Bildweiten gehören dazu?*

§ 74 Das menschliche Auge

1. Bau und Eigenschaften des Auges

Die *Abb. 254.1* erläutert den Aufbau des Auges:

Die **Netzhaut** stellt das eigentliche Sehorgan dar. In ihr enden die vielen Millionen der feinsten Verästelungen des Sehnervs. Sie nehmen die Lichtreize auf von den in der Netzhaut eingelagerten etwa 7 Millionen *Zapfen* und etwa 125 Millionen *Stäbchen*. Die ersteren sind farbempfindlich und ermöglichen im Hellen das Farbensehen und das Erkennen scharfer Konturen, die letzteren geben in der Dämmerung nur unbunte Grauwerte wieder *(Abb. 254.2)*. Die für das Farbensehen empfindlichste Stelle der Netzhaut ist die *Netzhautgrube*, der *gelbe Fleck*. Bei einem Durchmesser von kaum 1 mm liegen darin etwa 160 000 Zapfen.

Versuch 50: Die Stelle, an der der Sehnerv in das Auge eintritt, der *blinde Fleck*, ist für Lichteindrücke unempfindlich. Um dies nachzuweisen, legt man zwei kleine Münzen in einem Abstand von 6 bis 8 cm vor sich auf den Tisch, schließt das linke Auge und nähert das rechte der linken Münze. In einer bestimmten Entfernung verschwindet die rechte Münze. Ihr Bild fällt dann auf den blinden Fleck.

Die **Iris** öffnet und schließt sich ohne unser Zutun wie eine Blende. Sie regelt damit die Intensität des Lichts, das die Netzhaut trifft. (Vergleiche mit *Abb. 213.1!*)

Die **Augenlinse** besteht aus einem elastischen, halbfesten, durchsichtigen Stoff. Im Normalzustand ist sie flach gewölbt. Wenn sich der *Ziliarmuskel*, der an der Aufhängung der Linse angreift, stärker spannt, krümmt sich die Linse stärker. Hornhaut, die Flüssigkeit vor der Linse, Glaskörper und Linse haben alle eine für Lichtstrahlen brechende Wirkung. Sie bilden zusammen ein brechendes System. Zur Vereinfachung verabreden wir: In der Augenlinse sei die gesamte Brechkraft des Auges vereinigt. Sie beträgt bei Einstellung auf sehr ferne Objekte etwa 60 bis 70 dpt. Die Augenlinse entwirft von dem betrachteten Gegenstand ein reelles umgekehrtes, seitenvertauschtes und verkleinertes Bild auf der Netzhaut. Die Netzhaut ist also der „Schirm", auf dem die Bilder unserer Umwelt aufgefangen werden.

Wenn das brechende System des Auges starr wäre, könnten wir nur eine einzige Gegenstandsebene scharf sehen. Das ist bekanntlich nicht der Fall. Strahlen, die parallel zur Augenachse (aus dem Unendlichen) ankommen, schneiden sich im gelben Fleck. Dort liegt der Brennpunkt F_1 der

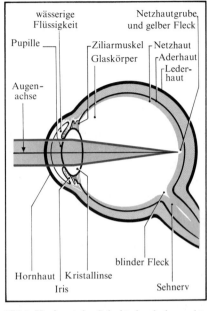

254.1 Horizontaler Schnitt durch das rechte menschliche Auge

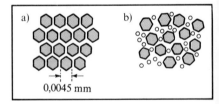

254.2 Vergrößerte Ausschnitte aus der Netzhaut. a) Zapfen im gelben Fleck, b) Zapfen und Stäbchen an anderer Stelle der Netzhaut

auf Unendlich eingestellten Linse *(Abb. 255.1).* Das Auge ist dann auf den **Fernpunkt** eingestellt. Ein Punkt P eines Gegenstandes in beliebiger Entfernung wird nur dann scharf abgebildet, wenn sich alle von ihm kommenden Strahlen auf der Netzhaut wieder in einem Punkt P′ schneiden. Nach *Abb. 255.1* ist P′ der Schnittpunkt des Mittelpunktstrahls mit der Netzhaut. Der von P ausgehende Parallelstrahl muß so gebrochen werden, daß er als Brennstrahl P′ trifft. Er schneidet dann die optische Achse im neuen Brennpunkt F_2, auf den

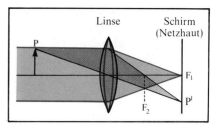

255.1 Akkommodation des Auges

sich das Auge einstellen muß, um P scharf zu sehen. Daher wölbt sich die Augenlinse mehr und verkürzt die Brennweite von f_1 auf f_2. Das Auge leistet damit unbewußt das für uns, was bei der Kamera durch Verschieben des Objektivs bewirkt wird. Diese Veränderung der Augenlinse heißt **Akkommodation** (accomodare, lat.; anpassen). Da sich die Kristallinse nicht beliebig stark krümmen kann, hat die Akkommodation eine Grenze bei einem Punkt P, dem **Nahpunkt,** der (bei jungen Menschen) ca. 10 cm vor dem Auge liegt. Die kürzeste Entfernung, in der wir kleine Gegenstände ohne Anstrengung längere Zeit sehen und zum Beispiel lesen können, heißt **deutliche Sehweite** s. Sie beträgt rund 25 cm.

Versuch 51: Die Eigenschaften des Auges können wir uns an einem physikalischen Augenmodell klarmachen. Auf einer optischen Bank bauen wir einen Schirm (Netzhaut) und eine Konvexlinse mit 10 bis 15 cm Brennweite (Augenlinse) auf. Wir bilden einen fernen Gegenstand scharf ab (Einstellung auf ∞), dann einen nahen Gegenstand. Die Verschiebung der Linse ersetzt die Akkommodation durch die Augenlinse *(Abb. 255.2).*

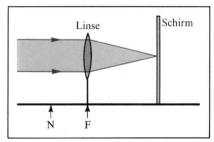

255.2 Augenmodell. N Einstellung auf den Nahpunkt, F Einstellung auf den Fernpunkt. Die Akkommodation wird ersetzt durch Verschieben der Linse.

2. Fehlsichtige Augen

Das **kurzsichtige Auge** ist zu lang. Der Schnittpunkt parallel einfallender Strahlen liegt daher vor der Netzhaut. Der Fernpunkt ist dann auf endliche Entfernung herangerückt. Nach *Abb. 255.3b* kann das Auge durch Vorsetzen einer *Zerstreuungslinse* auch ferne Gegenstände scharf sehen.

Das **übersichtige Auge** ist zu kurz. Parallel einfallende Strahlen schneiden sich bei einer nicht akkommodierten Linse erst hinter der Netzhaut. Schon um die Ferne scharf zu sehen, muß das Auge also akkommodieren. Dann ist diese Fähigkeit bereits erschöpft, bevor das Nahsehen zustande kommt. Das bedeutet: der Nahpunkt ist vom Auge weggerückt. Hier muß die Augenlinse durch eine *Konvexlinse* unterstützt werden *(Abb. 255.3c).*

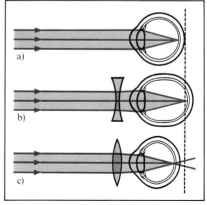

255.3 a) Normalsichtiges Auge, b) kurzsichtiges und c) übersichtiges Auge mit Brille

Bei normalsichtigen Menschen verliert das Auge mit zunehmendem Alter die Fähigkeit zu akkommodieren. Man spricht von **Alterssichtigkeit.** Der Nahpunkt entfernt sich vom Auge. Die deutliche Sehweite liegt über 25 cm. Ohne Brille muß der Alterssichtige beim Lesen die Schrift weiter weg halten **(Weitsichtigkeit),** in die Ferne kann er noch gut sehen. Für die Nähe braucht er eine Brille mit *Sammellinsen.* Sieht er bei höherem Alter auch in der Ferne nicht mehr gut, braucht er eine zweite Brille mit *Zerstreuungslinsen.*

> **Kurzsichtige brauchen konkave, Weitsichtige konvexe Brillengläser. Alterssichtige brauchen oft zwei Brillen oder eine unterteilte Brille (,,Zweistärkenbrille").**

3. Das räumliche Sehen

Versuch 52: Wir schauen an einer Stativstange entlang. Schließen wir bei gleichbleibender Kopfhaltung erst das rechte, dann das linke Auge, so scheint die Stange vor dem Hintergrund zu springen. Wegen des Abstandes unserer beiden Augen sind ihre Netzhautbilder desselben Gegenstandes etwas verschieden. Unsere Sinnesempfindungen vermitteln uns einen *räumlichen* Eindruck.

> **Das Sehen mit beiden Augen gestattet uns, die räumliche Gestalt von Körpern und die Tiefe des Raumes zu erfassen.**

Versuch 53: Im **Stereoskop** (stereos, griech.; fester Körper) werden zwei Fotos desselben Gegenstandes betrachtet, die aber von etwas verschiedenen Standpunkten aus aufgenommen wurden. Das eine Bild wird vor das linke Auge, das andere vor das rechte gebracht. Im Gerät werden die Strahlen so gebrochen, daß sie von einem einzigen Bild herzukommen scheinen. Man bekommt den Eindruck eines räumlichen Bildes des aufgenommenen Gegenstandes, den jedes Einzelbild für sich allein nicht hervorrufen kann *(Abb. 256.1).*

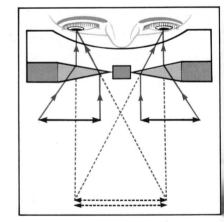

256.1 Strahlengang im Stereoskop

4. Der Sehwinkel

Von gleich hohen Telegrafenstangen, die an einer geraden Straße stehen, erscheinen uns die in der Nähe höher als die in der Ferne. Wir benutzen diese Kenntnis von der scheinbaren Größe der Stangen, um ihre Entfernung zu schätzen.

Das Bild, das auf der Netzhaut unseres Auges entsteht, ist bei fernen Objekten kleiner als das von gleich großen nahen. In *Abb. 256.2* ist die Bildhöhe in einfacher Weise durch die von den äußersten Punkten des Gegenstandes

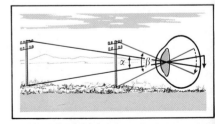

256.2 Je näher der Gegenstand, desto größer werden Sehwinkel und Netzhautbild

ausgehenden Mittelpunktstrahlen ermittelt. Der Winkel, der von ihnen eingeschlossen wird, heißt **Sehwinkel.** Wir entnehmen der *Abb. 256.2*:

> **Je größer der Sehwinkel, desto größer ist das Netzhautbild und desto größer erscheint uns der Gegenstand.**

Sind die Netzhautbilder zweier uns unbekannter Objekte gleich groß, so halten wir sie selber zunächst auch für gleich groß. Dabei können wir uns aber täuschen. Denn erst wenn wir die Entfernung der Objekte berücksichtigen, erkennen wir die wirklichen Größenverhältnisse. So erscheinen uns Sonne und Vollmond unter einem Sehwinkel von etwa $0,5°$ gleich groß. Da aber die Sonne 400mal soweit entfernt ist wie der Mond, ist auch ihr Durchmesser 400mal so groß. Oder ein noch einleuchtenderes Beispiel: Ein Geldstück, in entsprechender Entfernung gegen den Himmel gehalten, erscheint uns „ebenso groß wie die Sonne".

5. Das Auflösungsvermögen des Auges

Nähern wir uns aus großer Entfernung dem Gittermast einer Überlandleitung, sehen wir ihn zunächst nur als Strich. Erst in der Nähe erkennen wir Einzelheiten seines Gitterwerkes. Ebenso sehen wir die beiden Scheinwerfer eines Autos höchstens bis zu 2,5 km getrennt. Weiter entfernte verschmelzen zu einer einzigen Lichtquelle. Diese Erscheinung hängt mit der mosaikartigen Struktur der Netzhaut zusammen *(Abb. 254.2)*. Das Auge kann zwei Punkte nur dann als getrennt wahrnehmen, wenn ihre Bildpunkte auf verschiedene Sehzellen fallen, zwischen denen mindestens noch eine unberührte Zelle liegen muß. Dies begrenzt sein **Auflösungsvermögen.** Wie weit die gereizten Sehzellen auseinander liegen, hängt vom Sehwinkel ab. Aus Erfahrung weiß man, daß aus dem Netzhautmosaik nur eine einzelne Zelle angeregt wird, wenn der Sehwinkel unter einer Winkelminute bleibt. Das Auflösungsvermögen des Auges liegt also bei etwa einer Winkelminute.

> **Zwei nebeneinanderliegende Punkte können vom Auge erst dann getrennt wahrgenommen werden, wenn der Sehwinkel größer als eine Winkelminute ist.**

6. Die optische Nachwirkung auf der Netzhaut

Versuch 54: Schwenkt man im dunklen Raum eine Glühlampe im Kreis herum, erst langsam, dann immer schneller, so sieht man die Lampe zuerst als Lichtfleck kreisen, schließlich aber einen leuchtenden Kreisbogen.

Das menschliche Auge hält einen Lichteindruck für kurze Zeit, etwa $\frac{1}{10}$ Sekunde, fest, auch wenn das Objekt, von dem er herkommt, bereits verschwunden ist. Man nennt dies die **optische Nachwirkung.** Lichteindrücke, die in weniger als $\frac{1}{10}$ Sekunde aufeinanderfolgen, verschmelzen im Auge miteinander. Daher sieht man im Kino die nacheinander projizierten Einzelbildchen des Films nicht mehr getrennt, wenn mindestens 16 Einzelbilder in der Sekunde projiziert werden. Tatsächlich projiziert man 24 Bilder in der Sekunde. Auch bei dem Bild auf dem Fernsehschirm verschmelzen die schnell aufeinanderfolgenden einzelnen Bildpunkte im Auge. Beim Kinofilm wie beim

Fernsehen wäre es sinnlos und nur mit erheblichem technischen Aufwand zu verwirklichen, Einzelbilder oder Bildpunkte in noch schnellerer Folge zu projizieren. Die Technik paßt sich hier den Eigenschaften des menschlichen Auges an.

Sind bei der Aufnahme des Films auch 24 Bilder in der Sekunde fotografiert worden, dann entspricht der Bewegungsablauf im Kino dem der Wirklichkeit. Werden aber mehr Aufnahmen in der Sekunde gemacht — man kann heute schon mehr als tausend je Sekunde herstellen — und dann im normalen Tempo vorgeführt, so entsteht der Eindruck eines langsameren Bewegungsablaufs **(Zeitlupe)**. Umgekehrt kann man Aufnahmen in größeren Zeitabständen machen, aber im normalen Tempo projizieren, so daß sich der Vorgang in kürzerer Zeit abzuspielen scheint **(Zeitraffer)**.

7. Rückschau

Fotoapparat und menschliches Auge sind in mancher Hinsicht ähnliche Instrumente. Mit beiden werden nach den gleichen Gesetzen der *geometrischen Optik* Bilder erzeugt. Das menschliche Auge besitzt jedoch eine Fülle weiterer Eigenschaften, von denen nur einige erwähnt werden konnten. Damit das Netzhautbild eine Empfindung im Bewußtsein hervorruft, muß es in Form von elektrischen Nervenimpulsen durch den Sehnerv zum Gehirn geleitet werden. Die Vorgänge in den Nerven und im Gehirn sind mit denen in einem Computer zu vergleichen, sind aber noch erheblich komplizierter. Daß die Bildumkehr bei der Abbildung durch die Augenlinse nicht als solche empfunden wird, kommt daher, daß die Sehempfindungen und die Tastempfindungen, die beide zusammen zum Erfassen der Umwelt beitragen, in den ersten Lebensjahren gemeinsam entwickelt werden. Fragestellungen, die Zustandekommen und Eigenschaften der Sehempfindung betreffen, werden von der *Physiologie* und der *Psychologie* untersucht.

Leider können wir ferne Gegenstände nur recht klein und ohne Einzelheiten ihrer Struktur erkennen. Auch ist es uns nicht möglich, sehr kleine Objekte mit allen Einzelheiten wahrzunehmen. Um in solchen Fällen bessere Ergebnisse zu erzielen, hat uns die optische Industrie Geräte geschaffen, die wir in den folgenden Paragraphen besprechen werden.

Aufgaben:

1. *Beobachte die Pupille eines Mitschülers a) im Freien bei hellem Sonnenschein, b) im Zimmer, c) in einem fast dunklen Raum! Beobachte die Pupille einer Katze bei Tage, am Abend, in der Nacht!*

2. *Halte ein Auge zu und versuche, einen Finger schnell von oben in eine enge Vase zu stoßen! Warum gelingt es nur selten?*

3. *Bestimme den Nahpunkt für Dein Auge!*

4. *Wie erkennt man an einer Brille, ob der Träger weit- oder kurzsichtig ist?*

5. *Welche Brennweite muß das Auge beim Betrachten eines 12 cm entfernten Gegenstandes annehmen, wenn der Abstand der Netzhaut vom Mittelpunkt der Augenlinse mit 22 mm angenommen wird? Bei der Bildweite ist an das Modellauge zu denken, bei dem sich beiderseits der Linse Luft befindet.*

6. *Wie ist das Verhältnis der Abstände, in denen man eine Münze und einen Teller vor das Auge halten muß, damit sie gleich groß erscheinen? (Durchmesser $d_1 = 2$ cm, $d_2 = 24$ cm).*

7. *Welche Dioptrienzahl kommt dem Auge beim Akkommodieren auf den Nahpunkt (12 cm) zu, wenn bei Einstellung auf die Ferne mit $f = 16,6$ mm gerechnet werden kann?*

§ 75 Die Bildwerfer

1. Das Diaskop

Ein Glasbild, ein sogenanntes **Diapositiv**, kurz **Dia** genannt (dia, griech.; hindurch) soll von vielen Beschauern gleichzeitig vergrößert betrachtet werden. Dazu projiziert man es (proicere, lat.; vorwärts werfen) mit einem **Diaskop** (skopein, griech.; sehen) an die Wand. Es benutzt die Umkehrung des Prinzips eines Fotoapparates.

Versuch 55: Wir bringen bei einem Fotoapparat an die Stelle des Films ein durchsichtiges Glasbild und beleuchten es stark von hinten. Nur ein kleiner Ausschnitt dieses Dias wird durch das Objektiv vergrößert auf eine Leinwand abgebildet. Das meiste Licht geht am Objektiv vorbei.

Den Mängeln hilft im Diaskop ein **Kondensor** ab (condensus, lat.; verdichtet). Er bildet die Lichtquelle in das Objektiv ab *(Abb. 259.1)*. Dieses erst bildet das Dia auf dem Schirm ab, indem es die von den einzelnen Diapunkten ausgehenden Strahlenbündel in den zugehörigen Bildpunkten vereinigt. Die Objektivlinse muß daher hochwertig sein, während die großen, meist plankonvexen Linsen des Kondensors sogar

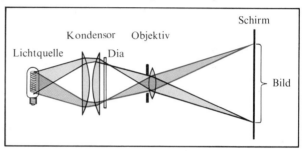

259.1 Strahlengang im Diaskop für zwei Diapunkte

fehlerhaft sein dürfen. Auf der Projektionswand entsteht ein umgekehrtes, seitenvertauschtes, vergrößertes, reelles Bild. Man muß deshalb das Dia umgekehrt und seitenvertauscht in den Bildwerfer bringen. Das Objektiv läßt sich in einem Gewinde vor- und zurückdrehen, damit der Abstand Objektiv − Dia der Entfernung des Apparates von der Wand angepaßt werden kann. Sind die Unterschiede in der Aufstellung des Projektors von der Wand sehr groß, so werden allerdings Objektive mit verschiedenen Brennweiten verwendet.

> **Ein Diaskop kann von einem Dia ein vergrößertes, reelles Bild an die Wand projizieren.**

2. Der Filmapparat

Mit einem Filmapparat erzeugt man ähnlich wie mit einem Diaskop vergrößerte Bilder. Hier werden viele kleine Dias eines Filmbandes projiziert. Sie zeigen aufeinanderfolgende Zustände des gefilmten Vorgangs. Ruckweise wird Bild auf Bild hinter das Projektionsobjektiv gebracht. Dabei unterbricht jedesmal eine rotierende Blende während des Bildwechsels das Licht. Auf der Leinwand entstehen also einzelne Bilder in rascher Folge. Wie schon in § 74 erklärt wurde, sieht das Auge eine kontinuierliche Bewegung. Eine ähnliche Sinnestäuschung erlebten wir, als wir mit einem Stroboskop eine Stimmgabel beleuchteten (vergleiche § 50). Auch dort hatten wir den Eindruck einer scheinbar kontinuierlichen Bewegung, die sich aus der schnellen Bildfolge ergab.

3. Der Tageslicht- oder Schreibprojektor

Bei den bis jetzt genannten Geräten muß der Vorführraum verdunkelt werden. Das ist beim **Tageslichtprojektor** *(Abb. 260.1)* nicht oder nur zum Teil erforderlich. Auf einer großen von unten her beleuchteten Platte, die zugleich Kondensorlinse ist, liegt eine durchsichtige Folie, auf der man mit besonderem Schreiber zeichnen oder schreiben kann. Die Schrift wird über einen Projektionskopf mittels Spiegel an die Wand projiziert.

Die *Abb. 260.2* zeigt, daß dieser Projektor sinngemäß ein senkrechtgestelltes Diaskop darstellt, bei dem der Strahlengang um 90° zur Seite gelenkt wird. Auf die Platte können auch fertige, auf Folie gedruckte Bilder oder Experimentiermodelle gelegt werden.

Aufgaben:

1. *Welche Brennweite muß das Objektiv eines Diaskops haben, wenn von einem 2,4 cm hohen Diapositiv ein 1,2 m hohes Bild erzeugt werden soll und die Linse 8 m vor der Bildwand steht?*

2. *Wie muß die Brennweite eines Projektionsobjektivs geändert werden, wenn man bei unverändertem Abstand des Apparates von der Bildwand größere Bilder erzielen will? Kann man noch den gleichen Kondensor verwenden, wenn man das Objektiv auswechselt und damit die Brennweite verändert?*

3. *Vergleiche den Abbildungsmaßstab beim Diaskop mit dem beim Tageslichtprojektor! Wie wirkt sich der Unterschied auf die Helligkeit der Bilder aus?*

4. *Ein quadratisches Dia von 6 cm Seitenlänge wird im Bild auf 1,80 m Seitenlänge gebracht. Wie ist der lineare Abbildungsmaßstab, wie ändert sich die Fläche?*

5. *In welcher Richtung muß man das Objektiv eines Diaskops verschieben, wenn das Bild zunächst vor der Projektionswand scharf war?*

6. *Warum werden die Spiegel eines Episkops und eines Tageslichtprojektors vorderseitig versilbert?*

7. *Das Objektiv eines Diaskops hat eine Brennweite $f = 15$ cm. Ein 6 cm hohes Diapositiv steht im Abstand $15\frac{1}{4}$ cm davor. In welcher Entfernung von der Projektionswand muß der Apparat aufgestellt werden, damit ein scharfes Bild entsteht, wie groß ist es, welcher Abbildungsmaßstab wird erreicht?*

8. *Wo muß in Abb. 260.2 der Schreibende stehen, daß die Schrift aufrecht und seitenrichtig erscheint (ergänze Abb. 260.2 räumlich)?*

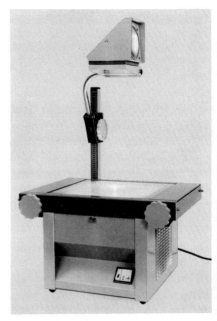

260.1 Tageslicht- oder Schreibprojektor

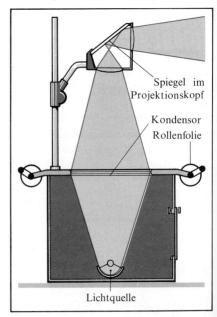

260.2 Strahlengang im Schreibprojektor: Da der Kondensor die Schreibfläche überdecken muß, wäre er als normale Linse sehr dick und schwer. Man löst ihn deshalb in ringförmige Zonen auf, die zwar die nötige Krümmung haben, aber sehr dünn sind. Die so entstandenen Stufen sieht man als dünne, schwache Ringe.

§ 76   Optische Instrumente für die Nahbeobachtung

1.   Die Lupe

Wenn man bei einem Objekt, zum Beispiel einer Briefmarke, feine Einzelheiten erkennen will, bringt man es näher an das Auge. Dadurch werden Sehwinkel und Netzhautbild größer. Man kann aber das Objekt nur bis etwa 10 cm vor das Auge halten. Liegt es noch näher, so reicht die Brechkraft des Auges nicht mehr aus, um die von einem Punkt des Gegenstandes kommenden Lichtstrahlen auf der Netzhaut zu vereinigen. Das Bild wird unscharf. Man muß daher die Brechkraft künstlich verstärken. Das geschieht nach § 72 mit einer Sammellinse. Sie wird **Lupe** genannt (lupus, lat.; Wolf, linsenähnliche Geschwulst).

Versuch 56: Wir bauen auf der optischen Bank das Augenmodell nach Versuch 51 auf. Es ist auf die weit entfernte glühende Wendel einer nicht mattierten Glühlampe gerichtet. Mit der „Augenlinse" des Modells stellen wir auf dessen „Netzhaut" ein scharfes Bild der Wendel ein. Seine Höhe B_o ist sehr klein, zum Beispiel $B_o = 0,1$ cm. Nun setzen wir eine Sammellinse ($f = 15$ cm) als Lupe vor die „Augenlinse" und bringen die Wendel in die gegenstandseitige Brennebene der Lupe. Die Höhe des Bildes B_m ist jetzt wesentlich größer, zum Beispiel $B_m = 1,3$ cm. Die Vergrößerung ist

$$V = \frac{1,3 \text{ cm}}{0,1 \text{ cm}} = 13 \text{ fach.}$$

Nach *Abb. 261.1* kommen Strahlen, die von einem Punkt des in der Brennebene der Lupe liegenden Gegenstandes ausgehen, parallel in das Auge. Dies kann aber jetzt beobachten, ohne zu akkommodieren, das heißt, es bleibt entspannt. Grundsätzlich soll man durch jedes optische Instrument nur mit entspanntem Auge beobachten, weil ständiges Akkommodieren ermüdet und Augen- und Kopfschmerzen verursacht.

Hat die Lupe die Brennweite $f = 2,5$ cm, so wird der Gegenstand aus der deutlichen Sehweite $s = 25$ cm auf 2,5 cm der aus Lupe und Augenlinse bestehenden Linsenkombination genähert. Die Gegenstandsweite beträgt dann also $\frac{1}{10}$ der ursprünglichen Entfernung. Die Bildhöhe B_m beträgt dann $10 \cdot B_o$. Sie wächst also im Verhältnis s/f. Es gilt:

$$V = \frac{B_m}{B_o} = \frac{s}{f} \qquad \textbf{(261.1)}$$

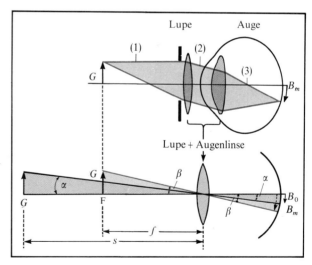

261.1 Zur Funktion der Lupe:

Oben: Die von einem Gegenstandspunkt ausgehenden Strahlen (1) fallen parallel (2) auf die Augenlinse und werden bei entspanntem Auge in einem Punkt auf der Netzhaut vereinigt (3).

Unten: Lupe und Augenlinse wurden zur Vereinfachung vereinigt in einer Linse erhöhter Brechkraft dargestellt. Schwarz, ohne Lupe: G in deutlicher Sehweite $s = 25$ cm; rot, mit Lupe: G in der Brennebene der Lupe.

In unserem Beispiel wird das Netzhautbild eines kleinen Gegenstandes 10mal höher und 10mal breiter. Es überdeckt also 100mal mehr Sehzellen, so daß man 100mal mehr Einzelheiten erkennt. Hierin liegt der Sinn der Vergrößerung. Das begrenzte *Auflösungsvermögen* des Auges wird besser ausgenutzt.

Nach Gleichung (261.1) nimmt die Vergrößerung mit kleiner werdender Brennweite der Lupe zu. Je kleiner diese aber wird, desto stärker ist die Linse gewölbt. Um so mehr stören dann Linsenfehler, zum Beispiel werden die Bilder verzerrt. Daher geht man über eine 20fache Vergrößerung bei Lupen nicht hinaus.

Allgemein versteht man unter der Vergrößerung V durch ein optisches Instrument das Verhältnis der Bildhöhen B_m und B_o.

$$\text{Vergrößerung} = \frac{\text{Höhe des Netzhautbildes mit Instrument}}{\text{Höhe des Netzhautbildes ohne Instrument}}; \qquad V = \frac{B_m}{B_o} \qquad (262.1)$$

$$\text{oder Vergrößerung} = \frac{\text{Sehwinkel mit Instrument}}{\text{Sehwinkel ohne Instrument}}; \qquad V = \frac{\beta}{\alpha} \qquad (262.2)$$

2. Das Mikroskop

Häufig wollen wir aber noch viel feinere Strukturen erkennen, zum Beispiel bei Untersuchungen in der Biologie oder der Medizin. Um weiter zu vergrößern, kann man zunächst mit einer Linse ein stark vergrößertes, reelles Bild erzeugen wie bei einem Projektionsapparat und dieses mit einer Lupe betrachten.

Versuch 57: Wir erzeugen auf der optischen Bank mit einer Konvexlinse ($f = 5$ cm) — **Objektiv** genannt — in etwa 40 cm Entfernung auf einem Schirm ein reelles, umgekehrtes, stark vergrößertes Bild B' der Wendel unserer Glühlampe. Dann bringen wir hinter den Schirm das Augenmodell mit vorgesetzter Lupe — jetzt **Okular** genannt (oculus, lat.; Auge). Dabei soll die Brennebene der Lupe mit dem Schirm zusammenfallen (siehe bei der Lupe!).

Es zeigt sich, daß das Bild auf der „Netzhaut" viel zu lichtschwach ist. Das liegt daran, daß das Licht auf dem Papierschirm zu einem großen Teil nach allen Seiten gestreut wird. Entfernen wir den Schirm, dann schneiden sich die Lichtstrahlen immer noch an derselben Stelle. Das Zwischenbild B' schwebt im Raum. Die Strahlen gehen von ihm ungeschwächt weiter, treffen die Lupe (*Abb. 262.1*) und erzeugen auf der „Netzhaut" ein klares, helles, vergrößertes Bild. Wir haben damit ein Modell eines **Mikroskops** aufgebaut. Es erinnert an Diaskop und Lupe.

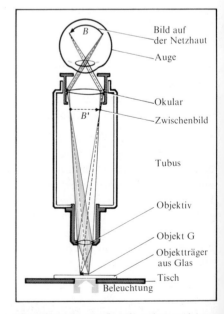

262.1 Strahlengang in Mikroskop und Auge

> **Das Mikroskop kann mit einem Diaskop verglichen werden, dessen Bild man mit einer Lupe betrachtet.**

Objektiv und Okular eines Mikroskops sind meist in unveränderlichem Abstand in einer Metallröhre, dem **Tubus,** eingebaut. Zur Scharfeinstellung wird der ganze Tubus gehoben oder gesenkt.

Das Objekt beleuchtet man mit Hilfe eines Hohlspiegels oder eines Kondensors wie beim Diaskop. In die Ebene des reellen Zwischenbildes B' kann für Meßzwecke ein durchsichtiger Maßstab oder ein Fadenkreuz gebracht werden. Sie werden zusammen mit dem Objekt scharf gesehen,

Um starke Vergrößerungen zu erhalten, wählt man die Brennweiten f_1 des Objektivs und f_2 des Okulars sehr klein und nähert das Objekt dem Objektiv bis fast auf seine Brennweite. Erzeugt es dann beispielsweise ein 50fach vergrößertes Zwischenbild B' und vergrößert das Okular dieses nochmals 12fach, so beträgt die gesamte Vergrößerung durch das Mikroskop $V = 50 \cdot 12 = 600$.

> **Die Vergrößerung des Mikroskops ist gleich dem Produkt aus den Vergrößerungen durch Objektiv und Okular.**

Versuch 58: Um die Vergrößerung unmittelbar zu bestimmen, betrachten wir mit dem rechten Auge durch das Mikroskop einen Draht von bekannter Dicke, zum Beispiel 0,1 mm. Mit dem linken Auge schauen wir gleichzeitig auf einen in $s = 25$ cm entfernten waagerechten Maßstab. Wenn auf ihm das mit dem rechten Auge vergrößert gesehene Bild zum Beispiel 6 cm zu überdecken scheint, ist die Vergrößerung $\frac{B}{G} = \frac{6\,\text{cm}}{0,1\,\text{mm}} = 600$.

Mit dem Mikroskop können auch sehr stark vergrößerte Bilder eines durchsichtigen Objekts auf einen Schirm projiziert werden. Hierzu wird der Tubus ein wenig angehoben, so daß das Zwischenbild B' etwas unterhalb der Brennebene des Okulars entsteht. Dieses entwirft dann das gewünschte reelle Bild auf dem Schirm (Mikroprojektion).

Durch Verkürzen der Brennweiten von Okular und Objektiv könnte man die Vergrößerung beliebig steigern. Doch geht man über eine 1500fache Vergrößerung nicht hinaus. Dies liegt nicht an technischem Unvermögen, sondern ist in der Natur des Lichtes bedingt. Darauf können wir erst in der Oberstufe eingehen. Schon bei viel kleineren Vergrößerungen müssen Okular und Objektiv aus mehreren nebeneinanderliegenden Linsen zusammengesetzt werden, um die Linsenfehler, zum Beispiel Verzerrungen, auszugleichen. Die Korrektur dieser Fehler bedingt die Güte, damit aber auch den Preis eines Instruments.

Aufgaben:

1. *Eine Lupe hat die Brennweite $f = 31$ mm. Wie groß ist die Vergrößerung?*

2. *An dem Objektiv eines Mikroskops steht 75, am Okular 12. Berechne die Vergrößerung durch das Mikroskop!*

3. *In Abb. 262.1 ist die Größe des Gegenstands $G = 2$ mm, die des Netzhautbildes $B = 10$ mm. Wie groß würde das Netzhautbild, wenn man das Mikroskop entfernte (miß b und g für diesen Fall)? Berechne die Vergrößerung durch dieses Mikroskop!*

§ 77 Optische Instrumente für Fernbeobachtungen

1. Das astronomische oder Keplersche Fernrohr

Kleine Gegenstände in unmittelbarer Nähe können wir mit Lupe oder Mikroskop vergrößert betrachten. Dabei ist das reelle Zwischenbild B' beim Mikroskop um so größer, je näher man mit dem Objektiv an den Gegenstand herangehen kann, je kleiner also die Brennweite f_1 des Objektivs war. Bei weit entfernten Objekten müssen wir anders vorgehen. Von ihnen entwirft eine Sammellinse in ihrer Brennebene ein reelles Bild. Vom Fotoapparat her wissen wir, daß die Bildgröße mit der Brennweite f_1 wächst. Betrachten wir das Bild mit einer Lupe, haben wir ein Fernrohr.

Versuch 59: Wir stellen eine als Objekt dienende Glühwendel mindestens 4 m entfernt vor dem Augenmodell auf. Das Bild auf der „Netzhaut" ist sehr klein, seine Höhe B_o kaum meßbar. Der Sehwinkel α ist ebenfalls sehr klein. Nun stellen wir als Objektiv eine Sammellinse mit großer Brennweite ($f_1 = 50$ cm) davor. Sie gibt auf einem Schirm ein reelles Zwischenbild B'. Es ist kleiner als der Gegenstand selbst. Doch spielt dies keine Rolle, da wir uns ihm mit Augenmodell und Lupe beliebig nähern können. Wir setzen also B' in die Brennebene der Lupe und nehmen den Schirm weg. Auf der „Netzhaut" des Augenmodells entsteht ein gegen B_o etwa 8mal vergrößertes Bild B_m. Das Zwischenbild B' wird mit der Lupe unter einem cirka 8mal so großen Sehwinkel β gesehen wie der weit entfernte Gegenstand mit dem Auge allein.

> **Das astronomische Fernrohr kann mit einem Fotoapparat verglichen werden, dessen Bild durch eine Lupe betrachtet wird.**

Durch dieses Fernrohr sehen wir die Gegenstände umgekehrt und seitenvertauscht. Das stört bei astronomischen Beobachtungen nicht. Für Meßzwecke kann wie beim Mikroskop in der Ebene des reellen Zwischenbildes ein Fadenkreuz eingebaut werden. Auch beim Fernrohr werden als Objektiv und Okular Linsensysteme benutzt. Das Zwischenbild B' wird einerseits um so größer, je länger f_1 ist. Andererseits erscheint B' unter einem um so größeren Winkel β, je kürzer f_2 ist. Es leuchtet daher ein, daß die Vergrößerung V durch das Fernrohr, das heißt nach Gleichung 262.2 das Verhältnis der Sehwinkel $\beta : \alpha = B_m : B_o$ gleich dem Quotienten $\frac{f_1}{f_2}$ wird:

$$\text{Vergrößerung} \quad V = \frac{f_1}{f_2} \qquad (264.1)$$

Damit das Zwischenbild B' und die Vergrößerung V groß werden, muß die Brennweite f_1 des Objektivs groß sein. Damit wächst nach *Abb. 264.1* die Länge des Fernrohrs

$$L = f_1 + f_2.$$

Das Bild eines Fixsterns ist im Fernrohr nur als Punkt sichtbar, ohne daß wir Einzelheiten auf dem Stern erkennen können. Für die Astronomie ist die Helligkeit des Bildpunktes besonders wichtig.

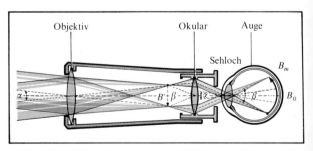

264.1 Strahlengang im astronomischen Fernrohr. Ohne Fernrohr wäre das Bild auf der Netzhaut umgekehrt.

Diese hängt von der Menge des Lichtes ab, die durch das Objektiv in das Fernrohr fällt. Daher baut man astronomische Fernrohre mit großer Objektivöffnung. Eines der größten dieser Art steht in der Yerkes-Sternwarte bei Chicago mit einem Objektivdurchmesser von 1 m und $f_1 = 19$ m.

2. Das Prismenfernglas

Wenn wir das astronomische Fernrohr auf irdische Ziele richten, stören uns die Länge (wenn starke Vergrößerung erreicht werden soll) und die Umkehrung des Bildes. Es gibt jedoch eine Möglichkeit, die Länge zu verkürzen. Man lenkt das Licht im Fernrohr in zwei gleichschenkligen, rechtwinkligen Prismen so um, daß ein Teil seines Weges rückläufig ist. Gleichzeitig wird dabei oben und unten, rechts und links vertauscht, da die Prismen gegeneinander um 90° gedreht sind. Das Bild erscheint also aufrecht und seitenrichtig (siehe *Abb. 265.2*). Wir erhalten ein handliches Fernrohr, das uns richtige Bilder gibt. Die Instrumente werden für zweiäugiges Sehen gebaut und geben dann außerdem noch besonders plastische Bilder, weil die Objektive weiter auseinander-liegen als die Augen *(Abb. 265.1)*.

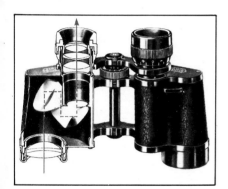

265.1 Strahlengang im Prismenfernglas

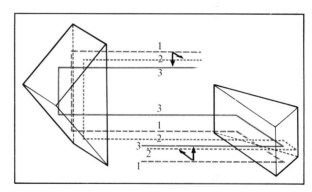

265.2 Zur Strahlenumkehr im Prismenfernglas

3. Das holländische oder Galileische Fernrohr

Versuch 60: Wir erhalten bei unserem Augenmodell ein größeres Bild auf der „Netzhaut", wenn wir die „Augenlinse" durch eine andere mit größerer Brennweite ersetzen und sie weiter wegrücken. Wir müßten also vor unser wirkliches Auge eine Konvexlinse großer Brennweite setzen und zu-

gleich die Brechkraft unserer Kristall-linse durch eine Konkavlinse aufheben. Es genügt jedoch, die Brechkraft der Kristallinse durch die Zerstreuungslinse nur zu vermindern. Die vom Objektiv konvergent gemachten Strahlen würden sich im Zwischenbild B' vereinigen *(Abb. 265.3)*. Dies würde bei einem weit entfernten Gegenstand in der Brenn-

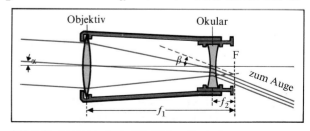

265.3 Strahlengang im holländischen Fernrohr

ebene des Objektivs liegen (F in *Abb. 265.3*). Wenn dort auch der rechte Brennpunkt F der Zerstreuungslinse, also des Okulars, liegt, verlassen die Strahlen diese Linse parallel. Das ist wichtig, damit das Auge nicht zu akkommodieren braucht. Die Abbildung zeigt, daß die Zerstreuungslinse den Sehwinkel von α auf β vergrößert. Man erhält ein vergrößertes Netzhautbild. Die Tubuslänge ist dann nur

$$L = f_1 - |f_2| \ ,$$

während die Vergrößerung unverändert $V = \dfrac{f_1}{|f_2|}$ bleibt.

Das reelle Zwischenbild fehlt. Es kann daher im Fernrohr auch kein Fadenkreuz angebracht werden. Wir sehen aufrechte Bilder der betrachteten Gegenstände. Unsere Operngläser sind Instrumente dieser Art.

4. Die Spiegelfernrohre oder Spiegelteleskope

Bei billigen oder selbstgebauten Fernrohren haben die Bilder — bedingt durch Linsenfehler — oft farbige Ränder. Bei Objektiven großen Durchmessers kann man die Fehler nur schwer beseitigen. Man benutzt daher bei astronomischen Fernrohren als Objektiv einen Hohlspiegel. Bei der Reflexion tritt nämlich im Gegensatz zur Brechung durch Linsen keine Farbenzerstreuung auf.

Den Strahlengang in einem solchen **Spiegelteleskop** (tele, griech.; fern; skopein, griech.; blicken) zeigt *Abb. 266.1*. Die von Fixsternen kommenden Lichtstrahlen fallen durch das vorn offene Fernrohr auf den Spiegel. Das reelle Zwischenbild entsteht in seiner Brennebene. Durch einen Planspiegel werden die Strahlen zur Seite abgelenkt. Das Zwischenbild wird durch ein Okular betrachtet.

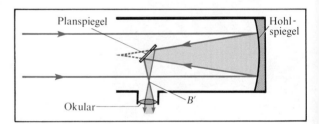

266.1 Spiegelteleskop. Die reflektierten Strahlen werden durch einen kleinen Planspiegel zur Seite gelenkt und erzeugen das Bild B′, das durch das Okular betrachtet wird.

Die größten Spiegelteleskope stehen in dem Observatorium auf dem *Mount Wilson* in Kalifornien (Spiegeldurchmesser 2,5 m; Brennweite 12,9 m) und dem *Mount Palomar* (Durchmesser 5 m; Brennweite 16,8 m). Bei dem letzteren Instrument sitzt der Beobachter sogar mitten im Fernrohr in einer kleinen Kabine, die den Brennpunkt des Spiegels umschließt. Die Helligkeit der Bilder wird dadurch nur unwesentlich geschwächt. Die Leistungsfähigkeit des Teleskops auf dem Mount Palomar ergibt sich aus folgendem Vergleich: Durch stundenlange Belichtung von Fotoplatten können Sterne erfaßt werden, deren Helligkeit etwa dem Leuchten eines Glühwürmchens entspricht, das man aus einer Entfernung von 100 bis 180 km betrachtet. — Noch größer als die amerikanischen Geräte wird ein in der Sowjetunion bei *Tiflis* (Kaukasus) im Bau befindliches Teleskop (Durchmesser des Hohlspiegels 6,10 m; Brennweite mehr als 20 m; Länge des Instruments 25 m; Gewicht 700 t). Der Beobachter sitzt hier nicht im Brennpunkt des Spiegels. Die aufgefangenen Informationen werden vielmehr durch ein Fernsehsystem in einen Kontrollraum übertragen.

Ein Hindernis bei der Erforschung des Weltraums mit großen Fernrohren ist in zunehmendem Maße unsere verschmutzte Erdatmosphäre; sie verschlechtert die Bildqualität, weshalb man heute schon mit astronomischen Beobachtungsstationen in entlegene Gebiete ausweichen muß.

5. Rückschau

Sinn der optischen Instrumente ist es, Sehwinkel und damit Netzhautbilder zu vergrößern. Da die Netzhaut eine „körnige Struktur" hat, erkennt man um so mehr Einzelheiten von einem Gegenstand, je mehr Sehzellen sein Netzhautbild überdeckt. So halfen die optischen Instrumente mit, neue wichtige Erkenntnisse zu gewinnen. Mit Lupe und Mikroskop können außerordentlich mehr Feinheiten „im Kleinen" beobachtet werden, als es mit „unbewaffnetem" Auge möglich ist. Damit wurde unser Erfahrungsbereich im **Mikrokosmos** erweitert. Das Fernrohr läßt bei fernen Objekten mehr Einzelheiten erkennen und vermittelt die Kenntnis von Sternen, die das Auge allein nicht mehr sehen kann. Somit erweitert sich das Bild, das sich der Mensch von der Natur macht, auch nach der Seite des **Makrokosmos**.

Trotzdem hat die geometrische Optik Grenzen. So ist zum Beispiel mit ihr nicht zu erklären, warum bei stetiger Verkleinerung der Lochblende bei einer Lochkamera das Bild nicht entsprechend beliebig schärfer wird. Es fragt sich, ob das Modell „Lichtstrahl" immer ausreicht. Es bleibt der Oberstufe vorbehalten, dieses Problem vertieft zu behandeln. Dann erst werden wir auch versuchen können, eine Antwort auf die Frage nach der physikalischen Natur des Lichtes zu finden. Zunächst haben wir noch die Farberscheinungen physikalisch zu untersuchen.

Aufgaben:

1. *Vergleiche Mikroskop und astronomisches Fernrohr miteinander! Welche Übereinstimmungen und welche Unterschiede lassen sich feststellen?*
2. *Warum ist ein Fernrohr mit starker Vergrößerung länger als ein solches mit schwacher?*
3. *Warum muß bei einem Fernrohr das Okular verschiebbar sein?*
4. *Welche Tubuslänge muß ein astronomisches Fernrohr haben, dessen Objektiv die Brennweite $f_1 = 1$ m und dessen Okular die Brennweite $f_2 = 5$ cm haben? Wie stark ist die Vergrößerung? Um wieviel* cm *muß der Tubus verlängert werden, wenn ein Gegenstand in 50 m, 25 m Entfernung betrachtet werden soll?*
5. *Wie kann man durch Zwischenschalten einer Sammellinse ($f_3 = 4$ cm) zwischen Objektiv ($f_1 = 60$ cm) und Okular ($f_2 = 2,5$ cm) eines astronomischen Fernrohrs das Bild umkehren? Wo müssen die beiden Brennpunkte dieser „Umkehrlinse" liegen, wenn sie keine zusätzliche Vergrößerung liefern soll? Gib Tubuslänge und Vergrößerung an! Warum wird ein solches Instrument terrestrisches (terra, lat.; Erde) oder Erdfernrohr genannt?*

§ 78   Farbige Lichter; das Spektrum

1.   Das Entstehen des kontinuierlichen Spektrums

Versuch 61: Bei Linsenbildern stören gelegentlich farbige Ränder. Es interessiert uns, wodurch sie entstehen. In Versuch 34 ließen wir einen einfarbigen Lichtstrahl auf ein Prisma fallen. Er wurde abgelenkt. Wiederholen wir den Versuch mit weißem Licht, so wird der Strahl nicht nur gebrochen, sondern zu einem Fächer verschiedenfarbigen Lichtes verbreitert. Diese Erscheinung wollen wir genauer untersuchen.

Versuch 62: Wir stellen auf der optischen Bank den Glühfaden einer Experimentierleuchte senkrecht und bilden ihn mit einer Sammellinse auf einem einige Meter entfernten Schirm ab (gestrichelte Strahlen in *Abb. 268.1*). Eine rote Glasscheibe, die wir in den Strahlengang des weißen Lichtes halten, läßt nur rotes Licht durch. Das Bild des Glühfadens sieht rot aus. Jetzt schieben wir dicht hinter der Linse ein **Prisma** in den Weg des Lichts (brechende Kante parallel zum Glühfaden). Die Strahlen werden ge-

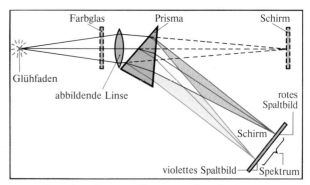

268.1 Versuchsaufbau zur Erzeugung eines Spektrums

brochen und das rote Bild zur Basis hin abgelenkt. Ersetzen wir die rote Glasscheibe durch eine gelbe, so sehen wir ein gelbes Bild, das aber etwas stärker als das rote abgelenkt wird. So können wir mit verschiedenfarbigen Gläsern die entsprechenden farbigen Bilder erzeugen. Ohne alle Farbgläser sehen wir nicht etwa ein einziges Bild des Glühfadens, sondern ein zusammenhängendes Farbenband, ein **Spektrum** (spicere, lat.; schauen), das sich aus vielen farbigen Bildern zusammensetzt *(Abb. 268.2)*.

268.2 Kontinuierliches Spektrum

> **Verschiedenfarbige Lichter werden durch ein Prisma verschieden stark gebrochen. Fällt weißes Licht durch ein Prisma, so entsteht ein kontinuierliches Spektrum.**
>
> **Man hebt 6 Spektralfarben namentlich hervor: Rot, Orange, Gelb, Grün, Blau und Violett.**

Wir sehen allerdings weit mehr Farbtöne (etwa 140), die im kontinuierlichen Spektrum fließend ineinander übergehen. Ein ganz entsprechendes Spektrum liefert das Licht anderer glühender fester Körper (Bogenlampenkohle) und flüssiger Körper (Eisenschmelze). Auch das Sonnenlicht gibt ein kontinuierliches Spektrum. Deshalb sehen wir zum Beispiel Farben, wenn die Sonne auf geschliffene Glasschalen, Weingläser und dergleichen scheint.

2. Spektralreines farbiges Licht

Versuch 63: Wir wollen nun klären, ob sich eine einzelne Spektralfarbe noch weiter in Farben aufspalten läßt oder anderweitig durch ein Prisma verändert wird. Hierzu blenden wir nach *Abb. 268.3* aus dem Spektrum zum Beispiel Grün aus und lassen es auf ein zweites Prisma fallen. Dieses ergibt keine neuen

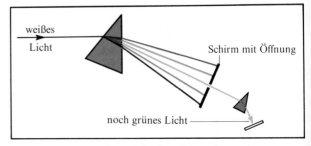

268.3 Eine Spektralfarbe läßt sich nicht weiter zerlegen.

anderen Farben. Man sagt, das Licht ist **spektralrein** oder **monochromatisch** (monos, griech.; einzeln; chroma, griech.; Farbe).

> **Farbiges Licht, dessen Farbe sich in einem Prisma nicht verändern läßt, heißt spektralrein. Das Spektrum ist aus solchen spektralreinen Farben zusammengesetzt.**

3. Die Wiedervereinigung des Spektrums zu weißem Licht

Versuch 64: Nach *Abb. 269.1* halten wir eine Sammellinse in das Spektrum hinter einem Prisma. Sie holt das ursprünglich auf dem Schirm erzeugte Spektrum näher heran. Es kann mit einem Schirm zum Beispiel an der Stelle A aufgefangen werden. Bewegt man den Schirm von der Linse weg, so vereinigen sich zuerst in der Mitte, dann auch an den Rändern die farbigen Lichter zu Weiß. Die Vereinigung geschieht also

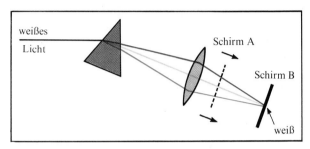

269.1 Das Spektrum läßt sich zu weißem Licht vereinigen.

nicht in der Linse, sondern erst im Raum hinter ihr. Aus den Versuchen 62 und 64 folgt, daß das weiße Licht aus farbigen Lichtern zusammengesetzt ist und in diese wieder zerlegt werden kann. Diese Zerlegung nennt man auch **Dispersion** des Lichts (dispersio, lat.; Zerstreuung).

> **Weißes Glühlicht ist nicht spektralrein, sondern eine Mischung aller farbigen Lichter des Spektrums.**

4. Der Regenbogen

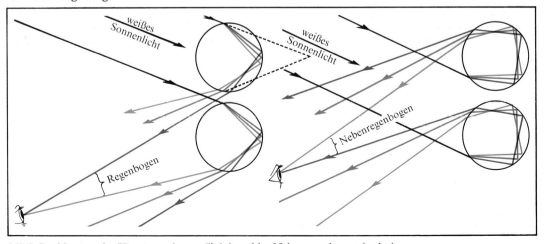

269.2 Strahlengang im Hauptregenbogen (links) und im Nebenregenbogen (rechts)

Fällt weißes Sonnenlicht auf eine Regenwand, so wird es beim Eintritt in die Wassertröpfchen gebrochen, in ihnen reflektiert und beim Austritt erneut gebrochen. Den Strahlengang zeigt die *Abb. 269.2.* Der Hauptregenbogen kommt durch einmalige Reflexion in den Tropfen zustande. Die entstehenden Farben gehen von Rot (außen) zu Violett (innen). Bei dem manchmal außerdem sichtbaren, aber lichtschwächeren Nebenregenbogen erfolgt zweimalige Reflexion. Hier erscheinen die Farben Rot innen, Violett außen.

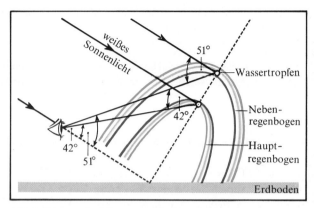

270.1 Schema des Haupt- und Nebenregenbogens

5. Linienspektren

Versuch 65: Glühende feste und flüssige Körper senden Licht aus, das beim Zerlegen ein kontinuierliches Spektrum ergibt. In Natriumdampf- und Quecksilberdampflampen geht Licht von elektrisch angeregten Gasen aus. Sie geben das gelbe beziehungsweise fahl-grünliche Licht von Straßen- und Reklamebeleuchtungen. Wir zerlegen dieses Licht nach Versuch 62 und stellen fest, daß das Spektrum des Natriumdampfes lediglich aus einer gelben Linie besteht. Beim Quecksilberdampf ergeben sich mehrere farbige **Emissionslinien** (emissio, lat.; Aussendung).

270.2 Linienspektren von Natriumdampf, Wasserstoff und Quecksilberdampf (von oben nach unten)

Auch andere Gase, die durch elektrische Vorgänge zum Leuchten angeregt werden, liefern solche Linienspektren, zum Beispiel Wasserstoff, Sauerstoff, Helium. Lage und Farbe dieser Linien sind für jedes einzelne chemische Element so kennzeichnend, daß man darauf die Methode der **Spektralanalyse** aufbaute. Das beobachtete Spektrum wird in einer Spektraltafel aufgesucht. Mit diesem Verfahren ist es nicht nur möglich, chemische Substanzen in unseren Laboratorien zu analysieren, vielmehr können wir durch die Spektralanalyse des Lichtes von Gestirnen Auskunft über ihren stofflichen Aufbau erhalten. Die zugehörigen Geräte nennt man **Spektroskope.**

> **Leuchtende Gase und Dämpfe ergeben im allgemeinen Linienspektren.**
> **Man kann sie zur Spektralanalyse verwenden.**

6. Unsichtbare Bereiche des Spektrums

Versuch 66: Wir ersetzen in Versuch 62 den Papierschirm zum Auffangen der farbigen Lichter durch einen Zinksulfidschirm. Als Lichtquelle benutzen wir eine Experimentierleuchte oder eine Kohlebogenlampe. Der Zinksulfidschirm leuchtet auch noch jenseits des sichtbaren violetten Endes des Spektrums auf. Offenbar gibt es Lichtstrahlen, für welche die Netzhaut des menschlichen Auges unempfindlich ist. Licht, das durch ein Prisma stärker als Violett abgelenkt wird (und z. B. mit dem Zinksulfid-Schirm nachgewiesen werden kann), heißt **ultraviolettes Licht** (kurz UV-Licht).

Ultraviolettes „Licht" wird von sehr heißen Lichtquellen (Sonne, Bogenlampe) und besonderen UV-Lampen ausgestrahlt. Es bräunt die Haut und fördert die Bildung des wichtigen Vitamins D in unserem Körper. Zu starkes Einwirken ultravioletten Lichtes ist aber schädlich (Sonnenbrand).

Das ultraviolette Sonnenlicht wird zum großen Teil in der Lufthülle der Erde absorbiert. Es wirkt daher in größeren Höhen, zum Beispiel auf Bergen, stärker. Manche Insekten, zum Beispiel Bienen, können diesen Teil des Lichtspektrums noch wahrnehmen.

Versuch 67: Mit einem sehr empfindlichen Thermometer tasten wir das Spektrum vom blauen nach dem roten Ende hin ab. Dabei zeigt es einen Anstieg der Temperatur an. Gehen wir über das rote Ende hinaus, dann steigt die Temperatur in einem bestimmten Gebiet sogar noch weiter, obwohl dort der Schirm dem Auge dunkel erscheint.

Die Wirkung in diesem Spektralbereich wird vom sogenannten **infrarotem Licht** (andere Bezeichnung: **ultrarotes Licht**) hervorgerufen. Es wird von einer Heizwendel auch dann ausgesandt, wenn sie noch nicht glüht, ebenso von einem heißen Ofen oder Bügeleisen. Es breitet sich nach den Gesetzen des sichtbaren Lichtes aus, durchdringt aber Nebel und Dunstschleier besser. Daher kann man heute mit speziellen fotografischen Filmen Infrarotaufnahmen von Gegenständen herstellen, die uns sonst im Nebel oder Rauch verborgen blieben. Sogar im Dunkeln sind Aufnahmen von Objekten möglich, wenn sie nur Wärme (infrarotes Licht) ausstrahlen *(Abb.271.1)*.

> **Das Emissionsspektrum glühender Körper enthält außer dem sichtbaren Teil den infraroten und den ultravioletten Bereich. Auch mäßig warme Körper senden infrarotes Licht aus.**

271.1 Links: Landschaft aufgenommen in weißem Licht mit Normalfilm; rechts: dieselbe Landschaft im infraroten Licht aufgenommen mit Spezialfilm. Infrarotstrahlen durchdringen den Dunst.

7. Absorptionsspektren

Versuch 68: Farbige Flüssigkeiten, die man in Küvetten in den Strahlengang von Versuch 62 bringt, sowie Farbgläser und Farbfolien absorbieren bestimmte Farben. Nach Zerlegen des verbleibenden Lichts entsteht das **Absorptionsspektrum** (absorbere, lat.; aufschlürfen).

272.1 Absorptionsspektrum von Chlorophyll

Im kontinuierlichen Spektrum des Sonnenlichtes treten schwarze Linien auf, die als *Absorptionslinien* gedeutet werden. Aus ihnen zieht man den Schluß, daß die weißglühende Sonne von glühenden Dämpfen, der *Chromosphäre*, umgeben ist, die bestimmte Farben des Sonnenlichtes in schmalen Bereichen absorbiert. Aus der Lage der Linien kann man feststellen, welche chemischen Elemente in der Sonnenhülle (und entsprechend auf anderen Himmelskörpern) vorkommen — **Spektralanalyse**. Das Element Helium ist auf diese Weise auf der Sonne (von der es seinen Namen hat) früher entdeckt worden als auf der Erde.

Farbige Körper, die von weißem Licht durchstrahlt werden, erzeugen (in einem Spektralapparat) Absorptionsspektren.

---

8. Achromatische Prismen- und Linsensysteme

Nach § 68 können wir uns Linsen aus Prismenstücken aufgebaut denken. Damit wird verständlich, daß die Sammel- und Zerstreuungswirkung von einfachen Linsen für die verschiedenen Spektralfarben etwas verschieden ist. Durch diesen Effekt erhalten die von Linsen erzeugten Bilder unerwünschte farbige Ränder (*Farbfehler* oder *chromatischer Fehler*, chroma, griech.; Farbe). Durch Verwendung zweier Glassorten mit verschiedenen optischen Eigenschaften kann man den Farbfehler weitgehend beheben. Am besten versteht man die Korrektur des Farbfehlers von Linsen nach der Erklärung der Wirkungsweise eines achromatischen Prismas (a, griech.; verneinende Vorsilbe):

Ein **achromatisches Prisma** ist aus einem *Kronglasprisma* und einem *Flintglasprisma* mit kleinerem Keilwinkel so zusammengesetzt, daß die Ablenkungsrichtungen entgegengesetzt sind (vergleiche *Abb. 272.3*). *Flintglas* liefert (bei gleichen geometrischen Verhältnissen) eine etwas größere Ablenkung aller Farben und eine etwa doppelt so große Auffächerung der Farben gegenüber *Kronglas*. Da der Keilwinkel am Flintglasprisma kleiner ist, wird die im Kronglasprisma erzielte Ab-

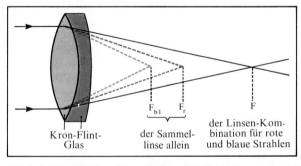

272.2 Achromatisches Linsensystem, bei dem die roten und blauen Strahlen einen gemeinsamen Brennpunkt erhalten.

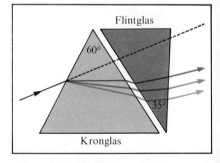

272.3 Achromatisches Prismensystem; die austretenden Farben sind parallel.

lenkung der Strahlen im Flintglas nicht aufgehoben; doch verlassen die verschiedenen Farben das Flintglasprisma alle parallel zueinander. Wenn man nun in *Abb. 272.3* den gezeichneten Einfallsstrahl durch das tatsächlich einfallende breite Parallelbündel ersetzt, so erkennt man, daß an der letzten brechenden Fläche alle Farben parallel zueinander und sich überdeckend austreten. Sie überlagern sich zu weißem Licht.

Durch Zusammensetzen einer Sammellinse aus Kronglas und einer Zerstreuungslinse aus Flintglas zu einem insgesamt noch sammelnden Linsensystem (**achromatische Linse**) kann man in entsprechender Weise den Farbfehler für eine Sammellinse aufheben *(Abb. 272.2)*.

§ 79 Die Addition von Farben

1. Komplementärfarben

Versuch 69: In Versuch 64 haben wir alle farbigen Lichter zu Weiß vereinigt. Hinter der Linse gab es in *Abb. 269.1* bei A noch ein Spektrum. Wir schieben dort ein schmales Prisma in den Strahlengang und lenken das Rot zur Seite *(Abb. 273.1)*. Der Rest des Spektrums wird jetzt zu Grün zusammengefaßt. Nehmen wir das Prisma wieder fort, dann ergänzt das Rot das Grün zu Weiß. Rot und Grün heißen daher Ergänzungs- oder **Komplementärfarben** (complementum, lat.; Ergänzung).

Wir schieben nun das schmale Prisma durch das ganze Spektrum und blenden so der Reihe nach die einzelnen Spektralfarben aus. Dabei finden wir die folgende Zuordnung *(Tabelle 273.1* und *Abb. 273.2)*.

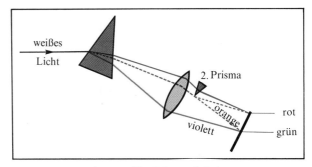

273.1 Das Entstehen von Komplementärfarben

Tabelle 273.1

Ausgeblendete Spektralfarbe	Rot	Orange	Gelb	Grün	Blau	Violett
Mischfarbe des Restes	Grün	Blau	Violett	Rot	Orange	Gelb

273.2 Hier stehen Paare von Komplementärfarben übereinander.

Jede Farbe taucht in der Tabelle zweimal auf, als *spektralreine* und als *Mischfarbe*. Spiegeln wir mit zwei schmalen Spiegelstreifen aus dem Spektrum zwei spektralreine Farben, zum Beispiel Rot und Grün, auf dieselbe Stelle eines Schirms, so ergänzen sie sich ebenfalls zu Weiß. Die Tabelle gilt demnach auch für spektralreine farbige Lichter. Unser Auge gibt allerdings keine Auskunft, um welche Art Farbe es sich handelt. Das läßt sich nur durch das physikalische Verfahren der Farbenzerlegung entscheiden.

> **Die Farben zweier Lichter, die sich zu Weiß ergänzen, heißen Komplementärfarben.**

2.   Addition farbiger Lichter

Versuch 70: Bei den letzten Versuchen addierten wir auf dem Schirm zwei Komplementärfarben. Nun werfen wir aus zwei Projektoren mit vorgeschalteten Farbfiltern zwei im Spektrum nebeneinanderliegende Farben, zum Beispiel Rot und Gelb, auf einen Schirm. Dann entsteht dort kein Weiß. Das Auge erhält den Farbeindruck Orange. Werfen wir spektralreines Rot und Gelb auf den Schirm, so können wir die entstandene Farbe Orange durch ein Spektroskop wieder in Rot und Gelb zerlegen. Es handelt sich also um eine Mischfarbe.

Die beiden Endfarben des Spektrums Rot und Violett ergeben, wenn sie aufeinander projiziert werden, die nicht im Spektrum enthaltene Mischfarbe *Purpur*. Ein monochromatisches Licht mit dieser Farbempfindung gibt es nicht.

Im Spektralapparat stellt sich das Spektrum als kontinuierliches Band dar, dessen Enden Rot und Violett keine Verwandtschaft erkennen lassen. Nun haben wir gesehen, daß man diese Enden *für das Auge* zur Mischfarbe Purpur addieren kann. Dabei bekommt man durch Ändern des Mischungsverhältnisses von Rot und Violett einen kontinuierlichen Übergang zwischen den beiden Enden des Spektrums über diese Purpurtöne. Auch die verschiedenen Orangetöne können als Mischfarbe aus den benachbarten Spektralfarben Rot und Gelb hergestellt werden. Folglich wird *für das Auge* das Spektrum über die Purpurtöne zum **Farbenkreis** geschlossen *(Abb. 274.1)*. Anhand dieses Farbenkreises kann man mit folgenden einfachen Merkregeln voraussagen, wie sich farbige Lichter addieren.

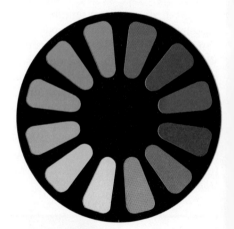

274.1 Der Farbenkreis

> Addiert man Lichter, deren Farben sich im Farbenkreis gegenüberliegen (Komplementärfarben), so erhält man Weiß. Addiert man Lichter, deren Farben im Farbenkreis näher beieinanderliegen, so erhält man eine Farbempfindung, die der dazwischenliegenden Farbe entspricht.
> Die Gesetze der additiven Farbenmischung sind unabhängig davon, ob man monochromatisches oder Mischlicht verwendet.

§ 80 Körperfarben; die subtraktive Farbenmischung

1. Farbfilter

Bringen wir in Versuch 62 zur Zerlegung des weißen Lichtes zwischen Licht und Prisma farbige Gläser, sogenannte *Farbfilter*, dann erhalten wir Absorptionsspektren (vergleiche *Abb. 272.1*). Läßt ein Farbenglas nur eine Spektralfarbe durch, nennt man es ein *spektralreines Farbfilter*. Andernfalls läßt es eine Mischfarbe durch. Farbfilter sehen wir zum Beispiel in den Verkehrsampeln.

> Farbengläser lassen entweder nur eine Spektralfarbe durch oder mehrere und liefern dann eine Mischfarbe.

Das *Gelbfilter* eines Fotografen absorbiert fast das ganze blaue Ende des Spektrums, läßt aber das rote Ende durch. Es dämpft daher die Einwirkung des blauen Lichtes des Himmels, das die fotografische Schicht besonders stark schwärzt, so daß Wolken sichtbar werden, die sich ohne Verwendung eines Gelbfilters im Foto vom Himmel kaum abheben würden (vergleiche die Fotos, *Abb. 275.1*).

275.1 Oben: Landschaft im Sonnenlicht aufgenommen ohne Gelbfilter; unten: dieselbe Landschaft, aufgenommen mit Gelbfilter. An Häusern und Landschaft ergeben sich kaum Änderungen; dafür werden die Wolken sichtbar.

2. Körperfarben

Bisher experimentierten wir mit farbigen Lichtern, die wir auf einen weißen Schirm fallen ließen, der uns dann farbig erschien. Es gibt aber auch Körper, die bei Beleuchtung mit weißem Licht farbig sind. Wir untersuchen nun, wie ihre Farbe entsteht.

Versuch 71: Wir lassen die Lichter eines Spektrums auf ein Stück Tuch fallen, das im Sonnenlicht leuchtend rot aussieht. Dann kann es sein, daß das Tuch nur im roten Teil des Spektrums rot erscheint, sonst schwarz. In diesem Falle verschluckt oder absorbiert der Stoff alle im weißen Licht enthaltenen Farben außer Rot. Es gibt aber auch rote Körper, die mehrere Bezirke des Spektrums reflektieren. Nach den Regeln der additiven Farbenmischung empfindet dann das Auge die Farbe Rot.

Ein nicht selbstleuchtender Körper erzeugt kein farbiges Licht, er wählt nur aus dem auffallenden Licht Farben aus, die er in unser Auge reflektiert. Man schreibt sie trotzdem dem Körper als sogenannte **Körperfarben** zu.

Körper erscheinen farbig, wenn sie entweder eine Spektralfarbe reflektieren oder wenn sie mehrere Spektralfarben als Mischfarbe reflektieren.

Versuch 72: Im gelben Licht einer Natriumdampflampe sehen rote und blaue Stoffe schwarz aus, denn sie reflektieren Gelb nicht. Reflektiert ein Körper alle Farben des Spektrums in gleicher Stärke, erscheint er uns weiß oder grau, wenn er alle Farben völlig absorbiert, schwarz.

3. Die subtraktive Farbenmischung

Versuch 73: Wir lassen weißes Licht eines Projektors nacheinander durch ein gelbes und ein blaues Filter gehen *(Abb. 276.1)*. Auf dem Schirm sehen wir die Farbe, die von beiden durchgelassen wird, nämlich Grün. Diese Farbe entsteht durch Wegnahme (Subtraktion) aller anderen farbigen Lichter aus dem weißen Licht.

Versuch 74: Wir lösen etwas Blau und Gelb aus dem Tuschkasten in Wasser auf, mischen die Farben und streichen die Mischung auf Papier. Wir erhalten Grün.

Da die Farbkörnchen in mehreren Schichten auf dem Papier liegen und innig vermischt sind, dringt weißes Licht, bevor es reflektiert wird, durch beide Arten der Farbkörnchen. Nacheinander werden alle farbigen Lichter mit Ausnahme von Grün weggenommen. Man spricht von einer **subtraktiven Farbenmischung.** Hier werden farbige Körper gemischt, keinesfalls farbige Lichter wie bei der *additiven Farbenmischung* (siehe *Abb. 276.2* und vergleiche mit *Abb. 277.2*).

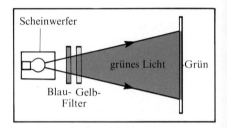

276.1 Subtraktive Farbenmischung durch Farbfilter

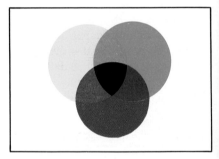

276.2 Subtraktive Farbenmischung bei Farbstoffen

Die Mischung farbiger Körper (materielle Farbmischung) führt zu einer subtraktiven Farbmischung. Bei ihr werden aus weißem Licht mehrere Spektralbereiche absorbiert; die restlichen farbigen Lichter addieren sich und geben den Farbeindruck der Mischung.

---

4. Das Verhüllungsdreieck

Mischfarben sind im allgemeinen nicht so leuchtend wie Spektralfarben. Wird zum Beispiel aus dem vollständigen Spektrum Grün weggenommen, so ergänzen sich sowohl Blau und Orange als auch Violett und Gelb zu Weiß. Das zum weggenommenen Grün komplementäre Rot wird also durch Weiß aufgehellt; es entsteht Rosa. Im Tuschkasten erhält man Rosa auch durch Mischen der Farben Rot und Weiß. Mischt man dagegen im Tuschkasten Rot und Schwarz, so entsteht Braun. Je mehr Schwarz man nimmt, desto dunkler wird das Braun.

Die Farben Rosa und Braun findet man im **Verhüllungsdreieck** *(Abb. 277.1)*. Dort sind eine Reihe verschiedener Farbtöne zu Rot angegeben, je nachdem ob zu Rot mehr Weiß oder Schwarz hinzugefügt wurde. Ein solches Verhüllungsdreieck läßt sich für alle Farben des Farbenkreises entwerfen. Es gibt die Übergänge an zwischen dieser Farbe und Weiß bzw. Schwarz; die Farben werden „verhüllt". Auf diese Weise erhält man die Farbtöne Olivgrün, Ocker usw. Die Basis des Verhüllungsdreiecks wird von der sogenannten *Grauleiter* von Weiß bis Schwarz gebildet. Man erhält sie im Tuschkasten, indem man für die nächst dunklere Abstufung immer mehr Schwarz zu Weiß beimischt.

277.1 Das Verhüllungsdreieck

§ 81 Die Farbwahrnehmung des Auges und Anwendungen der Farbenlehre

1. Die Dreifarbentheorie

Unsere Netzhaut ist so beschaffen, daß sich alle farbigen Eindrücke aus drei *Grundfarben* additiv zusammensetzen lassen. Es sind Rot, Gelbgrün und Blauviolett. Die *Abb. 277.2* zeigt, wie man durch Projektion dieser Grundfarben auf einem Schirm den Farbeindruck Weiß erhält. Addiert man nur zwei von ihnen, so entstehen andere Farben wie Gelb, Hellblau oder Purpur.

In der Netzhaut des Auges gibt es drei Arten von Zapfen, rot-, gelbgrün- und blauempfindliche. Die *Abb. 278.1* zeigt, daß jede Art für einen Teilbereich des Spektrums empfindlich ist. Die für Rot empfindlichen Zapfen lösen im Gehirn auch dann die Empfindung Rot aus, wenn sie von benachbarten Spektral-

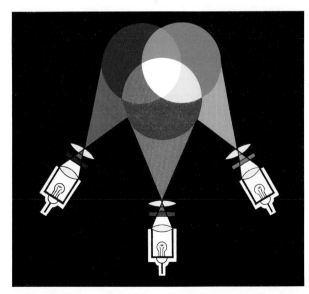

277.2 Additive Mischung der drei Grundfarben durch Projektion auf einen Schirm

farben getroffen werden, jedoch weniger stark. Gelbes Licht zum Beispiel läßt die rot- und gelbgrünempfindlichen Zapfen etwa gleich stark ansprechen. Weiß empfinden wir dann, wenn alle Zapfen gleichmäßig starke Eindrücke empfangen. Diese Eigenart der Zapfen ist die Voraussetzung für **farbiges Sehen.**

2. Das Farbfernsehen

Für die Übertragung von farbigen Fernsehsendungen werden die Vorgänge bzw. Objekte durch drei in einem Aufnahmegerät vereinigte Kameras mit vorgesetzten Farbfiltern in den drei Grundfarben aufgenommen. Die Farben und ihre Sättigung werden in elektrische Signale umgewandelt, die der Sender ausstrahlt. Sie steuern am Empfangsort in der Bildröhre des Empfängers drei Erzeuger von Elektronenstrahlen. Diese sind so gerichtet, daß sie gemeinsam, aber immer mit etwas verschiedenen Richtungen durch die 357000 Löcher in einer sogenannten *Lochmaske* hindurchlaufen *(Abb. 278.4).*

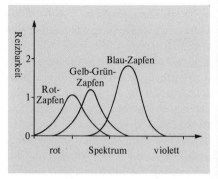

278.1 Die Farbempfindlichkeit der Zapfen der Netzhaut

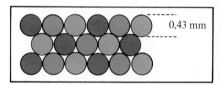

278.2 Farbaussendende Scheibchen des Bildschirms eines Farbfernseh-Empfängers

Die durchlaufenden Elektronenstrahlen treffen auf dem dicht dahinterliegenden Bildschirm auf Scheibchen verschiedenartiger Farbstoffe. Wegen der verschiedenen Richtungen der Elektronenstrahlen werden die rotes Licht aussendenden Scheibchen nur von einem der drei Strahlen, die Grün aussendenden von dem zweiten, die Blau aussendenden von dem dritten Strahl getroffen. Sie leuchten entsprechend der Helligkeit des aufgenommenen Objektes verschieden stark auf. Die Scheibchen liegen so eng nebeneinander, daß die von ihnen ausgehenden farbigen Lichter im Auge zu dem gewünschten Farbeindruck addiert werden *(Abb. 278.3* und *278.4).*

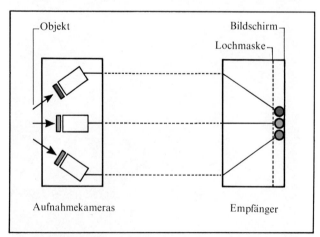

278.3 Farbfernsehübertragung: Drei Bilder in jeweils einer der drei Grundfarben werden gesendet und im Empfänger zu einem vielfarbigen Bild zusammengesetzt. Näheres in der Oberstufe!

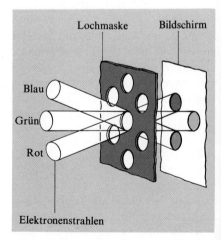

278.4 Farbpunkte auf dem Bildschirm leuchten in den drei Grundfarben beim Auftreffen der Elektronenstrahlen auf.

3. Die Farbfotografie

Man kann fast alle vorkommenden Farben auch durch *subtraktive* Farbmischung aus den drei Grundfarben *Blau, Grün* und *Rot* erhalten. Bei einem der möglichen Verfahren der Farbfotografie benutzt man dies. Der *Farbfilm* besitzt drei farbempfindliche Silberhalogenidschichten. Die oberste Schicht ist nur blauempfindlich; nach Einfall von *blauem* Licht wird sie beim Entwickeln *gelb* (s. *Abb. 279.1*, 2. Zeile). Darunter liegt ein Gelbfilter, das die tiefer liegenden Schichten vor Blau schützt; es wird beim Entwickeln herausgelöst. *Grünes* Licht erzeugt in der nächsten Schicht *Rot* und *rotes* Licht in der letzten Schicht *Grün*. Der **Negativfilm** erscheint also nach dem Entwickeln in den Komplementärfarben zum einfallenden Licht; Weiß geht dabei in Schwarz über und umgekehrt (3. Zeile in *Abb. 279.1*). Um ein **Farbpositiv** zu bekommen, kopiert man auf Papier, das wie der Film präpariert ist, mit weißem Licht um (vergleiche mit der Schwarz-Weiß-Fotografie; betrachte die beiden letzten Zeilen in *Abb. 279.1*!) — Beim **Umkehrfilm,** mit dem man *Farbdias* erhält, entstehen durch mehrere komplizierte Prozesse die Farbtöne des Originals unmittelbar auf dem ursprünglichen Film.

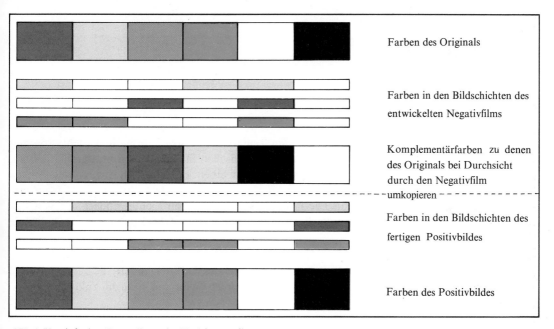

Farben des Originals

Farben in den Bildschichten des

entwickelten Negativfilms

Komplementärfarben zu denen des Originals bei Durchsicht durch den Negativfilm umkopieren

Farben in den Bildschichten des fertigen Positivbildes

Farben des Positivbildes

279.1 Vereinfachte Darstellung der Farbfotografie

5. Der Drei- und Vierfarbendruck

Soll eine farbige Vorlage im Druck wiedergegeben werden, muß man zuerst Farbfotos in den drei Grundfarben herstellen. Nach ihnen werden Druckplatten im Rasterverfahren geätzt. Sie übertragen die drei Farben beim Druck auf das Papier (Dreifarbendruck). Dabei fallen die farbigen Rasterpunkte teils aufeinander, teils

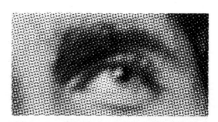

279.2 Ausschnitt aus einem Farbdruck

nebeneinander. Der Betrachter sieht dann teils subtraktiv (wie beim Farbfoto), teils additiv (wie beim Farbfernsehen) die Farbtöne des Originals. Um dem Bild scharfe Konturen und plastische Wirkung zu geben, wird meist zusätzlich eine Schwarzplatte mitgedruckt. Dann spricht man vom Vierfarbendruck *(Abb. 279.2)*.

Aufgaben:

1. *Wie kann man spektralreines farbiges Licht von Mischlicht unterscheiden?*

2. *Warum haben Geschäfte, die Kleiderstoffe verkaufen, sogenannte „Tageslichtlampen"?*

3. *Wann sieht ein durchsichtiger Körper grün aus?*

4. *Betrachte kurzzeitig das Bild auf der Mattscheibe eines Farbfernsehapparates durch die Lupe!*

5. *Weshalb darf man für Versuch 73 keine spektralreinen Farbfilter verwenden?*

§ 82   Die Lichtmessung; Fotometrie

1.   Die Lichterzeugung

Versuch 75: Nach § 59 erzeugen die sogenannten **Temperaturstrahler** Wärme und Licht. So glüht der Wolframdraht in einer Glühlampe durch den elektrischen Strom und strahlt damit Licht ab. Wir schicken durch einen isoliert aufgehängten Draht einen zunächst schwachen elektrischen Strom. Der Draht wird heiß und beginnt schwach rot zu glühen. Je mehr wir den Strom verstärken, desto heißer wird der Draht. Die Farbe des ausgestrahlten Lichtes ändert sich von Rot über Gelb nach Weiß und nähert sich der Farbe des Sonnenlichtes. Gleichzeitig wird der glühende Draht auch immer heller.

Wir untersuchen das Spektrum, während sich die Farbe des Drahtes ändert. Es zeigt sich, daß bei wachsender Temperatur zu Rot und Gelb immer mehr Grün und Blau hinzukommen.

Tabelle 280.1

Lichtquelle, Temperaturstrahler	Temperatur	Farbe des Lichtes	Lichtquelle, Temperaturstrahler	Temperatur	Farbe des Lichtes
Rotglühende Eisenkugel	550 °C	rot	Wolframglühdraht	2 600 °C	gelbweiß
Stearinkerze, Petroleumlampe	750 °C	gelbrot	Elektrischer Lichtbogen, Kinolampe	3 800 °C	weiß
Gasglühlicht	2 100 °C	gelbweiß	Sonnenoberfläche	6 000 °C	weiß

Je heißer eine Lichtquelle ist, desto weißer und heller strahlt sie.

Temperaturstrahler arbeiten als Quellen für sichtbares Licht unwirtschaftlich, weil sie mehr Energie in anderer Form abstrahlen. Die elektrische Glühlampe wandelt zum Beispiel nur 5% der zugeführten Energie in sichtbares Licht um. Die häufig für die Beleuchtung von Räumen und Straßen verwendeten Leuchtstoffröhren strahlen dagegen Licht bei normaler Zimmertemperatur aus. Dabei liegen physikalische Vorgänge zugrunde, die wir erst auf der Oberstufe erörtern können. Dies gilt ebenso für das farbige Licht der Leuchtröhren der Reklamebeleuchtung. Auf chemischen Umsetzungen beruht das Licht, das von Phosphor, an der Luft faulendem Holz oder von Glühwürmchen ausgeht.

2. Die Lichtstärke *J*

Lichtquellen sind verschieden hell. Man sagt, sie haben verschiedene **Lichtstärken.** Um sie messen zu können, brauchen wir eine Maßeinheit.

> **Als Einheit der Lichtstärke ist 1 Candela (cd) festgelegt (candela, lat.; Wachsschnur, Kerze). Es ist die Lichtstärke, die senkrecht von $\frac{1}{60}$ cm^2 der Oberfläche eines Ofens abgestrahlt wird, der sich bei bestimmten Betriebsbedingungen auf der Temperatur erstarrenden Platins (ca. 1773 °C) befindet.**

Die Flamme einer Haushaltskerze hat ungefähr die Lichtstärke 1 cd. Zwei, drei oder vier eng zusammenstehende Kerzen haben entsprechend die Lichtstärken $J = 2, 3, 4$ cd. Die einzelne Kerze erscheint uns nicht heller, wenn vier leuchten. Von vier zusammen geht aber in jeder Sekunde die vierfache Lichtmenge aus und beleuchtet eine Fläche viermal so stark. Wir messen deshalb Lichtstärken auf dem Umweg über die Beleuchtungsstärke von Flächen.

3. Die Beleuchtungsstärke *E*

Versuch 76: Wir stellen eine Lichtquelle mit der Lichtstärke 1 cd in 1 m Entfernung senkrecht vor die Mitte eines mattweißen Kartons auf und vereinbaren:

> **Die Einheit der Beleuchtungsstärke ist das Lux (lx) (lux, lat.; Licht). Eine Fläche hat die Beleuchtungsstärke 1 lx, wenn sie im Abstand von 1 m senkrecht zu der von einer kleinen Lichtquelle mit der Lichtstärke 1 cd ausgehenden Strahlung steht.**

Stellen wir in dem Versuch 2, 3 oder 4 Kerzen statt der einen auf, so legen wir fest, die Beleuchtungsstärke auf dem Karton sei $E = 2, 3$ oder 4 lx. Die Beleuchtungsstärke ist proportional der Lichtstärke J; $E \sim J$. Fallen die Lichtstrahlen nicht senkrecht auf die Fläche, so wird die Beleuchtungsstärke geringer, wie *Abb. 281.1* zeigt; die gleiche Lichtmenge verteilt sich auf eine größere Fläche.

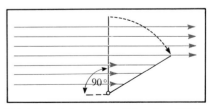

281.1 Die Beleuchtungsstärke einer Fläche ist am größten bei senkrechtem Lichteinfall.

Rücken wir den Karton in Versuch 76 weiter von der Lichtquelle weg, so wird die Beleuchtungsstärke darauf ebenfalls geringer. Die *Abb. 282.1* zeigt, daß sich das von der punktförmigen Lichtquelle ausgestrahlte und auf 1 cm² treffende Licht bei doppelter Entfernung des Kartons auf die vierfache Fläche, bei dreifacher Entfernung auf die neunfache Fläche verteilt. Daraus folgt, daß die Beleuchtungsstärke E mit dem Quadrat der Entfernung zwischen Lichtquelle und beleuchteter Fläche abnimmt. Das ist zum Beispiel für die Belichtungszeit beim Fotoapparat wichtig. $E \sim 1/r^2$. Da E außerdem proportional der Lichtstärke J ist, gilt

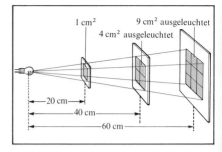

282.1 Die Beleuchtungsstärke nimmt mit dem Quadrat der Entfernung ab.

$$E \sim \frac{J}{r^2}.$$

Nach der Definition der Einheit Lux ist der Proportionalitätsfaktor 1:

Beleuchtungsstärke $E = \dfrac{J}{r^2}.$ (282.1)

4. Das Messen der Lichtstärke

Ob zwei aneinanderstoßende Flächen eines Stücks Papier gleich hell beleuchtet sind, können wir genau vergleichen. Die zu vergleichenden Lichter müssen natürlich unter gleichem Winkel auftreffen, unter gleichen Winkeln in unser Auge fallen und gleiche Farbe haben.

Versuch 77: Wir stellen nach *Abb. 282.2* zwei gleiche weiße Kartons in einem Winkel von ungefähr 90° auf. Auf beiden Seiten des entstandenen Keils bringen wir je eine von zwei gleichen Kerzen in verschiedenen Entfernungen r_1 und r_2 an. Die beiden Kartons erscheinen verschieden hell. Durch Verschieben der Kerzen erreichen wir, daß beide

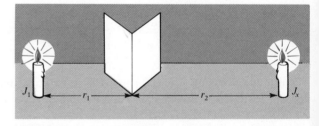

282.2 Aufbau eines Fotometers

Flächen gleich hell erscheinen und die bis dahin als scharfe Grenze sichtbare Kante verschwindet. Dann ist $r_1 = r_2$, zum Beispiel $r_1 = r_2 = 1$ m. Hieran darf sich nichts ändern, wenn man die beiden Kerzen vertauscht. Andernfalls haben sie verschiedene Lichtstärken J.

Gleiche Helligkeit erzielen wir auch, wenn wir eine Kerze im Abstand $r_1 = 1$ m und vier gleiche Kerzen im Abstand $r_2 = 2$ m aufstellen. Mit diesem Versuch können wir die Stärke von Lichtquellen messen. Wenn wir auf der einen Seite des Keils die Einheitslichtquelle 1 cd im Abstand r_1, auf der anderen die Lichtquelle unbekannter Stärke J_x in der Entfernung r_2 so anbringen, daß die Schattengrenze an der Kante des Keils verschwindet, so gilt $\dfrac{1\,\text{cd}}{r_1{}^2} = \dfrac{J_x}{r_2{}^2}.$

Daraus läßt sich J_x berechnen: $J_x = \dfrac{r_2{}^2 \cdot 1\,\text{cd}}{r_1{}^2}.$

Das im Versuch benutzte Gerät ist nur eines von vielen, die zur Messung der Lichtstärke entwickelt wurden. Man nennt sie **Fotometer** (phos, Genitiv photos, griech.; Licht; metron, griech.; Maß).

Tabelle 283.1

Einige Lichtstärken

Kohlenfadenlampe	etwa	10 cd
Autoscheinwerfer, abgeblendet	etwa	25 cd
Autoscheinwerfer, volles Licht	etwa	60 cd
Wolframdrahtglühlampe 40 Watt/220 Volt	etwa	34 cd
Wolframdrahtglühlampe 100 Watt/220 Volt	etwa	110 cd
Elektrische Bogenlampe bei 10 Amp.	etwa	1 600 cd
Leuchtfeuer für die Schiffahrt	etwa	500 000 cd
Leuchtfeuer für die Luftfahrt	bis	2 000 000 cd

Die Glühlampe 100 Watt hat mehr als die $2\frac{1}{2}$fache Lichtstärke der 40-Watt-Lampe, weil bei ihr weniger elektrische Energie in Form von Wärme verlorengeht. Durch Edelgasfüllung (z.B. Krypton) erzielt man eine noch größere Lichtstärke.

5. Das Messen der Beleuchtungsstärke

Wenn die beleuchteten Flächen nicht wie in Versuch 77 gleichartig sind und aneinanderliegen, läßt sich das Auge beim Beurteilen von Beleuchtungsstärken erheblich täuschen. Ein graues Stück Papier sieht auf einer schwarzen Unterlage hell, auf weißer Unterlage dagegen dunkel aus. Verschiedene Farben der Lichter stören ebenfalls bei der Beurteilung sehr. Wir müssen daher immer dann, wenn es auf objektives Messen ankommt, wie zum Beispiel bei der Schwärzung fotografischer Schichten, Meßgeräte verwenden, welche die subjektive Empfindung des Auges ausschalten. Hier verwendet man Luxmeter, die an den Meßort gelegt werden. Sie zeigen die Beleuchtungsstärke auf elektrischem Wege durch einen Zeigerausschlag an. Auch die **Belichtungsmesser** für Fotozwecke sind solche Geräte.

Aufenthalts- und Arbeitsräume des Menschen müssen ausreichend beleuchtet sein. Das ist für seine Leistungsfähigkeit und sein Wohlbefinden wichtig. Unerläßlich ist es für das Gesunderhalten seiner Augen. In einem allgemein beleuchteten Raum sollte der eigentliche Arbeitsplatz zusätzlich blendungsfrei beleuchtet sein.

Tabelle 283.2

Sinnvolle Beleuchtungsstärken

Städtische Verkehrsstraßen bei Nacht	10... 20 lx
Nebenräume (Keller, Treppe); grobe Arbeiten im Haus	20... 40 lx
Wohnräume und Küche	40... 80 lx
Zum Lesen und Schreiben	200... 500 lx
Für Feinarbeiten (Nähen, Feinmechanik, Zeichnen)	500...1 000 lx

Der Vollmond erzeugt bei uns auf der waagerechten Erdoberfläche eine Beleuchtungsstärke von etwa 0,25 lx, die Mittagsonne im Winter 5500 lx, im Sommer bis zu 100000 lx.

Mit dem Luxmeter läßt sich auch die Lichtstärke J einer Lichtquelle bestimmen. Man mißt die Beleuchtungsstärke E auf einem Karton und seinen Abstand r von der Lichtquelle. Dann ist $J = E \cdot r^2$.

Aufgaben:

1. *Wie groß ist die Beleuchtungsstärke auf einer Tischfläche, die 1,50 m unter einer Lichtquelle mit einer Lichtstärke von 100 cd steht?*

2. *Wie weit muß eine Lichtquelle mit 49 cd Lichtstärke von einem Buch senkrecht entfernt sein, um darauf eine Beleuchtungsstärke von 100 lx hervorzurufen?*

3. *Auf der einen Seite eines Fotometers steht in 48 cm Entfernung eine Lichtquelle mit der Lichtstärke 1 cd, auf der anderen Seite in 2,40 m Entfernung eine Glühlampe, welche die gleiche Beleuchtungsstärke hervorruft. Welche Lichtstärke hat die Glühlampe?*

4. *10 m über einer Straße hängt eine Lampe mit 4500 cd Lichtstärke. Wie groß ist die Beleuchtungsstärke senkrecht unter der Lampe auf der Straße? Wieviel Meter kann man sich von dieser Stelle entfernen, um eine senkrecht zu den Strahlen gehaltene Schrift noch lesen zu können? (Lesen ist noch bei 20 lx möglich.)*

Aus der Geschichte der Optik

Optische Bilder konnte man mit Hilfe der *Lochkamera* wohl schon im Altertum erzeugen, aber erst 1551 setzte *G. Cardano* in ihre Öffnung eine Linse, 1839 machte *L. Daguerre* die erste fotografische Aufnahme. *Johannes Kepler* (1571 bis 1630) lernte die wesentlichen Gesetze der geometrischen Optik beherrschen, entwickelte das nach ihm benannte *Fernrohr* (S. 264) und erklärte die Bildentstehung im Auge. *Chr. Scheiner* baute das keplersche Fernrohr und bestätigte 1615 Keplers Theorie, indem er das umgekehrte Netzhautbild auf einem Ochsenauge beobachtete, dessen rückwärtige Häute er abgekratzt hatte. Schon 20 Jahre früher hatten Brillenschleifer (durch Zufall) *Mikroskop* und *Fernrohr* erfunden. Mit diesen Instrumenten eröffneten sich dem Menschen neue Welten: 1665 fand *Hooke* die Pflanzenzelle, um 1700 *Leeuwenhoek* die Blutkörperchen, 1828 *Brown* die nach ihm benannte Brownsche Bewegung (S. 35). *Galilei* richtete das Fernrohr gegen den Himmel, entdeckte um 1610 die Mondgebirge und erkannte, daß die Milchstraße aus ungeheuer vielen Einzelsternen besteht. Er sah, daß der Planet Jupiter von Monden umkreist wird und folgerte, daß die Erde nicht der einzige Ort sei, um den sich andere Körper bewegen, also nicht im Mittelpunkt der Welt zu stehen brauche. Die Gegner Galileis wandten ein, daß im Fernrohr die Natur verfälscht werde und nicht genauer beobachtet werden könne (S. 122). 1672 zeigte *Isaak Newton*, daß ein Prisma das weiße Licht in *Farben* zerlegt und nicht (wie später noch *Goethe* glaubte) irgendwie verfärbt, also verfälscht. 1859 fanden *Bunsen* und *Kirchhoff* die *Spektralanalyse* (S. 270), mit der man das Element Helium auf der Sonne früher entdeckte als auf der Erde. Mittels der großen Fernrohre (S. 266) und dieser Spektralanalyse gewinnen Astronomie und Astrophysik immer genauere Vorstellungen über den Aufbau der Sterne und des Weltalls. Andererseits gibt uns die Spektralanalyse auch wichtige Aufschlüsse über den Bau der Atome, also den *Mikrokosmos*.

Magnetismus

§ 83 Der Magnet und seine Pole

An vielen Stellen der Erde, zum Beispiel in Skandinavien
und im Ural, findet man *Eisenerzstücke (Abb. 285.1)*,
die Eisen, Kobalt und Nickel anziehen. Auf andere
Stoffe wie Holz, Messing, Glas oder Blei wirken sie
nicht merklich ein. Nach dem angeblichen Fundort
dieser Erzstücke, einer Stadt *Magnesia*[1]), nennt man
sie **Magnete.** Diese natürlichen *Magneteisensteine*[2])
sind nur sehr schwach magnetisch. Deshalb benutzt man
heute künstliche Magnete aus Stahl oder bestimmten
Legierungen, die ähnliche magnetische Eigenschaften
wie Eisen (lat. ferrum) haben. Man nennt Stoffe mit
solchen Eigenschaften **ferromagnetisch.** Wie man Magnete herstellt, werden wir auf Seite 287 und 327 erfahren.
Abb. 285.2 zeigt Magnete verschiedener Form.

Versuch 1: Für Auge und Tastsinn unterscheidet sich ein
Magnet von einem gewöhnlichen Stück Eisen nicht.
Taucht man ihn aber in Eisenfeilspäne, so überzieht er
sich vor allem an seinen Enden, den **Polen**[3]), mit dicken
Bärten *(Abb. 285.3)*. Die Mitte des Magneten, die sogenannte **Indifferenzzone** (indifferent, lat.; gleichgültig,
wirkungslos), übt dagegen nur unbedeutende magnetische Kräfte aus.

> **Die Stellen stärkster Anziehung eines Magneten nennt
> man Pole.**

Versuch 2: Hänge nach *Abb. 286.1* Stabmagnete an
dünnen Fäden waagerecht und leicht drehbar auf! Jeder
Magnet zeigt nach einigen Schwingungen mit dem einen
Pol, dem sogenannten **Nordpol N,** annähernd nach Nor-

---

[1]) Der römische Dichter *Lukrez* nennt die Stadt *Magnesia* in
Thessalien: doch finden sich dort heute keine Magneteisensteine.

[2]) Es handelt sich um das Eisenoxid Fe_3O_4.

[3]) Unter Polen versteht man in der Physik besondere Stellen, vor
allem, wenn sie durch einen Gegensatz gekennzeichnet sind:
Pole der Erde, Pole einer Batterie, einer Steckdose, eines Magneten.

285.1 Der Magneteisenstein zieht Eisenfeilspäne an.

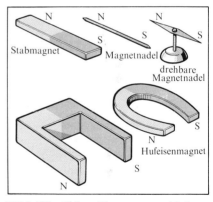

285.2 Künstliche Magnete verschiedener
Form

285.3 Stabmagnet mit Eisenfeilspänen

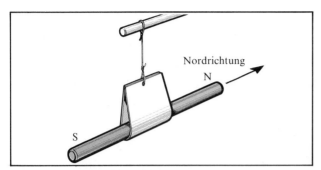

286.1 Der an einem Faden aufgehängte Magnet zeigt in Nord-Süd-Richtung.

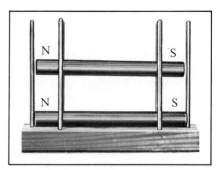

286.2 Der obere Magnet schwebt frei, da sich die gleichnamigen Pole abstoßen.

den. Der nach Süden weisende Pol heißt **Südpol S**. Beim **Kompaß** ist ein nadelförmiger Stabmagnet auf einer Spitze leicht drehbar gelagert *(Abb. 285.2 und 286.3)*.

Versuch 3: Nähere den Polen des drehbaren Magneten nach *Abb. 286.1* die Pole anderer Magnete! Die Nordpole stoßen sich gegenseitig ab, desgleichen die Südpole *(Abb. 286.2)*. Dagegen ziehen die Nordpole die Südpole an und umgekehrt. Diese Kräfte werden um so größer, je näher man die Pole einander bringt. Wir kennzeichnen den Nordpol mit blauer, den Südpol mit roter Farbe (man findet aber auch den N*ordpol* r*ot*, den S*üdpol* g*rün* markiert).

286.3 Kompaß mit Windrose

Es gibt zwei Arten magnetischer Pole, Nord- und Südpole. Gleichnamige Pole stoßen sich ab, ungleichnamige ziehen sich an.

Versuch 4: Man nehme ein Eisenstück, das vom Nordpol eines Magneten gerade nicht mehr festgehalten wird, weil er zu schwach ist. Bringt man dann einen zweiten Nordpol unmittelbar neben den ersten, so halten beide zusammen das Eisenstück sicher fest.

286.4 Magnetisches Spielzeug

Versuch 5: Bringt man jedoch nach *Abb. 286.5* Süd- und Nordpol nahe zusammen, so ziehen sie sich zwar untereinander an. Doch sinkt die magnetische Wirkung nach außen hin erheblich ab: Ein leichtes Eisenstück, wie zum Beispiel eine Schraube, fällt ab.

Bringt man Nord- und Südpol nahe zusammen, so schwächen sie sich in ihren Wirkungen nach außen hin gegenseitig ab. Zwei gleichnamige Pole verstärken sich.

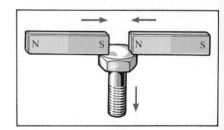

286.5 Nähert man Nord- und Südpol einander, so fällt die Schraube ab.

§ 84 Magnetische Dipole, Elementarmagnete, Influenz

1. Elementarmagnete

Versuch 6: Wir können Schraubenzieher, Messer und andere Gegenstände aus Stahl leicht magnetisieren. Hierzu streichen wir zum Beispiel unmagnetische Stricknadeln oder Laubsägeblätter nur mit dem Nordpol eines starken Magneten mehrmals von links nach rechts *(Abb. 287.1)*. Sie werden magnetisch. Obwohl diese Gegenstände nur mit dem Nordpol bearbeitet wurden, weisen sie überraschenderweise beide Pole auf. Eine Magnetnadel zeigt, daß sich jeweils links ein Nord-, rechts ein Südpol gebildet hat. Man erhält **magnetische Dipole,** das heißt Magnete mit jeweils zwei Polen (di..., griech. Vorsilbe; zweimal, doppelt).

Versuch 7: Wir versuchen die Pole dadurch voneinander zu trennen, daß wir ein magnetisiertes Laubsägeblatt in seiner unmagnetischen Mitte zerbrechen. Wider Erwarten erhalten wir wiederum nur vollständige Magnete: An der Bruchstelle bildet sich nämlich ein neuer Süd- und ein neuer Nordpol *(Abb. 287.2)*. Zerteilen wir einen Magneten beliebig oft, so ist jedes Bruchstück stets wieder ein vollständiger Dipol. Nun weiß man heute, daß man beim fortgesetzten Unterteilen von Körpern auf kleinste Teilchen stößt. Wenn wir also das Ergebnis von Versuch 7 folgerichtig weiterdenken, so kommen wir zur Annahme (Hypothese), daß die kleinsten Teilchen nicht Einzelpole, sondern Dipole darstellen. Man nennt sie **Elementarmagnete.** Wir können sie zwar nicht unmittelbar wahrnehmen; doch bekommen sie physikalische Bedeutung, wenn es gelingt, mit dieser Hypothese viele sonst unverständliche Erscheinungen zu deuten oder gar bisher unbekannte Vorgänge vorherzusagen.

Zunächst müssen wir klären, warum nicht jedes Eisenstück magnetisiert ist, obwohl es Elementarmagnete enthält. Wir nehmen an, daß diese im nicht magnetisierten Eisen wirr durcheinanderliegen *(Abb. 287.3, oben)*. Dann zeigen nach jeder Seite ungefähr gleich viele Nord- und Südpole, die sich nach außen hin in ihren Wirkungen aufheben (§ 83, Versuch 5). Beim Magnetisieren der Nadel nach *Abb. 287.1* streichen wir mit dem Nordpol von links nach rechts. Dabei drehen sich die

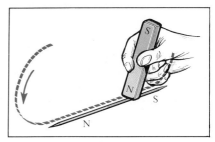

287.1 So magnetisiert man eine Stahlnadel.

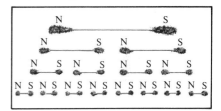

287.2 Beim Zerteilen eines Magneten erhält man immer Dipole, niemals Einzelpole.

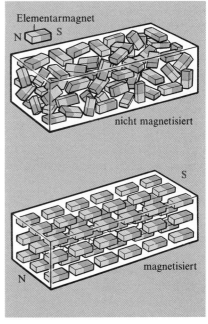

287.3 Durch Ordnen der Elementarmagnete wird nicht magnetisiertes Eisen magnetisch; es handelt sich hier um eine symbolische Darstellung.

Südpole der zunächst ungeordneten Elementarmagnete in der Nadel dem magnetisierenden Nordpol nach, also nach rechts. Dort entsteht ein starker Südpol, links ein Nordpol. Wir können dieses Ausrichten der zunächst ungeordneten Elementarmagnete beim Magnetisieren im folgenden Modellversuch veranschaulichen:

Versuch 8: Fülle ein Probierglas mit magnetisierten Stahlspänen und streiche mit einem starken Nordpol darüber wie über die Stricknadel nach *Abb. 287.1.* Die Späne werden ausgerichtet und wirken wie *ein* Magnet. Rechts ist sein Südpol. Durch Schütteln stellt man die ursprüngliche Unordnung wieder her. Obwohl jeder Stahlspan für sich magnetisch bleibt, wird die magnetische Wirkung nach außen hin zerstört (siehe Aufgabe 12).

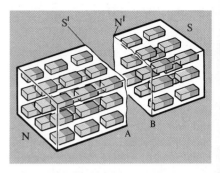

288.1 Beim Zerbrechen werden auch die Elementarmagnete in der Indifferenzzone AB wirksam und bilden neue Pole N′ und S′; denn bei A stehen nur Südpole, bei B nur Nordpole von Elementarmagneten frei (symbolische Darstellung).

Versuch 9: Erschüttere eine magnetisierte Nadel durch starkes Hämmern oder glühe sie aus! Die verstärkte Bewegung der kleinsten Teilchen bei der hohen Temperatur (Seite 137) oder das Hämmern zerstört die Ordnung der Elementarmagnete. Beides wirkt sich wie das Schütteln des Probierglases in Versuch 8 aus.

Wir können nun auch verstehen, warum beim Zerbrechen des Laubsägeblatts in Versuch 7 neue Pole entstehen: Man kann nämlich die Elementarmagnete selbst nicht zerreißen, da sie nicht weiter unterteilbar sind. Man kann nur benachbarte Dipole voneinander trennen. Deshalb zeigen sich in *Abb. 288.1* an der Bruchstelle AB die beiden Pole S′ und N′. Fügt man jedoch die Teile wieder zusammen, so heben sich die entgegengesetzten Pole S′ und N′ nach außen hin in ihren Wirkungen auf (siehe Versuch 5). Der Magnet erscheint nach dem Zusammenfügen an der Bruchstelle wieder unmagnetisch, obwohl er in Wirklichkeit durchgängig magnetisiert ist.

Die Theorie der Elementarmagnete löste eine früher bestehende Vorstellung ab. Nach dieser Vorstellung sollte der streichende Magnet *(Abb. 287.1)* eine „*magnetische Substanz*" an die Stricknadel abgeben und diese magnetisieren. Streicht man mit einem Magneten viele Nadeln, so sollte sich der Verlust an „magnetischer Substanz" vervielfachen und der Magnet müßte deutlich schwächer werden. Dies ist nicht der Fall. Man weiß heute, daß der streichende Magnet nur die in den Nadeln bereits vorhandenen Dipole ordnet. Dabei haben wir beim Magnetisieren Arbeit zu verrichten, wenn wir den Nordpol vom rechts entstandenen Südpol wegziehen (siehe *Abb. 287.1,* rechts).

Man kann keine magnetischen Einzelpole herstellen; stets treten magnetische Dipole auf. Beim Magnetisieren richtet man die im Eisen vorhandenen Elementarmagnete (Dipole) aus. Sie sind im nicht magnetisierten Eisen ungeordnet.

In **weichmagnetischen Werkstoffen** (oft sagt man **Weicheisen**) lassen sich die Elementarmagnete sehr leicht ausrichten. Sie verlieren ihre Ordnung aber fast ganz, wenn die magnetisierende Kraft nicht mehr wirkt. Es handelt sich dabei um *reinstes Eisen*, um *Legierungen* von *Eisen* mit *Silizium* oder mit sehr viel *Nickel* (50 bis 80%). — Zusätze von *Kohlenstoff, Aluminium, Kobalt, Kupfer* und andere behindern dagegen das Drehen der Elementarmagnete. Einerseits erschwert dies das Magnetisieren, andererseits läßt es die einmal erzwungene Ordnung bestehen. Aus solchen **hartmagnetischen Werkstoffen** (bisweilen sagt man hierfür **Stahl**) werden **Dauermagnete,** auch

Permanentmagnete genannt, hergestellt (permanere, lat.; dauernd bleiben). Bestimmte Legierungen aus *Eisen* und *Mangan* sind überhaupt nicht *magnetisierbar*. Man benutzt sie zum Beispiel in *antimagnetischen Uhren* oder bei U-Booten, die „magnetische" Minen nicht zum Ansprechen bringen sollen.

2. Magnetische Influenz

Versuch 10: Hänge an einen starken Nordpol einen Eisennagel! Sein vom Magnetpol abgewandtes Ende kann nun einen zweiten Nagel festhalten, dieser einen dritten. So kann man ganze Nagelketten mit einem starken Magneten tragen *(Abb. 289.1)*. Wenn man die Kette vom Magneten löst, so fallen ihre Glieder wieder auseinander. Wie wir wissen, nahm man früher an, eine „magnetische Substanz" sei in die Nägel geflossen und habe diese magnetisiert; man gab der Erscheinung den Namen **magnetische Influenz** (influere, lat.; hineinfließen). Heute wissen wir, daß der starke Magnet die in den weichmagnetischen Nägeln leicht drehbaren Elementarmagnete vorübergehend ausrichtet *(Abb. 289.2)*.

289.1 Durch Influenz werden die Nägel magnetisch und bilden eine Kette.

> Unter der magnetischen Influenz versteht man das vorübergehende Ausrichten der Elementarmagnete in weichmagnetischen Stoffen.

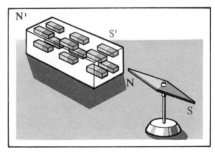

289.2 Der Nordpol der Magnetnadel richtet die Elementarmagnete im Eisenstab aus und wird dann selbst angezogen.

Versuch 11: Nähere ein Eisenstück dem Nordpol N einer Magnetnadel! Obwohl es zunächst nicht magnetisiert ist, zieht es den Nordpol an. Auch dies läßt sich durch die Elementarmagnete erklären: Ihre Südpole werden im weichmagnetischen Eisenstück nach *Abb. 289.2* zum Nordpol N der Magnetnadel gedreht und bilden am rechten Ende den Südpol S′. Der influenzierende Nordpol N und der durch Influenz entstandene Südpol S′ ziehen sich dann gegenseitig an. Das von N abgewandte Ende des Eisenstücks ist zum Nordpol N′ geworden. Dies bestätigt eine kleine Magnetnadel.

Hätten wir in *Abb. 289.2* den Südpol eines Stabmagneten der Magnetnadel genähert, dann wäre ihr Nordpol ebenfalls angezogen worden. Durch die Anziehung läßt sich also nicht entscheiden, ob ein Eisenstück schon vorher magnetisch war oder erst durch Influenz magnetisiert wurde. Wenn das Ende eines Eisenstabes dagegen einen Pol der Magnetnadel abstößt, so war er schon vorher magnetisiert.

> Wegen der Influenz erkennt man Dauermagnete besser an der Abstoßung als an der Anziehung.

Versuch 12: Influenz ist nicht immer möglich: Hänge an einem dünnen Draht einen Nagel auf und erhitze ihn zur Weißglut! Er wird von einem Magnetpol genau so wenig angezogen wie ein Kupferstück. Die Wärmebewegung verhindert das Ausrichten der Elementarmagnete oberhalb 769 °C. Sie strecken dem Magnetpol gleich viele Nord- wie Südpole entgegen; Anziehung und Abstoßung halten sich die Waage.

Ein Magnet zieht Eisen erst dann an, wenn dessen Elementarmagnete ausgerichtet sind.

Man zerbricht einen Magneten nach *Abb. 288.1.* Wenn man dabei die Ordnung der Elementarmagnete nicht beeinträchtigt, so bilden gleich viele Elementarmagnete mit ihren Nordenden den großen Nordpol N wie vor dem Zerbrechen. Die Stärke das Nordpols bleibt also bestehen. Doch rückt ihm der Südpol um so näher, je kürzer die Bruchstücke werden. Nach Versuch 5 schwächt ein Zusammenrücken entgegengesetzter Pole deren magnetische Wirkung nach außen hin ab.

3. Rückschau

Beim Magnetismus lassen sich vielerlei Erscheinungen beobachten. Um sie zu erklären, machten wir die Hypothese, daß ferromagnetische Stoffe drehbare Elementarmagnete enthalten. Allerdings wissen wir von ihnen bisher nur sehr wenig und erhalten mit dieser Vorstellung ein nur stark vereinfachtes Bild der Wirklichkeit, ein einfaches **Modell** (Seite 37). In der Atomphysik wird es verfeinert und erklärt dann noch viele weitere Erscheinungen.

Vorstellungen, die wir uns in der Physik von der Wirklichkeit machen, nennt man Modelle.

In der Physik beobachtet man die Dinge und Naturvorgänge nicht nur; man denkt auch über sie nach. Unsere *Gedanken* sind aber mit ihnen nicht identisch, sondern geben immer nur *Vorstellungen, Bilder* oder − wie man in der Physik sagt − *Modelle* von den Dingen und Vorgängen. Deshalb können wir Modelle nicht entbehren. Wir werden aber versuchen, sie immer weiter zu verfeinern, so daß sie in unserem Denken ein möglichst *getreues Abbild der Wirklichkeit* ergeben. Man darf jedoch die Modelle nie mit der Wirklichkeit gleichsetzen. Auch wenn eine Fotografie die Einzelheiten eines Gegenstands genau wiedergibt, so ist sie mit ihm doch nicht identisch. Zeichnerisch werden solche Modelle häufig durch *Symbole* dargestellt, die ganz anders aussehen als die Wirklichkeit (siehe die Elementarmagnete in *Abb. 287.3*; wie sie tatsächlich aussehen, wissen wir noch nicht). Wir werden im folgenden noch weitere Symbole kennenlernen.

Aufgaben:

1. *Stelle Beweise für die Existenz der Elementarmagnete zusammen! Wodurch wird bewiesen, daß diese vollständige Dipole sind?*

2. *Warum läßt sich ein Stück Eisen nur bis zu einem gewissen Wert magnetisieren? (Man sagt dann, es sei gesättigt.)*

3. *Wirkt ein Magnet auch durch Glas, Holz, Papier und Messing (betrachte Versuch 13)?*

4. *Die gelbe Farbe eines Reißnagels rührt von Messing her. Warum wird er vom Magneten angezogen?*

5. *Welche Versuche zeigen, daß die Kraft zwischen Magnetpolen mit der Entfernung abnimmt?*

6. *Nach Abb. 289.2 zieht zwar der influenzierende Nordpol N den Südpol S' an, stößt aber den von ihm ab-gewandten Nordpol N' ab. Warum wird trotzdem der Eisenstab als Ganzes angezogen? (Siehe Aufgabe 5!)*

7. *Stelle alle Möglichkeiten zusammen, mit denen man feststellen kann, ob ein Eisenstück magnetisch ist!*

8. *Streiche eine Rasierklinge mit einem Magneten (Abb. 287.1) und lege sie auf Wasser! Was geschieht?*

9. *Bei einem Magneten sind die Pole nicht gekennzeichnet. Wie findet man den Nord- und den Südpol?*

10. *Warum kann man eine Magnetnadel durch eiserne Gegenstände aus einiger Entfernung ablenken?*

11. *Warum soll man Magneten nicht fallen lassen?*

12. *Warum gelingt Versuch 8 auch dann, wenn man das Glas mit nicht magnetisierten Eisenfeilspänen gefüllt hat?*

§ 85 Das magnetische Feld

1. Was versteht man unter einem Magnetfeld?

Mit Seilen oder Stangen kann man Kräfte auf entfernte Körper ausüben. Ein Magnet zieht jedoch Eisen an, ohne daß man eine solche, aus Materie bestehende Verbindung braucht. Dies zeigt der folgende Versuch:

Versuch 13: Ein Eisenkörper hängt an einem Faden in einem Glasgefäß *(Abb. 291.1)* und wird von außen durch einen Magneten abgelenkt. An dieser Ablenkung ändert sich nichts, wenn man die Luft wegpumpt. Die magnetischen Kräfte wirken also nicht nur durch Luft und Glas, sondern auch durch das Vakuum. Man nennt den Raum, in dem sie auftreten, ein **magnetisches Feld** oder ein **Magnetfeld.** In den Versuchen 14 bis 16 untersuchen wir das Magnetfeld um einen Stabmagneten:

Versuch 14: In einem Wassertrog schwimmt ein Korkstück, das von einer magnetisierten Stricknadel durchbohrt ist *(Abb. 291.2)*. Nun halten wir einen Stabmagneten mit den Polen N' und S' oben an die Wanne. Der Nordpol N der Nadel beschreibt die blau gestrichelte, weit ausladende Bahn von N' nach S'. Längs dieser Bahn erfährt nämlich der Nordpol N der Nadel Kräfte im Feld des Stabmagneten. Wir nennen diese Bahn eine **magnetische Feldlinie** und zeichnen sie im folgenden blau. Von der Kraftwirkung auf den Südpol S der Stricknadel durften wir absehen, da er verhältnis-

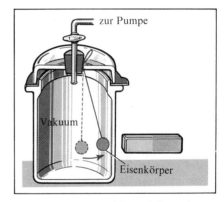

291.1 Der Magnet wirkt auch im Vakuum.

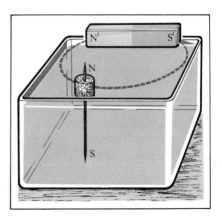

291.2 Zu Versuch 14

mäßig weit entfernt ist. — Halten wir den Stabmagneten jedoch unten an die Wanne, so überwiegt die Kraft auf den Südpol S der Stricknadel. Er wird von S' abgestoßen und bewegt sich auf der Feldlinie zurück nach N'. Damit wir uns künftig kurz und eindeutig ausdrücken können, versehen wir die Feldlinien durch Pfeile mit einem *Richtungssinn:*

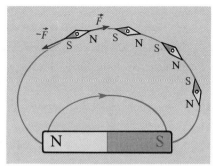

292.1 Magnetnadeln stellen sich in Richtung der Tangente an magnetische Feldlinien ein.

> **Die Pfeile an den Feldlinien geben die Richtung an, nach der ein Nordpol gezogen wird. Südpole erfahren Kräfte gegen die so vereinbarte Feldlinienrichtung.**

Nach dieser *Vereinbarung* laufen die mit Pfeilen versehenen Feldlinien außerhalb eines Magneten vom Nord- zum Südpol.

> **Feldlinien zeigen am Nordpol vom Magneten weg. Am Südpol kehren sie wieder zu ihm zurück.**

Versuch 15: Wir bringen viele kleine Magnetnadeln in das Feld des Stabmagneten. Sie stellen sich nach einigen Schwingungen in die Richtung der Tangente an die jeweilige Feldlinie ein; denn die Pole erfahren Kräfte längs der Feldlinie, der Nordpol in der Feldlinienrichtung, der Südpol ihr entgegen *(Abb. 292.1)*.

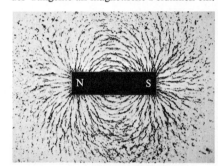

292.2 Eisenfeilspäne zeigen das Feld des Stabmagneten. Wie sind die Feldlinien gerichtet?

Versuch 16: Lege auf einen Magneten ein Stück Filzkarton, streue Eisenfeilspäne darauf und klopfe! Die Späne ordnen sich längs der Feldlinien kettenförmig an *(Abb. 292.2)*; denn durch Influenz werden die Eisensplitter zu kleinen Magnetnadeln. Nord- und Südpole benachbarter Späne ziehen sich dann an (vergleiche mit *Abb. 292.1* und *285.3*). Dieser wichtige Versuch zeigt die *Struktur* des Magnetfelds mit einem Blick. Die Feldlinien sind Hilfsmittel zum Darstellen dieser Struktur

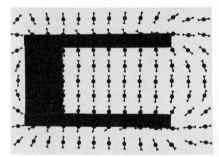

292.3 Feldlinienbild eines Hufeisenmagneten

(Struktur bedeutet innere Gliederung, Aufbau). Im Grunde können wir nur Kräfte feststellen. Da man diese Kräfte nach Versuch 14 auch im Vakuum nachweisen kann, wäre es sinnlos zu glauben, Feldlinien seien gespannte Fäden oder dergleichen.

> **Im Raum um einen Magneten besteht ein magnetisches Feld. Wir zeichnen Feldlinien, um seine Struktur darzustellen. Längs ihrer Richtung erfahren Magnetpole, die man ins Feld bringt, Kräfte; Magnetnadeln stellen sich deshalb tangential zu den Feldlinien ein.**

Abb. 292.3 zeigt das Feld eines *Hufeisenmagneten.* Die Feldlinien laufen zwischen seinen Polen weitgehend parallel. Diesen Bereich nennt man *homogen* (gleichartig). Dort stellen sich Magnetnadeln in einheitlicher Richtung ein.

2. Kräfte im Feld

Die Feldlinien zeigen uns die Richtung der Kräfte an, die Magnetpole erfahren. Wir können dem Feldlinienbild aber auch noch mehr entnehmen:

Versuch 17: Tauche die Pole zweier starker, dünner Stabmagnete in Eisenfeilspäne und nähere zwei entgegengesetzte Pole einander! Die Eisenfeilspäne bilden Ketten in Richtung der Feldlinien, die sich zu verkürzen suchen. Nähert man gleichnamige Pole einander, so verdrängen sich die Eisenspanketten gegenseitig.

Versuch 18: Nach *Abb. 293.1* stehen sich der Nord- und der Südpol zweier Magnete gegenüber. Die vom Nordpol des einen weglaufenden Feldlinien gehen zum Südpol des andern. Die Anziehungskraft zwischen diesen ungleichnamigen Polen kann *symbolisch* (sinnbildlich) als Zug längs der Feldlinien beschrieben werden.

Versuch 19: Nach *Abb. 293.2* stehen sich zwei gleichnamige Pole gegenüber. Ihre Abstoßungskraft können wir ebenfalls am Feldlinienbild ablesen: Wir brauchen nur parallellaufenden Feldlinien symbolisch das Bestreben zuzuschreiben, sich gegenseitig zu verdrängen. Dies macht auch die weit nach oben und unten geschwungenen Bögen in *Abb. 293.1* und *292.2* verständlich. Wir fassen zusammen:

> **Die Kräfte auf Magnete kann man am Feldlinienbild ablesen, wenn man den Feldlinien symbolisch das Bestreben zuschreibt, sich zu verkürzen und gegenseitig zu verdrängen.**

Auf diese Weise bringen wir zum Ausdruck, daß die Kräfte zwischen Magneten durch das Feld vermittelt werden. Wir dürfen aber nicht übersehen, daß die Feldlinien nur *Symbole* (Sinnbilder) sind, mit denen man die Eigenschaft des Raumes um Magnete anschaulich beschreibt. Zum Beispiel benutzt man Buchstaben als Symbole für physikalische Größen und drückt mit ihrer Hilfe das Hookesche Gesetz $F = D \cdot s$ aus.

Versuch 20: Bringe nach *Abb. 293.3* ein magnetisch weiches Eisenstück, einen sogenannten **Anker,** vor den Hufeisenmagneten! Es wird durch Influenz selbst magnetisch. Die Feldlinien laufen vom Nordpol des Hufeisenmagneten zum Südpol des Eisenankers und von dessen Nordpol zum Südpol des Hufeisenmagneten zurück. Der Eisenanker wird nach unten,

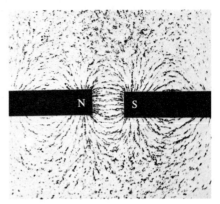

293.1 Feldlinien zwischen entgegengesetzten Polen. Sie ziehen sich an (Zug zwischen den Feldlinien).

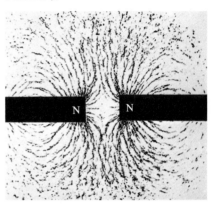

293.2 Feldlinienbild von gleichnamigen Polen. Sie stoßen sich ab (die parallellaufenden Feldlinien suchen sich gegenseitig zu verdrängen).

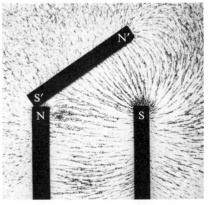

293.3 Der Hufeisenmagnet influenziert im vor ihm liegenden Eisenanker entgegengesetzte Pole und zieht ihn an. Lies die Kräfte am Feldlinienbild ab!

zum Magneten, gezogen (Zug längs der Feldlinien). Über dem Anker ist das Feld geschwächt: Eine Magnetnadel wird nicht so stark abgelenkt, wie wenn man den Anker wegnimmt. Der Anker „*schirmt*" das Feld ab, insbesondere, wenn er nur durch kleine Luftspalte von den Polen des Magneten getrennt ist. Diese **Schirmwirkung** magnetisch weichen Eisens benützt man, um empfindliche Meßgeräte vor störenden Magnetfeldern zu schützen.

3. Rückschau

Mit unseren Sinnen können wir magnetische Felder nicht unmittelbar erkennen. Wir schließen auf ihre Existenz aus der Kraftwirkung auf Magnete und machen ihre Struktur durch Eisenfeilspäne sichtbar. Diese Struktur deuten wir symbolhaft durch Feldlinien an. Am Feldlinienbild können wir wichtige Eigenschaften des Feldes, zum Beispiel die Kraftwirkung auf Magnete, ablesen. Wir werden uns künftig noch weiter mit Feldern und ihren Eigenschaften vertraut machen.

Aufgaben:

1. *Lege einen Ring aus magnetisch weichem Eisen zwischen die Pole eines Hufeisenmagneten und zeige, daß der Ring seinen Innenraum magnetisch abschirmt!*

2. *Erkläre mit Hilfe des Feldlinienbildes, warum im Versuch 5 (Abb. 286.5) die entgegengesetzten Pole nur eine geringe magnetische Wirkung nach außen hin zeigen, wenn man sie nahe zusammenbringt (vergleiche mit Abb. 293.1)!*

3. *Warum darf das Gehäuse eines Kompasses nicht aus magnetisierbarem Eisen bestehen?*

4. *Welche Versuche zeigen, daß die Feldlinien eine Modellvorstellung (Symbole) und nicht etwa gespannte materielle Fäden sind?*

§ 86   Die Erde als Magnet

1. Deklination

Etwa seit dem Jahre 1200 benutzt man in Europa Magnete als Kompaß *(Abb. 286.3)*. Doch nur an wenigen Orten zeigt der Nordpol seiner Magnetnadel genau in die geographische Nordrichtung (sie kann mit dem Polarstern bestimmt werden). Bei uns weicht die Nadel um 1° bis 5° nach Westen ab. Diese **Mißweisung,** auch **Deklination** genannt, zeigt *Abb. 295.1* für die ganze Erde (declinare, lat.; ablenken). Alle Punkte, an denen die Abweichung zwischen der magnetischen und der geographischen Nordrichtung den gleichen Wert hat (zum Beispiel 10°), sind durch eine Linie verbunden. Sie ist bei einer Deklination nach Westen (zum Beispiel −10° in Spanien) gestrichelt gezeichnet und mit einem Minuszeichen versehen. Die Karte zeigt 5 Linien, auf denen die Deklination Null ist; dort zeigt die Kompaßnadel genau nach Norden. Kennt man in einer Gegend die Deklination, so kann man mit Hilfe eines Kompasses die Landkarte in die richtige

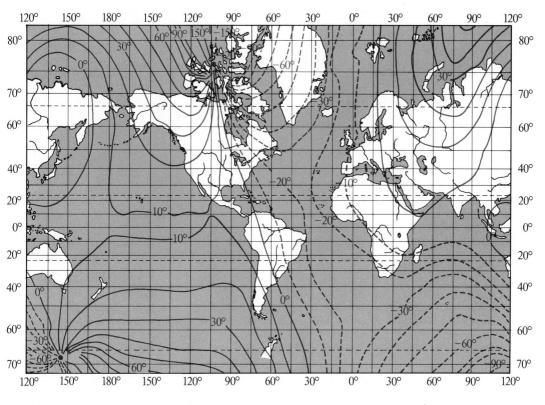

295.1 Karte der magnetischen Deklination. Die Linien verbinden Punkte gleicher Deklination. An den Magnetpolen der Erde laufen diese Deklinationslinien zusammen. Der magnetische Südpol der Erde liegt im Norden Kanadas, der magnetische Nordpol südlich von Australien.

Lage bringen (sie *einnorden*). Nach *Abb. 295.1* steigt im Atlantik die Deklination bis auf −30° an. Dies entdeckte als erster *Kolumbus*. Starke örtliche Änderungen der Deklination deuten auf Eisenerzlager hin. Die Deklination ändert sich im Laufe der Zeit. Sie nimmt bei uns zur Zeit jährlich um etwa 0,1° ab.

2. Die Inklination

Versuch 21: Hänge nach *Abb. 296.1* eine Magnetnadel so auf, daß sie sich um eine in der magnetischen OW-Richtung *waagerecht* liegende Achse drehen kann! Die Nadel neigt sich dann mit dem Nordpol um den sogenannten **Inklinationswinkel i** gegen die Horizontale nach unten. Er beträgt bei uns etwa 65° (inclinare, lat.; neigen). Am *magnetischen Südpol der Erde*, der im Norden Kanadas liegt, beträgt der Inklinationswinkel 90°; die Inklinationsnadel steht dort senkrecht, mit dem Nordpol nach unten. Eine waagerechte Kompaßnadel würde in jeder Lage stehenbleiben. Ihr fehlte die horizontale Richtkraft. Kompaß- und Inklinationsnadel zeigen, daß die Erde selbst ein Magnet ist und von einem Magnetfeld umgeben wird. Nach *Abb. 296.2* gehen seine Feldlinien in der südlichen Halbkugel von der Erde weg. Sie durchlaufen weite Bögen und kehren in der nördlichen Halbkugel wieder zurück. Nur in der Äquatorgegend laufen sie parallel zur Erdoberfläche;

der Inklinationswinkel ist dort Null. Wenn man in *Abb. 296.2* auf der nördlichen Halbkugel bei etwa 50° nördlicher Breite die Horizontale als Tangente an die Erdkugel zeichnet, so versteht man, warum bei uns die Feldlinien stark nach unten geneigt sind. Das Erdfeld wurde durch Erdsatelliten und Raketen auch in großer Entfernung von der Erde untersucht. Es wird dort stark durch elektrisch geladene Teilchen beeinflußt, die von der Sonne ausgehen (sogenannter *Sonnenwind*).

Versuch 22: Halte eine Eisenstange in Richtung der magnetischen Feldlinien, also in Richtung der Inklinationsnadel! Schlage mit dem Hammer mehrmals kräftig auf das obere Ende der Stange! Ihre Elementarmagnete stellen sich dann wie eine Inklinationsnadel ein. Die Stange wird also magnetisch, ihr unteres Ende ein Nordpol. So erklärt es sich, daß eiserne Werkzeuge, die immer in der gleichen Lage benützt werden, aber auch Heizkörper und ähnliches, magnetisiert sind.

Über die *Ursachen des Erdmagnetismus* wissen wir heute noch nicht genau Bescheid. Zu etwa 95 % entsteht er im Erdinnern, zu circa 5 % in der hohen Atmosphäre (Magnetosphäre oberhalb 150 km Höhe; siehe Seite 107). Sicher ist, daß magnetische Kräfte völlig andere Ursachen haben als die Schwerkraft, auch wenn beide durch den leeren Raum hindurch wirken. Die Schwerkraft wirkt auf alle Körper, ein Magnet zieht nur ferromagnetische Stoffe an.

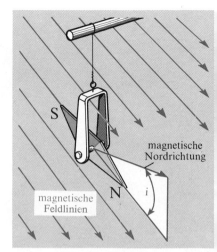

296.1 Die Inklinationsnadel zeigt die Neigung der Feldlinien des Erdfeldes gegen die Horizontale an.

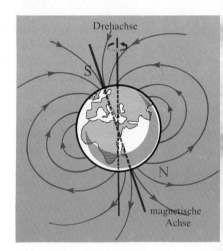

296.2 Magnetfeld der Erde

Aufgaben:

1. *Warum sagt man, der magnetische Nordpol der Erde sei im Süden? Welche Folgen hätte eine konsequente Umbenennung für die Bezeichnung der Pole einer Kompaßnadel?*

2. *Warum findet man in Gebäuden häufig andere Werte für Deklination und Inklination als im Freien?*

3. *Warum zeigt eine normale Kompaßnadel die Inklination nicht an?*

4. *Welche Schwierigkeiten hat ein Polarforscher mit dem Kompaß? Betrachte Abb. 295.1!*

5. *Wo ist nach Abb. 295.1 der magnetische Nordpol der Erde? Wie steht bei ihm eine Inklinationsnadel? Was zeigt der Magnetkompaß eines Schiffes, das ihn in größerem Abstand umfährt? Welche Werte nimmt die Deklination hierbei an?*

6. *Nach Abb. 295.1 laufen im Stillen Ozean die Linien gleicher Deklination ein Stück angenähert von Ost nach West. Gilt dies dort auch für die magnetischen Feldlinien? Deute diese dort an!*

7. *Fahre mit einer Magnetnadel an den Rippen der Warmwasserheizungskörper von oben nach unten! Was zeigt die Nadel? Erkläre!*

8. *Warum spricht man bei der Weltraumfahrt häufig von einem Schwerefeld der Erde? Suche Parallelen und Unterschiede zum magnetischen Feld! Wie verlaufen die Schwerkraftlinien, welche die Richtung der Schwerkraft angeben?*

Elektrizitätslehre

I. Strom und Ladung

§ 87   Einleitung

Beim Wort *Elektrizität* denkt man häufig zunächst an die *Gefahr*, die sich hinter Steckdosen und elektrischen Geräten verbirgt. Vor ihr kann man sich um so besser schützen, je mehr man über Vorgänge und Gesetze im weiten Bereich der Elektrizität weiß. Solche Kenntnisse sind auch deshalb unentbehrlich, weil sich die vielfältigen *technischen Anwendungen* der Elektrizität nicht mehr aus unserem Leben wegdenken lassen: Stellen wir uns vor, die *Elektrizitätswerke* arbeiteten einen ganzen Tag lang nicht: Elektrische Bahnen, elektrische wie auch Ölzentralheizungen, Kühlschränke, Aufzüge, Verkehrsampeln und die elektrische Beleuchtung würden ausfallen. In Krankenhäusern, Telefonzentralen und den Pumpstationen für die Wasserversorgung müßte man *Notstromaggregate* in Betrieb nehmen. Dabei wurden erst vor etwa 100 Jahren die Gesetze der Elektrizität zusammenfassend aufgestellt *(J. C. Maxwell)* und die ersten technisch brauchbaren *Dynamomaschinen* zum Erzeugen elektrischer Energie erfunden *(W. von Siemens)*. Seitdem entwickelte sich die *Elektrotechnik* so stürmisch, daß heute Erzeugung und Nutzung elektrischer Energie als Maßstab für die wirtschaftliche Stärke eines Landes gelten.

Elektrische Vorgänge treten in verschiedenen Formen auf:

a) Den **elektrischen Strom** benutzt man in Geräten, die mit *Batterien* betrieben werden oder die an eine *Steckdose* angeschlossen sind. Die Steckdosen werden aus dem „*Netz*" gespeist, über das die Elektrizitätswerke *elektrische Energie* verteilen.

b) Wenn es beim Ausziehen eines Perlonpullovers oder beim Kämmen trockener Haare knistert, so sind sogenannte **elektrostatische Aufladungen** die Ursache. In Räumen mit Kunststoffböden erhält man bisweilen leichte und ungefährliche *elektrische Schläge*. Kunststoffe, Hartgummi, Glas, Bernstein usw. werden nämlich durch Reiben elektrisch geladen und ziehen dann leichte Körper an. Vom griechischen Wort „*Elektron*" für Bernstein bekam die Elektrizität ihren Namen. — Die großartigste elektrische Naturerscheinung, der *Blitz* (Seite 11), zeigt elektrische Vorgänge in der Natur, die ohne Zutun des Menschen ablaufen. Mit der Elektrizität sind wir sehr viel stärker verbunden, als wir im allgemeinen annehmen; besteht doch jedes *Atom* aus elektrisch geladenen Teilchen.

Wir werden die Zusammenhänge zwischen den angeführten elektrischen Vorgängen aufdecken und verstehen lernen. Hierzu brauchen wir eine Reihe von Geräten und Meßinstrumenten.

Aufgaben:

1. *Gib elektrische Geräte an, die von Batterien gespeist werden!*

2. *Warum arbeitet die Ölzentralheizung nicht mehr, wenn das elektrische Netz ausfällt?*

§ 88 Der elektrische Stromkreis

1. Der Stromkreis

Täglich schalten wir elektrische Geräte ein, sehen, wie Lampen aufleuchten, und fühlen, wie elektrische Heizkörper *(Abb. 298.1)* Wärme abgeben. Dabei überlegen wir nur selten, was in den Geräten und ihren Anschlußkabeln, häufig auch Zuleitungen genannt, vor sich geht. Wir sagen zwar, **„es fließt Strom"**. Doch erkennen wir nicht, ob in diesen Leitungen etwas strömt. Unsere Sinnesorgane nehmen nur gewisse Wirkungen wie *Licht* und *Wärme* wahr. Wir müssen also untersuchen, wann diese Wirkungen auftreten: Eine Tischlampe leuchtet erst, wenn sie mit der Steckdose durch eine Leitung verbunden wurde. Man könnte nun vermuten, durch diese Leitung fließe *„Elektrizität"* zur Lampe, so wie Stadtgas durch Rohre zum Küchenherd strömt und dort verbrennt. Wir prüfen diese Vorstellung nach, indem wir völlig ungefährlich mit den Teilen einer Taschenlampe experimentieren:

Versuch 1: Führe nach *Abb. 298.2* von einem der beiden Messingstreifen der Batterie einen Kupferdraht zur Lötstelle unten am Lämpchen! Dieses bleibt dunkel. Der Vergleich mit der Gasleitung, in der Gas zum Herd strömt, ist also zumindest unvollständig. Der dünne Draht in der Lampe leuchtet nämlich erst, wenn man auch den zweiten Metallkontakt am Lämpchen, das Gewinde, über eine weitere Leitung mit dem anderen Messingstreifen der Batterie verbindet *(Abb. 298.3)*. Man sagt, nun sei der **elektrische Stromkreis geschlossen.** Das Wort *Stromkreis* deutet darauf hin, daß die Elektrizität einen *Kreislauf* ausführt, also von der Batterie zur Lampe eine Hin- und von dort eine Rückleitung braucht (denke an den Blutkreislauf; weiteres Seite 303).

Versuch 2: Unterbrich *(öffne)* den Stromkreis an einer beliebigen Stelle! Die Lampe erlischt. Mit **Schaltern** *(Abb. 298.3 bis 300.2)* öffnet und schließt man Stromkreise. Der Pfeil in *Abb. 299.1* zeigt, wie man durch Eindrücken des „Knopfs" zwei Metallstreifen miteinander verbindet und so den Stromkreis schließt. *Abb. 299.2* zeigt einen Kippschalter ohne Schutzgehäuse. Die rot gezeichneten Teile sind stromdurchflossen.

298.1 Zum Heizstrahler führt ein Leitungskabel, das Kupferdrähte enthält. Im Heizkörper sind wendelförmige Drähte, die man im Reflektor vergrößert sieht.

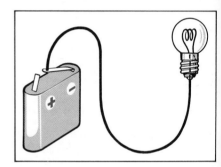

298.2 Die Lampe bleibt dunkel; der Glühfaden in ihr leuchtet nicht.

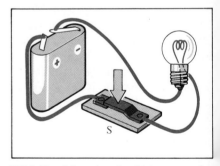

298.3 Das Lämpchen leuchtet, wenn seine beiden Anschlüsse mit den Polen der Batterie verbunden sind. Hierzu muß man den Schalter S durch Niederdrücken des Metallstreifens schließen (Pfeil). Die rote Leitung ist von Strom durchflossen.

2. Die Stromquelle

Der geschlossene Stromkreis muß eine Stromquelle enthalten, zum Beispiel eine *Taschenlampenbatterie*, einen *Fahrraddynamo*, einen *Akkumulator* (kurz *Akku*) oder die *Dynamomaschinen* im Elektrizitätswerk. Im Physikunterricht benützt man häufig sogenannte *Netzgeräte* (zum Beispiel *Abb. 303.1* und *340.2*). Sie werden an eine Steckdose angeschlossen, liefern aber im allgemeinen genauso ungefährliche Ströme wie der *Transformator* einer Spielzeugeisenbahn (kurz *Trafo* genannt). Die Anschlüsse einer Stromquelle nennt man **Pole** oder **Klemmen.** Sie haben nichts mit magnetischen Polen zu tun; so bestehen die beiden Pole einer Taschenlampenbatterie aus Messing und werden häufig durch *Plus-* und *Minuszeichen* unterschieden (*Abb. 298.3*; siehe auch Seite 301). *Abb. 299.3* zeigt, daß bei vielen Taschenlampen das Gehäuse ein Teil des Stromkreises ist. Der Schalter S verbindet das Gehäuse mit dem kurzen Pol der Batterie.

3. Schaltzeichen

Um sich die genaue Zeichnung einer Schaltung zu ersparen, stellt man Geräte und Leitungen durch einfache *Symbole* in einer **Schaltskizze** dar: *Abb. 299.5* zeigt links die Batterie, rechts die Lampe, unten den Schalter. Da er geöffnet ist, fließt kein Strom. Links ist das Schaltzeichen für eine Batterie (langer Strich: Pluspol).

Abb. 299.4 zeigt die Schaltung einer *Klingelanlage*, die man an drei Türen durch Druckknopfschalter betätigen kann. Die Klingel läutet, wenn mindestens 1 „Drücker" den Stromkreis schließt. Mit dem Schalter S kann man die Anlage außer Betrieb setzen. Die Klingel läutet dann nicht, auch wenn man auf alle 3 Knöpfe drückt. – Häufig bedient man eine Zimmerlampe von zwei Schal-

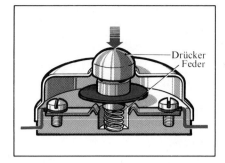

299.1 Durch die rote Metallplatte wird der Stromkreis beim Drücken des Klingelknopfes geschlossen.

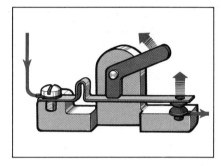

299.2 Suche die Unterbrechungsstelle beim Umlegen des Hebels an diesem Kippschalter!

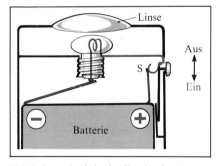

299.3 Stromkreis in der Taschenlampe

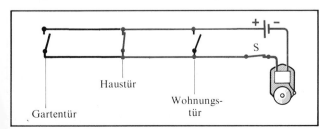

299.4 Verfolge die möglichen Stromkreise bei dieser Klingelanlage (rot: stromdurchflossen)!

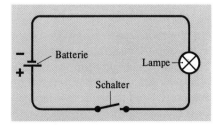

299.5 Schaltskizze zu Abb. 298.3 bei geöffnetem Schalter

tern aus. In jedem von ihnen läßt sich die Kontaktstelle 0 mit der Leitung 1 − 1 oder 2 − 2 verbinden *(Abb. 300.1)*.

Bei dieser **Wechselschaltung** leuchtet die Lampe, wenn beide Schalthebel nach oben oder beide nach unten gekippt sind, sonst nicht.

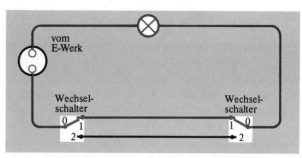

300.1 Wechselschaltung; wann leuchtet die Lampe nicht?

Aufgaben:

1. *Baue die beiden Schaltungen nach Abb. 300.2 mit einer Batterie als Stromquelle auf! Worin unterscheiden sie sich? Wo findet man sie im Haushalt?*

2. *Warum wäre es in Abb. 300.1 wenig sinnvoll, zwei einfache Schalter parallel zu legen (wie in Abb. 299.4) oder diese Schalter hintereinander im Stromkreis anzuordnen?*

3. *Worin unterscheidet sich in Abb. 299.4 die Wirkung des Schalters S von der Wirkung der drei anderen Schalter?*

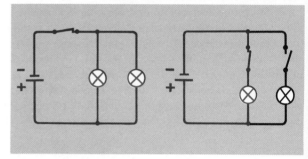

300.2 Zu Aufgabe 1

§ 89 Leiter und Isolatoren; Glimmlampe

1. Leiter und Nichtleiter

Versuch 3: Bisher stellten wir Stromkreise nur aus Kupfer- oder Messingteilen zusammen. Um zu prüfen, welche anderen Stoffe sich auch noch zum Aufbau eines Stromkreises eignen, unterbrechen wir den Kreis nach *Abb. 298.3* an einer beliebigen Stelle. Die Lampe leuchtet wieder, wenn wir diese Unterbrechungsstelle durch ein beliebiges Metallstück oder einen Kohlestift überbrücken. Solche Stoffe nennt man **elektrische Leiter;** man sagt, sie *leiten den Strom.*

Versuch 4: Wir wollen nun prüfen, ob auch Flüssigkeiten leiten. Hierzu stecken wir nach *Abb. 300.3* zwei Kohlestäbe in ein Glasgefäß, ohne daß sie sich berühren. Das Lämpchen leuchtet, wenn man verdünnte *Säuren, Basen (Laugen)* oder *Salzlösungen* einfüllt. Reines (destilliertes) Wasser, Öl und Benzin leiten dagegen nicht. Bei Leitungswasser und feuchtem Erdreich glüht der Lampendraht höchstens ganz schwach; es handelt sich um *schlechte Leiter.* Über sogenannte *Halbleiter* siehe Seite 383.

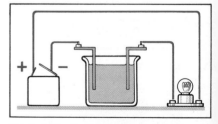

300.3. Mit dieser Anordnung prüft man nach, welche Flüssigkeiten leiten.

Versuch 5: Überbrücke eine Unterbrechungsstelle im Stromkreis durch Glas, Porzellan, Gummi, Paraffin, Bernstein, Wolle, Seide oder irgendwelche Kunststoffe! Der Stromkreis wird nicht geschlossen. Diese Stoffe nennt man **Nichtleiter** oder **Isolatoren**. Sie sind sehr wichtig, weil man sich durch sie vor den Gefahren des Stroms schützt *(Ziffer 3)*. Auch Luft und andere Gase sind im allgemeinen sehr gute Isolatoren. Doch gibt es eine für uns wichtige Ausnahme:

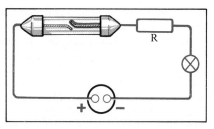

301.1 Stabglimmlampe mit Begrenzungswiderstand R. Das Gas um die dem Minuspol zugewandte Elektrode leuchtet; das Gas an der dem Pluspol zugewandten Elektrode bleibt dunkel.

Versuch 6: Bei der **Glimmlampe** nach *Abb. 301.1* sind zwei Drähte (**Elektroden** genannt) in ein Glasröhrchen eingeschmolzen. Es enthält das Gas Neon bei vermindertem Druck (0,01 bar). Beim Anschluß an geeignete Stromquellen leuchtet das Gas in der Umgebung der einen Elektrode rötlich auf. Die Drähte selbst glühen nicht. Daß Strom fließt, zeigt sich, wenn man eine größere Glimmlampe benutzt und eine 15-Watt-Glühlampe in die Zuleitung legt; sie leuchtet. – Bei *Reklamebeleuchtungen (Neonröhren)* und **Leuchtstoffröhren** wird diese Stromleitung in Gasen von vermindertem Druck vielfach angewandt. Auch beim Blitz leitet die Luft.

Der menschliche Körper leitet den Strom ebenfalls, insbesondere die Blutbahnen, die Muskeln und die Nervenstränge, also gerade die besonders empfindlichen Teile. Dagegen leitet die trockene Haut nur schlecht und bietet einen gewissen Schutz. Folglich wird der Strom dem Menschen sehr gefährlich, wenn die Haut durch Regen, Schweiß oder im Bad feucht wurde oder wenn er über die feuchte Zunge zufließen kann.

Der elektrische Strom fließt nur in Leitern. *Leiter* des Stromes sind Metalle, Kohle, Säuren, Basen, Salzlösungen und unter besonderen Umständen auch Luft sowie andere Gase.

Wichtige *Nichtleiter* **oder** *Isolatoren* **sind Bernstein, Glas, Gummi, Glimmer, Keramik, die meisten Kunststoffe (Bakelit, Trolitul, Plexiglas usw.), Öl und normalerweise auch Gase (Luft).**

---

2. Plus- und Minus-Pole

Versuch 7: In der Glimmlampe nach *Abb. 301.1* leuchtet das Gas nur an der Elektrode, die mit dem *Minus*pol verbunden ist. Dies gilt auch, wenn man die Anschlüsse an der Stromquelle vertauscht. Die Pole der Stromquelle sind also nicht gleichartig und werden als **Pluspol (+)** und **Minuspol (−)** unterschieden.

In Glimmlampen leuchtet das Gas nur um die Elektrode, die mit dem Minuspol verbunden ist.

---

3. Wozu braucht man Isolatoren im Stromkreis?

Unsere Häuser sind häufig durch *Freileitungen* aus Kupferdrähten an das elektrische *Versorgungsnetz* angeschlossen. Diese werden nicht unmittelbar am Mast, sondern an Isolatoren aus Glas, Kunststoff oder Porzellan befestigt. Die blanken Kupferdrähte selbst sind gegeneinander durch die Luft isoliert. Die elektrischen Leitungen im Haus bestehen aus Kupferdrähten, die mit Kunststoffen gegeneinander isoliert sind. Sie werden in Rohren oder als sogenannte *Stegleitungen* *(Abb. 302.1)* in den Wandputz verlegt. Wenn man Löcher in die Wand bohrt oder Nägel einschlägt, darf man nicht auf solche Leitungen treffen; es könnte — vor allem im Badezimmer — sehr gefährlich werden. Drähte für Klingelleitungen usw. sind an ihrer Oberfläche durch eine dünne Lackschicht isoliert. Diese muß man an den Drahtenden entfernen, bevor man die Drähte anschließt. Auch *Experimentierkabel, Bananen-Stecker, Buchsen, Lüsterklemmen, Krokodilklemmen* usw. bestehen aus Metallteilen, die meist von Isolierstoffen umgeben sind *(Abb. 302.1)*. Diese Isolation schützt vor unerwünschtem Berühren der stromführenden Metallteile. Die Anschlußkabel elektrischer Geräte enthalten mindestens zwei Metalldrähte, die je von einer Gummi- oder Kunststoffschicht umhüllt sind (ein häufig anzutreffender dritter Draht heißt *Schutzleiter* und wird auf Seite 363 besprochen). Wird die Isolierschicht beschädigt, so kann der Strom unmittelbar vom einen Draht zum andern fließen; es entsteht ein gefährlicher **Kurzschluß.** Wurde gar die äußere Isolierhülle durchbrochen, so daß ein Draht blank liegt, kann das Berühren lebensgefährlich sein.

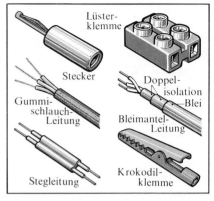

302.1 Leitungen und Verbindungsstücke

Elektrische Leitungen und Geräte werden so isoliert, daß der Strom nur den vorgesehenen Weg nehmen kann. Das Berühren nicht isolierter Netzleitungen und der Pole von Steckdosen ist lebensgefährlich.

Abb. 302.2 zeigt, wie die beiden Enden des *Glühfadens* einer Lampe mit den beiden Zuleitungsdrähten verbunden sind. Da der Strom auch durch das Gewinde der Lampe fließt, darf dieses beim Ein- und Ausschrauben nicht berührt werden.

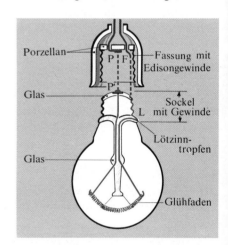

302.2 Verfolge die Leitungsführung in Glühlampe, Glühlampensockel und Glühlampenfassung!

4. Rückschau

Wir lernten den elektrischen Stromkreis und einfache technische Anwendungen kennen. Wir haben dabei erfahren, daß man zwischen Leitern und Nichtleitern des Stroms unterscheiden muß. Das Wort „*Strom*" und die Vorstellung, daß er in Leitern fließt, entnahmen wir bis jetzt nur dem täglichen Sprachgebrauch, nicht aber Experimenten, die für den Physiker allein verbindlich sind. Bei unseren bisherigen Versuchen konnten wir nur Wärme- und Lichtwirkungen des elektrischen Stroms erkennen. Versuch 1 zeigte, daß der Vergleich mit der Leitung für Stadtgas, das im Herd verbraucht wird, nicht richtig ist. Wir müssen deshalb durch weitere Experimente klären, was in den elektrischen Leitungen vor sich geht. Den elektrischen Strom können wir mit dem Strömen von Wasser und Gas in Rohren schon deshalb nicht unmittelbar vergleichen, weil elektrische Leitungen nicht wie die Rohre hohl sind. Wir werden im nächsten Paragraphen durch weitere Experimente dem elektrischen Strom „auf die Spur kommen".

Aufgaben:

1. *Untersuche andere Stoffe auf ihre Leitfähigkeit! Leitet Zuckerwasser, destilliertes Wasser oder ein Koch-salzkristall? Leitet die Lösung von Kochsalz in Wasser?*

2. *Warum müssen Schalter (Abb. 299.1 und 2) Isolatoren enthalten?*

3. *Wie müßte die Elektrotechnik vorgehen, wenn Luft ein guter Leiter wäre (die andern als Isolatoren an-geführten Stoffe sollten nach wie vor Nichtleiter sein)?*

§ 90   Der elektrische Strom ist fließende Ladung

Wir wollen nun die Frage klären, ob in einem Leitungs-draht etwas strömt. Am Ende einer Wasserleitung kann man Wasser *portionsweise* in Eimern auffangen und weitertransportieren. Vielleicht läßt sich auch „*Elek-trizität*" an einer Leitung „abzapfen"?

Versuch 8: Wir bringen zwei hintereinandergeschaltete Glimmlampen mit einem geeigneten Netzgerät zum Leuchten. Sie erlöschen, wenn wir den Stromkreis nach *Abb. 303.1* zwischen den Glimmlampen unterbrechen. Nun berühren wir die linke mit einem **Konduktor** (Metall-kugel, die auf einem Isolierstiel befestigt ist). Sie blitzt kurz auf; offensichtlich fließt über sie ein *Stromstoß* auf den Konduktor. Wenn „*Strom*" bedeutet, daß eine elektrische Substanz *fließt*, so müßte es möglich sein, diese Substanz mit dem Konduktor über die Unterbrechungsstelle von links nach rechts zu transportieren. Tatsächlich leuchtet die rechte Glimmlampe kurz auf, wenn man sie mit dem Konduktor berührt. Damit sind wir dem Geheimnis des elektrischen Stroms wesentlich näher gekommen: Der Konduktor nahm links sogenannte **elektrische Ladung** auf, *er wurde geladen* (der „Elektrizitätseimer" wurde ge-füllt). Rechts gab er diese Ladung wieder ab; sie floß über die rechte Glimmlampe zur Stromquelle zurück.

Versuch 9: Wir können den Konduktor mit seiner elek-trischen Ladung durch das Zimmer tragen. Berühren wir ihn mit einer Stabglimmlampe, so leuchtet diese kurz auf; der Konduktor *entlädt* sich *(Abb. 303.2)*. Auf keinen Fall dürfen wir sagen, im Konduktor sei „Strom"; dort ist *ruhende* Ladung. „Strom" bezeichnet dem Wort-sinn nach nur *strömende Ladung*.

303.1 Der Konduktor transportiert Ladung von der linken zur rechten Glimmlampe.

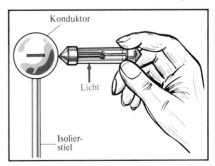

303.2 Der Konduktor war negativ geladen.

Die Ladung auf dem Konduktor können wir weder mit dem Auge, noch mit dem Ohr, noch mit dem Geruchssinn wahrnehmen. Man sieht deshalb auch nicht unmittelbar, wie sie in den Drähten strömt. Man erkennt nur bestimmte *Wirkungen*, zum Beispiel Wärme- und Lichtentwicklung in Glüh- und Glimmlampen. Beim Entladen eines Konduktors kann man ein Knistern hören und im Dunkeln einen kleinen Funken sehen. Funken und Blitze sind also auch Strom.

Versuch 10: Wir stellen der Kugel des **Bandgenerators** in *Abb. 11.2* und *341.2* eine zweite Kugel gegenüber, die mit dem Fuß des Generators leitend verbunden wird. Eine Glimmlampe, die man zwischen die beiden Kugeln bringt, leuchtet und zeigt, welche Kugel der Plus- und welche der Minuspol ist. Der Bandgenerator ist also auch eine Stromquelle. Seinen Polen kann man mit Konduktoren besonders viel Ladung entnehmen.

Mit einem Konduktor kann man elektrische Ladung portionsweise transportieren. Der elektrische Strom ist fließende Ladung.

Mit dem Konduktor entnahmen wir dem einen Pol der Stromquelle in Versuch 8 eine kleine Ladungsportion. Diese ließ die Glimmlampe nur kurz aufleuchten. Damit die Lampe *dauernd* leuchtet, muß man den *Stromkreis schließen*. Dabei fließt die Ladung der Stromquelle am andern Pol wieder zu. **Sie fließt nun dauernd im Kreis.** Im Versuch nach *Abb. 303.2* fließt jedoch die Ladung über die Hand zur Erde ab. Diese kann als großer Konduktor aufgefaßt werden, der die Ladung aufnehmen und (später) wieder an die Stromquelle zurückgeben kann.

Aufgabe:

Man sagt häufig, „in einer Steckdose sei Strom", auch wenn kein Gerät angeschlossen ist. Ist dies korrekt? Was meint man damit?

§ 91   Eigenschaften der elektrischen Ladung

In Versuch 8 fanden wir eine elektrische Substanz, Ladung genannt. Ohne sie kann man keinen elektrischen Vorgang verstehen; wir müssen deshalb ihre wichtigsten Eigenschaften kennenlernen:

1.   Kräfte zwischen Ladungen

Versuch 11: Dem *Minus*pol des Bandgenerators, den wir in Versuch 10 kennenlernten, entnehmen wir mit einem Konduktor Ladung und lassen sie über eine Glimmlampe wie in *Abb. 303.2* zur Erde abfließen. Das Gas leuchtet an der *dem Konduktor zugewandten Elektrode* kurz auf. Hier ist der Stromkreis zwar nicht geschlossen. Doch verhält sich der Konduktor während des Entladevorgangs wie der *Minus*pol einer Stromquelle. Da dem Konduktor keine Ladung nachgeführt wird, ist er sehr schnell entladen.

Versuch 12: Lädt man den Konduktor am *positiven* Pol auf, so leuchtet das Gas jedoch an der *dem Konduktor abgewandten Elektrode*. Offensichtlich gibt es **zwei Arten von Ladung.** Um dies genauer zu untersuchen, führen wir die folgenden Versuche aus:

Versuch 13: Ein leichtes, leitendes Kügelchen wird an einem dünnen, isolierenden Faden aufgehängt und am *positiven* Pol des Bandgenerators geladen. Nähert man einen am *negativen* Pol geladenen Konduktor, so wird das Kügelchen angezogen *(Abb. 305.1, rechts)*.

Versuch 14: Nähert man einander zwei Ladungen vom *gleichen* Pol, zum Beispiel vom Pluspol, dann stoßen sie sich ab *(Abb. 305.1, links)*.

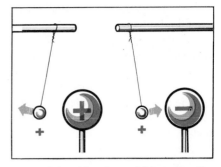

305.1 Links: Abstoßung gleichnamiger Ladungen; rechts: Anziehung ungleichnamiger Ladungen

---

> **Es gibt zwei verschiedene Arten der Elektrizität: positive und negative Ladungen. Sie sitzen auf den Polen der Stromquelle. Gleichnamige Ladungen stoßen sich ab, ungleichnamige ziehen sich an.**

305.2 Die gleichnamig geladenen Papierstreifen stoßen sich gegenseitig ab.

2. Das Elektroskop

Die Kräfte zwischen elektrischen Ladungen benutzt man in einfachen Instrumenten zum Nachweis ruhender Ladungen. Mit Glüh- und Glimmlampen weisen wir dagegen das Fließen von Ladung nach, etwa das Abfließen von einem Konduktor.

Versuch 15: An eine Metallkugel auf dem Bandgenerator werden lange, dünne Papierstreifen mit dem einen Ende geklebt; das andere Ende hängt zunächst herab. Lädt man die Kugel am Bandgenerator auf, so spreizen sich die Papierstreifen *(Abb. 305.2)*. Die vom Bandgenerator zugeflossene Ladung verteilt sich auf die Kugel und die Streifen (Papier leitet ein wenig). Jeder Streifen wird von der Kugel wie auch von den anderen Streifen abgestoßen, da sie alle gleichnamige Ladungen tragen.

Mit Versuch 15 verstehen wir ein einfaches Anzeigegerät für ruhende Ladungen, das **Elektroskop** (skopein, griech.; sehen): In ein Metallgehäuse mit Glasfenstern ist — durch Kunststoff gut isoliert — ein Metallstab eingeführt. Er trägt ein leichtes Aluminiumblättchen *(Abb. 305.3, oben)*.

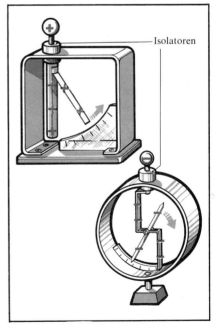

305.3 Blättchenelektroskop (oben), Braunsches Elektroskop (unten); das eine positiv, das andere negativ geladen

Versuch 16: Man berührt den oberen Knopf des Elektroskops mit einem geladenen Konduktor. Seine Ladung fließt zum Teil in den Stab und auf das Blättchen; dieses wird vom Stab abgestoßen (auf Seite 335 vervollständigen wir diese einfache Erklärung). Bei wiederholtem Aufbringen der *gleichen* Ladungsart wird der Ausschlag immer größer.

Versuch 17: Lade das weniger empfindliche **Braunsche Elektroskop** *(Abb. 305.3, unten)* auf! Sein leicht drehbarer Aluminiumzeiger schlägt aus. Der Ausschlag bleibt bestehen, bis man die Ladung portionsweise mit einem Konduktor wegnimmt oder schnell über einen Leiter abfließen läßt. Entlädt man das Elektroskop über eine Glimmlampe, so erkennt man am Aufleuchten der Elektroden, ob es positive oder negative Ladung trug (Versuch 11 und 12; *Abb. 303.2;* ebenso auch *Abb. 315.2).*

3. Der Faradaybecher

Versuch 18: Die Abstoßung gleichnamiger Ladungen erklärt teilweise auch die Vorgänge beim **Faraday-Becher:** Eine isoliert aufgestellte Metalldose wird aufgeladen. Doch kann ein Konduktor ihrem Innern keine Ladung entnehmen *(Abb. 306.1).* Alle Ladung sitzt auf der äußeren *Oberfläche.* Umgekehrt gibt ein geladener Konduktor, den man ins Innere des Faraday-Bechers bringt, seine ganze Ladung ab. Dies ist nicht der Fall, wenn man mit dem Konduktor die Außenfläche berührt (vollständige Erklärung Seite 335).

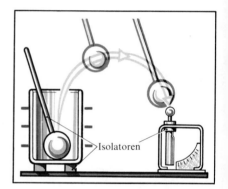

306.1 Aus dem Innern des geladenen Faraday-Bechers kann der Konduktor keine Ladung holen.

Die metallischen Außenwände von Flugzeugen und Autos stellen solche Faraday-Becher dar. Deshalb kann die Ladung eines Blitzes nicht ins Innere dringen; man ist dort vor Blitzen geschützt *(Abb. 11.2).* Dies zeigte bereits *M. Faraday* (engl. Physiker, 1791 bis 1867), indem er sich in einen Metallkäfig setzte und von außen Funken aufschlagen ließ. Auch wenn er von innen das Metall berührte, ging keine Ladung auf ihn über. Besonders empfindliche elektronische Geräte müssen von einem solchen ,,Käfig" umgeben sein; man nennt ihn dann *Abschirmung* und verbindet ihn leitend mit der Erde.

4. Neutralisation von Ladungen

Versuch 19: Verbinde ein Elektroskop mit einem isoliert stehenden Faraday-Becher und lade beide *positiv* auf. Bringe dann kleine *negative* Ladungsportionen mit einem Konduktor in den Becher! Der Ausschlag des Elektroskops nimmt stufenweise auf Null ab. *Positive* Zusatzladungen vergrößern dagegen den Ausschlag. Man erkennt, daß sich gleichnamige Ladungen verstärken, ungleichnamige dagegen abschwächen. Sie können sich in ihrer Wirkung auch ganz aufheben:

Versuch 20: Zwei gleiche Elektroskope werden entgegengesetzt bis zum gleichen Ausschlag geladen. Wir dürfen annehmen, daß sie gleich große Ladungsportionen von entgegengesetztem Vorzeichen tragen. Dann verbinden wir sie durch einen Leiter; er ist an einem Isolator befestigt, so daß keine Ladung zur Erde abfließt. Dabei geht der Ausschlag beider Elektroskope auf Null zurück:

> **Entgegengesetzte Ladungen heben sich in ihrer Wirkung nach außen hin auf, wenn man sie in gleichen Mengen zusammenbringt; sie neutralisieren sich.**

Die Neutralisation, die wir in Versuch 20 kennenlernten, läßt es sinnvoll erscheinen, die beiden Ladungsarten durch die mathematischen Zeichen + und − zu unterscheiden. Elektrische Ladung bezeichnet man mit dem Buchstaben Q. Die Neutralisation beschreibt man dann durch die Gleichung

$$(+Q)+(-Q)= +Q-Q=0.$$

307.1 Neutralisation nach Versuch 20

5. Die elektrische Influenz

Nach Versuch 20 ist es möglich, daß ein elektrisch neutraler Körper positive und negative Ladungen enthält. Dies bestätigt der folgende Versuch:

Versuch 21: In *Abb. 307.2* erscheinen das Elektroskop und der es berührende Konduktor B zunächst ungeladen. Dann nähert man mit dem Konduktor A von oben die positive Ladung $+Q_1$, ohne jedoch den Konduktor B zu berühren. Das Elektroskop schlägt dabei zunehmend aus, obwohl keine Ladung vom Konduktor A übergeht. Der Ausschlag kann also nur von Ladung herrühren, die schon im ungeladen erscheinenden Elektroskopstab und im Konduktor B vorhanden war. Die positive Konduk-

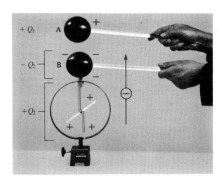

307.2 $+Q_1$ influenziert die Ladungen $-Q_2$ und $+Q_2$.

torladung $+Q_1$ zieht nämlich beim Annähern immer mehr von der negativen Ladung $(-Q_2)$ im Elektroskopstab nach oben. Unten bleiben positive Ladungen $(+Q_2)$ zurück und rufen den Ausschlag hervor. Eine Glimmlampe zeigt die positive Ladung.

Versuch 22: Wird der Konduktor A entfernt, so verschwindet der Ausschlag; denn die positive und die negative Ladung $(+Q_2$ und $-Q_2)$ verteilt sich wieder gleichmäßig im Elektroskop und im Konduktor B. Beide sind dann so neutral wie vorher.

Versuch 23: Wir können auch den Konduktor B entfernen, während A bleibt. Dann nimmt B einen Teil der nach oben gezogenen negativen Ladung $-Q_2$ mit sich. Eine Glimmlampe, mit der man B berührt, bestätigt dies. Die Glimmlampe zeigt auch, daß auf dem Elektroskop positive Ladung $(+Q_2)$ zurückblieb. − Diese Versuche gelingen mit allen Leitern, auch mit solchen, die noch nie elektrisch geladen wurden. Hieraus folgern wir:

> **Leiter enthalten auch im neutralen Zustand bewegliche Ladungen. Diese werden beim Annähern eines geladenen Körpers teilweise getrennt. Man nennt dies elektrische Influenz.**

$+Q_1$ in *Abb. 307.2* nennt man die *influenzierende Ladung*, $+Q_2$ und $-Q_2$ die *influenzierten Ladungen*. Das Wort „*Influenz*" (influere, lat.; hineinfließen) ist irreführend; man könnte ihm entnehmen, daß etwas in den „influenzierten" Körper geflossen sei. In Wirklichkeit waren die durch Influenz getrennten Ladungen schon vorher im Körper vorhanden. Vergleiche mit der *magnetischen Influenz*, Seite 289!

Versuch 24: An einem isolierenden Faden hängt nach *Abb. 308.1* ein ungeladenes, leitendes Kügelchen. Wir nähern ihm den Konduktor mit der negativen Ladung $-Q_1$. Er zieht das Kügelchen an. Dies ist zunächst unverständlich, da es ungeladen ist. In Wirklichkeit trägt es gleich viel positive wie negative Ladungen, die durch Influenz getrennt werden ($+Q_2$ links, $-Q_2$ rechts). Die Abstände a und b dieser beiden Ladungen zum Konduktor sind verschieden groß. Die Kraft F_1, mit der die Ladung $+Q_2$ angezogen wird, ist also größer als die Kraft F_2, welche die Ladung $-Q_2$ abstößt.

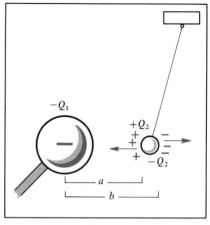

308.1 Die Ladung $-Q_1$ ruft im Kügelchen Influenz hervor und zieht es dann an.

6. Rückschau

Wir haben die wichtigsten Gesetze, die für die elektrische Ladung gelten, kennengelernt: Es gibt zwei Arten von Ladung, die sich gegenseitig anziehen. Bringt man sie in gleichen Mengen zusammen, so neutralisieren sie sich. Deshalb wurde die elektrische Ladung erst sehr spät (ab 1748 von *Benjamin Franklin*) als die wesentliche elektrische Größe erkannt. Sie ist allgegenwärtig; ungeladene Körper enthalten gleich viel an positiver und an negativer Ladung. Die Influenz zeigt, daß auch beim Neutralisieren die Ladung nicht zerstört wird; sie verschwindet nur scheinbar. Wir werden stets finden, daß man elektrische Ladung weder vernichten noch neu erzeugen kann. – Man vergleicht den elektrischen Strom gerne mit Wasser, das von einer Pumpe getrieben einen Kreislauf ausführt. Da dem Wasser jedoch viele Eigenschaften der elektrischen Ladung fehlen, helfen solche *Wasseranalogien* häufig wenig. Eine bessere Vorstellung bekommen wir im folgenden durch die genauere Untersuchung der Vorgänge in Leitern.

Aufgaben:

1. *Der Influenzversuch nach Abb. 307.2 gelingt auch ohne Konduktor B. Warum ist dann der Ausschlag des Elektroskops viel kleiner?*

2. *Wenn man im Versuch nach Abb. 305.2 die Hand den geladenen Papierstreifen nähert, so werden diese angezogen. Ist die Hand geladen?*

3. *Was ändert sich bei den Versuchen 21 bis 23, wenn man in Abb. 307.2 den Konduktor A negativ auflädt?*

4. *Ein Elektroskop ist positiv geladen und schlägt etwa zur Hälfte aus. Was geschieht, wenn man ihm eine negative, was, wenn man ihm eine positive Ladung nähert?*

§ 92 Konventionelle Stromrichtung; Elektrizitätsleitung durch Ionen

Wir sehen die in einem Draht fließende Ladung nicht und können deshalb auch nicht sagen, in welcher Richtung sie fließt. Zudem gibt es *zwei Arten* von Ladung. Deshalb wäre ein „*Gegenverkehr*" von positiver und von negativer Ladung möglich:

Versuch 25: Auf den positiven Pol eines Bandgenerators werden kleine, zerzauste Wattestücke gebracht. Sie laden sich positiv auf, werden abgestoßen und fliegen zum negativen Pol *(Abb. 309.1)*. Dabei handelt es sich um einen „Strom" positiver Ladung in der Richtung von Plus nach Minus. – Am negativen Pol werden die Wattestücke negativ geladen und kehren zurück. Dies entspricht einem „Strom" negativer Ladung vom Minus- zum Pluspol. *Abb. 309.1* zeigt beide Vorgänge.

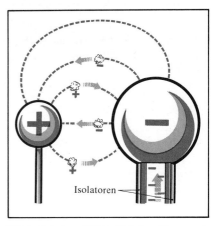

309.1 Geladene Wattestückchen fliegen zwischen den Polen des Bandgenerators.

Wir müssen nun untersuchen, welche dieser Möglichkeiten bei verschiedenen elektrischen Leitungsvorgängen zutrifft. Zunächst betrachten wir flüssige Leiter, da man bei ihnen am ehesten eine Bewegung feststellen kann:

Versuch 26: Ein Gefäß wird mit blauer *Kupferchloridlösung* (chemische Formel $CuCl_2$) gefüllt. Sie enthält Kupfer (Cu) und Chlor (Cl) und entsteht durch Auflösen von Kupfer in Salzsäure (HCl). Wir tauchen zwei Kohlestifte als sogenannte *Elektroden* ein *(Abb. 309.2)*; den einen verbinden wir mit dem Minuspol einer Stromquelle und nennen ihn **Kathode** (griech.; „Ausgang"). Der andere wird mit dem Pluspol verbunden und heißt **Anode** (griech.; „Eingang"). Nach einiger Zeit hat sich die *Kathode* mit einer dünnen Kupferschicht überzogen. An

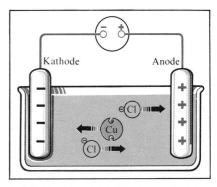

309.2 Zu Versuch 26: Kupfer- und Chlor-Ionen transportieren elektrische Ladung durch die Kupferchlorid-Lösung.

der *Anode* sehen wir Gasblasen aufsteigen und riechen das Gas Chlor (Cl_2). Bei dieser sogenannten **Elektrolyse** wird also das Kupferchlorid in seine Bestandteile Cu und Cl_2 zerlegt. Wenn dabei die Kupferteilchen wie die Wattestückchen in *Abb. 309.1* zum Minuspol gezogen werden, so dürfen wir annehmen, daß sie positiv geladen sind. Man nennt sie positive **Kupferionen.** Entsprechend werden negativ geladene **Chlorionen** zum Pluspol gezogen. An den Polen werden die Ionen neutralisiert; es bilden sich neutrales Kupfermetall und neutrales Chlorgas.

Ionen sind elektrisch geladene Atome oder Molekülteile.

Versuch 27: Nach einiger Zeit werden die Anschlüsse an der Stromquelle vertauscht *(umgepolt)*. Dann verschwindet der Kupferbelag an der neuen Anode und entsteht an der neuen Kathode (Minuspol). Dies bestätigt, daß bei der Elektrolyse positive Metallionen in der Richtung vom

Plus- zum Minuspol wandern. Sie sind am elektrischen Strom beteiligt, indem sie kleine Ladungs-portionen durch die Lösung tragen. Ebenso hat in Versuch 8 der Konduktor Ladungen befördert, wenn auch weit größere. Man nahm lange Zeit an, auch *in Metallen* fließe *positive* Ladung von Plus nach Minus. Deshalb legte man durch *Übereinkunft* (Konvention) eine Stromrichtung fest:

Konventionelle Stromrichtung: Der Strom fließt vom Pluspol der Stromquelle durch den Strom-kreis zu ihrem Minuspol.

Aufgabe:

Warum ändert sich in Versuch 27 die Bewegungsrichtung der positiven Kupfer-Ionen, wenn man an den (weit entfernten) Polen der Stromquelle die Anschlüsse vertauscht?

§ 93   Elektrizitätsleitung in Metallen; Elektronen

1.   Die Stromleitung in Metallen

Die konventionelle Stromrichtung (vom Plus- zum Minuspol) läßt völlig offen, welche Ladungs-art in Metallen in Wirklichkeit fließt. Diese Frage wird auch nicht beantwortet, wenn man zum Beispiel Kupfer- und Silberdrähte hintereinanderschaltet und von Strom durchfließen läßt. Weder wandert Kupfer in den Silberdraht, noch dringt umgekehrt Silber in Kupfer ein. Man fand in Me-tallen — im Gegensatz zu Elektrolyten — keine Bewegung eines nachweisbaren Stoffes. Wir müs-sen also durch andere Versuche klären, welcher Art die Ladung ist, die in Metallen fließt. Hier half ein auf *Th. A. Edison* (amerikanischer Erfinder, 1847 bis 1931) zurückgehendes Experiment:

Versuch 28: In einen luftleer gepump-ten Glaskolben ist (wie bei einer Glüh-lampe) ein Glühdraht, *Kathode K* ge-nannt, eingeschmolzen. Er wird durch die Heizbatterie zum Glühen gebracht *(Abb. 310.1)*. Oben im Kolben befin-det sich die zweite Elektrode, *Anode A* genannt. Mit ihr ist ein Elektroskop verbunden; beide werden *positiv* ge-laden. Wenn man den Glühdraht K zur Weißglut erhitzt, geht der Ausschlag des Elektroskops zurück. Da wir weder Anode noch Elektroskop berührt haben, kann ihre positive Ladung nicht abge-flossen sein. Sie wurde also durch zu-strömende *negative* Ladungsteilchen

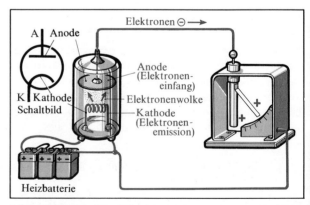

310.1 Glühelektrischer Effekt: Aus der zum Glühen gebrachten Kathode K dampfen negativ geladene Elektronen ab und neu-tralisieren die Plusladung auf dem Elektroskop (links Schaltbild).

neutralisiert. Diese können nur aus dem glühenden Draht stammen. Nun wissen wir, daß zum Beispiel aus einem Apfel beim Erwärmen zunächst die locker sitzenden Bestandteile (Wasser und Duftstoffe) abdampfen. Also dürfen wir annehmen, daß das Metall der Kathode *negativ* geladene Teilchen enthält, die nur schwach festgehalten werden und die beim Erhitzen die Kathode verlassen. Durch das Vakuum werden sie zur positiv geladenen Anode gezogen und neutralisieren deren Ladung. Diese Teilchen bilden aber auch nach stundenlangem Glühen in der Röhre weder Niederschläge noch Gase. Sie geben also für sich noch keinen chemisch nachweisbaren Stoff. Man nennt sie **Elektronen**. Jedes Elektron trägt eine sogenannte **negative Elementarladung**.

Versuch 29: Wir laden in Versuch 28 die Platte A und das Elektroskop nunmehr *negativ* auf. Sein Ausschlag bleibt bestehen. Also verlassen keine positiven Ladungen den Glühdraht; sie sitzen in ihm viel fester als die negativen. Die auch jetzt abgedampften Elektronen werden von der negativen Ladung der Platte A abgestoßen, gelangen also nicht zu ihr. – Wenn man den Glühdraht jedoch kurz überhitzt, so geht der Ausschlag des Elektroskops zurück. Dann verdampfen auch positiv geladene Wolframionen, das heißt Materie. Sie bilden einen dunklen Wolframniederschlag im Innern des Glaskolbens. Man kennt ihn von überlasteten oder sehr lange benutzten Glühlampen her. (Glühfäden bestehen meist aus dem schwer schmelzenden Metall Wolfram.)

> **Glühelektrischer Effekt: Ein zum Glühen erhitztes Metall sendet Elektronen aus. Sie sind negativ geladen und sitzen in Metallen verhältnismäßig locker. Die positive Ladung ist in Stoffen stets an chemisch nachweisbare Materie gebunden.**

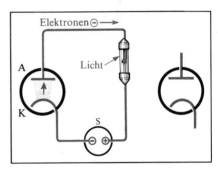

311.1 Diode im Stromkreis

In *Abb. 311.1* ist die Röhre durch ein Schaltsymbol vereinfacht dargestellt, bei dem man die Heizbatterie wegließ. Die Schaltskizze zeigt nur noch zwei Anschlüsse (Elektroden K und A). Deshalb nennt man diese Röhre eine **Diode**.

2. Die Stromquelle als Elektronenpumpe

Die Influenz zeigte, daß alle Metalle bewegliche Ladungen enthalten. Nach dem glühelektrischen Effekt sind dies Elektronen, also negative Ladungen. Die positiven Ladungen sitzen jedoch fest. Wie verhalten sich nun die Elektronen im Stromkreis?

Versuch 30: Wir stellen nach *Abb. 311.1* einen Stromkreis aus der Stromquelle S und einer Glimmlampe her. Die Kathode K der Diode ist mit dem Minuspol verbunden. Erst wenn wir sie zum Glühen bringen, leuchtet die Glimmlampe, und zwar ständig. Die aus der Kathode K abgedampften Elektronen überbrücken die Vakuumlücke in der Diode, indem sie völlig unsichtbar von K nach A fliegen. Dann fließen sie in der Leitung zur oberen Elektrode der Glimmlampe. Diese leuchtet, da sie dem Minuspol der Stromquelle zugewandt ist. Die Elektronen fließen weiter zum Pluspol der Stromquelle. Unterbrechen wir nämlich die Rückführung in den Pluspol, so hört der Strom sofort auf zu fließen. Die Stromquelle erzeugt die Elektronen also nicht ständig neu, sondern zieht sie zum Pluspol hin und pumpt sie am Minuspol wieder in den Stromkreis zurück. Auch hier zeigt sich, daß Ladung weder neu erzeugt noch vernichtet wird. In den Leitungsdrähten sind Elektronen vorhanden, schon bevor wir den Stromkreis aufbauen. Ähnlich bringt das Herz das in den Adern vorhandene Blut in Bewegung, erzeugt es aber nicht (Blutkreislauf).

> **Elektronen sind von vornherein in den Drähten eines Stromkreises vorhanden. Die Stromquelle setzt die Elektronen in Bewegung; sie wirkt als Elektronenpumpe.**

Versuch 31: Wir polen die Stromquelle S in *Abb. 311.1* um. Die Glimmlampe erlischt. Jetzt werden die nach wie vor aus dem Glühdraht abdampfenden Elektronen von der nunmehr negativ geladenen Platte A abgestoßen (und vom Glühdraht wieder aufgenommen). Die Diode läßt also Elektronen durch den Stromkreis nur in einer Richtung, nämlich von K nach A, fließen; sie wirkt als **elektrisches Ventil** (ein Fahrradventil läßt Luft auch nur in einer Richtung durch).

3. Wechselstrom; Gleichrichtung

Versuch 32: Die von uns bisher benutzten Stromquellen liefern **Gleichstrom**; die Glimmlampe leuchtet nur an *einer* Elektrode. Wenn wir die Glimmlampe aber an eine *Steckdose* anschließen (Vorwiderstand nicht vergessen!), so leuchtet das Gas an beiden Elektroden. Bewegen wir die Lampe schnell hin und her, so sehen wir, daß ihre beiden Elektroden nie gleichzeitig, sondern nacheinander von einer Lichthaut bedeckt sind *(Abb. 312.1)*. Die Polung der Steckdose wechselt in rascher Folge: 50mal in jeder Sekunde ist die eine Buchse negativ geladen, dazwischen positiv. Die andere Buchse hat jeweils die entgegengesetzte *Polarität*. Nach *Abb. 312.2* fließt der Elektronenstrom im

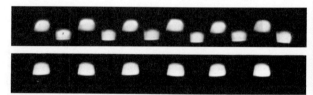

312.1 Fotografie einer schnell bewegten Glimmlampe bei Wechselstrombetrieb; oben: ohne Gleichrichtung, unten: mit Gleichrichtung (Versuch 33)

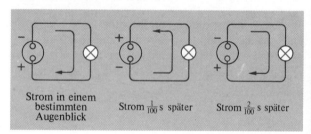

Strom in einem bestimmten Augenblick   Strom $\frac{1}{100}$ s später   Strom $\frac{2}{100}$ s später

312.2 Die Elektronen ändern bei Wechselstrom jeweils nach 0,01 s ihre Richtung.

angeschlossenen Kreis 50mal je Sekunde in der einen und 50mal in der entgegengesetzten Richtung. Bei diesem **Wechselstrom** schwingen die Elektronen mit der Frequenz 50 Hz hin und her (Hz: Kurzzeichen für die Frequenzeinheit 1 Hertz, das heißt 1 Schwingung je Sekunde). Auch wenn dieser Wechsel sehr schnell erfolgt, so hat doch der Strom in jedem Augenblick eine bestimmte Richtung. Unsere für Gleichstrom gefundenen Aussagen bleiben richtig, wenn wir uns auf sehr kurze Zeitspannen beschränken. Das Zeichen für Wechselstrom ist ∼, das für Gleichstrom −. Häufig benutzen wir Geräte, die den Wechselstrom des Netzes gleichrichten. Wie sie arbeiten, zeigt der folgende Versuch:

Versuch 33: Wir ersetzen in *Abb. 311.1* die Gleichstromquelle S durch eine *Wechselstromquelle*. Nur die obere Elektrode der Glimmlampe leuchtet. Wenn man sie bewegt, so sieht man nur die oberen hellen Bögen in *Abb. 312.1*; dazwischen ist die Glimmlampe dunkel. Die als Ventil wirkende Diode läßt die Elektronen jeweils 0,01 s lang in der in *Abb. 311.1* angegebenen Richtung fließen. In den nächsten 0,01 s fließt kein Strom. Die Diode ist eine **Gleichrichterröhre.** Überbrückt man sie zwischen K und A durch einen Draht, so leuchtet das Neongas wieder um beide Elektroden abwechselnd jeweils 0,01 s lang (Vorwiderstand nicht vergessen!). Heute verwendet man zum Gleichrichten statt Vakuumröhren meist *Halbleiterdioden* (Seite 386).

Nach diesen Versuchen mit Elektronen würde es naheliegen, die konventionelle Stromrichtung umzukehren und durch die Bewegungsrichtung der Elektronen vom Minus- zum Pluspol zu ersetzen. Dies geschah bisher nicht; alle Schaltzeichen der sogenannten *Elektronik* (Seite 381) benutzen die konventionelle Stromrichtung. Wir müssen also stets daran denken, daß sich in Metallen die Elektronen der konventionellen Stromrichtung entgegen bewegen. Doch wollen wir nicht vergessen, daß es auch positiv geladene Ionen gibt, die in Elektrolyten tatsächlich vom positiven zum negativen Pol wandern (Seite 309).

4. Die Braunsche Röhre

Weder in der Diode noch in Metalldrähten sehen wir die fließenden Elektronen unmittelbar. Aber wir können Elektronen im Vakuum zu einem Strahl bündeln und diesen **Elektronenstrahl** von außen ablenken. Hierzu ist in den hochevakuierten Glaskolben der in *Oszillographen (Abb. 193.1)* benutzten **Braunschen Röhre** nach *Abb. 313.1* eine Kathode K eingeschmolzen, die durch die Heizbatterie H zum Glühen erhitzt wird und Elektronen aussendet. Die Anodenstromquelle lädt die An-

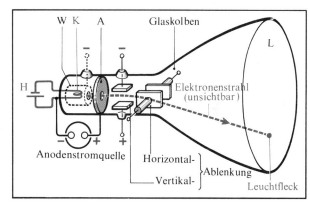

313.1 Braunsche Röhre mit Ablenkplatten

ode A positiv, die Kathode K negativ auf. Deshalb werden die Elektronen zur Anode A hin beschleunigt. Der gestrichelt gezeichnete Zylinder W ist so stark negativ geladen, daß er die von K weggehenden Elektronen auf das Loch in der Anode A hin konzentriert. Ein großer Teil durchsetzt diese Öffnung und fliegt geradlinig weiter zum Leuchtschirm L, der die Röhre rechts abschließt. Er trägt eine dünne Leuchtschicht, zum Beispiel aus Calciumwolframat. Diese sendet im Auftreffpunkt der unsichtbaren Elektronen Licht aus.

Versuch 34: In die Röhre nach *Abb. 313.1* sind rechts von der Anode zwei übereinanderliegende Metallplatten eingeschmolzen. Die obere Platte wird von einer Gleichstromquelle negativ, die untere positiv geladen. Das Plattenpaar lenkt die Elektronen nach unten ab, da sie negative Ladung tragen. Dies zeigt deutlich *Abb. 313.2*. Durch das sich rechts anschließende zweite Plattenpaar kann man den Elektronenstrahl auch horizontal ablenken (Weiteres Seite 340).

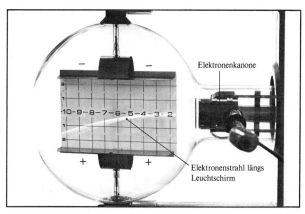

313.2 Ablenkung des Elektronenstrahls: Die Elektronen (negativ) werden von der positiven Platte angezogen.

Versuch 35: Wir betrachten eine Röhre, die etwas Wasserstoffgas enthält. Die längs des Strahls von Elektronen getroffenen Gasmoleküle leuchten dann (wie in einer Glimmlampe oder Neonröhre) und machen den Weg der Elektronen sichtbar. Die Elektronen selbst sieht man auch hier nicht. Noch besser ist es, den Elektronenstrahl längs eines Leuchtschirms entlang streifen zu lassen. Dann erkennt man die Flugbahn der Elektronen als hell leuchtenden Streifen *(Abb. 313.2)*.

Aufgaben:

1. *In Abb. 313.1 wird die hintere der Ablenkplatten positiv geladen, die vordere negativ. Wie lenkt dies den Elektronenstrahl ab?*

2. *Wie wird der Elektronenstrahl in Abb. 313.1 abgelenkt, wenn man an das vertikal ablenkende Plattenpaar eine Wechselstromquelle legt?*

3. *Bei der Braunschen Röhre nach Abb. 313.1 sei die obere mit der hinteren Ablenkplatte verbunden, ebenso die untere mit der vorderen. Man lädt die beiden Verbindungen entgegengesetzt auf. Was geschieht mit dem Leuchtfleck?*

§ 94 Atombau, statische Aufladung und Influenz im Elektronenbild

1. Der Atombau

Ein Metallstück sieht so massiv aus, daß wir uns kaum vorstellen können, wie in ihm Elektronen fließen sollten. Doch enthält die Materie unsichtbare, fast leere Räume. Um sie nachzuweisen, schießen wir Elektronen durch eine Folie:

Versuch 36: Über die Anodenöffnung einer Braunschen Röhre nach *Abb. 313.1* ist eine dünne Folie geklebt. Trotzdem zeigt der Leuchtschirm einen hellen Lichtfleck. Er rührt von Elektronen her, die geradlinig durch die Folie geflogen sind. Allerdings leuchten auch die übrigen Teile des Schirms etwas auf; denn viele Elektronen werden beim Flug durch die Folie zur Seite hin abgelenkt. Dieses Experiment und viele weitere zeigen, daß der größte Teil eines Atoms fast leer ist. Sein positiv geladener **Kern** enthält über 99,9% aller Masse, ist aber winzig klein ($\frac{1}{100\,000}$ des Atomdurchmessers). Die restliche Masse steckt in den Elektronen. Sie halten sich in einem großen, sonst völlig leeren Bereich um den Kern auf, ohne daß man ihre Bahn genau angeben könnte *(Abb. 314.1)*. Sie bilden die sogenannte **Elektronenhülle,** deren Struktur die *chemischen Eigenschaften* der Stoffe bestimmt. Der Durchmesser der Elektronenhülle ist der auf Seite 37 abgeschätzte Atomdurchmesser von etwa 10^{-8} cm. Ein Atom ist neutral, wenn den Kern so viele Elektronen umgeben, daß seine positive Ladung neutralisiert wird.

314.1 Atomkern (+) und Elektronenhülle eines Atoms. Je stärker die rote Tönung, um so größer die Wahrscheinlichkeit, Elektronen an der betreffenden Stelle zu finden.

> **Atome bestehen aus sehr kleinen, positiv geladenen Kernen, in denen fast alle Masse konzentriert ist. Die Kerne werden von Elektronen umgeben, welche im neutralen Atom die Kernladung neutralisieren.**

In Metallen haben sich von jedem Atom 1 bis 3 Elektronen getrennt (in *Abb. 315.1* rot). Diese Elektronen bewegen sich bereits im stromlosen Zustand in den großen, fast leeren Räumen zwischen den Atomkernen unregelmäßig hin und her, sie verhalten sich ähnlich wie die Atome eines Gases. Man spricht von einem **Elektronengas.** Schließt man eine Stromquelle an, so werden diese **freien Elektronen** zum Pluspol gezogen. Die Stromquelle pumpt sie an ihrem Minuspol wieder in den Kreis. Warum sie beim Fließen den Leiter erwärmen, zeigt der folgende Versuch:

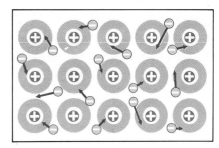

315.1 In Kupfer gibt jedes Atom (grau) ein Elektron (rot) frei.

Versuch 37: Eine Diode wird an eine kräftige Stromquelle in Durchlaßrichtung angeschlossen. Das Blech der Anode kommt zum Glühen; denn die von der Kathode abgedampften Elektronen werden schnell beschleunigt und prallen mit großer Wucht auf das Anodenblech, dessen Atome sie zu starken Schwingungen anregen; nach Seite 138 steigt dabei die Temperatur. Auch wenn in einem Draht Elektronen fließen, stoßen sie überall auf Atome und bringen diese zu stärkerem Schwingen. Deshalb erwärmt sich ein stromdurchflossener Leiter. Zudem werden die Elektronen bei diesen Stößen abgebremst; sie erfahren einen *Widerstand* (siehe Seite 345).

2.   Die statische Aufladung von Isolatoren

Nach unseren Vorstellungen vom Atombau müßte es auch in Isolatoren Elektronen geben. Erst die moderne Atomphysik erklärt, warum in Isolatoren kein Strom fließen kann (siehe auch Seite 384). Die Elektronen lassen sich jedoch bei engem Berühren den Oberflächenatomen eines Isolators entreißen:

Versuch 38: Bringe einen Hartgummistab durch kräftiges Reiben in enge Berührung mit einem Fell! Der Stab zieht anschließend Papierschnitzel an. Hält man ihn an eine Glimmlampe, so leuchtet das Gas an der dem Stab zugewandten Elektrode kurz auf *(Abb. 315.2)*. Die Oberfläche des Hartgummistabs wurde also negativ geladen. Nun haben wir bisher noch nie gefunden, daß Elektronen neu entstehen. Wir müssen also annehmen, daß der Hartgummistab dem Fell Elektronen entriß. Wenn dies richtig ist, so überwiegt beim Fell nach dem Reiben die positive Ladung. Dies bestätigt der folgende Versuch:

315.2 Die Glimmlampe zeigt, daß der geriebene Hartgummistab negativ geladen ist.

Versuch 39: Ein kleines Stück Fell ist an einem Isolierstab befestigt und wird mit einem Hartgummistab gerieben[1]). Hält man dann Stab und Fell nacheinander in einen Faraday-Becher (Seite 306), der mit einem Elektroskop verbunden ist, so schlägt dieses beidemal gleich stark aus. Bringt man jedoch Stab und Fell zusammen in den Becher, so tritt nicht etwa der doppelte, sondern kein Ausschlag auf: Das Fell wurde durch den Verlust von Elektronen genau so stark positiv[2]) geladen wie der Hartgummi durch die Übernahme dieser Elektronen negativ. Dies veranschaulicht *Abb. 316.1*:

Links ist jeweils das Fell, rechts der Hartgummi dargestellt. Vor dem Reiben (oben) sind beide Körper elektrisch neutral; sie enthalten gleichviel an positiver wie an negativer Ladung. Man sagt, sie seien „ungeladen". Nun ziehe der Hartgummi (beispielsweise) 5 Elektronen nach rechts. Er bekommt einen *Überschuß* an 5 Elektronen, ist also negativ aufgeladen. In der unteren Skizze ist diese Überschußladung blau gezeichnet; die übrigen, sich neutralisierenden Ladungen sind dort nur noch durch Grautönung angedeutet. Das Fell hat 5 Elektronen verloren; 5 positive Ladungseinheiten (unten links rot) überwiegen. Die positive Ladung rührt vom *Elektronenmangel* her. (In Wirklichkeit sind nicht 5, sondern viele Milliarden Elektronen übergetreten.)

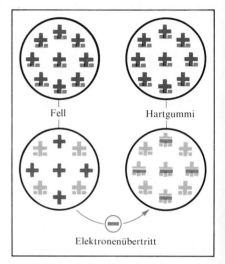

Fell   Hartgummi

Elektronenübertritt

316.1 Oben: Fell und Hartgummi neutral. Unten: Nach Übertritt von 5 Elektronen rechts Elektronenüberschuß, links -mangel

Bei dieser statischen Aufladung kann keine *positive* Ladung übertreten. Sie ist nach Versuch 29 an Materie, das heißt an die Atomkerne, gebunden und sitzt viel fester als die negativ geladenen Elektronen der Atomhülle.

Solche *Elektronenübergänge* treten beim Berühren sehr häufig auf. Es wäre verwunderlich, wenn alle Stoffe ihre Elektronen gleich stark festhalten würden. Derjenige, der sie stärker festhält, bekommt beim Berühren einen kleinen Elektronenüberschuß. Der andere verliert Elektronen und wird positiv geladen. Bei Isolatoren läßt sich die übergetretene Ladung leicht nachweisen; denn sie kann nicht sofort abfließen.

Versuch 40: Ein Glasstab wird durch Reiben mit Seide, die an einem Isolierstab befestigt ist, positiv geladen, die Seide negativ. Hier zog die Seide Elektronen von der Glasoberfläche ab. Ein Hartgummikamm, mit dem man durch trockenes Haar fährt, wird so stark geladen, daß er kleine Papierschnitzel anzieht. Ein Kunststoffpullover lädt sich stark auf, wenn man ihn vom Hemd wegzieht. Geht man mit Kunststoffsohlen über Kunststoffböden, so wird man bisweilen stark aufgeladen. Eine Glimmlampe, mit der man die Wasserleitung berührt, leuchtet dann hell auf.

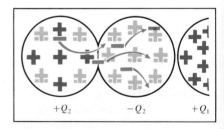

$+Q_2$ $-Q_2$ $+Q_1$

316.2 Bei der Influenz werden Elektronen im Metall verschoben; rechts die influenzierende Ladung $+Q_1$.

---

[1]) Um eventuelle Ladungen von früheren Versuchen zu beseitigen, ziehe man beide vorher schnell durch eine Flamme; Flammengase leiten und führen Ladungen ab.

[2]) Die positive Ladung des Fells kann man auch mit einer Glimmlampe nachweisen, wenn man es in den Faradaybecher gebracht hat. Beim Berühren leuchtet die vom Becher abgewandte Elektrode kurz auf.

3. Der Influenzvorgang im Elektronenbild

Wir können nunmehr auch den Influenzvorgang von Seite 307 verdeutlichen: In *Abb. 316.2* zieht die rechte influenzierende Plusladung $+Q_1$ Elektronen von der linken zur mittleren Kugel. Beide berühren sich und waren vorher neutral. Auf der mittleren Kugel bildet sich ein *Elektronenüberschuß* ($-Q_2$; blaue Minuszeichen), auf der linken Kugel stellt sich *Elektronenmangel* ein. Hier überwiegt die rot gezeichnete Plusladung $+Q_2$. – Wäre die influenzierende Ladung Q_1 auf der rechten Kugel negativ, so würde sie Elektronen von der mittleren zur linken treiben.

Bei dieser Influenz in Metallen bewegen sich die Elektronen auf großen Strecken, während sie bei der statischen Aufladung von Isolatoren nur von der einen Oberfläche zur andern übergehen, im Innern des Isolators aber an die Atome gebunden bleiben.

4. Zusammenfassung

> **Jeder Körper enthält im neutralen Zustand gleichviel an positiver und an negativer Ladung. Ein negativ geladener Körper hat einen Überschuß an Elektronen gegenüber seiner positiven Ladung. Ein positiv geladener Körper hat Mangel an Elektronen; die positive Ladung überwiegt.**

5. Rückschau

Mit Hilfe der Elektronenvorstellung können wir nicht nur den Atombau, die Vorgänge in Dioden und Braunschen Röhren, sondern auch den elektrischen Strom, die Influenz und die elektrostatische Aufladung verstehen. Doch dürfen wir dabei nicht die positiven Ladungen vergessen, die im Atomkern konzentriert sind; ohne sie könnte es keine elektrisch neutralen Körper geben. Die positiven und negativen Ladungen, aus denen die Materie besteht, ziehen sich gegenseitig an; dies verhindert, daß die Materie in ihre Bestandteile zerfällt. Bei elektrolytischen Vorgängen spielen die positiven Ladungen ebenfalls eine große Rolle.

Aufgaben:

1. *Erkläre, wie sich die Elektronen verhalten, wenn man ein ungeladenes Elektroskop mit einem negativ beziehungsweise positiv geladenen Konduktor berührt!*

2. *Lies nochmals die Versuche 19 bis 24 und erkläre sie mit Hilfe der Elektronenvorstellung!*

3. *Erkläre den Ladungstransport in Abb. 309.1 durch die geladenen Wattestückchen mit der Elektronenvorstellung! Worin besteht das Umladen von einem negativ zu einem positiv geladenen Wattestück am Pluspol? Was geschieht mit einem Wattestück, das am Minuspol ankommt?*

4. *Die Glaswand einer Braunschen Röhre ist innen etwas leitend gemacht. Warum ist dies nötig?*

5. *Vergleiche elektrische und magnetische Influenz! Was ist beiden Vorgängen gemeinsam, worin unterscheiden sie sich?*

6. *Kann man einen Magneten elektrisch aufladen, einen Messingkonduktor magnetisieren? Begründe!*

7. *Das Kügelchen in Abb. 308.1 wird abgestoßen, wenn es den Konduktor berührt hat. Erkläre dies mit der Elektronenvorstellung!*

§ 95   Erklärung und Anwendungen der Elektrolyse

1.   Ionen und Elektronen

Bereits auf Seite 309 deuteten wir die elektrolytischen Vorgänge durch elektrisch geladene Atome, **Ionen** genannt. Die Kupferchloridlösung ($CuCl_2$) enthält negative Chlor-Ionen; man schreibt für sie Cl^-. Denn jedes Chlor-Ion enthält ein Elektron mehr als ein neutrales Chloratom (Cl); es trägt eine negative Elementarladung (in *Abb. 318.1* ist das Überschußelektron symbolisch angeheftet). Die chemische Formel $CuCl_2$ von Kupferchlorid zeigt, daß auf 1 Kupfer-Atom 2 Chlor-Atome kommen. Die Lösung ist aber insgesamt elektrisch neutral. Bei jedem Kupfer-Ion müssen also 2 Elektronen fehlen. Dies ist in *Abb. 318.1* durch die beiden Aussparungen angedeutet; sie sind mit + gekennzeichnet, da jetzt 2 positive Elementarladungen des Atomkerns überwiegen. Man schreibt Cu^{++}.

Bei der Elektrolyse wandern die Ionen zur jeweils entgegengesetzt geladenen Elektrode, die Cu^{++}-Ionen zur Kathode. Diese füllt aus ihrem Elektronenüberschuß die beiden fehlenden Elektronen auf. Aus Cu^{++}-Ionen, die die blaue Farbe der Lösung verursachten, werden nun neutrale Cu-Atome, die sich auf der Kathode als rötliches Kupfermetall niederschlagen. — Die Cl^--Ionen werden zur Anode gezogen und geben dort ihre überschüssigen Elektronen ab; an der Anode herrscht ja Elektronenmangel (Aussparungen in *Abb. 318.1* unten). Je zwei neutrale Cl-Atome vereinigen sich zum Chlorgas-Molekül (Cl_2). Chlorgas löst sich teilweise in Wasser, teilweise steigt es in Blasenform hoch. Die an die Anode abgegebenen Elektronen pumpt die Stromquelle zur Kathode; dort neutralisieren sie die ankommenden Cu^{++}-Ionen, wie oben besprochen.

> **In Elektrolyten (Säuren, Basen und Salzlösungen) wird der Strom von positiven und negativen Ionen getragen; freie Elektronen treten nicht auf. Im Gegensatz zur Leitung in Metallen ist deshalb die Stromleitung mit Transport und Abscheidung von Materie verbunden.**

Im Chemieunterricht werden die Vorgänge bei der Elektrolyse ausführlich besprochen, insbesondere chemische Reaktionen, die an den Elektroden auftreten.

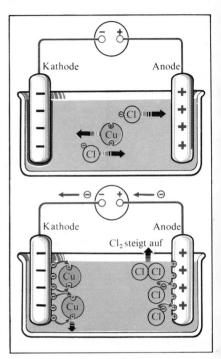

318.1 Oben: Positive Cu^{++}-Ionen wandern zur Kathode, negative Cl^--Ionen zur Anode. Unten: An Anode und Kathode werden die Ionen neutralisiert. Im Elektrolyten wandern Ionen, im Leitungsdraht Elektronen.

318.2 Hofmannscher Apparat

2. Anwendungen der Elektrolyse

Versuch 41: Der *Hofmannsche Apparat* in *Abb. 318.2* besteht aus Glas. Zwischen den beiden rot gezeichneten Nickelspiralen fließt Strom durch verdünnte Kalilauge. An der mit dem negativen Pol der Stromquelle verbundenen Kathode bildet sich Wasserstoff (H_2). Er steigt in Form kleiner Blasen hoch und kann am geöffneten Hahn entzündet werden. Am positiven Pol, der Anode, wird Sauerstoff (O_2) abgeschieden. Er läßt am geöffneten Hahn einen glimmenden Holzspan hell aufleuchten. Der Wasserstoff nimmt doppelt so viel Raum ein wie der Sauerstoff.

Versuch 42: In der **Knallgaszelle** nach *Abb. 319.1* werden Sauerstoff und Wasserstoff zusammen aufgefangen. Sie bilden hochexplosibles *Knallgas.* Man darf es auf keinen Fall an der Öffnung des Rohrs entzünden, kann mit ihm aber Seifenblasen füllen. Diese bringt man weit entfernt von der Elektrolysierzelle zur Explosion. – Nach *Abb. 319.1* wird das Knallgas in einer Bürette (Hahnröhre) aufgefangen. Die gleichmäßige Gasentwicklung deutet auf gleichmäßigen Stromfluß hin. Dieser Versuch dient uns auf Seite 320 zum Messen von Ladung und Stromstärke.

Verwendet man im Versuch nach *Abb. 318.1* als positiven Pol eine Platte unreinen Kupfers, als Elektrolyt Kupfersulfat, so scheidet sich am negativen Pol sehr reines *Elektrolyt-Kupfer* ab. Am positiven Pol geht die entsprechende Kupfermenge in Lösung. Verunreinigungen bleiben in der Flüssigkeit oder werden als Niederschlag ausgefällt. – Die Metalle Magnesium, Aluminium, Natrium usw. scheidet man elektrolytisch aus ihren geschmolzenen Verbindungen ab. – Will man Löffel, Fahrradteile usw. aus unedlem Metall mit einem beständigeren, edleren überziehen, so taucht man diese Gegenstände in die Lösung eines Silber-, Nickel-, Chrom- oder Goldsalzes und verbindet sie mit dem negativen Pol einer Stromquelle. Der positive Pol wird an eine Platte aus dem betreffenden edleren Metall in der Lösung angeschlossen. Nach einiger Zeit haben die Gegenstände einen reinen Metallüberzug erhalten. Man nennt dies *galvanisches Versilbern, Vernickeln, Verchromen* usw. (*Galvani,* ital. Naturforscher, 1737 bis 1798). – Um von einer Münze oder Plakette eine formgetreue Nachbildung zu erhalten, stellt man zunächst einen Abdruck in Wachs, Gips oder Guttapercha her; Erhöhungen im Original sind in diesem sogenannten Negativ Vertiefungen und umgekehrt. Dieser Abdruck wird durch einen dünnen Graphitüberzug leitend gemacht und dann mit dem negativen Pol verbunden. In Kupfersalzlösung scheidet sich auf ihm Kupfer originalgetreu als Positiv ab *(Abb. 319.2).* Man nennt dieses Verfahren **Galvanoplastik.** Nach ihm stellt man die Prägestempel zur Vervielfältigung von Schallplatten her.

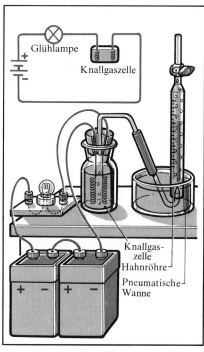

319.1 Der Strom entwickelt Knallgas, das aufgefangen und gemessen wird.

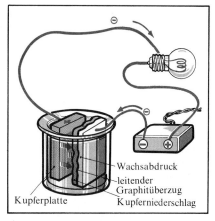

319.2 Galvanoplastik. Den nötigen Gleichstrom liefert ein Netzgerät.

§ 96 Messung der fließenden Ladung

1. Meßverfahren für fließende Ladung

Bei der Elektrolyse wird Ladung von Ionen durch die Lösung transportiert und anschließend von den Elektronen im Draht weitergetragen. Da wir weder die Elektronen noch die Ionen zählen können, messen wir das Volumen der in einer Knallgaszelle *(Abb. 319.1)* entwickelten Gasmenge. Um zu klären, wie es von der transportierten Ladung abhängt, machen wir die folgenden Versuche:

Versuch 43: Mehrere mit Kalilauge gefüllte Knallgaszellen werden hintereinandergeschaltet *(Abb. 320.1)*. In jeder Zelle bildet sich die gleiche Gasmenge. Daran ändert sich nichts, auch wenn man Glühlampen zwischen die Zellen geschaltet oder die Stromrichtung umgekehrt hat. Dies können wir nur so deuten, daß von der fließenden Ladung nichts verlorengeht; sie wird von der Stromquelle durch den Stromkreis gepumpt. Deshalb ist es gleich-

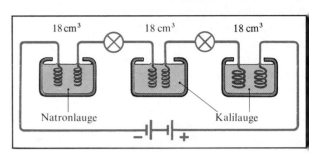

320.1 In den hintereinandergeschalteten Zellen wird die gleiche Gasmenge abgeschieden (die Zellen sind, wie in *Abb. 319.1* oben, nur schematisch dargestellt).

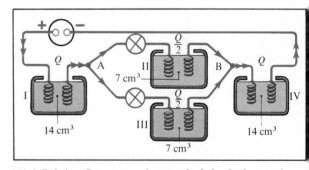

320.2 Bei einer Stromverzweigung geht keine Ladung verloren.

gültig, an welcher Stelle wir die Knallgaszelle in einen *unverzweigten* Kreis schalten. Wir können auch Konzentration, Temperatur, Elektrodenabstand oder Elektrodengröße in einer Zelle ändern, ja sogar die Kalilauge durch Natronlauge oder verdünnte Schwefelsäure ersetzen. Wieder wird in allen Zellen die gleiche Knallgasmenge entwickelt. Diese hängt also nur von der Ladung Q ab, die durch die Zelle geflossen ist.

> **Im Stromkreis geht keine Ladung verloren; Ladung wird nicht verbraucht. Gleiche Ladungen scheiden bei der Elektrolyse gleiche Knallgasmengen ab.**

Aufgrund dieser Erkenntnis können wir messen, ob zwei Ladungen *gleich groß* sind. Nun wollen wir klären, ob zum Beispiel die halbe Ladung auch nur die halbe Gasmenge abscheidet:

Versuch 44: Nach *Abb. 320.2* wird bei A der Stromkreis und damit die fließende Ladung in zwei Zweige aufgeteilt. Wenn diese gleich gebaut sind, fließt durch jeden die gleiche Ladung. Dies zeigen die beiden Zellen II und III an; in jeder von ihnen werden 7 cm³ Knallgas abgeschieden. In B wird die Ladung wieder vereinigt; sie gibt in der Zelle IV die gleiche Gasmenge (14 cm³) wie vor dem Aufteilen in der Zelle I. Wir stellen also zunächst fest, daß auch beim *Verzweigen* von der anfließenden Ladung Q nichts verlorengeht. Also dürfen wir annehmen, daß jeder der beiden gleich gebauten Zweige von der Hälfte, das heißt von $Q/2$, durchflossen wird. Dann zeigt der Versuch, daß diese halbe Ladung auch nur die halbe Gasmenge (7 cm³ gegen 14 cm³) abscheidet. Wir verallgemeinern und legen fest:

> **Die in Elektrolysierzellen abgeschiedenen Gasmengen sind den hindurchgeflossenen Ladungsmengen Q proportional. (Vergleich von Vielfachen und von Teilen einer Ladung.)**

2. Die Einheit der Ladung

Mit Knallgaszellen können wir fließende Ladungen leicht miteinander vergleichen. Zum Messen brauchen wir jedoch noch eine allgemein anerkannte *Einheit*. Die Einheit der elektrischen Ladung heißt 1 **Coulomb (C)** nach dem französischen Physiker *Ch. A. de Coulomb* (1736 bis 1806). Nun hängen zwar Masse und Atomzahl der abgeschiedenen Gasmenge nicht von Temperatur und Druck ab, wohl aber das Volumen. Durch Vergleich mit der heute gesetzlichen Festlegung (Seite 332) fand man, daß 1 C bei 20 °C und dem Druck 1 bar 0,19 cm³ Knallgas abscheidet. Andere Verfahren zum Messen der fließenden Ladung werden wir in den nächsten Paragraphen kennenlernen.

> **Die Einheit der elektrischen Ladung nennt man 1 Coulomb (1 C). 1 Coulomb scheidet 0,19 cm³ Knallgas ab (bei 20 °C und 1 bar Druck).**

Haben sich zum Beispiel 40 cm³ Knallgas angesammelt,

so ist die Ladung $Q = \dfrac{40 \text{ cm}^3}{0{,}19 \text{ cm}^3/\text{C}} = 210 \text{ C}$

geflossen. 20 C scheiden $20 \text{ C} \cdot 0{,}19 \,\dfrac{\text{cm}^3}{\text{C}} = 3{,}8 \text{ cm}^3$ ab.

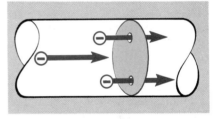

321.1 Ladungsfluß durch den roten Leiterquerschnitt

3. Elementarladung

Auf der Oberstufe werden wir die Ladung e eines Elektrons bestimmen. Sie beträgt $e = 1{,}6 \cdot 10^{-19}$ C; das heißt, erst $6{,}25 \cdot 10^{18}$ Elektronen geben 1 Coulomb. Wenn also eine Knallgaszelle anzeigt, daß 1 C geflossen ist, so sind durch einen *Querschnitt*, den man an *beliebiger Stelle* im Stromkreis durch den Leiter gelegt denkt (in *Abb. 321.1* rot getönt) $6{,}25 \cdot 10^{18}$ Elektronen getreten. Die Zahl der Elektronen, die ein Leiter enthält, ist dagegen viel größer; in 1 cm³ Kupfer sind insgesamt $2{,}5 \cdot 10^{24}$ Elektronen enthalten, das heißt 400000mal so viele. Wenn wir künftig fließende Ladung messen, so meinen wir immer die Ladung, die während der Messung durch einen beliebigen Querschnitt des Leiters tritt (das linke Elektron in *Abb. 321.1* ist noch nicht durch den herausgegriffenen Querschnitt getreten, seine Ladung wird also nicht mitgezählt). Wenn an einer Stelle der Leitungsdraht dünner wird, so müssen dort die Elektronen schneller fließen. Dann treten durch den kleineren Querschnitt in der gleichen Zeit gleich viele Elektronen (vergleiche mit Wasser in einem Fluß wechselnder Breite); ihre Stöße sind heftiger und erzeugen mehr Wärme (Glühfaden!).

§ 97   Die elektrische Stromstärke

1.   Definition der Stromstärke

Die Stärke einer Quelle wird durch die in 1 Sekunde gelieferte Wassermenge gemessen. Sind es zum Beispiel 10 l/s, so ist es gleichgültig, ob das Wasser aus einer engen Röhre schnell oder aus einer weiten langsam fließt. In der Leitung strömen durch jeden Querschnitt 10 l/s; ein Verbraucher kann nur 10 l/s bekommen, nicht mehr. Entsprechend bestimmt man die Stärke I (Intensität) des elektrischen Stroms durch die in 1 s durch einen Leiterquerschnitt fließende Ladung Q (Quantität). Fließt zum Beispiel in $t = 5$ s die Ladung $Q = 20$ C, so beträgt die Stromstärke

$$I = \frac{Q}{t} = \frac{20\ \text{C}}{5\ \text{s}} = 4\ \frac{\text{C}}{\text{s}}.$$

Man nennt diese Stromstärke 4 Ampere (4 A).

Fließt in der Zeit t die Ladung Q durch einen Querschnitt des Leiters, so definiert man die Stromstärke I als Quotient

$$I = \frac{Q}{t}. \qquad (322.1)$$

Die Einheit der elektrischen Stromstärke ist 1 Ampere (A). Unter 1 A versteht man die Stromstärke, bei der 1 Coulomb in 1 s durch einen Leiterquerschnitt fließt:

$$1\,\text{A} = 1\,\frac{\text{C}}{\text{s}}\,;\ 1\,\text{mA (Milliampere)} = \frac{1}{1000}\,\text{A}. \qquad (322.2)$$

Ein Strom der Stärke 1 A scheidet 0,19 cm³ Knallgas in 1 s ab (bei 20 °C und 1 bar Druck). Beträgt die Stromstärke $I = 4$ A, so fließt in der Zeit $t = 20$ s durch einen Leiterquerschnitt nach Gleichung (322.1) die Ladung

$$Q = I \cdot t = 4\,\frac{\text{C}}{\text{s}} \cdot 20\ \text{s} = 80\ \text{C}.$$

Sie scheidet 15,2 cm³ Knallgas ab.

Die Einheit Ampere wurde nach dem französischen Physiker *A. M. Ampère* (1775 bis 1836) benannt. Da 1 A = 1 C/s ist, kann man auch schreiben: 1 C = 1 A · 1 s = 1 As und für 1 Coulomb auch **1 Amperesekunde** sagen.

2.   Strommessung

Bei einer bestimmten Stromstärke I fließt in der doppelten beziehungsweise der dreifachen Zeit t die doppelte beziehungsweise dreifache Ladung Q. Der Quotient $I = \frac{Q}{t} = \frac{2Q}{2t} = \frac{3Q}{3t}$ bleibt konstant. Bei einer größeren Stromstärke fließt dagegen in der gleichen Zeit mehr Ladung. Da mehr Elektronen durch ihre Stöße die Metallatome zu stärkeren Schwingungen anregen (siehe Versuch 37), entsteht in jeder Sekunde mehr Wärme. Hierauf beruht ein einfacher Strommesser, das **Hitzdrahtinstrument.** Um es zu verstehen, führen wir den folgenden Versuch aus:

Versuch 45: Nach *Abb. 323.1* ist ein dünner Eisendraht zwischen zwei Isolierklemmen gespannt und mit einer leistungsfähigen Stromquelle verbunden. Der Strom erwärmt und verlängert den Draht; der in der Mitte hängende Körper sinkt ab. Der Draht glüht zuerst rot, dann weiß. Schließlich schmilzt er durch. Eisenperlen an seiner Oberfläche zeigen, daß Teile von ihm flüssig wurden. Der Stromkreis ist nun unterbrochen. Dies nützt man in Schmelzsicherungen aus (Seite 351 und 368).

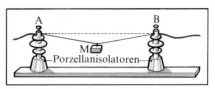

323.1 Der Strom erhitzt den Eisendraht zwischen A und B.

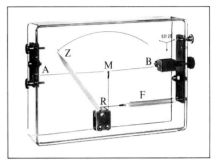

323.2 Hitzdrahtinstrument

Im Hitzdrahtinstrument nach *Abb. 323.2* durchfließt der zu messende Strom den Hitzdraht AMB; dieser wird erwärmt und damit länger. Dann ist die gespannte Feder F in der Lage, über den Faden MF die Mitte M des Hitzdrahts nach unten zu ziehen. Da dieser Faden um die Rolle R geschlungen ist, dreht sich der Zeiger Z mit der Rolle R nach rechts. Wenn der Strom nicht mehr fließt, verkürzt sich der kälter werdende Draht AMB und bringt den Zeiger wieder zum Nullpunkt der Skala. — Der Hitzdraht nimmt bei einer bestimmten Stromstärke auch eine bestimmte Temperatur an. Bei ihr ist die je Sekunde dem Draht zugeführte Energie gleich der vom Draht an die kältere Umgebung abgeführten Wärme. Bei einer größeren Stromstärke wird mehr Energie zugeführt, also stellt sich dieses **Wärmegleichgewicht** erst bei einer höheren Temperatur ein; denn bei ihr wird auch mehr Wärme durch Leitung und Strahlung abgeführt (Seite 163).

Versuch 46: Um das Hitzdrahtinstrument zu *eichen*, schaltet man es zusammen mit einer Knallgaszelle und einer Glühlampe hintereinander in einen Stromkreis. Alle Geräte werden in der gleichen Zeit *t* von der gleichen Ladung *Q* durchflossen, unabhängig von der Reihenfolge (man vertausche diese!). Die Stromstärke $I = Q/t$ ist in allen Geräten gleich groß. Aus der Gasentwicklung je Sekunde bestimmt man die Stromstärke und markiert diese beim Zeigerausschlag auf der Skala des Instruments. Wenn man die Stromstärke ändert — etwa durch Auswechseln der Lampe —, so erhält man mehrere Marken. Der so geeichte **Strommesser** gibt mit einem Blick die Stromstärke an; man muß nicht mehr Ladung und Zeit einzeln bestimmen. Schaltet man einen geeichten Strommesser nacheinander an verschiedenen Stellen in einen Stromkreis, so stellt man fest:

> **Im unverzweigten Stromkreis ist die Stromstärke überall gleich groß.**

Wir werden bald genauere Strommesser und die gesetzliche Definition der Stromstärke kennenlernen.

Aufgaben:

1. *In 60 s werden 23,4 cm³ Knallgas (bei 20 °C und 1000 mbar) abgeschieden. Welche Ladung ist geflossen? Wie groß ist die Stromstärke?*

2. *1 C nennt man auch 1 Amperesekunde* (As). *Sie ist ein Produkt! Wieviel C sind somit 1 Ah (Amperestunde)? Ein frisch geladener Bleiakkumulator „gibt 84 Ah ab". Wie lange kann ihm der Strom von 1 A „entnommen" werden? Wieviel Knallgas könnte er erzeugen? Wie lange kann er zwei parallel geschaltete Glühlampen, die von je 3 A durchflossen werden, speisen?*

3. *Eine Taschenlampenbatterie gibt 8 h lang 0,2 A ab. Wieviel Knallgas kann sie entwickeln?*

4. *Warum ist bei der Definition der Einheit 1 Ampere der Zusatz ,,durch einen Querschnitt des Leiters'' wichtig?*

5. *Unterscheide zwischen der Größengleichung $I=Q/t$ und der Einheitengleichung $1\,A=1\,C/s$! Führe weitere derartige Gleichungspaare aus der Mechanik an!*

6. *Eine Kupferplatte von 200 cm² Oberfläche soll einen Silberüberzug von 0,03 mm Dicke erhalten. Wie lange dauert der Vorgang, wenn die Stromstärke höchstens 0,8 A betragen darf (bei zu großer Stromstärke haftet der Überzug nicht)? (1 C scheidet 1,118 mg Silber ab.)*

Tabelle 324.1	
Stromstärke in	
Glimmlampe	0,1 bis 3 mA
Taschenlampe	0,07 bis 0,6 A
Haushaltsglühlampe	0,07 bis 0,7 A
Heizkissen	ca. 0,3 A
Bügeleisen	2 bis 5 A
Autoscheinwerfer	ca. 5 A
Elektrischer Ofen	5 bis 10 A
Straßenbahnmotor	150 A
Überlandleitung	100 bis 1 000 A
E-Lok	1 000 A
Blitz	100 000 A

7. *Um wieviel Prozent ändert sich das Volumen einer elektrolytisch abgeschiedenen Gasmenge, wenn die Raumtemperatur nicht 20 °C, sondern 25 °C beträgt? Wie groß ist die Änderung, wenn der Luftdruck nicht 1 000 mbar, sondern 980 mbar ist (siehe Seite 134)?*

8. *a) Berechne aus der Größe der Elementarladung (Seite 321) die Zahl der für 10 C nötigen Elektronen! b) Wie viele Elektronen fließen bei 100 mA in 5 s durch einen Leiterquerschnitt?*

9. *Die kleinste Stromstärke, die man mit Schulgeräten messen kann, beträgt 10^{-12} A. Wie viele Elektronen fließen bei ihr in 1 s durch den Leiterquerschnitt?*

10. *Wie Abb. 318.1 zeigt, tragen Kupferionen im allgemeinen 2 Elementarladungen. Würde eine bestimmte Kupfermenge bei einer bestimmten Stromstärke schneller oder langsamer abgeschieden, wenn die Kupferionen nur 1 Elementarladung hätten? — Wie viele Kupferionen mit 2 Elementarladungen werden bei 0,5 A in 30 s abgeschieden?*

§ 98 Die magnetische Wirkung des elektrischen Stroms

1. Das Magnetfeld eines geraden Leiters

Der Strom entwickelt Wärme und zerlegt Stoffe bei der Elektrolyse. Beides geschieht innerhalb des Leiters, in dem er fließt. 1820 fand der dänische Physiker *Oersted*, daß der Strom auch außerhalb seiner Bahn eine Wirkung ausübt:

Versuch 47: Ein Kupferdraht ist nach *Abb. 324.1* über einer Magnetnadel in Nord-Süd-Richtung ausgespannt. Fließt ein starker Gleichstrom (etwa 10 A) durch den Draht, so wird der Nordpol der Magnetnadel quer zum Leiter nach hinten abgelenkt. Der Strom erzeugt also in

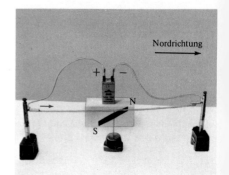

324.1 Oersteds Versuch mit modernen Mitteln

seiner Umgebung ein Magnetfeld. Kehrt man die Stromrichtung um, so wird der Nordpol der Nadel nach vorn
ausgelenkt.

> **Der elektrische Strom ist von einem Magnetfeld um-
> geben.**

Diese Versuche *Oersteds* erregten großes Aufsehen, verbanden sie doch die bis dahin getrennten Gebiete Magnetismus und Elektrizität. Für Physik und Elektrotechnik wurden diese Experimente gleichermaßen bedeutsam.

Versuch 48: Wir erfassen das Magnetfeld des Stroms
erst richtig, wenn wir den Verlauf der magnetischen
Feldlinien kennen. Hierzu führen wir den stromdurchflossenen Leiter (ca. 50 A) nach *Abb. 325.2* durch ein
Loch in einem waagerechten Karton, auf den wir Eisenfeilspäne streuen. Wenn man durch Klopfen die Reibung
überwindet, so ordnen sich die Späne zu Kreisen, deren
gemeinsamer Mittelpunkt im Leiter liegt *(Abb. 325.1).*

> **Die magnetischen Feldlinien des Stroms in einem gera-
> den Leiter sind konzentrische Kreise in Ebenen senk-
> recht zum Leiter.**

Versuch 49: Die kleinen Magnetnadeln in *Abb. 325.2*
geben die Richtung der Feldlinien an. Wir merken uns
die folgende **Rechte-Faust-Regel:**

> **Umfasse den Leiter so mit der rechten Faust, daß der
> abgespreizte Daumen in die konventionelle Strom-
> richtung (von + nach −) zeigt; dann geben die Finger
> die Richtung der magnetischen Feldlinien an.**

Das Feld des geraden Leiters hat keine Pole. Dies zeigt,
daß Feldlinien die magnetischen Erscheinungen umfassender beschreiben als Pole.

2. Das Magnetfeld einer Spule

Versuch 50: Das Magnetfeld um einen langen, geraden
Leiter ist schwach, es sei denn, man arbeitet mit einer
großen Stromstärke. Deshalb wickeln wir den Draht zu

325.1 Magnetfeld des Stroms, durch Eisenfeilspäne sichtbar gemacht

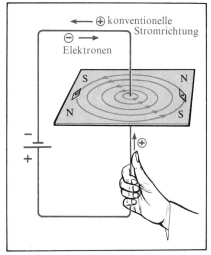

325.2 Rechte-Faust-Regel. Fließt der Strom
nach unten, so hat man die Hand umzukehren; die magnetischen Feldlinien laufen im
Uhrzeigersinn. Wendet man diese Regel in
Abb. 324.1 an, so erkennt man, warum der
Nordpol der Magnetnadel nach hinten abgelenkt wird.

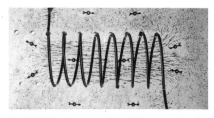

325.3 Feld einer stromdurchflossenen Spule

einer **Spule** auf. Die magnetischen Wirkungen der Leiterteile addieren sich. Im wesentlichen konzentrieren sie sich auf das Innere der Spule. Dies zeigt *Abb. 325.3*. Um das Feld zu verstehen, betrachten wir nach *Abb. 326.1* zunächst nur 1 Windung. Die in sich geschlossenen Feldlinien treten rechts in die Windungsfläche *A* ein und links wieder aus. Sie bleiben auch dann geschlossen, wenn wir nach *Abb. 326.2* viele Windungen nebeneinander legen und zu einer Spule zusammenfassen[1]). Die Feldlinien verlassen die Spule am linken Ende; dort wird die kleine Magnetnadel mit ihrem Südpol zum Spulenende gezogen; dieses Ende verhält sich wie der Nordpol eines Stabmagneten. Am rechten Ende kehren die Feldlinien wieder in die Spule zurück; dort zeigt der Nordpol einer kleinen Nadel zum rechten Spulenende hin, das sich also wie ein Südpol verhält. Dies erinnert an das Feld eines Stabmagneten. Bei ihm haben wir auch die Austrittsstelle der Feldlinien als Nord-, die Eintrittsstelle als Südpol bezeichnet (siehe *Abb. 292.2*). Während wir bei einem geraden Leiter *(Abb. 325.2)* keine Pole finden, verhält sich eine stromdurchflossene Spule wie ein Stabmagnet. Dies bestätigt der folgende Versuch:

Versuch 51: Wir hängen an dünnen Lamettafäden eine große, leichte Spule auf und führen ihr durch die Fäden Strom (etwa 2 A) zu. Nach einigen Schwingungen zeigt ihr Nordpol nach Norden. Er wird vom Nordpol eines Dauermagneten oder einer anderen stromdurchflossenen Spule abgestoßen.

> **Eine stromdurchflossene Spule verhält sich wie ein Stabmagnet. An ihrem Nordpol verlassen die Feldlinien die Spule, am Südpol kehren sie wieder zurück.**

Im Innern der Spule verlaufen nach *Abb. 325.3* und *326.2* die Feldlinien parallel zur Spulenachse von S nach N; denn die Feldlinien der einzelnen Windungen zeigen dort alle in diese Richtung. Das Feld ist homogen.

> **Im Innern der Spule laufen die Feldlinien von S nach N zurück und bilden ein starkes, homogenes Magnetfeld.**

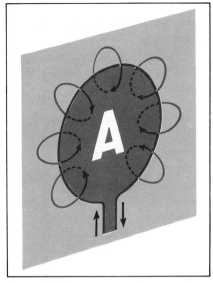

326.1 Magnetische Feldlinien um einen stromdurchflossenen kreisförmigen Leiter

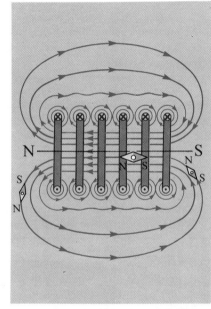

326.2 Magnetfeld einer Spule; horizontaler Schnitt durch eine Spule mit ihrem Magnetfeld; die drei Magnetnadeln zeigen mit ihren Nordpolen in Feldlinienrichtung.

---

[1]) Die Kreuze in den Kreisen ($\otimes$) bedeuten, daß Strom konventioneller Richtung in die Zeichenebene hineinfließt (*Abb. 326.2*, oben). Die Feldlinien umgeben ihn im Uhrzeigersinn. Die Punkte in den Kreisen ($\odot$) bedeuten, daß der Strom dem Betrachter entgegenfließt.

Wir finden die Richtung der Feldlinien im Innern einer Spule und damit die Lage ihres Nordpols, wenn wir die Rechte-Faust-Regel auf ein beliebiges, kleines Drahtstück ihrer Wicklung anwenden (siehe *Abb. 325.2*).

Versuch 52: Bringe eine kleine Magnetnadel ins Innere einer Spule! Nach *Abb. 326.2* zeigt ihr Nordpol in Richtung der Feldlinien, das heißt zum Spulennordpol, und verstärkt diesen.

Versuch 53: Nach *Abb. 327.1* steht eine Magnetnadel etwa 30 cm entfernt von einer Spule, deren Achse in OW-Richtung liegt. Schaltet man den Spulenstrom (etwa 2 A) ein, so lenkt sein Magnetfeld die Nadel nur wenig ab. Schiebt man dann magnetisch weiches Eisen in

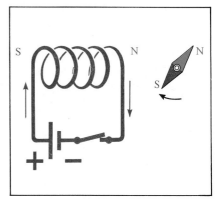

327.1 Die Magnetnadel wird durch das Spulenfeld abgelenkt.

die Spule, so wird die Magnetnadel stark abgelenkt. Denn das Spulenfeld richtet die vielen Elementarmagnete im Eisen genau so aus wie in Versuch 52 die kleine Magnetnadel. Die Nordpole der Elementarmagnete zeigen zum Spulennordpol und verstärken diesen wesentlich (Seite 286). Man erhält einen **Elektromagneten.**

Versuch 54: Beim Ausschalten des Stroms verliert die Spule ihr eigenes Magnetfeld völlig. Im magnetisch weichen Eisen bleibt jedoch ein schwacher, sogenannter **remanenter Magnetismus** zurück (remanere, lateinisch; zurückbleiben). Stäbe aus magnetisch „hartem" Material (Seite 288) bleiben stark magnetisch; sie werden zu **Dauermagneten.**

> **Ein Eisenkern verstärkt das Magnetfeld einer stromdurchflossenen Spule wesentlich. Beim Ausschalten des Stroms verliert der Elektromagnet mit magnetisch weichem Eisen sein Feld fast vollständig.**

3.   Der Elektromagnet und seine Anwendungen

Versuch 55: Die Kraft eines Elektromagneten ist besonders groß, wenn die magnetischen Feldlinien vollständig im Eisen laufen. Hierzu setzen wir auf einen dicken, U-förmigen Eisenkern 2 Spulen und lassen einen Strom von etwa 5 A fließen. Sie sind so gewickelt, daß oben die eine Spule ihren Nord- und die andere ihren Südpol aufweist *(Abb. 327.2)*. Ein aufgelegtes *Eisenjoch* wird mit großer Kraft angezogen. Wenn aber zwischen Kern und Joch ein Spalt aus Luft oder einem anderen unmagnetischen Stoff (Holz, Pappe) besteht, so können wir das Joch leicht abnehmen. Elektromagnete hängt man an Kräne und kann dann schwere Eisenbrocken bei eingeschaltetem Strom hochziehen. Dabei erspart man sich das mühsame Fest- und Losbinden.

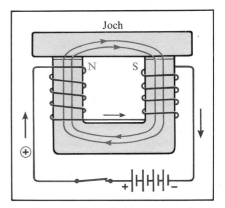

327.2 Wenn die magnetischen Kraftlinien ganz im Eisen laufen, ist die Kraft, mit der das Joch vom Elektromagneten gehalten wird, besonders groß.

4. Die elektrische Klingel und weitere Anwendungen

Versuch 56: Ein langer Eisenstab A ist an seinem rechten Ende waagerecht über dem Tisch befestigt *(Abb. 328.1)*. Unter seinem linken, freien Ende steht die Spule S mit Eisenkern. Der feste Kontaktstab B führt dem Eisenstab beim Berühren Strom zu. Dieser wird über D zur Spule weitergeleitet. Sie zieht das linke Ende des Eisenstabs nach unten. Dabei unterbricht der Strom bei B sich selbst, und die Spule wird unmagnetisch. Deshalb schnellt der Eisenstab A nach oben zurück und schließt den Stromkreis wieder; das Spiel beginnt von neuem. – In der technischen Ausführung *(Abb. 328.2)* trägt der Eisenanker A rechts den Klöppel K, der auf die Glocke G schlägt. Der Anker A kann schnell schwingen, da er an einer Blattfeder befestigt ist. Ihm führt die Kontaktschraube B Strom zu. – Auf diesem Prinzip der *Selbstunterbrechung* beruht auch die elektrische *Hupe*. In ihr ersetzt eine elastische Stahlmembrane den Anker.

Bei elektrischen *Uhranlagen* sendet eine Zentraluhr (meist eine genau gehende Pendeluhr) jede Minute einen Stromstoß an die im Gebäude verteilten Nebenuhren. Dieser Stromstoß durchfließt dort Elektromagnete, die über Anker und Zahnräder alle Zeiger gleichzeitig um einen Minutenstrich weiterrücken. – Man kann an der Zentraluhr auch noch Kontakte anbringen, die zu festgesetzten Zeiten den Pausengong mit Hilfe von Elektromagneten ertönen lassen. Über *Relais* usw. siehe Seite 397.

In *elektrischen Türöffnern* löst der Strom durch einen Elektromagneten eine Verriegelung im Schloß. Da man mit Wechselstrom arbeitet, hört man dabei ein Summen; denn beim ständigen Umpolen entstehen im Eisen Schwingungen.

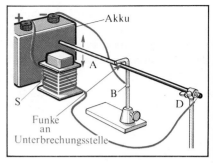

328.1 Modell einer elektrischen Klingel

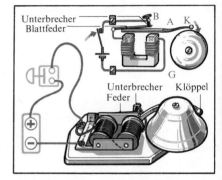

328.2 Technische Ausführung einer Klingel

§ 99   Elektromagnetische Strommesser

1. Das Dreheiseninstrument

Versuch 57: Zwei gleich lange Stifte aus weichmagnetischem Eisen liegen nach *Abb. 329.1*, links, in einer Spule. Wenn Strom fließt, wird jeder Stift zu einem Magneten. Vorn liegen die beiden Südpole; sie stoßen sich ab, desgleichen die beiden Nordpole hinten. In einem Meßinstrument ist nach *Abb. 329.1*, rechts, das eine Eisenstück (a) an der Spule, das zweite (b) an einem drehbaren Zeiger befestigt. Die *Rückstellfeder* bringt im stromlosen Zustand den Zeiger auf den Nullpunkt der Skala. Je stärker der Strom, um so stärker die Abstoßkraft und deshalb auch der Zeigerausschlag (siehe Ziffer 2). Ändert man die Stromrichtung, so wechseln die Pole, doch stoßen sich die Stäbe wiederum ab. Mit diesem Dreheiseninstrument kann man deshalb auch die Stärke von Wechselströmen messen. Da es billig und gegen Überlastung wenig empfindlich ist, wird es bei Schalttafeln häufig benutzt.

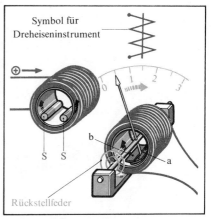

2. Die Rückstellkraft in Meßinstrumenten

Fast alle elektrischen Meßinstrumente enthalten Federn, arbeiten also wie Federkraftmesser. Meist sind es Spiralfedern *(Abb. 329.1 und Abb. 330.2)* wie bei der Unruhe einer Uhr (Seite 184), die nach dem *Hookeschen Gesetz* eine dem Ausschlag proportionale *Rückstellkraft* erzeugen. Der Zeiger bleibt stehen, wenn Gleichgewicht mit der vom Strom erzeugten Kraft eingetreten ist. Deshalb kann man aus der Größe des Ausschlags auf die Stärke des Stroms schließen. Ohne diese Rückstellkraft würde der Zeiger schon bei ganz schwachen Strömen bis zum Ende der Skala ausschlagen.

329.1 Dreheiseninstrument; links: Grundversuch; rechts: prinzipieller Aufbau; oben: Symbol für Dreheiseninstrumente.

3. Drehspulinstrumente

Versuch 58: Um das Prinzip des **Drehspulinstruments** zu verstehen, hängen wir nach *Abb. 329.2* eine Spule an dünnen Metallbändchen zwischen die Pole eines Hufeisenmagneten. Diese Bändchen leiten den zu messenden Strom durch die Spule; zudem erzeugen sie die nach Ziffer 2 nötige Rückstellkraft. Fließt Strom, so verhält sich die Spule wie ein Stabmagnet (Versuch 51, Seite 326). Ihre Pole werden zu den ungleichnamigen Polen des Hufeisenmagneten gezogen. Dabei dreht sich die Spule, und die Aufhängebändchen werden verdrillt, bis nach Ziffer 2 Gleichgewicht eingetreten ist. Sie sind im sehr

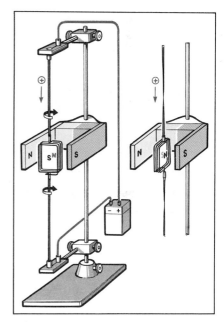

329.2 Zur Wirkungsweise des Drehspulinstrumentes; links: beim Einschalten des Stroms.

empfindlichen **Spiegelgalvanometer** so dünn, daß bereits Ströme von 10^{-7} A die Spule merklich drehen. An ihr ist ein Spiegelchen befestigt, das von einer Lampe ausgehendes Licht zu einer Skala reflektiert. – Bei den weitverbreiteten Drehspulinstrumenten mit Zeigern sitzt die Spule wie die Unruhe einer Uhr auf einer spitzengelagerten Achse *(Abb. 330.2)*. An ihr ist ein langer Zeiger befestigt. Die beiden Spiralfedern führen der Spule den zu messenden Strom (etwa 1 mA = 10^{-3} A) zu und erzeugen die nach Ziffer 2 nötige Rückstellkraft. – Ändert man in einem Drehspulinstrument die Stromrichtung, so schlägt es nach der entgegengesetzten Seite aus; denn in *Abb. 329.2* vertauschen sich die Pole der Drehspule, nicht aber die des Dauermagneten. Fließt

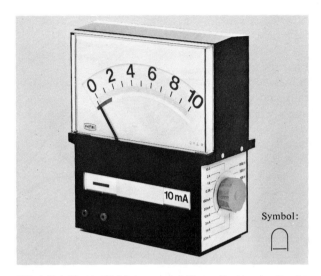

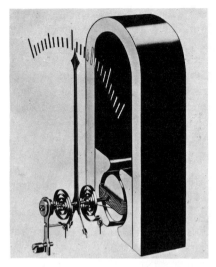

330.1 Bei 10 mA Gleichstrom zeigt dieses Drehspulmeßgerät Vollausschlag. Am Drehknopf kann man den Meßbereich ändern (Seite 354). Rechts: Symbol für Drehspulinstrumente.

330.2 Meßwerk eines Drehspulinstruments mit Zeiger; die beiden Spiralfedern führen den Strom zu.

Wechselstrom, so zittert der Zeiger kaum merklich um die Ruhelage. Um Wechselstrom zu messen, wandelt man ihn vorher mit *Gleichrichtern* (Seite 386) in Gleichstrom um. Infolge ihrer großen Empfindlichkeit und hohen Präzision benutzt man Drehspulinstrumente zu genauen Messungen. Auf Seite 354 werden wir sehen, wie man ihren Meßbereich von etwa 1 mA auf viele Ampere erweitern kann.

Aufgaben:

1. *Wie kann man Dauermagnete herstellen?*

2. *Kann man eine elektrische Klingel auch mit Wechselstrom betreiben?*

3. *Schlägt ein Drehspulinstrument auch bei Wechselstrom aus?*

4. *Wo steht der Zeiger des Instruments in Abb. 330.1 bei 5 mA? Was geschieht, wenn man an den Anschlußbuchsen unten links umpolt?*

---

§ 100 Die magnetische Kraft auf Ströme und bewegte Ladungen

1. Die Kraft auf gerade Leiter im Magnetfeld

In Versuch 51 und 58 sahen wir, daß die Magnetpole einer stromdurchflossenen Spule in einem Magnetfeld Kräfte erfahren. Ein gerader, stromdurchflossener Leiter hat nach Seite 325 zwar ein Magnetfeld, aber keine Pole. Erfährt auch er in einem fremden Magnetfeld eine Kraft?

Versuch 59: Nach *Abb. 331.1* hängt ein dünnes Metallband (rot) in dem blau gezeichneten Feld des Hufeisenmagneten. Das Band wird nach rechts ausgelenkt, wenn in ihm ein starker Strom (etwa 10 A) von oben nach unten fließt. Um dies zu verstehen, sind in *Abb. 331.2* die Magnetfelder des Stroms (Kreise) und des Hufeisenmagneten (Geraden) gezeichnet. Links sind beide Felder gleich gerichtet; ihre Kräfte auf den Nordpol N (rot) zeigen in gleiche Richtung, verstärken sich also. Rechts sind die Kräfte am Nordpol N entgegengesetzt gerichtet; dort schwächen sich die Felder gegenseitig. Sie setzen sich also zu einem einzigen Magnetfeld zusammen, das man mit Eisenfeilspänen zeigen kann *(Abb. 331.3)*. Auf Seite 293 haben wir auf Grund von Versuchen den Feldlinien symbolisch das Bestreben zugeschrieben, sich zu verkürzen und gegenseitig zu verdrängen. Damit erklärt sich aus *Abb. 331.3*, warum der Leiter in *Abb. 331.1* die Kraft $\vec{F}$ nach rechts erfährt.

Ein stromdurchflossener Leiter erfährt in einem fremden Magnetfeld eine Kraft, die senkrecht zum Leiter und senkrecht zum Magnetfeld steht.

---

2. Die Kraft auf im Magnetfeld bewegte Ladung

Wir fanden, daß stromdurchflossene Leiter in Magnetfeldern Kräfte erfahren. Ströme bestehen aber im Fließen von Ladung. Also müssen auch bewegte Ladungen in Magnetfeldern abgelenkt werden:

Versuch 60: Entlade einen Konduktor über ein empfindliches Spiegelgalvanometer! Es schlägt kurz aus. Denn die über die Drehspule abfließende Ladung stellt einen Strom dar, der ein Magnetfeld besitzt. Im Felde des Hufeisenmagneten erfahren die bewegten Elektronen eine Kraft, die sie auf die Drehspule übertragen. Eine solche Kraft erfahren auch Elektronen, die sich nicht in einem Leiter, sondern im Vakuum durch ein Magnetfeld bewegen:

Versuch 61: Eine Braunsche Röhre wird vertikal gestellt; die Elektronen fliegen dann von unten nach oben wie im rot gezeichneten Metallband nach *Abb. 331.1*. Wenn man der Röhre einen Hufeisenmagneten von links nähert (Nordpol vorn), dann wird der Elektronenstrahl

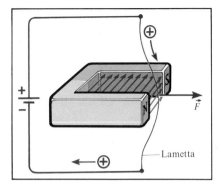

331.1 Der stromdurchflossene Leiter erfährt im Magnetfeld eine Kraft nach rechts (Elektronen fließen in ihm nach oben).

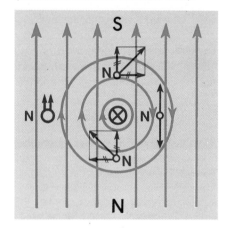

331.2 Magnetfeld von Hufeisenmagnet (parallele Kraftlinien) und Leiter (Kreise) in *Abb. 331.1.*

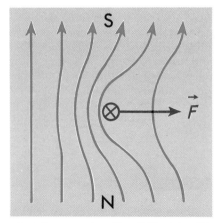

331.3 Das aus den Einzelfeldern in *Abb. 331.2* zusammengesetzte Magnetfeld erzeugt am Leiter die Kraft $\vec{F}$ nach rechts.

nach rechts abgelenkt. Das Magnetfeld des Stroms und damit seine magnetische Wirkung rührt also von der Bewegung elektrischer Ladungen her.

In **Fernsehröhren** wird der Elektronenstrahl durch Magnetfelder abgelenkt. Sie werden in Spulen erzeugt, die außerhalb des Röhrenhalses angebracht sind *(Abb. 332.1)*. Man braucht dann keine Ablenkplatten wie in *Abb. 313.1* einzuschmelzen. Diese *magnetische Ablenkung* baut das Bild aus zwei in 0,02 s Abstand nacheinander geschriebenen Zeilenreihen auf (in *Abb. 332.1* rot und schwarz). Jedes Stück des Bildschirms ist bei diesem **Zeilensprung-Verfahren** nur halbsolange dunkel, wie dann, wenn Zeile für Zeile geschrieben würde (mit 0,04 s Abstand). Dies unterdrückt das lästige Flimmern (s. Seite 257). Das Bild setzt sich aus 625 Zeilen zusammen.

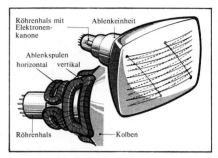

332.1 Links: Ablenkspulenpaare zur Horizontal und Vertikalablenkung in einer Fernsehröhre. Rechts: Ablenkung des Elektronenstrahls auf dem Leuchtschirm nach dem Zeilensprungverfahren. Helligkeitssteuerung: Siehe Seite 383!

Versuch 62: Wir wollen noch zeigen, daß ruhende Ladungen in einem Magnetfeld keine Kraft erfahren. Hierzu hängen wir ein geladenes Kügelchen vor einem Elektromagneten auf. Es bewegt sich nicht, wenn man das Magnetfeld ein- und ausschaltet.

3. Die gesetzliche Ampere-Definition

Versuch 63: Wir erzeugen das in *Abb. 331.1* blau gezeichnete Magnetfeld nicht durch einen Hufeisenmagneten, sondern durch einen zweiten, geraden Leiter. Er verläuft in *Abb. 332.2* links vom rot gezeichneten Metallband und parallel zu ihm; der Strom fließt in ihm von unten nach oben. Auch wenn dieses Feld nicht homogen ist, so erfährt in ihm das rot gezeichnete Metallband eine Kraft nach rechts. Die beiden entgegengesetzt fließenden Ströme stoßen sich ab, und zwar mit einer Kraft, die von der Stromstärke abhängt. Hierauf gründet man heute die *gesetzliche Definition* der Stromstärkeeinheit 1 Ampere: *Die Stromstärke in zwei parallelen Leitern vom Abstand 1 m beträgt dann 1 Ampere, wenn diese Leiter im Vakuum aufeinander die Kraft $F = 2 \cdot 10^{-7}$ N je Meter Leiterlänge ausüben.* Nach dieser Feststellung können (wenigstens im Prinzip) besonders ausgerüstete Institute Strommesser nacheichen, das heißt prüfen, ob sie richtig anzeigen.

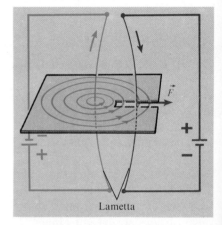

332.2 Zwei entgegengesetzt fließende Ströme stoßen sich ab. Hier erfährt der rechte Leiter eine Kraft im Feld des linken.

4. Rückschau

Wie Versuch 37 und 61 zeigen, gibt der Elektronenstrahl in der Braunschen Röhre eine gute Vorstellung vom Elektronenstrom in Metalldrähten. Allerdings sind in Drähten die Elektronen durch positive Ladungen neutralisiert. Sie machen sich erst bemerkbar, wenn sie fließen, und zwar durch die Wärme- und die magnetische Wirkung. Wir fassen zusammen:

Wirkungen der elektrischen Ladungen:

a) Ungleichnamige Ladungen **ziehen** sich an, gleichnamige **stoßen** sich ab. Diese Kräfte setzen in den Leitungen des Stromkreises Ladungen in Bewegung, so daß Strom fließt.

b) Positive und negative Ladungen können sich **neutralisieren.**

Bewegte Ladungen (Strom) haben darüber hinaus noch folgende Wirkungen:

a) Sie erzeugen ein **Magnetfeld** (magnetische Stromwirkung).

b) Wenn sie abgebremst werden, rufen sie Erwärmung hervor (Wärmewirkung) oder erzeugen **Licht** (Glimmlampe, Funke, Blitz, Leuchtschirm der Fernsehröhre).

c) Bei der **Elektrolyse** transportieren bewegte Ladungen Materie und scheiden sie ab (chemische Wirkung).

Aufgaben:

1. *Warum ist in Abb. 331.2 das Feld rechts vom Leiter geschwächt, links verstärkt? Wie kann man am Feldlinienbild ablesen, daß der Leiter eine Kraft nach rechts erfährt?*

2. *Was geschieht, wenn man im Versuch nach Abb. 331.1 N und S vertauscht?*

II. Elektrisches Feld und Spannung

§ 101   Das elektrische Feld

1.   Was ist ein elektrisches Feld?

Im Versuch nach *Abb. 309.1* wurden positiv geladene Wattestückchen vom Pluspol des Bandgenerators abgestoßen und zum Minuspol hingezogen. Die Bahnen, auf denen sie fliegen, erinnern an magnetische Feldlinien (Bahn eines Nordpols in *Abb. 291.2*). Da es sich hier aber um einen *elektrischen* Vorgang handelt, nennt man diese Bahnen der leicht beweglichen Ladungen **elektrische Feldlinien.** Man versieht sie mit Pfeilen, welche die Richtung der Kraft auf *positive* Ladungen angeben. Mit solchen Linien denken wir uns den Raum um elektrische Ladungen und zwischen den Polen einer Stromquelle erfüllt. Diesen Raum nennt man ein **elektrisches Feld.**

Im Raum um elektrische Ladungen besteht ein elektrisches Feld. In ihm erfahren Ladungen Kräfte längs der Feldlinien. Die Pfeile an den Feldlinien geben die Richtung an, in die positive Ladungen gezogen werden. Negative Ladungen erfahren Kräfte entgegen dieser vereinbarten Feldlinienrichtung. Die Kräfte auf Ladungen im Feld nennt man Feldkräfte.

Die Kraft im elektrischen Feld erinnert uns an die Kraft zwischen Magneten, die wir durch ein Magnetfeld und symbolisch durch magnetische Feldlinien beschrieben haben. Doch müssen wir streng zwischen elektrischen und magnetischen Feldern unterscheiden: So übt nach Versuch 62 ein Magnetfeld auf ruhende Ladungen keine Kräfte aus. Wir sahen auch bereits auf Seite 299, daß die Pole einer Stromquelle nichts mit magnetischen Polen zu tun haben.

2. Formen des elektrischen Feldes

Versuch 64: In eine Glasschale mit ebenem Boden ist etwas Rizinusöl gegossen und Grieß aufgestreut. Dann werden zwei runde Metallscheiben auf den Boden gesetzt und durch einen Bandgenerator entgegengesetzt geladen. Die Grießkörner ordnen sich längs der Feldlinien zu Ketten *(Abb. 334.1* und *334.2)*. *Abb. 334.3* zeigt das elektrische Feld einer einzelnen positiven Ladung. Die Feldlinien laufen von ihr wie Kreisradien weg. Sie endigen an negativen Ladungen, die am Rande der Schale auf einem Ring sitzen; er ist mit dem negativen Pol des Bandgenerators verbunden.

Abb. 335.1 zeigt das elektrische Feld um zwei positive Ladungen, die sich abstoßen. Hier laufen alle Feldlinien von den beiden positiven Ladungen zum Ring am Rande der Schale, der negativ geladen ist. Keine Feldlinie geht von der einen positiven Ladung zur andern positiven Ladung.

Wie beim Magnetfeld (Seite 293) können wir die Kräfte zwischen den Ladungen am Feldlinienbild ablesen: Nähern sich Plus- und Minusladung in *Abb. 334.2*, dann werden die Feldlinien kürzer. Die Anziehungskraft zwischen diesen ungleichnamigen Ladungen kann symbolisch (sinnbildlich) als *Zug längs der Feldlinien* angesprochen werden. Die Abstoßungskraft der gleichnamigen Ladungen in *Abb. 335.1* können wir ebenfalls am Feldlinienbild ablesen: Wir brauchen nur parallellaufenden Feldlinien symbolisch das Bestreben zuzuschreiben, *sich gegenseitig zu verdrängen.* Dies macht in *Abb. 334.2* die weit nach oben und unten geschwungenen Bögen verständlich. Elektrische Feldlinien sind Symbole, mit denen man die Struktur des Feldes veranschaulicht, keine materiellen Fäden.

> **Die Kräfte zwischen Ladungen kann man am Feldlinienbild ablesen, wenn man den Feldlinien symbolisch das Bestreben zuschreibt, sich zu verkürzen und gegenseitig zu verdrängen.**

Das Feldlinienbild im *Elektroskop* nach *Abb. 335.4* zeigt unmittelbar, daß das positiv geladene Blättchen zum negativ geladenen Gehäuse hingezogen wird.

Abb. 335.2 zeigt das *homogene* elektrische Feld eines **Plattenkondensators.** Er besteht aus zwei parallelen, einander isoliert gegenüberstehenden Metallplatten, die entgegengesetzte Ladungen tragen. Am Feldlinienbild liest man ab, daß sie sich anziehen.

334.1 Herstellung von Bildern elektrischer Feldlinien

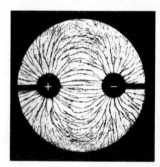

334.2 Feld zweier entgegengesetzter kugelförmiger Ladungen; sie ziehen sich an. Vergleiche mit den Bahnen der Wattestücke in *Abb. 309.1!*

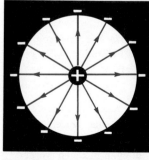

334.3 Feld einer positiven Einzelladung. Vergleiche *Abb. 305.2!*

Auf Seite 306 sahen wir, daß die Ladung eines *Faradaybechers* nur auf seiner äußeren Oberfläche sitzt. Von ihr gehen nach *Abb. 335.3* alle Feldlinien zur entgegengesetzten Ladung in der Umgebung (dort hat sie sich zum Beispiel durch Influenzwirkung angesammelt). Ladung, die mit einem Konduktor auf die innere Oberfläche gebracht wurde, wird sofort auf die äußere gezogen; dies ist mit einer Verkürzung der Feldlinien verbunden. – Beim Elektroskop dagegen haben wir Ladung auf den Stab und das Blättchen im Innern des Metallgehäuses gebracht. Sie influenziert auf dessen Innenseite entgegengesetzte Ladungen. Zwischen beiden spannt sich das in *Abb. 335.4* erkennbare Feld, das den Ausschlag des Blättchens verursacht.

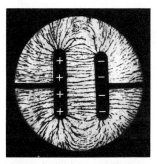

335.1 Feld gleichnamiger Ladungen; sie stoßen sich ab.

3. Feldlinien und elektrischer Strom

Im Versuch nach *Abb. 309.1* flogen geladene Wattestückchen zwischen den Polen des Bandgenerators hin und her. Die so bewegte Ladung stellt einen Strom dar. Dieser ist wesentlich stärker, wenn man die Pole durch einen Leiter verbindet. Auf seine Elektronen werden im Feld Kräfte ausgeübt; man nennt sie **Feldkräfte**. Diese setzen die Elektronen in Bewegung und verrichten an ihnen Arbeit. Sie wird im Leiterinnern in Wärme, in der Glimmlampe in Licht umgesetzt (Versuch 37).

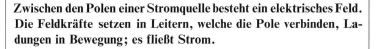

335.2 Feld eines Plattenkondensators (siehe *Abb. 338.1*)

> **Zwischen den Polen einer Stromquelle besteht ein elektrisches Feld. Die Feldkräfte setzen in Leitern, welche die Pole verbinden, Ladungen in Bewegung; es fließt Strom.**

Sobald man die beiden entgegengesetzt geladenen Pole in *Abb. 334.2* durch einen geraden Leiter verbindet, fließt in ihm Strom. Er ist von kreisförmigen *magnetischen* Feldlinien, die stets geschlossen sind, umgeben. Diese liegen in Ebenen, welche senkrecht zur Zeichenebene stehen. Die *elektrischen* Feldlinien sind dagegen nicht geschlossen; sie beginnen an der positiven Ladung und endigen an der negativen. Das Magnetfeld unterscheidet sich also vom elektrischen Feld wesentlich. Das elektrische Feld ist zwischen den Polen der Stromquelle auch dann vorhanden, wenn kein Strom fließt.

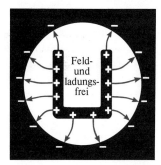

335.3 Feld eines Faradaybechers

Aufgaben:

1. *Erkläre die Ausrichtung der Grießkörner in Versuch 64 durch die Influenzwirkung in ihnen! Beachte, daß Grieß etwas leitet (vergleiche mit Seite 292)!*

2. *Die Abb. 334.2 bis 335.4 stellen ebene Schnitte durch das den Raum erfüllende Feld dar. Ergänze sie in Gedanken zum räumlichen Bild!*

3. *Wie drückt sich beim Elektroskop die Abstoßung der gleichnamigen Ladungen auf dem Stab und dem Blättchen im Feldlinienbild aus (Abb. 335.4)?*

335.4 Feld im Elektroskop

§ 102 Die elektrische Spannung

1. Definition der Spannung

Die Pole des Bandgenerators tragen entgegengesetzte Ladungen. Zwischen ihnen besteht ein elektrisches Feld. In *Abb. 309.1* sahen wir, daß die Feldkräfte geladene Wattestücke in Bewegung setzen, an ihnen also *Arbeit* verrichten.

Versuch 65: Man hefte dünne Streifen aus Metallfolie an die Pole des Bandgenerators. Ihre freien Enden ziehen sich an. Bequemer ist es, ein Elektroskop „*zwischen die Pole zu legen*", indem man das Blättchen mit dem einen und das Gehäuse mit dem andern Pol verbindet. Feldlinien sind nach *Abb. 335.4* zwischen beiden „*gespannt*"; das Blättchen wird zum entgegengesetzt geladenen Gehäuse gezogen. Man sagt, **zwischen den beiden besteht eine elektrische Spannung.**

Versuch 66: Auch zwischen den Polen einer Steckdose zeigt das Elektroskop Spannung. Allerdings ist die an seinem Blättchen angreifende Kraft sehr klein. Sie eignet sich nicht dazu, die Spannung zu definieren. Zur Definition der Spannung benutzt man die *Arbeitsfähigkeit* der elektrischen Feldkräfte. Wie hängt die von ihnen verrichtete Arbeit W von der geflossenen Ladung Q ab?

Versuch 67: Wir schalten zwischen die Pole der Steckdose einen Tauchsieder (*Abb. 336.1*). In seiner Heizwendel werden die Ladungen Q von den Feldkräften in Bewegung gesetzt. Dabei verrichten diese Kräfte Arbeit, die der Tauchsieder als Wärme abgibt. Hat er zum Beispiel eine Leistung von $P = 600$ Watt, so liefert er in jeder Sekunde $W = 600$ J (Seite 140). Der Strommesser zeigt die Stromstärke $I = 2{,}73$ A $= 2{,}73$ C/s. In 1 s wird also von den Feldkräften die Ladung $Q = 2{,}73$ C transportiert. *Tabelle 336.1* zeigt auch die Meßwerte bei anderen Tauchsiedern. Man erkennt, daß die in 1 s verrichtete Arbeit W der in der gleichen Zeit trans-

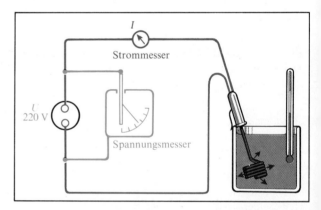

336.1 Der Strommesser mißt die Stromstärke I, die durch die Heizwendel im Tauchsieder fließt. Das Elektroskop liegt zwischen den Polen der Steckdose, deren Spannung U gemessen wird, und ist nicht von Strom durchflossen.

Tabelle 336.1

Leistung in Watt	Arbeit W während 1 s in Joule	Stromstärke in A	Ladung Q während 1 s in C	W/Q in J/C
300	300	1,36	1,36	220
600	600	2,73	2,73	220
1000	1000	4,55	4,55	220
2000	2000	9,10	9,10	220

portierten Ladung Q proportional ist. Deshalb erweist sich der Quotient W/Q als konstant. Er ist vom benutzten Wärmegerät unabhängig und beträgt 220 J/C. Deshalb kennzeichnet er den vom Elektroskop angezeigten elektrischen Zustand zwischen den Polen der Steckdose *eindeutig*. Es ist kein Zufall, daß hier der Zahlenwert 220 auftritt, der auf unseren Haushaltsgeräten die vorgeschriebene Spannung, nämlich 220 V (220 Volt), vermerkt. *Laut Definition gibt die Spannung 220 V an, daß in einem an die Steckdose gelegten Gerät die Arbeit 220 Joule je Coulomb verrichtet wird.* 1 Volt bedeutet also 1 Joule/Coulomb; bei 1 V wird an 1 C die Arbeit 1 J verrichtet.

Das Elektroskop schlägt auch dann aus, wenn der Stromkreis unterbrochen ist; auch dann besteht ein elektrisches Feld und damit Spannung zwischen den Polen. Man kann die Skala des Elektroskops in Volt eichen und nennt es dann **Elektrometer.**

Zwischen den Polen einer Stromquelle herrscht Spannung; zwischen ihnen sind Feldlinien „gespannt". Die Feldkräfte verrichten dann an einer fließenden Ladung Q die Arbeit W. Unter der Spannung U versteht man den Quotienten

$$U = \frac{W}{Q}. \qquad (337.1)$$

Die Einheit der Spannung ist $1\ \text{Volt} = 1\ \dfrac{\text{Joule}}{\text{Coulomb}}$ ($1\,\text{V} = 1\ \text{J/C}$). Man kann die Spannung mit einem zwischen die Pole gelegten Elektrometer messen.

Da $W = P \cdot t$ und $Q = I \cdot t$ ist (Gleichung 54.1 und 322.1), gilt ferner:

$$U = \frac{W}{Q} = \frac{P \cdot t}{I \cdot t} = \frac{P}{I}\ ; \quad 1\,\text{V} = \frac{1\,\text{W}}{1\,\text{A}}. \qquad (337.2)$$

Versuch 68: Wir bestimmen die Spannung U einer Akku-Batterie. Sie besteht aus 10 Nickel-Cadmium-Zellen (Seite 344), die nach *Abb. 337.1* so *hintereinander* gelegt sind, daß der Pluspol der einen mit dem Minuspol der nächsten verbunden ist. In einer zwischen die beiden Pole am Ende gelegten Heizwendel fließt Strom der Stärke $I = 5\,\text{A} = 5\,\text{C/s}$ und erzeugt in 200 s die Wärme 13 000 J. In 1 s wird also an der Ladung $Q = 5\,\text{C}$ die Arbeit $W = 65\,\text{J}$ verrichtet. Die Spannung beträgt nach Gleichung (337.1)

$$U = \frac{W}{Q} = \frac{65\,\text{J}}{5\,\text{C}} = 13\ \frac{\text{J}}{\text{C}} = 13\,\text{V}.$$

Wenn wir die Zahl der Zellen von 10 auf 5 halbieren, so erhalten wir in 1 s die Wärme 16,2 J bei 2,5 A, also bei 2,5 C/s. Die 5 Zellen verrichten also an der Ladung $Q = 1\,\text{C}$ die Arbeit $W = 6,5\,\text{J}$.

Tabelle 337.1 Einige Spannungen

Zelle eines	
Nickel-Cadmium-Akkus	1,3 V
Bleiakkus (Auto)	2 V
Taschenlampen-batterie neu	4,5 V
Lichtanlage im Auto	6 oder 12 V
Lichtnetz	110 bis 220 V
Drehstromnetz	380 V
Straßenbahn	550 V
Elektrische Eisenbahn	15 000 V
Hochspannungs-leitungen	bis 380 000 V
Gewitter	etwa 10^8 V

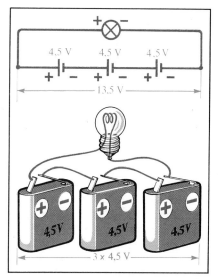

337.1 Drei hintereinander geschaltete Taschenlampenbatterien geben 13,5 V (oben: Schaltskizze).

Die Spannung ist mit

$$U = \frac{W}{Q} = 6{,}5\,\frac{J}{C} = 6{,}5\,V$$

halbiert. *Sie ist der Zellenzahl proportional.*

Beim Hintereinanderschalten von Spannungsquellen addiert sich die Spannung. Sie beträgt bei 1 Zelle eines Nickel-Cadmium-Akkus 1,3 V.

---

2. Spannung und elektrische Energie

Versuch 69: Nach *Abb. 338.1* stehen sich zwei große Metallplatten gegenüber. Sie sind durch eine dünne Plastikfolie voneinander isoliert und stellen einen **Plattenkondensator** dar. Wir verbinden sie kurz mit den Polen einer Spannungsquelle (300 V) und laden sie dabei entgegengesetzt auf. Nun ziehen wir die isolierten Platten auseinander. Da wir dabei positive und negative Ladungen voneinander trennen, verrichten wir *Arbeit gegen ihre Anziehungskräfte*. Entladen wir die Platten dann über eine Glimmlampe, so leuchtet diese wesentlich heller; die fließende Ladung gibt mehr Energie ab als vor dem Auseinanderziehen. Beim Trennen haben wir die Ladung Q nicht vermehrt, wohl aber Arbeit verrichtet und so die Arbeitsfähigkeit W (Energie) der Ladung vergrößert; der Lichtblitz war heller. Wie das angeschlossene Elektrometer zeigt, steigt dabei die Spannung $U = W/Q$ erheblich.

Trennt man entgegengesetzte Ladungen unter Arbeitsaufwand, so steigt die Spannung zwischen ihnen an. Mit der Spannung nimmt auch die Arbeitsfähigkeit (Energie) der Ladung zu.

Diese wichtigen Zusammenhänge lassen sich durch Wasser veranschaulichen: Je höher man 1 Liter Wasser pumpt, desto mehr Arbeit hat man zu verrichten, desto energiereicher wird es. Das Wasser wird zwar nicht schwerer; es kann aber beim Herabstürzen in einer Turbine mehr Arbeit liefern. Nach *Abb. 338.2* seien n Pumpen, von denen jede 5 m hoch fördert, *übereinandergestaffelt*. Der Arbeitsaufwand je Liter wird ver-n-facht. Doch kann jedes Liter beim Verbraucher n-fache Arbeit verrichten, da es aus der n-fachen Höhe herabstürzt. Entsprechend pumpt eine Stromquelle (Elektronenpumpe) La-

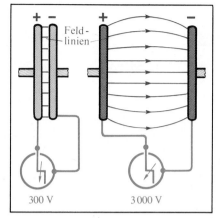

338.1 Wenn man entgegengesetzte Ladungen unter Arbeitsaufwand trennt, steigt die Spannung.

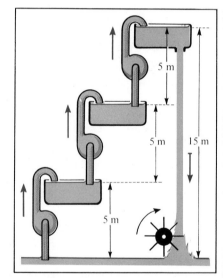

338.2 Die Förderhöhen und damit die Energien je Liter werden addiert.

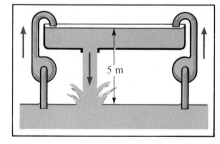

338.3 Nur die geförderten Wassermengen werden addiert, nicht die Energie je Liter.

dung in ihrem Innern unter Arbeitsaufwand vom einen zum andern Pol. Sind nach *Abb. 337.1* mehrere Akkuzellen hintereinandergeschaltet, so durchfließt dieselbe Ladungsmenge nacheinander die einzelnen Zellen. Die an ihr verrichteten Arbeitsbeträge summieren sich. Deshalb addieren sich nach Versuch 68 die Spannungen beim Hintereinanderschalten.

Fördern *n* Pumpen *nebeneinander* Wasser aus demselben Teich, so liefern sie im ganzen die *n*-fache Wassermenge je Sekunde (*Abb. 338.3*). Doch wird die Förderhöhe und damit die Arbeitsfähigkeit von 1 Liter nicht größer.

Versuch 70: Man kann gleiche Akkuzellen auch *parallel* schalten (Plus mit Plus und Minus mit Minus verbinden; *Abb. 339.1*). Wenn man dann Versuch 68 wiederholt, so erkennt man, daß die Spannung bleibt. Ein Ladungsteilchen fließt entweder durch die eine oder die andere Zelle; dabei wird nur einmal an ihm Arbeit verrichtet. Allerdings kann jetzt die ganze Batterie ohne Schädigung mehr Strom liefern als eine einzelne Zelle.

> **Beim Parallelschalten von gleichen Stromquellen bleibt die Spannung unverändert.**

3. Elektrische Energieübertragung

Wenn man elektrische Energie übertragen will, so führt man die getrennten Ladungen durch Leitungen zum Verbraucher. Dieser findet zwischen den getrennten Ladungen auf den Polen der Steckdose ein elektrisches Feld und damit Spannung. Wenn Strom fließt, so wandelt sich die Arbeitsfähigkeit der unter Spannung stehenden Ladungen in Lichtenergie und Wärme um. *Wenn der Strom unterwegs keine Wärme liefert, ist an allen Steckdosen der Verbraucher die Arbeitsfähigkeit der Ladung und damit die Spannung gleich groß.*

> **Im Elektrizitätswerk und in jeder Stromquelle werden entgegengesetzte Ladungen unter Arbeitsaufwand getrennt. Dabei bildet sich zwischen ihnen Spannung. Durch Leitungen führt man die Ladungen in die Ferne. Fließt Strom, so wird die aufgewandte Arbeit wieder frei.**

Die in elektrischen Geräten umgesetzte elektrische Energie zeigt ein **Elektrizitätszähler** *(Abb. 339.3)* unmittelbar in der Energieeinheit 1 kWh an. Nach Seite 56 ist

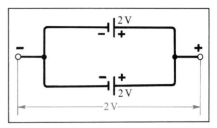

339.1 Parallelschaltung zweier gleicher Akkuzellen von je 2 V. Die Spannung bleibt unverändert 2 V.

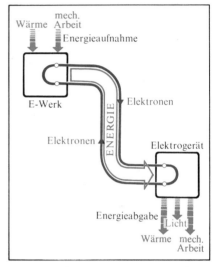

339.2 Energie wandert vom E-Werk ins Elektrogerät. Die Elektronen dagegen laufen im Kreis und werden nicht verbraucht.

339.3 Elektrizitätszähler. Hier kann die vom Elektrizitätswerk gelieferte Energie direkt abgelesen werden.

1 kWh = 3 600 000 J. Das Rad im Zähler dreht sich — wie die Aufschrift 800 U/kWh angibt — bei der Lieferung von 1 kWh jeweils 800mal. Ist ein Tauchsieder mit der Leistungsangabe 1 000 W = 1 kW während der Zeitspanne $t = 36$ s $= \frac{1}{100}$ h in Betrieb, so wird in ihm die elektrische Energie $W = P \cdot t = \frac{1}{100}$ kWh umgesetzt. Das Rad im Zähler dreht sich dabei 8mal. Wenn 1 kWh 12 Dpf kostet, so muß man 0,12 Dpf bezahlen (siehe die Aufgabe 15 von Seite 368).

4. Spannungsmessung am Oszillographen

Es ist viel zu mühsam, Spannungen nach Versuch 68 zu messen; ein Elektroskop wäre bequemer. Doch ist sein Ausschlag bei kleinen Spannungen kaum erkennbar. Für die kleinen Feldkräfte ist das Blättchen viel zu schwer. Wir lassen diese Kräfte deshalb auf freie Elektronen in einer **Braunschen Röhre** wirken *(Abb. 313.1)*:

Versuch 71: Verschiedene Zellen einer Akkubatterie werden an die zur Vertikalablenkung bestimmten Buchsen eines **Oszillographen** (Schwingungsschreibers) gelegt. Der Ausschlag des Leuchtflecks auf dem Schirm *(Abb. 340.1)* ist der Zahl der Zellen und damit der Spannung U proportional. Man kann also den Oszillographen als *Spannungsmesser* eichen. Gibt zum Beispiel die Spannung 1,3 V einer Akkuzelle den Ausschlag 1,3 cm, so bedeutet 1 cm auch 1 V. Die Spannung einer flachen Taschenlampenbatterie mißt man so zu 4,5 V. Sie enthält 3 hintereinandergelegte Zellen von je 1,5 V.

Versuch 72: In *Abb. 340.2* ist eine Wechselstromquelle an das *vertikal* ablenkende Plattenpaar des Oszillographen gelegt. Zunächst bewegt sich der Lichtpunkt so schnell auf und ab, daß das Auge einen senkrechten Strich wahrnimmt *(Abb. 340.3*, links). Die Elektronen folgen der sich schnell ändernden Wechselspannung ohne Verzögerung. Um den Spannungsverlauf zu erkennen, wird im Oszillographen eine sogenannte **Kippspannung** U_x erzeugt *(Abb. 340.3*, rechts; sie ersetzt die schnelle Bewegung der Glimmlampe in *Abb. 312.1)*. Man legt diese Kippspannung an das *horizontal* ablenkende Plattenpaar. Dann wird der Elektronenstrahl zunächst gleichmäßig von links nach rechts geführt. Ist er am rechten Rand angelangt, dann springt er fast momentan zum linken zurück. Hierdurch werden die von der zu untersuchenden Wechselspannung U_y erzeugten vertikalen Ausschläge des Strahls so nebeneinandergelegt, wie man sie in einem Schaubild in Abhängigkeit von der Zeit t auftragen würde. Man erkennt ihren zeitlichen Verlauf. Dies wird deutlich, wenn man die Zahlen 1, 2, 3, 4 und die Buchstaben a, b usw. aus *Abb. 340.3* dem Wechselspannungsverlauf in *Abb. 341.1* zuordnet. Dabei beachte man die angegebenen Zeiten!

Meßergebnisse an Wechselspannung werden wir auf Seite 373 genauer untersuchen *(Abb. 373.1)*.

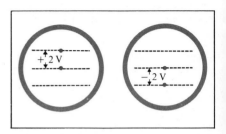

340.1 Auslenkung des Leuchtpunkts (rot) aus der Mitte des Oszillographenschirms durch 2 V Gleichspannung; links: obere Ablenkplatte positiv, rechts: negativ

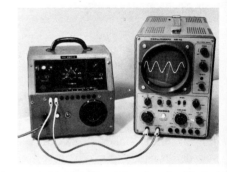

340.2 Der Oszillograph zeigt den Verlauf der Wechselspannung, die das Netzgerät (links) liefert.

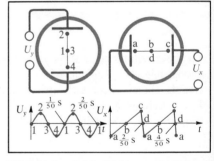

340.3 Links wird der Elektronenstrahl durch die Wechselspannung U_y vertikal, rechts durch die Kippspannung U_x horizontal abgelenkt.

5. Bandgenerator

Im **Bandgenerator** ist ein Gummiband über zwei Walzen geführt. Die obere ist aus isolierendem Kunststoff. Beim Anlaufen gibt es — wie bei Reibungsvorgängen (Seite 315) — eine erste Ladungstrennung: Der rechte, nach unten bewegte Bandteil wird dabei zum Beispiel positiv, die Kunststoffwalze und damit der rechte, als Korb oder Kugel ausgebildete Pol etwas negativ geladen. Unten influenziert das positiv geladene Band auf der links angebrachten Metallspitze negative Ladungen, das heißt Elektronen. Sie strömen auf das Band und werden mit ihm nach oben zum rechten Pol transportiert, der einen Faradaybecher darstellt. Dort werden sie durch Metallspitzen abgenommen und treten auf die äußere Oberfläche des Pols. Vorher drängen sie durch Influenz Elektronen von dem nach unten laufenden Bandteil auf die obere kleine Spannwalze aus Metall ab. Der nach unten gehende Bandteil ist also wieder positiv geladen. Unten wird er durch Zufuhr von Elektronen über die rechte Metallspitze entladen und an der linken Metallspitze durch Influenz wie oben beschrieben wieder negativ geladen. Der Vorgang setzt sich also ständig fort. Wesentlich ist dabei, daß der Motor unter Arbeitsaufwand laufend Elektronen auf den rechten, negativen Pol transportiert. Sie werden dem linken Pol entzogen; bei diesem tritt die positive Ladung immer stärker hervor. Nach einiger Zeit bildet sich bei Schulgeräten eine Spannung bis zu 200 000 V aus. Allerdings sind die Stromstärken sehr klein, so daß diese Geräte nicht sehr gefährlich sind.

6. Blitz und Blitzschutz

In Gewitterwolken werden durch fallende geladene *Schneeflocken* und *Regentropfen* Ladungen getrennt (positive Ladung oben, negative unten). So entsteht eine ungeheure Spannung (etwa 10^8 V). Die genaueren Einzelheiten bei der Ladungstrennung sind auch heute noch umstritten (auch die kleinen Wassertröpfchen eines Wasserfalls sind geladen). Die getrennten Ladungen vereinigen sich bisweilen wieder in gewaltigen **Blitzen** (*Abb. 11.1*; transportierte Ladung etwa 10 C; Zeitdauer $5 \cdot 10^{-5}$ s; Stromstärke etwa 10^5 A). — Der Blitz nimmt im allgemeinen einen gut leitenden Weg zur Erde, zum Beispiel über hochragende metallische oder feuchte Gegenstände, etwa nasse Bäume. Man suche deshalb beim Gewitter möglichst tiefliegende Mulden auf, gehe dort in Hockstellung und meide die Nähe einzelner hoher Bäume. — Zum Schutz vor Blitzen setzt man auf Gebäude **Blitzableiter,** die an der Außenseite des Hauses durch dicke Metallbänder mit dem feuchten Erdreich verbunden werden. Durch sie wird das Haus sozusagen mit einem *Faraday-Käfig* überzogen (siehe Seite 306). Schlägt der Blitz in ein ungeschütztes Haus, so sucht er entlang guter Leiter, also längs der Wasser- und Gasrohre, der Kamine oder Antennen seinen Weg. Man meide deshalb in solchen Häusern bei einem nahen Gewitter diese Gefahrenpunkte.

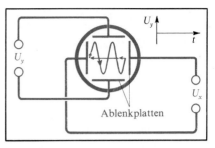

341.1 So wird die Wechselspannungskurve geschrieben, wenn die Spannungen U_y und U_x gleichzeitig anliegen.

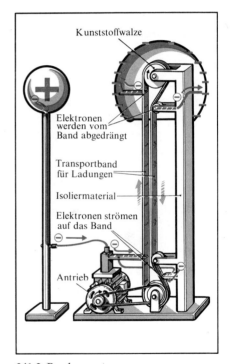

341.2 Bandgenerator

Aufgaben:

1. *Zerlege eine ausgebrauchte, flache Taschenlampenbatterie und suche die Plus- und Minuspole ihrer drei Zellen! Wie sind sie geschaltet (Siehe Abb. 343.1!)?*

2. *Was geschieht, wenn man zwei gleiche Taschenlampenbatterien gegeneinanderschaltet (+ mit + verbindet)? Erkläre dies mit dem Wassermodell und prüfe mit einem Lämpchen nach, das zwischen die beiden Minuspole gelegt wird! Schalte die Batterien parallel! Darf man dann das Lämpchen auch anschließen?*

3. *Die Zelle eines Eisen-Nickel-Akkus hat 1,3 V Spannung (sie ist mit verdünnter Kalilauge gefüllt). Wie viele Zellen braucht man für 220 V?*

4. *Schlagen Elektrometer nach Abb. 305.3 auch bei Wechselspannung aus?*

5. *Löse Gleichung (337.2) nach I auf und berechne die Stromstärke, die in einem 1000 Watt-Heizofen bei 220 V auftritt! − Ein Taschenlampenbirnchen für 4,5 V wird von einem Strom der Stärke 0,2 A durchflossen. Welche Leistung hat es?*

6. *Welche Wärmeleistung hat ein Tauchsieder, der bei 220 V von 2,5 A durchflossen wird? Wieviel Wasser kann man mit ihm in 1 min um 50 K erwärmen? (Siehe Gleichung 337.1!)*

7. *Eine Sicherung im Haushalt (220 V) kann bis 10 A belastet werden. Welche Leistung darf ein Heizofen höchstens haben, den man gerade noch anschließen kann?*

8. *Führe die Rechnungen zu Versuch 67 und Versuch 68 auch mit Gleichung (337.2) aus!*

9. *Erkläre, warum in Abb. 332.1 die obere und untere Spule horizontal ablenken (siehe Abb. 331.3)! Wie muß sich in ihnen die Stromstärke ändern, damit der Leuchtfleck Zeile um Zeile schreibt? − Wie muß sich die Stromstärke in den vertikal ablenkenden Spulen während dieser Zeit ändern?*

§ 103 Galvanische Elemente und Thermoelement

1. Spannungserzeugung durch chemische Reaktionen

Versuch 73: Bei der Elektrolyse legt man mit Hilfe von zwei Elektroden Spannung an einen Elektrolyten. Die positiv und negativ geladenen Ionen wandern zum jeweils entgegengesetzt geladenen Pol; sie werden also getrennt. Man kann anschließend eine kleine Spannung zwischen den Polen nachweisen. − Bei manchen chemischen Vorgängen kommen Ionen in Bewegung, ohne daß man von außen Spannung anlegt. Zum Beispiel löst sich Zink (Zn) in verdünnter Schwefelsäure (H_2SO_4). Dabei gehen Zinkatome als *positiv* geladene Ionen in Lösung; die von ihnen abgegebenen Elektronen (siehe in *Abb. 318.1* die Cu-Ionen) bleiben in der Zinkplatte zurück und laden sie negativ auf. Die *Lösung* wird durch die Ionen *positiv* geladen. Dies zeigt sich, wenn man eine Elektrode aus Kohle in die Flüssigkeit bringt; denn Kohle gibt keine Ionen ab und wird durch die positiv geladene Lösung zum Pluspol dieses **galvanischen Elements**. Statt Kohle kann man auch das „edlere" Metall Kupfer als Pluspol verwenden. Es gibt kaum Ionen an die Lösung ab. Aus Zink (Minuspol) und Kupfer (Pluspol) entsteht das **Volta-Element** mit

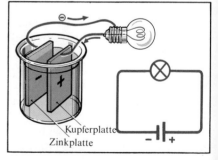

342.1 Volta-Element, 1 V (Zink-Kupfer-Element)

etwa 1 Volt Spannung (der Italiener *A. Volta* entwickelte so 1800 die erste brauchbare Stromquelle). Ein Teil der Energie, die beim Auflösen von Zink in Schwefelsäure als Wärme abfließt, wird hier zum *Trennen von Ladung*, das heißt zum Erzeugen von Spannung, benutzt.

> **Wenn man zwei Metalle, die sich verschieden gut in Säure lösen (oder Kohle) in einem Elektrolyten einander gegenüberstellt, entsteht ein galvanisches Element. Das leichter lösliche Metall wird der Minuspol.**

Die Entwicklung dieser *galvanischen Elemente* geht auf den italienischen Arzt und Naturforscher *Luigi Galvani* (1737 bis 1798) zurück.

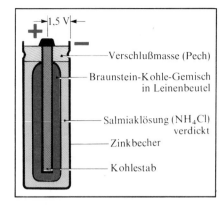

343.1 Einzelzelle einer Taschenlampenbatterie, 1,5 V (Zink-Kohle-Element)

2. Taschenlampenbatterie

Man kann auf verschiedene Arten galvanische Elemente zusammenstellen. Nur wenige haben sich bewährt: In der Zelle einer Taschenlampenbatterie steht ein Kohlestab in einem Zinkbecher *(Abb. 343.1)*. Beide verbindet mit Kleister eingedickte Salmiaklösung (Ammoniumchlorid, NH_4Cl) mit Zusätzen. Vom Zink treten positive Ionen (Zn^{++}) in die Lösung. Diese Ladungstrennung gibt eine Spannung von etwa 1,5 V. Dabei ist die Kohle der Plus-, das Zink der Minus-Pol. Wenn Strom fließt, wird das Zink allmählich aufgelöst (zerfressen) und in Zinkchlorid überführt. Dabei erschöpft sich die Batterie. Im äußeren Stromkreis fließt der Strom (konventionelle Richtung) vom Plus- zum Minuspol, getrieben von den elektrischen Feldkräften. Im Innern fließt er vom Minus- zum Pluspol zurück, so daß im ganzen ein *geschlossener Stromkreis* vorliegt.

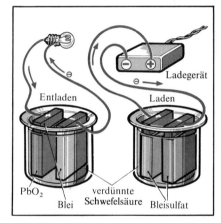

343.2 Entladen und Laden eines Bleiakkus: Unter Arbeitsaufwand pumpt das Ladegerät (oben rechts) Elektronen in den Minuspol des Akkus und holt Elektronen aus dem Pluspol heraus; es speichert also Energie und nicht Ladung im Akku! Beim Entladen gibt der Akku Energie an die Glühlampe ab.

3. Akkumulatoren

Versuch 74: Wir tauchen zwei gleiche Bleiplatten (Pb) längere Zeit in verdünnte Schwefelsäure (H_2SO_4). Beide überziehen sich mit einer weißen Schicht aus Bleisulfat ($PbSO_4$). Da sie unter sich gleich sind, finden wir keine Spannung. Wenn wir aber Strom hindurchschicken und den Akkumulator „laden" *(Abb. 343.2, rechts)*, so wird an der mit dem positiven Pol der Stromquelle verbundenen linken Platte das Bleisulfat zu dunkelbraunem Bleidioxid (PbO_2) oxidiert *(Abb. 343.2, links)*. Gleichzeitig wird an der rechten Platte das Bleisulfat zu Blei reduziert. Nunmehr stehen sich zwei ver-

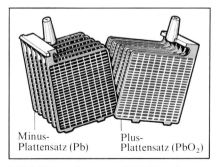

343.3 Plattensätze einer Bleiakkuzelle, auseinandergeklappt

schiedenartige Platten gegenüber und bilden ein *galvanisches Element* mit der Spannung 2 V. Die dunkelbraune Bleidioxid-Platte ist der Pluspol. Wir können diesem Akkumulator kurzzeitig Strom entnehmen. Dabei bildet sich an beiden Platten wieder Bleisulfat, und die Spannung sinkt auf Null. Für die chemischen Umsetzungen gilt:

$$\begin{array}{ccc} (-) \ (+) & \text{Entladen} & \\ \text{Pb} + \text{PbO}_2 + 2\,\text{H}_2\text{SO}_4 & \rightleftharpoons & 2\,\text{PbSO}_4 + 2\,\text{H}_2\text{O}. \\ \text{grau braun} & \text{Laden} & \text{weiß} \end{array} \qquad (344.1)$$

In der geladenen Akkuzelle (links) ist die Konzentration an Schwefelsäure (H_2SO_4) größer ($\varrho = 1{,}285 \ \text{g/cm}^3$) als im entladenen Zustand ($\varrho = 1{,}12 \ \text{g/cm}^3$). Deshalb kann man mit Senkwaagen (Seite 100) den Ladezustand nachprüfen.

Beim Laden wie beim Entladen ist nach *Abb. 343.2* der Akku Glied eines Stromkreises. Im Akku wird dabei keine Ladung gespeichert, wohl aber Energie in chemischer Form (in Gleichung 344.1 kommt den auf der linken Seite stehenden Substanzen mehr Energie zu als denen der rechten Seite). Das Ladegerät muß nach *Abb. 343.2*, rechts, Elektronen in die Minusplatte pumpen; gegen die Abstoßungskräfte verrichtet es Arbeit. Dem Pluspol hat es — ebenfalls unter Arbeitsaufwand — Elektronen zu entziehen. Man merke sich, daß beim Laden der *Pluspol* des Ladegeräts mit dem *Pluspol* des Akkus zu verbinden ist! Laden und Entladen können beliebig oft wiederholt werden.

Im geladenen Akkumulator ist nicht Ladung, sondern Energie gespeichert.

Bleiakkumulatoren müssen sorgfältig gewartet werden: bei Nichtgebrauch muß man sie immer wieder laden; destilliertes Wasser ist von Zeit zu Zeit nachzufüllen. Die *Starterbatterie* des Autos ist ein Bleiakkumulator. Sie wird von der Lichtmaschine während der Fahrt geladen.

Beim **Nickel-Cadmium-Akkumulator** besteht die positive Platte aus Nickelhydroxid, die negative aus fein verteiltem Cadmium. Der Elektrolyt ist Kalilauge (KOH). Die Spannung beträgt zwar nur etwa 1,3 V; doch ist die Lebensdauer viel größer als bei Bleiakkus.

4. Thermoelement

Zu einem *galvanischen Element* braucht man zwei *verschiedene* Metalle und zwischen ihnen einen Elektrolyten. Lötet man zwei verschiedene Metalle, zum Beispiel Kupfer und Eisen, zu einem Stromkreis zusammen, so fließt normalerweise kein Strom. In *Abb. 344.1* zeigt das empfindliche Zeigerinstrument erst dann Strom, wenn zwischen den beiden Lötstellen L_1 und L_2 eine *Temperaturdifferenz* besteht. Da Strom und Spannung von ihr abhängen, kann man mit diesem Thermoelement *Temperaturen messen*. In einem Vorversuch eicht man die Anordnung, indem man verschiedene Temperaturdifferenzen herstellt und mit einem gewöhnlichen Thermometer mißt. Man ordnet sie in einem Diagramm den zugehörigen Thermospannungen zu. Wenn man sehr dünne Drähte verwendet, so läßt sich sogar die Temperatur im Innern von Insekten bestimmen. Die zur Ladungstrennung nötige Arbeit wird aus der zugeführten Wärme bestritten. Doch bleibt der Wirkungsgrad sehr klein.

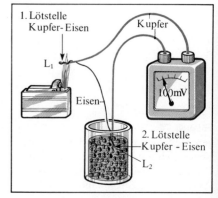

344.1 Thermoelement. Die linke Lötstelle zwischen Kupfer und Eisen wird erwärmt, die rechte in Eiswasser auf 0 °C gehalten. Die angezeigte Thermospannung ist der Temperaturdifferenz proportional.

5. Rückschau

Mit der elektrischen Spannung haben wir einen neuen Begriff kennengelernt: Sie beschreibt nicht etwa die *Kraft*wirkung zwischen Ladungen, sondern die *Arbeitsfähigkeit* getrennter Ladungen, zwischen denen ein Feld besteht. Denn in Versuch 69 steigt die Spannung zwischen den Kondensatorplatten erheblich an, obwohl die Anziehungs*kraft* zwischen ihren Ladungen abnimmt. – Der Spannungsbegriff ist deshalb so überaus wichtig, weil man in Haushalt und Wirtschaft die Elektrizität wegen ihrer Arbeitsfähigkeit benützt. Das elektrische Feld zwischen den Polen einer Spannungsquelle setzt in einem Leiter Ladung in Bewegung. Deshalb sagt man oft, *Spannung* sei die *Ursache von Strom*. Hierauf gehen wir im nächsten Paragraphen ein.

III. Ohmsches Gesetz und Widerstand

§ 104   Das Ohmsche Gesetz; der elektrische Widerstand

1.   Wie hängt die Stromstärke von der Spannung ab?

Zu starke Ströme zerstören elektrische Geräte bisweilen sehr schnell. Deshalb genügt es oft nicht, Stromstärken zu messen; man muß in der Lage sein, die Stärke von Strömen in einer Versuchsanordnung vorauszuberechnen. Deshalb untersuchen wir, wovon die Stromstärke I abhängt. Hier ist zunächst die Spannung U zu nennen; denn ohne Spannung fließt kein Strom. Zudem dürfte die Stromstärke von den Geräten, die der Strom zu durchfließen hat, abhängen. Um beide Einflüsse klar zu trennen, bauen wir zunächst einen ganz bestimmten Stromkreis auf und ändern in ihm die Spannung U. Er enthält als wesentlichen Teil einen dünnen *Konstantandraht* (Legierung aus 58% Kupfer, 41% Nickel und 1% Mangan):

Versuch 75: Ein Konstantandraht der Länge $l=0{,}75$ m mit 0,1 mm Durchmesser wird zwischen zwei Fußklemmen B und C ausgespannt und mit dicken Kupferdrähten[1]) über einen Strommesser (A) an Akkuzellen gelegt. Jede Zelle hat 2 V Spannung *(Abb. 345.1)*; zum Beispiel geben 4 hintereinandergeschaltete Zellen 8 V. *Tabelle 346.1* zeigt die Versuchsergebnisse, die man erhält, wenn man die Zahl der Zellen und damit die Spannung U ändert, den Draht aber beläßt.

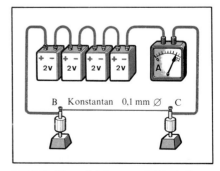

---

[1]) Die dicken Kabel sind ohne Einfluß auf die Stromstärke; diese ändert sich nicht, wenn man ein langes Kabel gegen ein kurzes austauscht.

345.1 Zu Versuch 75; man erhöht die Spannung U durch Zufügen von Akkuzellen.

Tabelle 346.1   Tabelle 346.2   Tabelle 346.3

$l = 0{,}75$ m; $d = 0{,}1$ mm			$l = 1{,}5$ m; $d = 0{,}1$ mm			$l = 0{,}75$ m; $d = 0{,}2$ mm		
U in V	I in A	U/I in V/A	U in V	I in A	U/I in V/A	U in V	I in A	U/I in V/A
0	0	–	0	0	–	0	0	–
2	0,04	50	2	0,02	100	2	0,16	12,5
4	0,08	50	4	0,04	100	4	0,32	12,5
6	0,12	50	6	0,06	100	6	0,48	12,5
8	0,16	50	8	0,08	100	8	0,64	12,5
10	0,20	50	10	0,10	100	10	0,80	12,5
50	1,0	50	50	0,5	100	50	4,0	12,5

Man erkennt bereits an *Tabelle 346.1*:

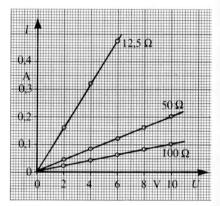

a) Bei n-facher Spannung U wird auch die Stromstärke I n-fach.

b) Hieraus folgt, daß der Quotient $U/I = n\ U/n\ I$ (in *Tabelle 346.1* 50 V/A) konstant, also von der Spannung U unabhängig, ist.

c) Wenn man in einem Schaubild I über U aufträgt *(Abb. 346.1)*, so erhält man die sogenannte *I-U-***Kennlinie.** Sie ist eine Gerade durch den Ursprung.

Diese drei Aussagen lauten zusammengefaßt:

> **Die Stromstärke I ist bei Konstantandrähten der Spannung U proportional ($I \sim U$). Genau dann, wenn bei einem Leiter Spannung U und Stromstärke I einander proportional sind ($I \sim U$; $U/I =$ konstant), sagt man, für diesen Leiter gelte das Ohmsche Gesetz.**

346.1 Die Schaubilder zu *Tabelle 346.1* bis *3* sind die sogenannten *I-U*-Kennlinien von Konstantandrähten. Es handelt sich um Ursprungsgeraden (vergl. mit *Abb. 348.2*). Je steiler die Gerade, desto kleiner ist R.

Das **Ohmsche Gesetz** wurde vom Gymnasiallehrer *Georg Simon Ohm* um 1826 in Köln gefunden. Nach diesem Gesetz ist der Quotient U/I bei Konstantandrähten konstant (siehe b). Welche Bedeutung er hat, klären wir, indem wir den Leiter verändern:

2. Der Widerstand von Leitern verschiedener Ausdehnung

Versuch 76: Wir verdoppeln die Länge l des Konstantandrahts auf 1,5 m. Nach *Tabelle 346.2* sinkt die Stromstärke gegenüber Versuch 75 jeweils bei der gleichen Spannung auf die Hälfte (zum Beispiel bei 2 V von 0,04 A auf 0,02 A). Ein Elektron stößt bei seinem doppelt so langen Weg auf doppelt so viele Atome und wird doppelt so oft abgebremst wie bei der einfachen Drahtlänge; es erfährt den doppelten *Widerstand*. Wir können diese Stöße zwar nicht zählen; doch ist bei der gleichen Spannung U wegen der halben Stromstärke der Quotient U/I doppelt so groß (100 V/A statt 50 V/A). Man nennt ihn deshalb den **Widerstand** R des Drahtes. Wie Versuch 76 zeigt, ist dieser Widerstand $R = U/I$ der Drahtlänge l proportional.

Zwischen den Enden eines Leiters liege die Spannung U, die Stromstärke in ihm sei I. Dann definiert man als Widerstand des Leiters den Quotienten

$$R = \frac{U}{I}. \tag{347.1}$$

Die Einheit des elektrischen Widerstands ist

$$1\,\frac{\text{Volt}}{\text{Ampere}} = 1\ \textbf{Ohm (Abkürzung } \Omega\textbf{, griechischer Buchstabe Omega); } 1\,k\Omega = 1\,000\,\Omega. \tag{347.2}$$

Die Maßzahl des Widerstands R gibt an, welche Spannung (in Volt) man braucht, damit Strom der Stärke 1 A fließt. Der Stromkreis nach *Tabelle 346.1* hat den Widerstand 50 V/A $= 50\ \Omega$: wenn man 50 V anlegt, fließt Strom der Stärke 1 A. Je kleiner die Stromstärke ist, die man bei einer bestimmten Spannung mißt, um so größer ist der Widerstand; in *Tabelle 346.2* beträgt er 100 V/A $= 100\ \Omega$. *Abb. 347.1* zeigt das Schaltsymbol für Widerstände, nämlich ein Rechteck.

Versuch 77: Wir nehmen gegenüber Versuch 75 einen Draht vom doppelten Durchmesser d (0,2 mm statt 0,1 mm), aber gleicher Länge l. Nach *Tabelle 346.3* ist bei der gleichen Spannung die Stromstärke 4mal so groß (zum Beispiel bei 2 V beträgt sie 0,16 A statt 0,04 A). Der Widerstand $R = U/I$ sinkt also auf den 4. Teil, nämlich auf 12,5 V/A $= 12,5\ \Omega$. Um dies zu verstehen, denken wir uns 4 Drähte mit der Querschnittsfläche A parallelgelegt *(Abb. 347.2)*. Werden sie zu *einem* Draht verschmolzen, so hat dieser 4fache Querschnittsfläche, aber nur doppelten Durchmesser. Bei gleicher Spannung fließen in ihm durch einen Querschnitt in 1 s 4mal so viele Elektronen wie im Einzeldraht; der Widerstand $R = U/I$ sinkt auf $^1/_4$.

Der Widerstand $R = U/I$ eines Drahtes ist der Länge l und dem Kehrwert der Querschnittsfläche A proportional.

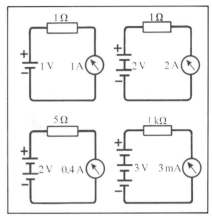

347.1 Prüfe Gleichung (347.1) durch Einsetzen der angegebenen Werte nach!

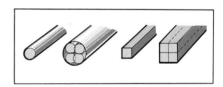

347.2 Ein Draht doppelten Durchmessers hat vierfache Querschnittsfläche A. Bei einem Kreis mit Radius r ist $A = 3,14\,r^2$.

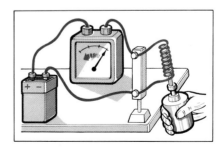

347.3 Die Stromstärke sinkt beim Erwärmen der Wendel aus Eisendraht. Besteht die Wendel aus Konstantandraht, so bleibt die Stromstärke auch bei starkem Erwärmen konstant.

3.   Die Temperaturabhängigkeit des Widerstands

Versuch 78: Der Widerstand eines Konstantandrahts bleibt konstant, wenn man diesen nach *Abb. 347.3* mit einer Flamme erhitzt. Erwärmt man dagegen eine Wendel aus Eisendraht, so sinkt die Stromstärke erheblich, obwohl die Spannung U konstant bleibt. Nach der Definitionsgleichung $R = U/I$ wächst also der Widerstand von Eisen mit der Temperatur. Dies gilt nach *Abb. 348.1* auch für die andern reinen Metalle.

Versuch 79: Wir untersuchen nun, wie die Stromstärke I von der Spannung U abhängt, wenn sich der Widerstand beim Erwärmen durch den Strom wesentlich ändert. Hierzu wiederholen wir Versuch 75 mit Glühlampen, die *Metall-(Wolfram-)*Drähte beziehungsweise einen *Kohlefaden* enthalten. Die *I-U*-Kennlinie ist nach *Abb. 348.2* keine Ursprungsgerade mehr. Bei Wolfram verlangsamt sich der Anstieg der Stromstärke; denn der Widerstand steigt mit dem Erwärmen. Bei Kohle ist es umgekehrt. Für beide Lampen gilt das *Ohmsche Gesetz* ($I \sim U$) bei größeren Temperaturänderungen nicht. Es hat wie das *Hookesche Gesetz* ($s \sim F$; Seite 32) einen beschränkten Gültigkeitsbereich.

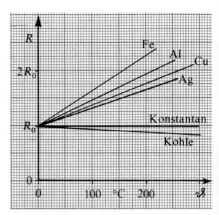

348.1 Abhängigkeit des Widerstands von der Temperatur

> **Der Widerstand von Metallen nimmt im allgemeinen beim Erwärmen zu. Bei Konstantan bleibt er konstant.**

Stellt man durch Versuche den Zusammenhang zwischen Widerstand und Temperatur fest, so kann man nachher aus dem gemessenen Widerstand auf die Temperatur schließen. Mit sogenannten **Widerstandsthermometern,** die nach diesem Prinzip arbeiten, mißt man auf elektrischem Wege Temperaturen an entfernten oder schwer zugänglichen Orten sowie bei großer Hitze (Motoren, Öfen).

4. Zusammenfassung

Das *Ohmsche Gesetz* lautet $I \sim U$ oder $R = U/I =$ konstant. Es gilt aber strenggenommen nur bei konstanter Temperatur (es sei denn, man verwendet Konstantan). Nun erhöht sich nach *Abb. 348.1* der Widerstand von

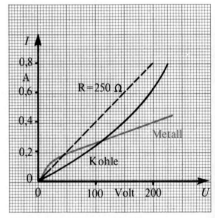

348.2 *I-U*-Kennlinien von Wolfram, Kohle und Konstantan (gestrichelt)

Kupfer beim Erwärmen um 1 K nur um ca. 0,4 %. Wenn also die Stromstärke nicht zu groß ist und die entwickelte Wärme gut abfließen kann, so darf man im allgemeinen von der Widerstandsänderung absehen. Dann bekommen die aus der Definitionsgleichung $R = U/I$ für den Widerstand gebildeten Gleichungen $I = U/R$ und $U = I \cdot R$ große Bedeutung: Man kann mit ihnen Stromstärken bzw. Spannungen vorausberechnen, wenn man den konstanten Widerstand R kennt:

> **Bei kleinen Temperaturänderungen ist der Widerstand $R = U/I$ eines Leiters angenähert konstant. Kennt man R, so läßt sich die Stromstärke I bzw. die Spannung U berechnen nach**
>
> $$I = \frac{U}{R} \quad \text{bzw.} \quad U = I \cdot R. \tag{348.1}$$

Beispiele:

a) Man legt zwischen die Enden eines Kupferdrahts (etwa einer Spule) die Spannung $U = 20$ V und mißt die Stromstärke $I = 0,04$ A. Sein Widerstand beträgt $R = U/I = 20$ V/0,04 A $= 500$ V/A $= 500\ \Omega$. Würde sich der Widerstand nach dem Einschalten merklich durch Erwärmen ändern, so ginge die Anzeige des Strommessers allmählich zurück. Da dies nicht der Fall ist, können wir die Stromstärke zum Beispiel bei $U = 12$ V berechnen zu

$$I = \frac{U}{R} = \frac{12 \text{ V}}{500 \text{ }\Omega} = \frac{12 \text{ V}}{500 \text{ V/A}} = 0{,}024 \text{ A}.$$

b) Mit Gleichung (348.1) läßt sich aber auch die Spannung U berechnen: Damit im Kupferdraht mit 500 Ω Widerstand ein Strom der Stärke $I = 0{,}001$ A fließt, braucht man die Spannung

$$U = I \cdot R = 0{,}001 \text{ A} \cdot 500 \text{ }\Omega = 0{,}001 \text{ A} \cdot 500 \text{ V/A} = 0{,}5 \text{ V}.$$

Dies führt zu einem einfachen Verfahren, Spannungen zu messen:

5. Spannungsmesser nach dem Ohmschen Gesetz

Wir können den Versuch 75 auch umkehren und zunächst am Strommesser die Stromstärke I ablesen. Das Diagramm in *Abb. 346.1* gibt sofort die angelegte Spannung an, wenn man den Widerstand kennt. So kann man mit einem Strommesser Spannungen ermitteln, insbesondere, wenn man ihm Widerstandsdrähte vorgeschaltet hat. Die Skala des Meßgeräts wird unmittelbar in Volt geeicht. Auf Seite 358 werden wir genauer kennenlernen, wie man den Meßbereich ändert. Im Gegensatz zu Elektrometern oder zur Braunschen Röhre (Seite 340) fließt bei dieser Spannungsmessung ein merklicher Strom (etwa 1 mA; man wählt R groß, um ihn klein zu halten). Bei ergiebigen Stromquellen (Steckdose, Batterie usw.) stört 1 mA nicht, wohl aber, wenn man die Spannung eines geladenen Konduktors oder eines Bandgenerators messen wollte. Die vorhandene Ladung würde sofort abfließen und die zu messende Spannung zusammenbrechen lassen.

> **Die meisten Spannungsmesser bestehen aus einem Widerstand und einem Strommesser, der nach dem Ohmschen Gesetz umgeeicht wurde.**

Aufgaben:

1. *Wie groß ist der Widerstand eines Bügeleisens, das bei 220 V Spannung von einem Strom der Stärke 4 A durchflossen wird?*

2. *Welcher Strom fließt durch das Bügeleisen in Aufgabe 1, wenn die Spannung auf 200 V sinkt? — Bei welcher Spannung würde nur 1 A fließen (konstanter Widerstand vorausgesetzt)?*

3. *Manchmal bezeichnet man die Gleichung $I = U/R$ als Ohmsches Gesetz. Unter welcher Voraussetzung ist dies richtig?*

4. *Warum wäre es wenig sinnvoll, den Widerstand eines Stromkreises nur mit Hilfe der Stromstärke (etwa ihres maximal zulässigen Werts) zu beschreiben?*

5. *Ein Draht hat den Widerstand 100 Ω. Wie groß wird er, wenn man die Länge verdreifacht und die Querschnittsfläche verfünffacht?*

6. *Um wieviel Prozent ändert sich der Widerstand der in Abb. 348.1 angegebenen Stoffe beim Erwärmen um 200 K, um wieviel beim Erwärmen um 1 K?*

7. *Die I-U-Kennlinien von Widerständen sind um so steiler, je kleiner der Widerstand ist (Abb. 346.1). Begründe dies und wende es auf die gekrümmten Kennlinien von Wolfram und Kohle in Abb. 348.2 an!*

§ 105 Der spezifische Widerstand; technische Widerstände

1. Der spezifische Widerstand

Der Widerstand R eines Drahtes ist seiner Länge l und dem Kehrwert der Querschnittsfläche A proportional. Er hängt aber auch vom Material ab:

Versuch 80: Wir vergleichen die Widerstände eines Kupfer- und eines Konstantandrahts gleicher Länge l und gleicher Querschnittsfläche A. Im Kupferdraht ist bei der gleichen Spannung U die Stromstärke I 30fach; sein Widerstand $R = \dfrac{U}{I}$ beträgt also nur $^1/_{30}$ des Werts beim Konstantandraht. Wenn wir die Länge eines Drahts verfünffachen, so steigt sein Widerstand auf das 5fache. Wird zudem die Querschnittsfläche A verdoppelt, dann erhöht sich R nur auf das $^5/_2$fache. Der Widerstand R ist also dem Quotienten $\dfrac{l}{A}$ proportional: $R \sim \dfrac{l}{A}$. Somit ist der Quotient $\dfrac{R}{l/A}$ bei Drähten aus dem gleichen Material konstant; er wird mit dem Buchstaben ϱ (Rho) bezeichnet. Nach Versuch 80 hat diese Materialkonstante $\varrho = \dfrac{R}{l/A}$ bei Kupfer nur $^1/_{30}$ des Werts wie bei Konstantan. Man nennt sie den **spezifischen Widerstand** ϱ. *Tabelle 346.1* liegt ein Konstantandraht der Länge $l = 0{,}75$ m vom Radius $r = 0{,}05$ mm und damit vom Querschnitt $A = 3{,}14\, r^2 = 0{,}00785$ mm^2 zugrunde. Er hat den Widerstand $R = 50\,\Omega$. Daraus berechnet sich der spezifische Widerstand von Konstantan zu

$$\varrho = \frac{R \cdot A}{l} = \frac{50\,\Omega \cdot 0{,}00785\ \text{mm}^2}{0{,}75\ \text{m}} = 0{,}52\ \frac{\Omega\ \text{mm}^2}{\text{m}}. \tag{350.1}$$

Wir lösen nach R auf und erhalten:

Der Widerstand R eines Drahtes der Länge l und der Querschnittsfläche A aus einem Material mit dem spezifischen Widerstand ϱ ist

$$R = \varrho \cdot \frac{l}{A}. \tag{350.2}$$

Setzt man $l = 1$ m und $A = 1$ mm^2, so sieht man, daß die Maßzahl des spezifischen Widerstandes ϱ den Widerstand R (in Ω) angibt, den ein Leiter aus dem betreffenden Material bei 1 m Länge und 1 mm^2 Querschnitt besitzt; bei Konstantan sind dies nach Gleichung (350.1) 0,52 Ω. ϱ hat die Einheit $1\,\dfrac{\Omega \cdot \text{mm}^2}{\text{m}}$.

Beispiel: Ein Kupferdraht hat die Länge $l = 4$ m und den Radius $r = 1$ mm, also die Querschnittsfläche $A = 3{,}14\, r^2 = 3{,}14$ mm^2. Nach *Tabelle 350.1* und Gleichung (350.2) beträgt sein Widerstand

$$R = \varrho \cdot \frac{l}{A}$$

$$R = 0{,}017\ \frac{\Omega\ \text{mm}^2}{\text{m}} \cdot \frac{4\ \text{m}}{3{,}14\,\text{mm}^2} = 0{,}022\ \Omega.$$

Tabelle 350.1 Spezifische Widerstände bei 18 °C in $\dfrac{\Omega \text{mm}^2}{\text{m}}$

Silber	0,016	Quecksilber	0,958
Kupfer	0,017	Messing	0,08
Gold	0,023	Konstantan	um 0,5
Aluminium	0,028	Kohle	50 bis 100
Eisen	um 0,1	Akkusäure	um 13 000
Wolfram	0,05		

Solch kleine Widerstände spielen im Stromkreis nach *Abb. 345.1* gegenüber dem Widerstand des Konstantandrahts von 50 Ω keine Rolle. Deshalb konnten wir dort den Widerstand der kupfernen Leitungsdrähte vernachlässigen. Würden wir solche Kupferdrähte aber *unmittelbar* zwischen die Pole einer starken Stromquelle mit der konstanten Spannung 220 V legen, so müßte ein Strom der Stärke $I = \dfrac{U}{R} = \dfrac{220\ \text{V}}{0{,}022\ \Omega}$ $= \dfrac{220\ \text{V}}{0{,}022\ \text{V/A}} = 10\,000\ \text{A}$ fließen. Bei einem defekten Bügeleisenkabel tritt ein derartig starker Strom kurzzeitig auf, wenn sich die beiden Leitungsdrähte berühren *(Abb. 351.1)*. Bevor er die Leitungen gefährlich erhitzt, unterbricht er sich selbst, indem er den dünnen Draht in der Schmelzsicherung durchschmilzt. Man spricht von einem **Kurzschluß** (siehe Versuch 45).

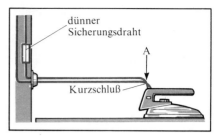

351.1 Bei einem Kurzschluß im Kabel schmilzt der Sicherungsdraht.

2. Technische Widerstände

Nicht nur den Quotienten *U/I* nennt man *Widerstand*, sondern auch ein *Gerät*, das dem Strom „*Widerstand entgegensetzt*". Beim **Schiebewiderstand** nach *Abb. 351.2* ist ein Konstantandraht auf ein isolierendes Keramikrohr gewickelt. Eine Isolierschicht auf der Oberfläche des Drahtes verhindert, daß der Strom parallel zur Achse des Keramikrohrs durch die sich berührenden Drahtlagen fließt. Er muß jede Windung um das Rohr durchfließen. Oben kann ein *Schieber* verstellt werden; er hat längs seiner Bahn die Isolierschicht abgerieben und findet deshalb Kontakt mit dem Konstantandraht. Je weiter wir den Schieber in *Abb. 351.2* nach rechts rücken, um so länger wird der vom Strom durchflossene Teil des Drahtes (rot gezeichnet), um so größer der Widerstand im Stromkreis. Die Stromstärke sinkt, die

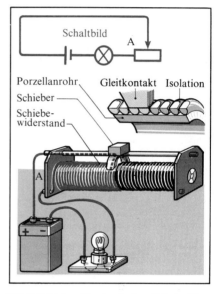

351.2 Schiebewiderstand ohne Schutzgitter. Oben Schaltskizze, darunter Ausschnitt, der zeigt, wie der Schieber Kontakt mit dem Konstantandraht bekommt.

Lampe wird dunkler. In Theatern und Lichtspielhäusern kann man durch solche Schiebewiderstände die Lampen langsam aufleuchten und erlöschen lassen. Häufig sind sie auch zum Drehen eingerichtet (*Lautstärkeregler* im Radio). – Nichtregelbare **Schichtwiderstände** in Radios, Fernsehern und Meßgeräten brauchen nur wenig Platz *(Abb. 352.1)*. Bei ihnen ist auf ein kleines Porzellanrohr eine dünne Kohle- oder Metallschicht aufgedampft (siehe Aufgabe 9 auf Seite 352).

3. Rückschau

Bei Konstantandrähten fanden wir einen einfachen Zusammenhang zwischen Stromstärke *I* und Spannung *U*: Die beiden sind einander proportional *(Ohmsches Gesetz)*. Dies gilt auch für die übrigen Metalle, wenn sich die Temperatur nicht stark ändert, und führte uns dazu, eine neue

Größe zu definieren, den sogenannten Widerstand $R = U/I$. Kennt man den Widerstand R eines Leiters, so läßt sich nach $I = U/R$ die Stromstärke berechnen. Der Widerstand kann aber auch nach Gleichung (350.2) aus Länge und Querschnitt ermittelt werden, wenn der spezifische Widerstand ϱ des Leitermaterials bekannt ist.

Aufgaben:

1. *Welchen Widerstand muß ein Kupferdraht haben, damit bei einer Spannung von 220 V, die man zwischen seine Enden legt, ein Strom von $\frac{1}{2}$ A fließt? Wie lang ist der Draht, wenn er $\frac{1}{10}$ mm² Querschnitt hat?*

2. *Wie lang muß ein Draht von 1 mm² Querschnitt sein, damit er 1000 Ω Widerstand aufweist, wenn er a) aus Kupfer, b) aus Konstantan ist? — Welchen Durchmesser müßte man dem Kupferdraht geben, damit er bei der Länge des Konstantandrahtes noch 1000 Ω Widerstand behalten würde?*

3. *Eine 1 km lange Kupferleitung hat 10 Ω Widerstand. Sie soll durch eine gleich lange Aluminiumleitung von ebenfalls 10 Ω ersetzt werden. Vergleiche Durchmesser und Gewicht (siehe Tabelle auf Seite 422)!*

4. *Ein auf eine Spule gewickelter Kupferdraht hat einen Querschnitt von 0,002 mm². Legt man zwischen seine Enden 20 V, so fließt ein Strom von $\frac{1}{1000}$ A. Wie lang ist der Draht?*

5. *Der Wolframdraht einer Glühlampe hat 0,04 mm Durchmesser. Legt man an die Lampe 220 V, so fließen 0,2 A. Wie lang ist der Draht? (Spezifischer Widerstand im Betrieb 0,35 Ω mm²/m.)*

6. *Welche Spannung darf höchstens an einen Widerstand von 100 Ω gelegt werden, für den 0,1 A als maximale Stromstärke angegeben ist?*

7. *An einer Stelle des Stromkreises verdreifacht sich der Leitungsquerschnitt. Wie wirkt sich dies auf die Geschwindigkeit der Elektronen und wie auf die Ladung aus, die in 1 Sekunde durch einen Querschnitt fließt? Vergleiche mit einem Wasserstrom!*

8. *Zeige mit Gleichung (350.2), daß der Strom über den Querschnitt A gleichmäßig verteilt ist und nicht nur an der Oberfläche fließt! (Bedenke, daß die Oberfläche dem Durchmesser, der Querschnitt aber dem Quadrat des Durchmessers proportional ist!)*

9. *Da die Ziffernangaben auf Schichtwiderständen oft nur schwer lesbar sind, wurde ein **Farbkode** nach untenstehender Tabelle eingeführt; sie wird in Abb. 352.1 erläutert. Welche Farben tragen die Ringe von links nach rechts bei einem Widerstand von 5600 Ω, der 5% Toleranz aufweist? — Welcher Widerstand hat die Farbenfolge: grün, braun, orange, rot?*

Tabelle 352.1

	1.Ring	2. Ring	3. Ring	4. Ring (Toleranz)
schwarz	0	0		
braun	1	1	0	±1%
rot	2	2	00	±2%
orange	3	3	000	
gelb	4	4	0000	
grün	5	5	00000	
blau	6	6	usw.	
violett	7	7		
grau	8	8		
weiß	9	9		
gold			:10	±5%
silber			:100	±10%
			ohne 4. Ring:	±20%

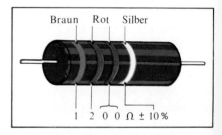

352.1 Schichtwiderstand mit 1200 Ω. Die Toleranz beträgt ± 10%, das heißt der Widerstand der einzelnen Exemplare kann zwischen 1080 Ω und 1320 Ω schwanken. Diese Widerstände werden im Betrieb heiß. Je größer die umgesetzte Leistung (in Watt) ist, desto größer macht man die wärmeabgebende Oberfläche der Widerstände, damit die Temperatur niedrig bleibt.

§ 106 Der verzweigte Stromkreis

1. Die Kirchhoffschen Gesetze

Im Haushalt haben alle elektrischen Geräte die gleiche Spannung (meist 220 V). Wenn man eines ausschaltet, bleiben die andern in Betrieb; denn jedes ist nach *Abb. 353.1* für sich an die beiden Leitungsdrähte, welche die Spannung U vom Elektrizitätswerk ins Haus führen, geschaltet. In *Abb. 353.*2 sind diese beiden Leitungen in größerem Abstand voneinander gezeichnet und die Geräte als Widerstände R_1 und R_2 dazwischen gelegt; sie liegen *parallel* zueinander.

Versuch 81: Zwischen die beiden Zuleitungen in *Abb. 353.*2 wird die konstante Spannung $U = 100$ V gelegt. Zunächst ist nur der Widerstand $R_1 = 10 \ \text{k}\Omega$ angeschlossen. Er wird vom Strom $I_1 = U/R_1 = 10$ mA durchflossen. Legt man den Widerstand $R_2 = 20 \ \text{k}\Omega$ parallel, so mißt man in diesem den Strom $I_2 = U/R_2 = 5$ mA. Der Strommesser in der unverzweigten Leitung zeigt als Gesamtstrom die Summe $I = 10 \ \text{mA} + 5 \ \text{mA} = 15 \ \text{mA}$ (vergleiche mit Versuch 44 auf Seite 320). Schaltet man noch mehr Widerstände parallel, so steigt der Gesamtstrom I weiter an; man öffnet dabei dem Strom weitere Wege. Dies ist etwa der Fall, wenn man im Haushalt immer mehr Geräte einschaltet. Der Elektrizitätszähler liegt in der unverzweigten Zuleitung und wird vom Gesamtstrom I durchflossen.

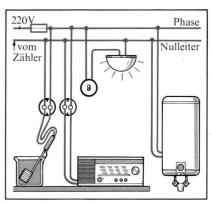

353.1 Parallelschaltung im Haushalt

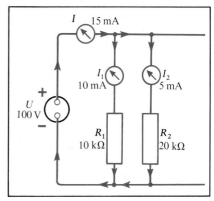

353.2 Parallelschaltung von R_1 und R_2

---

1. Kirchhoffsches Gesetz: Bei einer Stromverzweigung ist der Gesamtstrom I im unverzweigten Teil gleich der Summe der Zweigströme I_1, I_2, I_3 usw.:

$$I = I_1 + I_2 + I_3 + \dots \ . \tag{353.1}$$

An parallelgeschalteten Widerständen liegt stets dieselbe Spannung (prüfe mit einem Spannungsmesser). Dividieren wir die Gleichungen für zwei Zweigströme, also $I_1 = U/R_1$ durch $I_2 = U/R_2$, so wird die gemeinsame Spannung U eliminiert, und wir erhalten damit ein weiteres Gesetz:

---

2. Kirchhoffsches Gesetz:
$$\frac{I_1}{I_2} = \frac{R_2}{R_1} \ . \tag{353.2}$$

Bei einer Stromverzweigung (Parallelschaltung) verhalten sich die Zweigströme umgekehrt wie die Verzweigungswiderstände. An allen Verzweigungswiderständen liegt die gleiche Spannung.

Nach *Abb. 353.*2 wird der doppelte Widerstand (20 kΩ) von Strom der halben Stärke (5 mA) durchflossen.

2. Ersatzwiderstand bei Parallelschaltung

Je mehr Widerstände parallel gelegt sind, um so größer ist der Leitungsquerschnitt, der dem Strom insgesamt zur Verfügung steht, „um so leichter hat es der Strom". So fließt in *Abb. 353.2* der Gesamtstrom $I = 15$ mA bei der Spannung $U = 100$ V. Ohne daß sich an diesen beiden Werten etwas ändert, kann man die parallel gelegten Widerstände durch *einen* ersetzen. Er muß den Betrag $R = \dfrac{U}{I} = \dfrac{100\ \text{V}}{15\ \text{mA}} = 6,67$ kΩ haben. Dieser *Ersatzwiderstand R* ist — wie zu erwarten — kleiner als der kleinste Einzelwiderstand (10 kΩ). Um ihn zu berechnen, bedenken wir, daß der Ersatzwiderstand R bei der Spannung U vom Gesamtstrom $I = U/R$ durchflossen werden muß, für den nach Gleichung 353.1 gilt: $I = I_1 + I_2 + \dots$. Setzen wir die Zweigströme $I_1 = U/R_1$, $I_2 = U/R_2$ usw. ein, so erhalten wir

$$I = \frac{U}{R} = \frac{U}{R_1} + \frac{U}{R_2} + \dots \ .$$

Hieraus folgt:

$$\frac{1}{R} = \frac{1}{R_1} + \frac{1}{R_2} + \frac{1}{R_3} + \dots \ . \qquad (354.1)$$

Der Kehrwert 1/R des Ersatzwiderstands R einer Parallelschaltung ist die Summe der Kehrwerte der Einzelwiderstände R_1, R_2, ...

Schaltet man zum Beispiel 4 gleiche Widerstände von je 100 Ω parallel, so gilt für den Ersatzwiderstand R

$$\frac{1}{R} = \frac{1}{100\ \Omega} + \frac{1}{100\ \Omega} + \frac{1}{100\ \Omega} + \frac{1}{100\ \Omega} = \frac{4}{100\ \Omega}$$

oder $R = 100\ \Omega/4 = 25$ Ω. Der Ersatzwiderstand ist hier nur der 4. Teil eines Einzelwiderstands. Beim Parallelschalten von 4 gleichen Drähten vervierfacht sich ja die Querschnittsfläche.

3. Meßbereichserweiterung der Strommesser

Ein Drehspulmeßwerk *(Abb. 330.2)* habe 50 Ω Eigenwiderstand. Es zeige Ströme bis zu 2 mA an. Um etwa den Strom einer Glühlampe messen zu können, müssen wir den Meßbereich von 2 mA auf $I = 200$ mA erweitern. Durch das Meßwerk selbst darf aber nur der Strom $I_1 = 2$ mA fließen. Deshalb muß der Rest, nämlich $I_2 = 198$ mA, über einen ins Instrument eingebauten Parallelwiderstand R_x seitlich vorbeigeleitet werden *(Abb. 354.1)*. Nach dem 2. Kirchhoffschen Gesetz gilt für diese Stromverzweigung

$$\frac{R_x}{R_1} = \frac{R_x}{50\ \Omega} = \frac{I_1}{I_2} = \frac{2\ \text{mA}}{198\ \text{mA}}$$

$$\text{oder} \quad R_x = \frac{100\ \Omega}{198} \approx 0,5\ \Omega.$$

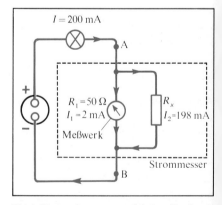

354.1 Das schwarz gestrichelte Rechteck stellt den Strommesser dar, die Punkte A und B seine Anschlüsse. Er mißt die Stromstärke 200 m A in der Glühlampe.

Man schaltet also den Widerstand $\frac{100\,\Omega}{198}$ parallel zum Meßwerk mit $50\,\Omega$. Das Instrument verhält sich dann wie *ein* Widerstand R, für den gilt

$$\frac{1}{R} = \frac{1}{50\,\Omega} + \frac{198}{100\,\Omega} = \frac{1}{50\,\Omega} + \frac{99}{50\,\Omega} = \frac{100}{50\,\Omega} \quad \text{oder} \quad R = \frac{50\,\Omega}{100} = 0,5\,\Omega.$$

Wenn man also den Meßbereich von 2 mA auf 200 mA verhundertfacht, so sinkt der Widerstand des ganzen Meßgeräts von $50\,\Omega$ auf $0,5\,\Omega$, das heißt auf $\frac{1}{100}$. Schaltet man einen derartig kleinen Widerstand in einem Stromkreis mit wesentlich größeren Widerständen in Reihe (hintereinander), so verändert sich die zu messende Stromstärke kaum.

Man erweitert den Meßbereich eines Strommessers durch Parallelschalten kleiner Widerstände, die im Gerät eingebaut sind. Dabei sinkt der Ersatzwiderstand des Strommessers erheblich ab.

Aufgaben:

1. *Wie groß muß ein Parallelwiderstand sein, damit beim Instrument nach Abb. 354.1 der Bereich auf 1 A erweitert wird? Wie groß ist dann der Ersatzwiderstand des Strommessers?*

2. *Ein Meßwerk hat 100 Ω Eigenwiderstand und zeigt bei 1 mA Vollausschlag an. Wie ist zu verfahren, damit der Meßbereich auf 5 A erweitert wird? Gib in einer Schaltskizze an, wie das Instrument anzuschließen ist, um die Stromstärke der Glühlampe nach Abb. 354.1 zu messen!*

3. *Eine Glühlampe für 220 V hat den Widerstand 660 Ω. Wie viele Lampen kann man höchstens parallelschalten, damit die Stromstärke den Wert 6 A nicht überschreitet? (Grenze durch Sicherung gegeben.) Wie groß müßte ein Widerstand sein, der diese Lampen ersetzen könnte, ohne daß sich die Stromstärke ändert? Wie lautet das Ergebnis, wenn die Höchststromstärke 12 A beträgt?*

4. *Vögel sitzen mit beiden Füßen auf einer Starkstromleitung. Warum zweigt sich kein für sie merklicher Strom von der Leitung ab und fließt vom einen Fuß durch den Körper zum anderen? Was geschieht jedoch, wenn sie die andere Leitung berühren oder ihr bei hohen Spannungen zu nahe kommen?*

5. *Drei Widerstände von 5 Ω, 10 Ω und 20 Ω sind parallelgeschaltet und an 10 V gelegt. a) Wie groß ist der Gesamtstrom? b) Wie groß wäre ein Ersatzwiderstand für die Anordnung? c) Wie würde sich ein Strom von 2 A auf die drei Widerstände verteilen? (Rechne erst die Spannung aus!)*

§ 107 Der unverzweigte Stromkreis

1. Ersatzwiderstand

Versuch 82: Wir legen den Widerstand $R_1 = 10\,\Omega$ an die Spannung $U = 10\,V$; es fließt der Strom $I = U/R_1 = 1\,A$. Nun schalten wir noch die 2 weiteren Widerstände $R_2 = 20\,\Omega$ und $R_3 = 70\,\Omega$ nach *Abb. 356.1* in Reihe (hintereinander). Der Strom hat es jetzt „schwerer", jedes Elektron wird durch mehr Zusammenstöße abgebremst. Wir messen, daß die Stromstärke auf $I = 0,1\,A$ sinkt. Sie ist in jedem Teilwiderstand gleich groß; Ladung geht unterwegs nicht verloren. Dies sahen wir bereits auf Seite 320 und können es durch weitere Strommesser nachprüfen.

Beim Hintereinanderschalten ist die Stromstärke in jedem Teilwiderstand gleich groß.

Man kann nun die 3 hintereinandergelegten Widerstände durch 1 Widerstand ersetzen, ohne daß sich an Spannung und Stromstärke etwas ändert. Dieser Ersatzwiderstand muß den Wert $R = \dfrac{U}{I} = \dfrac{10\,\mathrm{V}}{0,1\,\mathrm{A}} = 100\,\Omega$ haben. Er ist gleich der Summe $10\,\Omega + 20\,\Omega + 70\,\Omega$ der 3 hintereinandergelegten Einzelwiderstände.

Der Ersatzwiderstand R einer Reihenschaltung ist gleich der Summe der hintereinandergelegten Teilwiderstände R_1, R_2, R_3, ...

$$R = R_1 + R_2 + R_3 + \ \dots \ . \qquad\qquad (356.1)$$

2. Teilspannungen

Versuch 83: Wir wollen nun versuchen, die Gleichung $U = I \cdot R$ von Seite 348 auf jeden der 3 Einzelwiderstände in *Abb. 356.1* anzuwenden. Zum Beispiel muß der Strom $I = 0,1\,\mathrm{A}$ durch den Teilwiderstand $R_1 = 10\,\Omega$ fließen. Hierzu braucht man die Spannung

$$U_1 = I \cdot R_1 = 0,1\,\mathrm{A} \cdot 10\,\Omega = 1\,\mathrm{V}.$$

Für den Teilwiderstand $R_2 = 20\,\Omega$ ist die Spannung $U_2 = 2\,\mathrm{V}$ nötig; für $R_3 = 70\,\Omega$ braucht man $U_3 = 7\,\mathrm{V}$. Wir erkennen sofort, daß die Summe $U_1 + U_2 + U_3$ dieser 3 Teilspannungen gerade die von der Stromquelle gelieferte Spannung $U = 10\,\mathrm{V}$ gibt. Diese Spannung 10 V wurde von uns zwischen die Endpunkte A und D der Hintereinanderschaltung gelegt. Sie teilte sich — wie Spannungsmesser nach *Abb. 356.2* zeigen — in die berechneten Teilspannungen zwischen den Enden der Teilwiderstände auf.

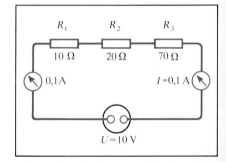

356.1 Reihenschaltung von R_1, R_2 und R_3

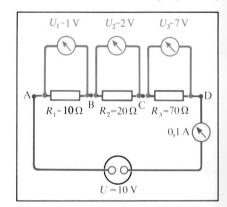

356.2 Zwischen den Enden der Teilwiderstände werden die Teilspannungen U_1, U_2 und U_3 gemessen. Die Spannungsmesser sind blau gezeichnet und werden nur von einem sehr schwachen Strom (etwa 1 mA) durchflossen (Seite 349).

Beim Hintereinanderschalten bildet sich zwischen den Enden eines jeden Teilwiderstandes R_i eine Teilspannung U_i nach dem Gesetz $U_i = I \cdot R_i$ aus.
Die Summe der Teilspannungen ist gleich der angelegten Gesamtspannung U:

$$U = U_1 + U_2 + U_3 + \dots = I \cdot R_1 + I \cdot R_2 + I \cdot R_3 + \dots$$

$$= I \cdot (R_1 + R_2 + R_3 + \dots) = I \cdot R.$$

Für die in allen Teilwiderständen gleiche Stromstärke I gilt:

$$I = \frac{U_1}{R_1} = \frac{U_2}{R_2} = \dots = \frac{U_n}{R_n} \ . \ \text{Hieraus folgt}$$

$$\frac{U_1}{U_2} = \frac{R_1}{R_2} \; ; \quad \frac{U_1}{U_3} = \frac{R_1}{R_3} \quad \text{usw.} \tag{357.1}$$

Beim Hintereinanderschalten von Widerständen verhalten sich die Teilspannungen wie die Teilwiderstände.

Dicke Zuleitungskabel zu einer Lampe haben im allgemeinen so kleine Widerstände, daß in ihnen kaum Spannung abfällt; die ganze Spannung liegt am dünnen Glühfaden.

3. Vorwiderstand

Versuch 84: Man kann ein kleines Lämpchen für 4 V und 0,2 A auch an einer 220-V-Steckdose betreiben, wenn man einen geeigneten Vorwiderstand R_1 vorschaltet *(Abb. 357.1)*. Er muß die Spannung $U_1 = 216$ V vom Lämpchen fernhalten; sie fällt an ihm ab, und er wird ebenfalls von $I = 0,2$ A durchflossen. Deshalb gilt

$$R_1 = \frac{U_1}{I} = \frac{216 \text{ V}}{0,2 \text{ A}} = 1\,080\,\Omega.$$

Das Lämpchen selbst hat im Betrieb den Widerstand $R_2 = 4$ V/0,2 A = 20 Ω; also ist der Gesamtwiderstand 1100 Ω. Er läßt tatsächlich den gewünschten Strom $I = U/R = 220$ V/1100 Ω = 0,2 A fließen. Am Vorwiderstand beziehungsweise am Lämpchen messen wir die Spannungen 216 V bzw. 4 V. Dabei kommt es auf die Reihenfolge der Widerstände nicht an. Wenn zum Beispiel das Lämpchen unmittelbar am Minuspol liegt, so braucht man nicht zu befürchten, daß sich die Elektronen aus ihm ungehindert in den Glühdraht stürzen und erst im nachfolgenden Widerstand gebremst werden. Denn Lampendrähte, Leitungen und Widerstände sind von vornherein mit Elektronen gefüllt. Wenn wir die Spannungsquelle anschließen, so baut diese im ganzen Kreis ein elektrisches Feld auf. Dieses Feld setzt alle Elektronen fast gleichzeitig in Bewegung. Der Vorwiderstand könnte also auch ein „Nachwiderstand" sein.

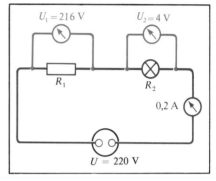

357.1 Der Vorwiderstand R_1 nimmt die Teilspannung 216 V auf und schützt das Lämpchen.

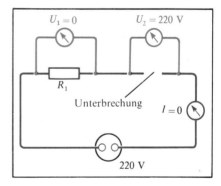

357.2 An der Unterbrechungsstelle des Stromkreises fällt die ganze Spannung ab.

Versuch 85: Wenn man das Lämpchen aus der Fassung dreht, ist der Vorwiderstand stromfrei, die Teilspannung an ihm Null. Die ganze Spannung 220 V (Vorsicht!) liegt nun an der Fassung (vergleiche *Abb. 357.1* und *357.2*). – Öffnet man entsprechend einen *Lichtschalter*, so liegt zwischen seinen Kontakten die volle Spannung, da an der stromlosen Lampe keine Spannung abfällt. Es wäre also leichtsinnig, diese Kontakte im Glauben zu berühren, man habe doch den Strom ausgeschaltet. Die Gefahr wird erst beseitigt, wenn man die Leitung vom E-Werk an der Sicherung unterbricht.

4.   Meßbereichserweiterung beim Spannungsmesser

Wir sahen auf Seite 349, daß man mit Strommessern auch Spannung messen kann, wenn man die Instrumente mit der Gleichung $U = I \cdot R$ umeicht. Um dies genauer zu betrachten, gehen wir von einem Meßwerk aus, das 50 Ω Eigenwiderstand hat und bei 2 mA Vollausschlag zeigt (Seite 354). Dann liegt zwischen seinen Klemmen die Spannung $U_1 = I \cdot R_1 = 0,1$ V. Vollausschlag bedeutet also neben 2 mA auch 0,1 V (der halbe Ausschlag sowohl 1 mA wie auch 0,05 V). Wir wollen den Meßbereich auf 10 V erweitern. Dann liegen 9,9 V zuviel am Instrument. Wir halten sie durch den Vorwiderstand $R_V = 9,9$ V/2 mA = 4950 Ω vom Meßwerk fern *(Abb. 358.1)*. Der Widerstand des ganzen Span-

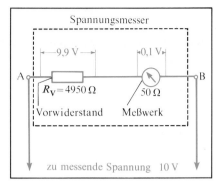

358.1 Der Meßbereich wird von 0,1 V auf 10 V erweitert. A und B sind die Anschlüsse.

nungsmessers wird also von 50 Ω auf 5000 Ω vergrößert. Zur Probe stellen wir fest, daß jetzt die Spannung $U = 10$ V den Strom 10 V/5000 Ω = 0,002 A, das heißt Vollausschlag, erzeugt. Solche Vorwiderstände zur Spannungsmessung sind zusammen mit den der Strommessung dienenden Nebenwiderständen (Seite 354) in Meßgeräte eingebaut und werden durch einen Umschalter vor das Meßwerk beziehungsweise parallel dazu gelegt. Am Umschalter wird der eingestellte Meßbereich (in V bzw. A) angegeben (siehe *Abb.* 330.1).

> **Man erweitert den Meßbereich eines Spannungsmessers durch Vorschalten großer Widerstände, die im Gerät eingebaut sind. Dabei steigt der Ersatzwiderstand des Spannungsmessers.**

5.   Spannungsteilerschaltung

Versuch 86: Wir wollen nun zeigen, daß sich auch längs eines homogenen (überall gleich beschaffenen) Drahts Teilspannungen ausbilden. Hierzu schließen wir nach *Abb. 358.2* eine Spannungsquelle mit 2 V an die Enden A und B eines dünnen Drahts, der zwischen 2 Klemmen gespannt ist. Der eine Anschluß eines Spannungsmessers liegt fest an B, der andere (S) gleitet längs des Drahts von A nach B. Wir messen also die Spannung U_2 zwischen S und B. Wie das Diagramm zeigt, fällt sie gleichmäßig von 2 V auf Null ab, wenn der Gleitkontakt S nach rechts verschoben wird. Denn das Stück SB ist ein der abgegriffenen Länge SB proportionaler Widerstand R_2. Er wird von einem Strom I durchflossen, der von der Stellung des Gleitkontakts S unabhängig ist (den schwachen Strom durch den Spannungsmesser kann man vernachlässigen). Also findet man eine der Länge SB proportionale Teilspannung $U_2 = R_2 \cdot I$. Diese wird Null, wenn man den Abgriff S an das Ende B heranführt. Für diese sogenannte **Potentiometerschaltung** benutzt man meist Schiebe- oder Drehwiderstände.

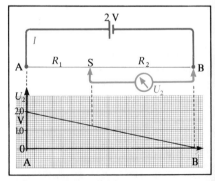

358.2 Spannungsverlauf längs eines stromdurchflossenen Leiters

> **Längs eines homogenen, stromdurchflossenen Leiters fällt die angelegte Spannung gegen eines der Enden proportional zur Länge ab. Mit Potentiometerschaltungen kann man eine Spannung beliebig unterteilen.**

6. Erklärung für die Addition der Teilspannungen

Das Spannungsgefälle und die Teilspannungen im Stromkreis können wir mit der Gleichung $U = W/Q$ verstehen (Seite 337). Nach ihr ist die Spannung U ein Maß für die Arbeit W, welche die fließende Ladung Q verrichtet. Beim Hintereinanderschalten von Akkuzellen addiert sich nach Seite 338 die in die Ladung gesteckte Arbeit und damit die Spannung. In hintereinandergeschalteten Widerständen verliert die fließende Ladung Q ihre in der Stromquelle gewonnene Energie stufenweise. Denn sie gibt in ihnen die Arbeitsbeträge $W_1 = U_1 \cdot Q$, $W_2 = U_2 \cdot Q$ usw. als Wärme ab. Die Gesamtarbeit $W = W_1 + W_2 + \ldots$ hängt mit der Gesamtspannung U nach der Gleichung $U = W/Q$ zusammen. Es gilt

$$U = \frac{W}{Q} = \frac{W_1 + W_2 + W_3 + \ldots}{Q} = \frac{W_1}{Q} + \frac{W_2}{Q} + \frac{W_3}{Q} + \ldots = U_1 + U_2 + U_3 + \ldots .$$

Die hintereinandergelegten Widerstände werden von der gleichen Ladung Q durchflossen. Vergleichsweise treibt das Wasser eines Baches nacheinander Mühlen an und verliert dabei jedesmal an Höhe und damit an Arbeitsfähigkeit.

7. Rückschau

Bei Parallelschaltungen haben alle Zweige die gleiche Spannung; die Stromstärken addieren sich. Beim Hintereinanderschalten sind dagegen die Ströme gleich und die Gesamtspannung teilt sich in Teilspannungen auf. Beide Fälle muß man streng auseinanderhalten. Ferner müssen wir uns merken, daß man Strommesser **in** den Stromkreis legt; sie müssen ja vom zu messenden Strom durchflossen werden *(Abb. 354.1)*. Dabei ist es günstig, daß beim Erweitern des Meßbereichs ihr Widerstand erheblich absinkt, so daß er meist vernachlässigt werden kann. Spannungsmesser legt man dagegen **parallel** zum Gerät, an dem die Spannung bestimmt werden soll. Da ihr Widerstand beim Erweitern des Meßbereichs erheblich steigt, werden sie nur von einem schwachen Strom durchflossen, den man meist vernachlässigen kann.

Aufgaben:

1. *Christbaumkerzen für je 11 V und 0,3 A sollen aus der 220 V-Steckdose gespeist werden. Wie viele kann man hintereinanderschalten? Leuchten alle gleich hell?*

2. *Eine Lampe für 12 V und 3 A soll an der 220 V-Steckdose betrieben werden. Wie groß muß der Vorwiderstand sein? — Man tauscht sie dann gegen eine 12 V-Lampe, die nur 0,6 A braucht, aus. Welchen Vorwiderstand braucht man jetzt?*

3. *Eine Bogenlampe braucht 55 V und 5 A. Wie kann man sie an der 220 V-Steckdose betreiben?*

4. *Welchen Wert müßte der Vorwiderstand R_1 in Abb. 357.1 annehmen, damit die Spannung am Lämpchen auf Null absinkt? — In der Spannungsteilerschaltung nach Abb. 358.2 wird der Spannungsmesser durch ein Lämpchen ersetzt. Kann man die Spannung an ihm kontinuierlich auf Null herabregeln?*

5. *Wie erweitert man den Meßbereich des Spannungsmessers in Abb. 358.1 auf 100 V, wie auf 500 V? Zeige, daß der Vorwiderstand die überschüssige Spannung vom Meßwerk fernhält! Wie groß ist jeweils der Widerstand des Spannungsmessers?*

6. *In der Anordnung nach Abb. 356.1 wird noch ein Widerstand von 100 Ω in Reihe geschaltet. Ist für ihn noch Spannung vorhanden? Wie ändern sich die Teilspannungen an den 3 bisherigen Widerständen?*

7. *Prüfe die Werte für U_1 und U_2 in Abb. 360.1 rechnerisch nach!*

8. *Dem Spannungsmesser in Abb. 360.1 und damit dem Widerstand R_1 wird ein Widerstand $R_3 = 110\ \Omega$ parallel gelegt. Wie groß ist der Ersatzwiderstand für die Parallelschaltung aus R_1 und R_3 (Seite 354)? Was zeigt jetzt der*

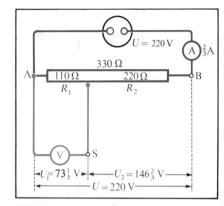

360.1 Zu Aufgabe 7 und 8. Der Strommesser ist mit A (Ampere), der Spannungsmesser mit V (Volt) gekennzeichnet.

Strommesser? Welche Werte nehmen die Teilspannungen U_1 und U_2 an? Hier handelt es sich um ein sogenanntes belastetes Potentiometer. Wie ändert sich U_1, wenn man zu R_1 noch 9 weitere, gleiche Widerstände parallel legt?

9. *Drei Widerstände von je 2 Ω können auf vier verschiedene Arten zusammengeschaltet werden. Fertige Skizzen an! Welche Ströme fließen jeweils, wenn man 6 V anlegt?*

§ 108 Klemmen- und Urspannung

1. Die Klemmenspannung

Versuch 87: Wir legen einen starken Heizofen ans Netz; die Glühlampen in der Wohnung leuchten etwas dunkler. Man könnte nun glauben, der Heizofen „entziehe" den Lampen Strom. Doch widerspricht diese Vorstellung der Gleichung $I = U/R$. Nach ihr ist die Stromstärke I_1 in den Lampen nur durch die an ihren Anschlußklemmen liegende **Klemmenspannung** U_{Kl} und ihren Widerstand R_1 nach $I_1 = U_{Kl}/R_1$ bestimmt. Schalten wir den Heizofen mit dem Widerstand R_2 parallel, so liefert das Elektrizitätswerk *zusätzlich* den Strom $I_2 = U_{Kl}/R_2$. Wenn dabei der Lampenstrom I_1 kleiner wird, so kann dies nur von einem Absinken der Klemmenspannung U_{Kl} herrühren. Man braucht nämlich bereits längs der Leitung vom Widerstand R_L zwischen E-Werk und Verbraucher die Spannung $U_L = I \cdot R_L$, um den Strom I durch R_L zu „treiben". Wenn zum Beispiel bei einer Stromentnahme von $I = 10$ A die Klemmenspannung von 220 V auf 218 V sinkt, so beträgt der Spannungsverlust U_L in der Zuleitung 2 V; diese hat also den Widerstand $R_L = U_L/I = 2$ V/10 A $= 0,2\ \Omega$. Die Klemmenspannung U_{Kl} ist um den Betrag $U_L = I \cdot R_L$ kleiner als die vom E-Werk erzeugte **Urspannung** U_0. Es gilt

$$U_{Kl} = U_0 - I \cdot R_L. \tag{360.1}$$

Aus dieser Gleichung folgt: Nur wenn kein Strom entnommen wird ($I = 0$), ist $U_{Kl} = U_0$. Die Klemmenspannung U_{Kl} sinkt um so mehr ab, je stärker der Strom I und je größer der Leitungswiderstand R_L ist. Für starke Ströme braucht man deshalb Leitungen mit großem Querschnitt.

2. Innenwiderstand R_i von Stromquellen

Versuch 88: In *Abb. 361.1* ist die Klemmenspannung U_{Kl} einer neuen Taschenlampenbatterie über der Stromstärke I aufgetragen; U_{Kl} sinkt beim Belasten erheblich (prüfe dies durch Parallelschalten von mehreren Lämpchen). Die Batterie pumpt Elektronen von ihrem Minuspol durch den Kreis zum Pluspol und von dort durch das Innere wieder zum Minuspol. Im Innern muß der Strom Salmiaksalz, Leitungsdrähte, Kohlestäbe usw. durchfließen. Sie bilden den sogenannten **Innenwiderstand R_i.** An ihm fällt von der Urspannung U_0 der Teil $I \cdot R_i$ ab. An den Klemmen bleibt die Klemmenspannung U_{Kl} übrig:

$$U_{Kl} = U_0 - I \cdot R_i. \qquad (361.1)$$

361.1 Klemmenspannung U_{Kl} einer Taschenlampenbatterie beim Belasten

Bei einer neuen Taschenlampenbatterie (Urspannung $U_0 = 4,5$ V) beträgt der Innenwiderstand R_i etwa 1,5 Ω und steigt mit zunehmender Abnutzung. Wenn man die Batterie kurzschließt (Außenwiderstand Null), so fließt der Strom $I_{max} = U_0/R_i = 3$ A. Mehr kann man ihr nicht entnehmen. Der Innenwiderstand von Akkus liegt bei $\frac{1}{100}$ Ω! Sie liefern (kurzzeitig) Ströme von über 100 A. In Hochspannungsnetzgeräte für Schulzwecke ($U_0 = 6000$ V) baut man Innenwiderstände von 3 MΩ ein. Dann beträgt die Stromstärke bei Kurzschluß 2 mA; die Klemmenspannung sinkt dabei nach Gleichung (361.1) von 6 kV auf Null. Diese Geräte sind deshalb ungefährlich.

Beispiele:

a) Eine Taschenlampenbatterie hat den Innenwiderstand $R_i = 1,5$ Ω. Man verbindet ihre Klemmen durch den Außenwiderstand $R_a = 3$ Ω. Die Urspannung $U_0 = 4,5$ V muß jetzt den Strom durch den Widerstand $R = R_i + R_a = 4,5$ Ω treiben; die Stromstärke beträgt $I = U_0/(R_i + R_a) = 1$ A. An R_a fällt die Spannung $U_a = R_a \cdot I = 3$ V ab. Dies ist nach Gleichung (361.1) die Klemmenspannung $U_{Kl} = 4,5$ V $- 1$ A $\cdot 1,5$ $\Omega = 3$ V.

b) Man schaltet n gleiche Batterien hintereinander. Folglich addieren sich die Urspannungen und die Innenwiderstände auf das n-fache. Bei Kurzschluß bleibt der Kurzschlußstrom $I_{max} = \dfrac{U_0}{R_i} = \dfrac{n \cdot U_0}{n \cdot R_i}$ erhalten. Der Ordinatenabschnitt in *Abb. 361.1* ver-n-facht sich zwar, der Abszissenabschnitt ($I_{max} = 3$ A) bleibt jedoch.

c) Man schaltet n gleiche Batterien parallel. Die Urspannung U_0 bleibt erhalten; doch sinkt der Innenwiderstand R_i auf den n-ten Teil (die Innenwiderstände sind parallelgelegt). Jetzt ist der Kurzschlußstrom $I_{max} = \dfrac{U_0}{R_i/n} = n \cdot \dfrac{U_0}{R_i}$ ver-n-facht (vergleiche mit Seite 354).

Aufgaben:

1. *Welche Eigenschaften muß der Spannungsmesser haben, wenn man an einer Batterie vom Innenwiderstand R_i die Urspannung U_0 an den Klemmen messen will (wann ist nach Gleichung 361.1 $U_{Kl} \approx U_0$)?*

2. *Zeige, daß nach den Daten des Schaubilds in Abb. 361.1 der Innenwiderstand $R_i = 1,5$ Ω beträgt!*

3. *Bei einer gebrauchten Batterie ist der Innenwiderstand auf 3 Ω angestiegen, die Urspannung auf 4,3 V gesunken. Wie groß ist die maximale Stromstärke?*

4. *Eine Batterie hat $U_0 = 4,5$ V und $R_i = 1,5$ Ω. Wie groß muß der äußere Widerstand R_a sein, damit der Strom $I = 0,5$ A fließt (siehe Beispiel a)?*

5. *Warum werden die Scheinwerfer eines Autos dunkler, wenn man den (parallelgeschalteten) Anlasser betätigt? — Warum schaltet man zweckmäßigerweise die Scheinwerfer aus, wenn man den Motor anläßt?*

§ 109 Gefahren des Stroms

1. Gefährliche Stromstärken

Im sogenannten *Elektrokardiogramm* werden elektrische Ströme, die mit der Herztätigkeit zusammenhängen, aufgezeichnet. Man leitet sie mit Elektroden, die an Armen und Beinen angebracht werden, nach außen, registriert und untersucht ihren Verlauf. Alle Muskel-, Nerven- und Gehirntätigkeiten sind von schwachen elektrischen Strömen begleitet, die wir nicht wahrnehmen. Wenn aber von außen stärkere Ströme durch den Körper geleitet werden, so stören sie diese Tätigkeiten und werden wahrgenommen. Sie können schon bei geringer Stärke gefährlich sein, wenn sie lebenswichtige Zellen durchfließen: Ströme über 25 mA lähmen Atmung und Herztätigkeit, wenn sie durch die Brust fließen. Wechselströme über 6 mA und Gleichströme über 40 mA ziehen die Muskeln so stark zusammen, daß man von der angefaßten Leitung nicht mehr loskommt und dem Strom machtlos ausgesetzt ist. Die Spannungen geriebener Kämme, elektrostatisch aufgeladener Kleider oder auch eines Bandgenerators sind zwar hoch; doch brechen sie sofort zusammen, wenn ein Funke überschlägt, wenn also Strom fließt. Deshalb besteht hier keine Gefahr.

2. Erdschluß; Schutzkontakte

Heimtückischerweise kann man schon dann einen *elektrischen Schlag* erhalten, wenn man nur *einen* blanken Leiter oder *einen* Pol der Steckdose berührt. Wie der folgende, nicht ungefährliche Versuch zeigt, kann hierbei Strom fließen:

Versuch 89: Der Lehrer legt die Lampe nach *Abb. 362.1* mit einem Draht an die Wasserleitung. Sie leuchtet nicht auf, wenn ihr zweiter Anschluß mit dem einen (hier dem linken) Steckdosenpol verbunden wird. Dieser Pol liegt am sogenannten **Null-Leiter,** der nach *Abb. 362.2* beim E-Werk wie auch in den Häusern „geerdet", das heißt mit der Wasserleitung oder einem langen, im Grundwasser versenkten Metallband verbunden ist. Zwischen dem Null-Leiter und der Erde besteht also keine Spannung. Am anderen (hier dem rechten) Steckdosenpol leuchtet die Lampe; dieser Pol ist an die sogenannte **Phasenleitung** (kurz „**Phase**" genannt) angeschlossen. Diese bekommt vom E-Werk gegen den Null-Leiter und damit gegen die Erde und alle mit ihr leitend verbundenen Gegenstände Spannung **(Vorsicht!).** Die Worte Null-Leiter und Phase werden auf der Oberstufe beim Besprechen des Drehstroms näher erläutert.

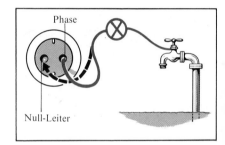

362.1 Zu Versuch 89 (Gefahr, wenn die Wasserleitung Kunststoffröhren enthält!)

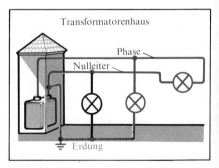

362.2 Der Null-Leiter des Wechselstromnetzes ist geerdet; die „Phase" hat Spannung gegen „Erde".

Die Phasenleitung hat Spannung gegen Erde, nicht aber der Null-Leiter.

Versuch 90: Die **Polsuchlampe** nach *Abb. 363.2* leuchtet nur an der Phasenleitung; von ihr fließt ein sehr schwacher Strom über den Hochohmwiderstand (1 MΩ) und den Finger zur Erde. Am Null-Leiter bleibt die Glimmlampe dunkel. — In *Abb. 363.1* erhält die zweite Person von rechts einen elektrischen Schlag, weil sie die Phase berührt und gleichzeitig auf der Erde steht. Durch solche **Erdschlüsse** werden die meisten elektrischen Unfälle verursacht. Sie sind besonders gefährlich, wenn man auf feuchtem Erdreich (zum Beispiel im Garten mit einem defekten Rasenmäher) oder barfuß bzw. mit feuchten Schuhen auf Steinboden steht (zum Beispiel mit einer defekten Tischlampe in der Hand auf der Veranda). Ein Erdschluß ist meist tödlich, wenn man in der Badewanne ein defektes Gerät, zum Beispiel einen Fön, berührt. Falls nämlich die Haut feucht ist, sinkt der Widerstand des Körpers auf etwa 100 Ω. Dann rufen schon kleine Spannungen gefährliche Ströme hervor (siehe Ziffer 1). Bei trockener Haut kann der Widerstand des Körpers bis zu 0,5 MΩ ansteigen. — Beim Experimentieren arbeite man also immer mit trockenen Händen und berühre nie eine elektrische Anlage mit beiden Händen, sonst könnte der Strom durch das Herz fließen. Vor allem vermeide man es, Kontakt mit Wasser- und Gasleitungen zu bekommen. Bevor man in eine Schaltung greift, nehme man stets die Spannung weg.

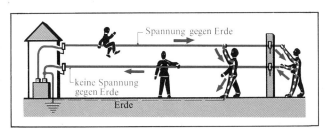

363.1 Welche der vier Personen wird von Strom durchflossen? Wie fließt er jeweils?

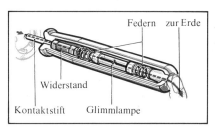

363.2 Der Leitungsprüfer leuchtet an der Phasenleitung auf (betrachte die Glimmlampe).

Heute werden elektrische Geräte mit Metallgehäuse (Fön, Bügeleisen, elektrische Küchen- und Waschmaschinen) gegen diese gefährlichen Erdschlüsse gesichert. Hierzu verbindet man ihr Metallgehäuse nach *Abb. 363.3* über den dort schwarz-rot gestrichelten Schutzleiter und die beiden Schutzkontakte in der Steckdose nach *Abb. 364.1* mit dem Null-Leiter. Der Schutzleiter wird als 3. Draht (rot oder grün und gelb) zunächst im Anschlußkabel verlegt. Weiter ist er in der Hausinstallation als 3. Kabel bis zum Zähler geführt und dort mit dem Null-Leiter verbunden. Wenn nun die Phasenleitung infolge schadhafter Isolation das Metallgehäuse von innen berührt (roter Pfeil in *Abb. 363.3*), so ist der Stromkreis mit geringem Widerstand zur Erde geschlossen. Wegen der sehr großen Stromstärke trennt die in der Phasenleitung liegende Sicherung das Gerät vom Netz. Sonst würde Strom über die Hand zur Erde fließen (hellrot gestrichelt).

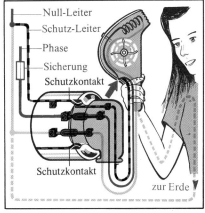

363.3 Die Phasenleitung ist dunkelrot, der Null-Leiter hellrot gezeichnet. Der Strom fließt am Isolationsfehler von der Phase über Gehäuse, Schutzleiter (rot-schwarz) und den Schutzkontakt zum Null-Leiter beim Zähler.

Diese Schutzmaßnahme birgt aber auch Gefahren in sich: Bei der Reparatur eines Kabels darf man den Schutzleiter nicht mit einem der beiden Kontaktstifte des Steckers verbinden. Dann könnte man ihn nämlich in die Buchse der Phasenleitung stecken, und das Gehäuse bekäme die volle Spannung gegen Erde, auch wenn sonst kein Defekt vorläge. Kinder muß man von Steckdosen fernhalten. Sie könnten — etwa mit einem Nagel — die Phasenleitung und gleichzeitig den nebenliegenden Schutzkontakt berühren (siehe *Abb. 364.1*). — Elektrorasierer und viele Küchenmaschinen haben heute gut isolierende Kunststoffgehäuse; bei ihnen sind Schutzleiter entbehrlich. Man darf sie aber nicht mehr benutzen, wenn das Gehäuse defekt ist.

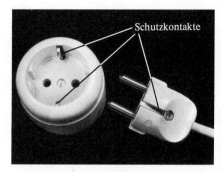

364.1 Schutzkontaktstecker und Schutzkontaktsteckdose (Schukostecker). Beide Schutzkontakte der Steckdose sind mit dem Null-Leiter verbunden.

Bei elektrischen Bahnen fließt der Strom durch die Oberleitung zu und durch die Schienen zurück. Dabei besteht zwischen Schiene und Erde fast keine Spannung; wenn man die Schienen berührt, wird man nicht elektrisiert, obwohl sie stromdurchflossen sind (siehe Aufgabe 1). Große Gefahr besteht dagegen, wenn die Schienen unterbrochen werden!

Aufgaben:

1. *Eine Straßenbahnschiene hat einen Querschnitt von 100* cm², *und wird von 200* A *durchflossen. Wie groß ist der Widerstand eines 1* m *langen Stücks? Welche Teilspannung tritt an ihm auf? Warum kann man auf Straßenbahnschienen barfuß gehen? Wie lang muß ein Stück sein, daß an ihm die Teilspannung 1* V *abfällt?*

2. *Die Buchsen einer Akkubatterie mit 6* V *Spannung werden durch einen Draht von* $\frac{1}{10}$ Ω *verbunden; es fließt ein Strom von 60* A. *Jemand behauptet, dieser Strom sei tödlich. Ist dies richtig?*

§ 110 Elektrische Arbeit und Leistung

Wenn wir eine Lampe ans Netz legen, so fließen ihr aus dem Minuspol Elektronen zu. Am Pluspol kehren sie aber wieder ins Netz zurück. Der Verbraucher entnimmt ihm also keine Ladung, sondern auf bequeme Weise Energie, die sich in Wärme, Licht oder mechanische Arbeit umsetzt. Ein Maß für die Arbeitsfähigkeit von Ladung ist die Spannung, welche wir auf Seite 337 durch die Gleichung $U = W/Q$ definiert haben. Wenn wir diese Gleichung nach der Arbeit W auflösen, so folgt mit $I = Q/t$:

$$W = U \cdot Q = U \cdot I \cdot t. \qquad (364.1)$$

Die elektrische Arbeit W ist das Produkt aus Spannung U, Stromstärke I und Zeit t. Ihre Einheit ist 1 Joule.

Auf elektrischen Geräten ist die Leistung P angegeben. Darunter versteht man den Quotienten

$$P = \frac{W}{t} = \frac{U \cdot I \cdot t}{t} = U \cdot I.$$

Die elektrische Leistung P ist das Produkt aus Spannung U und Stromstärke I:

$$P = U \cdot I. \tag{365.1}$$

Da $1\,V = 1\,J/C$ (Seite 337) und $1\,A = 1\,C/s$ (Seite 322), so folgt aus Gleichung (365.1) für die Einheit der Leistung $1\,V \cdot 1\,A = 1\,J/s = 1$ Watt (1 W). Größere Leistungseinheiten sind

$$1\,kW = 10^3\,W \text{ und } 1\,MW = 10^6\,W.$$

Tabelle 365.1 Leistungsaufnahme von Geräten (ungefähre Werte)

Taschenlampe	1 W	Bügeleisen	500 W
Elektrischer Rasierapparat	10 W	Kochplatten	1 500 W
Kraftwagenscheinwerfer	35 W	Elektrischer Ofen	1...10 kW
Glühlampen im Zimmer	15...200 W	Straßenbahn	100 kW
Heizkissen	60 W	Elektrische Lokomotiven	5 000 kW
Fön	500 W	Empfindliches elektrisches Meßgerät	10^{-14} W

Auf keinen Fall darf man die Einheit 1 kW mit 1 kWh (Kilowattstunde) verwechseln. 1 kWh ist als Produkt einer Leistungseinheit (1 kW) und der Zeiteinheit 1 h nach Gleichung (364.1) eine Arbeits- oder Energieeinheit.

Gebräuchliche elektrische Arbeits- und Energieeinheit:

$$\textbf{1 kWh} = \textbf{3 600 000 W s} = \textbf{3 600 000 J.}$$

Ein Heizofen von 1 kW Leistung entnimmt in 1 h die elektrische Arbeit 1 kWh, ein Ofen von $\frac{1}{2}$ kW erst in 2 h, ein Ofen von 2 kW bereits in $\frac{1}{2}$ h, eine Glühlampe von 25 Watt in 40 h.

Tabelle 365.2

1 kWh braucht man zur Herstellung von:

1...1,5 kg	Edelstahl	50 g	Perlon
2,5...3,5 kg	Reinstkupfer (Elektrolyse)	13,5 kg	Mehl beim Mahlen von Weizen
45 g	Aluminium	10000	Zigaretten
300 g	Karbid		

Elektrische Energie kann man nicht wie Leuchtgas billig speichern. Man muß sie im gleichen Augenblick verwenden, in dem sie erzeugt wird. Da nachts das Angebot überwiegt, wird der Preis für 1 kWh um etwa 50 % gesenkt, sofern man einen besonderen Zähler mit Uhr besitzt. In elektrischen Heizanlagen erhitzt man mit billigem **Nachtstrom** große Kacheln, die tagsüber die gespeicherte Wärme abgeben.

Für die im Haushalt entnommene elektrische Energie erhält man eine sogenannte Stromrechnung. Dieses Wort ist irreführend; denn es wird nicht die Stromstärke, sondern die Zahl der dem Netz entnommenen Kilowattstunden nach der Gleichung $W = U \cdot I \cdot t$ in Rechnung gestellt.

Allerdings ist die Spannung U im Netz nahezu konstant. Der Energieverbrauch ist also im wesentlichen durch die Stromstärke I und die Zeit t, in der Strom fließt, bestimmt. Zum Zähler siehe Aufgabe 15! — Bei den folgenden Versuchen verändern wir Stromstärke und Spannung, um zu verdeutlichen, daß die Leistung entsprechend der Gleichung $P = U \cdot I$ von Stromstärke und Spannung abhängt:

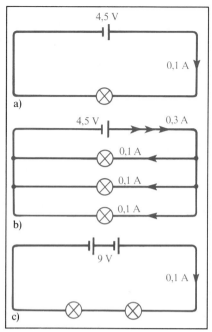

Versuch 91: Ein Lämpchen wird an eine Batterie mit der konstanten Spannung $4{,}5$ V $= 4{,}5$ J/C gelegt und von $0{,}1$ A $= 0{,}1$ C/s durchflossen *(Abb. 366.1 a)*. Es nimmt also die Leistung $P = U \cdot I = 0{,}45$ J/s auf und gibt sie als Wärme und Licht ab. Wenn wir nun zunächst 3 Lämpchen parallel legen, so fließt bei der gleichen Spannung der 3fache Strom $0{,}3$ A *(Abb. 366.1,b)*. Die abgegebene Wärmeleistung ist entsprechend der Gleichung $P = U \cdot I$ auch 3fach. — Wir können nach *Abb. 366.1,c* 2 Lämpchen hintereinanderlegen; der Widerstand verdoppelt sich. Damit sie wieder von $0{,}1$ A durchflossen werden und normal leuchten, braucht man die doppelte Spannung 9 V. Wir erhalten sie durch Hintereinanderlegen von 2 Batterien. Beide zusammen verrichten an der fließenden Ladung die doppelte Arbeit

366.1 Zu Versuch 91

(Seite 339): Die beiden Lämpchen geben zusammen die doppelte Wärmeleistung ab.

Versuch 92: Eine Glühlampe für 220 V mit etwa 15 W Leistung wird nach Gleichung (365.1) vom Strom $I = P/U = 0{,}07$ A durchflossen. Sie hat den Widerstand $R_1 = 220$ V$/0{,}07$ A $= 3\,140\,\Omega$. Diese Lampe schalten wir in Reihe mit einem Lämpchen für 4 V und ebenfalls $0{,}07$ A vom Widerstand $R_2 = 57\,\Omega$ an die Spannung 220 V. Der Widerstand steigt auf $R \approx 3\,200\,\Omega$, die Stromstärke sinkt kaum ab ($I = 220$ V$/3\,200\,\Omega = 0{,}069$ A). Obwohl beide Lampen vom gleichen Strom durchflossen sind, entwickelt die große viel mehr Wärme; denn an ihr fällt die Spannung $U_1 = I \cdot R_1 = 216$ V ab, am Lämpchen nur $U_2 = I \cdot R_2 = 4$ V. Die elektrischen Leistungen betragen

$$P_1 = U_1 \cdot I = I^2 \cdot R_1 \quad \text{und} \quad P_2 = U_2 \cdot I = I^2 \cdot R_2.$$

Da die Stromstärke I gleich ist, erhält man durch Division dieser beiden Gleichungen:

$$\frac{P_1}{P_2} = \frac{R_1}{R_2}. \tag{366.1}$$

In hintereinandergelegten Widerständen verhalten sich die Wärmeleistungen wie diese Widerstände.

Dies erklärt, warum dünne Drähte mit hohem Widerstand in Lampen und Schmelzsicherungen heiß werden, während die vom gleichen Strom durchflossenen dicken Zuleitungen kalt bleiben. Wir sehen wiederum, daß der Strom in hintereinandergeschalteten Widerständen dort am meisten leistet, wo die Spannung am stärksten abfällt. Auch in einem Fluß hat das Wasser beim größten Gefälle die größte Leistungsfähigkeit. Dort bekommt es viel Bewegungsenergie.

Ganz anders liegen die Verhältnisse bei Parallelschaltung; dort kommt allen Geräten die gleiche Spannung U zu; die Stromstärken in ihnen betragen $I_1 = U/R_1$ und $I_2 = U/R_2$. Für die Leistungen gilt: $P_1 = U \cdot I_1 = U^2/R_1$ und $P_2 = U \cdot I_2 = U^2/R_2$. Hieraus folgt:

$$\frac{P_1}{P_2} = \frac{R_2}{R_1}. \qquad (367.1)$$

Bei Parallelschaltung verhalten sich die Leistungen umgekehrt wie die Widerstände.

Eine 15 W-Lampe hat deshalb einen viel dünneren und längeren Draht als eine 100 W-Lampe oder gar ein 2 kW-Heizofen (jeweils für die gleiche Spannung).

Aufgaben:

1. *Ein Heizofen für 220 V wird von 2 A durchflossen. Berechne die Leistung! Welche Wärme erzeugt er in einer Stunde?*

2. *Ein Tauchsieder hat bei 110 V eine Leistungsaufnahme von 600 W. Berechne Stromstärke und Widerstand! Wie lange muß er im Betrieb sein, um 2 l Wasser von 20 °C auf 80 °C zu erwärmen?*

3. *Ein Bügeleisen für 110 V entnimmt der Leitung 4 A. Berechne seinen Widerstand! Wie groß ist die Leistung? Welche Wärme entsteht in 3 h? Vergleiche mit Aufgabe 1!*

4. *An das Bügeleisen in Aufgabe 3 legt man 220 V an. Wie groß werden dann Stromstärke und Leistung, wenn der Widerstand gleich bleibt? — Weshalb gilt die an einem Gerät angegebene Leistung nur, wenn man die beigedruckte Spannung anlegt?*

5. *Man schaltet 3 Geräte, deren Widerstände sich wie 1 : 2 : 3 verhalten, parallel, das heißt man legt sie an die gleiche Spannung. Wie verhalten sich die Leistungen in ihnen? Vergleiche die Widerstände einer 15 W- und einer 150 W-Lampe bei gleicher Spannung (220 V)!*

6. *Der Glühfaden einer Lampe wird heiß, die vom gleichen Strom durchflossenen Leitungsdrähte bleiben kalt. Warum?*

7. *Zwei Widerstandsspiralen von je 80 Ω können in einem Heizgerät nach Abb. 367.1 geschaltet werden. Gib an, welche Schaltung „schwach", welche „mittel" und welche „stark" ergibt. Wie verhalten sich die Leistungen?*

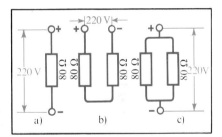

367.1 Zu Aufgabe 7; man erhält mit 2 Widerständen 3 verschiedene Wärmestufen.

8. *Die Netzspannung wird von 110 V auf 220 V umgestellt. Wie sind die Vorwiderstände zu wählen, wenn man die alten Geräte weiterbenützen will (bei gleicher Leistung)? Warum ist dieses Verfahren unwirtschaftlich? Wie groß sind die Verluste in den Vorwiderständen?*

9. *Die Netzspannung wird von 110 V auf 220 V umgestellt. Wie sind die Stromstärken aller Geräte zu ändern, damit sie gleiche Leistung abgeben? Welche Widerstandsänderung ist in den Heizapparaten vorzunehmen? Welche Vorteile bringt die Umstellung für die Spannungs- und Leistungsverluste in der Zuleitung vom E-Werk? (Berücksichtige die Stromstärke und den Spannungsverlust in der Leitung!)*

10. *Darf man einen Heizlüfter für 220 V, 2 kW anschließen, wenn die Wohnungssicherung nur bis 6 A belastet werden kann? — Wie lang ist der Heizdraht ($\varrho = 0,42$ Ω mm²/m) bei 0,4 mm² Querschnitt?*

11. *Ein elektrischer Durchlauferhitzer liefert je Minute 9 l Wasser von 40 °C, wenn das zuströmende Leitungswasser 14 °C hat. Welche Leistung nimmt er auf? — Auf welchen Betrag müßte man den Wasserstrom reduzieren, wenn bei gleichen elektrischen Daten das Wasser auf 65 °C erhitzt werden sollte? Welchen Strom muß die Sicherung bei 220 V aushalten?*

12. *Zwei Lampen (220 V, 15 W und 220 V, 100 W) werden hintereinander an 220 V angeschlossen. Wie stark ist der Strom? Warum leuchtet die 15 W-Lampe fast normal, die andere gar nicht? (Vergleiche die Leistungen jetzt und bei Normalbetrieb! Der Widerstand des Glühfadens soll von der Temperatur unabhängig sein!)*

13. *Jemand schaltet zwei alte 110 V-Lampen (die eine für 15 W, die andere für 75 W) hintereinander an 220 V. Warum brennt eine durch? Welche ist es?*

14. *Eine Lampe von 60 W ist täglich 4 h in Betrieb. Wieviel kWh werden in 365 Tagen verbraucht? Was kostet dies bei 12 Dpf/kWh?*

15. *Das Rad im Zähler dreht sich laut Aufschrift beim Verbrauch von 1 kWh 2400mal. Fließt schwacher Strom, so dreht es sich langsam; dann dauert es lange, bis 1 kWh verbraucht ist. Berechne die Leistung eines Radioapparates, wenn sich das Rad bei seinem Betrieb in 5 min 16mal dreht! — Bestimme mit Deinem Zähler zu Hause die Leistungen anderer Geräte! Was ist hierbei zu beachten?*

16. *Zu einem Vollbad braucht man 150 l Wasser von 40 °C, zu einem Duschbad 45 l von 40 °C. Was kostet dies bei 12 Dpf/kWh, wenn das Leitungswasser 14 °C hat?*

17. *Ein Kompressorkühlschrank (100 l Inhalt) hat im Betrieb eine Leistung von 120 W. In 30 Tagen verbraucht er 20 kWh. Wieviel % der Zeit ist er durch seinen thermischen Regler eingeschaltet?*

§ 111 Anwendungen der Stromwärme; Glüh- und Bogenlampen

1. Heizgeräte

In Heizstrahlern *(Abb. 298.1)* und Brotröstern sind die rotglühenden Heizdrähte deutlich sichtbar. Beim Bügeleisen wird die Heizwendel mit nichtleitendem, feuerfestem Zement in eine Nut der Sohle gekittet *(Abb. 368.1)*. Der Heizdraht im Heizkissen lagert gut isoliert in einer biegsamen, hitzebeständigen Asbestschnur. *Abb. 367.1* zeigt, wie man zwei Heizspiralen schalten kann, um drei verschiedene Heizleistungen zu bekommen. Bei einer bestimmten Spannung wird die Heizleistung um so größer, je kleiner der Widerstand R des Geräts ist (Gleichung 367.1). Über Temperaturregler siehe Seite 404. In Heizlüftern und Haartrocknern (Fön,

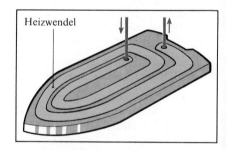

368.1 Heizwendel in der Sohle eines Bügeleisens

Abb. 363.3) bläst ein Ventilator Luft an Heizdrähten vorbei. Sie geben die Wärme an die Luft und nicht wie beim Heizstrahler zumeist an die Gegenstände der Umgebung ab. Wegen der Luftkühlung kommen die Drähte nicht zur Rotglut und können deshalb stärker belastet werden als in Heizstrahlern. — Bei der Fernzündung bringt man Sprengladungen durch elektrisch erhitzte Drähte zur Explosion.

2. Die Schmelzsicherung

Die Schmelzsicherung besteht im wesentlichen aus einer Porzellanpatrone, die nach *Abb. 369.1* einen dünnen Schmelzdraht enthält. Er schmilzt durch, wenn der Strom zu stark ist (Versuch 45). Die farbige Kennplatte hängt am Schmelzdraht und fällt dann ab. Es ist strafbar, Sicherungen zu flicken! Würde man hierzu einen schwer schmelzbaren Draht nehmen, so würden bei einem Kurzschluß die Leitungen im Haus so stark erhitzt, daß Brände ausbrechen könnten. Magnetische Sicherungsautomaten siehe *Abb. 403.1*!

3. Die Glühlampe

Die Glühlampe ist in *Abb. 302.2* dargestellt. Um die Ausbeute an Licht zu bestimmen, führen wir den folgenden Versuch aus (Vergleiche auch Optik, *Tabelle 283.1!*):

Versuch 93: Man steckt eine Glühlampe in ein Glasgefäß mit dunkel gefärbtem Wasser und bestimmt nach einigen Minuten Brenndauer die Temperaturerhöhung. Alles Licht wird absorbiert und in Wärme umgesetzt. Wiederholt man den Versuch mit klarem Wasser unter sonst genau gleichen Bedingungen, so ist die Wärmeentwicklung um etwa 4 % kleiner. 4 % der zugeführten elektrischen Energie werden in Form von Licht aus dem Glas transportiert, 96 % bleiben Wärme. Die Lichtausbeute einer Glühlampe ist mit 4 % sehr klein. Sie wächst zwar, wenn man die Temperatur des Glühfadens aus Wolframmetall noch weiter steigert; auch verliert dann die Farbe ihren rötlichen Ton und nähert sich dem Weiß des

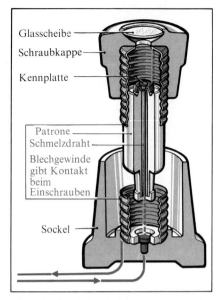

369.1 In der Schmelzsicherung wird beim Einschrauben der Kappe in das Sockelgewinde der Schmelzdraht in der Patrone in den Stromkreis gelegt.

Sonnenlichts. Jedoch sinkt die Lebensdauer der Lampe erheblich ab. Das Metall verdampft nämlich im Vakuum schon bei 2100 °C. Dies kann man wesentlich verlangsamen, wenn man Gase wie Stickstoff, Argon oder Krypton in den Glaskolben füllt. An ihren Molekülen prallen die abdampfenden Wolframmoleküle des Glühfadens zu einem Teil zurück. Dann läßt sich die Betriebstemperatur bis nahe an 3000 °C steigern (der Schmelzpunkt von Wolfram liegt bei 3400 °C; das Optimum der Lichtausbeute würde man erst bei 6500 °C erreichen). Das Gas führt aber viel Wärme durch Konvektion (§ 45) nach außen ab. Wie man diese Wärme besser beisammen hält, zeigt der folgende Versuch:

Versuch 94: Ein langer Konstantandraht wird teilweise zu einer Einfach-, teilweise zu einer Doppelwendel gewickelt; ein Rest bleibt gerade *(Abb. 369.2)*. Strom geeigneter Stärke bringt die Doppelwendel zur Gelb- und die Einfachwendel zur Rotglut; denn die Teile der Doppelwendel strahlen sich gegenseitig Wärme zu. Das gerade Stück bleibt dunkel. Auf ihm ist der Anteil an verlorener Wärme am größten.

Beim Einschalten einer Lampe hat die zunächst kalte Wendel nur einen geringen Widerstand; der Strom ist im ersten Augenblick etwa 7mal so groß wie im heißen Zustand (Seite 348). Dünne Stellen des Glühdrahts werden hierdurch besonders schnell und stark aufgeheizt. Deshalb „brennen" Lampen häufig beim Einschalten nach kurzem Aufleuchten durch.

In modernen **Halogenlampen** mischt man dem Edelgas etwas Halogen (Jod oder Brom) bei. Es bildet mit dem abgedampften Wolfram eine Verbindung, die zur heißen Glühwendel zurückwandert und dort zerfällt. Dabei schlägt sich das Metall wieder auf dem Glühdraht nieder; dieser erneuert sich. Man kann deshalb die Lampe bis zu höheren Temperaturen belasten. Außerdem entfällt der dunkle Wolframniederschlag auf der Innenseite des Quarzkolbens.

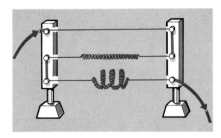

369.2 Die Doppelwendel glüht heller als die Einfachwendel.

4. Die Bogenlampe

Versuch 95: Zwischen zwei Kohlestäbe ist nach *Abb. 370.1* eine Spannung gelegt. Wenn sie sich berühren, erhitzt sie der Strom, und sie kommen an einer kleinen Stelle zum Glühen. Zieht man dann die Kohlen etwa 1 cm auseinander, so entsteht in der Luft zwischen ihnen ein bläulicher Lichtbogen. Damit die Augen nicht geschädigt werden, beobachte man ihn nicht unmittelbar, sondern bilde ihn mit einer Sammellinse auf einem Schirm ab. Man sieht, daß die am positiven Pol liegende Kohle ein überaus helles, weißes Licht ausstrahlt. Es wird bei großen Scheinwerfern benützt. Die nur schwach glühende negative Kohle sendet Elektronen aus.

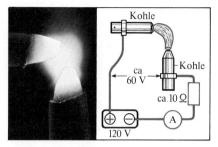

370.1 Die Bogenlampe gibt helles, weißes Licht.

Diese schlagen aus der positiven Kohle einen Krater und erzeugen dort Temperaturen um 4000 °C. Bogenlampen darf man — wie Glimmlampen — nie ohne Vorwiderstand betreiben, da sonst die Stromstärke nicht begrenzt bleibt. Man braucht für Bogenlampen mindestens eine Spannung von 60 V. Die Stromstärke liegt bei 5 A und mehr.

Aufgaben:

1. *Wie lang wird ein Wolframdraht von 0,02 mm Durchmesser aus 1 kg Metall (Dichte 19,1 g/cm³)?*

2. *Warum werden Glühlampen geschont, wenn man sie mittels eines Schiebewiderstandes allmählich zum Leuchten bringt?*

3. *Das E-Werk schaltet abends für kurze Zeit die Spannung ab. Beim plötzlichen Wiedereinschalten leuchten alle Lampen gleichzeitig auf. Warum kann dabei die Sicherung durchschmelzen?*

IV. Elektrische Maschinen und Induktion

§ 112   Der Elektromotor

Elektromotoren wandeln elektrische Energie in Kraft und Bewegung, also in mechanische Energie, um. Eine solche Umwandlung fanden wir bereits im Drehspulinstrument (Seite 329). Doch dreht sich in ihm die Spule nur so weit, wie es die Rückstellkraft der Spiralfedern zuläßt. Ohne diese Federn würde der Nordpol N der drehbaren Spule *(Abb. 329.2)* zum Südpol S' des feststehenden Hufeisenmagneten gezogen und dort festgehalten *(Totpunkt)*. Ein Motor, der sich ständig dreht, entsteht erst durch einen Kunstgriff: Man wechselt in diesem Totpunkt die Stromrichtung in der Spule und damit auch deren Pole. Nun stehen sich zwei *gleichnamige* Pole gegenüber und stoßen sich ab. Da die Spule noch Schwung besitzt, dreht sie sich über den Totpunkt hinaus in der ursprünglichen Richtung weiter. Die magnetischen Kräfte wirken nun in dieser Richtung. Doch stehen sich nach einer weiteren halben Umdrehung wieder zwei ungleichnamige Pole gegenüber; man muß wieder umpolen. Dieses Ändern der Stromrichtung in der Spule besorgt selbständig der Stromwender, auch **Kommutator** (commutare, lat.; vertauschen) genannt. Er besteht aus zwei gegeneinander isolierten Halbringen (in *Abb. 371.1* und *371.2* weiß), die sich mit der Spule drehen. Auf ihnen schleifen zwei feststehende Kohlestifte (schwarz), Bürsten genannt. Diese leiten den Strom so zu den Halbringen und damit zur Spule, daß in ihr der Strom vorn stets nach rechts fließt. Dann hat die Spule oben immer einen Nordpol N *(Abb. 371.1* und *371.2)*. Um ihr Magnetfeld zu verstärken, ist die Spule auf einen mitrotierenden Eisenkern gewickelt und bildet mit ihm den sogenannten Anker. Damit der Motor den Totpunkt gut überwindet und nicht stoßweise läuft, gibt man dem Anker viele Wicklungen, die gegeneinander um bestimmte Winkel versetzt sind. Dann muß man auch den Kommutator weiter unterteilen *(Abb. 371.3)*. Je mehr Wicklung und Kommutator unterteilt sind, desto ruhiger läuft der Motor.

Bei Spielzeugmotoren rotiert der Anker meist im Feld eines Dauermagneten. Dann ändert sich der Drehsinn, wenn man an der Stromquelle umpolt. Bei größeren Motoren benutzt man Elektromagnete. Sie sind ein Bestandteil des Gehäuses (rote Wicklung in *Abb. 371.3*). Ändert man jetzt die Polung an der Batterie, so werden die Pole des Elektromagneten wie die des Ankers vertauscht; der Motor behält seinen Drehsinn bei. Solche Motoren laufen auch mit Wechselstrom.

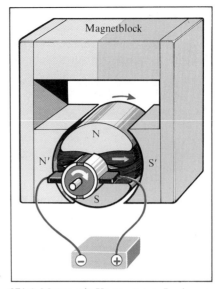

371.1 Motor mit Kommutator. In der roten Ankerwicklung fließt der Strom vorne stets nach rechts; der Nordpol ist deshalb stets oben und wird nach rechts zu S′ gezogen.

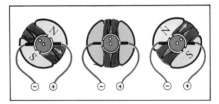

371.2 Drei aufeinanderfolgende Stellungen von Anker und Kommutator

§ 113 Die elektromagnetische Induktion

1. Energieumwandlungen

Oersted entdeckte 1820, daß der elektrische Strom ein Magnetfeld erzeugt (Seite 324). Der Stromkreis ist also selbst ein Magnet und kann auf andere Magnete Kräfte ausüben. Man benutzt diese Kräfte in Elektromagneten, Meßinstrumenten, elektrischen Klingeln und Motoren. Dabei wird elektrische Energie in mechanische umgewandelt. Die heutige Elektrotechnik mit ihren viel-

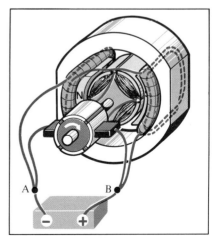

371.3 Anker und Schleifringe sind in 4 Segmente unterteilt. Bei A und B wird der Strom für den Elektromagneten abgezweigt.

fältigen Anwendungen konnte erst entstehen, als es umgekehrt gelang, mechanische Energie, wie sie in Wasser-, Dampf- und Atomkraftwerken verfügbar ist, in elektrische Energie umzuwandeln. Diese Umwandlung zeigte erstmals 1831 der englische Physiker **M. Faraday** (Seite 380):

2.   Der 1. Grundversuch zur Induktion

Versuch 96: Man führt nach *Abb. 372.1* den roten Leiter im ruhenden Magnetfeld (blaue Feldlinien) von unten nach oben. Der angeschlossene empfindliche Spannungsmesser zeigt, daß Spannung induziert wird (inducere, lateinisch; einführen). Diese Induktionsspannung ist Null, wenn der Leiter zur Ruhe kommt oder parallel zu den magnetischen Feldlinien gleitet. – Die Spannung ändert ihre Polarität, wenn man den Leiter im Feld nach unten statt nach oben bewegt; in beiden Fällen „schneidet" er Feldlinien:

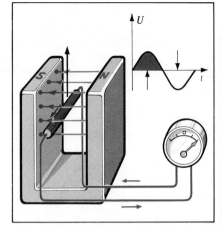

372.1 Erster Grundversuch zur Induktion

> **1. Grundversuch zur Induktion: Wenn ein Leiter magnetische Feldlinien „schneidet", so wird in ihm Spannung induziert.**

Erklärung: Der Leiter enthält Elektronen, die mit ihm durch das Magnetfeld, zum Beispiel nach oben, bewegt werden. Sie haben dann die gleiche Richtung wie die Elektronen im Leiter nach *Abb. 331.1*. Dort erfahren sie eine Kraft senkrecht zu den Feldlinien und senkrecht zu ihrer Bewegungsrichtung. Diese Kraft wirkt in *Abb. 372.1* längs des bewegten Leiters und verschiebt in ihm die Elektronen nach hinten; die konventionelle Stromrichtung weist nach vorn. So erhält man Spannung und Strom. Wie die Erklärung zeigt, darf man Induktion und Influenz nicht miteinander verwechseln.

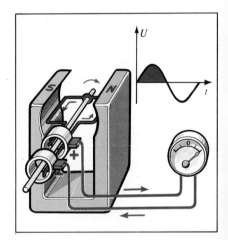

372.2 Rotation einer Spule im Magnetfeld

3.   Erzeugung von Wechselstrom durch Induktion

Versuch 97: Man dreht nach *Abb. 372.2* eine Spule, von der nur 1 Windung gezeichnet ist, um ihre waagerechte Achse im Magnetfeld. Der Spannungsmesser zeigt eine Spannung wechselnder Richtung, also Wechselspannung an. Dabei bewegt sich das rechte Drahtstück nach unten, das linke nach oben. Die in ihnen induzierten Spannungen sind hintereinandergeschaltet

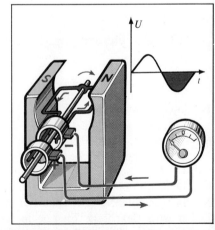

372.3 Eine halbe Drehung später als oben

und addieren sich. Von den mitrotierenden Schleifringe (weiß) wird die induzierte Spannung durch zwei
feststehende *Kohlebürsten* (schwarz) abgenommen. Jeweils nach $\frac{1}{2}$ Umdrehung *(Abb. 372.3)* bewegt sich das
bisher nach unten gleitende Leiterstück nach oben und
umgekehrt; die Polung wechselt. Um technischen Wechselstrom mit der Frequenz 50 Hz (Hertz) zu erzeugen,
muß die Leiterschleife 50 Umdrehungen in 1 s ausführen. Die Elektronen ändern dabei 100mal ihre Bewegungsrichtung.

Steht an einer Steckdose 220 V *Wechselspannung*, so heißt
dies, daß eine Glühlampe an ihr genauso hell leuchtet wie an
220 V *Gleichspannung*. Messungen mit dem Oszillographen
zeigen, daß sich dabei die Wechselspannung zwischen
$+310$ V und -310 V ändert *(Abb. 373.1)*. Der Strom ist der
Spannung ständig proportional. Mißt ein Instrument die
Stärke eines Wechselstroms zu 1 A, so erzeugt dieser im gleichen Widerstand die gleiche Wärmeleistung wie ein konstanter Gleichstrom von 1 A; die Augenblickswerte des Wechselstroms schwanken dabei zwischen den Scheitelwerten
$+1,4$ A und $-1,4$ A.

Versuch 98: Man ersetzt die beiden Schleifringe durch
zwei Halbringe, die wir bereits vom Motor *(Abb. 373.2)*
her kennen. Sobald die Ebene der rot gezeichneten
Windung vertikal steht, kehrt sich die Stromrichtung
um. Da sich dann für einen Augenblick die Leiterstücke
parallel zu den Feldlinien bewegen, ist die Spannung
Null, und am Kommutator werden die Anschlüsse zum
äußeren Stromkreis umgepolt. Während in der rotierenden Spule nach wie vor Wechselstrom fließt, finden wir
im äußeren Kreis wegen der zweimaligen Umpolung
einen Gleichstrom. (Sowohl die Stromrichtung in der
Spule wie auch deren Anschlüsse an den äußeren Kreis
ändern sich.) Dieser Gleichstrom ist aber nicht konstant; er pulsiert zwischen Null und einem Höchstwert
(Abb. 373.2 oben). – In *Abb. 373.3* sind drei
Windungen gegeneinander versetzt; sie geben ihre
Spannungen an den 6fach unterteilten Kommutator.
Bei 1 Umdrehung entstehen 6 Spannungsmaxima; die
Bürsten nehmen eine Gleichspannung ab, die nur noch
in geringem Maße schwankt *(Abb. 373.3* oben).

> **In einer Spule wird Wechselspannung induziert, wenn
> sie zwischen den Polen eines Magneten rotiert. Durch
> einen Kommutator kann diese Spannung für den
> äußeren Kreis gleichgerichtet werden.**

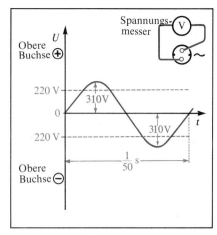

373.1 Spannungsverlauf an der Steckdose

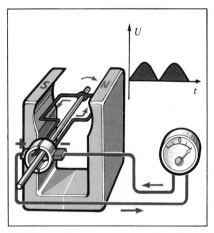

373.2 Der Kommutator macht Gleichstrom.

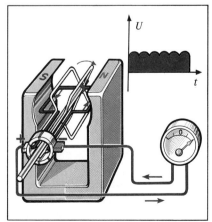

373.3 Glättung des Gleichstroms

4. Die Dynamomaschine

Die Induktionsspannung wird wesentlich größer, wenn man wie beim Motor nach *Abb. 371.3* den Dauermagneten durch einen Elektromagneten ersetzt. Den hierzu nötigen Strom zweigt man vom Kommutator bei A und B ab. Hat man den Elektromagneten beim Herstellen magnetisiert, so bleiben in ihm Elementarmagnete ausgerichtet. Ihr schwaches Feld erzeugt im Anker beim Rotieren einen schwachen Strom, der das Magnetfeld und damit den Induktionsstrom verstärkt, bis die volle Spannung erreicht ist. Dann schließt der in *Abb. 374.1* unten gezeichnete Magnetschalter die Verbraucher an. Maschinen, die nach diesem **dynamoelektrischen Prinzip** den zum Erzeugen des Magnetfelds nötigen Strom selbst herstellen, heißen Dynamomaschinen. Sie erfand *Werner von Siemens* 1866 und leitete damit die stürmische Entwicklung der Elektrotechnik ein.

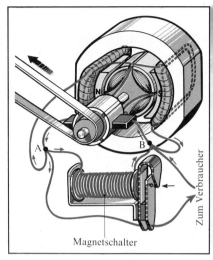

Zum Verbraucher

Magnetschalter

374.1 Selbsterregter Gleichstromgenerator (Dynamomaschine). Der Magnetschalter schließt erst, wenn die Maschine volle Spannung liefert.

5. Der 2. Grundversuch zur Induktion

Versuch 99: Man kann auch auf andere Weise Induktionsspannung erzeugen: Nach *Abb. 374.2* bleibt die Spule in Ruhe. Ein Magnet wird schnell in sie eingeführt und dadurch das Feld in der Spule verstärkt. Ein angeschlossener Spannungsmesser schlägt kurzzeitig aus. Wenn der Magnet in Ruhe, sein Feld in der Spule also konstant ist, wird keine Spannung induziert. Die Polarität der Spannung ändert sich, wenn man den Magneten herauszieht und damit das Feld in der Spule abnehmen läßt. Ist der Magnet stark, so genügt es, ihn der Spule zu nähern oder zu entfernen:

374.2 Zu Versuch 99

Versuch 100: Nach *Abb. 374.3* rotiert ein starker Magnet, der an einer verdrillten Schnur hängt, dicht über dem Eisenkern der Induktionsspule (rot). Das Magnetfeld in ihr ändert ständig Stärke und Richtung, und das angeschlossene Instrument zeigt Wechselspannung. Da die Spule ruht, braucht man die Spannung nicht mehr durch Schleifringe abzunehmen. Nach diesem Prinzip arbeitet die **Fahrradlichtmaschine.** Bei ihr rotiert ein vierpoliger Magnet zwischen den am Gehäuse befestigten Induktionsspulen. Im Gegensatz zu den bisher besprochenen Maschinen befinden sich die Pole innen und rotieren. Solche **Innenpolmaschinen** findet man auch in den großen Elektrizitätswerken *(Abb. 375.3).*

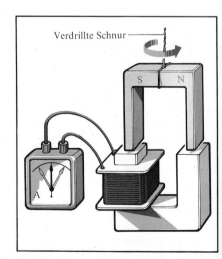

Verdrillte Schnur

374.3 Prinzip der Fahrradlichtmaschine

Sie erzeugen Wechselspannungen bis zu 20 kV und Ströme bis 100000 A. Im Innern rotieren starke Elektromagnete, die durch Gleichstrom gespeist werden.

Versuch 101: Man kann auch Spannung induzieren, ohne Spule oder Magnet zu bewegen. In *Abb. 375.1* wird links in der Feldspule ein Magnetfeld beim Betätigen des Tasters auf- und abgebaut. Dieses Feld verläuft im Eisenkern und durchsetzt auch die rechte Induktionsspule. Immer wenn es sich ändert, entsteht eine hohe Induktionsspannung. – Die Ergebnisse aus Versuch 99 bis 101 können wir zusammenfassen:

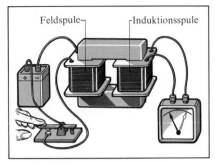

375.1 Induktionswirkung beim Ein- und Ausschalten des Magnetisierungsstroms in der Feldspule

> **2. Grundversuch zur Induktion: Ändert sich das Magnetfeld in einer Spule, so wird in ihr Spannung induziert.**

Die **Zündanlage** im Auto wird durch Versuch 101 erklärt: Nach *Abb. 375.2* durchfließt der Batteriestrom die dick gezeichnete, untere Wicklung der Zündspule. Diesen Strom unterbricht der vom Motor angetriebene „Unterbrecher" immer dann, wenn an der Zündkerze ein Funke überspringen soll. Das sich dabei schnell ändernde Magnetfeld induziert kurzzeitig in den vielen, dünn gezeichneten Windungen der Zündspule eine Spannung von etwa 15 kV. – Auch der **elektrische Weidezaun** arbeitet nach diesem Prinzip.

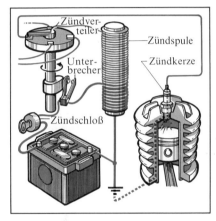

375.2 Autozündanlage. An den Zündverteiler sind die Zündkerzen der vier Zylinder angeschlossen. Nur einer ist gezeichnet. Welche Aufgabe hat der Verteiler.?

6. Selbstinduktion

Versuch 102: Wir benützen in *Abb. 375.1* eine Feldspule mit sehr vielen Windungen. Wenn wir in ihr den Strom einschalten, so wird im ganzen geschlossenen Eisenkern ein Magnetfeld aufgebaut. Nach dem 2. Grundversuch induziert es nicht nur in der rechten Spule eine Spannung (sogenannte Fremdinduktion), sondern auch in der linken Feldspule selbst. Die Wirkung dieser **Selbstinduktion** erkennen wir an einem Strommesser im linken Stromkreis: Der Strom in der Feldspule erreicht erst allmählich seinen Endwert; ein Glühlämpchen in diesem Kreis leuchtet mit einer deutlichen Verzögerung auf. Offensichtlich ist diese **Selbstinduktionsspannung** der Batteriespannung entgegen gepolt und hemmt den Stromanstieg. – Beim Öffnen des Schalters bricht das Magnetfeld zusammen und induziert auch in der Feldspule einen hohen Spannungsstoß. Man erkennt ihn am hellen Funken an der Unterbrechungsstelle des Tasters. Eine der Spule parallelgelegte Glimmlampe leuchtet kurz auf.

375.3 Schnitt durch ein Kraftwerk, unten: Freistrahlturbine (Seite 57), Mitte: Innenpolmaschine

§ 114   Der Transformator (Trafo); Elektrizitätsversorgung

1. Der Transformator

Versuch 103: In der Feldspule nach *Abb. 375.1*, links, haben wir einen Gleichstrom ein- und ausgeschaltet; das sich dabei ändernde Magnetfeld induzierte in der rechten Spule Spannungen. Solche Änderungen des Magnetfeldes erhalten wir viel einfacher, wenn wir die Feldspule — beim Transformator *Primärspule* genannt — mit Wechselstrom speisen (*Abb. 376.1* links). In der rechten, der sogenannten *Sekundärspule*, entsteht dann eine Wechselspannung gleicher Frequenz. Dies zeigt ein Oszillograph, den man zunächst an die Primär-, dann an die Sekundärspule legt. Da die Sekundärspule viel weniger Windungen hat, ist ihre Spannung viel kleiner.

Versuch 104: Die Sekundärspule habe n_2, die Primärspule n_1 Windungen. Wählen wir beide Zahlen gleich ($n_1 = n_2$), so ist auch die rechts induzierte Sekundärspannung U_2 gleich groß wie die links von außen angelegte Primärspannung U_1. Dies erläutert der folgende Versuch:

Versuch 105: An die Primärspule wird zunächst die Gleichspannung $U_1 = 2$ V gelegt. Der Primärstrom I_1 ist wegen des geringen Widerstands der Spule groß (etwa 2 A). Legt man dagegen $U_1 = 2$ V Wechselspannung an, dann sinkt I_1 auf 20 mA. Das vom Wechselstrom erzeugte, sich ständig ändernde Magnetfeld erzeugt nämlich auch in der Primärspule eine Selbstinduktionsspannung (siehe S. 375). Den geringen Wert des Wechselstroms I_1 können wir nur so erklären, daß diese Selbstinduktionsspannung der angelegten Wechselspannung U_1 entgegengerichtet und fast so groß wie U_1 ist. Nun durchsetzt das gleiche Magnetfeld auch die Sekundärspule. Hat diese gleich viele Windungen ($n_2 = n_1$), so induziert es in ihr auch fast die gleiche Wechselspannung $U_2 \approx U_1$. Schaltet man in der Sekundärwicklung doppelt so viele Windungen hintereinander ($n_2 = 2\,n_1$), so addieren sich in ihnen die induzierten Spannungen; man mißt $U_2 \approx 2\,U_1$. Allgemein gilt:

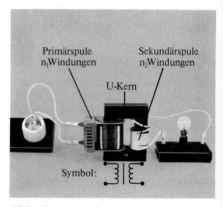

376.1 Experimentiertransformator mit Schaltsymbol

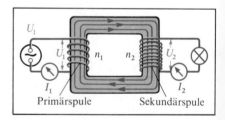

376.2 Transformator, Schaltung und Magnetfeld

Beim Transformator verhalten sich die Spannungen wie die Windungszahlen der Spulen:

$$\frac{U_2}{U_1} \approx \frac{n_2}{n_1}. \tag{376.1}$$

Versuch 106: Man lege an die Primärspule mit $n_1 = 46$ Windungen die Primärspannung $U_1 = 10$ V. In der Sekundärspule mit $n_2 = 1000$ Windungen wird infolge der 22fachen Windungszahl auch die 22fache Spannung $U_2 \approx 220$ V induziert (Vorsicht; Transformatorversuche sind gefährlich!).

Man kann damit eine Glühlampe (220 V; 15 W) betreiben. Die Primärspannung $U_1 = 220$ V würde auf etwa $22 \cdot 220$ V ≈ 5000 V hochtransformiert. Solche **Hochspannungstransformatoren** *(Abb. 377.1)* findet man am Anfang von Hochspannungsleitungen und beim Betrieb von Röntgenröhren. – In den Transformatoren für Spielzeugeisenbahnen befinden sich demgegenüber in der Sekundärspule weniger Windungen als in der Primärspule, ebenso wie in Netzanschlußgeräten für kleine Spannungen, die im Physikunterricht vielfach verwendet werden *(Abb. 377.2)*. An den verschiedenen Anzapfungen der Sekundärspule kann man eine Reihe ungefährlicher Spannungen abgreifen. Im Gegensatz zur Spannungsteilerschaltung *(Abb. 358.2)* fehlt hier jegliche metallische Verbindung der Sekundärspule mit dem Netz. Die beiden Trafospulen sind nur durch das Magnetfeld im Eisenkern miteinander gekoppelt.

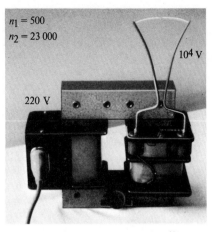

377.1 Transformator mit dem Übersetzungsverhältnis 1:46. Er liefert sekundär 10000 V für den Hochspannungslichtbogen.

Wechselspannungen kann man mit Hilfe von Transformatoren in weiten Grenzen ändern (umspannen).

Versuch 107: Die Primärseite eines guten Transformators wird über einen Elektrizitätszähler ans Netz gelegt. Zunächst sei auf der Sekundärseite noch kein Gerät angeschlossen, das elektrische Energie entnimmt. Der Trafo ist also unbelastet; der Zähler läuft nicht, er registriert keinen Verbrauch. Ein Trafo kann also ständig am Netz angeschlossen bleiben. Erst wenn man auf der Sekundärseite durch den Strom I_2 die Leistung $P_2 = U_2 \cdot I_2$ entnimmt, läuft der Zähler; der Primärstrom I_1 steigt. Ein gut gebauter Trafo benötigt für sich selbst nur wenig Energie. Die von ihm aufgenommene Leistung $P_1 = U_1 \cdot I_1$ ist angenähert gleich der sekundärseitig abgegebenen Leistung P_2:

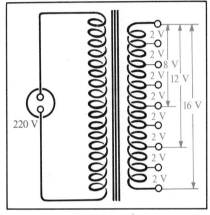

377.2 Netzanschlußgerät; die linke Spule hat 14mal so viele Windungen wie die rechte.

$$P_2 = U_2 \cdot I_2.$$

Es gilt $U_1 \cdot I_1 \approx U_2 \cdot I_2$ oder $\dfrac{I_2}{I_1} \approx \dfrac{U_1}{U_2} \approx \dfrac{n_1}{n_2}.$ \hfill (377.1)

Versuch 108: Ein Experimentiertrafo nach *Abb. 376.1* mit dem Windungsverhältnis $n_1/n_2 = 2/1$ liegt an der Wechselspannung $U_1 = 10$ V. Die Sekundärseite wird mit einem Strommesser kurzgeschlossen (mit dem höchsten Meßbereich beginnend!); er zeigt den Sekundärstrom $I_2 \approx 1$ A. Dabei steigt der zunächst unbedeutende Primärstrom I_1 auf den Wert $I_1 \approx I_2/2$. Dies bestätigt Gleichung (377.1).

Beim Transformator verhalten sich die Ströme umgekehrt wie die Windungszahlen:

$$\frac{I_2}{I_1} \approx \frac{n_1}{n_2}.$$ \hfill **(377.2)**

Dabei hängt der Primärstrom vom entnommenen Sekundärstrom ab.

Versuch 109: Im Trafo nach *Abb. 378.1* wird die Netzspannung $U_1 = 220$ V auf den 100. Teil, also etwa 2 V herabtransformiert. Der in den Sekundärkreis geklemmte dicke Nagel hat nur einen sehr kleinen Widerstand R (etwa $\frac{1}{100}$ Ω). Der Sekundärstrom I_2 beträgt also etwa $I_2 = U_2/R = 200$ A und schmilzt den Nagel durch. Dabei nimmt nach Gleichung (377.1) der Primärstrom nur den Wert $I_1 \approx 2$ A an und belastet das Netz nicht wesentlich. Man kann die beiden Nagelteile auch wieder zusammenschweißen, wenn sie sich berühren. Einen solchen **Hochstromtrafo** benützt man zum elektrischen Schweißen und zum Schmelzen von Metallen in Induktionsschmelzöfen. — Am Ende von Hochspannungsleitungen erzeugen Hochstromtrafos in den Transformatorenhäuschen *(Abb. 363.1)* die normale Netzspannung von 220 V bei großer Stromstärke für die zahlreichen Verbraucher.

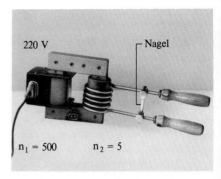

378.1 Trotz des großen Sekundärstroms fließt nur ein kleiner Primärstrom: Stromübersetzung.

2.   Die elektrische Energieübertragung

Ein E-Werk mittlerer Größe liefert die Leistung $P = 440\,000$ kW $= 440$ MW (Megawatt). Wollte man diese Leistung bei der Spannung $U = 220$ V den Verbrauchern zuführen, so müßte die Stromstärke den Wert $I = P/U = 2 \cdot 10^6$ A haben. Dieser Strom gäbe in der Fernleitung mit dem Widerstand R_L den Spannungsverlust $U_L = I \cdot R_L$ und den Leistungsverlust $P_L = U_L \cdot I = I^2 \cdot R_L$ (Seite 366). Nun soll aus wirtschaftlichen Gründen der Leistungsverlust P_L höchstens 10 % der erzeugten Leistung betragen, also 44 MW. Dann dürfte der Leitungswiderstand den Wert $R_L = P_L/I^2 = 10^{-5}$ Ω nicht überschreiten. Die Kupfer„drähte" für eine 100 km lange Doppelleitung müßten nach Gleichung (350.2) den Querschnitt $A = 400\,\text{m}^2$ (!!), das heißt den Durchmesser 20 m, haben! Der gesamte Kupfervorrat der Erde würde nur zur Hälfte für solch eine Leitung ausreichen! Deshalb transformiert man am Anfang der Leitung die Spannung auf 220 000 V hoch; die Stromstärke sinkt auf $\frac{1}{1000}$ ($2 \cdot 10^3$ A), die Verluste gehen beim gleichen Leitungswiderstand R_L sogar auf $\frac{1}{1000000}$ zurück. Läßt man aber wieder 10 % Verlust zu, so darf der Widerstand R_L der Leitung 10^6 mal so groß sein; der Leitungsquerschnitt darf auf $\frac{1}{1000000}$, das heißt auf 4 cm², verkleinert werden. In Verbrauchernähe formt man die Spannung stufenweise über 60 000 V, 15 000 beziehungsweise 6 000 V auf 220 V herab:

Versuch 110: Eine Wechselspannung von 4 V wird nach *Abb. 378.2* auf 800 V hochgespannt (Vorsicht!) und über eine „Fernleitung" vom Widerstand $R_L = 10000$ Ω einem 2. Trafo zugeleitet. Dieser spannt sie wieder auf etwa 4 V herab. Das 4 V-Lämpchen leuchtet trotz des hohen Widerstands der „Fernleitung". Würde man diesen Widerstand in den Niederspannungskreis bringen, so bliebe das Lämpchen dunkel. Die Zahlenangaben in *Abb. 378.2* sind idealisiert.

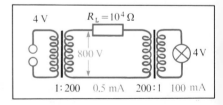

378.2 Modell einer Fernleitung

3.   Elektrizitätsversorgung

In *Abb. 379.1* zeigt Kurve 1 den Bedarf an elektrischer Leistung während eines Wintertages; er ist um 8 Uhr und um 17 Uhr besonders groß. Diesen Spitzenbedarf decken *Speicherkraftwerke*. Das sind *Wasserkraftwerke* am Fuß von Stauseen im Hoch- und Mittelgebirge *(Abb. 57.2)*. Sie können kurzfristig ein-

und ausgeschaltet werden. Die *Laufwasserwerke* in den Staustufen von Flüssen sind dagegen ständig in Betrieb, da sonst das Flußwasser ungenutzt ablaufen würde *(Abb. 57.3)*. Die Energie des Wassers deckt in der BRD etwa 10 % des Bedarfs ($180 \cdot 10^9$ kWh). Fast 80 % werden von *Dampfkraftwerken (Abb. 174.2)* aus Kohle, 10 % aus Öl geliefert *(Abb. 379.1:* „Wärmestrom"). Nachts wird mehr elektrische Energie erzeugt als verbraucht. Da man sie wirtschaftlich nicht speichern kann, pumpt man mit dem Überschuß Wasser aus Flüssen in hochliegende Staubecken („Pumpstrom"). Dieses Wasser steht im **Pumpspeicherwerk** bei Spitzenbedarf zur Verfügung. Auch geben die E-Werke nachts elektrische Energie billiger ab (Nachtstromtarif). In **Atomkraftwerken** wird die Energie zur Erzeugung von Dampf durch Kernspaltungsprozesse in Atomreaktoren erzeugt. Der Dampf treibt Turbinen an. 1966 wurde so nur 0,1 % der Energie gewonnen; 1980 sollen es 40 % sein. Man bedenke, daß sich etwa alle 10 Jahre der Bedarf an elektrischer Energie verdoppelt! Die genannten E-Werke sind in einem europäischen **Verbundsystem** vereinigt *(Abb. 379.2)* und helfen sich gegenseitig aus. Bei Ausfall eines Werks erhöhen andere sofort ihre Leistung.

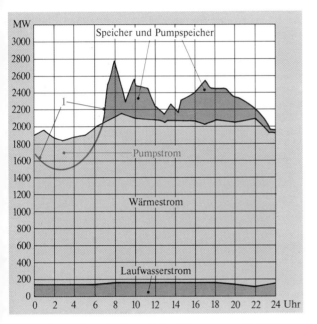

379.1 Leistungsbedarf während eines Wintertages; die E-Werke müssen ihm gewachsen sein.

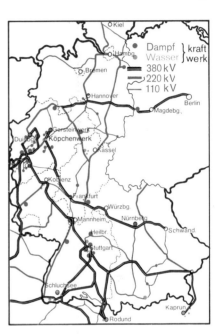

379.2 Verbundsystem in der Bundesrepublik und im angrenzenden Ausland

Aus der Geschichte von Magnetismus und Elektrizität

Wann der Mensch **magnetische Kräfte** entdeckte, ist unbekannt (Seite 285); Altertum und Mittelalter verbanden sie mit Magie und Zauberei. Die Richtkraft der *Kompaßnadel* war den *Chinesen* schon im 1. Jahrhundert bekannt; in Europa lernte man den Kompaß erst im 13. Jahrhundert durch die Kreuzzüge kennen; mit seiner Hilfe wagten sich die Seeleute aus den Küstengewässern auf die hohe See (*Kolumbus*, Seite 295). 1600 klärte der Engländer *W. Gilbert* die verworrenen Vorstellungen vom *Erdmagnetismus* auf und zeigte, daß die Erde als Ganzes ein Magnet ist. *Newton* unterschied klar zwischen Magnetismus und Schwerkraft.

Wenn heute von der **Elektrizität** die Rede ist, so denkt jeder an den elektrischen *Strom*. Doch lernten die Menschen als erstes die Kraft zwischen *elektrischen Ladungen* kennen: Vor $2\frac{1}{2}$ Jahrtausenden wußten bereits die *Griechen*, daß geriebener *Bernstein* kleine Körper anzieht. Vom Bernstein, der auf griechisch

Elektron heißt, bekam um 1600 die Elektrizität ihren Namen. Um 1550 hatte man begonnen, zwischen magnetischen und elektrischen Erscheinungen zu unterscheiden. Die Elektrizität kannte man für lange Zeit nur aus *Reibungsversuchen* (Seite 315). Sie ließ sich genauer untersuchen, als es gelang, Nachweis- und Meßgeräte zu bauen, zum Beispiel 1733 das *Elektroskop*. *Gray* unterschied 1729 als erster zwischen *Leitern* und *Nichtleitern, du Fay* nahm an, daß es zwei verschiedene Arten der Ladung gebe. 1750 vermutete der Amerikaner *Franklin*, daß der *Blitz* elektrischer Natur sei und fand die Unzerstörbarkeit der elektrischen Ladung. Man lernte, zwischen Ladung und Strom und um 1770 zwischen Ladung und *Spannung* zu unterscheiden.

1790 entdeckte *Luigi Galvani*, daß ein Froschschenkel zusammenzuckt, wenn er mit zwei verschiedenen Metalldrähten berührt wird, die miteinander verbunden sind. Dies regte *Alessandro Volta* an, 1800 das erste *galvanische Element* zu bauen; für die Stromstärke schrieb er die Gleichung $I = Q/t$. Mit dieser Stromquelle konnte man viel stärkere Ströme erzeugen als bis dahin mit Hilfe der „Reibungselektrizität". Damit eröffneten sich der elektrischen Forschung völlig neue Wege: *Davy* brachte um 1800 als erster einen dünnen Draht durch Strom zum Glühen und entdeckte 1809 den elektrischen *Lichtbogen*. Der Engländer *Joule* fand 1840 die Gesetze der *Wärmewirkung* des Stroms (Seite 364), *Goebel* entwickelte 1854 und *Edison* 1879 die *Glühlampe*.

1820 zeigte *Oersted*, daß der Strom eine Magnetnadel ablenken kann. Die Beziehung zum Magnetismus war hergestellt. Diesen **Elektromagnetismus** erforschte vor allem Ampère (Seite 322). Die praktischen Anwendungen (elektrische Meßinstrumente, Telegraph ab 1837, elektrische Klingel, Telephon ab 1861, Elektromotor ab 1821 usw.) beeinflussen unser heutiges Leben in einer kaum noch zu erfassenden Weise. Hierzu war es allerdings noch nötig, starke Ströme zu erzeugen. Dies nahm seinen Anfang, als 1831 *Faraday* den Oerstedschen Versuch umkehrte und Strom durch Bewegung eines Magneten erzeugte (siehe Induktion, Seite 371). Damit schuf er die Grundlagen der *Dynamomaschinen* (*Werner v. Siemens*, 1866). Schon 1821 baute *Faraday* den ersten *Elektromotor, Siemens* 1879 die erste *elektrische Lokomotive* und 1880 den ersten elektrischen *Aufzug*. 1882 setzte *Edison* in *New York* das erste *elektrische Kraftwerk* in Betrieb; es speiste 400 Lampen und 1884 einen Elektromotor; 1891 übertrug man 15 kW Leistung elektrisch von Lauffen am Neckar nach Frankfurt am Main über 178 km. Heute ist es ein wichtiges technisches, volkswirtschaftliches und politisches Problem, die Energie zu beschaffen, mit der man die Dynamomaschinen in den Elektrizitätswerken betreibt; alle 10 Jahre verdoppelt sich der Bedarf! Fragen des *Umweltschutzes* werden dabei zunehmend diskutiert.

Die *Elektrolyse* untersuchte *Faraday* um 1831 genauer und fand dabei wichtige Zusammenhänge zwischen der elektrischen *Ladung* und der *Materie*, das heißt zwischen *Physik* und *Chemie*. Die *elektrochemische Industrie* spielt heute eine wichtige Rolle. Aus den Untersuchungen zur *Elektrizitätsleitung* in *Flüssigkeiten* und in *Gasen* entwickelte sich die heute so bedeutsame **atomphysikalische Forschung.** Um 1895 entdeckte man das **Elektron** und erkannte es als Bestandteil des Atoms *(Thomson, Lenard, Lorentz)*. Damit begann unser **„elektronisches Zeitalter":** Nach dem ersten Weltkrieg bekam die *Nachrichtenübermittlung* durch die *Elektronenröhre* ganz neue Impulse, insbesondere im Funkverkehr und im Rundfunk. Die *Halbleiter* wurden nach dem zweiten Weltkrieg entwickelt und leiteten durch *Rechenautomaten, Datenverarbeitungsanlagen* (EDV: Elektronische Datenverarbeitung) und *Regelgeräte* die *zweite industrielle Revolution* ein (die erste war von der Dampfmaschine geprägt; diese ist heute fast ausgestorben!). Im folgenden besprechen wir die Grundlagen der Elektronik und einfache Aspekte aus der Nachrichtenübertragung, der Datenverarbeitung und der Regeltechnik.

Elektronik und Informatik

In der Elektrizitätslehre spielen Elektronen als Ladungsträger eine wichtige Rolle. Von Elektronik im engeren Sinn spricht man aber erst dann, wenn man die Elektrizitätsleitung durch Elektronen im Vakuum, in Gasen und im *Kristallgitter* der sogenannten **Halbleiter** betrachtet. Die Röhrendiode und die Braunsche Röhre des Oszillographen (§ 93) gehören zum Beispiel zur Elektronik. Weitere Geräte sollen jetzt untersucht werden.

§ 115   Die Verstärkerröhre (Triode)

Versuch 1: Man legt bei einem Oszillographen unmittelbar an die Platten für die Vertikalablenkung eine Wechselspannung von 1 V (siehe *Abb. 313.2*). Der Elektronenstrahl in der Braunschen Röhre wird nur ganz wenig nach oben und unten abgelenkt.

Es ist fast unmöglich, eine solch schwache Wechselspannung genau zu untersuchen; wir wollen sie deshalb verstärken.

Dazu kann man sogenannte **Verstärkerröhren** verwenden. *Abb. 381.1* zeigt die technische Ausführung, *Abb. 381.2* ein schematisches Bild einer solchen Röhre. Als erste Elektrode erkennen wir eine *Kathode*. Diese wird mit Hilfe der Heizbatterie B_1 zum Glühen gebracht. Im Inneren der Röhre bildet sich dadurch eine Elektronenwolke aus.

Zwischen Kathode und *Anode* legt man nun die *Anodenspannung* U_A mit der in *Abb. 381.2* angegebenen Polung. Dadurch wird die Elektronenwolke von der positiven Anode angezogen und abgesaugt. Weil aber die Glühkathode ständig Elektronen nachliefert, entsteht ein geschlossener Stromkreis, der sogenannte Anodenstromkreis (in *Abb. 381.2* rot eingezeichnet). Durch den Arbeitswiderstand R_A (10 kΩ) fließt der **Anodenstrom,** dessen Stärke I_A wir am Strommesser ablesen. Zwischen den Enden von R_A liegt an den Klemmen C und D eine Gleichspannung: $U = I_A \cdot R_A$.

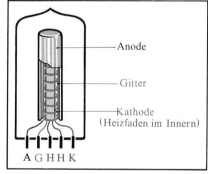

381.1 Triode. A = Anode, G = Gitter, H = Heizung, K = Kathode

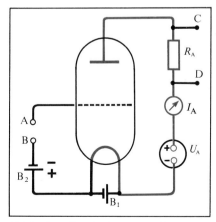

381.2 Einstufiger Röhrenverstärker; A, B: Eingangsbuchsen; C, D: Ausgangsbuchsen.

Die beiden bisher verwendeten Elektroden (Kathode und Anode) waren uns schon von der Röhrendiode her bekannt. Unsere Verstärkerröhre besitzt aber noch eine dritte Elektrode, das sogenannte **Gitter;** dieses besteht meist aus einem wendelförmigen Draht, den man in geringem Abstand um die Kathode wickelt, siehe *Abb. 381.1.* Wegen ihrer drei Elektroden wird diese Verstärkerröhre auch **Triode** genannt.

Wir legen nun die Gitterbatterie B_2 zwischen Kathode und Gitter. Die Kontakte A und B werden zunächst mit einem Metallbügel verbunden. Weil aber dabei der negative Pol von B_2 am Gitter liegt, erfahren die Elektronen in der Röhre vom Gitter her eine Abstoßungskraft; dadurch wird die von der Anode ausgehende Anziehungskraft zum Teil wieder aufgehoben, I_A nimmt ab. Wegen des kleinen Abstands zwischen Kathode und Gitter genügt dabei schon eine geringe Spannung der Batterie B_2, um I_A empfindlich zu drosseln. Verwenden wir zum Beispiel zunächst eine Gitterspannung von 2 V, so messen wir $I_A = 6$ mA. Erhöhen wir die Gitterspannung auf 4 V, so sinkt I_A auf 2 mA. Die Spannung zwischen den Enden des Arbeitswiderstands R_A betrug also zunächst $U_1 = 10000\,\Omega \cdot 0,006\,A = 60\,V$ und sank dann auf $U_2 = 10000\,\Omega \cdot 0,002\,A = 20\,V$. Ändert sich also die Spannung zwischen Gitter und Kathode um 2 V, so ändert sich die Spannung am Arbeitswiderstand um 40 V; wir haben eine 20fache Spannungsverstärkung.

Geringe Spannungsänderungen zwischen Gitter und Kathode der Triode rufen große Spannungsänderungen am Arbeitswiderstand R_A hervor.

Polt man die Gitterbatterie um (Pluspol am Gitter), so wird ein Teil der Elektronen statt von der Anode vom positiven Gitter angezogen. Diese Elektronen fließen also von der Kathode zum Gitter und bilden den sogenannten **Gitterstrom.** Durch diesen Gitterstrom wird aber die Gitterbatterie belastet; es muß also elektrische Leistung aufgewandt werden, um den Anodenstrom zu steuern. Will man über das Gitter den Anodenstrom ohne Leistungsaufwand steuern, so hat man darauf zu achten, daß kein Gitterstrom fließt; das Gitter muß also stets negativ im bezug auf die Kathode bleiben.

Wir wollen nun Spannungsänderungen zwischen Gitter und Kathode mit Hilfe einer Wechselspannung erzeugen, deren Scheitelwerte zwischen $+1\,V$ und $-1\,V$ schwanken. Dazu entfernen wir den Metallbügel zwischen A und B und legen statt dessen zusätzlich zur Gitterbatterie die Wechselspannungsquelle zwischen Gitter und Kathode. Die Spannung zwischen diesen beiden Elektroden ändert sich nun im Takt der Wechselspannung. Im gleichen Takt schwankt dann I_A, und am Arbeitswiderstand treten Spannungsschwankungen von 20facher Größe auf.

Würde man die zu verstärkende Wechselspannung ohne Gitterbatterie zwischen Kathode und Gitter legen, so wäre das Gitter zeitweise positiv im Bezug auf die Kathode; es würde ein Gitterstrom fließen, und diesen Fall wollen wir vermeiden.

Die Schaltung von *Abb. 381.2* stellt einen sogenannten einstufigen Verstärker dar. Die Klemmen A und B nennt man den *Eingang* der Schaltung (dort liegt die zu verstärkende Wechselspannung), die Klemmen C und D den *Ausgang* der Schaltung (dort greift man 20fach verstärkte Spannungsschwankungen ab).

Versuch 2: Wir bauen die Schaltung von *Abb. 381.2* auf und legen die Ausgangsklemmen C und D an die Vertikalablenkung des Oszillographen. Auf dem Schirm der Braunschen Röhre wird der Elektronenstrahl kräftig abgelenkt.

Die Helligkeit bei der *Fernsehröhre* steuert man durch den *Wehneltzylinder* W, der nach *Abb. 313.1* zwischen Kathode und Anode angebracht ist. Er wirkt wie ein Gitter. Lädt man ihn stärker negativ auf, so wird der Elektronenstrom schwächer und der Leuchtfleck auf dem Bildschirm dunkler.

Elektronenröhren werden heute in erster Linie als Bildröhren in Fernsehgeräten verwendet. Röhrendioden und Röhrentrioden ersetzt man dagegen in immer stärkerem Maße durch Bauelemente aus Halbleitern. Diese sollen in den folgenden Paragraphen untersucht werden.

§ 116   Halbleiter

1. Aufbau des Halbleiterkristalls

Die Elektrotechnik arbeitet einerseits mit möglichst guten Leitern, zum Beispiel mit reinem Kupfer. Andererseits braucht sie sehr gute Isolatoren. Seit etwa 30 Jahren benutzt man in steigendem Maße Stoffe, deren Leitfähigkeit weder dem einen noch dem anderen entspricht. Diese **Halbleiter** haben besondere Eigenschaften, die in Transistorradios, Computern usw. eine wichtige Rolle spielen. Wir untersuchen ihre Eigenschaften an den chemischen Elementen Silizium (Si) und Germanium (Ge). Dabei gehen wir stets von den reinsten Kristallen aus. In ihnen ist jedes Atom von 4 Nachbarn umgeben *(Abb. 383.1)*, denn es besitzt wie das Kohlenstoffatom 4 äußere Elektronen. Jedes entfernt sich ein wenig von seinem Atom und hält sich bevorzugt in der Mitte zu einem der vier Nachbaratome auf. Da auch jedes dieser Nachbaratome ein Elektron liefert, halten sich in diesem Bereich jeweils 2 Elektronen auf. Die Atomrümpfe bleiben positiv geladen zurück und werden durch die negative Ladung der dazwischen liegenden Elektronen zusammengehalten; man nennt diese daher **Bindungselektronen.**

Zur Vereinfachung denken wir uns das Kristallgitter in die Zeichenebene gepreßt *(Abb. 383.2)*. Wieder muß jeder Atomrumpf (+) von 4 Nachbarn umgeben sein, die durch die dazwischen liegenden Bindungselektronen (=) zusammengehalten werden. Wir vereinfachen schließlich noch weiter und denken uns eine geradlinige Kette herausgeschnitten (in *Abb. 383.2* gestrichelt gezeichnet) und in *Abb. 384.1* für sich allein eingetragen.

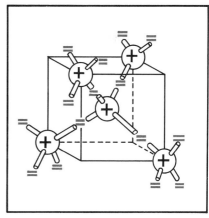

383.1 Kristallgitter von Germanium und Silizium in räumlicher Darstellung

383.2 Das gleiche Kristallgitter, vereinfacht

2. Halbleiter im Stromkreis

Versuch 3: Wir bringen in den Stromkreis von *Abb. 384.1* einen Halbleiter zwischen 2 Metallelektroden. Bei Zimmertemperatur fließt nur ein schwacher Strom, der jedoch beim Erwärmen stark ansteigt. Der Halbleiter besitzt also einen temperaturabhängigen Widerstand; er verhält sich dabei gerade umgekehrt wie ein Metall: sein Widerstand sinkt bei Temperaturerhöhung.

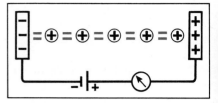

384.1 Modell einer Halbleiterkette im Stromkreis bei tiefer Temperatur

Dieses Verhalten läßt sich vom Aufbau des Halbleiterkristalls her verstehen: Bei sehr tiefen Temperaturen sind reine Halbleiterkristalle sehr gute Isolatoren. Die Bindungselektronen werden nämlich im Bereich zwischen den Atomkernen festgehalten. Darüber hinaus zeigt die moderne Atomphysik, daß dieser Bereich mit 2 Elektronen abgesättigt ist. Das bedeutet: Es können sich dort nie mehr als 2 Elektronen aufhalten. Deshalb können vom Minuspol in *Abb. 384.1* keine zusätzlichen Elektronen einwandern. Bei steigender Temperatur „schüttelt" nun die zunehmende Wärmebewegung immer mehr Elektronen aus ihren Bindungen frei. Diese **freien Elektronen** spielen eine große Rolle. Wir trennen sie in *Abb. 384.2* symbolisch von den Bindungselektronen, indem wir sie oberhalb der Kette zeichnen. Sie bewegen sich natürlich auch zwischen den Atomrümpfen, doch wollen wir durch dieses Bild ausdrücken, daß an ihnen von der Wärmebewegung Arbeit verrichtet wurde. Sie besitzen also mehr Energie als die Bindungselektronen, sind energetisch „angehoben" wor-

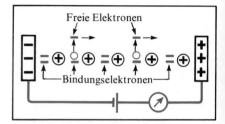

384.2 Modell einer Halbleiterkette im Stromkreis nach Temperaturerhöhung

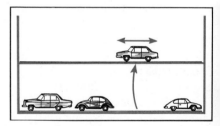

384.3 Parkhausmodell

den. Nach Anlegen einer Spannung werden sie zum Pluspol gezogen und am Minuspol wieder aus dem Stromkreis ersetzt. Der Kristall bleibt somit elektrisch neutral. Die bei den Bindungselektronen verbliebenen Löcher zeichnen wir als leere Kreise (○).

Um diese Vorgänge zu veranschaulichen, stellen wir uns ein Parkhaus vor, das dicht mit Autos gefüllt ist (siehe *Abb. 384.3*). Kein Auto kann vor oder zurück. Dies liefert uns ein Modell für das Verhalten der Bindungselektronen bei tiefen Temperaturen. Nun werden durch Kräne unter Arbeitsaufwand (siehe Wärmebewegung) einige Wagen in das nächste, leere Stockwerk gehoben. Dort können sie sich ungestört bewegen und stellen in unserem Modell die freien Elektronen dar. Unten entstehen Lücken, so daß nun auch dort eine Bewegung möglich wird. Ob sich diese Bewegungsmöglichkeit im unteren Stockwerk auch auf die Bindungselektronen übertragen läßt, prüfen wir in Ziffer 4.

> In Halbleitern ist zwischen zwei Arten von Elektronen zu unterscheiden: Bindungselektronen halten die Kerne zusammen; dabei können sich zwischen zwei Atomrümpfen höchstens zwei Bindungselektronen aufhalten. Durch die Wärmebewegung werden einige Elektronen aus der Bindung freigeschüttelt. Sie haben höhere Energie (oberes Niveau) und bewegen sich als Leitungselektronen frei im Kristall.

In Kupfer und Silber finden sich auch bei tiefsten Temperaturen freie Elektronen, und zwar etwa eines je Atom. Deshalb sind diese Metalle stets gute Leiter. In reinem Germanium ist bei Zimmertemperatur nur etwa jedes 10^{10}te Elektron frei; bei sehr tiefen Temperaturen gibt es fast gar keine freien Elektronen. Deshalb leiten Halbleiter viel schlechter als Metalle.

3. n-Halbleiter

Wenn wir anstreben, daß Halbleiter auch bei Zimmertemperatur besser leiten, müssen wir die Zahl der freien Elektronen vergrößern. Dies gelingt nur, wenn man gleichzeitig die positive Ladung der Kerne erhöht; sonst wäre der Kristall nicht mehr elektrisch neutral. Hierzu ersetzt man zum Beispiel jedes 10^6te Siliziumatom durch ein Arsenatom; man sagt: Der Siliziumkristall wird mit Arsen **dotiert** (dos, lat.; Gabe). Arsenatome haben ein äußeres Elektron mehr (5 statt 4) und auch eine zusätzliche Kernladung. Die Bindung zu den Nachbaratomen ist aber schon mit 4 Elektronen abgesättigt; das 5. Elektron kann sich also an dieser Bindung nicht beteiligen. Es tritt in die Reihe der freien Elektronen ein und erhöht so die Leitfähigkeit. Da diese beim Dotieren mit Arsen auf der Zugabe **n**egativ geladener Elektronen beruht, spricht man von einem **n-Halbleiter.** Die von der Wärmebewegung herrührenden Löcher werden jetzt durch die um Größenordnungen zahlreicheren freien Elektronen fast ganz „zugeschüttet".

4. p-Halbleiter

Man kann reine Ge- und Si-Kristalle auch mit Aluminiumatomen dotieren. Diese haben ein Elektron und eine Kernladung weniger. Dann fehlt jeweils ein Elektron in der Bindungsreihe. Dort entstehen sehr viele Löcher *(Abb. 385.1).* Die wenigen aus der Wärmebewegung stammenden freien Elektronen verschwinden, da sie einen kleinen Teil der Löcher auffüllen. Trotzdem

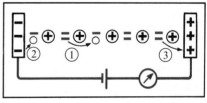

385.1 p-Halbleiter

leitet der Kristall besser als in reinem Zustand bei Zimmertemperatur. Wir haben dies schon im Parkhausmodell durch das Nachrücken von Autos in die entstandenen Lücken des unteren Stockwerks erläutert. Wie die Pfeile (1) zeigen, können nämlich Bindungselektronen von links in das rechts vom Atomrumpf liegende Loch „hüpfen", also zum Pluspol hin. Das Elektron bleibt hierbei gebunden (Parkhausmodell unteres Stockwerk), so daß hierzu keinerlei Energie gebraucht wird. Wie Pfeil 2 zeigt, können jetzt auch Elektronen aus dem Minuspol benachbarte Löcher auffüllen. Damit der Kristall als ganzes elektrisch neutral bleibt, müssen dafür gleichviel Bindungselektronen zum Pluspol abwandern (Pfeil 3). Dort entstehen neue Löcher. Durch „Hüpfen" von Bindungselektronen nach rechts (Pfeil 1) wandern diese Löcher nach links zum Minuspol hin. Sie entstehen durch Elektronenmangel an der betreffenden Stelle und erscheinen **p**ositiv geladen, weil die benachbarte Kernladung überwiegt. Man nennt deshalb einen mit Aluminium dotierten Kristall einen **p-Halbleiter.**

Bindungselektronen können wandern, wenn zwischen ihnen Löcher entstanden sind. Man sagt dann: „Positiv geladene Löcher" wandern zum Minuspol. Dieser Vorgang heißt p-Leitung.

---

§ 117 Halbleiterbauelemente und ihre Anwendungen

1. Die Halbleiterdiode

Versuch 4: In einer Halbleiter-(Kristall-)Diode grenzen ein n- und ein p-Halbleiter ohne Störung der Gitterstruktur aneinander. Der Anschluß zum n-Halbleiter ist durch einen Ring gekennzeichnet, im Schaltsymbol *(Abb. 386.1)* durch einen Querstrich. Wir legen den n-Halbleiter an den Minuspol, den p-Halbleiter an den Pluspol. Es fließt Strom *(Abb. 386.2a)*. Der Pfeil im Schaltsymbol gibt dabei die technische Stromrichtung an. Polen wir die Diode um, so sperrt sie wie ein Ventil *(Abb. 386.2b)*.

Bei der Durchlaßpolung fließen die sehr zahlreichen freien Elektronen des n-Halbleiters über die Grenzschicht zum p-Halbleiter und damit zum Pluspol (rechts in *Abb. 386.3*). Sie werden am Minuspol (links) wieder in den n-Halbleiter zurückgeführt. Aber auch Bindungselektronen treten vom n- in den p-Halbleiter, denn dieser hat sehr viele Löcher (siehe Parkhausmodell, unteres Stockwerk). Die Bindungselektronen hinterlassen nun im n-Halbleiter Löcher; doch rücken diese nach links zum Minuspol hin und werden dort aufgefüllt. Am Pluspol bilden sich dagegen neue Löcher, weil dort Bindungselektronen abgesaugt werden. Elektronenbewegungen spielen sich also in beiden „Stockwerken" ab. Dabei tritt wie bei einem Kupferdraht keinerlei Verschleiß des Kristalls ein. Man hat allerdings zu beachten, daß eine gewisse Höchststromstärke nicht überschritten wird, sonst wird die Kristallstruktur durch die Wärmewirkung des Stroms zerstört.

Bei entgegengesetzter Polung liegt in *Abb. 386.3* der Pluspol links. Dorthin erfahren sowohl freie wie Bindungselektronen eine Kraft. Doch beide kommen nicht über

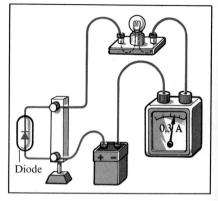

386.1 Halbleiterdiode im Stromkreis; sie ist hier in Durchlaß gepolt.

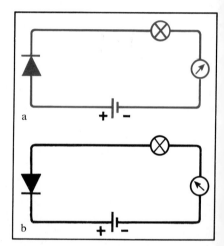

386.2 Diode in Durchlaßrichtung (a), beziehungsweise in Sperrichtung (b). Der Sperrstrom reicht nicht aus, um die Glühlampe zum Leuchten zu bringen.

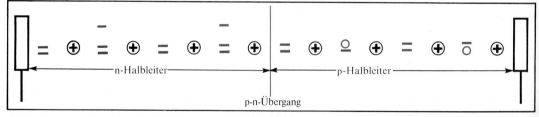

386.3 Zum p-n-Übergang der Elektronen

die Grenzschicht: Der p-Halbleiter besitzt keine freien Elektronen, die im oberen Stockwerk nach links fließen könnten (nur ganz wenige werden durch Wärmebewegung freigeschüttelt, so daß zum Beispiel in Siliziumdioden ein Sperrstrom von etwa 10^{-9} A fließt). Bindungselektronen kann der n-Halbleiter aber auch nicht aufnehmen, weil in ihm alle Bindungsplätze belegt sind. Es findet also praktisch kein Ladungstransport durch die p-n-Grenzschicht statt; die Diode sperrt.

> **Eine Kristalldiode leitet, wenn man den n-Halbleiter mit dem Minuspol und den p-Halbleiter mit dem Pluspol der Stromquelle verbindet. Andernfalls fließt nur ein unbedeutender Sperrstrom.**

Auf Seite 312 haben wir eine Röhrendiode verwendet, um Wechselstrom gleichzurichten. Diese Aufgabe kann auch eine Halbleiterdiode übernehmen. Die Schaltung von *Abb. 386.2* hat allerdings noch den Nachteil, daß beim technischen Wechselstrom (50 Hz) nur dann Strom durch die Diode fließt, wenn diese $\frac{1}{100}$ s lang in Durchlaßrichtung gepolt ist; anschließend fließt $\frac{1}{100}$ s lang gar kein Strom. Diese Schwierigkeit läßt sich mit der Schaltung von *Abb. 387.1* umgehen. Liegt dort für $\frac{1}{100}$ s der Pluspol oben und der Minuspol unten, so fließt Strom über D_1 und D_4 durch die Glühlampe; ändert sich die Polung, so wird die Glühlampe über D_3 und D_2 in der gleichen Richtung wie bisher vom Strom durchflossen.

387.1 Gleichrichterschaltung mit 4 Dioden (Brückenschaltung)

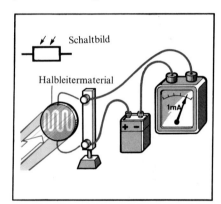

387.2 Fotowiderstand im Stromkreis

2. Der Fotowiderstand

Versuch 5: Nach *Abb. 387.2* wird ein reiner (undotierter) Halbleiter, zum Beispiel Cadmium-Sulfid, in einen Stromkreis gelegt. Die Polung ist dabei gleichgültig. Je stärker man den Halbleiter belichtet, um so besser leitet er. Durch Belichten führen wir nämlich dem Kristall Energie zu. Dadurch können Bindungselektronen befreit, das heißt „angehoben" werden, so daß nun elektrische Ladung in Bewegung gesetzt werden kann: Die befreiten Elektronen werden zum Pluspol gezogen (oberes „Stockwerk" in *Abb. 384.3*), die im unteren „Stockwerk" entstandenen Löcher zum Minuspol.

3. Die Fotodiode

Hierbei handelt es sich um eine Halbleiterdiode mit durchsichtigem Glasgehäuse oder einem Lichteintrittsfenster. Sie wird stets in Sperrichtung betrieben (Pluspol links in *Abb. 386.3*). Fällt Licht auf die pn-Grenzschicht, so werden dort Bindungselektronen frei, das heißt „angehoben". Tritt dieser Fall im p-Halbleiter (rechts in *Abb. 386.3*) auf, so werden die angehobenen Elektronen nach links zum Pluspol hin gezogen. Spielt sich der Vorgang im n-Halbleiter (links in *Abb. 386.3*) ab, so entstehen dort Löcher, welche von rechts her aufgefüllt werden. In beiden Fällen können also während des Belichtens Elektronen von rechts nach links die Grenzschicht überschreiten. Der zunächst ganz unbedeutende Sperrstrom wächst merklich an.

Fotowiderstände und Fotodioden werden als lichtabhängige Bauelemente bei Steuerungsvorgängen aller Art eingesetzt, zum Beispiel zum Überwachen der Flamme von Ölbrennern, zum automatischen Einschalten der Straßenbeleuchtung, siehe Seite 404.

4. Das Foto-Element

Versuch 6: Wir schalten eine Fotodiode ohne weitere Spannungsquelle an einen empfindlichen Strommesser. Beim Belichten fließt Strom. Offenbar wirkt die Fotodiode selbst beim Belichten als Spannungsquelle (Fotoelement, siehe *Abb. 388.1*). Lichtenergie wird hier unmittelbar in elektrische Energie umgewandelt. Dies benutzt man bei den Sonnenbatterien (Solarzellen) der Raumfahrzeuge. Hierbei werden etwa 15% der eingestrahlten Energie in elektrische Energie umgewandelt.

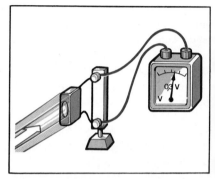

388.1 Fotoelement als Spannungsquelle

5. Der Transistor

Im sogenannten npn-Transistor besteht der Halbleiterkristall aus drei unterschiedlich dotierten Zonen (siehe *Abb. 388.2*): Auf den **Emitter** (n-Halbleiter) folgt die **Basis** (p-Halbleiter), und an diese schließt sich der **Kollektor** (n-Halbleiter) an. Verbindet man den Emitter E mit dem Minuspol, den Kollektor K über eine Glühlampe mit dem Pluspol einer Spannungsquelle, so fließt kein nennenswerter Strom; Basis und Kollektor wirken nämlich jetzt wie eine in Sperrichtung geschaltete Diode.

Versuch 7: Wir wollen nun auch den Basisanschluß B′ an die Pole unserer Spannungsquelle legen. Dazu bauen wir zwischen B′ und die Basisschicht des Transistors einen Schutzwiderstand von etwa 1 kΩ ein. Dieser schützt den Transistor vor zu starken Strömen, welche den Halbleiterkristall zerstören könnten. Verbinden wir nun B′ mit dem Pluspol der Stromquelle *(Abb. 389.1a)*, so werden freie Elektronen aus dem Emitter in die Basis hineingezogen. Ein Strommesser in diesem sogenannten **Basisstromkreis** zeigt diesen Strom I_B an. Gleichzeitig leuchtet die Glühlampe im **Kollektorstromkreis** (in *Abb.*

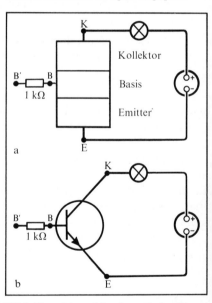

388.2 Transistor: (a) schematisch, (b) Schaltsymbol. K bedeutet Kollektor, E Emitter, B Basis. Der Kontakt B liegt unmittelbar an der Basisschicht; als Basisanschluß verwenden wir jedoch stets den Kontakt B′, weil der Widerstand zwischen B und B′ den Transistor vor Überlastung schützt.

389.1a rot eingezeichnet) hell auf; sie wird offenbar von einem Strom I_C durchflossen, der viel stärker ist als der Strom I_B im Basisstromkreis. Der Grund für dieses Verhalten liegt in der außerordentlich geringen Dicke der Basisschicht (etwa $\frac{1}{100}$ mm): Werden Elektronen in diese dünne Basisschicht gezogen, so diffundieren sie durch diese hindurch und werden vom positiven Kollektor angezogen; sie wandern also vom Emitter über die Basis zum Kollektor. Der Transistor stellt jetzt einen geschlossenen Schalter im Kollektorstromkreis dar. Dort fließt ein kräftiger Strom (Kollektorstrom I_C). Nur ein ganz geringer Anteil (etwa 1 %) der vom Emitter ausgehenden Elektronen wandert seitlich über den Basisanschluß ab (Basisstrom I_B). Der Emitter sendet also Elektronen aus (emittere, lat.; aussenden); der Kollektor sammelt den größten Teil dieser Elektronen (colligere, lat.; sammeln).

Ganz andere Verhältnisse liegen vor, wenn wir den Basisanschluß mit dem Minuspol verbinden *(Abb. 389.1b)*. Dann werden die freien Elektronen am Übertritt in die Basis und damit in den Kollektor gehindert. Wir messen

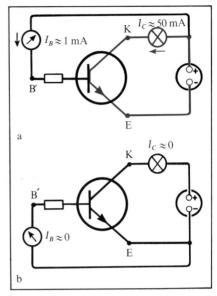

389.1 Transistor leitet (a), sperrt (b).

in diesem Fall weder im Basis- noch im Kollektorstromkreis einen nennenswerten Strom. Der Transistor stellt jetzt einen unterbrochenen Schalter im Kollektorstromkreis dar.

> **Ist beim npn-Transistor die Basis positiv (negativ) gegenüber dem Emitter, so wirkt der Transistor im Kollektorstromkreis wie ein geschlossener (unterbrochener) Schalter.**

Von diesen Schaltereigenschaften des Transistors machen wir in § 122 Gebrauch. Aber auch die Aufgabe, kleine Spannungen zu verstärken, wird heute in erster Linie mit Transistoren statt mit Trioden gelöst. Wie man dabei vorgeht, zeigen die folgenden Versuche:

Versuch 8: Wir ermitteln zunächst, wie die Stärke I_C des Kollektorstroms von der Spannung $U_{B'E}$ zwischen Emitter und Basis beeinflußt wird *(Abb. 389.2)*. Mit Hilfe einer Spannungsteiler-Schaltung (§ 107) vergrößern wir vorsichtig die Spannung zwischen Emitter und Basis. Machen wir hierbei die Basis positiv gegenüber dem Emitter, so beginnt der Transistor zu leiten. Es fließt ein Kollektorstrom, dessen Stärke I_C zunimmt, wenn wir die Basisspannung $U_{B'E}$ erhöhen. Aus zusammengehörigen Werten von $U_{B'E}$ und I_C erhalten wir die $U_{B'E}$-I_C-Kennlinie des Transistors, siehe *Abb. 390.1*. Betrachten wir etwa das Intervall $0,15$ V $< U_{B'E} < 0,25$ V, so sehen wir: eine Zunahme bei $U_{B'E}$ um $0,1$ V ruft bei I_C eine Zunahme um 40 mA hervor. Zwischen den Enden des sogenannten Arbeits-

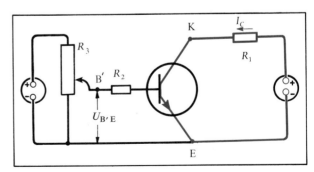

389.2 Aufnahme der $U_{B'E}$-I_C-Kennlinie des Transistors AC 127
$R_1 = 120\ \Omega;\ R_2 = 1\ \text{k}\Omega;\ R_3 = 100\ \Omega$

widerstands R_1 im Kollektorstromkreis (120 Ω) wächst dadurch die Spannung um 0,04 A · 120 Ω = 4,8 V an: Eine Spannungsänderung zwischen Emitter und Basis ruft am Arbeitswiderstand die 48fache Spannungsänderung hervor bei $U_{B'E}$ im angegebenen Intervall.

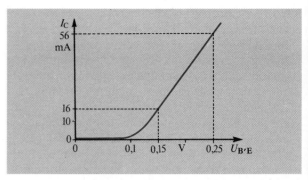

Kleine Spannungsschwankungen zwischen Emitter und Basis rufen am Arbeitswiderstand große Spannungsschwankungen hervor.

390.1 $U_{B'E}$-I_C-Kennlinie eines Ge-Transistors (AC 127). Bei einem Si-Transistor würde ein merklicher Kollektorstrom erst ab $U_{B'E}$ = 0,6 V auftreten.

Versuch 9: Wollen wir nun eine kleine Wechselspannung vom Scheitelwert 20 mV verstärken, so stellen wir mit Hilfe des Spannungsteilers zunächst $U_{B'E}$ auf 0,2 V ein, siehe *Abb. 389.2*. Legen wir zusätzlich die Wechselspannung an die Eingangsklemmen A und B' unserer Schaltung, so schwankt $U_{B'E}$ zwischen 0,18 V und 0,22 V. I_C ändert sich dadurch zwischen 28 und 44 mA; die Spannung am Arbeitswiderstand schwankt daher zwischen 3,36 V und 5,28 V.

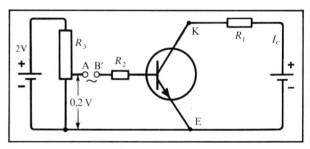

390.2 Transistorverstärker

Transistorverstärker haben gegenüber Röhrenverstärkern (§ 115) wesentliche Vorteile: Sie sind klein, unempfindlich gegen Stöße, arbeiten bei niedrigen Betriebsspannungen und brauchen keine Heizung. Weitere Schaltungen mit elektronischen Bauelementen verwenden wir in § 122.

Aufgaben:

1. *Zeichne a) für die Gleichrichterschaltung von Abb. 386.2, b) für die verbesserte Schaltung von Abb. 387.1 in einem rechtwinkligen Achsenkreuz die Stromstärke I in Abhängigkeit von der Zeit t ($\frac{1}{100}$ s $\cong$ 1 cm)!*

2. *Welche Teile von Triode und Transistor entsprechen einander? Welche beim Betrieb einer Triode erforderliche Spannungsquelle entfällt beim Transistor?*

3. *Beim Radioapparat werden von einem fernen Sender schwache Spannungsschwankungen in der Antenne erzeugt. Warum dauert es beim Röhrenverstärker nach dem Einschalten einige Sekunden, bis verstärkte Spannungsschwankungen für den Lautsprecher auftreten, während ein Transistorverstärker sofort einsatzbereit ist?*

4. *Bei dem in Versuch 8 verwendeten Transistor AC 127 schreibt die Herstellerfirma folgende Grenzdaten vor: I_C = 200 mA; I_B = 20 mA. Welchen Wert muß der Widerstand im Kollektor- beziehungsweise im Basisstromkreis mindestens besitzen, damit bei einer Betriebsspannung von 6 V der Transistor auf jeden Fall geschützt ist?*

5. *Bei welcher Polung der Basis würde in Abb. 389.1 ohne den Schutzwiderstand (1 kΩ) eine Überlastung des Transistors eintreten?*

6. *Warum wäre es in Versuch 9 äußerst ungünstig, mit dem Spannungsteiler $U_{B'E}$ auf 0,1 V einzustellen? Betrachte dazu die Kennlinie in Abb. 390.1!*

§ 118   Nachrichtenübertragung

Nachrichten verschiedenster Art **(Informationen)** erhalten wir durch das gesprochene Wort im unmittelbaren Gespräch oder über Telefon, Radio, Tonband, Schallplatte usw. Aber auch die Stromimpulse eines Morseapparats oder die Lochkombinationen einer Lochkarte liefern Informationen. Die Wissenschaft von der Information und der Technik ihrer Verarbeitung nennt man **Informatik.** Diese neue Wissenschaft spielt als Grundlage jeglicher sachgerechten politischen und wirtschaftlichen Entscheidung eine kaum zu überschätzende Rolle. Wir behandeln in den folgenden Paragraphen einige der physikalischen Voraussetzungen der Informatik.

1.   Der Fernsprecher

Man hält ein Blatt Papier vor den Mund und spricht laut dagegen. Berührt man es mit den Fingerspitzen, so spürt man, wie es vibriert: Beim Sprechen entstehen schnelle Schwankungen des Luftdrucks; durch diese wird das Papier in Schwingungen versetzt, ebenso wie das Trommelfell im Ohr (siehe Seite 192).

Soll das gesprochene Wort durch Leitungen elektrisch in die Ferne übertragen werden, müssen zunächst Luftschwingungen in Schwankungen der Stromstärke umgewandelt werden. Hierzu ersetzt man die Papiermembran nach *Abb. 391.1* im sogenannten **Mikrofon** durch eine dünne Metall- oder Kohlemembran, hinter der in einem Kohleblock Kohlekörner locker liegen. Erzeugt die Schallwelle Überdruck, wird die Membran etwas nach rechts gebogen, die Kohlekörner werden stärker zusammengepreßt. Sie berühren sich dann an mehr Stellen und insgesamt mit größerer Querschnittsfläche als bei Normaldruck. Dadurch sinkt der Widerstand zwischen Membran und Kohleblock. In dem Stromkreis, in dem das Mikrofon liegt, liefert die Batterie B einen stärkeren Strom. Erzeugt die Schall-

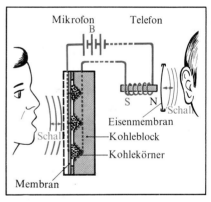

391.1 Mikrofon und Telefon

welle Unterdruck, wird die Membran etwas nach links gebogen, der Kontakt der Kohlekörner wird gelockert. Dabei steigt der Widerstand des Mikrofons, die Stromstärke sinkt. Die Teile des Kohlekörnermikrofons sind so leicht gebaut, daß sie Schalldruckschwankungen bis zu einer Frequenz von 3000 Hz folgen.

> **Im Stromkreis des Mikrofons rufen die Luftdruckschwankungen, welche beim Sprechen auftreten, Änderungen der elektrischen Stromstärke hervor.**

Der Schall breitet sich vom Sprechenden nach allen Seiten aus und ist deshalb auf große Entfernungen nicht mehr wahrzunehmen. Den elektrischen Strom dagegen kann man durch Drähte in ganz bestimmte Richtungen übertragen und sogar noch unterwegs verstärken.

Um nun die Schwankungen des Mikrofonstroms wieder hörbar zu machen, läßt man ihn im **Telefon** des Empfängers eine Spule durchfließen. In dieser befindet sich ein Dauermagnet, der eine Eisenmembran leicht anzieht. Diese magnetische Kraft wird durch das Magnetfeld des sich ändernden Stroms mehr oder weniger verstärkt. Die Membran schwingt demnach im Takt der Sprachschwingungen. Ihre raschen Bewegungen übertragen sich auf die Luft, die sie als Schall zum Ohr weiterleitet. Mikrofon und Telefon (im engeren Sinn) sind heute im Telefonhörer vereinigt. Unter dem Telefon im weiteren Sinn versteht man den ganzen Fernsprechapparat.

Die erste brauchbare Übertragung der menschlichen Sprache auf einer Leitung gelang 1861 dem Lehrer *Philipp Reis* (1834 – 1874). Der Schotte *Graham Bell* konstruierte 1876 in Amerika den Fernhörer mit permanentem Magneten, der auch als Geber diente. 1878 führten *Hughes* und *Edison* das Kohlekörnermikrofon ein. Beim modernen Selbstwählbetrieb wird die bekannte Nummernscheibe zum Beispiel um 3 Löcher gedreht. Beim Rücklauf gibt sie 3 Stromstöße in die Leitung zum Vermittleramt. Bei jedem Stromstoß zieht ein Elektromagnet seinen Anker einmal an und schiebt dadurch einen Kontakt mit Hilfe eines Zahnrads wie bei der elektrischen Uhr um einen Anschlußpunkt weiter. Durch mehrmalige sinnreiche Wiederholung wird so die Verbindung zum gewünschten Teilnehmer hergestellt. Auch solche Stromstöße übertragen Informationen, nämlich die im Telefonbuch angegebene Nummer des gewünschten Teilnehmers.

2. Der Fernschreiber (Telegraf)

Versuch 10: Wenn durch die Spule Sp nach *Abb. 392.1* Strom fließt, wird der Weicheisenanker A vom Weicheisenkern K angezogen. Dabei drückt der um die Achse D drehbar gelagerte Hebel den Schreibstift S gegen den mit konstanter Geschwindigkeit von einem Uhrwerk bewegten Papierstreifen. Wird der Strom unterbrochen, so zieht die Feder F den Schreibstift wieder etwas vom Papier weg. Bei einem kurzen Stromstoß gibt es auf dem gleichförmig bewegten Papierstreifen einen „Punkt", bei längerem Stromfluß einen „Strich".

Der hier beschriebene Telegraf wurde 1837 von dem amerikanischen Kunstmaler *S. Morse* erfunden. – Moderne Telegrafen (Fernschreibmaschinen) arbeiten viel schneller. Äußerlich ähneln sie Schreibmaschinen. Drückt man etwa auf die Taste des Buchstabens A, so wird eine vereinbarte Folge von Stromstößen ausgelöst; auf der Empfangsseite wird durch eine sinnreiche Kombination von Elektromagneten erreicht, daß bei dieser Folge von Stromstößen der Typenhebel des Buchstabens A auf ein Papierband gedrückt wird.

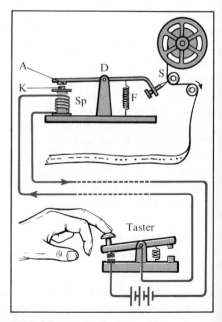

392.1 Morseapparat

Tabelle 392.1 Die Morsezeichen

e	·	t	–	z	– – · ·
i	· ·	m	– –	ä	· – · –
s	· · ·	o	– – –	p	· – – ·
h	· · · ·	ch	– – – –	r	· – ·
u	· · –	g	– – ·	n	– ·
ü	· · – –	w	· – –	d	– · ·
c	– · – ·	j	· – – –	b	– · · ·
x	– · · –	ö	– – – ·	v	· · · –
k	– · –	f	· · – ·	l	· – · ·
a	· –	y	– · – –	q	– – · –

3.   Analoge und digitale Nachrichtenübertragung

Mit Fernsprecher und Telegraf haben wir zwei Geräte kennengelernt, welche die zu übertragende Information auf ganz verschiedene Weise weitergeben: Im Mikrofon des Fernsprechers wird das gesprochene Wort in Stromschwankungen umgewandelt. Diese sind analog (ähnlich verlaufend) den Druckschwankungen, die beim Sprechen auftreten (**analoge Nachrichtenübertragung**). Dagegen wird beim Telegrafen zunächst jedem Buchstaben mit Hilfe eines Codes ein Zeichen zugeordnet (dem Buchstaben A zum Beispiel das Zeichen · —), welches mit elektrischen Hilfsmitteln übertragen wird. Beim Empfänger muß dann das übertragene Zeichen wieder entschlüsselt (decodiert) werden: **digitale Nachrichtenübertragung** (Nachrichtenübertragung durch vereinbarte Zeichen, zum Beispiel Morsezeichen oder Ziffern).

Aufgaben:

1. *Wie ändert sich die Mikrofonstromstärke, wenn der übertragene Ton lauter, wie, wenn er höher wird?*

2. *Wovon hängt der Widerstand eines Mikrofons ab?*

§ 119   Nachrichtenspeicherung

1.   Das Tonbandgerät

In § 57 haben wir besprochen, wie eine akustische Information mit Hilfe einer Schallplatte gespeichert werden kann. Beim Tonbandgerät erreicht man dasselbe Ziel mit elektrischen Hilfsmitteln:

Versuch 11: Man berührt einen unmagnetischen Stahlstreifen in Abständen von etwa 5 cm abwechselnd mit dem Nord- und dem Südpol eines Magneten. Zieht man den so magnetisierten Streifen über eine kleine, windungsreiche Spule hinweg, so wird in ihr eine Wechselspannung induziert. Ein angeschlossenes Spiegelgalvanometer zeigt Ausschläge wechselnder Richtung. Um den Magnetismus zu „löschen", zieht man den Stahlstreifen langsam durch eine von Wechselstrom durchflossene Spule.

Beim Tonbandgerät läuft ein Kunststoffband, das magnetisierbares Eisenoxid enthält, an einer Spule, dem sogenannten **Tonkopf** (oder auch Sprechkopf), mit konstanter Geschwindigkeit vorbei *(Abb. 393.1)*. Er wird vom Mikrofonstrom, der sich im Rhythmus von Sprache oder Musik ändert, durchflossen und magnetisiert das Band entsprechend. Bei der Wiedergabe läßt man dieses „besprochene" Band vor einer ähnlich gebauten Induktionsspule, dem sogenannten **Abhörkopf,** mit der gleichen Geschwindigkeit vorbeilaufen. Die in ihm indu-

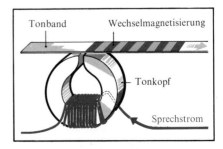

393.1 Prinzip des Tonbandgeräts

zierten Spannungen werden verstärkt (§ 117) und einem Lautsprecher zugeführt. — Zum „Löschen" setzt man das Band einem hochfrequenten magnetischen Wechselfeld aus.

394.1 Teil einer Lochkarte

2. Die Lochkarte

Verschlüsselt (codiert) man Informationen auf geeignete Weise, so lassen sich diese bequem speichern. Das bekannteste Beispiel hierfür liefert die Lochkarte:

Die üblichen Lochkarten sind rechteckige Kartonstreifen mit 12 Zeilen und 80 Spalten (siehe *Abb. 394.1*). Den einzelnen Informationen, die gespeichert werden sollen (zum Beispiel Ziffern oder Buchstaben), sind jeweils gewisse Spalten der Lochkarte zugeordnet. Soll in einer Spalte etwa der Buchstabe A gespeichert werden, so wird dort in die 1. und 4. Zeile ein Loch eingestanzt (siehe 1. Spalte in *Abb. 394.1*). Hier werden also den einzelnen Informationen auf Grund von Abmachungen bestimmte Zeichen zugeordnet. Solche durch Zeichen dargestellte Informationen nennt man **Daten.** Wie die auf Lochkarten gespeicherten Daten ausgewertet werden, zeigt § 120. Die Lochkarte wurde 1889 von dem Deutsch-Amerikaner *H. Hollerith* (1860 – 1929) erfunden.

Beim Tonbandgerät handelte es sich um eine analoge Speicherung der Information (je lauter der Ton, desto stärker die Magnetisierung des Bands an der betreffenden Stelle). Bei der Lochkarte liegt dagegen Informationsspeicherung in digitaler Form vor (jeder Einzelinformation wird ein gewisses Zeichen, nämlich eine Lochkombination, zugeordnet).

§ 120 Logische Schaltungen

1. Oder-Gatter

An den beiden Eingängen eines Hauses befindet sich jeweils ein Klingelknopf. Die Klingel K soll dann ertönen, wenn der erste Druckschalter (S_1) **oder** auch der zweite (S_2) gedrückt wird, selbstverständlich auch dann, wenn zufällig einmal beide Schalter zugleich betätigt werden. (Wir verwenden hier also das Wort „oder" nicht im ausschließenden Sinn von entweder-oder.) Zu diesem Zweck legt man die beiden Schalter parallel zueinander, siehe *Abb. 394.2*. Diese Parallelschaltung zweier Einzelschalter nennt man ein **Oder-Gatter.**

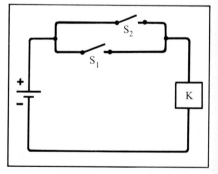

394.2 Oder-Gatter mit Handschaltern

Wir ordnen dem geschlossenen Schalter beziehungsweise der läutenden Klingel das Zeichen 1 zu; den unterbrochenen Schalter beziehungsweise die nicht betätigte Klingel kennzeichnen wir durch das Zeichen 0. Die Zeichen 1 und 0 nennen wir die **Schaltzustände** von S_1, S_2 und K. Dann zeigt *Tabelle 395.1*, wie durch die Schaltzustände der beiden Schalter S_1 und S_2 der Schaltzustand der Klingel K festgelegt wird.

Ein Oder-Gatter läßt sich zum Beispiel anwenden, wenn Daten für die Schüler einer Schule auf Lochkarten gespeichert vorliegen. Es soll etwa die Zahl der Schüler, welche in den Orten A oder B wohnen, für statistische Zwecke ermittelt werden. In einer bestimmten Spalte der Lochkarte ist durch ein ausgestanztes Loch der Wohnort des betreffenden Schülers gekennzeichnet. Gegen diese Spalte wird nun von unten eine Kontaktschiene gepreßt, siehe *Abb. 395.1*. Zwei parallel geschaltete Kontaktbürsten tasten nun die beiden Zeilen ab, welche zu den Wohnorten A beziehungsweise B gehören. Die gemeinsame Zuleitung beider Bürsten führt über ein Zählwerk Z zum einen Pol der Stromquelle, deren anderer Pol an der Kontaktschiene liegt. Die parallel geschalteten Kontaktbürsten stellen die Schalter unseres Oder-Gatters dar. Schaltzustand 1 liegt genau dann vor, wenn eine Kontaktbürste auf eine gelochte Stelle trifft, Schaltzustand 0 herrscht dagegen, wenn sich in der betreffenden Zeile kein Loch befindet (das Papier der Lochkarte isoliert). Das Zählwerk spricht genau dann an, wenn bei A oder bei B ein Loch eingestanzt ist.

2. Und-Gatter

Zu einem Schülerarbeitsplatz führt eine 220 V-Leitung. Aus Sicherheitsgründen schließt man die Steckdose am Arbeitsplatz so an, daß dort der Strom durch eine Glühlampe L nur dann fließt, wenn der Schüler den Tischschalter S_1 betätigt **und** zugleich der Hauptschalter S_2 am Lehrertisch geschlossen ist. Dazu sind beide Schalter hintereinander angeordnet, siehe *Abb. 395.2*. Man spricht dann von einem **Und-Gatter.** Die Schaltzustände der beiden Schalter hängen mit dem Schaltzustand der Lampe gemäß *Tabelle 395.2* zusammen.

Die auf Lochkarten eingestanzten Daten werden für manche Zwecke auch mit Hilfe solcher Und-Gatter ausgewertet. Soll etwa die Zahl der Schüler, die in A

Tabelle 395.1

Schaltzustand von		
S_1	S_2	K
1	1	1
1	0	1
0	1	1
0	0	0

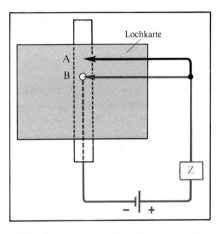

395.1 Abtasten einer Lochkarte mit Hilfe eines Oder-Gatters

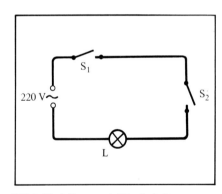

395.2 Und-Gatter mit Handschaltern

Tabelle 395.2

Schaltzustand von		
S_1	S_2	L
1	1	1
1	0	0
0	1	0
0	0	0

wohnen und zugleich Klasse 8 besuchen, festgestellt werden, so werden zwei Kontaktschienen von unten gegen die „Wohnortspalte" und gegen die „Klassenspalte" der Lochkarte gepreßt. Als Schalter werden zwei Kontaktbürsten hintereinandergelegt, welche diese beiden Spalten in den gewünschten Zeilen abtasten, siehe *Abb. 396.1*. Das Zählwerk Z spricht genau dann an, wenn Wohnort A und Klasse 8 jeweils durch ein eingestanztes Loch markiert sind.

3.   Gatterkombinationen

Oft tritt bei der Datenverarbeitung eine Kombination von Und- und Oder-Gatter auf. *Abb. 396.2* zeigt eine Schaltung, mit der die Zahl der Schüler ermittelt wird, welche Klasse 8 oder auch Klasse 9 besuchen und zugleich in A wohnen. Eine Parallelschaltung von zwei Kontaktbürsten (Oder-Gatter) wird dabei mit einer weiteren Kontaktbürste hintereinandergeschaltet (Und-Gatter). Ordnet man in *Tabelle 395.1* und *Tabelle 395.2* den Schaltzuständen 1 bzw. 0 die in der Aussagenlogik verwendeten **Wahrheitswerte** w (wahr) bzw. f (falsch) zu, so ergeben sich die sogenannten Wahrheitswerttafeln für Oder-Verknüpfung **(Disjunktion)** sowie Und-Verknüpfung **(Konjunktion)** zweier Einzelaussagen. Den Schaltzuständen der Einzelschalter entsprechen also die Wahrheitswerte der Einzelaussagen; dem Schaltzustand von Klingel K bzw. Lampe L entspricht der Wahrheitswert der aus den beiden Einzelaussagen gebildeten Oder-Aussage (Disjunkt) bzw. Und-Aussage (Konjunkt). Und- bzw. Oder-Gatter heißen daher **logische Schaltungen.**

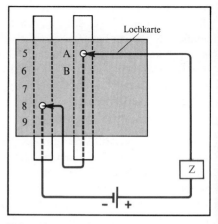

396.1 Abtasten einer Lochkarte mit Hilfe eines Und-Gatters. Die Schüler der Klasse 8, die am Wohnort A wohnen, werden gezählt.

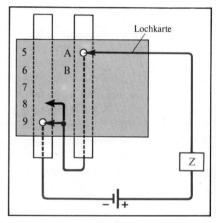

396.2 Abtasten einer Lochkarte mit Und- und Oder-Gatter

§ 121   Datenverarbeitung mit Hilfe von Relais

Logische Schaltungen treten bei Rechenanlagen in großer Zahl auf. Hier benötigt man elektrisch gesteuerte Schalter, bei denen zum Umschalten nur wenige Bruchteile von Sekunden erforderlich sind. Handschalter scheiden also von vornherein aus. Schalter mit den gewünschten Eigenschaften sind unter anderem die sogenannten **Relais**. Sie werden zwar heute bei modernen Rechenanlagen nicht mehr eingesetzt, doch wendet man sie bei vielen anderen technischen Aufgaben an.

Versuch 12: *Abb. 397.1a* zeigt rechts neben dem Elektromagneten den roten *Steuerstromkreis*. Schließt man dessen Schalter, so zieht der Elektromagnet die Blattfeder an, deren rechtes Ende festgeschraubt ist. Die am linken Ende nach unten gebogene Blattfeder schließt dort am sogenannten **Arbeitskontakt** den blau gekennzeichneten *Arbeitsstromkreis*; die Lampe leuchtet auf.

Versuch 13: In *Abb. 397.1b* berührt die Kontaktspitze zunächst von oben her das linke Ende der Blattfeder. Dann fließt Strom im sogenannten *Ruhestromkreis*, solange der Steuerkreis unterbrochen ist; die Kontaktspitze wird als **Ruhekontakt** bezeichnet. Der Ruhestrom wird unterbrochen, sobald der Elektromagnet im Steuerkreis die Feder anzieht.

Relais aller Größen *(Abb. 397.2)* werden oft verwendet, um durch verhältnismäßig schwache Steuerströme starke Arbeits- oder Ruheströme oft über große Entfernungen zu schalten, zum Beispiel im Autoanlasser, in Verkehrsampeln, Bahnsignalen und bei künstlichen Satelliten.

Logische Schaltungen lassen sich mit Hilfe von Relais sehr bequem ausführen. In *Abb. 397.3* erkennt man zum Beispiel die beiden parallel geschalteten Einzelschalter des Oder-Gatters. Schickt man auch nur durch eine der beiden Spulen einen Strom (Schaltzustand 1), so tritt auch bei der Lampe L im Arbeitsstromkreis Schaltzustand 1 auf, wie das in *Tabelle 395.1* verlangt wird. In *Abb. 397.4* sieht man dagegen die beiden hintereinander gelegten Einzelschalter des Und-Gatters. Gemäß *Tabelle 395.2* erlischt hier die Lampe L, sobald auch nur eine der beiden Spulen nicht vom Strom durchflossen wird (Schaltzustand 0).

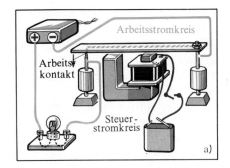

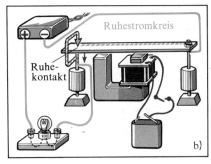

397.1 Relais; oben: mit Arbeitskontakt; unten: mit Ruhekontakt

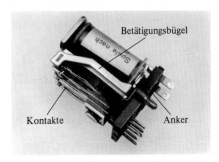

397.2 Relais; technische Ausführung

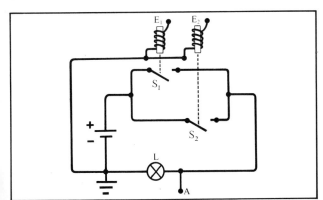

397.3 Oder-Gatter mit Relais

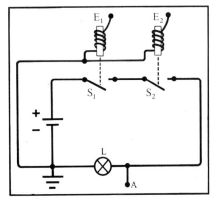

397.4 Und-Gatter mit Relais

Wir erhalten eine weitere logische Schaltung, wenn wir ein Relais mit Ruhekontakt verwenden, siehe *Abb. 398.1.* Solange durch die Spule S im Steuerstromkreis kein Strom fließt (Schaltzustand 0), besitzt die Lampe L im Ruhestromkreis den Schaltzustand 1 und erhält erst dann den Schaltzustand 0, wenn im Steuerstromkreis ein Strom auftritt. Die Schaltzustände von S und L sind also gemäß *Tabelle 398.1* miteinander verknüpft. Weil die Schaltzustände in den beiden Stromkreisen stets komplementär (entgegengesetzt) sind, nennt man diese Schaltung ein **Komplementiergatter** oder auch ein **Negationsglied.**

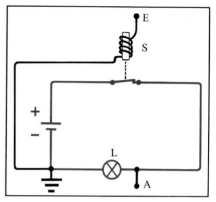

398.1 Komplementiergatter mit Relais

In § 120 haben wir gesehen, daß man bei der Datenverarbeitung oft Oder-Gatter mit Und-Gattern kombiniert. Dazu muß jetzt der Schaltzustand eines mit Hilfe von Relais aufgebauten Gatters an ein zweites Gatter „weitergemeldet" werden. Diese Aufgabe übernimmt der sogenannte Ausgang A eines Gatters, dessen Verhalten wir zunächst untersuchen wollen:

Tabelle 398.1

Schaltzustand von	
S	L
1	0
0	1

1. Fall: Der Lampenstromkreis in *Abb. 398.1* sei geschlossen. Der Ausgang A liegt über den widerstandslosen Schalter am Pluspol; zwischen Pluspol und Ausgang A fällt also keine Spannung ab, denn die volle Batteriespannung liegt an der Lampe. Wir sagen: A besitzt die **Polarität +.**

2. Fall: Der Lampenstromkreis sei unterbrochen; zwischen Minuspol und A fällt keine Spannung ab, weil ja durch die Lampe kein Strom fließt. A ist nur mit dem Minuspol verbunden. Wir sagen: A besitzt die **Polarität −.** Wir stellen beide Fälle noch einmal zusammen:

Tritt zwischen dem Kontakt A und dem Pluspol kein nennenswerter Spannungsabfall auf (1. Fall), so besitzt A die Polarität +.

Tritt zwischen dem Kontakt A und dem Minuspol kein nennenswerter Spannungsabfall auf (2. Fall), so besitzt A die Polarität −.

Diese Ausdrucksweise übertragen wir auch auf die sogenannten Eingänge E_1 bzw. E_2 unserer Gatter. Verbinden wir etwa den Eingang E_1 in *Abb. 397.3* über ein Kabel mit dem Pluspol der Batterie, so fällt zwischen Pluspol und E_1 praktisch keine Spannung ab, denn fast die ganze Batteriespannung liegt am Relais. E_1 besitzt dann die Polarität +. Das Relais spricht an. Unterbrechen wir dagegen die Verbindung von E_1 und Pluspol oder verbinden wir E_1 über ein Kabel mit dem Minuspol, so fließt kein Strom durch die Spule; zwischen E_1 und Minuspol fällt demnach keine Spannung ab. Also besitzt E_1 in diesem Fall die Polarität −. Das Relais spricht nicht an. Ebenso können wir dem zweiten Eingang E_2 die Polarität + bzw. − geben.

Tabelle 398.2

Polaritäten beim Oder-Gatter

E_1	E_2	A
+	+	+
+	−	+
−	+	+
−	−	−

Die Arbeitsweise des Oder-Gatters von *Abb. 397.3* läßt sich demnach auch so beschreiben: Gibt man auch nur einem der beiden Eingänge E_1 beziehungsweise E_2 die Polarität +, so erhält auch der Ausgang A die Polarität +. Die Polaritäten der Ein- und Ausgänge sind also gemäß *Tabelle 398.2* miteinander verknüpft.

Wir geben den Eingängen E_1 und E_2 des Und-Gatters von *Abb. 397.4* die Polarität +, indem wir sie durch Kabel mit dem Pluspol verbinden. Dann sind die beiden hintereinander gelegten Schalter S_1 und S_2 geschlossen. Zwischen dem Ausgang A und dem Pluspol fällt keine nennenswerte Spannung ab, da die volle Batteriespannung an der Lampe liegt. In diesem Fall erhält somit auch A die Polarität +. In allen anderen Fällen fließt kein Strom im Arbeitsstromkreis, so daß auch zwischen A und Minuspol keine Spannung abfällt, A somit die Polarität − erhält. Der Zusammenhang zwischen Eingangs- und Ausgangspolarität wird hier durch *Tabelle 399.1* geliefert. Beim Und-Gatter besitzt also der Ausgang A genau dann die Polarität +, wenn E_1 und E_2 die Polarität + besitzen.

Tabelle 399.1

Polaritäten beim Und-Gatter

E_1	E_2	A
+	+	+
+	−	−
−	+	−
−	−	−

Verbinden wir beim Komplementiergatter von *Abb. 398.1* den Eingang E über ein Kabel mit dem Pluspol, so fließt Strom durch die Spule, der Ruhekontakt wird angezogen und unterbricht den Lampenstromkreis. Dadurch ist A nur noch mit dem Minuspol verbunden und erhält die Polarität −. Verbinden wir dagegen E mit dem Minuspol, so fließt in der Spule kein Strom, der Ruhestromkreis bleibt geschlossen; dabei besitzt A die Polarität +. E und A haben also stets umgekehrte Polarität, siehe *Tabelle 399.2*.

Tabelle 399.2

Polaritäten beim Komplementier-Gatter

E	A
+	−
−	+

Wir wollen nun mehrere Gatter miteinander kombinieren, siehe *Abb. 399.1*. Dazu greifen wir auf das Beispiel von § 120 zurück. Die erforderlichen Daten wollen wir jedoch dieses Mal nicht über Lochkarten eingeben. Besuch von Klasse 8 soll vielmehr durch die Polarität + am Eingang E_1 des Oder-Gatters angezeigt werden, Besuch von Klasse 9 durch die Polarität + am Eingang E_2; liegt Wohnort A vor, so soll der Eingang E_1' des Und-Gatters die Polarität + erhalten. Treten andere Klassen beziehungsweise Wohnorte auf, wollen wir diesen Eingängen die Polarität − geben.

Der Ausgang A des Oder-Gatters wird nun mit dem Eingang E_2' des Und-Gatters verbunden und liefert so die Polarität + für E_2' genau dann, wenn die Eingangspolaritäten für einen Schüler aus Klasse 8 oder 9 vorliegen. Am Ausgang A' des Und-Gatters tritt also die Polarität + genau dann auf, wenn der Ausgang A des Oder-Gatters die Polarität + liefert und zugleich der Eingang E_1' des Und-Gatters.

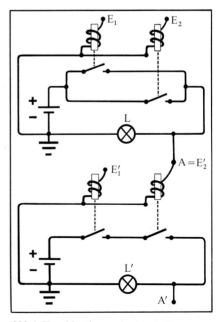

399.1 Kombination mehrerer Gatter

Gegenüber dem Abtasten von Lochkarten mit Hilfe von Kontaktbürsten *(Abb. 396.2)* treten bei unserer jetzigen Schaltung große Vorteile auf, wenn die zu untersuchenden Daten von geeigneten Speichern in Form elektrischer Impulse geliefert werden. Hierzu verwendet man häufig schnell laufende Tonbänder, auf denen die Daten magnetisch gespeichert sind. Die Bänder laufen an Abhörköpfen vorbei (siehe § 119), in denen durch Induktion elektrische Impulse auftreten. Schließt man diese Abhörköpfe an die Eingänge an, so lassen sich je Sekunde Hunderte von Eingangspolaritäten überprüfen, während beim unmittelbaren Abtasten von Lochkarten nur etwa 10 Datensätze je Sekunde eingegeben werden können.

Aufgaben:

1. *Beim Betätigen eines Autoanlassers tritt ein Strom von etwa 200 A auf. Warum ist es (insbesondere bei Wagen mit Heckmotor) unzweckmäßig, den Strom über lange Kabel zum Schlüsselschalter am Armaturenbrett und von dort wieder zurück zum Anlasser zu leiten (siehe Seite 360)? In welchen der Stromkreise von Abb. 397.1 legt man den Zündschlüssel, in welchen den Anlasser?*

2. *Sobald der Stromkreis eines Elektromotors unterbrochen wird, soll eine Warnlampe aufleuchten. Zeichne ein Schaltbild mit Hilfe eines hierfür geeigneten Relais!*

3. *Welche Polarität besitzt der Kontakt P in Abb. 400.1 bei geschlossenem bzw. bei unterbrochenem Schalter?*

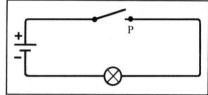

400.1 Zu Aufgabe 3

§ 122   Datenverarbeitung mit Hilfe elektronischer Bauelemente

Auch Relais enthalten mechanische Bauelemente (die Blattfedern der Kontakte), welche einem natürlichen Verschleiß ausgesetzt sind. Zudem können sie nicht mit der hohen Geschwindigkeit betätigt werden, die für moderne Datenverarbeitungsanlagen **(Computer)** wünschenswert ist. Deshalb verwendet man für logische Schaltungen bei Computern heute ausschließlich elektronische Bauelemente **(elektronische Datenverarbeitung, EDV)**.

Abb. 400.2 zeigt ein mit Hilfe von Halbleiterdioden gebautes Gatter. Es genügt offenbar, auch nur einem der beiden Eingänge die Polarität + zu geben (in *Abb. 400.2* ist dies der Eingang E_1); denn durch die zugehörige Diode D_1 kann dann Strom über die Lampe L zum Minuspol fließen. Hierbei erhält der Ausgang A die Polarität +, denn an der in Durchlaßrichtung betriebenen Diode D_1 fällt nur ein geringer Bruchteil der Batteriespannung ab; diese Spannung liegt fast vollständig an Lampe L und Widerstand R. Nur wenn beide Eingänge die Polarität − besitzen, fließt kein Strom. Dann erhält A die Polarität −. Die Polaritäten der Ein-

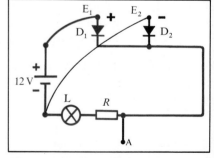

400.2 Oder-Gatter mit Halbleiter-Dioden. Die roten Leitungen sind stromdurchflossen.

und Ausgänge hängen also gemäß *Tabelle 398.2* zusammen. Es handelt sich also um ein Oder-Gatter. Um die Bedeutung der Dioden D_1 und D_2 zu verstehen, denken wir uns diese vorübergehend durch Kupferdrähte ersetzt. Bei den in *Abb. 400.2* vorliegenden Polaritäten wären dann Plus- und Minuspol der Batterie über die Eingänge E_1 und E_2 kurzgeschlossen. Die Diode D_2 ist nun aber so gepolt, daß von E_1 nach E_2 kein Strom fließen kann, so daß ein Kurzschluß verhindert wird. Eine entsprechende Aufgabe übernimmt D_1, wenn E_2 die Polarität $+$ und E_1 die Polarität $-$ besitzt.

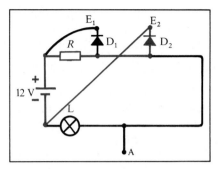

401.1 Und-Gatter mit Halbleiterdioden

Abb. 401.1 zeigt eine weitere logische Schaltung. Sobald dort auch nur einer der Eingänge die Polarität $-$ erhält (in *Abb. 401.1* ist dies der Eingang E_2), fließt der größte Teil des Stroms nach Durchlaufen des kleinen Widerstands R statt über die Lampe L über die Diode D_2 zum Minuspol. Fließt aber fast kein Strom mehr über die Lampe, so tritt zwischen Ausgang A und Minuspol kein nennenswerter Spannungsabfall mehr auf, so daß A jetzt die Polarität $-$ erhält.

A kann in Einklang mit *Tabelle 399.1* nur dann die Polarität $+$ erhalten, wenn beide Eingänge die Polarität $+$ besitzen (oder überhaupt nicht angeschlossen sind, ein Fall, der bei logischen Schaltungen weiter nicht interessiert). Dann fließt nämlich der Strom vollständig über R und L zum Minuspol. Dabei ist der Spannungsabfall am kleinen Schutzwiderstand R zwischen A und Pluspol gering verglichen mit dem Spannungsabfall an der Lampe. Auch hier haben die Dioden die Aufgabe, einen Kurzschluß der Batterie zu verhindern, siehe Aufgabe 1.

Ein mit Hilfe eines Transistors gebautes Komplementiergatter haben wir schon in *Abb. 389.1* kennengelernt. Als Eingang haben wir dabei den Basisanschluß B' aufzufassen, als Ausgang den Kollektoranschluß K. In *Abb. 389.1a* hat B' die Polarität $+$, der Transistor leitet, K ist ohne wesentlichen Spannungsabfall mit dem Minuspol verbunden, denn fast die ganze Batteriespannung fällt an L ab. In *Abb. 389.1b* dagegen hat B' die Polarität $-$, der Transistor sperrt, und da jetzt an der Lampe keine Spannung mehr abfällt, besitzt K die Polarität $+$. B' und K haben also stets umgekehrte Polarität, und gerade diese Eigenschaft wird in *Tabelle 399.2* für Ein- und Ausgang eines Komplementiergatters verlangt.

Als Schaltsymbole für logische Gatter verwendet man die Zeichen von *Abb. 401.2*. Dabei zeichnet man das Innere des Gatters als Halbkreis. In diesem Halbkreis kann man sich zum Beispiel beim Oder-Gatter die Schaltung von *Abb. 397.3* oder die Schaltung von *Abb. 400.2* vorstellen. Die ins Innere des Halbkreises führenden durchgehenden Linien sollen andeuten, daß die Dioden des Oder-Gatters in Durchlaßrichtung geschaltet sind, wenn man von den Eingängen zum Ausgang geht. Beim Und-Gatter sind die von den Eingängen wegführenden Linien unterbrochen, um anzudeuten, daß die Dioden des Gatters in Sperrichtung geschaltet sind.

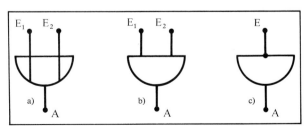

401.2 2 Gattersymbole: (a) Oder-Gatter, (b) Und-Gatter, (c) Komplementiergatter

An einem einfachen Beispiel soll gezeigt werden, wie unsere logischen Gatter beim Aufbau des Rechenwerks in einem Computer verwendet werden können. Dazu betrachten wir die Addition zweier im Dualsystem gegebener einstelliger Zahlen. Hierbei treten folgende Fälle auf:

$$0+0=0; \quad 0+1=1; \quad 1+0=1; \quad 1+1=10.$$

In *Tabelle 402.1* sind diese 4 Additionsaufgaben dargestellt: Jedem Paar von Summanden ($e_1 \mid e_2$) ist eine Summenziffer s für die Einerstelle sowie eine Übertragsziffer ü für die nächste Stelle (Zweierstelle) zugeordnet; dabei hat ü den Wert 1 genau dann, wenn wir die zweistellige Dualzahl 10 als Summe erhalten (4. Zeile von *Tabelle 402.1*). In allen anderen Fällen hat ü den Wert 0.

Tabelle 402.1

e_1	e_2	s	ü
0	0	0	0
0	1	1	0
1	0	1	0
1	1	0	1

Um diese Additionsaufgabe mit elektrischen Hilfsmitteln durchführen zu können, ordnen wir der Ziffer 0 die Polarität −, der Ziffer 1 die Polarität + zu. Dann benötigen wir eine Schaltung mit zwei Eingängen E_1 und E_2 und zwei Ausgängen S und Ü, deren Polaritäten gemäß *Tabelle 402.2* miteinander zusammenhängen. Die Eingangspolaritäten entsprechen den Werten, welche die Summanden annehmen können, die Ausgangspolaritäten liefern die zugehörigen Werte für Summen- und Übertragsziffer.

Tabelle 402.2

E_1	E_2	S	Ü
−	−	−	−
−	+	+	−
+	−	+	−
+	+	−	+

Der Ausgang Ü ist an die beiden Eingänge E_1 und E_2 so anzuschließen, daß bei Ü die Polarität + genau dann auftritt, wenn bei E_1 und E_2 die Polarität + vorliegt. Wir schalten also das Und-Gatter 1 in *Abb. 402.1* an die beiden Eingänge E_1 und E_2. Sein Ausgang Ü liefert die gewünschte Polarität und zeigt damit den Wert der Übertragsziffer ü an.

Der Ausgang S soll dagegen genau dann die Polarität + haben, wenn E_1 die Polarität + besitzt **und** E_2 nicht (3. Zeile) **oder** wenn E_2 die Polarität + besitzt **und** E_1 nicht (2. Zeile). Mit Hilfe der beiden Komplementiergatter 2 und 3 verschaffen wir uns zunächst zwei Kontakte $\bar{E}_1$ und $\bar{E}_2$,

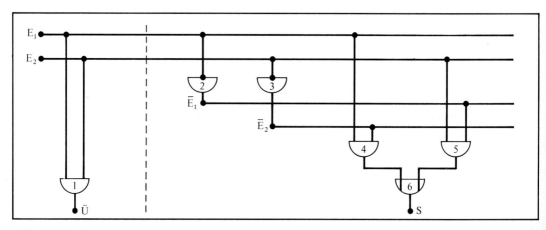

402.1 Halbaddierer

welche stets die zu E_1 beziehungsweise E_2 komplementäre Polarität besitzen. Dann geht aus *Abb. 402.1* hervor: Der Ausgang des Und-Gatters 4 hat genau dann die Polarität +, wenn E_1 die Polarität + besitzt und E_2 nicht (3. Zeile von *Tabelle 402.2*); der Ausgang des Und-Gatters 5 hat genau dann die Polarität +, wenn E_2 die Polarität + besitzt und E_1 nicht (2. Zeile von *Tabelle 402.2*). Verbindet man die Ausgänge der beiden Und-Gatter mit den Eingängen des Oder-Gatters 6, so liefert dessen Ausgang S genau dann die Polarität +, wenn die Fälle von Zeile 2 oder von Zeile 3 vorliegen. S zeigt also durch seine Polarität den Wert der Summenziffer s an.

Aufgaben:

1. *Wir denken uns beim Und-Gatter von Abb. 401.1 die Dioden vorübergehend durch Kupferdrähte ersetzt. Bei welchen Polaritäten der Eingänge liegt dann ein Kurzschluß der Batterie vor? Bei welcher Polarität verhindert D_1, bei welcher D_2 diesen Kurzschluß?*

2. *Damit in Abb. 401.1 der Ausgang A die Polarität + erhält, darf zwischen Pluspol und A kein nennenswerter Spannungsabfall auftreten. Bei welchen Eingangspolaritäten ist dies der Fall? Wie müssen dabei Schutzwiderstand R und Lampenwiderstand aufeinander abgestimmt sein?*

3. *Zeichne die Schaltung von Abb. 399.1 mit Hilfe der Schaltsymbole von Abb. 401.2!*

§ 123   Steuerung und Regelung

Für die moderne Industrie ist es von entscheidender Bedeutung, daß Produktionsabläufe ohne ständiges Eingreifen eines menschlichen Kontrolleurs vor sich gehen (**Automation**). Dabei liefern Meßinstrumente Informationen über physikalische Größen, und je nach Ergebnis dieser Messung wird ohne menschliches Zutun in den Ablauf eingegriffen. Einige einfache Vorgänge dieser Art wollen wir jetzt besprechen.

Versuch 14: In *Abb. 403.1* fließt Strom durch Glühlampe und Spule. Seine Stärke reicht jedoch nicht aus, um den runden, gleichfalls vom Strom durchflossenen Anker A von den beiden horizontalen Stricknadeln wegzuziehen. Erst wenn man die Lampe kurzschließt, wird die Stromstärke so groß, daß A vom Elektromagneten angezogen wird. Dadurch wird der Stromkreis schlagartig unterbrochen.

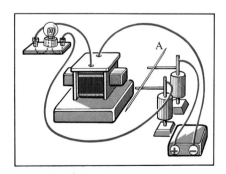

403.1 Prinzip der magnetischen Sicherung (Überstromschalter). Im Versuch rollt der runde Anker A auf zwei waagrechten Stricknadeln. Fließt ein starker Strom durch die Spule, fällt der Anker herab.

Nach dem eben besprochenen Prinzip arbeiten magnetische Sicherungen. Solche Sicherungen können im Stromkreis selbsttätig Kontrollaufgaben übernehmen. Wir besprechen jetzt noch einige Geräte, welche der aufgetretenen Störung auch entgegenwirken können (Regelglieder):

Die Schaltung von *Abb. 404.1* hat die Aufgabe, die Raumhelligkeit nicht unter einen bestimmten Wert absinken zu lassen. Solange diese Helligkeit groß genug ist, stellt der Fotowiderstand F einen guten Leiter dar; sein elektrischer Widerstand ist also gering. Fast die ganze Spannung der Batterie fällt daher am Festwiderstand R ab; zwischen den Enden des Fotowiderstands liegt nur eine ganz geringe Teilspannung, und da diese Teilspannung zugleich zwischen Basisanschluß B′ und Emitter E eines Transistors gelegt ist, wird sie zunächst nicht ausreichen, um diesen Transistor leitend zu machen. Sobald jedoch die Raumhelligkeit absinkt, steigt der Widerstand von F, so daß nun ein größerer Teil der Spannung an F und damit zwischen B′ und E liegt. Dadurch wird der Transistor leitend und schaltet die Glühlampe L im Kollektorstromkreis ein. Steigt die Raumhelligkeit etwa infolge von Sonnenbestrahlung wieder an, so sinkt die Spannung zwischen B′ und E wieder ab, so daß L automatisch abgeschaltet wird.

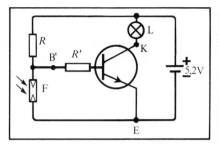

404.1 Regelung der Raumhelligkeit mit Hilfe eines Fotowiderstands

Versuch 15: Zum Stromkreis von *Abb. 404.2* gehört ein Bimetallstreifen, dessen linkes Ende bei A einen Kontaktstift berührt. Erwärmt die Glühlampe diesen Streifen (Temperaturstörung), so krümmt er sich stark nach oben und unterbricht dabei diesen Stromkreis. Nach Absinken der Temperatur biegt sich der Bimetallstreifen wieder zurück und schließt den Stromkreis. Man kann den Kontaktstift nach oben oder unten verschieben und dadurch eine bestimmte Ausschalttemperatur einstellen. Auf diese Weise bleibt die Temperatur auf einem nahezu gleichbleibenden Wert stehen. Deshalb nennt man diese Vorrichtung **Thermostat** (stare, lat.; stehen). Solche Thermostaten regeln die Temperaturen unter anderem in Heizkissen, Bügeleisen, Waschautomaten und Zentralheizungen.

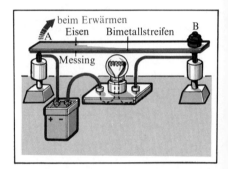

404.2 Regelung der Temperatur mit Hilfe eines Bimetallstreifens

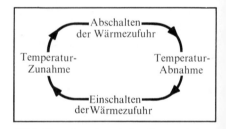

404.3 Gegenkopplung beim Thermostaten

Abb. 404.3 beschreibt die beim Thermostaten auftretenden Vorgänge: In einem geschlossenen **Regelkreis** wird jeder Änderung der sogenannten Regelgröße (das ist hier die Temperatur) entgegengewirkt. Diesen Vorgang nennt man **Gegenkopplung.**

Gegenkopplungsvorgänge der eben besprochenen Art treten nicht nur bei physikalischen und technischen Problemen, sondern auch bei der Regelung des Verhaltens von Lebewesen auf. Die hiermit zusammenhängenden Fragen untersucht die Wissenschaft der **Kybernetik.**

Aufgaben:

1. *Was geschieht bei der Schaltung von Abb. 404.1, wenn man die Glühlampe immer näher an den Fotowiderstand heranschiebt?*

2. *Gib mit Hilfe eines Bimetallstreifens eine Schaltung an, bei der nach Überschreiten einer gewissen Temperatur eine Alarmklingel eingeschaltet wird!*

Atomphysik

§ 124 Elektrizitätsleitung in Gasen

1. Ionisation

Ein geladenes Elektroskop behält seine Ladung lange Zeit; denn die Luft ist normalerweise ein sehr guter Isolator. Im Gegensatz zu Elektrolyten (Seite 309) und Metallen (Seite 315) enthält sie fast keine beweglichen Ladungen. In ihren Molekülen sind positive und negative Ladungen in gleicher Größe aneinander gebunden und neutralisieren sich *(Abb. 314.1)*.

Versuch 1: Wir lassen den Knopf eines geladenen Elektroskops von den heißen Gasen einer Flamme umspülen. Der Ausschlag geht schnell zurück. Seite 138 sahen wir, daß sich heiße Körper von kalten durch erhöhte Molekülbewegung unterscheiden. Wenn die Moleküle eines heißen Gases stark aufeinanderprallen, kann es sein, daß aus ihnen Elektronen durch Stoß herausgeschlagen werden: Aus dem vorher neutralen Molekül wird ein positiv geladenes Ion (Seite 309); diesen Vorgang nennt man **Stoßionisation.** Ein negativ geladenes Elektroskop zieht diese positiven Ionen zu sich und wird entladen. Ein positiv geladenes Elektroskop wird durch die bei der Stoßionisation ebenfalls freigesetzten Elektronen entladen.

> **Gasmoleküle können bei hohen Temperaturen durch Stöße, die sie infolge der Wärmebewegung erhalten, ionisiert werden. Das Gas wird dann ein Leiter.**

2. Die Leitung in verdünnten Gasen

In einer Glimmlampe (Seite 301) leitet Neongas bei vermindertem Druck. Dieses eigentümliche Verhalten untersuchen wir im folgenden Versuch:

Versuch 2: In eine Glasröhre sind nach *Abb. 405.1* zwei durchbohrte Elektroden eingeschmolzen (Gasentladungsröhre). Legt man an sie eine Gleichspannung von 5000 V, so zeigt ein Meßinstrument keinen Strom an; das Gas ist ein *Nichtleiter*; seine Moleküle sind *neutral*. Dann wird die Luft langsam aus der Röhre gepumpt. Bei einem Druck von etwa 10 mbar bildet sich eine rote Leuchterscheinung aus. Sie setzt als **positive Säule** direkt an der Anode an; von der Kathode ist sie durch den 1. und 2. **Dunkelraum** getrennt. Ihre Abmessungen ändern sich mit dem Druck. Zwischen den beiden Dunkelräumen liegt das **negative Glimmlicht.** Im selben Augenblick, in dem das Leuchten beginnt, schlägt der **Strommesser** aus. Wären keine frei

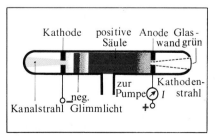

405.1 Glimmentladung

beweglichen Ladungen im Gas, so könnte es nicht zum Fließen eines Stromes kommen. Nun werden aber stets einige Moleküle *ionisiert*, zum Beispiel durch überall vorhandene radioaktive Beimengungen (siehe Seite 420). Die dabei freigesetzten Elektronen können, getrieben durch die Kräfte im elektrischen Feld, viel größere Strecken ungehindert zurücklegen als bei normalem Druck. Sie bekommen dabei viel Energie und prallen mit großer Wucht auf neutrale Moleküle. Diese werden durch den Stoß ionisiert, wie wir es von den Stößen infolge der Wärmebewegung schon kennen. Die freigesetzten positiven Ionen fliegen zur Kathode (nach links) und schlagen aus dem Metall Elektronen heraus, die ihrerseits auf dem Weg zur Anode (nach rechts) Gasmoleküle durch Stoß ionisieren usw. Die Zahl der freibeweglichen Elektrizitätsträger nimmt also lawinenartig zu, und zwar in beiden Richtungen. Man muß deshalb durch eingeschaltete *Vorwiderstände* dafür sorgen, daß die Stromstärke nicht zu groß und die Röhre zerstört wird. Dasselbe gilt für *Glimmlampen*.

Die Energieaufnahme der Elektronen in dieser sogenannten **Gasentladungsröhre** können wir uns an einem mechanischen Beispiel verdeutlichen: Rollt ein Felsbrocken im Gebirge einen Hang mit Hindernissen hinab, so verliert er bei jedem Anstoßen einen Teil seiner Energie; seine Geschwindigkeit kann keine hohen Beträge erreichen, auch wenn der gesamte Höhenunterschied beträchtlich ist. Stürzt er dagegen dieselbe Höhe frei hinab, so wird seine Geschwindigkeit immer größer, und er richtet im Gebiet seines Aufpralls große Zerstörungen an; dies entspricht den Vorgängen bei der Gasentladung bei stark vermindertem Druck.

Die in der *Gasentladungsröhre* von der Kathode zur Anode fliegenden Elektronen nennt man **Kathodenstrahlen**. Nach *Abb. 405.1* fliegt ein Teil von ihnen durch ein Loch in der Anode. Sie selbst sind *unsichtbar* wie die Elektronenstrahlen der *Braunschen Röhre*. Beim Abbremsen erzeugen sie, sofern sie durch hohe Spannungen beschleunigt wurden, in der Glaswand der Röhre **Röntgenstrahlen,** die das Glas in grünem *Fluoreszenzlicht* aufleuchten lassen. Der **Kanalstrahl** in *Abb. 405.1* besteht aus positiven Ionen, die zur Kathode gezogen wurden, aber durch das Loch weiterfliegen.

Bei der Gasentladung wird der überwiegende Teil der beweglichen Ladungen erst durch den Entladungsvorgang frei gemacht.

Bei *Gasentladungen* prallen ständig Elektronen auf Gas- und Glasatome mit hoher Geschwindigkeit. Die getroffenen Atome senden daraufhin Licht aus. Im großen beobachtet man solche Leuchterscheinungen beim **Nordlicht**: Von der Sonne kommen geladene Teilchen. Sie werden durch das erdmagnetische Feld in die Polargebiete gelenkt. Dort regen sie in den hohen Luftschichten die Moleküle durch Stoß zum Leuchten an.

3. Anwendungen

Bei der *Glimmlampe* (Seite 301) sind Anode und Kathode so nahe beisammen, daß sich nur das negative Glimmlicht ausbilden kann. Es umgibt die Kathode. Die positive Säule fehlt. – Bei den *Leuchtröhren* der Reklame sehen wir das Licht der positiven Säule. Seine Farbe hängt von der Gasart ab. – *Leuchtstofflampen* enthalten Quecksilberdampf. In ihm findet ebenfalls eine Gasentladung statt. Dabei entsteht viel ultraviolettes Licht (Seite 271). Es regt Leuchtstoffe, die an der Innenseite der Glasröhre aufgetragen sind, zum Aussenden von weißem Licht an (Vorsicht bei zerbrochenen Röhren, der Belag darf nicht in die Augen kommen!). – Man bekommt auch bei *normalem* Druck Stoßionisation. Doch muß man dann die Feldstärke so stark erhöhen, daß schon auf der kurzen Flugstrecke zwischen zwei Atomen die Elektronen genügend Energie zur Stoß-ionisation gewinnen können: Funken, Spitzenentladung, **Blitz** (Seite 341).

§ 125   Der Bau des Atoms

1.   Die Größe von Atomen

In Versuch 24 (Öltröpfchenversuch) auf Seite 36 hatten wir den Durchmesser eines Ölmoleküls gefunden. Die Chemie hat festgestellt, daß ein solches Ölmolekül aus 167 Wasserstoff-, Sauerstoff- und Kohlenstoffatomen aufgebaut ist. Für eine Überschlagsrechnung wollen wir uns vorstellen, alle diese Atome seien *würfelförmig* und *gleich groß* und setzten sich zum ebenfalls *würfelförmig gedachten* Molekül zusammen. Haben die Atomwürfelchen die Kantenlänge d_A, so ist ihr Volumen $d_A{}^3$. Das Molekül hat also ein Volumen von $167\,d_A{}^3$. Auf Seite 37 haben wir seine Kantenlänge zu ungefähr 10^{-6} mm bestimmt. Für das Molekülvolumen gilt also $V = 167\,d_A{}^3 = 10^{-18}$ mm³. Daraus kann man den ungefähren Durchmesser eines Atoms berechnen zu $d_A = 0{,}2 \cdot 10^{-6}$ mm. Diese Größenordnung von Atomdurchmessern wurde unter anderem durch Messungen an Kristallen bestätigt.

2.   Ein anschauliches Atommodell; Bindungskräfte

Die zahlenmäßige Auswertung der Durchstrahlungsversuche von dünnen Folien mit Elektronen (Seite 314) zeigt, daß die Durchmesser von *Atomkernen* und *Elektronen* eine Größenordnung von 10^{-15} m haben. Diese und der oben gefundene Wert für den Atomdurchmesser sind so klein, daß wir uns ein anschauliches *Modell* herstellen wollen, indem wir alle Abmessungen mit 10 Billionen (10^{13}) multiplizieren. In diesem Modell hätte der Kern einen Durchmesser von 1 cm. Um ihn würden sich die etwa gleich großen Elektronen in einer Kugel mit 1 km Halbmesser bewegen. Der ganze übrige Raum wäre leer!

Die Elektronen werden zwar durch elektrische Kräfte zum positiv geladenen Kern gezogen, fallen aber wegen ihrer ständigen Bewegung nicht in ihn hinein. Die Molekularkräfte, die im festen Kör-per die Moleküle aneinanderbinden, sind elektrische Anziehungskräfte zwischen Kernen und Elektronen benachbarter Atome. Das gleiche gilt für die *Bindungskräfte* im Molekül. Nach außen ist das Atom elektrisch *neutral*. Könnte man alle Kerne, die in 1 000 t Eisen enthalten sind, dicht packen, so bekäme man ein Staubkorn mit einem Volumen von weniger als $\frac{1}{100}$ mm³. Es hätte aber eine Masse von 1 Million kg!

> Der positiv geladene Atomkern hat einen Durchmesser von etwa ein billionstel Millimeter ($= 10^{-12}$ mm); um ihn bewegen sich innerhalb eines Raumes von etwa ein zehnmillionstel Milli-meter ($= 10^{-7}$ mm) Halbmesser die negativ geladenen Elektronen.

§ 126 Der Atomkern

1. Der Massenspektrograph

In der **Braunschen Röhre** (siehe Seite 313, Versuch 34) werden fliegende Elektronen im elektrischen Feld eines Kondensators zur positiv geladenen Platte hin abgelenkt. Benutzt man statt der Elektronen fliegende positiv geladene Ionen, wie sie in den Kanalstrahlen zur Verfügung stehen *(Abb. 405.1)*, so erfolgt die Ablenkung in umgekehrter Richtung; außerdem haben die Ionen viel größere Masse und sind deshalb viel träger als Elektronen. Sie lassen sich also bei gleicher Geschwindigkeit und Ladung im gleichen Feld viel weniger stark ablenken. Man kann aus der Ablenkung fliegender geladener Teilchen in elektrischen und magnetischen Feldern Rückschlüsse auf die Masse der Teilchen ziehen. Das Gerät, mit dem man so die Massen beliebiger Ionen bestimmen kann, heißt **Massenspektrograph**; Spektrograph, weil die Ionen auf einem Filmstreifen aufgefangen werden und dabei ähnliche Bilder liefern, wie man sie bei den Linienspektren in der Optik findet *(Abb. 270.2)*.

2. Die Elementarladung

Atome sind elektrisch neutrale Gebilde. Positiven Ionen fehlen ein oder mehrere Elektronen, sie sind also positiv geladen. Eine Ladung von der Größe der Elektronenladung nennt man **Elementarladung** (Seite 321). Sie beträgt $1,6 \cdot 10^{-19}$ C. Positive Ionen haben daher eine oder mehrere Elementarladungen positiven Vorzeichens.

3. Der Bau des Atomkerns

Massenspektrographische Messungen an den Ionen aus Entladungsröhren, die mit verschiedenen Gasen gefüllt waren, ergaben folgendes:

a) Die Atomkerne haben Massen, die sich gut angenähert als ganzzahlige Vielfache der Masse des **Wasserstoffkerns** erweisen. Statt Wasserstoffkern sagt man auch **Proton** und kürzt diesen Namen durch p ab.

b) Die Masse der zum Atom gehörenden Elektronen ist gegenüber der des Kerns vernachlässigbar klein, weit unter $1^0/_{00}$ (Seite 314).

c) Die *Elektronen* bestimmen das chemische Verhalten eines Elements, weil sie mit Nachbaratomen in Wechselwirkung treten und so die Möglichkeiten für den Bau der Moleküle festlegen. Jedes Atom besitzt genau so viele Protonen im Kern, wie es Elektronen in der Hülle besitzt, sonst wäre es elektrisch nicht neutral. Man kann deshalb die Aussage über das chemische Verhalten auch

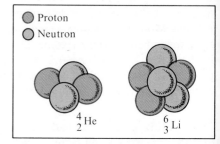

408.1 Die Kerne der Elemente Helium und Lithium, häufigste Isotope

auf die *Protonenzahl* beziehen: Die Art eines chemischen Elements ist durch die Protonenzahl seines Kerns festgelegt. Wasserstoff besitzt 1 Proton, Helium 2, Lithium 3, Beryllium 4 Protonen usw. Der Urankern enthält 92 Protonen.

d) Neben den Protonen kennt man noch eine zweite Art von **Kernbausteinen** oder **Nukleonen** (nucleus, lat.; Kern): die **Neutronen.** Ein Neutron (n) hat fast dieselbe Masse wie ein Proton, ist aber elektrisch neutral (daher auch sein Name!). Der Heliumkern besteht aus 2 Protonen und 2 Neutronen, hat also die vierfache Masse des Protons. Man stellt die Zusammensetzung eines Atomkerns kurz dar, indem man die Gesamtzahl seiner Nukleonen links oben neben das Symbol des Elements schreibt und die Zahl der Protonen links unten vermerkt. $^{238}_{92}U$ bedeutet also, daß der Kern des Urans aus insgesamt 238 Nukleonen besteht, davon sind 92 Protonen; die Neutronenzahl berechnet man daraus zu $238 - 92 = 146$.

4. Isotope

Außer $^{238}_{92}U$ gibt es $^{235}_{92}U$, also eine Uranart mit 235 Nukleonen, wovon 143 Neutronen sind. Die Zahl der Protonen und damit die der Elektronen ist gleich, das heißt das chemische Verhalten. Bei beiden Elementen handelt es sich um Uran. Sie unterscheiden sich nur in der Zahl der Neutronen. Zwei solche verschieden gebaute Kernarten desselben Elements nennt man **Isotope** (isotop = am gleichen Platz in der Reihenfolge der Elemente befindlich). Das Uran hat (im wesentlichen) diese beiden Isotope, die im natürlich vorkommenden Uran im Verhältnis 99,3:0,7 gemischt sind. Kurz und eindeutig bezeichnet man sie auch als U 238 und U 235. Die meisten Elemente haben mehrere Isotope, zum Beispiel gibt es beim Wasserstoff außer ^1_1H ein Isotop mit 1 Neutron ^2_1H und eines mit 2 Neutronen. ^2_1H heißt schwerer Wasserstoff oder *Deuterium* D und bildet mit Sauerstoff das schwere Wasser D_2O. Das sehr seltene Wasserstoffisotop Tritium ^3_1H ist radioaktiv (siehe § 127) und wird Leuchtfarben zur Erregung von Fluoreszenzlicht beigemengt.

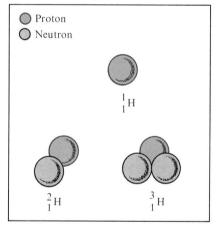

409.1 Die Kerne der drei Wasserstoffisotope in schematischer Darstellung. Die positive Kernladung wird durch ein Elektron neutralisiert, dessen Aufenthaltsbereich sich um den Kern erstreckt.

Der Atomkern ist aus positiv geladenen Protonen und neutralen Neutronen aufgebaut. Die Zahl der Protonen bestimmt das chemische Verhalten des Atoms. Ein chemisches Element kann Isotope besitzen, die sich in der Zahl der in den Kern eingebauten Neutronen unterscheiden, aber gleiche Protonenzahl haben.

Aufgaben:

1. *Was versteht man unter einem Proton, einem Neutron, einem Nukleon?*

2. *Was sind Isotope?*

3. *Chlor besteht zu 75% aus $^{35}_{17}Cl$, zu 25% aus $^{37}_{17}Cl$. Was bedeuten diese Symbole? Welche relative Atommasse besitzt natürliches Chlor?*

§ 127   Radioaktive Strahlung

1.   Ionisation durch radioaktive Präparate

Versuch 3: Wir laden ein Blättchen-Elektroskop (siehe Seite 305) positiv oder negativ auf. Wegen der besseren Beobachtungsmöglichkeit projizieren wir es durch Beleuchtung mit einer Punktlichtlampe an die Wand. Das Elektroskop verliert seine Ladung nur ganz langsam, deshalb bewegt sich der Schatten des Metallfolienstreifens kaum. Das sieht man am besten, wenn man jeweils nach 10 s seinen Ort an der Wand markiert. Nun bringen wir ein schwaches *radioaktives Präparat* in die Nähe des Elektroskopgehäuses. Ein solches Präparat besteht aus einer Metallhalterung, die einen Bruchteil eines Millionstel Gramm **Radium** enthält. Radium ist ein seltenes und deshalb sehr teures metallisches Element. Zum Schutz gegen Berührung ist das Radium mit einer ganz dünnen Metallfolie abgedeckt. Beobachten wir nun die Sinkgeschwindigkeit des Blättchens, so stellen wir fest, daß sie sich wesentlich *vergrößert* hat. Der Grund dafür ist der, daß die Luft in der Umgebung des Präparats, ähnlich wie in Flammgasen, *ionisiert* ist. Das Elektroskop zieht die ungleichnamigen Ionen auf sich. Dabei wird es allmählich ganz entladen.

> **Radioaktive Stoffe ionisieren die Luft in ihrer Umgebung.**

2.   Die Wilsonsche Nebelkammer; α-Strahlen

Wasser kondensiert in einem mit Wasserdampf übersättigten Raum nur, wenn Kondensationskerne vorhanden sind (siehe Seite 170, Versuch 52). Als solche wirken vor allem *Ionen*. Wenn sich zum Beispiel die sehr kalte Luft in großen Höhen mit den ionenreichen Abgasen von Düsenflugzeugen mischt, kondensieren aus der mit Wasserdampf übersättigten Luft unzählige Nebeltröpfchen. Besonders bei seitlicher Beleuchtung durch die Sonne sind die entstehenden *Kondensstreifen* sehr gut zu beobachten. Der englische Physiker *C. T. R. Wilson* fand mit Hilfe einer Kondensstreifenbildung einen Weg, um die Bahnen der aus radioaktiven Stoffen ausgeschleuderten Teilchen sichtbar zu machen.

Die **Wilsonsche Nebelkammer** *Abb. 410.1* besteht aus einer durchsichtigen zylindrischen Kapsel, deren Boden benetzt wird. Das führt zu einer 100%igen Feuchtigkeit im Innenraum der Kammer. Wird durch eine Pumpe die in der Kammer enthaltene Luft verdünnt, so kühlt sie sich ab und ist damit übersättigt. Eine zwischen Deckel und Boden angelegte elektrische Spannung zieht alle vor der Expansion vorhandenen Ionen heraus.

Versuch 4: Wir bringen in eine solche Kammer ein schwaches **Radiumpräparat** und expandieren. Im Licht einer seitlich aufgestellten Lampe werden vor dem

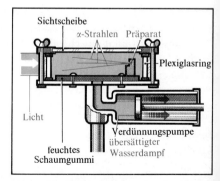

410.1 Wilsonsche Nebelkammer im Schnitt

schwarzen Kammerboden zahlreiche **Nebelbahnen** sichtbar *(Abb. 411.1)*. Die Bahnen lösen sich nach einigen Sekunden durch den erfolgenden Temperaturausgleich und Verwirbelung wieder auf. Die erzeugten Nebelspuren sind geradlinig und bis zu 7 cm lang. Hinter einem Stückchen Papier, das ihren Weg verstellt, ist keine Fortsetzung der Bahn zu erkennen: Die ausgeschleuderten Teilchen können kräftiges Papier nicht durchdringen. Man nennt sie **α-Teilchen** oder **α-Strahlen**. Es zeigte sich, daß ihre Bahnen in starken elektrischen Feldern in Richtung der Feldlinien geringfügig abgelenkt werden. Sie sind *positiv* geladen. Ihre Masse und die Größe ihrer Ladung konnten

411.1 Nebelkammeraufnahme von Bahnen von α-Teilchen

aus Ablenkungsversuchen in elektrischen und magnetischen Feldern bestimmt werden. Man fand, daß es sich bei den α-Teilchen um zweifach positiv geladene Heliumionen, also Heliumkerne handelt, die eine Geschwindigkeit bis zu $\frac{1}{10}$ der Lichtgeschwindigkeit erreichen können; das sind 30000 km/s.

3. Das Geiger-Müllersche Zählrohr

Auch im **Geiger-Müllerschen Zählrohr** wird die ionisierende Wirkung schnell fliegender geladener Teilchen ausgenutzt. Im *Zählrohr* ist ein Draht gegen das Gehäuse isoliert gehaltert. Er bekommt nach *Abb. 411.2* eine positive Spannung von etwa 600 V gegenüber dem Metallgehäuse. Im Rohr befindet sich Gas von $\frac{1}{3}$ bar. Vorn ist das Rohr durch ein ganz dünnes Glimmerfenster mit weniger als 10 mg/cm² Massenbelegung abgeschlossen. α-Strahlen können dieses Fenster durchsetzen. Jedes in das Rohr eintretende ionisierende Teilchen macht in der Gasfüllung Elektronen frei, die zum positiv geladenen Draht

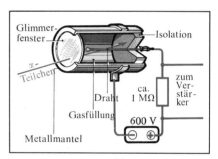

411.2 Zählrohr im Schnitt einschließlich elektrischer Schaltung

gezogen werden und durch Stoßionisation weitere Ionen erzeugen. Die entstehenden positiven Ionen fliegen an die negative Zählrohrinnenseite und nehmen dort die ihnen fehlenden Elektronen auf. Das führt zu einem Stromstoß durch den Widerstand *R*. Während im stromlosen Zustand die gesamte Spannung am Zählrohr liegt, tritt nun am Widerstand ein Spannungsabfall $U = I \cdot R$ auf, der die Spannung am Zählrohr sinken läßt. Dies führt dazu, daß die Entladung erlischt und das Rohr zu einer neuen Zählung bereit wird. Der am Widerstand auftretende Spannungsstoß wird über einen *Verstärker* einem mechanischen oder elektronischen *Zählwerk* zugeführt. Dort wird jedes atomare Teilchen, das mit großer Geschwindigkeit ionisierend durchs Zählrohr fliegt, gezählt. Auch ein Lautsprecher kann mit den vom Verstärker erzeugten Stromstößen betrieben werden. Jeder Zählvorgang ist als knackendes Geräusch zu hören. Das Knacken erfolgt in unregelmäßigen Zeitabständen. Diese zeigen statistische Schwankungen um einen Mittelwert.

Wir haben schon erkannt, daß auch im besten Mikroskop atomare Teilchen *nicht* zu sehen sind (Seite 37). Auch *Geigerzähler* und *Nebelkammer* vermitteln uns keine direkten Sinneswahrnehmungen von α-Teilchen. Die Ionisation, die sie verursachen, verrät ihre Anwesenheit, wie ein Kondensstreifen das wegen seiner großen Höhe nicht sichtbare Flugzeug.

Versuch 5: Wir schalten einen *Geiger-Zähler* ein, nachdem wir alle radioaktiven Stoffe möglichst weit weggebracht haben. Trotzdem registriert das Gerät etwa 20 Impulse in der Minute. Dieser **Nulleffekt** rührt von Spuren radioaktiver Elemente in der Luft und in der Umgebung des Zählrohrs her. Außerdem reagiert das Rohr auf die sogenannten **Höhenstrahlen,** die aus dem Weltraum kommen und ionisierende Wirkung haben.

Der Nulleffekt für eine Minute schwankt bei vielen Messungen, die wir ausführen, um einen Mittelwert. Dieser ergibt sich, wenn wir über eine lange Zeit messen und durch die Zahl der Minuten dividieren.

4. β-Strahlen

Versuch 6: Nähern wir einem Zählrohr ein radioaktives Präparat, so *erhöht* sich die Zählrate gegenüber dem Nulleffekt um so mehr, je kleiner der Abstand zwischen dem Präparat und dem Zählrohr wird. Die immer rascher aufeinander folgenden Knackgeräusche des Lautsprechers gehen schließlich in ein lebhaftes Rauschen über: Unser Ohr kann die Einzelimpulse nicht mehr trennen.

Versuch 7: Wir schieben nun ein Papierblatt zwischen das Präparat und das Zählrohr, so daß keine α-Strahlen in das Zählrohr gelangen können. Trotzdem hört das Rauschen nicht auf, es wird nur schwächer: das Präparat sendet neben den α-Strahlen noch andere ionisierende Teilchen aus, die **β-Teilchen** genannt wurden. Der nächste Versuch gibt nähere Auskunft über diese Teilchen.

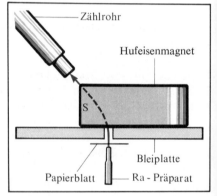

Versuch 8: Wir befestigen ein Radiumpräparat nach *Abb. 412.1* vor einer waagrecht verlaufenden 4mm-Bohrung in einer 10 mm starken Bleiplatte. Ein Blatt Papier vor dem Präparat beseitigt die α-Strahlen. Ein Zählrohr, das zunächst in der Verlängerung der Öffnung angebracht wird, spricht mit einer bestimmten Anzahl von Impulsen in der Minute an. Diese Zahl wird kleiner, wenn wir das Zählrohr seitlich so verschieben, daß es aus der Sichtlinie zum Präparat kommt. Offenbar bewegen sich die β-Teilchen auf geraden Bahnen, die das Zählrohr nach der Verschiebung nicht mehr treffen. Bringen wir aber einen kräftigen Hufeisenmagneten wie in *Abb. 412.1* hinter die Blende, so steigt die Impulszahl bei richtiger Polung beinahe wieder auf den alten Wert. Bei entgegengesetzter Polung verringert sich die Zahl der gemessenen Impulse noch mehr. Die β-Teilchen werden durch das Magnetfeld in das Zählrohr gelenkt und erweisen sich durch die Ablenkungsrichtung als *negativ* geladen (Seite 331).

412.1 Betastrahlen werden durch ein Magnetfeld abgelenkt. Die Feldlinien zeigen nach vorn.

412.2 Wilson-Kammeraufnahme von β-Strahlenbahnen unter der Einwirkung eines Magnetfelds senkrecht zur Bildebene

β-Teilchen haben sich bei Ablenkungsversuchen als schnell fliegende *Elektronen* herausgestellt. Sie können fast Lichtgeschwindigkeit besitzen. Millimeterdicke Bleischichten können sie nicht durchdringen, deshalb kann man mit Hilfe einer kleinen Bohrung in einer Bleiplatte β-Strahlen ausblenden. Dabei wird auch anschaulich klar, warum man in diesem Zusammenhang von **Strahlen** spricht.

5. γ-Strahlen

Versuch 9: Wir ersetzen das Papierblatt von Versuch 7 durch ein 3 mm starkes Bleiblech und wiederholen den Versuch. Immer noch spricht das Zählrohr mit einer geringen Zahl von Impulsen je Minute an. Das Drehen des Magneten oder seine Wegnahme ändert aber in keinem Fall die Zählrate über die natürliche Schwankung hinaus: Es gibt also noch eine *dritte* Art radioaktiver Strahlung. Sie spricht auf Magnetfelder nicht an und ist sehr durchdringend. Man nennt sie γ-**Strahlung**. γ-Strahlen sind dasselbe wie *Röntgenstrahlen*, eine Lichtart, die unser Auge nicht wahrnimmt. Bei großer Dosis sind sie aber wie α-, β- und Röntgenstrahlen gefährlich und können **Strahlenkrankheiten** verursachen.

> **Radioaktive Stoffe können drei Strahlenarten aussenden: α-Strahlen sind zweimal positiv geladene Heliumionen; sie werden durch ein Blatt Papier absorbiert. β-Strahlen sind sehr schnelle Elektronen. Sie können Bleischichten bis zu 1 mm Stärke durchsetzen.**
>
> **γ-Strahlen sind dasselbe wie Röntgenstrahlen, nur entstammen sie keiner Röntgenröhre, sondern radioaktiven Stoffen. Nur dicke Metallschichten können sie merklich schwächen.**

6. Geschichtliches

1896 entdeckte der französische Physiker *Becquerel*, daß Uranerze in der Nähe befindliche Photoplatten schwärzen, selbst dann, wenn diese in Papier oder dünne Metallfolie eingehüllt wurden. Zwischen Erz und Platte gebrachte dickere Metallgegenstände zeichneten sich dagegen hell auf der Platte ab. Das Ehepaar *Curie* untersuchte diese Vorgänge und fand das bis dahin unbekannte Element Radium (= das Strahlende) als Hauptträger dieser Strahlung.

Aufgaben:

1. *Was sind Ionen? Bei welchen Vorgängen treten sie auf?*

2. *Wie werden waagerecht fliegende, positiv geladene Teilchen in einem senkrecht von unten nach oben verlaufenden Magnetfeld abgelenkt (siehe Abb. 412.1)?*

3. *Wie verhalten sich bewegliche Ionen in einem elektrischen Feld?*

4. *Ein Bogen Zeichenpapier (50×65 cm²) hat 80 g Masse. Warum durchdringen α-Teilchen das Fenster des Zählrohrs, dagegen nicht solches Papier?*

5. *Was versteht man bei Zählrohrmessungen unter dem Nulleffekt?*

§ 128 Der radioaktive Zerfall; die Halbwertszeit

1. Umwandlung unter Ausstoß eines α-Teilchens

Radium besitzt 226 Kernbausteine (Nukleonen), davon sind 88 Protonen, also 138 Neutronen. Wird aus dem Kern ein α-Teilchen ausgestoßen, so vermindert sich die Nukleonenzahl um vier, die Protonen- und damit die Kernladungszahl um zwei. Aus $^{226}_{88}$Ra wird also ein Kern mit 222 Nukleonen und 86 Protonen. Das neue Element ist das Edelgas *Radon*. Man kann diesen **α-Zerfall** kurz wie folgt beschreiben:

$$^{226}_{88}\text{Ra} \xrightarrow{\quad\alpha\quad} {}^{222}_{86}\text{Rn}$$

Auch das Radon ist radioaktiv und zerfällt unter Abgabe eines α-Teilchens:

$$^{222}_{86}\text{Rn} \xrightarrow{\quad\alpha\quad} {}^{218}_{84}\text{Po}$$

Das entstandene **Polonium** zerfällt, ebenfalls unter α-Teilchenausstoß; es entsteht ein Blei-Isotop:

$$^{218}_{84}\text{Po} \xrightarrow{\quad\alpha\quad} {}^{214}_{82}\text{Pb}$$

2. Umwandlung unter Ausstoß eines β-Teilchens

Das Bleiisotop $^{214}_{82}$Pb ist auch nicht stabil. Ein Elektron verläßt den Kern als β-Teilchen. Das ist deshalb erstaunlich, weil im Kern gar keine Elektronen als Bausteine enthalten sind. Das Elektron muß sich also erst *gebildet* haben. Wie vielfach bestätigt, kann sich ein **Neutron** (n) in ein **Proton** (p) und ein **Elektron** (e⁻) umwandeln: $n = p + e^-$. Das Elektron fliegt weg; die Masse des Atomkerns bleibt praktisch unverändert, die Neutronenzahl wird um 1 kleiner, dafür steigt die Protonenzahl um 1. Aus $^{214}_{82}$Pb wird ein Element mit 214 Nukleonen und 83 Protonen, also **Wismut** (Bi): $^{214}_{82}$Pb $\xrightarrow{\quad\beta\quad}$ $^{214}_{83}$Bi. Auch $^{214}_{83}$Bi ist β-aktiv und zerfällt nach dem Schema:

$$^{214}_{83}\text{Bi} \xrightarrow{\quad\beta\quad} {}^{214}_{84}\text{Po.}$$

3. Die Halbwertszeit

Versuch 10: Wir blasen aus einem Gefäß, in dem sich eine kleine Menge einer Thoriumverbindung befindet, Luft in eine Ionisationskammer. Diese besteht aus zwei gegeneinander isolierten Metallteilen *(Abb. 414.1)*. Sie werden über einen Stromverstärker an eine Gleichspannungsquelle gelegt. Das Meßgerät zeigt einen hoch verstärkten Ionisationsstrom an. Mit der Luft ist ein Stoff in die Kammer gelangt, der wie das Radium ionisierende Strahlen aussendet, also radioaktiv ist, das Edelgas Thoron. Dies ist das Isotop $^{220}_{86}$Rn des Radons.

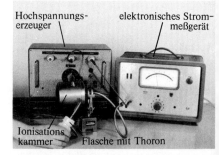

414.1 Versuch zur Bestimmung der Halbwertszeit von Thoron

Der Ionisationsstrom bleibt nicht konstant, sondern sinkt jeweils in 54,5 s auf die Hälfte *(Abb. 415.1)*. Das Thoron zerfällt nämlich in jeweils 54,5 s zur Hälfte und ionisiert dann auch nur noch halb so stark. Man nennt diese Zeit deshalb seine **Halbwertszeit.** Nach der doppelten Halbwertszeit ist nur noch $\frac{1}{4}$, nach der dreifachen $\frac{1}{8}$, nach der zehnfachen nur noch $(\frac{1}{2})^{10} \approx \frac{1}{1000}$ der ursprünglichen Menge Thoron vorhanden. Für jede radioaktive Kernart hat man eine **charakteristische Halbwertszeit** gefunden. Ra 226 hat eine Halbwertszeit von 1 600 Jahren, Po 214 eine solche von $1,6 \cdot 10^{-4}$ s. Allerdings gilt diese Angabe nur, wenn man sie auf eine große Anzahl von Atomen bezieht; der einzelne Kern kann sofort oder erst nach unabsehbarer Zeit zerfallen.

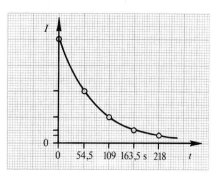

415.1 Ionisationsstrom *I* in einer mit Thoron beschickten Ionisationskammer. *I* fällt jeweils in der Halbwertszeit 54,5 s auf den halben Wert.

4. Energieumsetzungen beim radioaktiven Zerfall

α- und β-Umwandlungen sind − ähnlich wie chemische Reaktionen − von **Energieumwandlungen** begleitet. So liefert 1 g Radium $1,4 \cdot 10^{10}$ J, wenn es vollständig zerfällt. Dazu ist allerdings eine sehr lange Zeit nötig: nach 16 000 Jahren ist noch 1 mg übrig. In 1 h liefert deshalb 1 g Radium lediglich 600 J. 1 g Kohle liefert beim Verbrennen $3,4 \cdot 10^{4}$ J.

Einen Teil der Energie führen die γ-Strahlen mit sich, die beim α- oder β-Zerfall als Nebenprodukt entstehen können. Daß die γ-Strahlen Energie besitzen, merkt man zum Beispiel daran, daß sie wie sichtbares Licht oder Röntgenstrahlen photographische Filme schwärzen. Diese chemische Reaktion ist nur unter Energieaufwand möglich.

α- und β-Strahlen haben sehr große *Geschwindigkeiten*, also große *Bewegungsenergien*. Auch der neugebildete Kern erhält beim Zerfall durch den auftretenden Rückstoß hohe Geschwindigkeit. Beim Abbremsen wird die Bewegungsenergie der Teilchen als **Wärme** abgegeben.

Beim α-Zerfall entsteht ein Element mit einer um 2 kleineren Ordnungszahl. Beim β-Zerfall entsteht ein Element mit einer um 1 größeren Ordnungszahl. γ-Strahlen können neben dem α- oder β-Zerfall entstehen.

Jede radioaktive Kernart besitzt eine bestimmte Halbwertszeit. In dieser Zeit zerfällt die Hälfte einer vorliegenden Menge dieser Kernart.

Beim radioaktiven Zerfall werden, verglichen mit der Verbrennung, sehr große Wärmemengen frei.

Aufgaben:

1. *Vervollständige die Angabe:* $^{235}_{92}U \xrightarrow{\alpha}$!

2. *Vervollständige die Angabe:* $^{40}_{19}K \xrightarrow{\beta}$!

3. *Warum kann die Wärme, die beim radioaktiven Zerfall entsteht, wirtschaftlich nicht genutzt werden?*

§ 129 Kernenergie

1. Kernumwandlungsversuch von Rutherford

Rutherford untersuchte 1919, was entsteht, wenn α-Teilchen auf die Kerne von Stickstoffatomen treffen. Er benutzte dazu eine **Wilsonkammer.** Wegen der Kleinheit der Atomkerne im Verhältnis zu der Größe der Atome war von vornherein klar, daß die Aussicht gering war, Treffer zu erzielen. Tatsächlich fand er nur bei etwa 50000 untersuchten α-Bahnen einmal eine Bahnverzweigung, wie sie die *Abb. 416.1* wiedergibt. Untersuchungen der Massen der Teilchen, die dabei auftreten, führten zu folgender Erklärung des Sachverhalts: Ein α-Teilchen trifft, von unten kommend, im Verzweigungspunkt der Bahn einen Stickstoffkern der Luft.

Es wird vom Kern aufgenommen. Der so vergrößerte Kern gibt aber sofort ein **Proton** ab, dessen Bahn nach unten rechts sichtbar ist. Der **Restkern** fliegt mit geringer Linksabweichung in der nur noch kurzen Verlängerung der ursprünglichen α-Bahn weiter. Woraus er besteht, zeigt die folgende Überlegung.

Der Stickstoffkern $^{14}_{7}$N hat ein α-Teilchen $^{4}_{2}$He aufgenommen und ein Proton $^{1}_{1}$H abgegeben, wird also zu einem Kern mit 17 Kernbausteinen, wovon 8 Protonen sind. Es entstand das **Sauerstoff**isotop $^{17}_{8}$O. Bei dieser durch *Rutherford* gefundenen **Kernreaktion** wurde also Stickstoff in Sauerstoff verwandelt. Damit erfüllte sich ein alter Traum der Alchemisten, die immer erfolglos versucht hatten, ein chemisches Element in ein anderes umzuwandeln.

416.1 Wilson-Kammeraufnahme der Umwandlung von Stickstoff in Sauerstoff bei Beschuß mit α-Strahlen

Man fand in der Folgezeit noch viele *Kernreaktionen*, bei denen nach dem Beschuß mit Korpuskeln oder γ-Strahlen Kernumwandlungen eintraten. Zum Beispiel stößt ein Berylliumkern $^{9}_{4}$Be nach dem Beschuß mit einem α-Teilchen ein **Neutron** aus und verwandelt sich in den Kohlenstoffkern $^{12}_{6}$C. Im folgenden wird beschrieben, welche Entwicklung dadurch eingeleitet wurde, daß die Physiker nun auch Neutronen benutzen konnten, wenn sie Korpuskeln auf Kerne schießen wollten. Weil sie ungeladen sind, können Neutronen auch dann in den Kern eindringen, wenn sie kleine Geschwindigkeiten haben.

2. Die Atombombe

a) Die Uran- und Plutoniumbombe

Bis 1938 waren nur **Kernumwandlungen** bekannt, bei denen sich das Atomgewicht nicht wesentlich veränderte. Dann fanden *Hahn und Straßmann* beim Beschießen von natürlichem Uran mit langsamen Neutronen ($v \approx 2$ km/s), daß darin enthaltene U 235-Kerne nach dem Einbau eines Neutrons in zwei ungefähr gleichschwere Teile, zum Beispiel in $^{139}_{56}$Ba und $^{94}_{36}$Kr zerbrechen und dabei noch zusätzlich mehrere schnelle Neutronen aussenden ($v \approx 10^4$ km/s) *(Abb. 417.1)*. Bei dieser **Kernspaltung** werden ganz besonders hohe Energiebeträge frei. Während alle früher beschriebenen Prozesse Einzelprozesse sind, können die bei der **Uranspaltung** auftretenden Neutronen bei passend gewählten Verhältnissen wieder neue Urankerne spalten und so zu einer **Kettenreaktion** führen, die große Stoffmengen erfaßt (Auch die gewöhnliche Verbrennung beruht auf einer *Kettenreaktion*, allerdings einer chemischen).

U 235 kommt in natürlichem Uran mit einem Anteil von 0,7% vor. Durch schwierige Isotopentrennverfahren kann es rein abgesondert werden. Zur Einleitung einer Kettenreaktion muß aber eine eigentümliche Schwierigkeit überwunden werden. Bei kleinen Mengen Uran entweichen zu viele Neutronen durch die Oberfläche, ohne eine neue Spaltung hervorgerufen zu haben. Erst von einer bestimmten Größe des Uranblocks ab, der sogenannten kritischen Größe (50 kg), veranlaßt durchschnittlich jeder Zerfall unmittelbar mehr als einen neuen, so daß die Zahl der beteiligten Kerne lawinenartig anwächst. Zur Zündung genügt es, zwei Teile mit *unterkritischer Größe* rasch zusammen zu bringen, so daß ihre Summe *überkritische Größe* erreicht. Um den ersten Zerfall eines Kerns auszulösen, genügen die überall vorhandenen vagabundierenden Neutronen aus der Höhenstrahlung oder dem **spontanen Zerfall** des Urans. Bei der Explosion einer solchen Uranbombe treten Temperaturen von mehreren Millionen Kelvin, Drücke von 10^{12} bar und außerdem schädigende Strahlen aller Art auf, die zum Teil infolge der großen Halbwertszeiten der entstehenden radioaktiven Produkte noch lange nachwirken.

Außer U 235 eignet sich das Plutoniumisotop Pu 239 zum Herstellen von Atombomben. Am 6. August 1945 zerstörte eine Uranbombe die japanische Großstadt *Hiroshima*, 3 Tage später eine Plutoniumbombe *Nagasaki*. Dabei entwickelte 1 kg Uran oder Plutonium die Sprengwirkung von 20 Millionen kg Trinitrotoluol, dem stärksten Sprengstoff herkömmlicher Art.

b) Die Wasserstoffbombe (Fusionsbombe)
Noch größere Energiebeträge als bei der *Spaltung* der Urankerne werden frei, wenn Heliumkerne aus Wasserstoffkernen *aufgebaut* werden **(Kernfusion)**. Die positiv geladenen Wasserstoffkerne stoßen sich aber ab und kommen sich nur bei der Wärmebewegung extrem hoher Temperaturen und bei extrem hohen Drücken so nahe, daß sie sich vereinigen können. Diese Temperaturen und Drücke erzeugt man mit Hilfe einer Uranbombe; sie dient als „Zünder" für die **Kernfusionsbombe.**

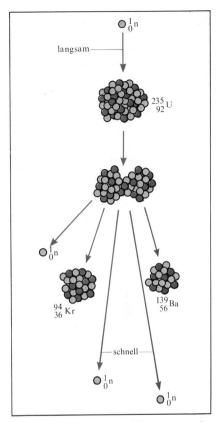

417.1 Kernspaltung von $^{235}_{92}$U

417.2 H-Bombenexplosion

3. Die Energiequelle der Fixsterne

Lange Zeit war es den Physikern ein Rätsel, woher die ungeheure Energiemenge stammt, die die Sonne und andere Fixsterne seit Milliarden von Jahren abstrahlen. Wäre es die innere Energie, die sie auf Grund ihrer Anfangstemperatur besitzen, müßten sie längst erkaltet sein. Eine Lösung schien sich zu zeigen, als man die beim **radioaktiven Zerfall** erzeugte Wärme entdeckte. Aber wieder bewiesen die Rechnungen, daß auch diese Wärmequelle nicht ausreichte. Auch alle anderen Erklärungsversuche versagten zunächst. Erst seit der Entdeckung der **Kernfusion** und der dabei freiwerdenden Energie weiß man, daß in den Fixsternen in einem komplizierten Zyklus Helium aus Wasserstoff aufgebaut wird. Die Temperaturen ($20 \cdot 10^6$ K) und Drücke (die Dichte erreicht Beträge von 80 g/cm^3) im Sterninneren bewirken diese Kernfusionen auf die Volumeneinheit bezogen zwar nur verhältnismäßig selten, doch reicht bei dem ungeheuer großen Volumen nach den Berechnungen die Wärmeproduktion gerade aus, um die Abstrahlungsverluste zu decken. Die Sonne hat bis jetzt erst etwa 2% ihres Wasserstoffvorrats in Helium verwandelt. — Die Nutzung der Sonnenenergie auf der Erde gewinnt zunehmend an Bedeutung.

4. Kernreaktoren; der Reaktor mit natürlichem Uran

Der stetig wachsende Energiebedarf zwingt die Wirtschaft in zunehmendem Maße, die Kernenergie auszunutzen. Sie muß zu diesem Zweck in kontrollierter, steuerbarer Weise freigemacht werden. Man geht vom natürlichen Uran aus, das auf 1 U-235-Atom 140 U-238-Atome enthält. Beim Zerfall der von Neutronen getroffenen U-235-Kerne entstehen sehr schnelle Neutronen. Diese haben die Eigenart, mit großer Wahrscheinlichkeit von den in 140facher Anzahl vorhandenen U-238-Kernen eingefangen zu werden, ehe sie einen U-235-Kern treffen und mit ihm die gewünschte Reaktion auslösen. Man muß sie deshalb so schnell auf geringe Geschwindigkeit abbremsen, daß sie keine Gelegenheit haben, auf U-238-Kerne zu treffen. Das geschieht, indem man einen Stoff zusetzt, mit dessen Kernen sie nicht reagieren, an den sie aber beim Stoß möglichst viel Energie abgeben. Man nennt solche Stoffe **Moderatoren.** Als Moderator nimmt man häufig schweres Wasser (siehe Seite 409) oder *reinsten Graphit (Abb. 418.1).*

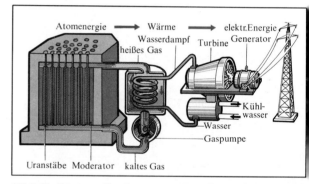

418.1 Reaktor zur Gewinnung von Energie, schematisch. Die Kühlflüssigkeit muß in Wirklichkeit die ganze Reaktorzone durchfließen.

Wichtig für eine derartige gebändigte Kettenreaktion ist es, daß im Durchschnitt jeder Zerfall wieder genau einen Zerfall auslöst, so daß die Reaktion weder abstirbt noch lawinenartig zur Explosion ansetzt. Die Regelung geschieht mit Cadmiumstäben, die Neutronen stark absorbieren und durch eine automatische Vorrichtung in den Reaktor eingeschoben werden.

Zur Zeit wird die Energie in den **Leistungsreaktoren,** mit denen man Kraftwerke betreibt, in Form von **Wärme** gewonnen, indem Gase, Wasser oder flüssige Metalle in Röhren durch den Reaktor geleitet werden. Sie führen dann als Übertrager die Wärme einem Dampferzeuger zu *(Abb. 418.1).*

Bei der Spaltung von Urankernen und beim Aufbau von Helium- aus Wasserstoffkernen wird, verglichen mit der Verbrennung, sehr viel Energie frei. In Bomben verlaufen die Reaktionen explosiv, in Reaktoren kontrolliert. Die kontrollierte Kernfusion wird von der Technik noch nicht beherrscht.

Aufgaben:

1. *Was ist eine Kettenreaktion?*
2. *Kann eine Uranbombe beliebig groß gemacht werden (denke an die kritische Masse!)?*
3. *Welche Aufgabe hat der Moderator im Kernreaktor?*
4. *Warum versucht man unter viel Aufwand, die Kernfusion in den Dienst der technischen Energieerzeugung zu stellen?*

§ 130 Strahlenschäden und Strahlenschutz

1. Die Gefährdung durch Strahlen

Bei allen Arbeiten mit radioaktiven Stoffen muß man beachten, daß α-, β-, γ- und Neutronenstrahlen dem menschlichen Körper gefährlich werden können. **Strahlenschäden** treten dadurch ein, daß Moleküle ionisiert werden und dabei ihre chemischen Eigenschaften ändern, so daß sie aus dem Lebensprozeß ausfallen oder ihn sogar stören. In leichten Fällen äußert sich ein Strahlenschaden in Appetitlosigkeit, Übelkeit und allgemeiner Schwäche, wie dies empfindliche Menschen gelegentlich schon bei Röntgendurchleuchtungen in geringem Maß an sich beobachten. In schweren Fällen gibt es schlecht heilende Hautschäden oder sogar Strahlenkrebs; hohe Strahlenbelastung führt zum Tode.

Außer diesen persönlichen Schäden bewirkt Strahlung eine genetische (Erb-)Schädigung. Schon ein einziges ionisierendes Teilchen kann in einem Chromosom Änderungen hervorrufen, die an die Nachkommen weitergegeben werden und unter ungünstigen Umständen *Mißbildungen* zur Folge haben können.

2. Die natürliche Strahlenbelastung; Strahlenschutz

Versuch 11: Wir spannen über Nacht einen blanken Draht von 1 bis 5 m Länge bei etwa 0,4 mm Durchmesser isoliert aus und verbinden ihn mit dem negativen Pol eines Hochspannungsgleichrichters mit 3 000 V bis 6 000 V. Den positiven Pol erden wir. Am nächsten Tag nehmen wir den Draht wieder ab, wobei wir uns bemühen, ihn möglichst wenig zu berühren. Einen kleinen Löschpapierstreifen von Briefmarkengröße falten wir einmal und ziehen den Draht so hindurch, daß seine ganze Oberfläche abgewischt wird. Die Wischmarken auf dem Papier sind deutlich sichtbar. Das Papier legen wir, zusammengefaltet wie es ist, unter ein Zählrohr (Vorsicht, Fenster nicht beschädigen!) und messen alle 15 Minuten die Zählraten für 1 Minute. Die Messung ergibt ein Schaubild wie *Abb. 420.1*. In der Luft befinden sich positive Ionen radioaktiver Stoffe, die sich auf den Draht niedergeschlagen haben. Es handelt sich dabei vor allem um die Folgeprodukte von **Radon** und von seinem Isotop **Thoron**. Durch den Rückstoß beim α-Zerfall haben die Kerne große Geschwindigkeit bekommen, so daß ihre Elektronenhülle zum Teil abgestreift wird; deshalb sind sie zunächst positiv ionisiert und werden zum negativen Draht hingezogen.

Nach der *Abb. 420.1* scheint eine Halbwertszeit von 33 Minuten vorzuliegen, doch ist in Wirklichkeit der Vorgang sehr kompliziert: Die Folgeprodukte zerfallen und bilden wieder zerfallende Folgeprodukte, bis die Zerfallskette schließlich bei einem stabilen Element endet.

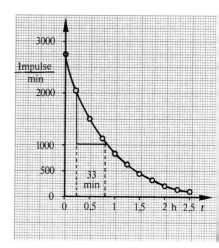

420.1 Aktivitätsabfall eines radioaktiven Drahtes

Nur viel genauere Untersuchungen könnten hier Klarheit schaffen. Eines sehen wir aber aus dem Versuch mit Sicherheit: Unsere Umgebung enthält stets radioaktive Stoffe. Dies ist schon seit Millionen Jahren der Fall, also lange vor den *Atombombenversuchen* und dem Bau von *Kernenergiewerken*. Außerdem sind auch in unserem Körper, vor allem in den Knochen, radioaktive Kernarten eingebaut. Dies bewirkt insgesamt eine natürliche Strahlenbelastung, der wir nicht entgehen können. Dagegen können wir die zusätzliche Strahlenbelastung klein halten.

In der Bundesrepublik ist durch die **zweite Strahlenschutzverordnung** sichergestellt, daß in Schulen nur solche Versuche mit Strahlengeräten und radioaktiven Präparaten durchgeführt werden, die keine schädlichen Folgen für Schüler oder Lehrer haben können. Auf jeden Fall soll man in einem Raum, in dem Strahlenversuche durchgeführt werden, weder essen noch trinken. Nach dem Abschluß der Versuche soll man sich gründlich die Hände unter fließendem Wasser waschen und kann sich außerdem mit einem Geigerzähler davon überzeugen, daß keine **Kontamination** der Haut oder der Kleidung eingetreten ist (Kontamination = Verunreinigung mit radioaktiven Stoffen). Im übrigen ist bei allen Strahlenversuchen großer Abstand der beste Strahlenschutz.

Aufgaben:

1. *Warum schraubt man radioaktive Präparate bei Nichtgebrauch so in einen massiven Metallklotz, daß nur der Griff für die Handhabung herausschaut?*

2. *Wie sucht man ein verlorengegangenes Radiumpräparat mit einem Geigerzähler?*

Anhang

Umrechnung von Einheiten

Umrechnung von Krafteinheiten

	N	kp
1 Newton (N)=	1	0,102
1 kp =	9,81	1

Umrechnung von Druckeinheiten

	Pa	mbar	at	mm WS	atm	Torr
1 Pa = 1 N/m² =	1	10^{-2}	$1,02 \cdot 10^{-5}$	0,102	$0,987 \cdot 10^{-5}$	$0,75 \cdot 10^{-2}$
1 mbar =	10^2	1	$1,02 \cdot 10^{-3}$	10,2	$0,987 \cdot 10^{-3}$	0,750
1 at =	$0,981 \cdot 10^5$	981	1	10^4	0,968	736
1 mm WS =	9,81	$0,981 \cdot 10^{-1}$	10^{-4}	1	$0,968 \cdot 10^{-4}$	0,0736
1 atm =	$1,01 \cdot 10^5$	1013	1,033	10333	1	760
1 Torr =	133	1,33	$1,36 \cdot 10^{-3}$	13,6	$1,32 \cdot 10^{-3}$	1

1 at   = 1 kp/cm² (technische Atmosphäre)

1 atm   = 1 physikalische Atmosphäre = 760 mm Hg = physikalischer Normdruck 1013 mbar; Seite 106

1 Torr   = 1 mm Hg; Seite 106

1 mm WS = Druck einer 1mm hohen Wassersäule; Seite 88

1 Pa   = 1 Pascal; Seite 85

Umrechnung von Energieeinheiten

	Joule	kWh	kpm	kcal
1 J = 1 Nm =	1	$2,78 \cdot 10^{-7}$	0,102	$0,239 \cdot 10^{-3}$
1 kWh =	$3,6 \cdot 10^6$	1	$3,67 \cdot 10^5$	860
1 kpm =	9,81	$2,72 \cdot 10^{-6}$	1	$2,34 \cdot 10^{-3}$
1 kcal =	$4,19 \cdot 10^3$	$1,16 \cdot 10^{-3}$	427	1

Umrechnung von Leistungseinheiten

	Watt	kpm/s	PS	cal/s	kcal/h
1 Watt = 1 J/s =	1	0,102	$1,36 \cdot 10^{-3}$	0,239	0,860
1 kpm/s =	9,81	1	$1,33 \cdot 10^{-2}$	2,34	8,43
1 PS =	735,5	75	1	176	632
1 cal/s =	4,19	0,427	$0,569 \cdot 10^{-2}$	1	3,60
1 kcal/h =	1,16	0,119	$1,58 \cdot 10^{-3}$	0,278	1

Feste Körper

	Dichte $\dfrac{g}{cm^3}$	Längenausdehnungskoeffizient $\dfrac{1}{K}$	Spezifische Wärmekapazität $\dfrac{J}{g \cdot K}$	Schmelzpunkt °C	Siedepunkt °C
Aluminium	2,70	0,000024	0,90	660	2450
Blei	11,34	31	0,13	327	1750
Eisen	7,86	12	0,45	1539	2735
Jenaer Glas	2,5	08	0,67	—	—
Gold	19,3	14	0,13	1063	2700
Kalium	0,86	84	0,75	63	757
Kupfer	8,93	17	0,38	1083	2590
Magnesium	1,74	26	1,02	650	1120
Marmor	2,5	05	0,83	—	—
Messing	8,3	19	0,38	920	—
Platin	21,4	09	0,13	1769	4300
Silber	10,51	20	0,24	960	2200
Tannenholz	0,5	03	1,4	—	—
Wolfram	19,3	04	0,13	3370	5500
Zink	7,14	26	0,38	419	907

Der Zahlenwert der in cN/cm³ gemessenen **Wichte** ist um etwa 2 % kleiner als der hier angegebene Zahlenwert der **Dichte** (in g/cm³).

Flüssigkeiten

	Dichte bei 18 °C $\dfrac{g}{cm^3}$	Raumausdehnungskoeffizient bei 18 °C $\dfrac{1}{K}$	Spezifische Wärmekapazität $\dfrac{J}{g \cdot K}$	Schmelzpunkt °C	Siedepunkt °C
Äthylalkohol	0,790	0,00110	2,43	− 114,4	78,3
Äthyläther	0,716	162	2,25	− 123,4	34,6
Benzol	0,879	123	1,72	+ 5,5	80,1
Olivenöl	0,915	072	2,0	—	—
Petroleum	0,85	096	2,1	—	—
Quecksilber	13,55	0182	0,14	− 38,87	357
Wasser	0,9986	020	4,19	0,00	100

Gase

	Dichte bei 0 °C und 1013 mbar $\dfrac{g}{l}$	Spezifische Wärmekapazität (bei konst. Druck) $\dfrac{J}{g \cdot K}$	Schmelzpunkt °C	Siedepunkt bei 1013 mbar °C	Dichte als Flüssigkeit $\dfrac{g}{cm^3}$
Ammoniak	0,771	2,16	− 77,7	− 33,4	0,68
Chlor	3,21	0,74	− 101	− 34,1	1,56
Helium	0,178	5,23	− 272	− 269	0,13
Kohlendioxid	1,98	0,84	− 57	− 78,5	1,56
Luft	1,293	1,005	− 213	− 191	—
Sauerstoff	1,43	0,92	− 219	− 183	1,13
Stickstoff	1,25	1,04	− 210	− 196	0,81
Wasserdampf bei 100 °C, 1013 mbar	0,6	2,08	—	—	0,96
Wasserstoff	0,0899	14,32	− 259	− 253	0,07

Sach- und Namenverzeichnis

Abbildungsmaßstab 212
Abhörkopf 393, 400
Ablenkung, elektr. 313, 340
Ablenkung, magn. 332
Ablenkung von β-Strahlen 412
Absorptionsspektren 271
Achromate 272
Adhäsion 103
Aggregatzustände 12ff., 37f.
Akkommodation 255
Akkumulatar 337ff., 343
Alpha-Strahlen 410f.
Amontons 135
Ampere 322f., 332, 380
Amperesekunde 322
Amplitude 183
analog-digital 393f.
Angriffspunkt 47, 50, 84
Anker 293
Anode 309, 318f., 381ff.
Anodenstrom 381f.
Anziehung, elektr. 304f., 308, 345
Aräometer 99f.
Arbeit 49ff., 58, 61, 66, 141
Arbeit, elektr. 141, 336f., 345, 364ff.
Arbeitskontakt 397
Arbeitsstromkreis 397, 399
Arbeitswiderstand 381f., 389f.
Archimedes 94ff., 99, 117, 122
Artesische Brunnen 92
Atmosphäre 85, 105, 107, 167
Atom 35, 37, 314f., 383ff.
Atombau 314f.
Atombombe 416, 420
Atomdurchmesser 37, 407
Atomkern 314, 408
Atomkerndurchmesser 407
Atomkraftwerk 379
Atommodell 407
Atomphysik 405ff.
Atomuhr 184
Aufladen 296f., 303ff., 315, 343f.
Auflösen 39
Auflösungsvermögen des Auges 257
Auftrieb 93ff., 116f.
Aufzug 380
Auge 209, 254
Ausdehnungskoeffizient 128
Ausbreitung des Lichts 212ff.
Ausgang einer Schaltung 382, 398ff.
Aussagenlogik 396
Automation 403
Azorenhoch 169

Bahn, elektr. 364
Ballon 116f.
Bandgenerator 11, 304, 341
Bar 84ff.
Barograph 106

Barometer 105ff., 122
Basis 388ff., 401, 404
Becquerel 413
Beleuchtungsstärke 281
Belichtungsmesser 283
Belichtungszeit 252
Bernstein 297, 301, 379
Beschleunigung 20
Beta-Strahlen 412
Bewegungsbauch 199, 201f.
Bewegungsenergie 51f.
Bewegungsknoten 200, 202
Bewegungszustand 21
Bild, optisches 211, 241
Bild, reelles 221
Bild, virtuelles 221
Bild bei Lochkammern 211
Bild bei ebenem Spiegel 219
Bild bei Hohlspiegel 225
Bild bei erhabenem Spiegel 228
Bild bei Konvexlinsen 241
Bild bei Konkavlinsen 244
Bildwerfer 259
Bimetallstreifen 129, 404
Bimetallthermometer 130
Bindungselektronen 383ff.
Bindungskräfte 407
Bleiakku 343
Blitz 11, 297, 306, 324, 341, 380, 407
Blutdruckmesser 114
Bogenlampe 370
Bowdenzug 46
Boyle u. Mariotte 108ff., 135
Braunsche Röhre 313, 331f., 340, 408
Brechkraft von Linsen 247
Brechstange 65
Brechung des Lichts 229
Brechungswinkel 230
Bremsen 45, 86
Brennebene 240
Brennpunkt 224, 239, 244
Brennweite 224, 239
Briefwaage 72
Brom 138
Brownsche Bewegung 35f., 138
Bügeleisen 368

Cartesischer Taucher 109
Celsius 125
Code 393
Computer 400ff.
Coulomb 321ff.
Curie 413

Dämmerung 210
Dampfdruck 156
Dampfkraftwerk 379
Dampfmaschine 173

Dampfturbine 174
Daten 380, 394ff.
Dauermagnete 288, 327
Davy 380
deduktives Verfahren 97
Deklination 294f.
Destillation 155
Deuterium 409
Dezimalwaage 69
Diaskop 259
Dichte 28f.
Dieselmotor 177
Diffusion 36
Diode (Halbleiter) 386f., 400f.
Diode (Röhre) 311ff., 387
Dipole, magn. 287ff.
Dispersion des Lichts 269
Disjunktion 396
Doppelwendel 369
Dosenbarometer 106
dotieren 385
Drachen 119
Dreheiseninstrument 328
Drehmoment 67, 71
Drehmomentwandler 74
Drehspulinstrument 329
Drehzahl, kritische 198
Dreifarbendruck 279
Dreifarbentheorie 277
Druck 82ff., 104ff., 122, 135
Druck, hydrostatischer 87ff., 106, 122
Druckkraft 84, 94
Druckpumpe 113f.
Dualsystem 402
Dunkelraum 405
Durchlaßrichtung 311f., 386
Durchsichtigkeit 215
Dynamik 41
Dynamomaschine 52, 297, 374, 380

Ebene, schiefe 63ff.
Echo 189
Edison 310, 380
EDV 380, 400
Eigendruck 108
Eigenfrequenz 197, 199f., 202f.
Einfallswinkel 220, 230
Eingang einer Schaltung 382, 398ff.
Eis 131
Eispunkt 125
elastisch 31ff., 39, 41
elektr. Feld 333ff.
Elektrizität 297, 305, 379
Elektrizitätsversorgung 297, 378
Elektrizitätszähler 339
Elektrokardiogramm 362
Elektrolyse 309, 318f., 320ff., 333, 342, 380

Elektromagnet 327 ff., 371
Elektromagnetismus 380 ff.
Elektrometer 337, 340
Elektromotor 370 f., 380
Elektron 297, 311 ff., 314 f., 318, 321,
  332, 372, 381 ff.
Elektronengas 315
Elektronengröße 407
Elektronenhülle 314
Elektronenstrahl 340
Elektronik 313, 381 ff.
elektronische Datenverarbeitung
  (EDV) 380, 400
Elektroskop 305 f., 334 ff., 340, 380
elektrostatisch 297
elektrostatische Aufladung 315 f.
Elektrotechnik 371 ff.
Elementarladung 311, 321, 408
Elementarmagnete 287 ff.
Emitter 388 ff., 404
Energie 51 ff., 58, 141
Energie, innere 53
Energie, elektr. 338 f., 365, 371, 378, 397
Energieübertragung 378
Energieumwandlung 52, 415
Entfernungsmesser 222, 250
Entmagnetisieren 288, 290
Erdatmosphäre 107, 112
Erde 294 ff.
Erdmagnetismus 296, 379
Erdsatelliten 107, 120
Erdschluß 362 f.
Erklären 97
Erlenmeyer-Kolben 14
Ersatzwiderstand 354 f.
Experiment 11, 97, 122

Fahrenheit 126
Fahrraddynamo 52, 374
Fahrradpumpe 113 f.
Faraday 372, 380
Faraday-Becher 306, 316, 335, 341 f.
Farbenkreis 274
Farbenmischung additiv 274
Farbenmischung subtraktiv 276
Farbfernsehen 278
Farbfilter 275
Farbfotografie 279
du Fay 380
Federkonstante 32
Feld, elektr. 333 ff.
Feld, magn. 291 ff., 324 ff.
Feldkräfte 333 f.
Feldlinien 291 ff., 325 ff., 333 ff.
Fernleitung 378
Fernschreiber 392
Fernsehröhre 313, 332, 383
Fernrohr 264
Fernsprecher 391 f.
ferromagnetisch 285
feste Körper 12 f., 39, 68, 76, 123
Festigkeit 33
Fieberthermometer 126
Filmapparat 259
Flaschenzug 48, 122
Flimmern 332

Flugzeug 119
Flüssigkeiten 13 f., 35, 38, 44, 81 ff.,
  101 ff.
Fön 363, 368
Forschung 11, 14, 122
Fotoapparat 250
Fotodiode 387 f.
Foto-Element 388
Fotometer 283
Fotometrie 280
Fotowiderstand 387 f., 404
Franklin 308, 380
freie Elektronen 384 ff.
Freistrahlturbine 375
Frequenz 181, 312, 391
Frequenzmesser 198
Frequenzverhältnis 196
Fusionsbombe 417

Galilei 122
Gamma-Strahlen 413
Galvani 343, 380
Galvanische Elemente 342
Galvanisieren 319
Galvanoplastik 319
Gase 13 f., 38, 104 ff., 133
Gasentladung 405 f.
Gasgleichung, allgemeine 135
Gasthermometer 133 f.
Gatter 394 ff.
Gay-Lussac 134
Gefahr, elektr. 297, 301 f., 362 f.
Gefrierpunkt 125
Gegenkraft 41 ff., 118 f.
Gegenkopplung 404
Geiger-Müller-Zählrohr 411
Genauigkeit beim Messen 17
Geräusch 193
Germaniumkristalle 383, 385
Geschwindigkeit 18 ff.
Getriebe 73 ff.
Gewichtsdruck 87 ff., 106 f.
Gewichtskraft 22 ff.
Gewitter 341
Gilbert 379
Gitter 381 ff.
Gleichgewicht 40 ff., 67, 68, 77 ff.,
  81 ff., 122
Gleichgewichtsarten 77 ff.
Gleichrichter 330, 387, 390
Gleichrichtung 313, 373
Gleichstrom 312, 373
Gleiten 43 f.
Glimmlampe 301, 303 f., 312, 315
Glühelektrischer Effekt 310 f.
Glühlampe 302, 366, 369, 380
Goebel 380
Goethe 122
Goldene Regel der Mechanik 75, 122
Grand Tour 120
Gray 380
Größen 30
Grundfrequenz 193
Grundton 200, 203
Guericke 111 ff.
Gummilinsen 253

Haarröhrchen 103
Haften 43
Halbaddierer 402
Halbleiter 380, 383 ff.
Halbwertszeit 414, 420
Halogen-Lampe 369
Hangabtrieb 63
hartmagnetische Stoffe 288, 327
Hebebühne 86
Hebel 65 ff., 122
Hebelarm 65, 71
Hebelgesetz 66
Heizgeräte 298, 368
Heizwert 147
Helmholtz 208
Heron 122
Heronsball 109, 115
Hertz 183
Hintereinanderschaltung 320, 337 f.,
  356, 367
Hitzdrahtinstrument 322 f.
Hochdruckgebiet 171
Hochstromtrafo 378
Hofmannscher Apparat 318
Höhenmessung 157
Höhenstrahlen 412
Hohlspiegel 224, 266
homogenes Feld 292, 334
Hookesches Gesetz 31 ff., 329
Hörbereich 186
Hörgrenze 186
Hörrohr 195
Hörschwelle 194
horror vacui 115
Hubarbeit 49
Hubschrauber 119
Hundepfeife 186
Hupe, elektr. 328
hydraulische Presse 85 f.
Hydrostatik 81 ff.
Hydrostatischer Druck 87 ff., 105 f.,
  122

Imprägnierung 103
indifferent 78
Indifferenzzone 285
Induktion 371 ff.
induktives Verfahren 97
induzierte Spannung 393 f.
Influenz, elektr. 307 f., 317
Influenz, magn. 289 f.
Informatik 391 ff.
Information, Speicherung 204, 391 f.,
  394
Injektionsspritze 113
Inklination 295 f.
Innenpolmaschine 374
Innenwiderstand 361
innere Energie 53
Intervall, musikalisches 195
Ionen 309, 318 f.
Ionisation 405, 410
Iris 254
Irisblende 212
Isolatoren 301 f., 315 f., 383 f.
Isobaren 172

Isotype 409

Joule 50ff., 140, 380

Kalorie 146
Kältemaschinen 160
Kältemischung 131
Kaltfront 127
Kanalstrahlen 406
Kathode 309, 318f., 381ff.
Kathodenstrahlen 406
Kamin 117
Kammerton 196
Kapillarität 103
Kaplan-Turbine 57
Kapselpumpe 112
Keil 62
Kelvin 134
Kennlinie 346ff., 389f.
Kernbausteine 409
Kernenergie 416
Kernfusion 417f.
Kernreaktor 418
Kernspaltung 416ff.
Kettenreaktion 417
Kilogramm 26f.
Kilopond 25
Kilowatt 54ff.
Kilowattstunde 56, 147, 340, 365
Kinoeffekt 186
Kippspannung 340
Kirchhoff-Gesetze 353
Klangempfindung 194
Klangfarbe 193, 199f.
Klemme 299
Klemmenspannung 360f.
Klingel, elektr. 299, 328, 380
Knall 193
Knallgaszelle 319
Kohäsion 39, 101ff., 137
Kohlebürsten 371ff.
Kohlekörnermikrofon 391f.
Kollektor 388ff., 401, 404
Kollektorstromkreis 388ff., 404
Kolumbus 295, 379
Kommutatur 371f.
Kompaß 286, 294f., 379
Komplementärfarben 273
Komplementiergatter 398f., 401f.
Komponenten 59
Komponentenzerlegung einer Kraft 60ff.
Kondamination 420
Kondensationskern 170
Kondensationswärme, spezifische 158
Kondensieren 154
Kondensor 259
Konduktor 303f., 331
Konjunktion 396
Konsonanz 196
Konstantan 345ff.
Konvektion 64
Körper 12ff., 35ff.
Körper, menschl. 301, 362f.
Körperfarben 275
Kraft 21ff., 40ff., 46ff., 49, 55, 57, 82ff., 118ff.

Kraft zwischen Strömen 330ff.
Kräfte, elektr. 304, 333
Kraft im Feld 293, 334
Kräftedreieck 60
Kräftegleichgewicht 40ff.
Kräfteparallelogramm 59ff.
Kraftmesser 23ff., 27, 32f., 42
Kraftwerk 380
Kreiselpumpe 115
Kristallformen 39
Kugellager 44
Kurbel 73
Kurzschluß 302, 351, 369, 401, 403

labil 78
Ladung, elektr. 303ff., 307f., 316, 320ff., 333f., 379f.
Lageenergie 51f.
Längenausdehnung 128
Längenmessung 15f.
Lautstärke 194
Leistung 54ff., 57
Leistung, elektr. 337, 365, 379
Leistungsgewicht 176
Leistungsreaktor 418
Leiter, elektr. 300f., 380, 383, 385
Leitungen, elektr. 298f., 302
Leitungsprüfer 363
Lenard 380
Leuchtstoffröhren 301, 406
Licht, elektrisch 333, 369
Licht, infrarot 271
Licht, monochromatisch 269
Licht, ultraviolett 271
Lichtbogen 370, 377, 380
Lichtgeschwindigkeit 214
Lichtleiter 235
Lichtmessung 280
Lichtquellen 209, 369f.
Lichtstärke 281
Lichtstrahl 212
Linienspektren 270
Linsen, konkave 244
Linsen, konvexe 237
Linsengleichung 246
Linsenkombinationen 249
Lippenpfeife 203
Lochkamera 211
Lochkarte 394ff., 400
Lochsirene 195f.
logische Schaltungen 394ff.
Lokomotive 380
Lorentz 380
Lösungswärme, spezifische 153
Luft 104ff., 112, 115
Luftballon 116
Luftdruck 105ff., 111ff., 115, 122, 168
Luftfeuchtigkeit 169f.
Luftpumpe 104, 111ff.
Luftsäulen, schwingende 202ff.
Luftwiderstand 44, 52
Lupe 261

Magdeburger Halbkugeln 112

Mariotte, Gesetz von 135
Magnesia 285
Magneteisenstein 285
Magnetfeld 324ff., 331ff., 334
Magnetfeld, homog. 292, 326
Magnetische Stromwirkung 324ff.
Magnetisieren 287, 289, 327
Magnetismus 285ff., 324ff., 379
Magnetnadel 324f.
Magnetosphäre 296
Magnetpole 370ff.
Manometer 85, 93
Maschinen, einfache 46ff., 122
Masse 26f.
Massenmittelpunkt 76
Massenspektrograph 408
Maxwell 297
Mechanik 11ff., 122
Megaphon 194
Membranpumpe 115
Membranversuch 192
Meniskus 16
Meßbereichserweiterung 354, 358
Messen 14ff., 22ff., 29
Meßinstrumente, elektr. 380f.
Meßzylinder 13ff., 16
Metalle 301, 310ff.
Meter 15
Metronom 18
Mikrofon 391ff.
Mikrometerschraube 15
Mikroskop 35, 262
Millibar 84ff., 135, 168
Minen, magnetische 289
Mißweisung 294f.
Mitschwingen, erzwungenes 198
Modell 37f., 40, 290
Moderator 418
Molekularkräfte 38f., 101ff., 137
Molekülbewegung 137
Moleküldurchmesser 36
Moleküle 35ff., 101ff., 104, 108
Momentengleichgewicht 67
Mond 210
Mondfahrer 25
Mondfinsternis 216
Mondphasen 216
Monochord 199
Morsezeichen 392
Motor 370
Muskeln 21, 50
Mundharmonika 181

Nachhall 190
Nachrichtenspeicherung 393
Nachrichtenübertragung 391ff.
Nachtstrom 365
Nachwirkung, optische 257
NASA 119
Naturgesetze 13f., 33f., 97, 122
Nebelkammer 410
Negationsglied 398
Neigung einer schiefen Ebene 64
Neigungsgewichtswaage 72
Neonröhren 301
Netz, elektr. 262ff., 297, 378f.

Netzgerät 299, 377
Netzhaut 254
Neutralisation 306, 333
Neutron 409, 416
Newton 23, 208, 379
n-Halbleiter 385 ff.
Nichtleiter 301 f., 380
Nickel-Cadmium-Akku 344
Nonius 16
Nordlicht 107, 406
Normalbedingungen 135
Normdruck 106
npn-Transistor 388 f.
Nukleon 409
Nulleffekt 412
Null-Leiter 362 ff.

Oberflächenspannung 101
Obertöne 195 f., 203
Objektiv 250, 262, 264, 266
Oder-Gatter 394 ff., 401 ff.
Oersted 324, 371, 380
Ohmsches Gesetz 346 ff.
Ohr 192 f.
Okular 262
Optik 209 ff.
Optik, geometrische 213
Oszillograph 193, 313, 340, 381 f.
Ottomotor 175

Parallelschaltung 300, 320, 339, 353, 367
Parkhausmodell 384 ff.
Passat 169
Pelton-Turbine 57
Pendel 18, 52, 183, 197
Pendeluhr 184
Periode 181
Periodendauer 183
Permanentmagnet 289
Pfeifen 203 f.
p-Halbleiter 385 ff.
Phase 362 f.
phon 194
Physik 11 ff.
planparallele Platte 235
Plattenkondensator 334 f., 338
Plattenspieler 205
plastisch 31 f., 39
Pol, elektr. 299, 301, 305, 309, 360 f.
Polarität 398 ff.
Pole, magnetische 285 ff., 289, 295, 325 f.
Polsuchlampe 363
Potentiometer 358
Presse, hydraulische 85 f.
Preßluft 101, 109 f.
Prisma 236
Prismenfernglas 265
proportional 19, 32 f., 346
Proton 408, 416
PS 54
Pumpen 111 ff.
Pumpspeicherwerk 379
Pythagoreer 208

Radioaktivität 410 ff., 414 f.
Radiosonde 117
Radium 410, 413
Radon 420
Raketen 118 ff.
Raumfahrt 120
Raumlaboratorium 120
Rechte-Faust-Regel 325
Reflexion des Lichts 219 ff.
Reflexionsgesetz 220
Regel, goldene, der Mechanik 75
Regelglied 403
Regelgröße 404
Regelkreis 404
Regeltechnik 380
Regenbogen 269
Reibung 43 ff., 49
Reibungsarbeit 49 f.
„Reibungselektrizität" 297, 315 f., 380
Reihenschaltung 355, 366
Relais 396 f.
remanenter Magnetismus 327
Resonanz 197 ff., 202
Resonanzstimmgabel 197, 201
Resultierende 59, 68
Revolution, industrielle 380
Rezipient 111
Röhrenverstärker 381 f., 390
Rollen 43, 47 ff., 122
Röntgenstrahlen 413
Rückstellkraft 329
Rückstoß 118 ff., 179
Ruhekontakt 397 ff.
Ruhestromkreis 397, 399
Rutherford 416

Saitenschwingung 199 f.
Satellit 52, 107, 120
Saturn V 119, 121
Sammellinsen 238
Saugen 113, 115
Saugpumpe 111, 114
Schall 181, 186, 206
Schallaufzeichnung 204 f.
Schallausbreitung 187 ff., 207
Schalldämmung 190
Schallempfindung 185, 186, 206
Schallerregung 181 ff., 186, 207
Schallfeld 188, 207
Schallgeschwindigkeit 188 f., 207
Schall-Leitung 187, 190 f., 207
Schallplatte 205
Schallreflexion 190, 207
Schallschwingung 193, 207
Schallstärke 194
Schallstrahler 198
Schallwellen 188, 207
Schalter 298 ff.
Schaltskizze 299
Schaltzustand 395 ff.
Schärfentiefe 251
Schalten 215
Scheitelwert 382, 390
Scheinwerfer 227
Schichtwiderstand 351 f.
Schiebewiderstand 351

Schieblehre 16
Schiefe Ebene 63 ff., 122
Schiff 98 f.
Schirmwirkung, magn. 294
Schleusen 92
Schlieren 232
Schmelzpunkt 151
Schmelzsicherung 323, 351, 368
Schmelzwärme, spezifische 152
Schmieren 44
Schraube 64
Schreibstimmgabel 182, 185
Schweben 98 f.
Schwerlinie 77
Schwerpunkt 76 ff.
Schwerpunktslot 79
Schwimmen 98 f., 119
Schwingbewegung 181, 183
Schwingungsweite 183, 184
Schub 119
Schuko-Steckdose 363 f.
Schutzleiter 302
Sehweite 255
Sehwinkel 257
Seifenhaut 101
Seil 46 ff., 122
Seilwinde 75
Sekunde 18 f., 184
Selbstinduktion 375
Selbstunterbrechung 328
Selbstwählbetrieb 392
Senkwaage 99 f.
Sicherung 403
Siedepunkt 154
Siemens 297, 374, 380
Siliziumkristalle 383, 385
Sinnesempfindungen 12, 21, 40, 304
Skalar 25, 84
Skylab 120, 233
Sonnenbatterie 388
Sonnenfinsternis 216
Sonnenstrahlung 52, 147
Sonnenwind 107, 296
Spannung, elektr. 336 ff., 345, 376 ff., 380
Spannungsenergie 51 f.
Spannungsmessung 337, 340, 349, 358
Spannungsteiler 358, 377, 389 f.
Spannungsverstärkung 382, 390
Speicherkraftwerke 378
Spektroskop 270
Spektrum 267 ff.
Sperrichtung 386
spezifischer Widerstand 350
Spiegelgalvanometer 329
Spiegelteleskop 266
Spindel 100
Spritzflasche 109
Spule 325 f.
Spülmittel 102
stabil 78
Stahl 288, 327
Standfestigkeit 79
Standfläche 79
Stange 46 f.

Startfenster 120
Statik 41 ff., 122
Staumauer 90
Stechheber 113
Steckdose 297 ff., 360, 362 ff.
Stempeldruck 82 ff.
Stereophonie 206
Stereoskop 256
Steuerstromkreis 397 f.
Stevin 122
Stimmgabel 182, 198, 201
Stoffe 12 ff., 35 ff.
Stoßionisation 405
Strahlenschäden 413, 419
Strahlenschutz 419
Strahlenschutzverordnung 420
Strahltriebwerk 179
Strahlungsgürtel 107
Stratosphäre 167
Streuung des Lichts 209, 210
Stroboskop 185
Strom 297 ff., 302 ff., 311, 315, 321 ff.,
    324 ff., 330 ff., 335, 345 ff., 362, 380
Stromkreis 298 ff., 304, 323
Stromkreis, unverzweigt 320, 355 ff.
Stromkreis, verzweigt 300, 320,
    353 ff.
Strommesser 322 f., 328 ff., 336, 354
Stromrichtung 298, 309 ff., 313,
    318 f.
Stromquelle 299, 311, 335 ff., 361
Stromstärke 322 f., 329, 332, 345 ff.
Stromstärke, gefährliche 362
Stromverzweigung 320, 353 ff.
Stromwärme 315, 368
Sublimieren 159
Swing-by-Methode 120

Tageslichtprojektor 260
Taschenlampe 298 f., 337 f., 343
Taucher 101, 109
Tauchsieder 336 f.
Technik 122
Technische Widerstände 351 f.
Teilspannungen 356, 359
Telefon 380, 391 f.
Telegraf 380, 392
Teleobjektiv 253
Temperatur 123 ff., 168
Temperaturmessung, elektr. 344,
    348
Temperaturstrahler 209, 280
Thermoelement 344
Thermometer 123 ff., 130, 133 f.
Thermostat 404
Thomson 380
Thoron 420
Tiefdruckgebiet 170
Tonbandgerät 206, 393 f.
Tonempfindung 206 f.

Tonfrequenzgenerator 186
Tonhöhe 181, 194, 196, 199 f., 207
Tonkopf 393
Tonleiter 195 f.
Torr 106, 122
Torricelli 106
Totalreflexion 233
Totpunkt 370
Tragbalken 69
Tragfläche 119
Transformator 299, 376 ff.
Transistor 388 ff., 401, 404
Transistorverstärker 390
Treibriemen 73
Triode 381 f., 389 f.
Tritium 409
Trommelfell 192, 207
Troposphäre 167
Turbinen 52, 57
Türöffner, elektr. 328

Überblasen von Pfeifen 203
Überdruck 107
Überlaufgefäß 16
U-Boot 99
Uhr 18, 51, 289, 328
Ultraschall 186
U-Manometer 92
Umspanner 377
Umweltschutz 122, 175, 380
Und-Gatter 395 ff.
Unruhe 184
Unterdruck 107, 113, 115
Uranbombe 416 f.
Urspannung 360

Vakuum 106 ff., 112, 115
Vektoren 25, 84
Ventile 85 f., 111 ff., 312
Verbrennungswärme 147
Verbundene Gefäße 91 f.
Verbundsystem 379
Verdampfungswärme, spezifische 157
Verdunstungskälte 159
Verhüllungsdreieck 277
Verstärkerröhre 381 f.
Vibration 181, 207
Viertaktmotor 175 f.
Vokal 193
Volt 337
Volta 380
Volta-Element 342
Volumenmessung 16
Vorsatzlinsen 253
Vorwiderstand 357

Waage 26, 68, 69, 72, 122
Wahrheitswert 396
Walchenseewerk 57
Wankelmotor 178
Wärme 51, 53, 139 ff.
Wärmeausdehnung 124

Wärmeausbreitung 161
Wärmebewegung der Moleküle 137
Wärmekapazität, spezifische 142
Wärmeleitung 162
Wärmemenge 51, 53, 139 ff., 141
Wärmequellen 139, 147
Wärmestrahlung 165
Wärmewirkung 380
Warmfront 171
Waschmittel 102
Wasserbarometer 106, 113
Wasserkraftwerke 378
Wasserräder 57
Wasserstoff, schwerer 409
Wasserstoffbombe 417
Wasserstoffkern 408
Wasserstrahlpumpe 104
Wasserversorgung 92
Wasserwellen 188, 207
Watt 54 ff., 140, 365
Wechselschaltung 300
Wechselspannung 340, 373 ff., 382, 390
Wechselstrom 312, 330, 371 ff., 387
Wehneltzylinder 383
Weicheisen 288, 327
Weidezaun, elektr. 375
Wellrad 73
Wetterkarte 171
Wettervorhersage 171
Wichte 81, 98
Widerstand 315, 346 ff.
Widerstandsthermometer 348
Wilsonkammer 410 ff., 416
Wind 168 f.
Windkessel 115
Winkelhebel 72
Winkelheber 113
Wirkungsgrad 148, 173
Wolfram 311, 369
Wolken 169

Zähler 339
Zählrohr 411 ff.
Zeilensprungverfahren 332
Zeitlupe 258
Zeitmessung 18, 184
Zeitraffer 258
Zerfall, radioaktiver 414 f., 418
Zerlegung von Kräften 60 ff., 68
Zerstreuungslinsen 244
Ziehharmonika 181
Zoom 253
Zündanlage 375
Zündung 368
Zungenpfeife 204
Zusammensetzung von Kräften
    59 ff., 68
Zustandsformen 13 ff., 37 ff., 123
Zustandsgleichung 135
Zweitaktmotor 177
Zyklone 172

Bildquellenverzeichnis

Bader, Franz, Ludwigsburg
Botschaft der Vereinigten Staaten von Amerika, Bonn-Bad Godesberg
BEWAG, Berlin
Deutsche Presse-Agentur GmbH, Hamburg
Deutsches Museum, München
Deutscher Wetterdienst, Offenbach
Dräger-Werke, Lübeck
Ernst Leitz GmbH, Wetzlar
Klimt, Lothar, Freiburg/Breisgau
Kracht, Otto, Petershagen
Lambrecht KG, Göttingen
Leybold-Heraeus GmbH & Co., Köln
Luckhaupt, Horst, Hannover
Noldt, Uwe, Hannover
Phywe AG, Göttingen
Rank Precision Industries GmbH, Nürnberg
Siemens AG, München
Ullstein GmbH, Berlin
Volkswagen AG, Wolfsburg
Walz, Adolf, Weingarten
Zeier, Ernst, Schwalmstadt

Wilson-Kammeraufnahme
Nach Gentner, Maier-Leibnitz, Bothe, Atlas typischer Nebelkammerbilder, Springer-Verlag

Wetterkarte:
Schultchen, Heinz, Hamburg